泉州年鉴

2022（总第22卷）

中共泉州市委　泉州市人民政府 主办
中共泉州市委党史和地方志研究室 编

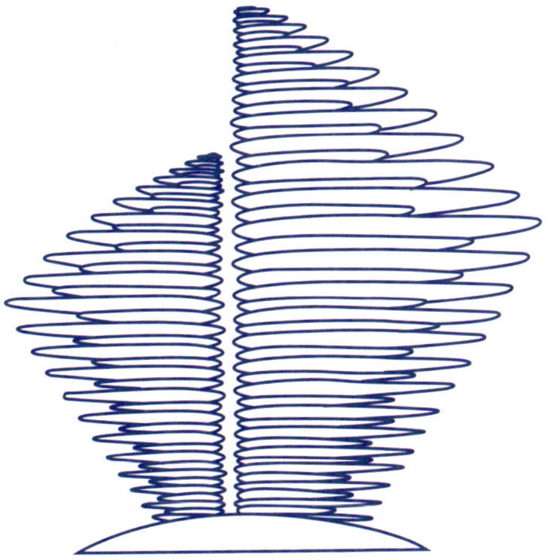

方志出版社
Publishing House of Local Records

图书在版编目（CIP）数据

泉州年鉴. 2022 / 中共泉州市委党史和地方志研究室编. —北京 ： 方志出版社， 2022.10
ISBN 978-7-5144-5348-5

Ⅰ. ①泉… Ⅱ. ①中… Ⅲ. ①泉州—2022—年鉴
Ⅳ. ①Z525.73

中国版本图书馆CIP数据核字(2022)第220095号

责任编辑：刘方圆
责任校对：刘玉霞
责任印制：梅中英
出 版 者：方志出版社
地　　址：北京市朝阳区潘家园东里 9 号（国家方志馆4层）
邮　　编：100021
网　　址：http://www.zgfzcb.cn
发　　行：方志出版社图书营销中心（010-67110500）
印　　刷：福州报业鸿升印刷有限责任公司
开　　本：889毫米×1194毫米　1/16
印　　张：25.5
字　　数：913千字
版　　次：2022年10月第1版
印　　次：2022年10月第1次印刷
定　　价：320.00元

《泉州年鉴》编辑委员会

《泉州年鉴》总编室

编 辑 说 明

一、《泉州年鉴》是由中共泉州市委、泉州市人民政府主办，中共泉州市委党史和地方志研究室组织编纂的年度地方资料性文献，2000年开始编纂出版，2022卷为第22卷。

二、《泉州年鉴（2022）》以马克思列宁主义、毛泽东思想、邓小平理论、“三个代表”重要思想、科学发展观、习近平新时代中国特色社会主义思想为指导，坚持辩证唯物主义和历史唯物主义的立场、观点和方法，实事求是地记载泉州市2021年经济、政治、文化、社会等方面的建设发展状况，反映物质文明、政治文明、精神文明、社会文明、生态文明建设的新成就、新经验以及出现的新情况、新问题，为社会各界和海外人士了解泉州、研究泉州、置业泉州、游历泉州提供尽可能全面、翔实的地情资料。

三、《泉州年鉴（2022）》设有年度聚焦、专记、大事记、市情概览、中共泉州市委员会、泉州市人民代表大会、泉州市人民政府、政协泉州市委员会、纪检监察、民主党派和工商联、群众团体、外事·侨务·台港澳事务、法治、军事、退役军人事务、应急管理、自然资源与规划管理、生态环境管理、经济监督管理、市场监督管理、财政·税务、金融、口岸综合管理、农业·农村、工业、开发园区建设、信息业、交通·邮政、商贸流通服务业、旅游业、民企与泉商、城乡建设与管理、教育、科学技术、社会科学、文化、卫生·体育、社会民生、县域概览、人物·荣誉及附录。设类目、分目、条目三个层次，条目为内容的基本载体形式。

四、《泉州年鉴（2022）》记述的时限为2021年1月1日至12月31日，部分选介资料、相关链接及图表跨年度选编。

五、《泉州年鉴》文字、标点符号、计量单位均依国家现行规范；文中凡简称“党员”均指中国共产党党员，“省”“全省”均指福建省，“市”“全市”均指泉州市。对于缩略语、简称、术语，出现频率较低的，随文注释，出现频率较高的，在书后“相关名词解释”中统一解释。

六、《泉州年鉴》统计数据采用《泉州统计年鉴》的数据；业务部门的数据出自各供稿单位，如个别数据与统计部门提供的数据有差异，以统计部门提供的为准。全文中除特别注明外，泉州市统计数据不含金门县。

七、《泉州年鉴》资料除了由全市各级机关、群众团体、企事业单位提供外，部分由编辑人员采编。

泉州市地图

比例尺 1：860 000

编制单位：福建省地图出版社　审图号：泉S〔2022〕7号　资料截至：2021年12月

城市名片

国务院首批公布的历史文化名城
首届东亚文化之都
“海上丝绸之路”起点城市
国家级文化生态保护区
闽南文化生态保护核心区
全国文明城市
全国卫生先进城市
中国优秀旅游城市
国家森林城市
国家园林城市
全国文化模范城市
国家环保模范城市
全国绿化模范城市
国际花园城市
国家生态市
最佳中国魅力城市
国家创新示范区
全国综合配套改革试点城市
全国金融服务实体经济综合改革试验区
首批国家产教融合试点城市
中国工艺美术之都
中国十大品牌城市
中国品牌经济城市
全国改革开放18个典型地区之一
共和国60年中国最具投资潜力城市
国家民营经济综合改革试点地区
国家知识产权示范城市
国家创新型城市
全国技术创新工程示范城市
全国制造业信息化工程重点城市
全国十佳和谐可持续发展城市
国家行政服务标准化试点城市
第四批国家公共文化服务体系示范区
中国民族民间文化保护工程综合性试点城市
第二批国家文化和旅游消费试点城市
“中国制造2025”唯一地方试点城市
大陆居民赴台湾地区个人旅游试点城市
国家知识产权运营服务体系建设重点城市
国家级海峡两岸集成电路产业合作试验区
国家跨境电子商务综合试验区
跨境电商零售进口试点城市
国家电子商务示范城市
“宽带中国”示范城市
国家信息消费试点城市
信息惠民国家试点城市
全国50个5G商用城市
两岸冷链物流产业合作城市
全国预包装食品出口试点
服务型制造示范城市
“一带一路”建设案例城市
全国未成年人思想道德建设工作先进城市
中国快递示范城市

2021年7月25日，联合国教科文组织第44届世界遗产委员会会议在福州举行。会议审议通过将“泉州：宋元中国的世界海洋商贸中心”列入世界遗产名录，成为中国第56项、福建省第5项世界遗产。图为遗产点之一的泉州开元寺东西塔 （图/陈英杰）

泉州市民营经济发展动员会

2021年2月16日，泉州市民营经济发展动员会召开。会上发布市委、市政府《关于创新发展“晋江经验” 加快创建全国民营经济示范城市的决定》，出台泉州市科技创新、转型升级、营商环境等配套政策　　　　（图/陈晓东）

2021年9月8日，第21届中国国际投资贸易洽谈会泉州市侨资专场招商推介会暨项目签约仪式在厦门举行。26个重点外资项目签约，涉及智能制造、现代物流、新材料、文创旅游等领域，投资总额194.1亿元 （图/林富榕）

泉州市侨资专场招商推介会
签约仪式
SIGNING CEREMONY
洛江培新智能机械研发中心项目
石狮乐科电商产业园项目
石狮鹏泰二期（扩建）项目
石狮天球总部项目
侨资专场

城市活力之源
21年度活力城市大会
2021年度活力城市
市 泉州市 常州市 福州市 成都市 天津市 广州市 南京市
2021年度活

2021年12月3日，由中国新闻社指导、《中国新闻周刊》杂志社主办的2021年度活力城市大会在广东广州举行，泉州市与其他11座城市共同入选“年度活力城市”案例　　（图/市文旅局）

2021年12月27日，2021年RCEP（区域全面经济伙伴关系）青年侨商创新创业峰会在石狮举行。峰会期间，福建省首个面向华侨华人的跨境电商平台“侨易邦”上线发布（图/市委统战部）

RCEP
易邦
.ctsss.com
正式上线
凝聚侨智 发挥侨力
2021 / 12 / 26-28
中国 · 石狮
青年 商 创业峰会

“海丝”名城

2021年，泉州市加强遗产保护利用，高标准完成遗产点保护修缮。建成世界遗产主题展示馆及13个遗产点现场展示馆，新增3个国家级非遗代表性项目。实施古城提质工程，包括中山路中段和29条街巷风貌综合整治提升，以及2条历史文化街区和10个历史文化名镇名村保护提升。巩固国家公共文化服务体系示范区创建成果，改造提升村（社区）综合文化服务中心24个。

2021年5月，泉州金鱼巷微改造工程获中国建筑学会建筑设计奖“历史文化保护传承创新专项”一等奖。图为游客在金鱼巷游玩

（图/吴寿民）

2021年5月15—25日，由泉州市美术家协会、泉州画院、泉州海外交通史博物馆等主办的"刺桐情·海丝风"泉州题材美术作品邀请展暨泉州海丝唐卡百米长卷部分作品展在泉州海外交通史博物馆举行，《泉州海丝唐卡百米长卷》（部分）首次对外展览

（图/吴寿民）

2021年7月9日，中国建筑设计研究院世界遗产保护管理泉州工作站揭牌。工作站设在泉州古城金鱼巷49号

（图/吴寿民）

2021年7月25日，“泉州：宋元中国的世界海洋商贸中心”入选《世界遗产名录》。图为市民在泉州府文庙广场欢庆泉州申报世界遗产成功（图/吴寿民）

2021年7月26日，“泉州：宋元中国的世界海洋商贸中心”系列遗产展示馆对公众开放（图/冬 冬）

2021年11月12日，"宋元中国看泉州 海丝航标看石狮"石狮市世界文化遗产宣传系列活动启动　　　（图/李荣鑫）

2021年12月19日，在泉州学习的境外新生听取泉州历史文化讲解　（图/许奕梅 孙娟娟）

2021年12月26日，由泉州市委宣传部、福建省摄影家协会、中国摄影报社主办的"走进泉州看宋元中国"全国文旅摄影大展启动仪式在市图书馆举行。图为市民和游客参观展览

（图/陈英杰）

智造强市

2021年，泉州市推动产业强链建链补链，加速制造业数字化转型，推广数字化生产线120条，建设数字化车间15个，新增“上云上平台”企业1000家。拓展新基建新经济基地比拼，18个基地新落地项目121个。推动科技创新“四个倍增”，推行科技创新券，全社会研发经费投入增长20%；新增高新技术企业超500家、国家专精特新“小巨人”18家；新建高水平科研平台3个。

2021年1月22日，2021年中国石狮跨境电商发展（线上）峰会在石狮国际商贸城东南亚采购集散中心举行，石狮“跨境电商发展年”系列活动启动。图为石狮国际商贸城东南亚采购集散中心外观

（图/石狮市融媒体中心）

2021年4月1—3日，由福建三叶集团有限公司主办的第十七届南安水暖泵阀暨消防器材交易会在福建成功国际会展中心举行。该届展会以“智造崛起、质领未来”为主题，523家企业和8100余名采购商、代理商参展。展会期间，签订意向合同金额62亿元

（图/泉州品牌发展中心）

2021年4月18日，第二十四届海峡两岸纺织服装博览会暨2021中国裤装产业品牌博览会在石狮开幕。该届展会以“融合创新 共享时尚新生活”为主题 （图/吴寿民）

2021年4月22日，由泉州市政府主办，泉州市数字办、泉州半导体高新技术产业园区管委会、晋江市政府承办的2021年数字中国创新大赛集成电路赛道首届全国集成电路“创芯大赛”颁奖仪式暨2021年泉州数字产业发展论坛在晋江举行。图为泉州数字产业发展论坛高端对话现场 （图/泉州数字产业论坛主办方）

2021年4月19日，第二十三届中国（晋江）国际鞋业暨第六届国际体育产业博览会在晋江开幕。该届展会展览面积6万平方米，设置2317个国际标准展位　　（图/吴炯雯）

2021年10月8日，由工业和信息化部、山东省政府主办的2021年世界工业设计大会在山东烟台举行。会上发布首批国家工业设计研究院名单。位于德化县的国家陶瓷工业设计研究院（福建）有限公司作为五家首批国家工业设计研究院之一入选　　（图/王宇静　刘银燕）

2021年12月3日，2021年第三届泉州智能装备博览会在南安成功国际会展中心开幕。该届展会以“智能智造、装备先行”为主题，设立“专精特新”设备展示馆（图/泉州品牌发展中心）

2021年12月24—26日，由中国国际商会主办，中国国际商会会展部、中国国际贸易促进委员会福建省委员会、泉州市政府承办的第七届中国（泉州）海上丝绸之路国际品牌博览会在中国石狮服装城举行。该届展会以“新丝路、新格局、新业态”为主题，20个国家和地区的150家企业参展（图/李荣鑫）

品质泉州

2021年，泉州市落实“城乡品质提升年”活动，实施845个城建项目，实施老旧小区改造项目504个、6.1万户。开展宜居乡村建设，拓展创建315个乡村振兴试点村，培育50个典型示范村。推动教育优先发展，新增公办幼儿园学位9000个、中小学学位1.5万个。发展卫生健康事业，新增医疗机构床位1000张。加强就业和社会保障，全市城镇新增就业10.5万人。

2021年，泉州经济技术开发区发展教育事业，引进优质教育资源，让职工子女“有学上、上好学”。图为该区纪念中国少年先锋队建队70周年活动现场（图/吴文财 叶建宝）

2021年1月7日，由泉州市总工会主办的“2021我在泉州过大年”企业职工欢度新春暨“两节”送温暖关爱活动启动

（图/陈小阳 李永江）

2021年4月15日，泉州老年大学新校舍落成暨2021年春季开学仪式举行。图为学员在教室外的电子班牌上通过扫二维码进行报道、查看课程等

（图/林劲峰）

2021年5月19日中国旅游日，由鲤城区委宣传部、区文旅局主办的“古韵鲤城·文化之旅——心中有鲤”系列活动在泉州府文庙广场举行

（图/吴寿民）

2021年6月24日，由安溪县委、县政府监制出品，安溪县高甲戏艺术保护传承中心创作排演的革命题材高甲戏《莫耶·延安颂》首演
（图/许丽永 许艺燕）

2021年6月30日，由泉州市委统战部、泉州市文联、福建省新阶联、泉州市新阶联等主办的“红色记忆 光辉百年”——庆祝中国共产党成立100周年剪纸作品展在泉州东亚之窗文创园开幕
（图/泉州文艺）

2021年，泉州市各中小学落实“双减”政策，实施课后服务“扩面提质”行动。图为洛江区实验小学学生在老师带领下利用课间进行课外阅读 （图/陈晓东）

2021年10月14日，泉州侨批馆开馆，成为首个“福建侨批展示基地” （图/吴寿民）

2021年10月29日，福建省第三十一届保护野生动物宣传月暨《泉州湾百鸟专题（二）》明信片全国首发宣传活动在泉州海丝动物世界举行。图为活动中展示《泉州湾百鸟专题（二）》明信片

（图/刘杰斌）

2021年11月4日，泉州市第十五届“书香泉州”全民阅读月暨2021年图书展会启动。图为小学生参观书展

（图/雷秀婷）

2021年11月23日，由永春县委、县政府主办的2021年中国永春芦柑文化旅游节暨芦柑开采活动在永春县达埔镇国有猛虎柑橘场举行　　（图/许永华　叶国强）

2021年12月4日，以“新业态、新消费、新文旅”“数字科技赋能湾区文旅融合”为主题的2021年广州文化产业交易会开幕。图为泉州展馆　　（图/庄丹丹）

2021年，泉州市开展城乡品质提升工程，打造宜居城市环境 （图/王金植）

2021年，泉州市优化城市园林绿化品质，开展“绿满泉城”绿化提升行动。图为洛江区万安街道洛阳江畔一角 （图/林劲峰）

目 录

年度聚焦

专 记

大事记

市情概览

中共泉州市委员会

泉州市人民代表大会

泉州市人民政府

政协泉州市委员会

纪检监察

民主党派和工商联

群众团体

外事·侨务·台港澳事务

法 治

军 事

退役军人事务

应急管理

自然资源与规划管理

生态环境管理

经济监督管理

市场监督管理

财政·税务

金融

口岸综合管理

农业·农村

工 业

开发园区建设

信息业

交通·邮政

商贸流通服务业

旅游业

民企与泉商

城乡建设与管理

教育

科学技术

社会科学

文 化

卫生·体育

社会民生

县域概览

人物·荣誉

附 录

年度聚焦

泉州市党政主要领导调整

2021年7月21日，泉州市领导干部会议召开，福建省委常委、组织部部长杨贤金到会讲话，会上宣布省委关于泉州市党政主要领导调整变动的决定。省委决定：王永礼任中共泉州市委书记，康涛不再担任中共泉州市委书记、常委、委员职务。王永礼表示，将对党忠诚，用习近平新时代中国特色社会主义思想武装头脑、指导实践、推动工作，贯彻落实习近平总书记“七一”重要讲话和到福建考察讲话精神，开展党史学习教育，弘扬伟大建党精神，推动“再学习、再调研、再落实”活动走深走实，一张蓝图绘到底，落实市委全会既定的基本战略和工作目标。坚持人民至上，坚定践行党的群众路线，高标准推动新一轮民生工程，多层面提升群众生活品质，促进共同富裕。勇于担当作为，保持紧迫感和危机感，统筹发展与安全，推动经济总量继续保持全省领先，产业集群竞争力走在全国前列，环湾中心城市聚核成型，人民生活品质稳步提高，为打造具有全国影响力的“海丝”名城、制造强市，建设现代化中心城市而努力。

2021年12月12日，泉州市领导干部大会召开，宣布福建省委关于泉州市委主要领导调整变动的决定。省委书记尹力出席并讲话。省委常委、组织部部长邢善萍宣读省委关于泉州市委主要领导调整变动的决定：刘建洋任中共泉州市委委员、常委、书记，王永礼不再担任中共泉州市委书记、常委、委员职务。刘建洋表示，将永葆忠诚之心，始终旗帜鲜明讲政治，有力有效贯彻落实习近平总书记重要讲话重要指示精神和党中央决策部署、省委省政府工作要求；永葆进取之心，勇于担当、尽职尽责，大力弘扬“晋江经验”，发扬爱拼敢赢精神，汇聚侨商侨智侨力，努力建设“海丝”名城、智造强市、品质泉州；永葆感恩之心，持续增进民生福祉，坚持以人民为中心的发展思想，让泉州发展更有温度、民生福祉更有质感；永葆敬畏之心，切实履行好管党治党政治责任和第一责任人责任，认真贯彻落实新时代党的建设总要求，巩固和发展良好政治生态，永葆清正廉洁的政治本色。

2021年7月31日，泉州市十六届人大七次会议第二次全体会议召开。大会补选蔡战胜为泉州市人民政府市长。蔡战胜承诺，将把讲政治摆在首位，学习贯彻习近平总书记“七一”重要讲话和到福建考察讲话精神，自觉把讲政治贯穿到政府工作全过程、各方面，落实好上级和市委的各项决策部署。将把依法行政落在实处，自觉维护宪法和法律权威，把政府工作全面纳入法治轨道，执行市人大及其常委会各项决定决议，依法接受人大监督，支持代表履职，确保代表议案、建议件件有落实、有回音。将把发展重任扛在肩上，常学常新“晋江经验”，推进“海丝”名城、制造强市建设，把市委定下的“十四五”发展蓝图和年初人代会审议通过的各项目标任务一件一件推进落实。将把民生福祉放在心头，作为政府一切工作的出发点和落脚点，补齐教育、医疗、养老、环保、城乡基础设施等民生社会事业短板，让群众有更多获得感、幸福感、安全感。

泉州市入选第二批国家创新型城市

2021年5月10日，全国国家创新型城市总结评估会召开，泉州市和龙岩市通过评估，成为福建省第二批国家创新型城市。至此，福建省共有4个创新型城市，分别是福州（创新增长极类）、厦门（创新策源地类）以及泉州和龙岩（均为创新集聚区类）。

近三年来，泉州市推进国家创新型城市建设，科技创新体系不断完善，区域自主创新能力和科技管理服务水平显著提升，各项工作亮点频现。

创新改革进入深水区。泉州市发挥民营资本活跃和多区政策叠加优势，在民营经济综合配套、人才管理体制、科技成果转化、金融服务实体经济政策等方面全面深化改革。截至2020年11月底，全市市场主体总量118.5万户，比2019年上升25.7%。2017—2019年度全市人才发展指数居全省第一档次，泉州、晋江入选科技部“百城计划”。

创新动力持续增强。泉州市推进福厦泉国家自主创新示范区泉州片区建设，推出45项全国、全省的创新举措，其中19项被列入向全省推广清单，总数位居全省首位。泉州国家高新产业园区“一区十园”2020年主要经济指标平稳向好，实现规模以上工业总产值2430.65亿元，同比增长7.27%。高水平建设时空科创基地，建设海上丝绸之路时间中心，成为国家重大科技基础设施“十三五”规划的10个优先建设项目之一；高标准建设清源创新实验室，是福建省首批授牌建设的4家省创新实验室之一；引进国内知名高校、科研院所共建各类大院大所18家，引进培养各类科研人员近800名。

产业创新示范作用持续发挥。2019年全社会研发投入经费增长27.6%，增幅全省第二。全市培育国家高新技术企业1037家，省科技小巨人领军739家。全方位推广“数控一代”应用，超50%、2500多家的规模以上企业参与智能化改造。

创新人才集聚效应凸显。泉州市推进人才总量倍增行动，人才资源总量201.3万人，引进高层次人才713人，培育349个高层次人才创新创业项目，引进支持39个高层次人才团队。立足战略性新兴产业发展需求，组建市级院士工作站22家，市级专家工作站50家。加快培育技能人才队伍，获评国家级高技能人才培训基地5个、市级以上技能大师工作室86个。

创新合作先导项目有效推进。泉州市促进海峡两岸产业合作，2018年以来，立项开展国家、省、市对外（对台）科技合作项目28项。促进中意“两国双园”、中印“两城双园”建设，落地设立闽台青年文化产业创新创业基地、“海峡两岸集成电路产业合作试验区”泉州分园区、国乔石化项目、台资颐和医院项目精准医学中心、永春闽台农业融合发展（果业）产业园等各类产业、项目。

泉州市人口总数全省最多

2021年5月20日，福建省政府新闻办举行新闻发布会，发布福建省第七次全国人口普查主要数据。泉州地区常住人口8782285人，占全省常住人口的比重为21.14%，人口总数位居全省第一。

全省常住人口（不含金门、马祖等岛屿的人口和在福建接受普查登记的台港澳居民以及外籍人员）为4154.01万人，与2010年（第六次全国人口普查数据，下同）的3689.42万人比，增加464.59万人，增长12.59%，年平均增长率1.19%，比2001年到2010年的年平均增长率提高0.58个百分点。与2010年相比，9个设区市中，有8个设区市人口增加。人口增加较多的3个设区市依次为厦门、福州（包括平潭）、泉州，分别增加163.26万人、117.59万人、65.38万人。全省常住人口中，男性人口2146.68万人，占51.68%；女性人口2007.33万人，占48.32%。性别比（以女性为100，男性对女性的比例）为106.94，比2010年提高0.98%。全省常住人口中，0～14岁人口802.52万人，占19.32%；15～59岁人口2687.70万人，占64.70%；60岁及以上人口663.79万人，占15.98%（其中，65岁及以上人口461.00万人，占11.10%）。与全国比较，福建人口平均年龄37.3岁，比全国人口平均年龄的38.8岁年轻1.5岁。

2020年，泉州市常住人口平均年龄35.9岁，比全国人口平均年龄年轻2.9岁、比全省人口平均年龄年轻1.4岁。少儿人口和劳动年龄人口占比高于全国、全省平均水平，0～14岁人口占比分别比全国、全省高2.67个和1.30个百分点，15～59岁人口占比分别比全国、全省高2.82和1.47个百分点。老龄人口占比低于全国、全省平均水平。60岁及以上人口占13.21%，分别比全国、全省低5.5个和2.8个百分点。这表明，泉州市人口年龄结构总体优于全国、全省平均水平。主要得益于生育政策调整取得积极成效，促进出生人口回升；同时得益于泉州市属于人口净流入地，外来流入人口以青壮年为主，一定程度上缓解人口老龄化进程。2020年，泉州市平均每个家庭户的人口为2.74人，与2010年相比，户均人口继续减少0.32人，减少幅度比上个十年缩小0.32人。泉州市家庭户规模继续缩小，主要是随着经济社会发展和城镇化进程加快，人们生产生活方式、家庭观念改变，由大家庭共同生产、生活方式，逐步向小家庭独立空间、自由生活方式转变，是人口流动日趋频繁、生活水平提高、居住条件改善以及年轻人婚后独立生活等共同作用的结果。

十年来，泉州市人口素质大幅改善，人力资本不断提升。与2010年相比，2020年全市15岁及以上人口文盲率由2.16%下降为1.94%，降低0.22个百分点；15岁及以上人口平均受教育年由8.78年提高到9.30年。具有大专及以上学历的人口92.17万人，比2010年增长97.9%，占总人口的比重10.5%。每10万人中拥有大学文化程度的由5706人上升为10495人，相当于每10人中有一个大学生；每10万人中拥有高中文化程度的由11759人上升为12341人。

泉州市入选国家产教融合首批试点城市

2021年7月16日，国家发改委、教育部发出《关于印发产教融合型企业和产教融合试点城市名单的通知》，认定全国首批21个国家产教融合试点城市和63家国家产教融合型企业，泉州市成为福建省唯一入选城市。国家产教融合建设试点是一项综合性、系统性改革试点，建设国家产教融合型企业和国家产教融合试点城市，对于发挥城市承载、行业聚合、企业主体作用，建立城市为节点、行业为支点、企业为重点的推进机制具有重要推动意义。作为全国民营经济发达地区之一，泉州市产业基础扎实，被誉为“民营经济乐园”。建立起规模稳定、结构合理的服务产业发展的人才培养体系，全市高校有省级高峰学科、高原学科、服务产业特色专业群、产教融合示范专业点等各类对接产业的学科专业类质量工程项目157个，位居全省前列，形成覆盖重要产业链的专业布局。

泉州市实现奥运金牌“零的突破”

2020年7月25日，东京奥运会男子举重61公斤级比赛举行，泉州籍运动员李发彬以抓举141公斤、挺举172公斤、总成绩313公斤获冠军，并打破该级别挺举和总成绩奥运纪录。这也是福建选手参加东京奥运会所获的首枚金牌，同时标志泉州实现奥运会金牌“零的突破”。李发彬出征东京，是泉州举重选手第一次参加奥运会。7月30日，东京奥运会羽毛球混合双打决赛举行，泉州籍运动员黄东萍与队友王懿律合作，获得冠军。黄东萍此次出征东京，是泉州籍羽毛球选手第一次参加奥运会并夺冠，也是福建女子羽毛球队的运动员第一次参加奥运会并夺冠。中华人民共和国成立后，东京奥运会前，已有15名泉州籍运动员参加7届奥运会。自泉州人黄云龙代表中国队参加1984年第23届洛杉矶奥运会男子篮球比赛起，经过37年，泉州终于获得奥运会金牌。

2020年7月25日，泉州籍运动员李发彬获东京奥运会男子举重61公斤级金牌　（图/市体育局）

2020年7月30日，泉州籍运动员黄东萍（前）与队友王懿律合作获东京奥运会羽毛球混合双打金牌　（图/市体育局）

中国共产党泉州市第十三次代表大会召开

2021年10月9—11日，中国共产党泉州市第十三次代表大会在泉州人民会堂召开。大会执行主席王永礼代表中国共产党泉州市第十二届委员会向大会做主旨报告。大会主题是：坚持以习近平新时代中国特色社会主义思想为指导，大力弘扬伟大建党精神，创新发展“晋江经验”，坚决扛起全方位推进高质量发展超越主力军担当，奋力建设“海丝”名城、智造强市、品质泉州，谱写全面建设社会主义现代化国家的泉州篇章。

王永礼在报告中指出，实现建设“海丝”名城、智造强市、品质泉州的美好愿景，今后五年至关重要。要坚持以习近平新时代中国特色社会主义思想为指导，贯彻中共十九大和十九届二中、三中、四中、五中全会精神，贯彻习近平总书记在庆祝中国共产党成立100周年大会上的重要讲话和到福建考察讲话精神，弘扬伟大建党精神，坚持稳中求进工作总基调，立足新发展阶段，完整、准确、全面贯彻新发展理念，服务和融入新发展格局，创新发展“晋江经验”，勇当福建全方位推进高质量发展超越主力军，实现“五个双提升”，即经济总量与产业层次双提升、城市能级与城乡品质双提升、创新活力与港澳台侨优势双提升、民生福祉与城市文明双提升、法治泉州与平安泉州双提升。完成既定目标任务，要创新发展“晋江经验”，加力做好高新技术、大企业、无形通道、城市能级和新型服务型政府等“后半篇文章”，重点实施五大工程，即制造业高质量发展工程、世界遗产典范城市创建工程、新区新城有机集聚工程、“聚城畅通”工程、共同富裕先行工程。要以“大统筹”聚合力，以“新格局”展未来，以“拼智勇”抓落实，树强节点概念、清单意识、项目思维，一件一件做实做细做成做好。要勇当发展现代产业体系主力军，突出科技赋能、数字赋能、绿色赋能，加速打造区域性创新高地，推动智能化改造数字化转型、产业强链建链补链、低碳集约绿色发展，建设全球先进制造基地；勇当区域协调发展主力军，突出区划重构、聚城畅通、聚湾强心，加快环泉州湾中心城区建设、推进区域同城化发展、以交通圈拓展生活圈产业圈，做好世界文化遗产活态保护传承利用，共同守护“两江一带”，建设代表中国海洋文明的区域中心城市；勇当深化改革开放主力军，突出扩大内需、释放潜力、激发活力，丰富泉州特色改革实践，优化“遵法度、有温度”的营商环境，建设海上丝绸之路重要门户，打造台胞台企登陆第一家园，建设21世纪海上丝绸之路先行区；勇当促进共同富裕主力军，突出共建共享、共管共治、共同缔造，创新先富带后富帮后富机制，办好人民满意的教育，强化健康与社会保障兜底，推进乡村社区治理现代化，打造法治泉州平安泉州，建设美丽宜居的幸福家园。

中国共产党泉州市第十二届纪律检查委员会工作报告和全市党费收缴使用管理情况报告以书面形式提请大会审议。党代表以无记名投票的方式，选举出中国共产党泉州市第十三届委员会委员51名、候补委员9名，中国共产党泉州市第十三届纪律检查委员会委员42名，省第十一次党代会代表54名。大会一致通过《中国共产党泉州市第十三次代表大会关于中国共产党泉州市第十二届委员会报告的决议》《中国共产党泉州市第十三次代表大会关于中国共产党泉州市第十二届纪律检查委员会工作报告的决议》。

2021年10月9日，中国共产党泉州市第十三次代表大会开幕

（图/陈小阳）

专　记

泉州市开展党史学习教育

2021年，泉州市成立中共泉州市委党史学习教育领导小组和办公室，组建27支巡回指导组（含市委教育工委巡回指导组11支），形成“1+4”方案体系（总方案+工作规则、宣传报道方案、宣讲工作方案、实践活动方案）。建立“周调度、月小结、季盘点”统筹协调机制，实行“一周一提醒”“一周一调度”。举办市县两级领导班子专题读书班、年轻干部“学党史增信念”专题班92班次。开好专题组织生活会，泉州市1.35万个党支部均召开专题组织生活会。用好红色资源，发布48个党史学习教育参观学习点，接待干部群众2.2万批次、56万人次。挖掘泉州侨史资源，组织5500多名侨界群众参观学习。创新实施“我为群众办实事”“我为企业解难题”“我为社会做好事”“三为”实践活动，策划生成1.47万个实践活动项目，其中全国首创14项、全省首创43项。国家发改委发布的《关于推广地方支持民营企业改革发展典型做法的通知》中，泉州市成为全省唯一入选城市，13条典型做法被推广。培育市国资委五“服”临门·国企惠民行动、推行政府购买图审服务促进项目审批提速增效、市税务局“易税”服务体系2.0等典型事例，得到中共中央、省委巡回指导组肯定，泉州市8个项目入选福建省“我为群众办实事”实践活动案例选编，数量居全省设区市首位。编发《泉州市党史学习教育简报》68期，省上采用87次（篇），市、县两级主流媒体刊发报道近2万篇（条），《人民日报》、“学习强国”学习平台等上级媒体刊载泉州市有关报道4600多篇（条）。

2021年3月1日，泉州市党史学习教育动员大会召开　（图/陈晓东）

泉州市全力防控新冠肺炎疫情

2021年，泉州市报告新冠肺炎确诊病例32例，其中本地病例24例（鲤城区1例、泉港区17例、晋江市2例、安溪县4例）、输入病例8例（泉州台商投资区5例、石狮市2例、安溪县1例）；报告新冠肺炎阳性检测者5例，均为输入性病例（泉州台商投资区5例）。

疫情处置情况

9月、10月泉港区、安溪县发生新冠肺炎疫情后，泉州市卫健委立即激活应急指挥体系，第一时间成立前线指挥组，抽调市、县两级（晋江、南安、安溪和石狮）流调队伍9支64人支援泉港区疫情防控，并派出督导组下沉各县（市、区）检查指导，密集研究、会商、部署，科学精准开展流调溯源、密接与次密人员的管控和疫点的消毒处置。成立9个专业指导组，印发《市疫情防控与医疗救治组关于开展新冠肺炎疫情防控工作督导的通知》，挂钩各县（市、区）巡回指导、帮扶，对全市隔离场所、发热门诊、定点医院、方舱实验室等开展全覆盖检查。有效管住传染源，切断传播途径，在较短时间内遏制疫情扩散，没有出现疫情外溢、三代病例和社区传播。坚持中西医结合救治新冠肺炎患者，实行“一患一案一策”，分4批次集中救治34例，实现“零感染、零死亡”。

核酸检测能力

达到全市3日全员核酸检测能力，全市核酸检测机构达59家，日最大检测能力达40万管/日，包括建成6个城市检测基地、8台应急移动检测方舱，制定1日完成全员核酸检测调度方案。

新冠疫苗接种

调整完善全市疫苗接种实施方案，并逐一与各县（市、区）就目标人群组织动员、能力提升、优化流程、调度管控、后勤保障、安全措施等工作进行会商，指导各地完善工作方案，做到一县一方案。全市设置新冠疫苗接种单位237家、接种台1235台，规范接种流程，上下联动、依法依规、积极稳妥、有条不紊地推进新冠病毒疫苗接种工作，同时强化现场医疗救治保障和疑似异常反应监测，达到无禁忌证应种尽种目标，筑牢人群免疫屏障。全市接种1866.74万人次，其中12岁以上全程接种覆盖率97.60%，加强免疫接种完成率为97.24%，3～11岁人群全程接种覆盖率91.16%。超额完成省级下达的接种任务。

2021年3月，泉州经贸职业技术学院新冠疫苗临时接种点医护人员为校内师生接种新冠疫苗（图/林劲峰）

全市新基建新经济基地建设

2021年，泉州市发改委落实市委关于加快新基建新经济基地建设的决策部署，立足泉州市产业基础，锁定产业发展前沿，坚持优化提升产业结构，加快推动数字产业化、产业数字化，组织策划形成18个新基建新经济基地，覆盖全市各县（市、区），初步形成全市新经济布局。18个基地新增签约项目（企业）219个、总投资905.9亿元，新增开工项目156个、总投资609.7亿元，新增投产项目80个、总投资150.8亿元。

健全工作机制 推进基地建设

强化统筹协调。定期梳理在前期工作、用地申报等环节中的困难和问题，结合重点项目协调调度机制，将需协调推进问题上报纳入每月市政府领导定期召开的重大项目协调会，同时，根据实际情况，不定期召开较难较急问题专题协调会，逐项攻坚销号。同时，主动到企业一线，及时掌握企业发展面临的实际问题，制定管用的措施办法，帮助企业解决实际困难。

提升项目服务效能。完善基地项目提前介入指导、集中并联审批及实行“容缺预审”等政务服务，推动项目报批报建等政务审批及验收“一次通过”，力促企业发展和项目建设“少走弯路”。通过提升服务效能，推动已签约落地的大项目、好项目投建投产，尽快形成效益。

完善工作机制。完善“周汇总、月协调、季调度”和“四个一”（一次现场、一次会议、一份清单、一套账单）等行之有效的工作机制，及时协调化解项目推进过程中的堵点难点问题。对18个新基建新经济基地工作进展成效通过简报、简讯、专刊、督查通报等形式进行比拼晾晒，对各基地分档评级，促进基地发展。开发新基地新基建项目管理系统，建立项目库，指定专人负责，通过规范化管理，每月更新项目清单和进展情况，跟踪推动提高项目阶段转化率（签约转开工、开工转投产），对项目做到常态化、系统化跟踪。

构建产业体系 打造基地产业生态

打造优势产业集群。按照“招龙头、引核心、铸链条、植产业”的工作思路，招大项目好项目，打造优势产业集群。8月6日，国家知识产权局发函同意中国（泉州）知识产权保护中心通过验收，这是全省首家获批建设、首家通过验收的国家级知识产权保护中心，中心将面向泉州市智能制造和半导体产业领域提供集快速审查、快速确权、快速维权为一体的产业知识产权快速协同保护，同时，针对知识产权服务业集聚区建设，基地引进国家知识产权局下属央企知识产权出版社参股公司中知立德负责运营，拟打造优势产业集群；数字福建（安溪）产业基地高位谋划建设“两中心、三链条”（数据中心、中关村创新中心，空天大数据产业链、影视大数据产业链、电商大数据产业链），依托中科曙光、中关村信息谷、中科数遥、中国电影资料馆等行业龙头企业，引入几十家上下游企业入驻，包括大数据、人工智能、物联网、空间信息等产业，同时，启动星座计划，首期发射22颗卫星、总投资9亿元，已发射“安溪铁观音一号”“安溪铁观音二号”2颗卫星。

聚焦强链补链延链。缺什么引什么、弱什么补什么，有针对性地开展招商引资，推动“以企业招商”“以平台招商”，推动现有企业吸引上下游企业资源。传感智能制造产业基地引入天智合金材料科技有限公司和中国科学院宁波材料技术与工程研究所在洛江建立非晶纳米晶磁性材料工程中心，填补国内技术和产品空白；智能装备制造产业基地成功引进三大央企注资成立的北京石墨烯技术研究院有限公司，开展石墨烯用于机械装备、电子电气设备等领域的技术研发和成果转化，打造石墨烯技术装备新型产业链。

突出构建基地产业生态。将周边学校、公共交通等配套纳入规划建设，支持国企参与基地片区开发、人才房、保障房等建设。知创产业基地组建成立国有性质运营公司泉州丰泽华大知创园有限公司，共同推进园区项目建设及招商工作，规划建设知创大厦及人才公寓项目，用地3.05公顷，知创大厦开工建设；智能装备制造产业基地科创新区和安海园完成控制性详细规划，商住用地、工业用地、道路和水电规划等公共配套设施建设纳入规划中。

大力引智育才 迸发发展活力

创新人才引进方式。吸引优秀猎头企业入驻泉州市，搭建猎头机构与基地企业交流合作平台，解决泉州市新型产业急需的高层次创新人才需求，“芯谷”南安基地对接人力资源公司，引进“泉州市吾越人力资源有限公司”在园区注册并入驻园区孵化器，利用该企业在河南、云南等地高校人力资源为园区企业输送人才；数字福建（安溪）产业基地聘请第三方作为园区政策咨询、人才申报、载体培育等服务合作单位，可申报平台载体13个，其中司雷植保成功申报高层次人才团队。

拓展人才创业空间。发挥各类高端平台人才集聚、项目孵化、成果转化等方面的功能，面向全市各基地提供服务，实现资源共享，拓展人才的创业空间和发展舞台。古城数字文创动漫基地筹措建设鲤城区文旅产业人才服务中心，集聚“公共服务、产业集聚、创业孵化、人才安居、娱乐休闲”多平台于一体，同时，设立省级众创空间——泉府印象众创空间，打造人才创新创业活力地标；智能装备制造产业基地发挥泉州装备所、哈工大机器人中心等平台在科技研发、成果转化、培训人才和孵化项目等方面的作用，为全市基地企业提供综合性的科技服务。

建立本地人才培育体系。建立以产业为导向的本地人才培育体系，深化产学研合作模式，推动基地企业与本地高校开展合作办学，开展人才培养合作，推动本地职业院校调整设置相关专业，实行“订单招生、定制培养、定向就业”，快速填补新兴产业生产一线技术应用型人才缺口。数字福建（安溪）产业基地建立布塔教育实训基地，每年培训学生500名以上，开展云计算、大数据、数字媒体等多元化技能培训，对外经济贸易大学、集美大学、华侨大学等高校开展校企合作联合实训，并与泉州师范学院等商讨进一步合作；“芯谷”南安基地推进校政企合作，对接园区企业与泉州师范学院达成校企合作协议，与园区企业到莆田学院签订战略合作协议，就人才培养、企业培训、师资队伍建设等方面加强合作。

强化政策扶持
改善招商环境

坚持目标导向和问题导向，根据不同基地的产业性质和实际情况，按照“一基地一政策”的办法，制定精准有效的专属扶持政策，学习借鉴先进地区做法，增加政策“含金量”“含新量”，形成区域政策的比较优势。知创产业基地按照《泉州市丰泽区人民政府关于印发〈丰泽区推进知识产权服务业集聚发展区建设实施意见〉的通知》，对核准入驻集聚区的知识产权机构（公司）给予租金补助、成长发展奖励等；智能电网电器产业基地借鉴厦门、福州等兄弟城市做法，研究出台《泉州台商投资区管理委员会关于印发〈扶持智能电网电器产业加快发展若干意见〉的通知》。

“21世纪海上丝绸之路先行区”建设

2021年，泉州市发改委主动对接国家“一带一路”、省“海上丝绸之路”核心区建设工作的新思路、新要求、新部署，紧抓“泉州：宋元中国的世界海洋商贸中心”申报世界遗产成功契机，加速破题新时代“海上丝绸之路”先行区建设。组织开展《泉州市“十四五”21世纪海上丝绸之路先行区建设专项规划》编制工作，印发《2021年泉州市21世纪海上丝绸之路先行区建设工作要点》。

“海陆空”互联互通新通道建设

推进泉州晋江国际机场扩能改造工程，于4月取得民航华东地区管理局与省发改委项目初步设计及概算联合批复，6月30日开工建设。1—11月，机场完成航班起降4.5万架次、旅客吞吐量522.2万人次。贯彻落实省、市两级“丝路海运”实施方案，联合交通局、商务局、财政局印发《泉州市“丝路海运”建设与发展专项资金管理规定》，对新增外贸集装箱航线、拓展“丝路海运”命名航线，以及支持泉州港直航台湾本岛集装箱运输航线发展进行奖励。通过政策引导，鼓励各地港航企业在泉州市港口开辟外贸集装箱航线，支持拓展“丝路海运”命名航线，加密现有的近洋航线，延伸拓展远洋航线，建设带动沿海、辐射内陆、通达“海上丝绸之路”沿线国家和地区的海上物流新通道。

“海上丝绸之路”经贸产业合作

加强经贸交流。新批准“海上丝绸之路”沿线国家到泉州市投资项目14个，投资总额1462.28万美元，其中合同外资1205.38万美元，投资行业涉及医疗卫生、金属制造、纺织服装批发销售、文化传媒等领域。组织61家企业参加中亚线上经贸推介会，引导企业参加第四届“一带一路”发展高层论坛、区域全面经济伙伴关系投资新机遇研讨会、中国企业“走出去”对接会、商务部投资促进事务局并购项目发布会等近10场专场对接交流会，鼓励企业克服疫情的不利影响。加快“海上丝绸之路”经贸平台建设。以石狮市场采购贸易方式试点启动为契机，助推石狮纺织服装产业联盟抱团外贸发展。做好第七届中国（泉州）海上丝绸之路国际品牌博览会、第五届海峡两岸食品交易会和第十四届海峡两岸农产品采购订货会筹备组织工作。推动泉州综合保税区、晋江陆地港、泉州购跨境电商平台、中兴海丝路跨境电商服务平台等平台建设。泉州综合保税区推动保税维修发展，创新“交换件”与“周转件”模式，拓展企业在国内航空领域的市场；陆地港跨境电商板块依托泉州国际快件监管中心和泉州跨境电商监管中心“双中心模式”开展对外贸易。提出对在“一带一路”国外经贸园区建设方面重点支持，对引导民营企业“抱团出海”开展对外投资合作提供有效保障。支持福建百宏聚纤科技实业有限公司越南年产70万吨聚酯工程项目投产。推动中意“两国双园”和南安泛家居联盟建设。加快推进建设“中意（泉州）时尚创意谷”和“意大利CSMT（泉州）中心”项目。引导和帮助南安泛家居联盟开拓“一带一路”沿线国家市场。南安泛家居联盟布局和建成印度尼西亚、阿曼、阿联酋等南安泛家居海外建材市场和约旦、阿联酋、肯尼亚等海外线下体验馆。同时，与印度尼西亚、埃及、印度、柬埔寨、约旦、阿联酋、沙特等国签订一系列采购合作协议。

国际文化交流合作

抓住“泉州：宋元中国的世界海洋商贸中心”入选世界遗产名录的契机，统筹“泉州：宋元中国的世界海洋商贸中心”的保护传承与活化利用，争创“海上丝绸之路”世界遗产典范城市。向上争取资金7500余万元，推进18个国保单位“三防”工程、22个省（市）级文保单位修缮项目。完成苦寨坑遗址、屈斗宫德化窑址、南外宗正司遗址等考古遗址公园规划编制。举办2020年度优秀古迹遗址保护项目推介活动，府文庙大成殿修缮项目列入2020年度优秀古迹遗址保护项目推介名单。完成申遗总馆及8个遗产点现场展示馆提升，新建德化窑址、安溪冶铁遗址、南外宗正司遗址3个展示馆。打造外宣精品项目。联合美国国家地理频道，历时3年打磨外宣精品纪录片《重返刺桐城》，作为中宣部“影视国际联合制作项目”，于9月4日起通过美国国家地理频道在亚太区首播，之后陆续在欧洲、拉美、非洲等区域播出，使用43个语种，覆盖170多个国家和地区，在海外国际友人和华人华侨圈里形成“热播热议”效应。参加全国对外友协、省外办举办的会议、论坛活动，如2021年中国—中东欧国家市长论坛、“东盟+中日韩博物馆云论坛”、中国—土耳其民间友好合作对话会、中国（福建）—欧洲友城遗产保护和文明对话研讨会等，邀请并组织相关人员参会宣介泉州。加强APEC（亚太经济合作组织）商务旅行卡宣传推介，助推企业及人员参与亚太地区经贸合作，服务国内国际双循环相互促进的新发展格局。举办5场宣传推介会、现场受理会，参会企业人员近300人。

“海上丝绸之路”门户城市建设

做好侨务统战工作。推进南洋华裔族群寻根谒祖综合服务平台（二期）加快建设，启用项目一期建设中心，代建、监理、中标方等参建单位集中办公，加强集中管理、科学管理。族谱数字化稳步推进。完成105套族谱的分析梳理，约3万页族谱的结构化录入，同时推进数据关联技术攻关。继续深化海外泉州籍精英接引活动，推进民企、侨企项目合作，做好二、三代青年华裔工作，推动参与“海上丝绸之路”先行区建设。发挥海陆丝绸之路城市联盟平台作用。组织泉州市22家企业参加在福州举办的第四届21世纪“海上丝绸之路”博览会暨第二十三届海峡两岸经贸交易会，在友好协作城市展区搭建泉州优品展示馆，向国内外参会客商展示“泉州货”的魅力。筛选出与茶叶展会匹配度较高的19家企业，组织参加2021年莫斯科茶业博览会云展会，帮助企业通过数字平台拓展“海上丝绸之路”市场。深化泉台港澳合作。重大台资项目落地取得突破，推进海峡两岸集成电路产业合作试验区泉州产业园导入更多台湾集成电路产业优质项目、先进管理和领先技术。园区投产晋华存储器、渠梁封装测试、三安半导体等多个龙头涉台项目，吸引集聚台湾半导体产业人才500多名；线上线下结合，办好两岸经贸展会活动。在落实疫情防控前提下，举办“海博会”“鞋博会”“食交会”“农订会”等涉台展会，通过线上线下相结合的模式，实现展会规模、台商台胞参与热情“双不减”。

国家公共文化服务体系示范区创建

2021年7月，泉州市被文化和旅游部、财政部命名为第四批“国家公共文化服务体系示范区”。国家公共文化服务体系示范区创建工作是文化和旅游部、财政部加强现代公共文化服务体系建设、保障和改善民生文化的重要抓手，是实施《中华人民共和国公共文化服务保障法》，实现公共文化服务均等化、标准化、科学化的举措之一。

泉州市2018年4月获得创建第四批国家公共文化服务体系示范区资格以来，市委、市政府高度重视，围绕构建共建共享的公共文化服务体系，探索公共文化服务泉州新实践、新经验，建立“党委领导、政府主导、职能部门齐抓共治，人大、政协全程跟进”工作机制，从党政协同、政府部门协同、党政与社会力量协同三个维度赋予公共文化服务共建共享新内涵，组织开展重大课题调查和制度设计，边探索、边实践、边总结、边提升。重点实施文化设施网络提升工程、文化惠民服务工程、公共文化产品数字化工程、公共文化品牌示范工程、文旅融合发展工程，丰富公共文化产品供给，让群众享有更高品质、更具乡土特色的文化服务。

建成泉州公共文化中心、市非物质文化遗产馆以及一批县、镇、村公共文化设施，基本实现市、县、镇、村四级全覆盖；开展“万千百十”文化惠民活动，形成“百姓大舞台”等公共文化活动示范品牌，文化活动从单纯“政府送戏，百姓看戏”向“群众参与，乐在其中”转变；形成“墟日文化车”下乡服务，实现公共文化均衡化发展等一批实践案例。培育公共文化设施共建共享新渠道、保障基本公共文化服务普惠共享新需求、拓展文化资源开放共享新空间、探索文化遗产活化共享新举措、引领精神文明创建共享新风尚等一些富有区域特色做法，实现公共文化服务标准化、均等化、公益化，形成具有泉州特色、行之有效的公共文化服务体系建设经验。

“泉州：宋元中国的世界海洋商贸中心”入选世界遗产名录

2021年7月25日，联合国教科文组织第44届世界遗产委员会会议在福州举行。与会专家认为，“泉州：宋元中国的世界海洋商贸中心”，反映特定历史时期独特而杰出的港口城市空间结构，其所包含的22个遗产点涵盖社会结构、行政制度、交通、生产和商贸诸多重要文化元素，共同促成泉州在公元10—14世纪逐渐崛起并蓬勃发展，成为东亚和东南亚贸易网络的海上枢纽，对东亚和东南亚经济文化发展做出巨大贡献。世界遗产委员会依据《实施保护世界文化和自然遗产公约操作指南》规定的标准，决定将“泉州，宋元中国的世界海洋商贸中心”列入世界遗产名录，成为中国第56项、福建省第5项世界遗产。

国家文物局强调，习近平总书记十分重视泉州文化遗产保护和申报世界遗产工作，认为泉州申报世界遗产成功具有四个方面意义：其一，申报世界遗产成功是泉州贯彻落实习近平总书记关于文物工作一系列重要论述和重要指示批示精神取得的最新成果，是推进历史考古研究和遗产保护工作所取得的又一重要收获。其二，申报世界遗产成功展示中华文明和人类文明发展的重要成果，即泉州作为古代海洋商贸中心的历史和古人坚韧不屈、顽强拼搏、勇于创新的精神特质。其三，申报世界遗产成功呈现中华文明与世界各国文明交流互鉴历史，是和平合作、开放包容、互学互鉴、互利共赢精神的集中体现。其四，申报世界遗产成功是同“世界各国和联合国教科文组织一道，加强交流合作”的范例，为中国世界文化遗产申报领域的国际合作提供成功经验。

2001年11月12日，时任福建省省长习近平主持召开省长办公会议，研究同意以省政府名义申请“海上丝绸之路东端——泉州”申报世界文化遗产。20年来，泉州从单独申报世界遗产到牵头联合申报世界遗产、再到先行申报世界遗产，泉州市委、市政府始终把申报世界遗产作为“1号工程”，成立市委书记总协调、市长任组长、分管副市长任副组长的申报世界遗产领导小组，设立综合协调、文本编制、文物修缮、环境整治、规划测绘、展示、宣传、接待和安全保障8个职能组，主要领导亲自抓，分管领导积极推进、高位推动，9个遗产相关县（市、区）均成立申遗工作领导小组和申遗办，将申报世界遗产工程融入国家战略大局，从中华文明、世界海洋文明的高度和视野讲好中国海洋文明故事。国际评估机构充分肯定泉州遗产保护管理工作，认为积极有效、保障充足，“政府主导、社会参与”维护机制形成良好传统。

农村人居环境整治“一革命四行动”

2021年，泉州市新（改）建卫生厕所8107户、农村公厕210座、示范性旅游厕所12座，摸底预测“十四五”期间全市计划改厕12233户，完成156277户2013年以来各级财政支持的改厕户摸排，未发现问题。新建改造乡镇污水管网226.46千米，90个村庄生活污水治理设施建设完成投资2.86亿元。10个镇全镇域落实农村生活垃圾分类，新增泉港区以区域为单位，将村庄保洁、垃圾转运、农村公厕管护等捆绑打包交国企运营。应编村庄规划完成批复562个，整治既有裸房28661栋，创建1个“崇尚集约建房县”示范县、1个新时代农村社区建设样板。创建省级美丽庭院示范户680户、省级森林村庄40个，建成绿盈乡村1633个，打造10个市级集镇环境整治示范试点，晋江市英林镇打造省级样板。提升10个历史文化名镇名村传统村落。

大 事 记

1月

12日　泉州市与中华（澳门）金融资产交易股份有限公司、恒和企业集团有限公司签署战略合作协议。

15—18日　市政协十二届五次会议召开。市政协主席李转生做十二届市政协常委会工作报告。

16—19日　市十六届人大六次会议召开。市长王永礼做市政府工作报告，市人大常委会主任陈灿辉做市人大常委会工作报告。

18日　市统计局发布2020年全市主要经济指标完成情况：经初步核算，2020年全市完成地区生产总值10158.66亿元，增长2.9%。在“十三五”收官之年，泉州市经济总量首次突破万亿元，连续22年位居福建省首位。

20日　“丝路启航·文化筑梦”福建省世茂海上丝绸之路博物馆开馆仪式在石狮举行。该项目旨在成为中国国有博物馆与非国有博物馆合作的典范。文化和旅游部党组成员、故宫博物院院长王旭东出席并致辞。

2月

6日　国务院批准2020年享受国务院政府特殊津贴人员名单，福建省64名高级专业技术人才、10名高技能人才入选。泉州市有8名专家入选。至此，全市有享受国务院特殊津贴专家95名。

8日　厦漳泉地区政务服务省内通办“异地代收代办”试点启动，通过“收受分离”模式，事项办理属地化管理限制打破，一批政务服务事项在三地间试点异地通办。

16日　泉州市民营经济发展动员会召开。会上发布市委、市政府《关于创新发展“晋江经验”　加快创建全国民营经济示范城市的决定》，出台泉州市科技创新、转型升级、营商环境等配套政策。

24日　泉州市与中国农业发展银行福建省分行签订战略合作协议。

25日　全国脱贫攻坚总结表彰大会在北京人民大会堂举行，泉州市2名个人、2个集体接受表彰。

3月

2日　第一季度全省重大项目视频连线集中开工活动举行。泉州市列入全省集中开工的重大项目27个，总投资262亿元。

19日　福建师范大学文学院教授，著名古典文学研究家、诗人、书法家陈祥耀逝世，享年100岁。

26日　由市委宣传部、市发改委、市工信局、市商务局、市金融监管局、市数字办、市总工会、市工商联、市城联社、市企业与企业家联合会、泉州晚报社主办的2020年泉州经济年会年度峰会在市区富力万达文华酒店举行。峰会以“乘风破浪　坚毅前行”为主题。峰会现场，2020年度经济人物、2020年度优化营商环境“最具获得感”十大举措等九项榜单揭晓；省社科院和福建省万维区块链科技有限公司的相关负责人分别做关于民企发展和数字经济的专题演讲。

27日　泉州市遗体器官捐献者

纪念园投入使用。

28日 晋江市与清华大学附属中学签订区域教育质量提升战略合作协议。

30日 泉州法院优化营商环境咨询监督委员会委员聘任座谈会召开，泉州法院优化营商环境咨询监督委员会成立。

4月

2日 第二届世界数贸大会暨首届中国—阿拉伯国家数贸大会启动仪式在北京举行，世界茶贸指数研究中心正式授牌落户安溪。

8日 国家广电总局网络视听节目精品创作传播工程重点扶持项目——网络电影《围头新娘》开机仪式暨项目研讨会在晋江举行。

20日 晋江市与复旦大学上海医学院签订合作协议。

22日 由泉州市政府主办的2021年数字中国创新大赛集成电路赛道首届全国集成电路“创芯大赛”颁奖仪式暨2021年泉州数字产业发展论坛在晋江举行。颁奖仪式上，22个获奖项目共享85万元奖金。16个项目签约，涉及先进计算、半导体、智能制造、数字平台等领域，计划总投资43.22亿元。

25—26日 由国家网信办、国家发改委、工业和信息化部、国务院国有资产监督管理委员会、福建省政府主办的第四届数字中国建设峰会在福州举行。该届峰会泉州市征集数字经济领域对接项目131个，投资总额595.23亿元，位居全省第三。全省50个数字经济重大项目集中签约，其中5个项目签约落地泉州，总投资39亿元。

27日 2021年庆祝“五一”国际劳动节暨“建功十四五 奋进新征程”主题劳动和技能竞赛动员大会在北京人民大会堂举行。泉州市1个集体获“全国五一劳动奖状”，3人获“全国五一劳动奖章”，6个集体获评“全国工人先锋号”。

5月

9日 由新华社、中国品牌建设促进会、中国资产评估协会、国务院国资委新闻中心等主办的2021年中国品牌价值评价信息发布暨中国品牌建设高峰论坛在上海举行。现场发布的榜单中，泉州市共有20个品牌上榜。其中，19个品牌的品牌价值超5亿元，多个品牌位居所在榜单的前列。

10日 全国国家创新型城市总结评估会召开，泉州市和龙岩市通过评估，成为福建省第二批国家创新型城市。

11日 戏曲电影《玉珠串》在安溪文庙开机，此系全国首部高甲戏电影。

20日 省政府新闻办举行新闻发布会，发布福建省第七次全国人口普查主要数据情况。泉州地区常住人口8782285人，占全省常住人口的比重为21.14%，人口总数全省最多。

22日 由中国人民大学、市政府主办的后疫情时代的“一带一路”建设与福建发展论坛在泉州举行。论坛围绕“十四五”规划、“一带一路”高质量发展，以及福建把握发展机遇等话题展开交流研讨。

27—28日 由国家发展改革委主办、市政府承办的金融支持民营企业高质量发展现场会召开。中国银保监会、中国工商银行、中国农业银行、国家融资担保基金等单位做政策解读，泉州、温州、台州、青岛、长沙等城市做典型经验交流发言。

29日 中国职业技术教育学会21世纪海上丝绸之路职业教育研究会成立大会暨职业教育助力人类命运共同体建设论坛在泉州黎明职业大学举行。21世纪海上丝绸之路职业教育研究会是中国职业技术教育学会的分支机构，是全国性、学术性、非营利性的社会非实体机构。

31日 文化和旅游部、中宣部、中央党史和文献研究院、国家发改委推出“建党百年红色旅游百条精品线路”，“福建发展·晋江经验”精品线路入选。

6月

2—4日 由中国石油和化学工业联合会、山东省化工专项行动办公室、烟台市政府、中国化工经济技术发展中心主办的2021年中国化工园区与产业发展论坛在山东烟台举行。论坛发布“2021中国化工园区30强”榜单，泉港石化工业园区入选，连续9年跻身中国化工园区前20位。

7日 全省第二季度重大项目视频连线集中开工活动举行。泉州市列入省集中开工的重大项目26个，总投资257亿元，涵盖产业、基础设施、社会民生等方面，其中南安光电反射薄膜研发生产项目现场连线开工。

9日 国务院公布第五批国家级非物质文化遗产代表性项目名录，以石狮狮阵为代表的泉州刣狮、泉州木雕、以永春传统制香技术为代表的福建香制作技艺入选。

12日 由省文旅厅、省文物局

和市政府主办的2021年文化和自然遗产日福建主会场活动在泉州府文庙举行。活动呼应“文物映耀百年征程·人民的非遗 人民共享”主题，全方位展现福建、泉州文物事业发展成就和文物工作者风采，宣传文化遗产保护法律法规，营造文化遗产保护的社会氛围，传承弘扬中华优秀传统文化，动员全社会关注和参与遗产保护，增强文化自信。

13日 泉州籍知名经济学家、管理学家，东方管理学派创始人，“泉州模式”理论首创者，复旦大学首席教授、博士生导师苏东水教授逝世，享年91岁。

18日 第十九届中国·海峡创新项目成果交易会在福州海峡国际会展中心开幕。泉州市6个项目签约，项目数量居全省设区市前列。

22日 福建省民营企业发展大会在福州召开。泉州市8名企业家获评福建省优秀民营企业家，8家企业获评福建省优秀民营企业，8个单位获评福建省民营企业党建工作先进单位。

25日 由省委宣传部、省文旅厅、泉州市政府、海峡出版发行集团主办的“中国泉州南音集成”丛书首发仪式在福州举行。该丛书是首部列入国家重点图书出版规划的泉州南音图书。

7月

9日 中国建筑设计研究院世界遗产保护管理泉州工作站揭牌。

15日 22国驻华使节团到泉州访问。

16日 国家发改委、教育部发出《关于印发产教融合型企业和产教融合试点城市名单的通知》，认定全国首批21个国家产教融合试点城市和63家国家产教融合型企业，泉州市成为福建省唯一入选城市。

21日 全市领导干部会议召开，宣布省委关于泉州市党政主要领导调整变动的决定。省委决定：王永礼任中共泉州市委书记，康涛不再担任中共泉州市委书记、常委、委员职务；蔡战胜任中共泉州市委委员、常委、副书记。

25日 联合国教科文组织第44届世界遗产委员会会议在福州举行。会议审议通过将“泉州：宋元中国的世界海洋商贸中心”列入世界遗产名录，成为中国第56项、福建省第5项世界遗产。

同日 东京奥运会男子举重61公斤级比赛举行，泉州南安运动员李发彬以抓举141公斤、挺举172公斤、总成绩313公斤获冠军，并打破该级别挺举和总成绩奥运纪录。这也是福建选手参加东京奥运会所获的首枚金牌，同时标志着泉州实现奥运会金牌“零的突破”。

29日 泉州市提线木偶传承保护中心的老团址——泉州嘉礼馆入选全国首届杰出“委员工作室”案例，为全省唯一入选单位。

30日 泉州市惠女至菱溪黄塘引调水工程隧洞全线贯通，标志泉州市七库连通工程隧洞全线贯通。

31日 市十六届人大七次会议第二次全体会议在泉州人民会堂举行。大会补选蔡战胜为泉州市人民政府市长，傅藏荣为市监察委员会主任，郑隆松为市人民检察院检察长。

8月

6日 国内首座跨海高速铁路桥——福厦客专泉州湾跨海大桥主桥合龙。

9日 共青团中央、全国青联做出决定，授予中国女子乒乓球队、中国男子乒乓球队2个青年集体“中国青年五四奖章集体”称号，授予39名青年运动员“中国青年五四奖章”，其中包括泉州籍运动员李发彬、黄东萍。

17日 由市政府采购中心组织的泉州市环境卫生中心车辆维修服务采购项目远程开标在市公共资源交易中心内完成，此系全省首例政府采购“不见面开标项目”。

18日 国际中学生体育联合会宣布，受新冠肺炎疫情影响，原定于2021年10月16—23日举办的晋江2020年第18届世界中学生夏季运动会延期至2022年11月26日至12月3日举行。

20日 中央文明办印发通知，经中央文明委领导批准，自8月19日起，恢复泉州市全国文明城市资格。

9月

7日 泉州世界遗产宣传片亮相纽约时代广场大屏，持续播出近一周时间。

8日 第21届中国国际投资贸易洽谈会在厦门开幕，由泉州市委、市政府主办的2021年泉州市侨资专场招商推介会同期举行。26个重点外资项目上台签约。这些签约项目涉及智能制造、现代物流、新材料、文创旅游等领域，投资总额194.1亿元，其中拟利用外资129.5亿元。此外，泉州市还有4个项目参加福建省重大项目签约仪式，投资总额65亿元。

11日 第21届中国国际投资贸

易洽谈会在厦门闭幕。泉州分团签约45个项目，总投资225.4亿元，拟利用外资147亿元（比2020年增长44.3%）。其中，合同项目35个，总投资166.7亿元，合同外资97亿元（比2020年增长35.5%），实现会前预定工作目标。

12日 泉港区新冠肺炎疫情应急指挥部办公室发布通告，经核酸采检复核，泉港区确认4例新冠病毒核酸检测呈阳性者，其中确诊病例3例、无症状感染者1例。

18—19日 中共中央政治局委员、国务院副总理孙春兰到厦门、莆田、泉州调研疫情防控工作。

25日 全国工商联发布2021年中国民营企业500强、制造业民营企业500强、服务业民营企业100强榜单。泉州市1家企业入围2021年中国民营企业500强，4家企业入围2021年中国制造业民营企业500强。

26日 省文旅厅公布13项“福建文化标识”，泉州文化标识“郑成功”“德化白瓷”“泉州古城”和关联的“妈祖信俗”入选。

10月

2日 中国轻工业联合会授予泉州市“轻工业先进产业集群”称号，这也是继“中国工艺美术之都·泉州”之后，泉州市工艺美术产业获得的又一国家级荣誉。

4日 根据国务院联防联控机制有关规定，经专家组综合评估研判，泉州市防控新型冠状病毒感染的肺炎疫情应急指挥部决定，自0时起，安溪县龙涓乡长新村、晋江市陈埭镇苏厝村部分区域由中风险区调整为低风险区。调整后，泉州市全域均为低风险区。

11日 中国共产党泉州市第十三届委员会第一次全体会议召开。全会选举王永礼、蔡战胜、宿利南、施宇辉、陈辉宗、卢秀萍、傅藏荣、黄景春、黄文胜、张文贤、高宏为市委常委；选举王永礼为市委书记，蔡战胜、宿利南为市委副书记。

同日 由中华全国工商业联合会评选的“2021民营企业研发投入500家”“2021民营企业发明专利500家”榜单在2021年粤港澳大湾区民营企业科技创新峰会暨民营企业科技成果对接会上发布，安踏、恒安、百宏等泉州企业入选“2021年中国民营企业500强”榜单。

13日 省政府发展研究中心发布2021年度福建省县域经济实力“十强”县（市）、经济发展“十佳”县（市）和城市发展“十优”区评价结果。泉州市晋江、石狮、南安、惠安入选经济实力“十强”县（市），泉港入选城市发展“十优”区。

15日 省工商联发布2021年福建省民营企业百强榜单，安踏等12家泉州企业入选。

18日 2021年泉州市招商大会暨项目签约活动举行。此次活动联动线上、线下，设置“1个主会场+13个县域分会场+北京、上海、深圳、成都4个驻外分会场”，面向市民、异地商会等进行直播，通过现场签约、“云上”签约，449个重大项目落户泉州，合同金额超3800亿元。其中，14个重大投资项目在主会场进行集中签约，总投资716.3亿元。

21日 国家发改委召开专题新闻发布会，邀请包括泉州市在内的3座城市介绍支持民营企业改革发展的典型经验做法，向社会释放支持民营企业改革发展的信号。在国家发改委此前梳理总结并印发全国推广的部分地区典型经验做法中，泉州市13条创新举措在列。

25日 由日本文化厅、北九州市主办的第二届“东亚文化之都”城市峰会在日本北九州市举行。泉州市作为“东亚文化之都”城市代表，以视频连线方式参会，介绍泉州市“文化艺术对城市可持续发展的作用”的经验做法。

26—27日 由中国最高人民法院主办的海上丝绸之路（泉州）司法合作国际论坛在泉州举行。论坛以线上线下相结合的方式举行，与会代表围绕“加强司法合作 推动共赢发展”主题进行交流。

28日 文化和旅游部、国家发改委、财政部公布第二批国家文化和旅游消费试点城市名单，包括泉州市在内的55个城市入选。

11月

1日 为加快推动泉州文旅市场复苏、促进文旅消费，市文旅局组织开展全市文旅消费季活动。经协调，从是日至12月31日，乘坐到达泉州晋江国际机场航班的旅客，可免费游览泉州市所有A级旅游景区。

3日 2020年度国家科学技术奖励大会在北京人民大会堂举行。泉州市企业和个人参与的3个项目获2020年度国家科技进步奖，其中福建炼油化工有限公司参与完成的“复杂原料百万吨级乙烯成套技术研发及工业应用”获一等奖、泉州佰源机械科技有限公司参与完成的“高性能无缝纬编智能装备创制及产业化”项目获二等奖、清源创新实验室鲍晓军教授作为第一完成人的“催化裂化汽油超深度加氢脱硫—烯烃分段调控转化成套技术”项目获二等奖。

4日 泉州市“乡村记忆文化”项目建设总结会在惠安县东岭镇湖埭头村举行。全市50个示范村全部建设完成并通过验收，获现场授牌。

11日 由福建省科协、泉州市政府主办，以“点燃科创中国新动能 助力民营企业新发展”为主题的第二十一届福建省科协年会在泉州开幕。开幕式上，泉州“科创中国”试点城市获授牌；部分国家级学会与泉州民营企业共建学会服务站、省级学会与泉州县（市、区）科技创新战略合作现场签约；晋江市等3个2021—2025年度第一批全国科普示范县（市、区）、晋江市医院院士专家工作站等10个2020年福建省示范院士专家工作站、福建永春芦柑科技小院等5个2021年度福建省优秀科技小院获授牌。

同日 由省文旅厅、市委宣传部指导，市文旅局、市文改办主办的2021年泉州市文化和旅游消费季在泉州府文庙前广场启动。此次活动以“世遗泉州·惠享生活”为主题，活动内容包括府文庙主会场和各县（市、区）分会场活动两大块，推出消费季“百项活动、百家优惠、百场秀”主题系列线上线下活动，涵盖演出、展览、非物质文化遗产、数字文化、文化娱乐、旅游等。

20日 泉州市妇幼保健院·儿童医院设立“早产儿防治与研究慈善基金”，企业家现场捐赠66万元用于早产儿防治和研究。此系省内首个专门救助早产儿群体的专项慈善防治和研究基金。

26—28日 由国家体育总局文化发展中心主办的2021年中国体育文化博览会、中国体育旅游博览会在广州举行，会上公布“2021年中华体育文化优秀项目”评选结果，泉州市送审的6个传统体育文化项目有3个入选，其中晋江安海“水上掠鸭”入选传统节庆项目，“南少林武术”“石狮狮阵”入选民俗民间项目。

29日 “世界遗产 泉州荣耀”——泉州“世遗”纪念版5G定制手机发布会举行。此系国内首款融合城市世界遗产IP与新一代移动通信技术的5G定制手机，以手机为传播载体，呈现人们熟悉的妙音鸟、福船、东西塔、红砖厝燕尾脊等元素，彰显“海上丝绸之路”文化特色。

30日 国内首座跨海高速铁路桥——福厦客专泉州湾跨海大桥全桥贯通，开始无砟轨道施工，进入施工最后冲刺阶段。

12月

3日 由中国新闻社指导、《中国新闻周刊》杂志社主办的2021年度活力城市大会在广东广州举行，泉州市与其他11个城市共同入选“年度活力城市”案例。

4日 首届泉台两地职工法律实务研讨会在泉州台商投资区举行。泉州和台湾两地168名律师通过“云视频”方式，围绕在泉州的台湾职工权益维护与法律实务合作进行研讨交流。

7日 高精度地基授时系统泉州站建设启动暨时空科创基地入驻仪式举行，全省首个大科学装置落地，转入建设阶段。

10—11日 由市政府主办的2021年“海丝泉州”数字文创大会在鲤城区源和1916创意产业园举行。大会以“数字文创”为主线，设置“丝海扬帆·创动鲤城”开幕式、数字文创主旨研讨和文旅推介活动、“闽南美好生活嘉年华”文创展三大板块，同期举办项目招商、文创推介、文旅消费等系列活动。

12日 全市领导干部大会召开，宣布省委关于泉州市委主要领导调整变动的决定。省委书记尹力出席并讲话。省委决定：刘建洋任中共泉州市委委员、常委、书记，王永礼不再担任中共泉州市委书记、常委、委员职务。

15日 平安中国建设表彰大会在北京召开，泉州市在连续五届获评“全国社会治安综合治理优秀市”后，又一次获评“2017—2020年度平安中国建设示范市”，第四次获得平安建设最高奖项“长安杯”。

21日 2022年中国金鸡百花电影节八闽电影巡展主宾城市交接仪式举行，泉州市成为2022年八闽电影巡展主宾城市。

23日 第四季度全省重大项目视频连线集中开工活动举行。泉州市列入全省集中开工的重大项目26个，总投资200亿元。其中，产业项目20个，占近八成，总投资113亿元，涵盖智能制造、高端纺织、现代仓储、工程机械等方面。

27日 2021年RCEP（区域全面经济伙伴关系）青年侨商创新创业峰会在石狮举行。峰会期间，福建省首个面向华侨华人跨境电商平台“侨易邦”上线发布。

29日 中共泉州市委十三届二次全会召开。全会听取和审议市委常委会工作报告，审议通过《中共泉州市委关于深刻领会党的百年奋斗重大成就和历史经验，汇聚加快建设海丝名城智造强市品质泉州强大精神动力的决定》。

31日 中国（泉州）知识产权保护中心在丰泽揭牌，“知创泉州”知识产权公共服务平台同时启动。

同日 泉州市七库连通工程通水现场会举行，宣布七库连通工程建成并通水。

市情概览

自然环境

【位置面积】 泉州市地处福建省东南沿海，东与台湾省隔海相望，南与厦门市的同安区、翔安区接壤，西与漳州市的华安县、长泰县和龙岩市的漳平市毗邻，北与三明市的大田县、尤溪县和福州市的永泰县以及莆田市的仙游县界连，是福建省三大中心城市之一。陆地辖区东西最大距离149.3千米，南北最大距离158.6千米。泉州市总面积22375平方千米。其中，陆域总面积11015平方千米，占49.23%；海域面积11360平方千米，占50.77%。

【地质地貌】 按全国地貌区划位置，泉州市西部及西北部山地属闽浙火山岩中—低山亚区的一部分，东南部属闽粤沿海花岗岩丘陵亚区的一部分。东部海岸线曲折，发育有半岛、岛屿和港湾。泉州市地势西北高、东南低，由内地至沿海逐渐下降。即由中山—低山—高丘陵—低丘陵—台地—平原递变，至半岛、岛屿上出现地貌逆差现象，即由平原—台地—丘陵升高。泉州市地貌类型复杂多样，山地及丘陵约占总土地面积的79%，平原及台地约占21%。地貌以山地、丘陵为主。山地均属戴云山山脉及其延伸的支脉、余脉，构成西北及中部的大山带。西北部戴云山盘踞德化县全境，海拔1856米，山脊走向为北东—南西向或北西—南东向，大部分地区海拔700米，千米以上山峰多达258座（其中高于1500米的有22座），素有闽中屋脊之称。西部有香岭尖—同发山—妙高山山脉（海拔多在500～800米）、鼎山—大雾山山脉（海拔800～1000米）、天湖山—鹅角冠山脉。中部有梦仙山—天柱山—朝天山山脉、天马山—玳瑁山山脉（海拔800～1000米）。东部有石印山脉（海拔800～1000米）、园林山—五台山山脉、大磨山—大雾山山脉。丘陵分布于山地外侧及河流两岸或河谷盆地的边缘，在沿海一带也有广泛分布，并逼近海岸或伸入海中，组成半岛和岛屿。泉州市东濒海洋，海岸线总体呈北东—南西向，迂回曲折，实际总长度541千米（全省第四位）。港湾众多，大小港湾约有49个，其中较大的港湾自北而南有湄洲湾、大港、泉州港、深沪湾、围头湾和安海湾等。这些港湾大致呈西北—东南向内陆深入21～35千米，深度一般较大，掩护条件好，水域广阔，湾内包含若干支港、支湾，建港条件甚为优越。湄洲湾的秀屿和肖厝港，为不可多得的深水良港；泉州湾内的秀涂、蟳埔、石湖等港口具备深水条件，可建万吨级码头。此外湾内有282.65平方千米的海滩，沿海0～20米等深线的浅海面积739.77平方千米，分布有51个岛礁，总面积11.98平方千米。

【气候】 2021年，泉州市气象灾害总体较轻，但仍出现强对流早发频发、高温过程频现、气象干旱阶段性发展等极端天气气候事件。主要气象灾害造成全市转移危险区域群众1188人，直接经济损失3820.35万元。全市年平均气温21.5℃，比常年偏高0.7℃，为1981年以来新高；年降水量1207.0毫米，比常年偏少333.4毫米（约两成），其中晋江691.6毫米为1981年以来第二少（仅次于2020年）；年日照时数2197.2小时，比常年偏多336.8小时。

气温 2021年，泉州市年平均气温21.5℃，比常年偏高0.7℃，比2020年高0.3℃，破1961年以来同期历史最高纪录。年平均气温晋江22℃、惠安21.8℃、永春21.8℃均破1961年以来同期历史最高纪录。全市年平均气温18.8℃（德化）～22.4℃（安溪），气温距平为0.2℃（南安）～1.1℃（惠安），异常度为0.6（德化）～2.4（惠安），其中德化、南安正常，安溪偏高，晋江显著偏高，永春、惠安异常偏高。年极端最高气温出现在7月和9月，分别为：惠安34.5℃（7月24日、7月25日）、晋江38.7℃（7月25日）、泉州37.7℃（7月25日）、南安38.4（9月14日）、安溪38.7℃（7月27日）、永春38.2℃（7月27日）、德化34.2℃（7月27日）。全年气温≥35℃高温日数，各县（区、市）分别为晋江17天、南安59天、安溪62天、永春36天。年极端最低气温出现在1月，分别为：南安1.4℃（1月1日）、泉州2.6℃（1月9日）、晋江2.2℃（1月9日）、德化-3.4℃（1月9日）、惠安4.8℃（1月13日）、安溪1.8℃（1月13日）、永春-1.1℃（1月13日）。

降水　2021年，泉州市平均年降水量1207.0毫米，比常年偏少333.4毫米，比2020年多186.4毫米。各县（市）年降水量为668.3（惠安）～1766.1毫米（永春），降水距平为-595.8毫米（晋江）～4.0毫米（永春），降水距平百分率为-47%（晋江）～0%（永春），异常偏少一正常。雨季（4月24日至7月1日）持续时间长，较常年偏早5天开始，偏晚4天结束。降水相对集中时段为：5月7—9日、5月28日至6月1日、6月21—22日、7月29日至8月3日、8月5—6日、9月21—23日、12月21日。出现大雨及以上的日数分别为：惠安10天、晋江10天、南安16天、安溪16天、永春25天、德化18天。其中暴雨日数分别为惠安1天、晋江2天、南安7天、安溪7天、永春10天、德化6天，大暴雨日数为安溪1天。日最大雨量出现时间分别为：惠安88.4毫米（8月6日）、晋江63.5毫米（8月5日）、南安97.4毫米（5月30日）、安溪100.7毫米（5月30日）、永春90.3毫米（8月8日）、德化79.1毫米（8月6日）。

日照　2021年，泉州市平均年日照时数为2174.5小时，比常年偏多316小时，比2020年多239.8小时。各县（市）年日照时数1944.3小时（德化）～2419.8小时（南安），正常—异常偏多，异常度为0.5（德化）～4.1（惠安）。

【水文】　2021年，泉州市平均降水量1271.0毫米，折合年水量142.86亿立方米，比2020年偏多10.0%，比多年平均偏少21.6%，属枯水年。全市最大点降水量为德化县浔中镇英山站1841.5毫米，最小点降水量为晋江市深沪镇深沪站451.5毫米。

自然资源

【土地资源】　2021年，泉州市有耕地14.51万公顷，园地11.09万公顷，林地56.10万公顷，草地3.46万公顷，城镇村及工矿用地14.46万公顷，交通运输用地3.26万公顷，水域及水利设施用地6.08万公顷，其他土地3.91万公顷。

【矿产资源】　2021年，泉州市有生产矿山企业88个，开发利用矿种18种，煤、铁、金、水泥用灰岩、陶瓷土、建筑石料为主要开发矿种，全年矿石采掘量1413万吨，矿业产值13.68亿元。

【海洋资源】　2021年，泉州市大陆海岸线541千米，海域面积11360平方千米。海岛293个，其中，500平方米以上的无居民海岛162个。拥有湄洲湾、大港湾、泉州湾、深沪湾、围头湾五大海湾。

【水资源】　泉州市境内溪流密布，发源于本市境内流域面积100平方千米以上的河流有34条。其中，晋江水系15条，九龙江水系5条，闽江水系9条，单独入海5条。晋江、洛阳江为泉州市主要河流，全市多年平均水资源总量98.22亿立方米，其中主要供水水源晋江为福建省第三大河，流域面积5629平方千米，河长182千米，多年平均水资源总量51.44亿立方米，洛阳江（含黄塘溪）流域面积371平方千米，河长39千米，多年平均水资源总量2.33亿立方米。2021年，全市地表水资源量53.19亿立方米，地下水资源量19.59亿立方米，地表水和地下水不重复量2100万立方米，水资源总量53.40亿立方米，人均拥有水资源量为608立方米，全市出境水量 17.01亿立方米。

【森林资源】　2021年，泉州市土地总面积109.97万公顷，其中林业用地68.24万公顷，占全市土地总面积的62.1%，非林地41.73万公顷，占37.9%，森林覆盖率58.7%。在林业用地面积中，乔木林地面积51.62万公顷，占林业用地面积的75.6%；竹林地面积3.17万公顷，占4.7%；疏林地9857公顷，占1.4%；灌木林地9.16万公顷，占13.4%；未成林造林地1.16万公顷，占1.7%；苗圃地198公顷；迹地100公顷；宜林地236公顷。全市区划生态公益林面积26.42万公顷，占全市林业用地面积的38.7%。泉州市有陆生野生动物78科、438种，包括爬行动物3目、13科、69种，鸟类19目、51科、337种。哺乳类4目、14科、32种。其中，国家一级重点保护陆生野生动物31种，国家二级重点保护陆生野生动物93种。泉州市记录有野生维管束植物225科、949属、2500种，包括蕨类植物41科、90属、220种，裸子植物7科、15属、20种，被子植物177科、844属、2260种。其中，国家一级重点野生植物3种，国家二级重点保护野生植物51种。泉州市在典型的森林、湿地和野生动植物重点分布区和生物多样性富集区，建立省级以上自然保护区5处。自然保护区的建设基本涵盖泉州市生物多样性最丰富的精华地带。德化戴云山国家级自然保护区（面积13472.4公顷），是中国东南地区重要的昆虫和植物模式物种产地，保存有最完好的原生性黄山松群落，是中国单位面积生物多样性程度最高的保护区之一；安溪云中山省级自然保护区（面积4164.5公顷），主要保护对象为晋江、九龙江源头生态系统及珍稀濒危动植物物种，被誉为“天然植物园”“珍稀濒危野生动物的基因库”；永春牛姆林省级自然保护区（面积264.84公顷），有“闽南西双版纳”的美誉；泉州湾河口湿地省级自然保护区（面积7065.31公顷），主要保护对象为红树林、候鸟及中华白海豚，泉州湾自然保护区内已恢复种植红树林面积466.67公顷，是东南沿海人工恢复面积最大、成长最好的集中连片红树林；深沪湾海底古森林遗迹国家级自然保护区（面积2700公顷），主要保护的是距今约7500年前的古森林遗迹和约9000～25000年前的古蛎礁等地质遗迹。深沪湾海底古森林遗迹国家级自然保护区和泉州湾河口湿地省级自然保护区被省政府列入福建省重要湿地名录。

环境质量

【大气环境质量】 2021年，泉州市环境空气质量总体保持优良。市区空气质量优良天数比例97.8%（比2020年提高1.1个百分点），空气质量综合指数2.74（比2020年改善0.02），六项主要污染指标均优于二级标准，其中，SO_2、CO、NO_2、PM_{10}平均浓度均达到国家一级标准。

【水环境质量】 2021年，泉州市水环境质量总体保持优良。39个主要流域国家、省级控断面（14个国控、25个省控）一至三类水质比例100%。县级以上13个集中式饮用水水源地一至二类水质达标率保持100%。山美水库、惠女水库总体水质均为Ⅱ类。39个小流域考核断面一至三类水质比例为92.1%。近岸海域海水水质优良（一、二类）面积比例95.98%。

【声环境质量】 2021年，泉州市区昼间声环境功能区点次达标率100%，与2020年持平；夜间点次达标率90.0%，与2020年相比上升4.7个百分点。南安市区昼间区域声环境质量等级为一级（好），南安市区和泉港区的昼间道路交通噪声强度等级均为一级（好）。

人文历史

【建置沿革】 泉州古时有温陵、刺桐、清源、泉南等别称。早在旧石器时代，泉州就有人类生息繁衍。夏、商两代，泉州在地理区划上属扬州。西朝为七闽地。春秋末期至战国初期，属越国地。秦属闽中郡。汉初属闽越国地，后属冶县地。三国吴永安三年（260年），析侯官县地置东安县（治所在今南安市丰州镇）。西晋末年，河洛人衣冠南渡，定居于晋江、洛阳江两岸，泉州自此兴起。唐久视元年（700年），置武荣州，辖南安、莆田、龙溪、清源4个县。唐景云二年（711年），武荣州改为泉州，隶属闽州都督府，仍辖南安、莆田、龙溪、清源4个县，泉州建制自此开始，以后凡称“泉州”即指今泉州。元代，泉州设有行省，辖南安、晋江、永春、同安、德化、安溪、惠安7个县。明代，设泉州府，辖晋江、南安、同安、惠安、安溪、永春、德化7个县。清代，设有泉州府、永春州，分别辖晋江、南安、同安、惠安、安溪5个县和德化、大田2个县。民国时期，设有行政督察区，辖永春、安溪、金门、南安、晋江、惠安、莆田、仙游、同安9个县。1949年8月31日，泉州城解放，同年9月设立地委、行署，辖晋江、南安、同安、惠安、安溪、永春、仙游、莆田、金门（待统一）9个县。1971年改为地区，辖泉州市和晋江、惠安、南安、同安、安溪、永春、德化、金门8个县。1985年5月，国务院批准撤销晋江地区，泉州市升为地级市。1986年1月，泉州市人民政府正式成立。2021年辖鲤城、丰泽、洛江、泉港4个区，石狮、晋江、南安3个市，惠安、安溪、永春、德化、金门（待统一）5个县和泉州经济技术开发区、泉州台商投资区。

【历史文化】 泉州历史悠久，经济开发早在周秦时期就已开始。西晋末年，中原战乱，中原士族大批进入今泉州地域，多沿江而居，晋江由此得名。他们带来先进的生产工艺和文化知识，使晋江两岸得到迅速开发。泉州是国务院首批历史文化名城、东亚文化之都、古代“海上丝绸之路”起点城市，文化积淀深厚，素有“海滨邹鲁”“世界宗教博物馆”“光明之城”的美誉。泉州市文物数量众多。极负盛名的有中国现存最早的伊斯兰教清真寺、世界唯一的摩尼光佛像石刻、中国最大的老君石刻造像、葬有唐代到泉州传教的穆罕默德门徒三贤四贤的灵山圣墓、千年古刹开元寺及东西塔、记载古代海上交通和贸易的九日山祈风崖刻、广受台胞和海外侨胞信众膜拜的天后宫妈祖、民族英雄郑成功史迹与陵墓、宋代蔡襄力推修建的洛阳桥、号称“天下无桥长此桥”的安平桥，以及与惠东民俗、海滨风光、石雕艺术融于一体的崇武古城等。丰富的人文景观、别具一格的民俗风情和秀出东南的自然风光交相辉映，使泉州成为一个全国乃至国际性的旅游胜地。泉州市非物质文化遗产项目涵盖民间文学、传统音乐、传统舞蹈、传统戏剧、曲艺、传统体育游艺与杂技、传统美术、传统技艺、传统医药、民俗10个类别。泉州保留着弥足珍贵的戏曲文化遗产，有梨园戏、高甲戏、打城戏、“嘉礼”戏等剧种，其中蜚声海内外的有：晋唐士乐余韵南音、宋元南戏“活化石”梨园戏和中国一绝“提线木偶”。泉州是中国历史上对外通商的重要港口，有上千年的海外交通史。自唐代开始，即为中国南方四大对外通商口岸之一。宋元时期，泉州港跃居四大港之首，以“刺桐港”之名驰誉世界，成为与埃及亚历山大港媲美的“东方第一大港”，呈现“市井十洲人”“涨海声中万国商”的繁荣景象。

【地方特产】 泉州地方特产众多。其中，茶叶类主要有安溪铁观音（中国十大名茶之一）、本山茶、黄金桂、毛蟹茶、永春佛手等。果蔬类主要有泉州龙眼、永春芦柑、永春岵山荔枝、德化梨、安溪长坑淮山、红心地瓜、南安洪濑紫薯、德化十八格黄花菜等。畜禽类主要有德化黑鸡、德化黑兔、德化黑羊、永春白番鸭等。特色美食类主食主要有咸饭、泉州烧肉粽、萝卜饭、芥菜饭、花菜饭、卤肉饭、芋仔饭、壶仔饭、泉州炒油饭、鱼仔粥、鸭仔粥、卤面、面线糊、湖头米粉、豆签、浮粿、粉团、豆粽、甜粽、肉粽、番薯粉粿条、澳茄粿、酸菜鸡丝面等；汤类主要有永春白鸭汤、黑豆龙骨汤、苦菜大肠汤、马鲛羹、香菇豆猪舌汤、灌肠仔汤、石狮牛肉羹、藕段排骨汤、萝卜排骨汤、玉米排骨汤、水豆腐汤、七彩干贝汤、肉燕汤、猪血汤等；包子主要有水晶包、肉夹包、东方包、菜包、水煎包等；素菜主要有安溪水瓮菜、润饼菜、窖菜、凉拌苦瓜、辣油笋菜、蒜泥茄子、香油拌海带等；荤菜主要有洪濑鸡爪、崇武鱼卷、西街田螺、姜母鸭、鳗鱼干炖猪脚、焖猪肘、烘猪脚、牛排（有别于西餐牛排）、水门巷炖羊肉、猪血小肠、蚝、清蒸金枪鱼、文蛤蒸蛋、酱香花蛤、蒸油蛤、炒泥蚶、蒸苦螺、炒竹蛏、炒大头螺、鲨鱼冻、芥菜炒虾皮、十香全鸭、香芋焖鸭等；甜品主要有满煎糕、石花膏、茜草粿（仙草蜜）、橘红糕、绿豆饼、粕丸、麻糍、榜舍龟、碗糕、花生汤、豆沙饼、石狮塘头甜粿、石狮芋圆、芋饼、芋蓉（芋泥）、土笋冻、柿饼、菜头酸、糖醋莲藕片、贡糖、椰子饼、雪拉膏、四果汤等。

【民族】 泉州市人口以汉族为主。根据2010年第六次全国人口普查数据，少数民族有53个，以回族、土家族、苗族和畲族居多。

【宗教】 泉州市历史上有佛教、道教、伊斯兰教、景教（古天主教的一个支派）、天主教、印度教（婆罗门教）、基督教、摩尼教（明教）、拜物教、犹太教等诸多宗教，其历史悠久、史迹丰富，在海内外有很大影响，被誉为“世界宗教博物馆”。

人口与区划

【概况】 2021年末，泉州市有常住人口885万人，比2020年末增加6万人。其中，城镇常住人口616.8万人，占总人口比重（常住人口城镇化率）69.7%，比2020年末提高1.2个百分点。全年人口出生率8.70‰，自然增长率1.77‰。年末户籍人口771.27万人，比2020年末增加5.13万人。2021年，泉州市辖鲤城、丰泽、洛江、泉港4个区，石狮、晋江、南安3个市（县级），惠安、安溪、永春、德化、金门5个县和泉州经济技术开发区、泉州台商投资区2个管委会，30个街道、110个镇、22个乡（其中1个民族乡），482个社区、2059个村。

2021年年末泉州市及各县人口数及其构成情况表

表1

地区	常住人口（万人）	出生率（‰）	自然增长率（‰）	城镇化率（%）
全市	885	8.7	1.77	69.7
鲤城区（含泉州经济技术开发区）	42.9	7.38	1.19	100
鲤城区	39.7	7.5	0.85	100
泉州经济技术开发区	3.2	5.91	5.46	100
丰泽区	72	8.04	3.15	100
洛江区	25.5	8.77	2.5	61.5
泉港区	35.9	10.99	2.47	56.5
石狮市	68.9	7.69	1.74	86.1
晋江市	206.9	8.01	1.83	69.5
南安市	152.7	8.57	1.05	63.6
惠安县（含泉州台商投资区）	104.1	10.72	2.41	58.3

续表1

地区	常住人口（万人）	出生率（‰）	自然增长率（‰）	城镇化率（%）
惠安县	78.8	10.9	2.48	59.2
泉州台商投资区	25.3	10.17	2.19	55.6
安溪县	100.2	9.07	1.64	52.4
永春县	42.2	8.02	0.52	61.9
德化县	33.7	9.71	1.21	78.6

2021年泉州市常住人口年龄构成表

表2　　单位：万人

常住人口			年龄结构			
小计	男	女	0～15岁人口	16～59岁人口	60岁及以上人口	65岁及以上人口
885	465	420	189	579	117	83

【台胞】　泉州是台湾汉族同胞主要祖籍地，根据民国15年（1926年）台湾地区人口调查数据，台湾汉族同胞中44.8%祖籍属泉州府。台湾地名与泉州相同的有180多处。泉州与台湾两地有地缘相近、血缘相亲、文缘相承、商缘相连、法缘相循的密切关系。泉州位于福建沿海中部，与台湾地缘的关系最近。地理位置上，泉州市是大陆陆地距离台湾最近的区域。历史上泉州曾有三次移居台湾的高潮，仅民国34年（1945年）前后泉州人赴台就有10万余人，一大批泉州籍人士在岛内各界和台湾民众中有举足轻重的影响。两地有共同的方言、相似的建筑风格、相同的戏曲艺术和民间信仰。泉州一直是两岸经济往来最靠前的连接点，据记载，早在隋朝，泉州与台湾两地就有商贸往来。宋元时期，台湾作为泉州海上交通的中转站，通商贸易络绎不绝。泉州与台湾的民间贸易从未停止。宋代，中央政府曾将澎湖划归泉州晋江县管辖；元代在澎湖设置巡检司，隶属泉州同安县。金门县历来都属泉州所辖。因泉州与台湾渊源关系的特殊性，泉州曾在两岸交往史上创下不少“第一”，如第一艘台轮停靠，第一次进行两岸小额贸易，第一个设置台轮停泊点，第一家台资企业上市等，曾被誉为两岸关系的“晴雨表”和“窗口”。全国性对台宣传基地、祖国大陆唯一的对台博物馆.中国闽台缘博物馆在泉州建成开馆，比较系统地印证泉州与台湾两地关系的历史渊源脉络，更加凸显泉州市对台文化交流的窗口地位。

【华侨华人】　泉州市是全国著名地级市侨乡，有1700多年的华侨史。分布在世界130个国家和地区的泉州籍华侨华人有948万人，90%居住在“海上丝绸之路”沿线，其中100万人以上的有印度尼西亚、马来西亚、菲律宾、新加坡。泉州人出国历史悠久。早在三国吴永安三年（260年），已有域内居者移居菲律宾。隋朝灭陈（589年）后，闽浙动乱，引发今泉州地区历时近30年的第一次出国潮。唐武德五年（622年）后，泉州人口开始剧增。地不足耕和拥有良好港湾、罕有台风登陆，使泉州港逐渐成为“海上丝绸之路”重要起点。至唐大历年间（766—779年），泉州涌现“市井十洲人”“还珠入贡频”的兴盛景观。随泉州海商船舶出国未归者渐多。唐乾符五年（878年），黄巢入闽，破惠安、驻南安、攻泉州城，城郊多残破；泉州人出现大规模移居东南亚浪潮。此后，泉州人出国经商、谋生潮流延续千年之久。旅外泉州籍乡亲在当地具有很强的经济实力、政治影响力和社会活动能力，成为推动中国与“海上丝绸之路”国家开展经贸文化交流合作的纽带和桥梁。

【区划调整】　2021年，泉州市区划调整有：泉港区山腰街道设立锦福社区、南埔镇撤销仑头村；南安市梅山镇设立芙蓉新城社区，晋江市青阳街道设立晓升社区，安溪县凤城镇设立华龙社区，德化县三班镇设立紫云社区；安溪县蓝田乡撤销蓝田茶场设立蓝东村，魁斗镇撤销翁后、黎山茶果场分别设立翁后、大黎村，剑斗镇撤销尚山坑茶场、小礤林场分别设立尚山坑、小礤村。

经济社会发展

【综合】 2021年，泉州市实现地区生产总值11304.17亿元，比2020年增长8.1%。其中，第一产业增加值232.77亿元，比2020年增长3.3%；第二产业增加值6436.24亿元，比2020年增长7.3%；第三产业增加值4635.16亿元，比2020年增长9.4%。第一、二、三产业对地区生产总值增长的贡献率分别为0.9%、51.3%和47.8%。三次产业比例为2.1∶56.9∶41.0。全年人均地区生产总值12.82万元，比2020年增长7.5%。全年城镇新增就业人员10.54万人，有2.92万名城镇失业人员实现再就业；全年培训各类劳动者12万人。年末城镇登记失业率2.3%。年末市场主体总数127.49万家，比2020年末增长7.0%。其中，年末工商登记企业单位数40.65万家，比2020年增长11.9%；年末工商登记个体工商户数达86.84万家，比2020年增长4.9%。全年市区居民消费价格比2020年上涨1.3%，其中，消费品价格上涨1.0%，服务项目价格上涨1.6%。12月，泉州市区新建商品住宅销售价格比2020年同期上涨3.7%，二手住宅交易价格比2020年同期上涨3.6%。

【农业】 2021年，泉州市农林牧渔业总产值422.73亿元，比2020年增长3.9%。粮食播种面积8.70万公顷，比2020年增加60公顷。其中，稻谷播种面积5.50万公顷，减少493.33公顷。油料种植面积1.51万公顷，增加140公顷；蔬菜种植面积5.48万公顷，增加1700公顷。粮食产量50.42万吨，比2020年增加5900吨，增长1.2%。其中，稻谷产量33.97万吨，增加200吨，增长0.1%。全年植树造林总面积5900公顷，占总任务的117.0%。其中，人工荒山造林460公顷，人工迹地更新3580公顷，人工促进天然更新640公顷，低产低效林改造1253.33公顷。全年完成幼林抚育作业面积6153.33公顷。年末实有封山（沙）育林面积5480公顷。全年商品材产量34.54万立方米，比2020年增长29.4%。全年肉蛋奶总产量28.65万吨，比2020年增长8.2%。其中，肉类总产量19.78万吨，比2020年增长10.5%；禽蛋产量8.31万吨，比2020年增长3.7%。年末生猪存栏85.83万头，比2020年末增长0.7%；全年生猪出栏139.99万头，比2020年增长17.0%。全年水产品产量105.09万吨，比2020年增长0.1%。其中，淡水产品产量1.61万吨，比2020年增长1.1%；海水产品产量103.48万吨，比2020年增长0.1%，其中，海洋捕捞64.92万吨，比2020年下降2.1%；海水养殖38.57万吨，比2020年增长4.1%。年末国家级、省级农业产业化龙头企业分别为7家和136家；有效期内无公害农产品267个，绿色食品120个，有机食品51个；农产品地理标志产品23个；福建十大农产品区域公用品牌4个，有效期内福建名牌农产品10个。

【工业和建筑业】 2021年，泉州市全部工业增加值5758.6亿元，比2020年增长8.3%，工业对经济增长的贡献率51.8%。规模以上工业增加值比2020年增长9.1%。其中，轻工业增长10.1%，重工业增长7.6%；采矿业下降30.9%，制造业增长9.4%，电力、热力、燃气及水生产和供应业增长9.7%。年末有年产值超亿元工业企业3091家，比2020年增加241家，其中超10亿元企业430家，增加76家。全年规模以上工业企业经济效益综合指数398.79%，比2020年上升53.26点。其中，总资产贡献率18.93%，上升2.45个百分点；资本保值增值率99.71%，下降2.32个百分点；资产负债率45.52%，上升1.27个百分点；全员劳动生产率42.24万元/人，提高7.22万元/人；流动资产周转率3.77次，提高0.32次；工业产品销售率95.22%，下降0.39个百分点。全年规模以上工业企业实现利润总额1448.62亿元，比2020年增长17.7%。其中，外商及台港澳商投资企业、股份制企业和股份合作制企业利润分别增长11.1%、22.5%和13.9%。规模以上工业亏损企业亏损额13.89亿元，减亏9.9亿元。全年工业用电量409.93亿千瓦时，比2020年增长16.7%。全年建筑业增加值685.19亿元，比2020年下降0.4%。具有资质等级的总承包和专业承包建筑企业1165个，完成建筑业总产值2197.47亿元，比2020年增长11%。建筑业企业房屋施工面积8855.09万平方米，比2020年增长1%；房屋竣工面积2731.18万平方米，比2020年下降3.6%。年末拥有产值超亿元建筑业企业218家，其中超5亿元企业78家。

【固定资产投资】 2021年，泉州市固定资产投资2576.14亿元，比2020年增长3.6%。按三次产业分，第一产业投资完成14.98亿元，增长13.3%；第二产业投资完成841.06亿元，增长2.4%；第三产业投资完成1720.10亿元，增长4.2%。工业投资完成841.06亿元，比2020年增长2.4%，占固定资产投资的比重32.6%。基础设施投资完成500.14亿元，比2020年增长11.7%，占固定资产投资的比重19.4%。民间投资完成1785.66亿元，比2020年增长8.1%，占固定资产投资的比重69.3%。全年房地产开发投资额962.99亿元，比2020年增长0.02%。其中，住宅投资739.57亿元，增长2.4%；办公楼投资32.02亿元，下降5.1%；商业营业用房投资63.5亿元，下降5.4%。房地产开发企业房屋施工面积7601.11万平方米，比2020年增长0.9%，其中住宅施工面积5434.16万平方米，增长2.9%。商品房销售面积1611.43万平方米，增长7.7%，其中住宅销售面积1287.71万平方米，增长6.5%。

【国内贸易】 2021年，泉州市社会消费品零售总额5819.72亿元，比2020年增长11.3%。其中，限额以上消费品零售额1783.6亿元，比2020年增长18.3%；限额以下消费品零售额4036.12亿元，增长8.5%。在限额以上批发和零售企业商品零售额中，体育、娱乐用品类零售额比2020年增长47.7%，日用品类增长20.4%，中西药品类增长33.2%，服装、鞋帽、针纺织品类增长26.4%，饮料类增长13.2%，五金、电料类增长40.9%，汽车类增长14%，石油及制品类增长25%。限额以上批发和零售业企业通过互联网实现商品零售额340.61亿元，比2020年增长33.9%。

【对外经济】 2021年，泉州市进出口总额2616.5亿元，比2020年增长32.7%。其中，出口额2035.5亿元，比2020年增长35.4%；进口额581亿元，增长24.2%。进出口顺差1454.5亿元，比2020年增加419.3亿元。全年新设外商直接投资企业509家，比2020年增长42.2%。投资总额168.03亿元，比2020年下降20.9%；合同外资金额95.75亿元，下降42.9%；实际使用外商直接投资51.64亿元，增长11.3%。新批外商投资超千万美元（含增资）的企业35家。在新签使用外资合同中，投向第二产业的合同金额44.18亿元，比2020年增长6.7%，投向第三产业的合同金额50.07亿元，比2020年下降58.6%。外商投资企业当年开业投产66家。全年签订对外经济技术合作合同金额3467万美元，比2020年增长8%；完成营业额7053万美元，比2020年增长15.3%。全年派出劳务人员6316人，年末在外劳务人员有5078人。全年批准境外投资企业12家，境外投资金额8299万美元。

【财政金融】 2021年，泉州市一般公共预算总收入940.9亿元，比2020年增长15.7%。其中，地方一般公共预算收入504.54亿元，比2020年增长11.1%。一般公共预算支出672.28亿元，同口径增长9.1%。其中，教育支出167.06亿元，同口径增长18.7%。政府性基金收入416.76亿元，政府性基金支出457.56亿元。税务部门组织各项收入1106.67亿元，比2020年增长23.1%，其中，税收收入876.41亿元，增长20.7%。海关代征税收收入100.68亿元，增长10.5%。 年末金融机构本外币各项存款余额9781.60亿元，比2020年末增长10.9%，其中人民币各项存款余额9652.83亿元，比2020年末增长10.8%。人民币存款中，住户存款余额5177.71亿元，比2020年末增长8.0%；非金融企业存款2819.57亿元，比2020年末增长17.1%。金融机构本外币各项贷款余额8918.96亿元，比2020年末增长10.4%，其中人民币各项贷款余额8862.14亿元，比2020年末增长10.5%。人民币贷款中，个人消费贷款余额3036.44亿元，当年新增384.35亿元，其中住房贷款余额2341.72亿元，当年新增302.15亿元。全年通过证券市场发行、配售股票筹集资金5.42亿元，比2020年减少4060万元。其中，新发行2只，筹集资金5.42亿元，比2020年减少2341万元。年末有境内上市公司（A、B股）22家，比2020年末新增1家，总市值1272.86亿元，比2020年末增长3%；境外上市公司87家，比2020年末新增1家。全年保险业实现各项保费收入261.76亿元，比2020年增长6.2%。其中，财产保险保费收入62.12亿元，增长3.2%；人寿保险保费收入199.63亿元，增长7.1%；赔款及给付支出71.06亿元，增长2.1%。其中，财产保险赔款及给付支出36.77亿元，比2020年增长7.6%；人寿保险赔款及给付支出34.9亿元，下降3.3%。

【人民生活与社会保障】 2021年，泉州市居民人均可支配收入4.34万元，比2020年增长8.7%；人均消费支出2.83万元，比2020年增长12.4%；人均住房建筑面积73平方米。按常住地分，城镇居民人均可支配收入5.5万元，比2020年增长7.9%，人均消费支出3.33万元，增长10.6%，人均住房建筑面积66.8平方米；农村居民人均可支配收入2.59万元，增长10.4%，人均消费支出2万元，增长16.8%，人均住房建筑面积84平方米。城乡居民家庭恩格尔系数分别为31.5%和38.4%。年末参加养老保险人数583.39万人，比2020年新增31.52万人。其中，参加企业养老保险人数187.34万人，比2020年新增29.62万人，参加机关事业单位养老保险人数20.48万人（含退休），比2020年增加2900人，参加城乡居民基本养老保险人数375.57万人，比2020年新增1.61万人。年末企业离退休人员领取基本养老保险金人数12.26万人，全部实现养老金按时足额发放。年末参加失业保险人数89.86万人，领取失业保险金人数1.14万人；参加工伤保险人数131.54万人；参加生育保险人数88.91万人；参加职工基本医疗保险人数109.85万人；参加城乡居民基本医疗保险人数609.63万人，基本医保参保人数居全省第一。年末有收养性社会福利单位127个。其中，儿童收养性福利机构9个，床位448张，年末在院人数213人；城镇老年收养性福利机构118个。年末养老服务床位5万张。社区服务机构和设施5164个。其中，社区服务中心148个，社区服务站2534个，社区养老机构和设施560个。城市有8883人享受到最低生活保障救助，比2020年增加188人；农村有7.12万人享受到最低生活保障救助，比2020年增加3019人。全年销售社会福利彩票11.86亿元。全年直接接收社会捐赠款1.05亿元。全年创建145个省级乡村振兴示范点，完成投资资金6.79亿元。建设23条市级乡村振兴示范线路，完成投资资金8.38亿元，实施项目905个。

【社会事业】 2021年末，泉州市

有省创新实验室1个、省级重点实验室13个。市级及以上科技企业孵化器31家，在孵企业683家。年末有国家高新技术企业1630家，福建省科技小巨人领军企业301家，科技型中小企业1528家，省级新型研发机构21家，市级新型研发机构78家。全年实施国家、省、市各级各类科技计划项目377个，其中国家级1个、省级72个、市级304个。全年专利授权4.76万件，年末有效专利拥有量15.7万件。其中，全年新增发明专利授权量2183件，年末有效发明专利拥有量1.19万件，年末每万人口发明专利拥有量13.52件。全年签订各类技术合同614项，合同金额6.17亿元。年末有产品检测机构350个，其中国家检测中心6个。有法定计量技术机构8个，全年强制检定计量器具25.36万台（件），非强制检定计量器具2.14万台（件）。全年省级监督抽查泉州市工业产品生产企业2099家2322批次产品，合格2156批次，抽样合格率92.85%。年末有全国驰名商标159件，省政府质量奖4个、市政府质量奖19个，全国农业标准化示范区项目11个、福建农业标准化示范区26个。全年新增完成3项国际标准修订，129项国家标准制修订，14项行业标准制修订，19项地方标准制修订。年末企事业单位有各类专业技术人员（不含退休及非公有制企业从业人员）11.51万人，其中高级职称1.66万人、中级职称5.16万人、初级职称4.61万人、未评职称0.08万人（不含编外人员）。设立21个企业博士后科研工作站，引进博士后研究人员275人（次），在站博士后56人。

年末有全日制高校18所（不含泉州开放大学），其中普通本科6所、职业本科1所、高职高专11所。另有福建农林大学安溪茶学院、福州大学石化学院和晋江科教园在泉州办学（相关数据不纳入统计）。研究生在校生6550人，招生2329人，毕业生1494人。普通高校本专科在校生20.04万人，招生6.67万人，毕业生4.14万人。中等职业学校40所（含技工学校8所），普通高中124所。高中阶段在校生23.57万人；招生9.16万人，其中普通高中5.5万人、中等职业学校3.11万人、技工学校5500人。普通初中207所，初中在校生35.5万人，招生12.37万人，其中招收外来务工人员子女3.75万人。小学1305所，在校生84.22万人，招生15.1万人，其中招收外来务工人员子女3.84万人。幼儿园1694所，在园幼儿39.27万人，招生12.21万人，学前三年入园率98.91%。特殊教育学校10所，特殊教育在校生6254人。在泉州就读进城务工人员随迁子女义务教育阶段在校生36.53万人。

年末有各级文物保护单位945处。其中，全国重点文物保护单位44处，省级文物保护单位104处，市、县（市、区）级文物保护单位797处。入选各级非物质文化遗产项目名录628项，其中世界级5项、国家级36项、省级128项、市级262项。年末有国有艺术表演团体12个，群众艺术馆1个，文化馆11个，博物馆（纪念馆）18个（含民营博物馆），乡镇文化站163个，公共图书馆13个。图书馆藏书总量1164.08万册，电子图书（含电子期刊）358万册。全年文化系统专业艺术表演团体艺术演出1735场，观众43万人次。年末有实际营业影院75家，银幕447块，年度电影票房2.64亿元。广播电视台9座，调频、电视转播发射台9座，广播节目11套，广播综合人口覆盖率为99.94%；电视节目12套，电视综合人口覆盖率99.94%。有线广播电视覆盖用户254万户，实际用户139.78万户，有线广播电视传输干线总长47006.93千米。全年接待国内外游客6676.44万人次，比2020年增长6.6%。其中，国内游客6665.99万人次，比2020年增长7.0%；境外游客10.45万人次，下降70.3%。全年旅游总收入697.47亿元，比2020年增长6.2%。其中，国内旅游收入695.06亿元，比2020年增长8.7%；旅游创汇3700万美元，下降84.9%。

年末有各类卫生机构5341家，其中医院127家、乡镇卫生院126家、社区卫生服务中心41家、预防疾病控制中心13家、妇幼保健院（所）13家、村卫生室（所）3045家。年末有卫生技术人员5.17万人。医疗卫生机构建设床位数4.93万张。拥有乡村医生4358人，实现村级医疗卫生服务全覆盖。 全年报告法定甲乙类传染病病例2.22万例，报告发病率252.83/10万。传染病疫情网络直报县级以上医疗卫生机构覆盖率100%，乡镇卫生院（社区卫生服务中心）覆盖率100%。儿童预防接种四苗接种率99.77%，乙肝疫苗接种率99.85%。

中共泉州市委员会

综 述

【习近平总书记到福建考察重要讲话精神和党中央决策部署贯彻落实】 2021年，中共泉州市委落实习近平总书记对福建工作的重要要求和党中央决策部署，通过“再学习、再调研、再落实”活动，推动学深悟透、见行见效；落实习近平总书记到福建考察重要讲话精神，通过召开常委会（扩大）会议、专题会、理论学习中心组学习会等，制订下发工作方案，举办市管领导干部专题研讨班暨读书班，一轮一轮抓学习领悟、宣传贯彻。落实省委十届十二次全会精神，召开市委十二届十五次全会，审议通过《中共泉州市委关于学习贯彻习近平总书记来闽考察重要讲话精神，谱写全面建设社会主义现代化国家泉州篇章的决定》，细化38项重点任务，专人专班抓落实；贯彻中共十九届六中全会精神，市委常委深入学习研讨，带头开展调研宣讲，举办市管干部专题研讨班，组成市委宣讲团，组织分专题、系列化、靶向式宣讲，推动全会精神进企业、进农村、进机关、进校园、进社区、进军营、进网站。以学促干，华大讲堂抓处级学习、东海学堂抓科级、“泉民开讲”覆盖基层，带动全市特色宣讲8000多场次、受众近500万人次；边学习边调研边落实，实行路线图思维、项目化管理、清单式收账，开展17个专项研究，策划328个项目（事项）清单，形成19份高质量调研报告，用好“大督查”工作机制，刊发督查通报活动专刊15期，做好调研存在问题自查整改，督促推进落实。

【现代化经济体系构建】 2021年，中共泉州市委落实中央“六稳”“六保”要求，实施季度攻坚任务清单，经济发展总体平稳、稳中加固，地区生产总值比上年增长8.1%。推进产业数字赋能、科技赋能、链条赋能、生态赋能。实施制造业数字化改造行动，分行业选树标杆企业示范推动，启动“五十百千”平台经济行动，首批扶持17个重点平台发展，全省新一代信息技术与制造业融合发展现场会在泉州市召开，新增数字化生产线超100条，新增“上云上平台”企业超1000家。实施高端研发平台、高新企业、高层次人才、高水平科研投入“四个倍增”计划，开展高新技术企业梯队培育，储备高企种子企业1200余家，新增市级以上高层次人才超4000名，引进产业急需高校毕业生1万名以上，清源创新实验室中小试基地投入使用，高精度地基授时系统启动建设。实施主导产业链长制，加快48家龙头企业“培优扶强”，推进新基建新经济基地建设，全市招商大会签约重大项目449个。落实碳达峰碳中和目标任务，开展绿色数字技改行动，实施工业园区标准化建设行动，各县域启动园区标准化试点。

【城市功能品位提升】 2021年，中共泉州市委融入厦漳泉都市圈、闽西南协同发展区建设，谋划推动环湾中心城区、南北两翼、西部区域建设布局，完善中心城区“一盘棋”建设机制，中心市区一体化开发建设。推动古城新城联动发展和国家生态修复、城市修补试点，基本完成29条古街巷保护提升，金鱼巷微改造工程获全国“历史文化保护传承创新专项”一等奖，古城“双修”中山路综合整治提升项目获二等奖，“泉州：宋元中国的世界海洋商贸中心”入选世界遗产名录。完成255平方千米“海丝”新城总体城市设计，加快32个片区更新改造，启动504个老旧小区更新改造。实施“聚城畅通”工程，福厦客专加快架梁铺轨，兴泉铁路基本建成，研究推动国道324外移置换联十一线，实现泉州湾跨海大桥降价惠民通行，城东至北峰快速通道主线双线通车。实施“两江一带”（晋江、洛阳江、市域海岸带）生态保护行动，统筹水资源、水环境、水生态治理，强化水岸一体、上下游联动、江海协同，策划实施18个生态修复工程，完成流域精准治理项目111个。推进两轮中央生态环境保护督察整改，打好污染防治攻坚战，深化大气污染防治、农村饮用水水源地生态环境整治、陆海统筹防治近岸海域污染等，巩固提升生态环境高颜值，中心市区空气达标天数比例97.8%，县级以上饮用水水源地三类水质达标率保持100%。

【全面深化改革扩大开放】 2021年，中共泉州市委加强重点领域和关键环节改革创新，部署推进59项改革事项，新获批产教融合、文化和旅游消费、公共文化服务体系示范区等全国试点，河湖长制获国务院督查激励。实施民营经济发展年，召开全市民营经济发展动员会，开展“进千企、走千商、访千才”活动，跻身首批创建全国民营经济示范城市行列。打造“遵法度、有温度”营商环境，深化“放管服”改革，实施营商环境提升专项行动，组织市级部门营商环境比拼竞赛，推广“一件事”集成套餐，开展行政审批服务“局长走流程”活动，启动运行惠企政策线上直达兑现平台，“一趟不用跑”事项比例提高到77%以上。融入全省“海上丝绸之路”核心区建设，实施外贸提质增量专项行动，用好“市场采购+跨境电商+外综服”政策试点，强化线上线下深度融合，举办跨境电商活动超100场，出口比上年增长35.4%。多措并举打好新“侨”牌，南洋华裔族群寻根谒祖综合服务平台一期上线运行，泉州侨批馆开馆，新增中国华侨国际文化交流基地4个。打造台胞台企登陆第一家园，做好“通”“惠”“情”三篇文章，泉州向金门供水工程暨两岸通水交流中心获批省对台交流基地，向金门供水量日均1.35万吨，设立台商台胞服务绿色通道和便民服务热线，组织涉台交流活动超40场次，4万人次参加。

【人民生活品质提高】 2021年，中共泉州市委多渠道促进居民增收。实施城镇职工、农民居民、高级人才、困难群体“四大群体”增收计划，开展“技能泉州”“工匠泉州”行动，举办线上线下招聘活动457场，达成就业意向5.6万人，培训超12万人次。常态化抓好文明城市创建，加强城市精细化管理，完善创城创卫常态长效机制，复牌全国文明城市。推进公共服务优质均衡供给，加快教育、医疗、养老、基础设施等民生事业提质扩面，办好39个为民办实事项目，上海六院福建医院国家区域医疗中心挂牌运营，二级以上公立医院满意度蝉联全省第一。深化近邻党建，着眼解决群众“急难愁盼”，探索建设“党建+”社区邻里中心，打造“15分钟便民生活圈”。主要是创新“1+6+X”方式，“1”就是通过基层党组织引领，“6”就是集成社区托幼、居家社区养老、医疗门诊、净菜门店、文体活动、群众办事等，“X”就是根据不同社区群众需求提供多项服务，解决群众操心事、烦心事、揪心事。推进脱贫攻坚与实施乡村振兴战略有机衔接。出台《健全完善防止返贫动态监测和帮扶机制贯彻措施》，组织实施巩固拓展脱贫成果建设项目663个。整镇推进乡村振兴，分主题建好试点村、示范线、试点镇，典型推广50个示范村，评选首批6条精品示范线。实施乡村建设“1+6+2”系列行动，有序推进农村品质提升六大行动，提档建设452个绿盈乡村。创新推进社会治理现代化。落实党委（党组）国家安全责任制，强化风险研判，建立政治安全、经济金融、文化等8个领域风险台账。常态化开展扫黑除恶斗争，推进“强基促稳”长效机制建设，实施群众急难愁盼问题源头化解、信访“治重化积”等13个专项，开展流动人口服务管理等专项攻坚，打击电信网络诈骗犯罪，群众获得感、幸福感、安全感增强。开展安全生产专项整治，建立房屋建筑网格化管理体系，基本完成重大安全隐患房屋有效处置，铺开安全生产标准化专项提升工作，完善重大问题领导挂钩、购买社会服务等监管机制，守牢安全生产底线。

【社会主义民主政治发展】 2021年，中共泉州市委坚持党的领导、人民当家作主和依法治国有机统一，发展全过程人民民主。支持市人大及其常委会履行立法、监督、决定、任免等职权，围绕高新产业发展、政务数据汇聚共享、营商环境优化等，开展调研、强化监督。制定《泉州市机动车停车管理条例》《泉州市历史文化名城保护条例》等。推进政协协商民主建设，支持政协完善专门协商机构制度，在产业数字化转型、城乡融合发展、基层社会治理、民生热难点问题等方面，实施协商建言、开展民主监督，强化思想政治引领，凝聚各方共识。巩固和发展爱国统一战线，贯彻落实新型政党制度，支持各民主党派、无党派人士履职尽责、参政议政，加强党外知识分子和新的社会阶层人士工作，促进民族宗教领域和谐，深化台港澳和海外联络联谊，增进家国认同和情感认同，壮大爱国爱乡力量。推进全面依法治市工作，一体推动法治泉州、法治政府、法治社会建设，成立规范性文件审核专家库，完善政府决策部门协调机制和责任追究机制，完成“七五”普法验收，启动实施“八五”普法规划，完成“海上丝绸之路”司法合作国际论坛在泉州有关会务工作。有序有力推进政法队伍教育整顿，健全常态化学习教育机制，受理政法干警违规违纪违法问题线索1321件，办结率98.56%。梳理第一批中央督导组对福建建议和省指导组对泉州建议，形成70条整改措施，个性问题全部整改，共性问题落实整改举措。

【宣传思想文化工作】　2021年，中共泉州市委强化思想理论武装。第一时间传达学习习近平总书记最新重要讲话重要指示精神，学习《习近平在福建》等系列采访实录，与学习贯彻习近平总书记对泉州工作的重要指示批示精神结合起来，边学习边研究，及时转化为具体落地的特色方案。建立常态化学习研讨机制，创新打造“对谁讲、讲什么、谁来讲、怎么讲”的“四讲”宣讲工作体系，分级分类开展习近平新时代中国特色社会主义思想培训班。落实意识形态工作责任制。贯彻《中国共产党宣传工作条例》《党委（党组）意识形态工作责任制实施办法》，健全意识形态工作专项巡察机制，制定正面、负面“两张清单”，健全完善舆情处置“1+N”工作机制。开展“正道”“新风”集中行动以及校园周边、印刷复制发行等“扫黄打非”专项整治，提升基层意识形态综合治理能力。加强网络意识形态阵地管理，做好网络舆情监测工作，深化网络联合执法，推动网络文明建设。培育社会主义核心价值观。推出“泉州市献礼建党100周年巡礼”专题报道，广播剧《林俊德》成为全省唯一入选中宣部“庆祝建党百年优秀广播剧展播活动”的作品。推出“家乡红馆我代言”青少年思政教育专题电视节目，抓好道德典型选树宣传，举办文化为民惠民活动1230场次。

【全面从严治党】　2021年，中共泉州市委坚持以党的政治建设为统领，抓好党的各方面建设。落实党中央关于加强对“一把手”和领导班子监督的意见，细化“一把手”和领导班子责任清单，出台实施党内政治监督谈话实施方案，推进政治监督具体化常态化。抓好省委主体责任检查问题整改，组织对各地各部门主体责任落实情况“全覆盖”检查，5个方面22个问题44个具体整改项目均取得阶段性成效。开展党史学习教育，市四套班子带头到党性教育基地集体现场学习、到基层宣讲，为所在党支部、高校等上党课，举办年轻干部“学党史增信念”专题班，用好晋江经验馆、华侨革命历史博物馆、叶飞故居等46个泉州特色红色资源，推动党史学习教育走深走实。开展“我为群众办实事”“我为企业解难题”“我为社会做好事”实践活动，策划生成1.29万个实践活动项目，完成率89.12%。开好专题组织生活会，全市领导班子成员列出问题2510个，已整改2443个。推进干部选育管用工作，一线考察识别干部，形成攻坚克难的干事导向。组织市、县、乡换届工作，改进考察办法，实施政治表现“首问”、正反向专项测评、政治廉洁表现“双鉴定”“双签字”，全市配备县级班子成员325名、乡镇班子成员1463名，完成结构性配备要求。实施“刺桐红”行动，开展思想引领、一线比拼、经验传承、暖心提劲四个专项，组织102名退出领导岗位的县处级领导干部到重点项目履职拼作为、展新姿。强化抓基层、打基础工作，推进“千雁领航，联片带富”引领乡村振兴，抓好村级组织换届。实施“海丝”先锋“达标创星”活动，推进党支部标准化规范化建设，开展“近邻党建”行动，推行“两长一员”和在职党员“回家日”制度，推广民营企业党建融入公司治理“1533”工作机制。纠治“四风”问题，点面结合破除形式主义官僚主义，开展“天价茶”背后的“四风”和腐败问题集中整治、群众急难愁盼问题点题整治等，查处“四风”问题158人、查处群众身边腐败和作风问题94人。提升治理腐败效能，支持监督执纪问责和监督调查处置工作，立案948件，其中县处级25人。突出彰显巡察利剑作用，协调跟进53家被巡察党组织整改落实情况，完成整改2032个问题。

【常态化疫情防控】　2021年，中共泉州市委坚持平战结合、快速转换，每周常态化研判，及时调整防控细案，抓实抓细信息报送、预警监测、舆情引导、物资保障等工作。面对突发输入性疫情，第一时间激活指挥体系，落实分区分级精准防控，2.4万余名党员干部迅速下沉到村（社区）协助做好防控，奋战近一个月，率先打赢疫情防控歼灭战。用好“大数据+网格化”摸排中高风险地区进入人员，建立入境人员动态管控数据库，落实“点对点”转运管理等。强化多点触发监测预警，发挥发热门诊、基层医疗卫生机构、药店等“哨点”作用，做好公共场所、医院、口岸、进口冷链食品流通等重点环节扫码测温、人员卫生防护、环境通风消毒等，防止发生聚集性疫情。提升核酸检测能力，制订全员核酸检测调度方案并开展实战演练。截至年底，全市有核酸检测机构59家，日最大检测能力40万管。

重要会议

【概况】　2021年，中共泉州市第十二届常委会召开常委会会议44次。10月8—11日，中国共产党泉州市第十三次代表大会召开，选举产生新一届市委委员、市委候补委员、市纪委委员。中共泉州市第十三届常委会全年召开常委会会议9次。

【市第十三次党代会】 2021年10月8—11日，中国共产党泉州市第十三次代表大会召开。王永礼代表中共泉州市第十二届委员会向大会做题为《创新发展“晋江经验”，扛起全方位推进高质量发展超越主力军担当，奋力建设海丝名城智造强市品质泉州》的报告。大会听取和审议十二届市委的工作报告和十二届市纪委工作报告，选举产生新一届市委委员51名、市委候补委员9名、市纪委委员42名，选举产生泉州市出席省第十一次党代会代表54名。通过《中国共产党泉州市第十三次代表大会关于中国共产党泉州市第十二届委员会报告的决议》和《中国共产党泉州市第十三次代表大会关于中国共产党泉州市第十二届纪律检查委员会工作报告的决议》。

【市委常委会会议】 2021年，中共泉州市第十二届常委会召开第226～269次会议。会议研究《泉州市国民经济和社会发展第十四个五年规划和二〇三五年远景目标纲要（送审稿）》《泉州市天然林保护修复行动方案（送审稿）》《关于加快推进社会治理现代化 开创更高水平平安泉州建设新局面的若干措施（送审稿）》《关于全面推进乡村振兴加快农业农村现代化的实施意见（送审稿）》《全方位推动住房城乡建设高质量发展超越行动计划（送审稿）》《泉州市国企改革三年行动实施方案（2020—2022年）（送审稿）》《泉州市政法队伍教育整顿实施方案（送审稿）》《关于加强重要农产品保障的若干措施（送审稿）》《泉州市交通运输领域市与县财政事权和支出责任划分改革方案（送审稿）》《泉州市“强基促稳”三年行动2021年实施方案》《关于加强粮食储备安全管理的若干措施（送审稿）》《2021年全市治理“餐桌污染”建设“食品放心工程”工作方案（送审稿）》《关于全面推行林长制的实施方案（送审稿）》《泉州市青年发展规划（2021—2025年）（送审稿）》《关于全面加强公共卫生体系建设的实施意见（送审稿）》《泉州市医疗卫生领域市与县财政事权和支出责任划分改革实施方案（送审稿）》《泉州市历史文化名城保护条例（草案）》《关于深入贯彻落实常态化开展扫黑除恶斗争的若干措施（送审稿）》《泉州市行政复议体制改革实施方案（送审稿）》《泉州市生态环境领域市与县财政事权和支出责任划分改革实施方案》《泉州市应急救援领域市与县财政事权和支出责任划分改革实施方案（送审稿）》等。中共泉州市第十三届常委会召开第1～9次会议。会议审议《中共泉州市委关于新形势下加强市委常委会自身建设的意见（送审稿）》《市委涉粮工作汇报（送审稿）》《支持泉州市创新发展“晋江经验”推动制造业高质量发展的若干意见》，研究《泉州市第十七届人民代表大会换届选举工作方案（送审稿）》《2021年市委全面从严治党主体责任落实情况检查工作方案（送审稿）》《关于在全市开展法治宣传教育的第八个五年规划（2021—2025年）（送审稿）》《泉州市乡村振兴整镇推进的指导意见（送审稿）》《泉州市深化新时代教育督导体制机制改革的若干措施（送审稿）》《关于加强中心市区一体化开发建设的决定（送审稿）》《关于加强泉州世界文化遗产保护管理工作的实施意见（送审稿）》《法治泉州建设规划（2021—2025年）（送审稿）》等。

2021年10月8—11日，中国共产党泉州市第十三次代表大会召开。图为第二次全体会议现场 （图/张九强）

组 织

【概况】 2021年，中共泉州市委组织部贯彻新时代党的组织路线，围绕中心大局选干部配班子、抓基层打基础、聚人才优服务，为建设“海丝名城、智造强市、品质泉州”提供组织保障。制订党代会会务方案、预案，组织大会分团预选、选举流程实地演练，组织大会选举工作，实现工作目标。做好市第十三次党代会组织组各项工作，严把党代表政治素质、身份认定、推荐提名、组织考察关，选优选好市党代表500名。开展“党旗在基层一线高高飘扬”活动，成立抗疫一线临时党组织2096个，3020名党员领导干部兼任临时党组织或村（社区）第一书记，2.4万名党员干部下沉一线抗疫。

【干部培养】 2021年，中共泉州市委组织部制定加强政治建设年度计划，把政治建设细化为4个具体项目和16项具体措施。开展党史学习教育，探索推行个人自学、专题研学、讲堂共学、结对联学、日常督学“五学”工作法。举办市管干部学习贯彻中共十九届五中、六中全会精神专题研讨班，分类举办领导干部思想政治建设、学党史增信念、提高政治能力、“学党史 悟思想 办实事 开新局”专题研讨班等培训班26场。推进“再学习、再调研、再落实”活动，创新组织工作“435”项目化管理机制，按照任务落实型、探索创新型、典型培育型、经验推广型四种类型，筛选确定并组织实施组织工作重点项目。

召开全市公务员管理工作会议，修订完善公务员日常管理联席会议制度，系统梳理公务员“进、管、出”各环节审核审批事项36项，配套制定办理指南，举办市直单位公务员工作业务培训班，开展职务与职级并行制度执行情况调研评估以及市、县两级公务员法律法规实施情况自查自纠，压实党委（党组）公务员管理主体责任。定期分析公务员队伍结构变化，深化岗位说明书、入口需求分析研判以及队伍结构提醒制度。依托“四级联考”招录公务员451名，面向村（社区）主干招考乡镇（街道）公务员11名。常态开展市级机关公开遴选，组织21家市直单位遴选基层公务员34名。修订完善公务员调任实施办法，推行公务员调配“编制+职数+结构+专业”联审制度。开展疫情防控一线干部专项考核，派出4个考核组到各地调研了解干部表现，对15名表现突出的干部予以提拔或晋升职级。完善公务员平时考核办法，推动185个市直机关单位、13个县（市、区）启动平时考核工作。建设“公务员考评管理平台”，完善公务员线上考核载体，实现674个单位、1.07万名考核对象依托平台参加线上考核。开展全国“最美公务员”推荐和评优评先工作，嘉奖公务员1388名、记三等功159名。推动建设线上公务员诚信档案，采集失信人员信息162条，及时督促整改，做好信用修复。抓好公务员培训，举办2期任职培训班和5期初任培训班。配合做好规范公务员工资津贴补贴专项工作。探索职级公务员管理有效措施，在晋江、南安、惠安试点开展职级公务员积分管理。

强化干部培养锻炼，推行党委（党组）常态化向组织部门推荐优秀年轻干部工作机制和40岁以下优秀年轻干部人选推荐名额单列专用制度，动态调整市管优秀年轻干部建议人选。建立定期分析函询提醒制度，严把超龄提拔、调任人数，优化干部队伍结构。压茬开展市、县中青年干部双向交流挂职，选派27名年轻干部到乡镇挂职，选派25名年轻干部到信访、世界中学生运动会、河长办、乡村振兴办等一线磨砺。接收安排2021届选调生48名，建立完善选调生推优、遴选、结对帮带、谈心谈话、工作纪实等日常管理制度。聚焦换届后干部队伍能力建设，开展“营商环境提升”等10个专题班，实施“基层干部主题培训行动计划”，策划11个市级示范培训班，依托“东海干部学堂”开展11期专题讲座，举办2期新任乡镇（街道）党（工）委组织委员培训班。制发《关于建立健全党政领导干部到市委党校（行政学院）讲课、作报告和与学员座谈制度的通知》，推动各级领导和各领域专家上讲台、做报告。

【干部管理】 2021年，中共泉州市委组织部围绕“绘出好蓝图、选出好干部、配出好班子、树立好导向、形成好气象”要求，做好县、乡领导班子集中换届工作，综合分析近五年考核情况，对1247名市管干部表现全员量化、分类排序，评出“好”干部195人，“靠后”干部54人，“好”班子24个。全市配备县级班子成员325名、乡镇班子成员1463名，完成结构性配备要求。新一届县级党政班子平均年龄46.1岁，研究生学历占34.7%；具有乡镇（街道）党政正职经历的86人，占比达46%。新一届乡镇领导班子平均年龄39岁，其中35岁以下占37.2%。开展换届风气监督，召开专题工作会议，组建4个换届风气巡回督查小组，建立换届风气风险点定期排查机制，抓好换届正面宣传教育和舆论引导，营造风清气正的换届氛围。选优配强市委委员、市纪委委员，树牢讲担当重实绩的用人导向。注重代表性和广泛性，把好人大代表、政协委员人选的政治关、素质关、结构关、身份关，把能代表泉州经济社会发展情况、推动泉州建设、符合条件的各界代表人士推选出来。完成对83家市管领导班子和1247名市管干部的年度考核和等次评定。选派第12批4名援宁干部，接收12名挂职干部。

开展“刺桐红”专项行动，面向因换届等原因退出领导岗位干部，建立思想引领、一线比拼、经验传承、暖心提劲机制，出台11项具体措施，激励干部保持履职状态。从退出领导岗位干部中，遴选102名干部担任项目一线临时党组织负责人，选派112名干部担任“乡村振兴帮带导师”，选派32名县处级干部参与到海洋经济招商、城市片区改造等重点项目攻坚战，协助解决难题积案，组织356名干部到村（社区）疫情防控一线驻点，盘活用好干部资源。

完善市管干部日常管理监督信息沟通制度，汇总日常管理监督信息35条，“一人一档”建立市管干部日常管理监督信息库。开展个人有关事项报告集中填报和查核工作，重点查核603人次、随机查核138人次，进行批评教育、责令做出检查17人、诫勉5人，取消考察对象资格1人。抓好信访举报查核，受理电话、信件和访问举报184件，结合信访举报查核提醒干部8人次。强化干部选任监督工作，会同市政法单位队伍建设专项巡察组对公安、司法、检察、法院4个单位开展选人用人、干部队伍管理情况巡察，配合十三届市委第一轮巡察开展选人用人专项检查工作和涉粮问题专项巡察工作。

【基层组织建设】 2021年，中共泉州市委组织部完成村（社区）“两委”换届工作，围绕“换出新班子、新气象、新作为”目标，建立领导干部分级挂点制度，开展多轮“逐村议班子、议干部”工作，实行“村预审、乡镇初审、县级联审、市级抽审”四级审查机制，建立“红黄绿”三色选情预警台账排查整顿重难点村，重点挖掘综合素质高、带富能力强的致富能手、退役军人、大学毕业生等本土优质人选进入班子。2537个村（社区）全部完成“两委”换届，新一届“两委”成员平均年龄40.36岁，中专高中、大专及以上学历分别占90.37%、56.04%，女性成员占33.17%，一次性选举成功率、主干“一肩挑”、“两委”班子35岁以下年轻干部配备率、妇女成员配备率均达100%，社区“两委”学历层次、女性占比明显提升，整体年龄明显下降。

建强农村基层组织，开展乡村“导师帮带制”试点，分级分类组建154个“乡村振兴导师团”，推荐369名现任或离任优秀村级党组织书记担任导师，帮带708名年轻村干部提高治理能力。注重“强镇引领、以镇带村、连村成线、村兴民富”，实施跨村联带等机制，组织329个强村与638个周边村项目帮带、产业共推，推动联片发展、成片治理、共同富裕。坚持“县乡统筹、抱团发展、市场运作”工作思路，总结推广“投资入股”“村企共建”等发展模式，发展壮大村级集体经济，全市村集体经营性收入全部达10万元以上，20万元以上的村达89.45%。围绕落实乡村治理三年行动，健全以网格化管理为基础的村党组织体系，加强以党组织为核心的村级组织配套建设，推行村级民主议事协商制度7条意见，增强党建引领基层民主协商实效。

提升城市基层治理水平，聘任党员街巷长1748名、楼栋长4318名、网格员7729名，组织市、县两级300多名党员领导挂钩联系小区党支部，3.4万名在职党员到社区报到。实施“五‘服’临门”等19个城市基层党建联席会议成员单位联合领办项目，建设323个小区党群服务场所，推行“一站式”便民服务，让居民生活办事更方便。健全落实街道社区城市基层党建联席会议、社区“大党委”、区域性党建联盟等制度，设立“党建联盟”“大工委”“大党委”等议事协商载体111个，促进部门与驻地相互融合，及时解决群众诉求问题，初步形成“党建引领、邻里相亲、互帮互助、和谐友善”的近邻党建“泉州模式”。

擦亮民营企业党建工作品牌，抓龙头企业特别是上市公司和新注册的民营企业“党建入章”，全市民营企业实现“党建入章”1.05万家，占比69.0%，由出资人担任党组织书记的100%实现“党建入章”，安踏、达利、七匹狼等17家境内外上市公司完成入章。推动党组织参与企业制度建设、文化建设和人才建设等治理，面向企业出资人开展“创业薪火相传、致敬建党百年”主题活动，凝聚党建引领民营经济健康发展的共识。把党组织建到车间班组，把党旗插在项目工地上，全市成立73个车间党支部、470个车间党小组，培育创建红色车间236个，开展“党史微宣讲进车间”活动1700多场，相关做法在全省工作会上做典型发言。开展非公有制企业和社会组织党建“百佳”评选活动，推动456个市县机关党组织与922个非公有制企业和社会组织党组织结对共建，8家企业获评全省民营企业党建先进单位，安踏公司党委获评全国先进基层党组织，“党建入章”做法作为优化营商环境典型经验获国家发改委发文并召开新闻发布会予以推广。

抓实基层党组织和党员队伍建设，加大“两个覆盖”工作力度，实现党建工作100%覆盖居住小区，有物业管理的小区100%组建党组织，快递物流行业党组织覆盖率70.37%。实施“海丝先锋”达标创星行动，推进党支部提档升级，全市三星级以上先进基层党组织达61.65%。实行预审、票决、公示、备案和编码管理制度，开展排查整顿农村发展党员违规违纪问题工作，提升发展党员质量，全年新发展党员8443名。开展党员教育培训工作规划中期评估，健全完善市级重点培训、县级普遍培训、基层兜底培训的三级培训体系，加强乡镇（街道）党校建设，抓好党员轮训。用好市级关心关爱基层干部和党员专项资金，及时对生活困难等5类基层干部和党员进行关爱帮扶。

【人才“港湾计划”】 2021年，泉州市深化人才“港湾计划”，优化完善“1+1+N”政策体系，修订《泉州市高层次人才认定和团队评审及政策支持规定》，分7个层次完善人才认定标准（1～5层次由市级认定，6～7层次由县、区认定），梳理26项47条惠才待遇。出台特级人才创新实验室建设管理规定、支持核心技术企业引进高层次人才的若干措施，推动人才政策与20份科技政策、产业政策前置融通。策划留学人员创新创业大赛等活动，组织“泉城似锦·邀您来创”校园引才、“百校云招聘”，聘请94名引才大使。新增入选国家重点联系专家建议人选2名，国务院政府特殊津贴6名，省级人才计划339名，市引进高层次人才团队10个；新增引进产业急需高校毕业生1.35万名，其中高水平高校毕业生5013名（博士483名、硕士1738名）。坚持人才工作跟着产业走，高质量编写《泉州市人才发展指南•产业篇（2021—2025年）》，分产业梳理引才育才清单指引，推动人才引聚指标继续纳入18个新基建新经济基地建设比拼活动考核评价内容。抓好清源创新实验室等重大平台建设，设立泉州金融会客厅，发挥人才创新共享联盟、泉州科技大市场等“中间体”作用，较好实现技术需求与成果征集、对接、撮合常态化制度化，打通人才创新成果转化应用“最后一公里”。全年促成华大、同济大学等校地合作项目12个，配合引进落地宇极科技、宏芯科技等高端项目，立项资助高层次人才创新创业项目61个。人才自主认定单位从企业扩面至科研平台，统筹布局137个“人才之家”，常态举办企智交流，研修培训活动，推动42个市级“人才之家”星级评定、规范运作。升级改造“泉州人才港湾”信息平台，赋能“一站集成服务”以及“企智研资对接、要素智能匹配”等服务增值，相关做法获评全国人才工作创新优秀案例。

思想教育与宣传

【概况】　2021年，泉州市宣传思想文化工作以习近平新时代中国特色社会主义思想为指导，庆祝中国共产党成立100周年为主线，党史学习教育为抓手，守正创新、担当作为。推动“泉州：宋元中国的世界海洋商贸中心”入选世界遗产名录，泉州市恢复全国文明城市资格，获评第四批国家公共文化服务体系示范区，入选第二批国家文化和旅游消费试点城市等。组织党史学习教育、中共十九届六中全会精神、福建省党代会精神市委宣讲团集中宣讲和分众化、互动化宣讲，到台企台胞宣讲中共十九届六中全会精神的做法成效被党史学习教育中央简报刊发推广。深耕“‘泉’民开讲”工作品牌，创优融媒体理论宣传教育平台，全年举办6场专场宣讲，带动全市开展宣讲1.1万多场次，受众820多万人次（其中“‘泉’民开讲”云受众超700万人次），被中宣部部刊《宣传工作》作为典型案例刊发。

【思想理论建设】　2021年，泉州市兴起新思想“大学习”热潮。市委宣传部抓紧领导干部“关键少数”，聚焦学习宣传贯彻中共十九届六中全会精神以及习近平总书记“七一”重要讲话和到福建考察重要讲话精神，服务中共泉州市委中心组学习31场次（其中学习研讨12次），带动泉州市各县（市、区）委中心组学习393场次。发挥领学示范带动作用，市委领导带头到党性教育基地集体现场学习，到高校宣讲。开辟专题专栏，理论宣传阐释，解读中共十九届六中全会、习近平总书记系列重要讲话等精神，宣传党员干部群众学习贯彻的生动实践，兴起学习贯彻热潮。推广用好“学习强国”学习平台，供、刊稿量和县级融媒体中心优秀作品奖获奖数量领跑全省。

2021年6月30日，泉州市“两优一先”表彰大会召开，表彰泉州市优秀共产党员、优秀党务工作者和先进基层党组织　　（图/市委组织部）

【主流舆论宣传】　2021年，泉州市主流舆论宣传聚焦学习贯彻中共十九届六中全会和福建省、泉州市党代会精神、全面建成小康社会、全方位推进高质量发展超越等重大主题，策划推出“泉”系列宣传报道。《人民日报》、新华社、中央广播电视总台等中央、省级媒体推出泉州市相关报道1万多篇（条），形成舆论声势和发展氛围。市委宣传部成立疫情防控宣传工作专班，统筹文化文明、内宣外宣、网上网下，开设“‘泉’力以赴　同心抗疫”等专题专栏，召开5场新闻发布会，用好“万屏联动”“千村同响”等科普载体，营造全民战“疫”氛围。落实舆情处置“1+N”工作机制，做好疫情防控、医疗卫生、教育等领域以及社会热点事件的舆情处置，稳妥处置南安蓬华塌方事故、网传泉州一名导游威胁游客等涉泉州市舆情20多起。

【社会主义核心价值观建设】　2021年，泉州市宣传部门在福建省率先建立精神文明教育培训中心、开办精神文明教育讲堂。组织“我为群众办实事”典型人物集中宣传活动，推荐盼盼集团蔡金钗获评2020年度全国“诚信之星”。推进新时代文明实践中心（所、站）建设全覆盖和“强基促稳”乡风文明示范创建行动，全市超95%的村（居）实现移风易俗进村规民约。

【社会主义文化建设】 2021年，泉州市传承发展优秀传统文化，出台《泉州市闽南文化生态保护区行动方案（2021—2025年）》，修订《泉州市闽南文化生态保护区促进办法》。《中国泉州南音集成》101册（首批）、《泉州历史文化概论》、《泉州学概论》等一批文化著作出版。“泉州古城”“郑成功”“德化白瓷”“妈祖信俗”等入选“福建文化标识”。推动文艺精品创作，掌中木偶《番婆弄》参演2021年新年戏曲春晚，新编高甲戏《范进中举》作为福建省唯一剧目参演中国戏剧节并获优秀剧目奖。举办泉州市第34届戏剧会演，高甲戏《围头新娘》、南音剧《海丝公主阔阔真》等一批精品剧目集中亮相。突出文化为民惠民，举办首届古城街艺音乐达人秀，常态化开展“三下乡”“文化进万家”“欢乐泉州”等惠民活动，线上线下文化活动875场（次）。发展壮大文旅产业，新增AAAA级旅游景区1家、AAA级旅游景区5家，西街东段获评第一批国家级夜间文化和旅游消费集聚区。出台《泉州市扶持影视产业发展若干措施》及申报指导，成立泉州影视工作专班和影视服务中心，培育发展影视产业。举办“世遗泉州 海丝文创”第三届泉州市文化创意产品展暨传统工艺美术精品展。

【对外宣传】 2021年，泉州市宣传部门组织世界遗产城市宣传，央视《新闻联播》、《人民日报》头版、《新华每日电讯》专版、《光明日报》头版等申报世界遗产成功重磅报道连续刷屏，“学习强国”学习平台推出泉州世界遗产专项答题，抖音、微博、微信等平台融合传播，网络曝光量超7亿人次。央视《开讲啦》栏目、“海上看中国”直播节目等聚焦泉州，《马可波罗笔下的刺桐城泉州》《泉州：海丝名城崛起的原生动力》等专题片、系列短视频轮番播出，擦亮“宋元中国•海丝泉州”城市名片。深化对外交流合作，举办“百年风华 视听共享”2021菲律宾•中国福建（泉州）电视周系列活动，14部电视作品在菲律宾展播1个月。主办“岭南文化与闽南文化：广州对话泉州”活动，成为2021年“读懂中国”国际会议（广州）专题活动之一，签订《泉州广州宣传文化合作框架协议》。创新宣传载体形式，制播《致海内外泉州人》短视频。策划开展“寻找泉州世遗的‘中国之最’”系列宣传、“走进泉州看宋元中国”全国文旅摄影大展、“宋元中国看泉州”网络“大V”探秘体验、“世遗泉州推荐官”抖音挑战赛等活动，全方位、多渠道开展泉州城市宣传。

2021年12月2日，“岭南文化与闽南文化：广州对话泉州”活动在广东广州举行 （图/庄丹丹）

【纪录片《重返刺桐城》全球热播】 2021年，纪录片《重返刺桐城》历经近4年精心打磨，解码新晋世界遗产泉州前世今生，再现宋元中国海洋商贸盛景。9月4日起通过国家地理频道向海外首播，以43种语言向世界170多个国家和地区播出，持续时间近3个月。《重返刺桐城》在海外播出，相关新闻资讯被翻译成英语、捷克语、印度尼西亚语、波兰语、俄语、斯洛伐克语、泰语、越南语等多国语言，被包括美联社、雅虎新闻以及俄罗斯、德国、新加坡、印度、菲律宾、印度尼西亚等30多个国家与地区的557家国际主流媒体转载发布。同时，《重返刺桐城》英文版宣传片登陆美国纽约时代广场大屏幕，以30秒和1分钟两个不同版本滚动播出，持续近一周时间。印有泉州标志性建筑东西塔的巨幅海报——“‘泉州：宋元中国的世界海洋商贸中心’‘中国历史文化名城泉州’欢迎您”同步在北京西单、成都天府大悦城、美国纽约时代广场等国内外主要城市的主流商圈户外大屏幕进行展示。

精神文明建设

【概况】 2021年，中共泉州市委文明办围绕庆祝中国共产党成立100周年，开局“十四五”、开启新征程，抓住培育和践行社会主义核心价值观，推进文明创建工程，提高社会文明程度，为建设“海丝名城、智造强市、品质泉州”提供思想保证、精神动力、道德滋养、文化条件。泉州市在中央文明委3次、省文明委5次暗访明察中，测评成绩总体向好，社会反响积极正面，市民对文明城市创建满意率达100%。8月19日，泉州市全国文明城市资格恢复，一次性复牌成功。

【社会主义核心价值观建设】 2021年，中共泉州市委文明办学习贯彻《新时代公民道德建设实施纲要》《新时代爱国主义教育实施纲要》，在全省率先建成精神文明教育培训中心、开办精神文明教育讲堂。开展“与文明相伴 与健康同行”“传古韵倡新风”等主题文明旅游志愿服务活动，倡导文明交通、文明旅游、文明餐桌、文明用语等行动。结合党史学习教育、疫情防控、爱国卫生运动和厉行节约反对浪费等工作，开展“倡导文明健康绿色环保生活方式”等主题活动2000余场次。开展参与文明城市创建有奖活动，29.8万人次参与；举办市民文明礼仪宣传周启动暨《泉州市民文明手册》发布仪式，开展文明礼仪知识线上问答，10.5万人次参与。开展“放心消费示范商圈”创建活动，培育5条街区获评第四批“省级诚信示范街区”。实施传统节日振兴工程，组织开展“我们的节日·春节、元宵、清明、端午、中秋、七夕、重阳”等主题活动，制作刊播《我们的节日——中华长歌行（泉州篇）》系列短片，在惠安县举办“我们的节日·端午”主题专场活动。

【全国文明城市创建】 2021年，中共泉州市委文明办充实市委书记、市长担纲挂帅的创城指挥部，下设一办九组三专班，分别由分管市领导挂钩负责，召开专题会议39场次，调研督查137次。泉州市创城指挥部内部及与4个区、9个职能组不定期工作会商超500场次，组织集中培训42次。各区、乡镇（街道）和各部门均建立横向到边、纵向到底“网格化”创建体系，形成全面创建、全域创建、全民创建、全程创建的工作格局。采取限时整改、复核销号等方式推动问题整改。深化老旧社区改造、农贸市场改造、道路破损修补、背街小巷提升改造、机动车停车位扩容五大整治行动，开展环境卫生、交通秩序、公益广告3项管理提升，启动“蜘蛛网”、流动摊贩、清脏污、门前三包、高噪声5个专项治理。坚持“三化”机制，即“任务项目化、项目清单化、清单具体化”，推动问题早发现、短板早分析、弱项早提升、痛点早解决。制定出台《文明城市创建考评办法》，开展近100轮次点位专项督查、20多次综合性模拟测评，下发创建督查件、通知书600多份，印发135期测评通报，推动6530个点位整改细案的管理提升。实行创建全国文明城市与市领导工作、与文明奖金、与绩效考核、与效能督查“四挂钩”机制，激发创城积极性。落实月测评、暗访、约谈、会商等9项常态化机制，组成派驻4个区工作组和效能督查小组，通报批评、效能问责履职不力干部。项目成绩不好的单位采取约谈、媒体公布、通报批评、效能问责等措施，推动创城工作在末端落实。用好报、台、网、微、端等多种手段每月开展创城宣传。运用手机短信平台向市民推送文明城市创建短信，大幅增设大型创城户外广告、灯箱广告、灯杆旗、宣传栏、景观小品等。在市区主要交通路口大型电显屏、窗口电显屏、公交车（出租车）滚动播放创城口号，在建筑工地围挡喷涂创城主题宣传，营造文明驻足可观的氛围。常态化做好文明城市创建工作，坚持精准对标对表，补齐短板漏洞，推动问题整改，泉州文明城市创建工作经验专报在《八闽快讯》刊发。

【新时代文明实践中心试点工作】 2021年，泉州市为民办实事项目36个新时代文明实践所（站）全部建设完成并投入运行使用。遵循市级抓推进、县（市、区）抓落实工作机制，紧盯720万元经费落实，保障建设资金；推动市中心建设工作指导组13个成员单位挂钩中心，组织对各地的文明实践中心建设情况开展调研、评估，压实工作责任。全市建成12个文明实践中心、163个文明实践所、2511个文明实践站。拓展建设实践点698个，初步形成“中心+所+站+点”的“四级联动”文明实践阵地框架。36个文明实践所（站）成为全市推进“全覆盖”的样板工程，开展文明实践活动近5万场次。

【道德模范学习宣传】 2021年，中共泉州市委文明办发挥模范好人示范引领作用，推选产生4名省级、30名市级道德模范；举办“弘扬时代新风·传播道德力量”主题演讲比赛，开展“道德模范故事汇”基层巡演；组织“勇者无畏 大爱无疆”主题道德讲堂总堂活动，泉州道德模范馆成为宣传典型的阵地。完成公共文化场所专题展览建设，推动道德模范事迹在市区宣传，发挥各区宣传栏、公益广告、新媒体等作用开展道德模范展览展示，实现市、区两级专题展览基本覆盖。落实道德模范帮扶礼遇措施，组织道德模范代表参加泉州市庆祝中国共产党成立100周年活动，市、县两级走访慰问困难道德模范和身边好人322人次、发放慰问金32.93万元。

【基层基础文明创建】 2021年，中共泉州市委文明办出台市级文明创建评先审核“一票否决”实施细则，启动新一届全国、省级文明村镇、文明单位、文明校园创建（培育）对象申报工作，推动市级各类文明创建工作常态化。探索“互联网+精神文明建设”新方法、新领域，建设泉州市精神文明创建测评系统上线试运行，建立群众性精神文明建设专家库。加大非公有制企业创建指导力度，提升非公单位创建水平。提升文明村镇创建水平，全市县级及以上文明乡镇占乡镇总数90.98%，县级及以上文明村占行政村总数62%。组织移风易俗“三率”（知晓率、支持率、满意率）调查，推行典型示范带动机制，宣传移风易俗典型，全市超95%村居移风易俗进村规民约。培育和评选一批市级家风家训馆。加大文明家庭褒奖激励力度，发放市级文明家庭奖励金。高质量推动泉州市文明校园创建三年行动计划落实。

【网络精神文明建设】 2021年，中共泉州市委文明办协调推动网络空间治理和网络内容建设，倡导文明办网、文明用网、文明上网。开展“网络文明宣传周”线上线下互动，结合“世遗泉州”网络文化节开展“同心战疫”融媒体作品展播、“我给泉州道德模范点个赞”、“侨乡党史故事”等网络文明传播活动，群众参与达10万人次。组织网络安全宣传，制作专题网页，推出多种网络文化作品。发布泉州市共建网络文明倡议书，召开2021年网络公益活动暨文明网站创建部署会。推动中国文明网联盟网站、官方微信公众号及抖音号等网络平台建设。

【未成年人思想道德建设】 2021年，中共泉州市委文明办紧扣“立德树人”根本任务，组织开展清明“网上祭英烈”、“七一”“我向党旗敬个礼”、“十一”“向国旗敬礼”网上签名寄语等活动，全市参与203.49万人次。推动开展“扣好人生第一粒扣子”主题活动，开展“童心向党”主题教育实践活动，组织第三届泉州市“新时代好少年”推荐、学习宣传和慰问活动，18名学生分别入选省、市“新时代好少年”。组织开展主城区120个社区未成年人文体活动设施场所“回头看”和“暑期活动营”活动，推选“十佳活动场所”。推进城乡“复兴少年宫”建设，建成一批“复兴少年宫”。开展城乡学校少年宫社会化扶助活动，组织开展少年宫与学校课后服务融合试点工作，提升“建、管、用”水平。举办专项技术培训，开展心理健康辅导“公益九月”活动，举办心理健康辅导经验交流活动（惠安专场），构建未成年人心理服务体系健全完善未成年人育人体系，召开联席会议和职能工作组全体成员会议，落实全国未成年人思想道德建设工作测评重点指标任务。

【志愿服务组织建设】 2021年，中共泉州市委文明办扩大“志愿情·泉州红”活动品牌影响，围绕创城创卫，开展大型主题志愿服务，全市开展“我为社会做好事”系列志愿服务活动近9300场次。常态化开展“烟头不落地 停车要有序”“公共文明引导活动”活动，组织4次烟头集中兑换和7次主要交通路口文明引导志愿服务活动，200多个市直单位、1800多个志愿服务组织和2万多名志愿者参与，辐射带动3.3万名市民群众，兑换烟头177.5万个、发放超56万份宣传资料、规范停车1.3万辆（次）。宣传、培育志愿服务典型，一批典型在全国、全省志愿服务项目大赛中获金奖、银奖；晋江市义务救援协会获评全国学雷锋志愿服务最佳志愿服务组；5名志愿者被认定为福建省五星级志愿者；9个典型获评福建省学雷锋志愿服务先进典型。组织《福建省志愿服务条例》的学习宣传，在全市1300辆公交车上滚动播放宣传视频，市民群众志愿服务知晓率超85%。调整充实市志愿者服务协调小组，规范小组办事机构规则和成员单位责任分工。推进全国志愿服务信息系统运用，泉州市在线注册实名认证志愿者近146万人，注册团队超过8500个，发布项目近11万个。完成2021年度泉州市志愿者协会线上年检工作。

【泉州市21人入选“我推荐、我评议身边好人”活动好人榜】 2021年，泉州市在中央文明办、省委文明办发布的“我推荐、我评议身边好人”活动中，有5人入选中国好人榜、16人入选福建好人榜。泉州市入选2021年度“中国好人榜”名单，其中敬业奉献：张江鑫、郭焕钢；见义勇为：高威、史玉阳、吴

2021年6月30日，由泉州市创城办、中共泉州市委文明办、泉州市卫健委等主办的泉州市“烟头不落地 停车要有序”志愿服务活动启动仪式在芳草园举行 （图/市委文明办）

玉旋。泉州市入选2021年度“福建好人榜”名单，其中敬业奉献：张江鑫、郭焕钢；孝老爱亲郭瑞安、张敬平、杨秀丽、黄金鸡、方捷华；助人为乐：姚振林、郭建家、肖发兴；见义勇为：高威、史玉阳、李榕翔、吴玉旋、张泽虎；诚实守信：蔡金钗。

统一战线

【概况】 2021年，中共泉州市委统战部推动《中国共产党统一战线工作条例》（以下简称《条例》）及省委实施意见落实落细。制定关于贯彻执行中共福建省委《关于贯彻〈中国共产党统一战线工作条例〉的实施意见》，多层次学习培训，举办各类学习培训班400多场次，培训党政干部6200多人、党外人士6100多人。创新制作解读《条例》动漫短视频，推动《条例》各项规定落深落细。落实市委统战部关于开展“再学习、再调研、再落实”“1+N”重点专项任务，推动一批重点专项落实落地，完成新一轮重点侨情调查工作、南洋华裔族群寻根谒祖综合服务平台上线试运行、泉州市侨批馆建成竣工开馆等；承办福建省2021年RCEP（区域全面经济伙伴关系协定）青年侨商创新创业峰会，闽籍海外“东盟10+5”国家重点侨商、贸易商及侨青代表350多人参加，引侨商汇侨智聚侨力，助推新发展阶段新福建建设。组织开展“重走史迹学党史 接续奋斗当先锋”党史学习教育主题活动等庆祝中国共产党成立100周年系列宣传教育活动100多场次。深化“不忘合作初心，继续携手前进”主题教育活动成果，举办相关学习活动80多场、4000多人次参加。建立24个民营经济人士理想信念教育基地，举办“诚信守法经营、坚定发展信心”等主题理想信念教育活动80多场1.2万人次。开展第十四个民族团结进步宣传月活动，筑牢中华民族共同体意识。开展“爱党爱国爱社会主义”主题教育，承办福建省宗教爱国故事陶瓷艺术作品展等，引导宗教界和信教群众坚定推进宗教中国化的信心和决心。组织发动泉州籍海外侨胞参与庆祝中国共产党成立100周年、中共十九届六中全会精神等学习宣传，凝聚泉州籍侨胞思想共识。围绕“同心抗疫”、“十大同心工程”、庆祝中国共产党成立100周年等，开展系列专题宣传，巩固壮大统一战线主流思想舆论。

【新型政党制度建设】 2021年，中共泉州市委统战部推动政党协商规范，牵头制订实施2021年政党协商计划。举办2021年统战系统参政议政信息调研选题指导会，支持参政党练好内功，提高履职能力。举办义诊、扶贫等活动40多场，落实帮扶资金200多万元。围绕经济社会发展热点难点开展调查研究，报送调研课题、社情民意信息、提交提案建议等1100多篇。举办“庆党生日、与党同心同行——泉州市党外人士庆祝中国共产党成立100周年邀请展”，开展党外人士庆祝中国共产党成立100周年主题征文活动，组织20多名党外代表人士到泉港区前黄镇三朱纪念碑公园和朱汉膺故居开展“同心学党史、坚定信念跟党走”活动。制订2021年政党协商计划并组织实施。组织民主党派市委会负责人参加上半年全市经济运行分析视频会等，提出意见建议70多条。总结2017—2021年党外人士参政议政工作，编印《2017—2021年泉州市党外人士建言献策汇编》，五年来完成课题调研、提案议案、意见建议、社情民意信息7300多份，其中565篇被中央采用，2090篇被省级采用，202篇获省委省政府、市委市政府主要领导批示。贯彻落实全省民主党派市级组织换届工作座谈会、中共泉州市委常委会会议精神及省委换届文件要求，完成各民主党派市级组织换届工作。此次换届新提名主委5名，继续提名主委3名，新提名副主委22名，继续提名副主委20名。推动建立县级层面民主党派代表人士数据库，印发《关于协助民主党派县级组织做好换届工作的意见》。指导鲤城、石狮、晋江、南安、惠安、永春等县（市、区）以及华大、师院做好党派组织换届工作。协助市委宣讲团举办学习宣传贯彻中共十九届六中全会精神市委宣讲团报告会、学习贯彻省第十一次党代会精神市委宣讲团报告会。组织《中国共产党统一战线工作条例》专题培训会，在市委统战部微信公众号设置“学《条例》，主委谈”栏目，对各民主党派主委学习条例的思考体会进行推送，联合民盟市委会推进“桐小赞”动漫解读《条例》。

【党外和新社会阶层人士统战】 2021年，中共泉州市委统战部推动成立13个新的社会阶层人士联谊会乡镇分会以及安溪县党外知识分子联谊会和泉港区网络人士联谊会。举办第二届“同心杯”留学人员创新创业大赛。引导党外知识分子和新社会阶层人士自觉履行社会责任，开展社会公益服务活动。举办泉州市第二届“同心杯”留学人员创新创业大赛，评出涉及智能制造、大数据云计算、物联网、生物制药等新兴产业的获奖项目20个，其中16个项目签订落地意向书，落地转化率80%。

【民营企业统战】 2021年，中共泉州市委统战部开展“进千企、走千商、访千才”活动，推动各级领导干部走访客商1600多人次，推动惠企政策落细落实。健全服务民营企业“四访四通”机制，“12345”民企服务平台妥善处置300多个民企诉求。建立6000多人的民营经济人士数据库。宣传弘扬泉州企业家精神，引导民营经济人士参与公益慈善事业，全市民营经济人士捐赠公益事业超120亿元。举办“十九届六中全会精神宣讲活动”“诚信守法经营、坚定发展信心”“学党史、感党恩、见行动”等大型宣讲和主题理想信念教育活动80多场1.2万人次，建立24个民营经济人士理想信念教育基地。成立全省首家民营经济人士数据库，数量多达6000人，实现传统龙头产业、战略性新兴产业、高科技产业、现代农业等全覆盖，注重年轻一代民营经济人士和女企业家数据整理，打造一支高素质、有担当的民营经济人士队伍。举办“亲清护航营商环境　同心共建民营经济发展示范城市”主题活动。联合信访局推进“四访四通”机制，支持工商联办好“12345”民营企业服务热线，及时解决企业困难和诉求，被国家发改委、全国工商联作为经验向全国推广。开展“同心助学　松柏成才”行动。筹集106万元，帮扶212名生活困难学生圆大学梦。打造“政府政策+社会力量”叠加帮扶模式，筹集728万元，帮助182户困难户解决住房困难。创新开展同心奖教奖学工程，筹集2300多万元，成立泉州市泉州五中同心教育基金会，集中力量支持泉州五中打造全国名牌中学。

【民族宗教团结进步工作】　2021年，中共泉州市委统战部推进民族团结进步事业，推进新一轮48个市直单位挂钩帮扶民族村（社区），1家单位被国家民委评为示范单位，6家单位、10名个人分别被省政府评为模范集体和模范个人。推动解决宗教活动场所不动产登记历史遗留问题，登记场所103处。泉州市民族宗教领域工作坚持以中央民族工作会议、全国宗教工作会议和省、市党代会议精神，铸牢中华民族共同体意识，坚持宗教中国化方向为主线维护民族团结、宗教和谐，举行升国旗仪式等庆祝中国共产党成立100周年，引导全市民族宗教界人士树立“五个认同”，拓展“学史明理、学史增信、学史崇德、学史力行”的学习成效。承办福建省宗教爱国故事陶瓷艺术作品展，牵头组织200多名德化陶瓷艺术大师和新秀探索、创作267件作品，分别在福州、厦门、泉州、北京展览，累计参观参展超10万人次。

加大民族补助资金精准补助力度，全年下达各级民族补助款1072万元，创历年新高。推动少数民族特色村寨建设纳入全市乡村振兴发展战略整体规划，巩固提升小坝蒙古族村等7个已挂牌“中国少数民族特色村寨”建设成果，推进洛江厝斗畲族村等8个第四批少数民族特色村寨试点建设。支持民族村建立少数民族文化展示馆、农村书屋，推动民族文化、少数民族非物质文化遗产保护传承发展，指导洛江、德化等地开展“三月三”等民族节庆活动。围绕“铸牢中华民族共同体意识·永远跟党走”主题，开展第十四个民族团结进步宣传月系列主题活动，营造民族团结进步氛围。承办全省城市民族工作互观互学活动，全市少数民族流动人口管理经验做法在全省推广。1家单位被国家民委评为第九批全国民族团结进步示范区示范单位，6家单位、10名个人分别被省政府评为全省民族团结进步模范集体和模范个人，获表彰数量位居全省首位。开展“四进”宗教活动场所，树立泉州承天寺等“四进”宗教活动场所先进典型46个。引导宗教界依法有序开展公益慈善活动，全市宗教界捐款6938.6万元，为乡村振兴、疫情防控等做出贡献。

【台港澳联络联谊】　2021年，中共泉州市委统战部推进“乡亲乡情互助计划”工作，发动乡亲中的企业家和成功人士捐赠乡情互助基金1200万元以上。联合举办第五届海峡两岸（泉州）闽南童谣大赛等，助力打造台胞台企登录第一家园。接待港澳参访团组8批200多人次，组织4批团组到港澳参加泉州籍社团换届庆典等活动，扩大联络联谊面，增强港澳联谊实效。香港泉州市社团联合总会换届，颜俊文当选新任会长。

【海外统战及侨务工作】　2021年，中共泉州市委统战部开展“暖侨行动”，慰问海外乡亲，深化“泉州籍精英故乡行”活动，全年接待海外重点人士及侨团10余批100多人次。组织开展重点侨情调查工作，

2021年6月，由致公党福建省委会、中共泉州市委统战部指导，致公党泉州市委会主办的“礼赞新时代　共筑同心圆”庆祝中国共产党成立100周年文艺晚会举行　（图/市委统战部）

建立“五个100”信息库（100名重点华裔新生代、100名“铁友”、100名专业人士、100家重点社团、100家华媒华校）。组织泉州籍海外优秀青年参加“第三期闽侨青年精英海丝情”等活动。

【海外华文教育】 2021年，中共泉州市委统战部按照上级统战部门要求，制定《关于贯彻落实华文教育工作发展规划（2021—2025年）具体举措的通知》。举办2021“华教同心园 筑梦云课堂”马来西亚华文教师线上研习班，营员110人，提升海外华文教师队伍的教育教学能力和水平；举办2021年海外华裔青少年“丝路华教·感知中国”线上专题营活动，营员200人，让海外华裔青少年感受中华优秀传统文化的魅力，增强民族认同感和自豪感。加强与海外华校的校际交流，指导城东中学为菲律宾仙朝峨中学开展线上华文课程；推动泉州市通政中心小学与菲律宾计顺市菲华中学召开姐妹校“云”上联席会议、泉州培元中学与菲律宾侨中学院友好班级开展学生“云”端交流、泉州市第二实验小学与菲律宾中正学院开展网络直播迎新年联欢会演等活动。

改革与政策研究

【概况】 2021年，中共泉州市委改革办（政研室）围绕服务全市中心工作，聚焦“改革、政研、财经”三大主业，瞄准全市改革突出问题和关键环节，策划生成10个领域59项重点突破改革事项，提出一批牵引性改革举措。配合市委优化营商环境专项巡察，督导推进林改、医改等一批重点领域改革。牵头策划市委“我为群众办实事”实践活动，制订全市实践活动实施方案，在全省首创“项目征集策划、跟进办理、宣传推介”等工作机制，策划开展“我为群众办实事”主题月活动，甄选下发2批72个市级实践活动项目，带动全市生成1.32万个实践活动项目并完成98%以上，在各级媒体刊发活动报道6898篇（次），其中国家级431篇（次）。培育3个典型案例入选省首批“我为群众办实事”实践活动典型案例汇编、11个入选省实践活动典型做法报道汇编。

【改革推进工作】 2021年，中共泉州市委改革办发挥参谋助手作用，安排市委深改委会议议题，服务市委抓实抓细重点领域重点事项；服务深改委听取晋江县域集成改革、国家产教融合试点、深化流域生态补偿制度等进展汇报，主动参与世界遗产保护管理长效机制研究，跟进社会治理领域集成改革，推动一批改革方案、改革试点落地实施。泉州市通过国家创新型城市验收，跻身首批创建全国民营经济示范城市，新获批产教融合、文旅消费、市场主体强制退出、公共文化服务体系示范区等国家级试点示范项目，“河湖长制”获国务院督查激励，支持民企改革发展的13条典型做法获国家发改委推广。推动“改革热度指数”纳入市对县绩效考评，鼓励基层改革探索；总结51个创新典型案例在《泉州改革财经情况》编发推广，其中“打造古城活态保护利用新样板”等8个案例获《福建改革财经情况》刊发，5个案例推荐选送中央改革办。“金融支持民企高质量发展”“农村公路管理养护”“水利风景区建设管理”等典型经验做法在全国性会议上交流推广。

【财经工作服务】 2021年，中共泉州市委改革办抓好改革、财经领域议事协调，推动改革与发展高效联动，落实好市委工作部署。紧扣“十四五”发展目标任务和市委中心工作，制定市委深改委、财经委工作要点。紧抓泉州经济高质量发展的根本性、方向性、全局性重大问题，提出7个方面23项财经委年度工作要点，形成全年财经工作“路线图”“任务书”。服务财经委专题研究制造业数字化转型、平台经济、碳达峰碳中和、“海上泉州”建设、现代综合交通运输、金融风险防范等专项工作，加强分析研判、精准施策，激发经济高质量发展的活力动力。健全改革财经工作网络，构建横向联动、纵向推进的责任传导链条。聚焦国家级、省级改革试点和年度改革、财经重点任务，建立台账管理、项目化运作机制，及时分解交办市委深改委、财经委会议议定事项，明确牵头单位、完成时限，确保落实到位。

【调研咨政】 2021年，中共泉州市委改革办加强研究谋划、建言献策、工作协调，助推市委重要专项落实。聚焦补齐社区疫情防控短板、社区邻里中心建设、完善县镇权责体系等方面形成一批调研文稿，《泉州市平台经济发展现状及对策研究》刊发于省委《调研文稿》。落实市委部署，在全省率先策划出台《“再学习、再调研、再落实”活动方案》和17个市级重点专项任务，带动生成191个县级重点专项任务；实行“专班推进、动态更新、节点收账”，推动17个重点专项任务形成19份调研报告，梳理生成项目（事项）清单328项，建立定期比拼晾晒机制，推动活动落实落细。开展城市战略、产业战略研究，聚焦重塑城市空间格局、社区治理、乡村振兴、“空心村”治理、数字平台经济、发展公募基础设施REITs（不动产投资信托基础）、生产总值增速、招商投资、纺织鞋服产业、与福州发展指标比较分析、部分万亿生产总值城市创新举措、融入RCEP协定等专题调研，形成一批研究成果，为市委决策提供参谋服务。策划推动年度25个市级重点调研课题，形成一批有价值、有分量的研究成果。落实市委要求，专项策划推进科技创新、制造业数字化、新基建新经济基地建设、平台经济等11个市委“点题”研究，全程跟进做好专题汇报会服务。

【文稿服务】 2021年，中共泉州市委改革办坚持全局站位，做好文稿服务保障。牵头起草市第十三次党代会报告《创新发展“晋江经验”，扛起全方位推进高质量发展超越主力军担当，奋力建设海丝名城智造强市品质泉州》，撰写市委主要领导在省委深改委会议上关于以改革创新推动泉州传统产业转型升级的汇报材料、在全省党政主要负责人座谈会上的讲话素材、关于纺织鞋服产业情况的汇报等。准备省政府主要领导到泉州调研共同富裕专项素材；全程参与省委常委李仰哲挂钩泉州课题“传承弘扬‘晋江经验’，充分激发民营经济活力”，梳理调研素材、任务分解清单、需省上支持政策（事项）等供省纪委课题组参考。政策文件方面，牵头起草市委十三届二次全会、市委十二届十五次全会的决定文件。着眼于推动破解民营企业发展面临突出问题，牵头起草全市《关于创新发展“晋江经验”加快创建全国民营经济示范城市的决定》，作为全市民营经济发展动员会主文件。代拟省上支持全市制造业高质量发展若干意见、推动泉州“海丝”先行区高质量发展的若干意见等文件。服务市委落实落细中央决策部署和省委工作要求，起草贯彻落实省党代会精神和省委书记尹力参加泉州市代表团审议时讲话要求的重要专项任务、市委“十四五”规划建议重要举措分工方案、设立创新发展“晋江经验”先导区方案建议等。

【“强基促稳”三年行动】 2021年，中共泉州市委改革办继续承担市委“强基促稳”办公室工作职能，聚焦基层治理领域难点痛点问题，协调23个市直相关部门策划实施13个市级专项行动，“治重化积”案件化解率居全省前列，全市社会面总体保持平稳。注重典型挖掘培育，全年指导提炼66篇创新案例在全市推广，一批基层善治典型走在全省前列。

网络安全和信息化管理

【概况】 2021年，泉州市网信系统推动落实党委（党组）意识形态、网络意识形态和网络安全工作责任制，网络舆情态势总体平稳，网络安全保障有力有效。做好抗疫宣传，指导属地新闻网站及其新媒体宣传党委、政府决策部署，发出《守“网”相助 共同战“疫”倡议书》，开设“泉州抗疫日记”等正面宣传话题，讲述战“疫”故事，凝聚抗疫合力。主动回应社会关切，搭建党委、政府聆听民声民愿、解决群众急难愁盼问题的桥梁。开展“泉盾2021”“云安全”等网络安全应急演练，组织3家单位参加“闽盾2021”应急演练，强化各级各部门网络安全意识，提升全市网络安全事件应急处置实战能力。开展网络安全现场检查45家、远程技术扫描2次，发现网络安全问题501个，发出网络安全整改通知（通报）80份，均督促整改落实。《泉州奔小康》《安溪奔小康》入选央视网“人民记忆：百年百城”展播。

【网络宣传】 2021年，泉州市网信系统组织重大主题宣传，做好习近平总书记重要讲话重要指示批示精神，中共十九届六中全会、全国全省“两会”、省市党代会等重要会议精神，党史学习教育、“再学习、再调研、再落实”等活动网上正面宣传，组织开设“认真学习贯彻习近平总书记‘七一’重要讲话精神”“新思想引领新征程”“奋斗百年路 启航新征程”“聚焦党的十九届六中全会”等专题专栏，营造网上舆论氛围。承办协办“追寻建党百年足迹——网络名人福建行”、“中国有约·遇见福建”国际媒体主题采访、“在这里读懂初心使命——网络媒体革命老区行”等活动，总阅读量超10亿次。开展中心工作宣传，运用网络传播协调联动和网上联合推送机制，推进市“两会”、市第十三次党代会、“泉州申遗”、创城等中心工作网上宣传。“泉州申遗成功”相关消息网络总阅读量超7亿次。组织“网络中国节”、“世遗泉州”网络文化节等系列网络文化宣传活动，开展“泉州记忆·百年百村”“风度泉州”“侨乡党史故事”等网络作品征集展播活动，晋江等地举办属地特色网络文化活动，相关作品总播放量近3亿次。守牢网上舆论阵地，强化风险意识和底线思维，稳妥调控各类突发舆情。推进网络文明建设，制定出台《关于加强网络文明建设的工作举措和分工方案》，召开网络公益活动暨文明网站创建部署会议，发布《泉州市创建“文明网站”倡议书》。开展网络文明和网络公益活动，打造网络公益品牌，联合有关单位和网络公益组织开展泉州市首届中小学创客网络公益大赛、第二届“华服徒步、穿越刺桐港”公益徒步、“爱心午餐”等活动。

【网络空间治理】 2021年，泉州市网信系统开展网络生态治理，开展“清朗”系列专项行动、网络直播行业专项整治、网上不良粉丝文化整治等专项整治20项，督促网站平台设立未成年人专用举报渠道，查处互联网违法违规行为。发出网络信息内容整改通知（通报）90份，处置“熊猫水水”游戏网站、马可波罗网等网站平台125家，依法关闭违法违规账号12个，警告73家次，暂停更新12家。完善网络执法联动，在全省率先构建形成情报信息互通、技术手段共享、执法力量相辅、联动协作同步的网络执法联动工作格局，网信、公安、住建、文旅、市场监管等部门联合开展房地产类网站平台和自媒体专项整治行动、“清风行动”等专项整治13项，联合约谈22家次，移送线索落地查办54件次。构筑网络安全保障体系，建立市直单位网络安全负责人名单，确保网络安全有人管、有人抓、有落实；加快全国地市级网信办应急指挥中心规范化建设试点工作，发挥应急指挥中心作用，保证上级指令、属地网络安全事件第一时间妥善处置；发挥19家网络安全技术支撑单位及泉州市网络与信息安全产业发展促进会作用，技术支撑全市网络安全保障。排查整改网络安全隐患，处置上级部门日常通报、委托技术支撑力量监测扫描、联合开展专项检查等方式，发现处置网络安全问题，推动网站平台和信息系统使用单位切实落实网络安全主体责任。提升网络安全防护意识，组织2021年国家网络安全宣传周泉州活动，开展“万屏共闪”、网络安全@世遗泉州、“云安全”“网络安全应急演练”、网络安全进基层等10个主题宣传活动，举办线上线下活动32场、网络安全知识培训21场，推送相关宣传报道700余条，阅读量超3000万人次，引导网民群众增强网络安全意识。

【网络力量建设】 2021年，泉州市网信系统作为全国地级市网信办应急指挥中心规范化建设试点单位，推进市网络安全应急指挥中心规范化建设，场地建设完备、人员配备到位、规章制度完善。加快建设集数据集成、运行监测、分拨处理、指挥调度等功能为一体的网络安全和信息内容管理联动平台。推动中心人才队伍建设，鼓励报考中、高级职称，提升业务水平，中心有高级职称2人、中级职称2人。加强互联网行业党建，明确全市互联网行业党委工作规则和2021年重点工作，组织开展党史学习教育，申报年度重点项目，统计互联网企业党员和互联网企业“口袋”党员数量。开展互联网企业调研走访和第六次全国网络社会组织基础信息调研工作。在民政部门登记成立的以网络安全和信息化为主要业务领域的社会团体（协会、联合会、研究会、促进会、学会等）、基金会、社会服务机构（民办非企业单位）30家，其中市级协会9家、县（市、区）协会21家。

【《关于加强县域网络综合治理的若干措施》出台】 2021年，泉州市贯彻落实中央网信办、省委关于推广泉港区“圈层化”管理模式的批示精神，在全省率先以市委网信委名义出台《关于加强县域网络综合治理的若干措施》，召开全市县域网络综合治理现场会进行总结推广，提升县域网络综合治理水平，相关做法经验在中央网信办《网信动态》刊登交流。泉港“圈层化”管理模式获评全省机关体制机制创新优秀案例优秀奖。

机构编制

【概况】 2021年，泉州市机构编制部门完善机构职能体系、深化体制机制改革、优化机构编制资源配置、构建机构编制制度体系，推动机构编制工作高质量发展，为全方位推动泉州高质量发展超越提供体制机制和机构编制保障。依据法律法规规章立改废释、部门“三定”规定以及省“五级十五同”目录清单等，完成市新闻出版局、市场监管局、工信局等15个部门936项权责事项的动态调整，提升权责清单的时效性和权威性，发挥权责清单在推动政府部门全面正确履职尽责方面的基础性制度效用。

【党政机构职能体系优化】 2021年，泉州市机构编制部门构建优化协同高效党政机构职能体系。推动“三定”规定的执行落实，促进部门内部职责、业务有机融合，推动部门聚焦主责主业依法高效履职。出台《泉州市直党政机构职责分工协商协调工作规则》，推动解决安全生产、生态环境等重点领域一些长期存在的职责交叉、关系不顺的问题，促进机构职能运转更加协调顺畅。根据职责变化情况，调整优化市纪委监委、市直机关工委、市林业局、市农业农村局等部门机构设置和职责配置，重新制定出台市统计局、市计生协会、市红十字会“三定”规定。完善规范权责清单制度体系，健全完善权责清单动态调整机制，纵深推进权责清单制度体系建设，落实权责清单年度报告制度，督促指导相关部门建立健全部门内部权责清单管理规定。探索健全完善县乡“属地管理”责任事项清单制度，修订全市县、乡“属地管理”责任事项清单指导目录，厘清县、乡权责关系。

【开发区管理机构职能体系优化】 2021年，泉州市机构编制部门对应市级党政机构职能调整情况，调整优化泉州经济技术开发区、泉州台商投资区管理机构内设机构及其职能配置。改革创新运行机制，整合泉州台商投资区分散在各内设机构的行政执法和行政审批职能，分别组建泉州台商投资区综合执法与应急管理局、行政审批服务局，行使相对集中行政执法和行政审批权限。对各县（市、区）功能相近、区位相邻的开发区进行整合，实行“一区多园”的管理模式，设立统一的管理机构，依法赋予组织领导、发展规划、协调服务、招商引资等职能，推动整合后的晋江、南安、惠安3个开发区机构规格提升为副处级。从明确职能定位、强化组织保障、理顺区地关系、完善运行机制四方面入手，加强指导各县（市、区），推动开发区管理机构职能重构，激发开发区内生动力，促进开发区创新发展。

【综合行政执法改革】　2021年，泉州市机构编制部门深化综合行政执法改革工作，理顺综合行政执法相关各方职责关系，形成协同高效的综合行政执法工作合力。出台《关于进一步厘清综合行政执法改革日常监管与执法办案职责边界的指导意见》，健全完善市及市辖区实行一个层级管执法的协同配合机制，以及同一层级综合执法主管部门、相关行业管理部门、综合执法队伍间执法协作联动机制，厘清综合执法机构和监管部门的职责边界，提高执法效能。会同市生态环境局等市直部门梳理相关领域综合行政执法事项，精简行政处罚等事项，明确执法队伍职责；完成市、县两级自然资源领域综合执法队伍机构编制规范调整工作。指导晋江市拟订试点方案，开展规范地方行政执法队伍人员编制管理试点工作。

【基层体制机制和机构改革】　2021年，泉州市机构编制部门按照《福建省深化经济发达镇行政管理体制改革考核评估机制（试行）》，指导督促全市21个经济发达镇推进改革创新，通过省委编办对经济发达镇的考核评估工作。陈埭、宝盖、浔中3个镇现场抽检得分排名居全省前三名，为全省经济发达镇行政管理体制改革工作提供可借鉴的“泉州样本”。深化基层综合行政执法改革，指导各县（市、区）因地制宜研究拟订改革工作方案，健全完善乡镇（街道）综合行政执法协调体制机制，推进乡镇（街道）逐步实现“一支队伍管执法”。

【机构编制管理】　2021年，泉州市机构编制部门推进事业单位改革，完成市、县两级80余家生产经营性事业单位改革方案的批复，做好人员分流和资产处置，盘活机构编制资源。统筹配置事业编制资源，聚焦民生领域聚焦民生短板，重点服务保障教育领域用编需求，统筹调剂近万名专项编制用于保障全市中小学教职工编制需求。出台《泉州市经济发达镇事业编制周转使用管理规定》，从泉州市级盘子中单列一定量的编制，为经济发达镇引进急需紧缺人才或高学历、高层次人才提供编制保障。

机关党建

【概况】　2021年，中共泉州市直机关工作委员会落实意识形态工作责任制，推动党组（党委）管好阵地、把好导向、建强队伍。加强党委（党组）理论学习中心组学习工作，巡听旁听63家市直单位中心组学习会。引导市直机关青年群体建立理论学习小组，加强青年理论学习工作。编制机关党员教育学习材料12期，制播泉州机关党建电视专栏18期。加强基层理论宣讲活动，举办机关大讲堂4期、“东海干部学堂”11期。举办“勇当主力军、机关我先行”论坛4期，全市各级党组织500多人参加，旗帜网、“学习强国”学习平台等多家媒体报道。

【市直机关党建】　2021年，中共泉州市直机关工作委员会落实市委《关于加强和改进新时代机关党的建设的若干措施》，总结完善和推广运用“三合一”机关党建工作体系，提高党建工作水平。开展市直机关创建“让党中央放心、让人民群众满意的模范机关”活动。组织督导50个市直及驻泉州省部属单位民主生活会。推动市直机关党组织开展党史学习教育，在“泉州机关党建”网站及微信公众号、《泉州晚报》分别开设专栏。其中，网站刊载30期、公众号浏览量3.8万次，《泉州晚报》刊载15期。举办16期讲堂、学堂和专题报告会，近1600人次参加。牵头建设“红色记忆——中共泉州革命历史专题展”云展馆，访问量1.82万人次，答题量6663人次。组织市直机关“重走史迹学党史、接续奋斗当先锋”主题活动，引导党组织、党员以46个泉州红色文化史迹为阵地开展主题党日活动，700个党组织、1.05万名党员参与。举办中共十九届五中全会精神暨党史学习教育答题竞赛，包括线上学习、互动和网上挑战赛、电视总决赛四个阶段，全市65个团队、65万多人次参与，活动专题浏览量超140万次。做好撤销20个市直系统党委后续工作，新设立5个机关党委，升格9个党组织，101个单位党组织直接隶属工委管理，实现基层党组织和党的工作全覆盖。落实督促提醒制度，指导督促基层党组织按期换届选举。指导各单位党组织做好书记、副书记等党内职务调整，市直单位党组（党委）书记兼任党组织书记比例达56.5%。深化“海丝先锋”党支部达标创星活动，开展第十三轮“五好”党支部创建考评，表彰“先进‘五好’党支部”183个、“先进‘五好’党支部标兵”39个。推动机关党建主体责任层层落实，抓好市直单位党组（党委）书记和市直机关基层党组织书记抓机关党建工作述职评议考核，推行抓机关党建工作“3+1”实绩报告、晾晒党建工作成绩单等做法。召开2021年度市直单位党组（党委）书记抓机关党建工作述职评议考核会，8个单位党组（党委）书记现场述职，其他单位党组（党委）书记书面述职，民主评议。检查39个市直部门党组（党委）开展2021年全面从严治党主体责任落实情况，访谈座谈78人次，梳理汇总问题清单255条，向各单位书面反馈并督促抓好整改落实。

【党建与业务融合】　2021年，中共泉州市直机关工作委员会落实“民营经济发展年”“营商环境提升年”“城乡品质提升年”部署，推动党建与业务深度融合、相互促进。开展“创模范、当先锋、XIN服务、优环境”行动，组织市直各单位开展1次党委（党组）理论学习中心组专题研讨，开展1次走近民营企业主题党日活动，对照1份公职人员政商交往负面清单，签订1份党员、领导干部承诺书，推动改进服务民营企业质量。筛选确定并指导实施56个年度机关党建工作重点项目，用好“五个一”（一个项目、一套方案、一名领导、一个小组、一抓到底）工作机制，增强党建工作实效。开展机关体制机制创新优秀案例评选，征集机关党建类和非机关党建类优秀案例250个，表彰85个案例，10个案例在全省获奖（一等奖2个），数量位居全省第二。开展机关特色党建项目评展，市、县两级机关110个项目参与评展，相关经验做法得到“学习强国”学习平台、中国网、东南网等媒体宣传推广。组织开展“情暖泉州 志愿同行”“我为社会做好事”“携手绿化美化 共建美丽泉州”“烟头不落地 停车要有序”等志愿服务，指导交通路口志愿服务。组织参加“节能降碳，绿色发展”2021年全国节能宣传周网络有奖答题活动。市直机关各单位开展志愿服务项目230多项，参与志愿服务近3000人次。发出倡议书，引导各级党组织和党员干部投身疫情防控工作，下沉一线、深入基层，服务群众、服务市委工作大局。划拨市直党费及专项资金100万元，下拨市卫健委、交通运输局、市场监管局、公安局等重点部门，支持基层党组织开展疫情防控工作。

【机关党风廉政建设】 2021年，中共泉州市直机关工作委员会坚持教育提醒不松懈、实地检查不止步，注重防范“四风”问题隐形变异新动向新表现。做好“天价茶”谋取私利问题、领导干部违规插手、干预规划许可等行政审批事项自查自纠工作。参与制定市直机关派驻纪检监察组查办案件流程、文书格式规范，推进新形势下案件审查审理工作。依规依纪依法开展案件审理工作，严把案件质量关，审理市纪委监委派驻纪检监察组移送的案件34件、办理“中止党员权利”手续1人。指导19个市直单位开展违纪党员案件审查及处分相关工作，提出审理建议112条。做好全市纪检监察系统案件质量评查工作，梳理汇总2019年以来市直机关纪检监察工委案件31件，完成自查自纠工作。落实教育培训规划，举办入党积极分子、新党员、新任党务干部、基层党支部书记等培训班。牵头开展市直党群系列30个单位的绩效管理评估工作。

市委巡察

【概况】 2021年，中共泉州市委巡察机构完成十二届市委巡察全覆盖任务，推动市、县两级新一届党委巡察工作平稳起步。分3批对17个党组织开展巡察“回头看”、对市县176个重点部门开展优化营商环境专项巡察、对市县163个涉粮单位开展巡视联动巡察，市、县两级巡察发现问题4634个，移交问题线索174条，立案55人，给予党纪政务处分28人，移送司法机关3人。深化市、县联动巡察，强化巡察整改日常监督，创新市、县巡察机构挂钩联系制度等经验做法，在人民网、《中国纪检监察》、《福建巡视巡察参考》、“学习强国”学习平台等媒体刊载。

【巡察制度】 2021年，中共泉州市委巡察机构落实“统筹协调、指导督导、服务保障”工作职责，总结十二届市委巡察工作做法和经验特色，编制《十三届泉州市委巡察工作规划》。对照党中央《关于加强巡视巡察上下联动意见》和省委有关要求，把推动巡察向村（社区）延伸作为加强上下联动的重要内容，开展11个县（市、区）村级巡察调研，提出深化对村（社区）巡察对策建议。建立市、县巡察机构挂钩联系制度，15名市委巡察机构处级领导挂钩联系12个县级巡察机构，实现对县级巡察工作指导督导常态化；召开县（市、区）委巡察办主任座谈会，引领县级新一届巡察工作方向。

【政治巡察】 2021年，中共泉州市委巡察机构围绕“三个聚焦”开展政治监督，发挥巡察政治导向作用。分3批对7个市直部门、8个经济发达镇和2家市属国有企业开展巡察“回头看”，通报3个方面22个典型问题。组织市、县两级同步派出19个巡察组对176个重点部门开展优化营商环境专项巡察，发现问题1061个，移交立行立改事项70个，推动解决企业群众办事创业的执行堵点、监管盲点、政策难点和服务痛点。牵头组织开展政法队伍建设专项巡查，梳理形成8份情况报告，提交整改意见24条，助推泉州市政法队伍教育整顿工作走深走实。

【巡察队伍建设】 2021年，中共泉州市委巡察机构建立政治理论和业务学习制度，围绕习近平总书记到福建考察重要讲话精神等开展专题研讨交流15次。撰写的《关于加强巡视巡察上下联动问题研究》获评2021年度市委党建重点课题优秀调研成果一等奖。通过邀请省委巡视组领导为巡察干部做专题辅导、“走出去”为县级巡察组成员授课等形式，提升巡察干部业务水平。启动新巡察集中驻点建设，建成巡察档案室，完成十二届市委180个被巡察单位1210卷档案整理和归档工作。开展巡察信息系统使用培训交流，启用巡察工作网络平台和单机系统，提升巡察信息化水平。

【涉粮问题专项巡视巡察】 2021

年，中共泉州市委巡察机构在省委涉粮问题专项巡视巡察期间，抽调市、县两级139人组成12个巡察组，对市发改委（粮储局）、泉州国有粮食企业和12个县域开展巡察，发现问题382个，移交问题线索7件13人，形成“监督同向、力量互补、成果共用”的上下联动格局。

老干部事务

【概况】 2021年，中共泉州市委老干部局按照全国、全省、全市老干部局长会议部署要求，聚焦离退休干部政治建设、思想建设、党组织建设、服务保障、发挥作用等重点，推动老干部工作高质量发展。落实8个“我为群众办实事”项目，利用离退休干部资源推进党史学习教育的做法在《中国老年报》、省直机关工委《党的生活》等媒体报道。截至年底，全市有离休干部297人、“5·12”退休干部72人、厅级离退休干部100人；离退休干部党委10个、离退休干部党总支4个、离退休干部党支部371个。

【离退休干部党建】 2021年，中共泉州市委老干部局坚持政治引领，依托党支部、老干部党校、老年大学等阵地和报告会、读书班、党课、巡回宣讲等形式，组织老干部集中收看庆祝中国共产党成立100周年大会实况、5场党史学习教育网上专题报告会、7场全国全省报告会，引导老干部践行习近平新时代中国特色社会主义思想。实施“银尚增辉”离退休干部党建重点项目，推进离退休干部党组织和工作“两个覆盖”及规范化建设三年行动，离退休干部党组织增至565个（含兼合式、临时党组织93个，社区离退休干部党支部87个），与在职人员合编党组织830个。突出典型培育，新增48个省级示范党支部、3个省级传承红色基因学习教育基地、14名“八闽银发先锋”。

【老干部服务保障】 2021年，泉州市委老干部工作部门贯彻落实上级有关老干部的系列政策规定，协调相关部门按规定落实提高抗日战争时期参加工作离休干部医疗待遇和离休干部生活补贴标准、公用经费标准工作。统筹重大节日走访慰问，慰问3123人（次）、发放资金296万余元。督促推动市直机关按时足额发放老干部护理费和生活补助。优化医疗服务，畅通看病就医“绿色通道”，提供导诊服务960余人（次）。组织611名老干部集中体检，为瘫痪卧床、行动不便老干部上门体检。实施“一人一策”精准服务，为离休干部提供服务4590人次1.1万工时，发放老干部帮扶资金192人25.6万元，为93名失能离休干部发放护理费补贴。

【老干部工作“三化”建设】 2021年，中共泉州市委老干部局跟进省委老干部局信息化建设步伐，按时序落实微博、微信及新闻客户端关注激活工作。按照“一月一电话、一季一走访”要求落实工作人员联系离休干部制度，电话联系5250余人（次），上门走访1760余人（次）。巩固巡察整改成果，围绕“三化”（信息化、规范化、精准化）建设提升年和制度执行落实，推行工作专班、工作督办和限时办结等做法，推动各项工作有序开展。

2021年，中共泉州市委老干局邀请离退休干部到社区宣讲中共党史。图为宣讲现场 （图/市委老干局）

党史和地方志

【概况】 2021年，中共泉州市委史志研究室树牢“为党立言、为国著史、为民修志”意识，结合“再学习、再调研、再落实”活动，履行“存史、资政、育人”职能。发挥史志部门职能优势，策划开展庆祝建党百年“十个一”系列活动，参与制定市党史集体学习、到党史学习教育参观点现场教学等方案，并提供相关资料，在党史学习教育中当先锋、站前台。坚持正确的党史观，抽调专家组成专班，对有关部门报送涉及党史的材料进行审查，确保导向正确、史实准确，审查材料近500篇，维护党史领域的意识形

2021年11月，中共泉州市委史志研究室依托泉州鲜花港一年一度的菊花展会，举行中共百年历史图片展暨中共十九届六中全会精神宣讲活动。图为红领巾志愿讲解员在现场宣讲中共党史　　（图/黄泽聪）

态安全。集中力量做好第二轮《泉州市志》攻坚，完成第二轮《泉州市志》志稿修订，全书含卷首卷末共55卷，近600万字。编纂《泉州年鉴（2021）》及其分册《泉州年鉴（2021）·泉州日记》。

【党史研究和党史书籍编纂】　2021年，中共泉州市委史志研究室抓好党史文献资料征集、党史专题研究，聚焦习近平新时代中国特色社会主义思想在泉州的探索与实践，启动改革开放及新时代地方党史征编、研究，校正重印《中共泉州地方历史（新民主主义革命时期）》，开展《泉州百年党史大事简编》《泉州改革开放口述史》《中国共产党在泉州》等党史书籍编纂出版工作。做好红色资源保护和开发利用，开展不可移动文物补查及革命文物普查，推荐泉州市170处（件）革命文物入选福建省第一批革命文物名录。研推红色旅游经典线路，“泉州华侨革命历史红色精品游”等11条线路入选福建省“百条红色旅游线路”，晋江市展馆入选中央党史文献院、文旅部发布的“建党百年红色旅游百条精品线路”。将中共泉州中心县委机关树兜驻地旧址等54处革命遗址评定为第三批“泉州市党史教育基地”。开展泉州红军标语摸底调查，报省委党史方志办编辑成书，供“红色记忆——福建省红军标语展”陈列展出。

【党史宣传教育】　2021年，中共泉州市委史志研究室参与全市党史宣讲和“微党课”“开学第一课”“家乡红馆我代言”“泉民开讲”等宣传教育活动，结合史志文化“八进”（进机关、进社区、进农村、进学校、进军营、进企业、进“两新”组织、进网络）活动，到基层、面向群众开展宣讲50余场次。在报纸、网站、新媒体等开设专栏，刊播200多篇（条），80多篇学习宣传材料在“学习强国”学习平台、人民网、新华网、中国网等平台上刊发。“泉州史志”微信公众号及“泉州党史方志网”发布学习信息、资料1000多篇（条）。精选46处教育基地作为泉州市党史学习教育参观学习点，晋江市展馆等14处教育基地被列入福建省党史学习教育参观学习点。配合省革命历史纪念馆编撰《福建红色记忆——走进福建党史100个学习点》一书。联合市直机关工委开展“重走史迹学党史，接续奋斗当先锋”主题活动，优化推荐15条红色经典线路，供全市各级党组织和社会各界人士开展党史学习教育。做好泉州市庆祝建党百年系列活动重点项目“红色记忆——中共泉州革命历史专题展”的策展工作，面向社会大众开展红色教育和爱国主义教育。开展“学党史、强信念、跟党走——红心向党·党的故事我来讲”教育实践活动，增强青少年爱党爱国爱乡情感。联合开展“邮票上的党史”主题邮展活动、“百年党史守初心，奋进泉州谱华篇”主题党史知识竞赛等活动。在《泉州晚报》开设“百年红色记忆，泉州党员英烈谱”专栏，其中20多期被“学习强国”刊载；与泉州电视台合作开设“初心使命　榜样力量”电视专题系列；在泉州广电网络策划上线“献礼建党百年　泉州红色记忆”电视专区；在泉州网制作《铭记·泉州革命英烈画传选编》文章及短视频，宣传英烈事迹；在关工委《大手牵小手报》开设党史专版，介绍英烈英模。

【志书编修】　2021年，中共泉州市委史志研究室根据省委史志办终审以及方志出版社二审反馈意见，集中力量做好第二轮《泉州市志》攻坚，数易其稿，进入出版印刷阶段。与相关县、区增强沟通联系，做好《丰泽区志》《洛江区志》《泉港区志》《鲤城区志》出版发行和审改修订指导工作。《洛江区志》于6月出版，《丰泽区志》《泉港区志》《鲤城区志》均进入出版印刷阶段。指导市直机关工委、市生态环境局、市民政局做好《市直机关工委工作志》《泉州生态环境志》《泉州市地名志》的编修工作。《泉州生态环境志》《泉州市地名志》完成篇目设置开始编纂初稿；《市直机关工委工作志》进入二审并向有关单位征求意见。指导、跟进清源山管委会做好《清源山志》入选中国名山志文化工程相关工作；指导《湖头镇志》编修，争取入选中国名镇志文化工程；做好50个“乡村记忆文化”试点村村志审改修订工作，推动村志出版发行，50个“乡村记忆文化”试点村均完成初稿编纂，其中《丁墘村志》《围头村志》《仙阳村志》内部印刷。

【年鉴工作】 2021年，中共泉州市委史志研究室突出特色，优化结构，编纂《泉州年鉴（2021）》。坚持质量至上、创新立鉴，提高年鉴记述的系统化、科学化水平，高标准、严要求地推进编纂工作。强化内容的实用性和可读性，突出展现“五个泉州”建设成就；增加大量的图片、表格，提升信息量和资政存史价值。编纂出版《泉州年鉴（2021）·泉州日记》，全面、生动展示泉州经济社会发展情况。推进全域年鉴精品工程，组织、指导、协调、推进全市各县（市、区）年鉴编纂工作，推动全市年鉴工作逐渐形成创先争优、比学赶超的氛围。

【《泉州史志》编纂】 2021年，中共泉州市委史志研究室提高《泉州史志》编纂时效，提升办刊水平。压缩政务、会议篇幅，扩充经济、文化、社会、民生内容。强化党史栏目内容，挖掘和利用泉州红色文化资源，加大宣传力度，推动党史学习教育深入人心。

【“乡村记忆文化”项目建设】 2021年，中共泉州市委史志研究室在“乡村记忆文化”三年行动项目试点建设的基础上，与各县（市、区）做好联动工作，开展记忆文化阵地、乡村振兴试点村建设以及做好“加强和改进乡村治理三年行动计划”等工作。6月，完成第一批20个“市级乡村振兴典型示范村（成效显著村）”和16个2020年度“市级乡村振兴实绩突出村”评审；11月，召开全市“乡村记忆文化”项目建设总结会，巩固“乡村记忆文化”项目建设成果，激发乡村经济活力，助力乡村振兴。

干部培训

【概况】 2021年，中共泉州市委党校（泉州行政学院、市社会主义学院）贯彻落实习近平总书记关于党校办学治校系列重要指示精神以及全国全省党校（行政学院）常务副校院长会议精神，提高办学质量，学习贯彻党校（行政学院）、社会主义学院工作条例，各项工作取得新进展新成效。举办各级各类培训班54期，培训学员8700多人；开展各类宣讲655场次，受众4.2万多人。立项各类课题51项，结项各类课题49项，各类刊物发表文章64篇，出版专著1部。

【教学工作】 2021年，中共泉州市委党校（泉州行政学院、市社会主义学院）学习贯彻习近平总书记在2021年秋季学期中央党校（国家行政学院）中青年干部培训班开班式上的重要讲话精神，完成各项干部培训计划及任务。筹划和举办市委党校、泉州行政学院、市社会主义学院主体班及各类专题培训班34期，培训学员4121人。举办市管干部学习贯彻中共十九届五中全会精神和学习贯彻中共十九届六中全会暨省第十一次党代会精神和专题研讨班各两期，培训学员2600多人；举办市管领导干部学习贯彻习近平总书记到福建考察重要讲话精神专题研讨班暨市级领导班子党史学习教育专题读书班，培训学员1300多人；举办领导干部“学党史 悟思想 办实事 开新局”专题研讨班，培训学员24人。坚持把习近平新时代中国特色社会主义思想作为教学中心内容和首要任务，党的理论教育和党性教育占总学时的70%，推进新思想进课堂、进学员头脑，学员满意率在95%以上。举办2次新课试讲，27个专题通过试讲。会同组织部等部门制定《关于建立党政领导干部到市委党校（行政学院）讲课、作报告、同学员座谈制度的意见》，市委常委7人次为党校学员授课。制定实施《关于兼职师资库建设与聘任管理工作试行办法》，邀请党政领导、专家学者为学员授课26人次。会同组织部等部门制定《泉州市帮助对口支援地区干部教育培训

2021年3月16日，中共泉州市委党校（行政学院）春季学期开班式暨年轻干部“学党史增信念”专题班开班式举行 （图/苏展辉）

2021年6月，中共泉州市委党校新校区竣工。图为新校区全貌　（图/市委党校）

工作的暂行办法》，创新对口支援新形式。

【科研工作】　2021年，中共泉州市委党校（泉州行政学院、市社会主义学院）立项各类课题51项，为历年之最。其中，福建省习近平新时代中国特色社会主义思想研究中心项目1项，省委党校、行政学院系统中国特色社会主义理论体系研究基地课题15项，市社科规划课题6项（重点项目2个、一般项目1个、委托项目3个），市人大、本校课题等其他课题29项。结项各类课题49项。其中，省委党校、行政学院系统科研与决策咨询项目3项，省委党校、行政学院系统中国特色社会主义理论体系研究基地课题14项，市社科规划课题7项，市人大、本校课题等其他课题25项。发表各类刊物文章64篇，其中CN号刊物论文14篇。编发《泉州党校》4期、《泉州市情研究》5期、《市情调研报告》2期、《泉州市情研究》专报件1期。14篇文章获得各类奖项，其中7篇文章获省委党校、行政学院系统中国特色社会主义理论体系研究基地课题2020年度项目优秀成果奖。

【咨政工作】　2021年，中共泉州市委党校（泉州行政学院、市社会主义学院）围绕如何做实调研这项基础性工作展开再调研，通过机制梳理、资源整合和方法创新，构建大调研格局。两篇调研文稿分获2021年省人大常委会重点调研课题三等奖、优秀奖，1篇调研文稿获2021年度市党建办重点调研课题三等奖。全年有4篇资政报告获市领导肯定批示。《“三创”助推党校智库调研工作》被《学习时报》刊发，是继2017年后，中央党校主办刊物再次刊发泉州市委党校智库建设经验做法。

【中共泉州市委党校新校区竣工】　2021年6月，中共泉州市委党校新校区竣工验收。12月，完成新校区搬迁。新校区由中国建筑设计院有限公司主创设计，坚持“党校姓党”的原则和绿色生态理念，以打造一流红色学府为目标，结合闽南建筑特色，依山而建，通过“一山一水”和“一轴一脉”的建筑布局，形成建筑与山水交相辉映，绿色与红色交互融合，既体现自然生态的“绿”，又体现红色基因的“红”，做到“绿中有红”。新校区一期建筑面积7.28万平方米，拥有学员宿舍584间，同期可容纳学员760名，极大改善党校办学条件。

泉州市人民代表大会

综 述

【概况】 2021年，泉州市人大常委会在中共泉州市委领导下，坚持党的领导、人民当家作主、依法治国有机统一，依靠全体代表和全市人民，依法履职、勇毅前行，为全面建设社会主义现代化国家泉州篇章提供法治保障。制定地方性法规1部，开展立法后评估1项，审查政府规章2件、规范性文件34件，听取审议专项工作报告13项，开展执法检查2次、履职评议1次、专题询问2次，进行满意度测评8次，组织专题调研和工作视察39次，做出决议决定19项，依法任免地方国家机关工作人员105人次。率先在全省开展法官检察官履职评议，首次邀请海外侨胞列席市人民代表大会。全国人大常委会、省人大常委会和市委对市人大常委会助推民营经济发展、推进新基建新经济基地建设等19项工作予以批示肯定。

【重大决策部署贯彻落实】 2021年，泉州市人大常委会学习习近平总书记在中共十九届六中全会、庆祝中国共产党成立100周年大会、中央人大工作会议上的重要讲话精神和到福建考察重要讲话精神，并与学习贯彻习近平法治思想、习近平总书记关于坚持和完善人民代表大会制度的重要思想紧密结合、一体落实，以党的创新理论引领人大工作开拓前行。贯彻市委决策部署，传达学习省第十一次党代会和十一届一次全会、市第十三次党代会和十三届二次全会等会议精神，紧扣建设“‘海丝’名城、智造强市、品质泉州”决策部署，谋划和推进立法、监督、代表等工作，做到市委的工作重心在哪里，人大工作就跟进到哪里，人大职能作用就发挥到哪里。执行请示报告制度，就重要工作、重要活动向市委请示报告39次。按照市委贯彻执行省委决定通知要求，制定完善新闻发布管理办法、优秀建议推选等制度4项，推进代表履职情况报告、开发区设立代表服务点等7项创新工作。开展“再学习、再调研、再落实”活动，常委会领导结合挂钩联系“五个一批”重点项目等工作，围绕新基建新经济基地建设、产业转型升级、教育医疗、乡村建设等10个专题开展调研，提出对策建议，推动党中央决策部署及省委、市委工作要求全面贯彻、有效执行。坚持党管干部原则，依法做好国家机关工作人员任免工作。

【发展提质增效调研】 2021年，泉州市人大常委会开展2020年市本级财政收支决算、审计情况、政府性债务情况等调研，推动落实“六稳”“六保”工作要求。关注新基建新经济基地建设，聚焦半导体产业、公共数字服务两个重点，查摆问题，梳理重点推进事项41个，明确攻坚目标、具体措施、节点安排和责任单位，推动数字产业化、产业数字化。开展企业国有资产法执法检查，力促国有资产保值增值。听取审议市政府关于科技创新平台建设工作情况专项报告，并对高新技术企业培育情况进行调研，推动经济发展动力活力加速释放。关注渔业绿色规模养殖情况，推动优化产业结构、提升生产水平。组织开展古城旅游发展情况专题询问，推动文旅融合发展，助力古城焕发新机。

【营商环境优化调研】 2021年，泉州市人大常委会落实市委“营商环境提升年”部署要求，听取审议市政府关于开展深化“放管服”改革、优化营商环境（工程建设许可和不动产登记专题）工作情况报告，推动核心环节突破。对《优化营商环境条例》实施情况进行调研，推动惠企政策措施落实，激发市场活力。跟踪推进泉州市政务数据汇聚与共享应用平台建设，力促“数据多跑路、群众少跑腿”。听取审议市中级人民法院关于商事审判工作情况报告，营造更加稳定、公正、公平、透明、可预期的法治化营商环境。

【生态文明建设调研】 2021年，泉州市人大常委会开展固体废物污染环境防治法执法检查，听取审议市政府关于2020年度全市环境状况和环境保护目标完成情况报告，统筹推进生态环境质量持续改善。跟踪检查垃圾分类处理利用和流域水环境保护决议执行情况，推动建成一批垃圾处理设施，实施一批流域整治项目，共同守护良好生态。

【民生福祉改善调研】 2021年，泉州市人大常委会密切关注泉州中心市区中小学校幼儿园布局建设情况，要求市政府积极应对城市化进程、三孩政策实施和落户便利化等带来的就学压力，加快补齐中心市区教育短板。听取审议市政府关于家政服务业发展情况报告，推动泉州市家政服务业提质扩容。开展乡村建设行动、民族乡村集体经济发展、农村人居环境整治、农村供水保障提升等专题调研，提出意见。开展归侨侨眷权益保护法、消防法执法检查。对食品安全法、道路交通安全法实施情况和公立医院“暖心服务”等工作进行满意度测评。

【法治泉州建设调研】 2021年，泉州市人大常委会听取审议市政府关于“七五”普法决议执行情况报告，做出关于开展第八个五年法治宣传教育的决议，推动全社会增强法治意识。听取审议市人民检察院关于落实认罪认罚从宽制度工作情况报告，针对调研中发现的6个方面17个问题提出审议意见。开展公安机关刑事案件受案立案工作专题调研，对破解受案立案工作突出问题、依法惩治违法犯罪活动等提出建议。

【法官检察官履职评议】 2021年7月23日，泉州市十六届人大常委会第七十二次主任会议通过《泉州市人大常委会法官检察官履职评议办法（暂行）》（以下简称“办法”），并于通过之日起实施，率先在全省开展法官检察官履职评议。办法共25条，明确法官检察官履职评议原则、评议内容、评议对象、评议步骤以及结果运用等事项，强化履职监督，规范司法行为，促进司法公正。市人大常委会根据办法规定，对市中级人民法院法官、市人民检察院检察官开展履职评议工作，将监督的着力点放在依法履职、规范用权上，改变过去人大对法院、检察院整体工作或专项工作的监督，力求监督内容更深，监督成效更好。

重要会议

【概况】 2021年1月16—19日，泉州市十六届人大六次会议在泉州人民会堂召开。7月30—31日，泉州市十六届人大七次会议在泉州人民会堂召开。市十六届人大常委会全年召开主任会议21次、常委会会议12次。

【市十六届人大六次会议】 2021年1月16—19日，泉州市十六届人大六次会议在泉州人民会堂召开。此次大会的主要议程：听取和审议泉州市人民政府工作报告。审查和批准泉州市国民经济和社会发展第十四个五年规划和2035年远景目标纲要。审查和批准泉州市2020年国民经济和社会发展计划执行情况及2021年国民经济和社会发展计划草案的报告，批准泉州市2021年国民经济和社会发展计划。审查和批准泉州市2020年预算执行情况及2021年预算草案的报告，批准泉州市2021年市本级预算。听取和审议泉州市人民代表大会常务委员会工作报告。听取和审议泉州市中级人民法院工作报告。听取和审议泉州市人民检察院工作报告。补选泉州市第十六届人民代表大会常务委员会委员。决定泉州市第十六届人民代表大会有关专门委员会主任委员的人选。会上，市长王永礼代表市政府向大会做工作报告，报告分为四个部分：一是2020年和“十三五”时期经济社会发展回顾；二是

2021年1月16—19日，泉州市十六届人大六次会议在泉州人民会堂召开。图为会议现场 （图/吴嘉晓）

"十四五"时期主要目标任务；三是2021年工作目标任务；四是加强政府自身建设。市人大常委会主任陈灿辉做市人大常委会工作报告，市中级人民法院院长陈明做市中级人民法院工作报告，市人民检察院检察长傅建飞做市人民检察院工作报告。此次大会收到代表建议、批评和意见372件。

【市十六届人大七次会议】 2021年7月30—31日，泉州市十六届人大七次会议在泉州人民会堂召开。此次大会的主要议程：补选泉州市人民政府市长、泉州市监察委员会主任、泉州市人民检察院检察长。大会采用无记名投票方式，补选蔡战胜为市长，傅藏荣为市监察委员会主任，郑隆松为市人民检察院检察长。随后，大会举行宪法宣誓仪式。

【市人大常委会会议】 2021年，泉州市十六届人大常委会召开常委会会议12次。会议听取和审议市政府关于泉州市家政服务业发展情况的报告；听取和审议市政府研究处理市人大常委会《关于我市政务数据汇聚与共享应用平台的建设情况的评议意见》情况的报告；听取和审议市政府关于2020年度全市环境状况和环境保护目标完成情况的报告；听取和审议市人大常委会执法检查组关于检查《中华人民共和国归侨侨眷权益保护法》实施情况的报告；听取和审议市政府关于《泉州市历史文化名城保护条例（草案）》的议案；听取和审议市政府关于开展深化"放管服"改革、优化营商环境（工程建设许可和不动产登记专题）的报告；听取和审议市中级人民法院关于商事审判工作情况的报告；讨论《泉州市历史文化名城保护条例（草案二审稿）》，审议并表决通过泉州市历史文化名城保护条例（草案表决稿）》；听取和审议市政府关于新基建新经济基地建设情况的报告、关于泉州市科技创新平台建设工作情况的报告；听取和审议市政府关于泉州古城旅游发展情况的报告；会议听取和审议市政府关于《加快全市垃圾分类处理利用的决议》执行情况的报告、《关于进一步加强全市流域水环境保护决议》执行情况的报告；听取和审议《泉州市海上丝绸之路史迹保护条例》立法后的评估报告；听取关于开展2021年度法官检察官履职评议工作情况的报告，并对市中级人民法院法官、市人民检察院检察官进行履职评议等。审议通过有关人事任免事项。

【市人大常委会主任会议】 2021年，泉州市十六届人大常委会召开21次主任会议。会议讨论关于开展《中华人民共和国归侨侨眷权益保护法》的执法检查方案，关于开展落实认罪认罚从宽制度工作情况的专题调研方案，关于开展《泉州市海上丝绸之路史迹保护条例》立法后评估方案，关于开展深化"放管服"改革、优化营商环境的专题调研方案，关于开展泉州市家政服务业发展情况的专题调研方案，关于开展2020年度全市环境状况和环境保护目标完成情况的专题调研方案；讨论市政府关于提请审议《泉州市历史文化名城保护条例（草案）》的议案，讨论关于2020年度全市环境状况和环境保护目标完成情况的审议意见稿、关于落实认罪认罚从宽制度工作情况的调研报告和审议意见稿；讨论关于泉州中心市区中小学校幼儿园布局建设情况的调研报告，《关于进一步加强全市流域水环境保护议案决议》执行情况的专题调研方案，《泉州市历史文化名城保护条例（草案）》的初步审查报告；讨论《泉州市历史文化名城保护条例（草案二审稿）》；讨论关于泉州市新基建新经济基地建设情况的调研报告和审议意见稿；讨论关于《泉州市海上丝绸之路史迹保护条例》立法后的评估报告和审议意见稿、关于开展2021年度法官检察官履职评议工作情况的报告和评议意见稿等。讨论有关人事任免事项。

监督调研

【概况】 2021年，泉州市人大常委会开展调研31次，组织专题调研和工作视察39次，开展《中华人民共和国归侨侨眷权益保护法》《中华人民共和国归侨侨眷权益保护法实施办法》《福建省实施〈中华人民共和国归侨侨眷权益保护法〉办法》执法检查，开展家政服务业发展情况调研，开展市人民检察院关于落实认罪认罚从宽制度工作情况专题调研，开展深化"放管服"改革、优化营商环境专题调研，开展《泉州市历史文化名城保护条例（草案）》立法调研，开展农村供水保障提升情况调研，开展泉州中心市区中小学校幼儿园布局建设情况专题调研，开展市中级人民法院商事审判工作情况专题调研，组织视察市十六届人大六次会议代表建议办理工作情况等。

【家政服务业发展情况调研】 2021年3月16—18日，泉州市人大常委会组织部分市人大常委会委员、财经委委员、社会委委员、市人大代表等组成调研组，到丰泽区、石狮市、惠安县等地调研，察看不同类型的家政服务企业和培训机构等，并分别在市、县两级召开政府及有关部门、家政行业协会、企业和社区等参加的汇报座谈会，了解泉州市家政服务业发展情况、听取意见建议。调研组在调研和分析汇总的基础上，结合外出学习考察成果，形成调研报告及主要问题和建议清单。调研组建议聚焦问题短板，围绕"扩容""提质"，开展"三项行动"（家政培训提升行动、家政服务进社区行动、家政品牌培育行动）和推进"五个一"（建立一个家政工作机制、出台一个家政管理办法、设立一个家政专项资金、打造一个家政平台体系、规划一个家政产业园区）建设，加大扶持推进力度，有效推动泉州市家政服务业高质量发展。

【市人民检察院落实认罪认罚从宽制度工作情况专题调研】 2021年3月18—19日，泉州市人大常委会组织部分市人大常委会委员、监察司法委委员、市人大代表等组成调研组，到鲤城区、晋江市、安溪县等地开展市人民检察院关于落实认罪认罚从宽制度工作情况专题调研。调研组观摩检察听证会和宣告会、现场签署认罪认罚具结书以及远程庭审等刑事诉讼程序；召开5场座谈会，听取市、县两级检察机关工作汇报，与法院、公安、司法行政机关等部门以及10家律师事务所交流，并征集人大代表意见建议，了解泉州市检察机关落实认罪认罚从宽制度工作情况。调研组建议检察机关要提高政治站位，强化责任担当，依法履行职责，确保认罪认罚从宽制度该用尽用；要精准适用制度，加强量刑规范化建设，突出精准量刑，确保宽严相济罚当其罪；要扛起主导责任，加强与公安、法院、司法行政机关沟通配合，增进与律师良性互动，推动制度落实行稳致远；要强化队伍建设，增强能力素质，防范廉政风险，适应新制度展现新作为。同时，因认罪认罚从宽制度涉及刑事诉讼各个环节，调研组还建议公、检、法、司各职能部门要在分工负责、各司其职基础上通力协作，凝聚合力将适用认罪认罚从宽制度工作做实做深做透。

2021年泉州市人大常委会调查研究情况表

表3

时间	带队领导	调研地点	调研内容
3月11—12日	市人大常委会副主任吴友才	晋江、南安	开展《中华人民共和国归侨侨眷权益保护法》《中华人民共和国归侨侨眷权益保护法实施办法》《福建省实施〈中华人民共和国归侨侨眷权益保护法〉办法》执法检查
3月16—18日	市人大常委会副主任吴汉宗	市直部门、丰泽、石狮、惠安	开展家政服务业发展情况调研
3月18—19日	市人大常委会副主任吴友才	市人民检察院，鲤城、晋江、安溪	开展市人民检察院关于落实认罪认罚从宽制度工作情况专题调研
3月18—19日	市人大常委会副主任吴汉宗	晋江、南安	开展2020年度全市环境状况和环境保护目标完成情况调研
3月22—23日	市人大常委会秘书长欧阳秋虹	惠安、德化	开展深化“放管服”改革、优化营商环境专题调研
3月22—23日	市人大常委会副主任黄阳春	石狮、晋江、南安	开展《泉州市历史文化名城保护条例（草案）》立法调研
3月30—31日	市人大常委会副主任许文贵	南安、惠安	开展农村供水保障提升情况调研
5月11—13日	市人大常委会副主任许文贵	市直部门、鲤城、丰泽、洛江	开展泉州中心市区中小学校幼儿园布局建设情况专题调研
5月11—12日	市人大常委会副主任吴友才	市中级人民法院，丰泽、南安、德化	开展市中级人民法院商事审判工作情况专题调研
5月19—20日、6月15—17日、7月20—23日	市人大常委会副主任许文贵	洛江、泉港、石狮、晋江、南安、惠安、安溪、永春、德化	开展泉州市实施乡村建设行动工作情况和泉州市农村人居环境整治情况专项报告审议意见研究处理情况专题调研
5月27—28日	市人大常委会副主任吴汉宗	鲤城、丰泽、洛江	开展市区内沟河保护管理工作情况调研
5月27—28日	市人大常委会副主任吴友才	洛江、泉港	开展进一步壮大民族乡村集体经济专题调研
5月28日	市人大常委会监察司法工委主任李小兴	市直部门、鲤城、石狮	开展泉州市公安机关刑事案件受案立案工作情况专题调研
6月7—11日	市人大常委会副主任许文贵	市直部门、泉港、南安、惠安	开展泉州市渔业绿色规模养殖情况专题调研

续表3

时间	带队领导	调研地点	调研内容
6月7日	市人大常委会主任陈灿辉，副主任许文贵、吴友才、吴汉宗、黄阳春	泉港、惠安	开展海洋经济与海洋生态环境保护情况调研
6月8日	市人大常委会副主任吴友才	市直部门	开展市十六届人大六次会议代表建议（监察司法类、侨台民宗类）及重点督办件办理情况调研
7月2—9日	市人大常委会副主任许文贵	市直部门、永春、德化	开展泉州市进一步加强全市流域水环境保护情况专题调研
7月8日	市人大常委会副主任吴友才	市直部门、鲤城	开展泉州古城旅游发展情况专题调研
7月9日	市人大常委会副主任吴友才	丰泽、南安	开展市政府“七五”普法决议执行情况专题调研
7月13—15日	市人大常委会副主任许文贵	市直部门、泉港、晋江	开展泉州市科技创新平台建设工作情况调研
7月13—15日	市人大常委会副主任吴汉宗	市直部门、鲤城、丰泽、泉港、永春、泉州台商投资区	开展泉州市新基建新经济基地建设情况调研
8月3—4日	市人大常委会副主任吴汉宗	市直部门、鲤城、丰泽、惠安	开展加快全市垃圾分类处理利用情况调研
8月10日	市人大常委会副主任许文贵	石狮	开展野生动物保护“一法一办法”执法检查报告审议意见研究处理情况专题调研
9月2—3日	市人大常委会副主任吴汉宗	市直部门、鲤城、丰泽、石狮、晋江	开展《泉州市市容和环境卫生管理条例》实施情况调研
9月6—10日	市人大常委会副主任吴汉宗	市直部门、晋江	开展泉州市2020年度国有资产管理综合情况和企业国有资产管理情况调研
9月14日、17日	市人大常委会副主任吴汉宗	市直部门、鲤城、洛江、南安	开展《中华人民共和国消防法》及《福建省消防条例》执法检查
9月15—17日	市人大常委会副主任许文贵	丰泽、洛江	对市十六届人大六次会议第1160号代表建议办理情况进行调研
9月23—24日	市人大常委会副主任许文贵	石狮、南安	开展泉州市高新技术企业培育情况调研
10月13—14日	市人大常委会副主任吴汉宗	安溪、永春	对市十六届人大六次会议第1027号代表建议办理情况进行调研
10月29日	市人大常委会主任陈灿辉，党组书记李建辉，副主任许文贵、吴友才、吴汉宗、黄阳春，党组成员赖清正、高向荣、李文生，秘书长欧阳秋虹	市直部门、鲤城、丰泽、洛江、安溪、泉州台商投资区	组织视察市十六届人大六次会议代表建议办理工作情况
12月2—3日	市人大常委会副主任吴汉宗	市直部门、鲤城、丰泽、泉州开发区、泉州台商投资区	对泉州市2021年计划预算执行及2022年计划预算编制情况和政府债务情况进行调研

代表工作

【概况】 2021年，泉州市人大常委会收集代表和群众意见建议134件，及时进行交办督办；做好372件代表建议的分解交办，对11件重点督办件进行督办；组织部分省人大代表参加2021年省人大代表履职专题学习班，提升代表审议、调研、撰写建议的履职能力；研究制定县、乡两级人大换届选举工作意见和市十七届人大换届选举工作方案，选举产生新一届市、县、乡三级人大代表1.36万人。

【“双联”活动】 2021年，泉州市人大常委会结合市委“进千企、走千商、访千才”活动，由市人大常委会组成人员分6组开展“双联”

（人大常委会密切联系人大代表、人大代表密切联系人民群众）活动，收集代表和群众意见建议134件，及时进行交办督办。引导“人大代表联系群众活动室”提档升级，“组建专业化、特色化人大代表活动室”获评全省人大工作优秀创新案例。

【建议办理】　2021年，泉州市人大常委会做好市十六届人大六次会议372件代表建议的分解交办，确定加快后疫情时代公共卫生体系建设、高标准规划建设泉州东站、加强科技创新平台体系建设等11件重点督办件，采取分类督办、视察催办、不满意件退回重办、满意度测评等方式进行督办，力促建议办实办好、办出实效。在各方共同努力下，所有建议均在规定期限内办结，代表反馈满意和基本满意率100%。

【代表活动】　2021年，泉州市人大常委会制订和实施市人大代表年度专题培训计划，组织部分省人大代表参加2021年省人大代表履职专题学习班，提升代表审议、调研、撰写建议的履职能力。向代表通报常委会立法、监督计划，邀请代表列席常委会、参加专题调研和执法检查，拓展代表参与常委会工作的广度与深度。开展代表年中异地专题调研，组织市人大代表向原选举单位述职，评选40件人大代表优秀建议，激发代表履职热情。

【市人大换届选举】　2021年，泉州市人大常委会研究制定县、乡两级人大换届选举工作意见和市十七届人大换届选举工作方案。加强对县、乡人大换届选举工作指导，确保换届选举风清气正。协助把好代表政治关、素质关、结构关。全市各级人大坚持党的领导、发扬民主、依法办事，选举产生新一届市、县、乡三级人大代表1.36万人，代表素质得到提升，结构更趋合理，全市人大建设在换届选举中得到加强。

2021年11月4日，泉州市人大常委会组织对代表建议办理情况进行集中视察。图为在安溪白濑水利枢纽工程现场视察　　（图/陈意鸣）

【市十六届人大六次会议代表建议办理情况集中视察】　2021年11月4日，泉州市人大常委会对市十六届人大六次会议代表建议办理情况进行集中视察。视察分两组进行，重点对《关于对泉州白濑水利枢纽工程建设项目进行完善的建议》《关于加快推进泉州市片区更新改造建设的建议》《关于营商环境攻坚提质的建议》等8件代表建议的办理情况进行实地察看、跟踪督查。视察组强调，各承办单位要履行代表建议办理的法定义务与责任，出实招、用硬招，在解决实际问题上下功夫，提高代表建议的落实率、满意率；要发挥代表作用，把人大代表的参与和支持作为推动建议办理工作的有效途径，提高办理工作的公开化和透明度，提升代表建议办理质效。

人事任免

【概况】　2021年，泉州市人大常委会依法任免地方国家机关工作人员105人次，接受辞职17人次。

【市十六届人大常委会第三十五次会议人事任免】　2021年1月11日，经泉州市第十六届人民代表大会常务委员会第三十五次会议审议通过：免去黄碧煌的泉州市第十六届人民代表大会社会建设委员会委员职务；决定接受黄碧煌辞去泉州市第十六届人民代表大会常务委员会委员职务的请求，报泉州市第十六届人民代表大会第六次会议备案。

【市十六届人大常委会第三十七次会议人事任免】　2021年2月4日，经泉州市第十六届人民代表大会常务委员会第三十七次会议审议通过：任命傅藏荣为泉州市监察委员会副主任；决定泉州市监察委员会副主任傅藏荣同志代理泉州市监察委员会主任职务；任命张丽聪为泉州市中级人民法院审判员；任命黄霖为泉州市中级人民法院审判员；任命林东杰为泉州市中级人民法院审判员；批准任命林志铭为泉州市丰泽区人民检察院检察长；批准任命王声典为泉州市洛江区人民检察院检察长；批准任命叶小全为德化县人民检察院检察长；批准许金约辞去泉州市丰泽区人民检察院检察长职务；批准林志铭辞去泉州市洛江区人民检察院检察长职务；批准王声典辞去德化县人民检察院检察长职务；免去潘恕芳的泉州市人民检察院检察员职务；免去陈建安的泉州市人民检察院检察员职务；接受游宇飞辞去泉州市监察委员会主任职务的请求，报本级人民代表大会备案。

【市十六届人大常委会第三十八次会议人事任免】 2021年4月29日，经泉州市第十六届人民代表大会常务委员会第三十八次会议审议通过：决定任命陈龙津为泉州市海洋与渔业局局长；决定免去李建芳的泉州市海洋与渔业局局长职务；任命李晓玫为泉州市人民检察院检察委员会委员；任命黄挺进为泉州市人民检察院检察员；免去叶小全的泉州市人民检察院检察委员会委员、检察员职务；免去蔡亮的泉州市人民检察院检察员职务；免去温振伟的泉州市人民检察院检察员职务。

【市十六届人大常委会第三十九次会议人事任免】 2021年6月29日，经泉州市第十六届人民代表大会常务委员会第三十九次会议审议通过：任命吴泰雄为泉州市中级人民法院审判员、审判委员会委员；任命贺张翡为泉州市中级人民法院审判委员会委员；免去郑玲玲的泉州市中级人民法院审判委员会委员、刑事审判第一庭庭长、审判员职务；免去潘继红的泉州市中级人民法院执行庭副庭长、审判员职务；任命林良集为泉州市人民检察院检察员；任命吴思颖为泉州市人民检察院检察员；任命陈培芳为泉州市人民检察院检察员；免去刘克敏的泉州市人民检察院检察员职务；免去陈凤华的泉州市人民检察院检察委员会委员、检察员职务。

【市十六届人大常委会第四十次会议人事任免】 2021年7月23日，经泉州市第十六届人民代表大会常务委员会第四十次会议审议通过：决定任命蔡战胜为泉州市人民政府副市长；决定接受王永礼辞去泉州市人民政府市长职务的请求，报泉州市第十六届人民代表大会第七次会议备案；决定泉州市人民政府副市长蔡战胜代理泉州市人民政府市长职务；任命郑隆松为泉州市人民检察院副检察长、检察委员会委员、检察员；决定接受傅建飞辞去泉州市人民检察院检察长职务的请求，报泉州市第十六届人民代表大会第七次会议备案；决定泉州市人民检察院副检察长郑隆松代理泉州市人民检察院检察长职务，并报福建省人民检察院和福建省人民代表大会常务委员会备案。

【市十六届人大常委会第四十一次会议人事任免】 2021年7月26日，经泉州市第十六届人民代表大会常务委员会第四十一次会议审议通过：决定免去林华伟的泉州市林业局局长职务。

【市十六届人大常委会第四十二次会议人事任免】 2021年8月30日，经泉州市第十六届人民代表大会常务委员会第四十二次会议审议通过：决定任命陈小辉为泉州市人民政府副市长；决定任命汪志红为泉州市人民政府副市长；决定免去肖汉辉的泉州市人民政府副市长职务；免去胡志南的泉州市中级人民法院审判委员会委员、审判员职务；免去黄小丹的泉州市中级人民法院审判员职务；免去邱新跃的泉州市人民检察院检察员职务；免去洪藜莹的泉州市人民检察院检察员职务；免去杨志雄的泉州市人民检察院检察员职务；批准许金标辞去泉州市鲤城区人民检察院检察长职务；批准黄清源辞去泉州市泉港区人民检察院检察长职务；批准陈林辞去石狮市人民检察院检察长职务；批准曾闽宏辞去南安市人民检察院检察长职务；批准余冬阳辞去惠安县人民检察院检察长职务；批准胡激洋辞去安溪县人民检察院检察长职务；批准施文凭辞去永春县人民检察院检察长职务。

【市十六届人大常委会第四十三次会议人事任免】 2021年9月29日，经泉州市第十六届人民代表大会常务委员会第四十三次会议审议通过：决定任命苏延辉为泉州市人民政府秘书长；决定任命唐春晓为泉州市人民政府办公室主任；决定任命廖良结为泉州市发展和改革委员会主任；决定任命陈劲松为泉州市民政局局长；决定任命许长春为泉州市人力资源和社会保障局局长；决定任命张志铭为泉州市住房和城乡建设局局长；决定任命郑进锡为泉州市林业局局长；决定任命刘建兴为泉州市水利局局长；决定任命张小红为泉州市商务局局长；决定任命李伯群为泉州市文化广电和旅游局局长；决定任命李德雄为泉州市市场监督管理局局长；决定免去廖国文的泉州市人民政府秘书长职务；决定免去王克思的泉州市人民政府办公室主任职务；决定免去陈文堃的泉州市发展和改革委员会主任职务；决定免去杜朴生的泉州市民政局局长职务；决定免去刘曙庆的泉州市人力资源和社会保障局局长职务；决定免去钟文成的泉州市住房和城乡建设局局长职务；决定免去傅春添的泉州市水利局局长职务；决定免去丁峰的泉州市商务局局长职务；决定免去陈惠平的泉州市文化广电和旅游局局长职务；决定免去蔡天守的泉州市市场监督管理局局长职务；任命姚丽青为泉州市中级人民法院副院长、审判委员会委员、审判员；决定接受陈明辞去泉州市中级人民法院院长职务的请求，报泉州市人民代表大会备案；决定泉州市中级人民法院副院长姚丽青代理泉州市中级人民法院院长职务。

【市十六届人大常委会第四十四次会议人事任免】 2021年10月26日，经泉州市第十六届人民代表大会常务委员会第四十四次会议审议通过：决定任命曾钟远为泉州市工业和信息化局局长；决定任命肖惠中为泉州市卫生健康委员会主任，免去其泉州市医疗保障局局长职务；决定任命唐良元为泉州市退役军人事务局局长；决定任命李小玲为泉州市医疗保障局局长；决定免去黄国富的泉州市工业和信息化局局长职务；决定免去叶一帆的泉州市卫生健康委员会主任职务；决定免去陈金忠的泉州市退役军人事务局局长职务；任命王洪龙为泉州市监察委员会委员；任命赖发泽为泉州市监察委员会委员；任命侯洲洋为泉州市监察委员会委员；免去黄克松的泉州市监察委员会委员职务；免去林文超的泉州市监察委员会委员职务；任命陈烨阳为泉州市人民检察院检察员；免去黄灿平的泉州市人民检察院副检察长、检察委员会委员、检察员职务；免去朱永峰的泉州市人民检察院检察委员会委员、检察员职务；决定接受唐良元辞去泉州市第十六届人民代表大会常务委员会委员职务的请求，报本级人民代表大会会议备案。

【市十六届人大常委会第四十五次会议人事任免】 2021年11月29日，经泉州市第十六届人民代表大会常务委员会第四十五次会议审议通过：决定任命王小阳为泉州市科学技术局局长；决定任命黄金顺为泉州市人民政府国有资产监督管理委员会主任；决定免去杨昌文的泉州市科学技术局局长职务；决定免去陈劲松的泉州市人民政府国有资产监督管理委员会主任职务；决定接受张翼翔辞去泉州市第十六届人民代表大会常务委员会委员职务的请求，报本级人民代表大会会议备案。

2021年11月29日，泉州市十六届人大常委会第四十五次常委会会议召开

（图/王虎文）

【市十六届人大常委会第四十六次会议人事任免】 2021年12月29日，经泉州市第十六届人民代表大会常务委员会第四十六次会议审议通过：决定任命许颖颖为泉州市民族与宗教事务局局长；决定免去黄景生的泉州市民族与宗教事务局局长职务；任命林明容为泉州市中级人民法院审判委员会委员、审判员；任命王志伟为泉州市中级人民法院审判委员会委员、审判员；任命杨凌珊为泉州市中级人民法院审判员；任命吴飞普为泉州市中级人民法院审判员；免去陈忠俊的泉州市中级人民法院审判委员会委员、审判员职务；免去章佚铭的泉州市中级人民法院审判员职务；免去林鲤荔的泉州市中级人民法院审判员职务；任命许金标为泉州市人民检察院副检察长、检察委员会委员、检察员；任命曾闽宏为泉州市人民检察院检察委员会委员、检察员；任命黄清源为泉州市人民检察院检察委员会委员、检察员；任命朱亮为泉州市人大常委会办公室主任；任命戴小平为泉州市人大常委会人事代表工作委员会主任；任命柳璟为泉州市人大常委会监察和司法工作委员会主任；任命廖丽芬为泉州市人大常委会教育科学文化卫生工作委员会主任；任命黄少鸿为泉州市人大常委会法制工作委员会主任；免去谢立新的泉州市人大常委会办公室主任职务；免去谢丽华的泉州市人大常委会人事代表工作委员会主任职务；免去李小兴的泉州市人大常委会监察和司法工作委员会主任职务；免去张育凯的泉州市人大常委会教育科学文化卫生工作委员会主任职务；免去郭培明的泉州市人大常委会法制工作委员会主任职务。

泉州市人民政府

综 述

【经济运行】 2021年，泉州市生产总值比上年增长8.1%，工业增加值增长8.3%，第三产业增加值增长9.4%，地方一般公共预算收入增长11.1%。组建金融小分队“分片包干”“一线服务”，开通中小微企业信贷直通车，培植普惠小微企业首贷户1.3万家，普惠小微企业贷款余额比上年增长33.7%。开展招工引才活动，引进产业急需高校毕业生1.35万人。精准调控1.7万家企业参与有序用电；全市新增“四上”单位超2000家。市级在建重点项目完成投资1620亿元，119个重点项目开工建设，97个重点项目建成投产。开展“产业链招商季”行动，新签约项目1878个、总投资9346亿元；组织“抓征迁交净地百日攻坚”，完成征迁506万平方米，提供建设用地2600多公顷，实现泉港石化安控区征迁“清零”，“交地即交证”模式全面推广。全市实际使用外资比上年增长11.3%，出口总额增长32.7%，推广扩容市场采购贸易试点，晋江、石狮市场采购超459亿元；建成运营跨境电商综试区线上平台。办好“一月一会展”系列活动18场，开展千场促销百场直播活动，社会消费品零售总额比上年增长11.3%。推动农业高质量发展，粮食产量超50万吨，十大特色产业全产业链产值2117亿元，新增国家级农业产业化龙头企业2家、农业产业强镇2个、“一村一品”示范村（镇）3个，七库连通工程实现全线通水。

【产业升级】 2021年，泉州市政府推动产业强链建链补链，加速制造业数字化转型，推广数字化生产线120条，建设数字化车间15个，新增“上云上平台”企业1000家，培育5G示范场景应用案例57个。拓展新基建新经济基地比拼，18个基地新落地项目121个、完成投资310亿元。出台1号文件支持创新，推行科技创新券，全社会研发经费投入比上年增长20%，3项成果获国家科技进步奖；新增高新技术企业超500家、国家专精特新“小巨人”18家；新建高水平科研平台3个，高精度地基授时系统启动建设，国家知识产权保护中心投入运行，知识产权创造、保护和运用指标获评全国标杆；实施人才“港湾计划”，新增高层次人才4788人、团队10个，科技特派员创业和技术服务实现行政村全覆盖、三次产业全覆盖。新增市级现代服务业集聚示范区4个、国家服务型制造示范4个，国家陶瓷工业设计研究院落户德化；新增AAA级以上物流企业6家，实现“快递进村”服务全覆盖。

【企业改革】 2021年，泉州市政府落实“民营经济发展年”活动，召开民营经济发展动员会，组织“进千企、走千商、访千才”活动，打出“1+N+N”组合拳，实施政策线上直达兑现改革，兑现惠企资金51.7亿元，13条支持民营企业改革发展典型做法获全国推广。建成市级政务数据汇聚共享平台，“一趟不用跑”事项比例达90%，与企业群众生产生活密切相关的重点领域和高频事项60%以上被列入“一件事”集成套餐服务。推行“局长走流程”，解决行政审批难点堵点痛点问题554个、压缩779个工作日。金融机构贷款余额比上年增长10.4%，企业公共信用评价实现全覆盖，台商台胞金融信用证书在全省推广；支持企业改制上市，新增上市企业2家。严密防范金融风险，不良贷款率保持较低水平。

【城市建设】 2021年，泉州市政府落实“城乡品质提升年”活动，实施845个城建项目，完成投资770亿元；科学编制国土空间总体规划，完成255平方千米“海丝”新城总体城市设计，开展片区更新改造比拼，县（市、区）32个城建片区实现投资180亿元；实施老旧小区改造项目504个、6.1万户，基本建成保障性安居工程1.7万套，新增各类租赁住房1.5万套。站前大道鲤城段南延伸项目、城东至北峰快速通道建成通车，刺桐大桥完成整修，晋江西滨至石狮大道段、泉州大桥改扩建工程开工建设，实施泉州湾跨海大桥降价惠民通行。全市打通断头路36条，新增停车泊位6000个。推进40个生态连绵带项目，新开工城市综合性公园14个，建成口袋公园、串珠公园109个。升级改造“数字城管”，完善网格化巡查制度。建成石狮、晋江、南安、安溪垃圾焚烧厂技改项目及南安餐厨垃圾资源化处理厂。基本完成城东、东海污水处理厂改扩建，新建改造城乡污水管网496千米。开展宜居乡村建设，完成502个村庄规划编制，拓展创建315个乡村振兴试点村，培育50个典型示范村，加快23条示范线串点连线成片。永春入选全国水系连通及水美乡村建设试点。开展农村人居环境整治提升，泉州市整治裸房2.8万栋，所有村庄无害化户厕普及率超99%。农村宅基地制度改革试点，加强农村宅基地和村民住宅建设管理，所有乡镇设立农村宅基地“一站式”审批窗口。德化获批国家农村综合性改革试点。

【惠民利民】 2021年，泉州市政府巩固拓展脱贫攻坚成果，强化低收入群体帮扶，实施产业帮扶2431户、住房条件改善提升528户、饮水安全保障4.5万户，扶持低收入村发展村财创收项目201个。新增公办幼儿园学位9000个、中小学学位1.5万个，推动义务教育学校课后服务全覆盖，规范校外培训行为；新高考改革平稳落地，高中教育质量走在全省前列。建设高水平专业化产教融合实训基地4个，获批国家产教融合试点城市。推进未成年人思想道德建设落细落实，高质量通过妇女儿童发展纲要终期评估验收。“快、严、实、细”做好疫情防控，核酸检测能力达40万管/日，疫苗接种累计超1800万人次。泉州医高专附属人民医院、泉港区医院等扩建项目完工，丰泽、洛江、永春、德化等新妇幼保健院建成，上海六院福建医院国家区域医疗中心挂牌运营，泉州市新增医疗机构床位1000张，二级以上公立医院满意度保持全省第一。深化三医联动改革，药品和医用耗材集中采购范围分别扩大到263种、19种，价格平均降幅54.6%、67.8%，按病种收付费项目449个。城镇新增就业10.5万人，失业人员实现再就业2.9万人，新增“五险”参保42万人次。扩大失业保险保障范围，返还稳岗补贴4亿元，减征社保费9.7亿元。落实新建城区、居住小区配建养老服务设施，新增养老床位1560张。市县慈善机构筹集善款12亿元，慈善公益蔚然成风。开展大气污染专项整治，完成大气精准治理减排项目140个。执行市人大关于进一步加强全市流域水环境保护的决议，完成流域精准治理项目111个，县级以上13个饮用水水源地三类水质达标率保持100%。泉州市植树造林5900多公顷、水土流失治理1.86万公顷、矿山生态修复91.7万平方米。深化平安建设，开展信访积案化解攻坚，严打电信诈骗犯罪，常态化推进扫黑除恶斗争，落实政法队伍教育整顿。开展安全生产隐患排查专项整治，推进安全生产标准化提升；建立房屋建筑网格化管理体系，实现重大安全隐患房屋“清零”。市、县两级全覆盖成立退役军人法律援助站、心理健康服务站，动员支前能力不断增强。

信访

【概况】 2021年，泉州市信访部门发挥党委、政府联系服务群众的桥梁纽带作用，推进信访制度改革，深化“强基促稳”专项行动，加强基层基础建设，坚持服务大局、维护群众合法权益、化解信访突出问题。全市信访态势总体保持平稳，信访总量3.8万件（批次），比上年上升23.3%。其中，来信8608件，比上年上升19.6%，网上投诉2.7万件，比上年上升28.1%，来访2437批3303人次，分别下降5.3%、23.5%。

【信访工作责任落实】 2021年，泉州市信访工作联席会议召开3次成员会议，就信访工作重点任务、重大活动期间信访保障工作进行安排部署。市信访部门实行每周一、每月15日市、县、乡三级党政领导接访群众“三固定”制度。市委、市政府领导接访群众48批，受理信访事项48件。县、乡两级党政领导接访群众2563批，化解信访问题965件。对群众信访反映较为集中、具有普遍性的城镇房屋拆迁、农村土地征用等10个重点领域进行责任分解，系统推进源头治理。针对部分楼盘业主集体访频发，房地产领域规划建设、逾期交房、质量问题突出，形成专题分析报告，市政府召开会议专题协调研究，完善房地产监管体制机制。改进每周、每月信访分析，及时对信访突出问题进行分析研判。印发《信访周报》37期、《泉州信访》简报16期。

【信访基层基础建设】 2021年，泉州市信访部门开展全国信访工作示范县创建活动。坚持和发展新时代“枫桥经验”，推动及时就地解决信访矛盾纠纷。鲤城区、石狮市、永春县获评全国信访工作示范县（市、区）。新冠肺炎疫情期间，利用网上渠道便捷、快速的特点，及时回应群众呼声。实时登记受理，办理涉疫情网上信访事项2123件。市信访局来访接待窗口获评全省“十佳接访窗口”。开展专题调研，推进调研成果转化，推动提升乡镇信访工作联席会议规范化运作水平。全市乡镇（街道）通过信访工作联席会议协调信访事项1665件，化解矛盾纠纷2399件，推动一批疑难复杂信访问题化解在基层。推行信访评理机制，成立由法律工作者、“两代表一委员”、社会贤达等组成的评理员队伍，开展信访评理4657件，化解4603件，化解率98.8%。晋江市安海镇秀冬评理室被省信访联席办、省信访局评为全省“十佳信访评理室”。

【信访业务规范】 2021年，泉州市信访部门实施“最多投一次”高质量信访服务模式。落实初信初访事项首办责任制等机制，按照“一事一分析”登记办理，完善信访业务制度规范。全市纳入“最多投一次”办理的信访件12910件，其中一次性办结1.15万件、一次性办结率89.1%。泉州市信访工作机构、有权处理信访事项的行政机关及时受理率、按期办结率均为100%，信访工作机构、有权处理信访事项的行政机关信访事项处理群众满意率分别为91.3%、86.4%。受理网上投诉2.69万件，比上年上升28.1%。其中，省长信箱受理4054件，比上年上升21%；市长信箱受理2925件，比上年下降23.7%；国家、省、市网上信访平台各受理9051件、8205件、4664件；人民网地方领导留言板受理1316件，比上年上升9.3%。

【信访法治化建设】 2021年，泉州市信访部门坚持诉访分离。向政法机关转送涉法涉诉类诉求4951件、占全市总量的13%。完成依法分类处理信访诉求2497件、比上年上升28.8%。通过分发宣传材料、悬挂宣传横幅、现场解答群众咨询、举办群众喜闻乐见的文娱活动等形式，到人员较密集的公共活动场所集中开展宣传活动。制作、分发宣传材料40万份，悬挂宣传横幅、张贴标语和图片6230份，开展上街咨询宣传活动670次，运用微博、微信公众号、今日头条等新媒体发布信息400条。泉州市信访局联合晋江市信访局、公安局等单位在晋江金融广场开展信访法规宣传月暨“反诈防骗”平安创建宣传活动。每周一和每月15日安排律师轮值在市群众来访接待窗口参与接待来访群众，为来访群众提供法律咨询服务，受到群众好评。42名律师接访群众135批178人次。在人民网、中国网、《福建法治报》等主流媒体刊发《泉州市信访局找准“四个抓手”以党建强作风促业务》《泉州市信访部门聚焦群众“急难愁盼”问题 着力破解痛点难点》等文章，宣传信访渠道和法治信访建设情况。

【难题积案化解】 2021年，泉州市信访部门开展治重化积专项工作。将专项工作纳入泉州市“强基促稳”专项行动和突破“难、硬、重、新”专项行动，同步发力、同向推进。逐案明确市、县两级领导包案。市领导按照包案分工安排，通过实地调研、专题会议、见面座谈等方式，逐案督促推进挂包信访事项化解。市信访局班子成员按照挂钩包片分工，分别到各县（市、区），点对点开展调研、督导、会商，指导推动专项工作。泉州市纳入治重化积专项工作的信访事项1885件、化解率98.6%。2021年度省对设区市政府绩效考评中，泉州市治重化积工作任务完成率居全省前列。实施“我为群众办实事、信访为民解难题”9个专项行动。省领导挂钩包案的3件信访积案全部息诉息访；省信访局领导挂包的40件信访积案，息诉息访37件、息诉息访率92.5%；纳入9个专项行动的60件信访积案全部息诉息访、64件初信初访事项依法化解率100%。加大信访专项资金的使用力度。梳理适用特殊疑难信访问题专项资金的信访积案，使用专项资金258.8万元，其中省级补助资金129.4万元、市级补助25.88万元，推动化解信访积案18件。

【信访保障工作】 2021年，泉州市信访部门在全国“两会”、中国共产党成立100周年庆祝活动、中共十九届六中全会期间开展专项行动，提前谋划，深化矛盾纠纷排查化解，压实基层信访工作责任。点对点发出提醒函22份、交办问题清单18份，落实属地化解责任。

发展研究

【概况】 2021年，泉州市政府发展研究中心根据市委“再学习、再调研、再落实”活动部署，紧扣市委、市政府年度目标任务，完成3篇调研报告，参与制定3篇政策文件、27 篇专题性研究文稿，委托社科联招标调研文稿3篇，撰写20篇信息动态稿、4篇“两会”提案。

【专题调研】 2021年，泉州市政府发展研究中心高质量完成市委、市政府部署的各项工作，推进系列专题调研。宏观经济和微观经济研究方面，撰写《创新发展“晋江经验”奋力推进泉州经济社会高质量跨越发展》《研究疫情对我市经济的影响及应对措施，确保经济运行在合理区间》《关于新基建新经济基地建设和平台经济发展的建议》《泉州固定资产投资结构性分析与建议》《关于泉州营商环境评估弱项指标的分析报告》等调研报告；产业发展方面，联合省政府发展研究中心完成调研报告《石狮市纺织服装产业联盟情况调研》，撰写《制造业数字化转型的建议》《化“双碳”压力为动力推进产业转型升级》《推动泉州海丝元宇宙的几点建议》《推进文旅融合 打响“世遗”品牌》《关于恳请省政府发展研究中心支持协调晋江市用地有关事项说明》《推广晋江“小升规”典型做法及相关建议》《推进传统产业中小企业数字化转型的几点思考》《关于推进我市工业园区专业化建设的建议——以南安高端装备智造园为例》等调研报告；比较研究方面，借鉴其他先进城市做法，做比较研究调研报告有《合肥与泉州产业发展比较研究》《国内先进地区出台政策推动民营经济高质量发展》《先进城市发展供应链金融的做法及建议》《先进城市推动工业园区高质量发展的经验做法》《借鉴兄弟城市新举措积极争创全国营商环境创新试点城市》《部分兄弟城市推进科技赋能的经验做法及建议》《借鉴先进城市做法推动我市打造全国产业数字化标杆城市》《关于南通与泉州发展情况比较研究》；社会民生方面，撰写《创新发展“晋江经验”推进民营经济造富民生、造福民生》《关于泉州市居民人均可支配收入的分析报告》《关于打造“泉家福”民生品牌的建议》；人才就业方面，撰写《服务大学生就业创业便利化建议》《关于我市人才政策问题与对策的几点思考》《整合力量、健全机制，加快培育我省蓝领技术工人队伍》文稿；“两会”提案方面，提交省“两会”人大提案《关于拓展市场采购贸易业态打造全球消费品集采中心的建议》《关于支持泉州打造石材产业数字化转型样板的建议》和市“两会”建议《关于借势元宇宙打造泉州城市超级IP的建议》《关于支持泉州积极探索“双碳”目标背景下区域产业转型升级新路径的建议》；委托其他智库课题研究方面，委托社科联招标课题有《泉州推进碳达峰碳中和的路径研究》《泉州推进园区标准化的路径研究》《泉州市加快外贸新业态的研究》，并制定《创建“四个机制”深入推进新型智库建设的实施意见》；参与制定市级政策文件方面，参与完成《中共泉州市委泉州市人民政府关于创新发展“晋江经验” 加快创建全国民营经济示范城市的决定》《泉州市制造业数字化转型升级三年行动实施方案（建议稿）》《2022年泉州市“抓招商要落地”行动方案》。

【决策咨询服务与成果】 2021年，泉州市政府发展研究中心撰写的调研报告获省、市领导肯定性批示10次。10月19日，主题为“大挑战与大机遇：新发展格局与区域经济发展”的第七届民盟经济论坛在天津举行。泉州市政府发展研究中心派出代表参加论坛。泉州市政府发展研究中心撰写的《加快区域协同发展做强厦漳泉都市圈》获评论坛优秀论文。

行政服务

【概况】 2021年，泉州市行政服务中心管委会贯彻落实市委、市政府关于“放管服”改革的部署要求，以优化营商环境为主线，以推进改革创新为动力，以践行“马上就办”为保证，加快推进行政服务标准化规范化便利化，打响“马上就办、泉心泉意”行政服务品牌。按照“能进则进、应进必进”原则，进驻99个单位（其中一级审批部门40个、二级下属审批服务单位22个、公共资源交易单位3个、便民服务单位18个、银行7家、中介机构9家）、进驻2245项审批服务事项、近1000名工作人员，办事人流日均3000～4000人次。

【行政审批】 2021年，泉州市行政服务中心管委会打造高效的“规范之窗”。市、县同步推进规范自由裁量权改革，压减事权“弹性空间”，69个部门946项审批服务事项细分为2228项办事孙项（含常驻便民服务类部门）；13个县细化1.77万项办事孙项。对审批事项按鼓励类（1390项、占比62.39%）、限制类（837项，占比37.57%）、禁止类分别定权，鼓励类事项部门提请领导审批不得超过10%。量化细化技术规范，市级81个技术审查事项分类细化为技术审查标准658条。13个县（市、区）细化4474项技术审查标准、895项专家评审标准。对市级235项现场踏勘细化为1593条可执行的标准，13个县（市、区）细化2.18万条现场踏勘标准。推进市、县、乡、村四级审批服务事项名称、事项类型、设立依据、申请材料等方面与省上规范统一，做到全市行政审批“一个标准贯到底”。市本级进驻部门完成省网上办事大厅2245项办事指南标

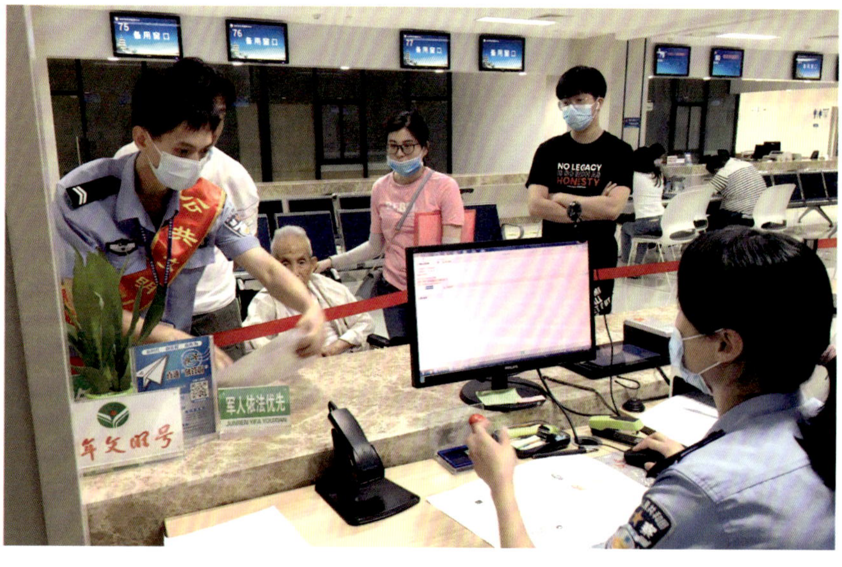

2021年7月13日，泉州市行政服务中心、市公安局出入境管理支队为高龄老人办证开通“绿色服务通道” （图/市公安局）

准更新发布（含“无需绑定登记”事项、不含未进驻中心事项），工作完成率100%。13个县（区、市）完成2.39万项审批事项颗粒度规范，完成率100%。按工程建设四个阶段设立“一窗式”服务窗口，推出“工程建设审批主流程+水电气广电”的联审服务新模式，较改革前“串联”审批时限压减80%。推行“1+N”会商会审机制，每个审批阶段实行“一家牵头、会商会审、限时办结”“一张表单、一份指南、一套机制”。简化社会投资简易低风险工程建设项目手续，推行“清单制+告知承诺制”，分类制定审批流程图，对7个列入清单的事项推行告知承诺制。强化中介服务管控，网上中介超市进驻中介机构1863家，中心办事大厅“中介超市便民服务专区”进驻实体中介机构9家。对中介项目进行全流程监管。发布4461项中介招标信息，中标实施4283个。建立制约机制，对使用财政或国有资金需委托中介服务机构的工程项目加强监管。强化落实信用评价监管机制，根据评价智能调整星级，实现优胜劣汰。对入驻中介机构实行信用红、黑榜管理，实现数据共享，形成有效联合惩戒机制。

【服务体系建设】 2021年，泉州市行政服务中心管委会线上线下同步创新，打造优质服务“便民之窗”。实行受审分离“一号一窗一网”改革，按群众“办成一件事”为标准，将窗口整合为“市场准入、投资建设、社会民生、便民服务、中介服务”五个主题式办事体验服务厅。创新“一号”办事，即企业凭社会信用代码、群众凭身份证一个号办事。实施“一窗”改革，将窗口设置整合为按咨询、综合受理、发证三大类别的纵向模式，通过网上审批压缩审批时限，原来按部门设198个窗口压减为91个，节约政府人力成本。推行“一网”通办，建设“互联网+政务服务”一体化平台，横向涵盖82个市直部门，纵向覆盖至13个县（市、区）、163个乡镇（街道）、2527个村（居），实现市、县、乡、村四级政务服务网格化全覆盖。进驻中心审批服务事项全部压缩至法定时限的35%以内，不需组织专家论证、现场踏勘的简易事项做到“马上即办”。全市网上申报事项已达2.22万项，占全部事项的99.3%，“一趟不用跑”事项占比提升至86.51%，“最多跑一趟”事项占比提升至99.11%，对水、电、气、移动、电信等便民服务事项实行“同城通办”。在15个24小时自助服务区和13个县（市、区）投放200多台政务服务自助一体机，实现市场监管、信用服务等91项政务服务事项在机器端办理。将行政服务事项细化为“1+N”办事套餐，即1个主题窗口+N个具体办事套餐，嵌入各部门流程、时限。特别是对企业开办实行“工商注册+免费刊刻印章+银行、税务开户+公积金缴存+水电气”服务“一件事”套餐。市、县两级梳理完成579件“一件事”。市、县中心分别设置6个及60个“厦漳泉省内通办”窗口，聚焦厦漳泉三地社保、医保、公积金、市场监管等重点领域筛选确定“社会保障卡停用”“基本医疗保险参保人员异地就医备案”“正常退休提取住房公积金”等18项事项作为通办事项清单。选择江苏南通、广东深圳、浙江温州、宁夏银川、湖南株洲、贵州遵义、贵州六盘水7个城市，设立11个“跨省通办”异地代收窗口。泉州市与江苏南通、浙江温州、宁夏银川、山西长治、贵州遵义5个城市梳理核对“跨省通办”事项，完成上线对接、推送至省网上办事大厅。按照国务院要求完成的137个“跨省通办”事项目录清单中，除14个事项属国家级、省级权限外，其余均梳理完成。

【办件模式建设】 2021年，泉州市行政服务中心管委会推广电子证照互认共享，泉州市电子证照库每天产生近8000条电子证照存证信息上电子证照区块链，存证5824万条电子证照信息。通过电子证照共享应用，“一体化平台”实现“免提交材料”电子证照应用办件16.3万件。打造“开卷式审批”新模式，将审批事项的条件、标准、细则转化为“试卷式”清单，首期选择191项政务服务事项推行。打造“泉服务、掌上办”品牌，督促部门全面梳理“网上办”“掌上办”政务服务事项，梳理实现服务事项掌上办617项。在中心微信公众号上线“村（居）智助服务系统”，覆盖全市13个县（市、区）的所有村（居），实现村（居）证明全流程“掌上办”，开具村（居）证明8337件。

【监督平台建设】 2021年，泉州市行政服务中心管委会健全政务服务质量分析测评机制，实施重点项目动态跟踪管理分析。对重点项目从咨询第一关起，按节点计划，全流程分析堵点、痛点，每月形成重点项目台账管理分析报告，推动重点项目攻坚落地。38个重点项目和政府性投资项目分析堵点痛点问题38个，解决21个，协调17个。委托第三方机构每季度开展市行政服务中心政务服务质量测评及办件分析，列出6方面问题清单督促部门整改，提升窗口服务质量。在省网上办事大厅泉州政务服务旗舰店、行政服务中心微信公众号、泉州政务服务自助一体机等平台，开通线上线下办事评价功能，为服务对象提供便捷的评价入口。泉州市办件“好差评”“非常满意”占99.88%，“满意”占0.1%，“基本满意”占0.01%，“不满意”占0.01%。

【惠企政策宣讲服务】 2021年，泉州市行政服务中心管委会办好“刺桐新声”惠企政策平台，坚持“企业关注什么、政府就宣讲什么”，由业务部门上台宣讲析疑，通过线下实体宣讲+互联网线上直播的方式，零接触引导群众和企业同一时间上宣讲直播间，确保政策宣讲精准对接。开展“刺桐新声——政策面对面”系列宣讲活动19场次，45万余人次观看。设立惠企政策服务窗口，收集市市场监管局、住建局等9个部门的52份惠企政策材料，同步推送至中心微信公众号和省网上办事大厅，拓宽网上宣传渠道。

对口支援

【概况】 2021年，泉州市根据福建省委、省政府的统一部署，继续对口支援西藏昌都市洛隆县、新疆昌吉州昌吉市。泉州市闽宁协作工作调整为帮扶宁夏吴忠市盐池县、红寺堡区，分别由石狮市、惠安县结对协作。对口支援项目资金3.41亿元，干部人才工作经费690万元，其中，援疆工作投入项目资金7594万元，拨付援疆干部人才工作经费330万元；援藏工作投入项目资金2517万元，拨付援藏干部人才工作经费200万元；援宁工作投入协作资金9778万元（其中财政资金7278万元、社会帮扶资金2500万元），对口帮扶的盐池县、红寺堡区实际使用资金1.42亿元（其中盐池县5950万元、红寺堡区8250万元），拨付援宁干部人才工作经费160万元。

【援疆工作】 2021年，泉州市执行第八批援疆工作，6名党政干部留任，16名专业技术人才经过中期轮换于8月抵达昌吉市开展工作。建成牧民定居社区1个、农村幸福大院1座、小学及幼儿园7所、牧区群众活动中心2个、农村警务所1个、农村劳动力就业培训中心1个，解决昌吉市基层民生难题，巩固拓展脱贫攻坚成果。援建农村、牧区安居房2219套，建成昌吉市阿什里乡“天鹅小镇”，502户哈萨克族“牧民”变“居民”，并实施一系列解决游牧民定居、子女就学、养老的措施，“天鹅小镇”牧民定居社区被《人民日报》专题报道，成为“民族团结一家亲”的泉州样板。开展“民族结亲”“脱贫攻坚重点户结对”等精准帮扶活动，帮助制定脱贫措施，实现“输血”向“造血”转变。在新冠肺炎疫情防控期间，指挥部动员社会各界投入310万元支援昌吉市移动核酸检测车等疫情防控物资。

【援藏工作】 2021年，泉州市继续执行第九批对口援藏工作，3名党政干部留任，7名专技人才经过中期轮换于3月到位，8名医疗人才于8月抵达洛隆县人民医院开展组团式医疗帮扶工作。配合受援地筛选提出将孜托镇夏果村、康沙镇德嘎村、孜托镇古曲村、俄西乡雪瓦通村4个行政村列为“十四五”援藏乡村振兴示范点建设项目，计划投资1.09亿元。配合县委、县政府抓好新规划建设的洛隆县俄西现代农业产业园顶层设计，精准实施乡村振兴战略，推动昌都市领导于6月、9月到泉州考察，就该产业园的建设发展与泉州市领导及市直相关部门座谈交流。指导当地企业在全县11个乡镇收购獐子菌等各类特产90多吨、价值600多万元，创造就业岗位8个，带动转移就业78人次。2020年泉州援藏队引进的泉洛商贸有限公司获评“昌都市2021年市级龙头企业”，系8家获评企业中唯一一家由福建省第九批援藏队引进发展的企业。推动昌都市首个“智慧乡村”“钻石卡村”示范点在洛隆挂牌，为48户农户发放款项960万元，为32户颁发乡村振兴卡授信305万元。推进实施结对助销、企业带销等“藏货出藏”消费援藏行动，签订洛隆农特产品500万元/年购销意向协议。促成自治区级扶贫龙头企业洛宗特色产品公司与泉州一专业农产品销售企业签订长期购销合作协议，成功交易公司成立以来销往内地单笔数额最大的青稞制品。洛隆县扶贫（泉洛）特色产业园基础设施更加完善，与昌都市经开区签订合作共建协议，入驻企业18家、完成投资2.2亿元，解决就业岗位240多个，惠及贫困户400多人。

【援宁工作】 2021年，泉州市执行第十一批对口援宁工作，7月从石狮市、惠安县党政干部中挑选4名行政干部，11月从泉州市数千名专业技术人才中选派36名专业技术人才，人才岗位包括农业农村、科技、工程建设、文旅管理和教师、医生等。40名干部和专业技术人才在宁夏期间，组织开展一系列帮扶协作共建工作，为受援地培养综合素质能力逐步提升的干部人才队伍。惠安县医院选派的医生通过驻点专家帮扶，建立名师传帮带绿色通道，搭建起师徒沟通的平台，帮助红寺堡区人民医院重症加强护理病房、肾内科、妇科腔镜等业务快速发展，心血管内科患者的后期治疗得到更优质的医疗服务。在受援地开展各类人才业务培养培训，为盐池县、红寺堡区培养培训各类人才4478名，其中组织盐池县干部和公共就业服务人员到石狮市参加能力提升培训班4期185人次，组织小微企业主、返乡创业青年、致富带头人等到福建开展能力提升培训2期60人次，组织完成乡村振兴专业技术人才培训（教师、医生等）306名。组织5名优秀中青年干部、行政领导、企业高管到石狮市相关行业部门开展“百日跟班”活动；组织红寺堡区20名专业技术人才到惠安县交流学习。举办乡村振兴培训班2期培训3502人次。开展转移就业培训100人次，举办劳务协作培训班6期培训农村劳动力300人。发挥援建资金带动效应，引导各方面资金注入当地高质量发展和乡村振兴事业。实施完成闽宁协作项目57项，其中盐池县18项、红寺堡区39项，援建项目涵盖闽宁示范村巩固提升、传统产业培育、脱贫家庭劳动力培训与转移就业、干部人才能力提升、结对帮扶平台建设、促进各民族进步发展、文化教育支援等领域。

政协泉州市委员会

综 述

【概况】 2021年，政协泉州市委员会以党的政治建设为统领，形成上下贯通的组织体系和工作机制。把政协工作纳入市委工作总体格局之中，使政协工作服从和服务于市委的中心工作，做到思想同心、目标同向、行动同步。提请市委审议市政协年度协商计划和常委会工作报告，邀请市委、市政府主要领导出席市政协年度重点协商活动，推动市委重大决策部署在政协得到贯彻落实。全年形成发言材料47篇，提交提案603件。

【委员履职】 2021年，政协泉州市委员会按照“懂政协、会协商、善议政，守纪律、讲规矩、重品行”的要求，把委员履职能力建设摆在突出位置，强化责任担当，激发履职活力。举办委员集中轮训班，结合专题讲座、实地调研、交流研讨多种形式，开展履职业务培训。为委员订阅政协报纸杂志，分发学习资料，向委员传递政协的重大活动、重要会议、重点工作，引导委员加强学习、拓宽视野、提高履职能力。着眼“委员作业”高质量，落实委员履职情况量化考评管理规定，制定强化委员责任担当的实施意见，发挥委员主体作用，抓好履职成果转化。委员参加市政协组织的各种履职活动3000多人次，履职考评优秀率85%。

【联谊交往】 2021年，政协泉州市委员会围绕“先行先试推进泉台融合发展，建设台胞台企登陆第一家园”到台商企业调研，了解台商台企生产生活情况，与部分台商企业、台资协会负责人交流座谈，听取台商台企意见建议，探索两岸融合发展，研究助推泉州和台湾产业深度对接、文化交流更有实效的对策措施。组织华侨大学境外新生开展“看海丝·爱泉州”体验教育活动，参观泉州非物质文化遗产馆、侨批馆，观看提线木偶表演，倾听泉州历史文化讲座。通过活动，让境外学生体验和领略家乡各项事业发展变化，感受家乡丰富多元的文化底蕴和经济社会发展成就，激发境外新生恋祖爱乡，对祖国对家乡的认同与热爱。配合省政协副主席杜源生带领调研组到泉州开展省政协重点提案“以侨为‘桥’，助力我省构建‘双循环’新发展格局”课题调研，考察泉州华侨历史博物馆及南益集团电脑针织有限公司等侨资企业，并与泉州市相关部门负责人座谈交流，围绕引领侨资项目、服务侨力平台等内容进行探讨。配合省政协围绕年度重点协商课题“吸引台湾青年来闽就业创业”开展调研活动。配合全国政协港澳台侨委员会副主任耿惠昌带领调研组围绕“进一步促进两岸经济文化交流合作措施落实”课题开展调研活动，了解中央系列惠台政策措施的落实情况、困难问题，以及两岸关系和新冠肺炎疫情对在大陆台胞台企发展的影响及对策、落实好中央惠台政策措施、做好新时代对台工作等课题与台胞台企座谈交流。市政协分管领导带队参加全国政协与省政协在福州召开的第四届海峡两岸基层治理论坛，泉州市3名政协委员和基层主官在会上发言。加强与泉台民间交流协会的联系沟通，联合涉侨涉台部门开展专题调研、视察等活动，做到工作联系互动、资源互利共享。配合全国政协、陕西省和长春市、成都市政协等多批次到泉州考察活动。《关于促进两岸社会融合的提案》被全国政协评为年度好提案。

【泉州郑成功纪念馆入选第二批福建省政协港澳台侨交流基地】 2021年12月3日，第二批福建省政协港澳台侨交流基地授牌仪式在福州举行。泉州郑成功纪念馆和其他9家单位被授予第二批福建省政协港澳台侨交流基地称号。省政协侨台港澳交流基地的设立，有效打造各地市特色品牌，为助推全省港澳台同胞、海外侨胞交流合作的发展，提升港澳台同胞、海外侨胞交流层次水平奠定基础。

2021年1月15—18日，中国人民政治协商会议第十二届泉州市委员会第五次会议在泉州人民会堂举行（图/陈小阳）

重要会议

【概况】 2021年1月15—18日，中国人民政治协商会议第十二届泉州市委员会第五次会议举行。会议审议通过《中国人民政治协商会议第十二届泉州市委员会第五次会议决议（草案）》。十二届泉州市政协常委会全年召开常委会会议7次、主席会议12次。

【市政协十二届五次会议】 2021年1月15—18日，中国人民政治协商会议第十二届泉州市委员会第五次会议在泉州人民会堂举行。市政协主席李转生做十二届市政协常委会工作报告。报告从六个方面阐述市政协十二届四次会议以来的工作特色和显著成效。大会执行主席骆沙鸣做十二届市政协常委会关于十二届四次会议以来提案工作情况的报告。市教育局、市商务局负责人代表所在单位做提案办理工作典型发言。市政协各专门委员会提交书面工作报告。12名市政协委员围绕泉州城市规划建设、金融创新、旅游景区培育、产业数字化数字产业化、中医药事业发展、建设文化强市等主题做大会发言。会议听取市政协十二届五次会议提案初审情况的报告，审议通过《中国人民政治协商会议第十二届泉州市委员会第五次会议决议（草案）》。

【市政协常委会会议】 2021年，十二届泉州市政协常委会召开7次会议。会议协商通过市政协十二届五次会议相关事宜、《泉州市政协常委会2021年工作要点（草案）》、十三届市政协委员建议名单、《关于召开市政协十三届一次会议的决定（草案）》、市政协常委会工作报告报告人（草案）和提案工作情况报告报告人（草案）、市政协常委会工作报告（草案）和提案工作情况报告（草案）以及有关人事事项，审议通过市政协十二届五次会议选举办法（草案）、市政协十二届五次会议决议（草案）、《政协泉州市委员会关于强化政协委员责任担当的实施意见（草案）》，传达学习贯彻习近平总书记在全国“两会”上的重要讲话精神和全国“两会”精神、习近平总书记到福建考察重要讲话精神及省委、市委有关会议精神，听取市政府关于市政协十二届五次会议以来提案办理情况的通报。

【市政协主席会议】 2021年，十二届泉州市政协召开12次主席会议。会议协商市政协十二届五次会议相关事宜、有关人事事项及候选人名单（草案）、市政协十二届五次会议选举办法（草案）、市政协十二届二十九次常委会会议相关事宜、《关于强化政协委员责任担当的实施意见（草案）》、“推动城乡融合发展”专题协商会议方案、市政协十二届三十次常委会会议相关事宜、市政协十二届五次会议“好提案”相关事宜、市政协十二届常委会第三十二次会议相关事项；听取市政协十二届五次会议各组召集人汇报酝酿协商市政协十二届五次会议选举办法（草案）、“加快南翼新城规划建设”专题协商议题进展情况、市政协十三届一次会议各筹备组工作进展情况汇报、市委统战部做关于相关人事事项的说明；协商通过《泉州市政协常委会2021年工作要点》、市政协2021年度协商工作计划、市政协十二届五次会议重点提案、市政协常委会工作报告报告人（草案）、提案工作情况报告报告人（草案）；研究协商市政协十二届三十一次常委会会议相关事宜；讨论市政协常委会工作报告（初稿）、提案工作情况报告（初稿）；审议常委会工作报告（讨论稿）、提案工作报告（讨论稿）。

参政议政

【概况】 2021年，政协泉州市委员会围绕泉州市“十四五”规划的主要目标落实、重要政策执行、重点工作推进、重大项目建设，开展协商建言。通过政协提案、大会发言、联组讨论，组织委员围绕产业转型升级、城市规划建设、金融创新、文旅融合、数字化赋能以及民生保障等方面建言献策，《关于推动我市数字经济与实体经济融合发展的建议》等一批委员建言得到市委、市政府领导批示，转化为部门行动。组织专班人员围绕“先行先试推进泉台融合发展，建设台胞台企登陆第一家园”课题，开展调查研究，梳理涵盖产业合作、政策支持、文化交流、基础设施4个方面18个重点专项任务，建立常态化推进机制，推动落地见效。

【创新转型和城乡融合发展调研】 2021年，政协泉州市委员会配合全国政协和省政协开展“传统企业数字化转型”“增强科技创新能力”“加快数字化发展”等专题调研，就建设企业数据共享平台、整合数字化资源，实现各类要素共享、体制机制障碍等方面提出意见建议。发动全市政协系统围绕“推进城乡融合发展”议题，到基层和有关部门开展调研，提交调研报告23篇，召开政协议政性常委会开展专题协商，就强化县域发展、盘活要素资源、创新体制机制等方面提出意见建议，推动解决城乡融合发展的难点痛点堵点问题。围绕“推进农村电商发展”“茶产业高质量发展”等涉农课题开展调研视察，助推乡村全面振兴。

【生态建设和城市提质调研】 2021年，政协泉州市委员会践行“绿水青山就是金山银山”生态文明建设理念，紧盯城乡环境污染整治、农村小流域环境整治、加强土壤污染防治工作等课题，开展调查研究，提出意见建议。关注古城提质、新城集聚和城市建设管理问题，围绕泉州古代书院保护与利用、城市建设中历史建筑传统风貌建筑保护、加强遗产点配套公共服务设施建设、加强城市精细化管理等工作开展督办调研，推动相关工作落实。组织委员围绕“泉州城市快速交通建设”“加快城市重大交通设施建设”开展调研视察，推动跨江发展、跨域融合。围绕“加快推进南翼新城规划建设”课题，组织专家学者进行调研，形成专题报告，召开专题协商会，就提升区域文化认同、布局对外交通、强化“产城联动”、提升景观形象、新城定位与近期建设、加快推动商贸物流枢纽建设等方面提出19条意见建议。

2021年2月26日，政协泉州市委员会在南安市召开“先行先试推进泉台融合发展，建设台胞台企登陆第一家园”专题座谈会

（图/政协泉州市委员会）

【《关于设立海上丝绸之路国家文化公园的建议》提交】 2021年全国“两会”期间，泉州市全国政协委员骆沙鸣、徐西鹏等联名提交提案《关于设立海上丝绸之路国家文化公园的建议》。国家“十四五”规划和2035年远景目标纲要草案提出，要强化重要文化和自然遗产的系统性保护，建设长城、大运河、长征等国家文化公园。骆沙鸣等认为，“海上丝绸之路”文化同样具有历史厚重感和国际影响力，建议设立“海上丝绸之路”国家文化公园，支持把泉州作为该公园重点建设区和重要节点城市，展示最有辨识度、生命力、传播力的“海上丝绸之路”文化景观，同时将其纳入《国家“十四五”时期文化发展改革规划纲要》确定的国家重大文化工程。

政治协商

【概况】 2021年，政协泉州市委员会坚持拓展团结面、画大同心圆，凝聚智慧和力量。学习领会习近平总书记关于新型政党制度的重要论述，以政协会议为平台、调研视察为载体、界别活动为纽带，加强与泉州市各民主党派、工商联和无党派人士的团结合作，营造合作共事的氛围。深化委员能力建设，提升委员履职实效。健全市政协常委会议事规则，完善协商民主制度建设。坚持市政协领导挂钩联系党派团体制度，优先安排大会发言、督办集体提案，重点采编以党派团体反映的社情民意信息。泉州市各民主党派、工商联和无党派人士提交调研报告60多篇、团体提案100多件，《关于多管齐下推动企业创建“海外研发平台”的建议》等100多件党派团体履职成果得到转化。

【侨台港澳联系交流】 2021年，政协泉州市委员会坚持走访台资侨资企业，调查了解国际经贸环境变化对侨台港澳企业的影响，帮助解决实际困难。接洽海外重要社团和侨亲，增强对祖国和家乡的认同感。推动泉州市惠台政策落实，发挥泉台民间交流协会作用，促进泉州和台湾两地经贸合作和文化交流。注重发挥港澳委员作用，密切与港澳各界团结联谊，组团参加港澳地区泉州籍社团的庆典活动，支持港澳委员在关系国家核心利益问题上正面发声，维护港澳长期繁荣稳定。邀请港澳委员、特邀嘉宾参加市委、市政府、市政协召开的专题座谈会，共叙乡情、共谋发展。组织港澳委员到内地学习考察，为他们发展事业、参政议政拓展渠道。

【民族宗教界联系交流】 2021年，政协泉州市委员会贯彻党的民族政策和宗教工作基本方针，加强与重点宗教活动场所和民族宗教界代表人士联系交流，引导宗教与社会主义社会相适应。围绕发挥宗教优势、增进“一带一路”民心相通、创建文明寺观、宗教人才建设、宗教事务条例贯彻落实、民间信仰管理、少数民族乡村振兴、民族团结进步等方面开展调研视察，推进国旗、宪法和法律法规、社会主义核心价值观、中华优秀传统文化“四进”宗教活动场所，维护民族和睦、宗教和顺、社会和谐。

【企业和高层次人才联系交流】 2021年，政协泉州市委员会注重加强与领军人才、新经济组织和新社会组织的团结联谊，做好凝聚共识、发挥作用工作。按照市委部署要求，开展“进千企、走千商、访千才”活动，走访企业和高层次人才，倾听诉求，及时反映有关人才紧缺、改善营商环境、拓宽融资渠道、关税豁免政策、土地管理政策等30多个问题和建议，报送市委、市政府。加强与异地和海外泉州企业家的联系交往，参加异地商会重要活动，组织开展返乡调研，举办异地商会座谈会，通报家乡经济社会发展情况，推介招商项目，鼓励回归参与家乡建设。

民主监督

【概况】 2021年，政协泉州市委员会坚持人民政协为人民的履职宗旨，开展问需调研，为群众做好事、办实事、解难题。畅通社情民意信息渠道，全年报送《社情民意信息》专报700多件。探索建立协商民主向基层延伸的工作机制，发挥乡镇（街道）委员联络组和委员联系点作用，倡导委员走进企业、走进社区、走进乡村，将协商触角下沉到基层，形成多元化协商联合体，通过小事简议、急事快议、难事重议，推动解决群众的操心事、烦心事。围绕平安泉州、法治泉州建设，组织政协委员听取市中级人民法院、市人民检察院工作情况通报，就法治环境优化、基层社会治理、司法便民利民等方面建言献策。围绕“重视科技创新，助推高质量发展超越”民主监督议题，成立课题组，并发动全市各民主党派、工商联及各县（市、区）政协开展协作调研，形成28篇调研报告。

【反映社情民意】 2021年，政协泉州市委员会设立网上反映社情民意信息平台，让政协委员和各界人士高效、便捷反映群众呼声和民生诉求。加强信息员队伍建设，组织信息员参加业务学习培训。把反映社情民意贯穿于调研视察、协商座谈、挂钩帮扶等履职过程，针对就业、教育、医疗、养老、住房等民生领域重点工作和群众关注的焦点问题，找准问题要害，研究破解之法，形成社情民意信息专报。《关于进一步规范基层医院发热门诊建设的建议》《关于更有效保护我国近海渔业资源和科学合理调整伏季休渔期的几点建议》等100多件《社情民意信息》专报被全国政协和省政协采用。

【基层社会治理民主监督】 2021年，政协泉州市委员会开展构建多元化纠纷调解机制、“执行难”多元破解机制等专题调研，支持政协委员担任人民陪审员、商事调解员、人民监督员，参与司法调解和法院诉讼调解，致力化解社会矛盾。组织政协委员参与治安综合治理的检查监督，支持受聘的特邀监督员、政风行风评议代表参加明察暗访和检查考评，助推效能管理规范化、制度化建设。与省政协联合开展“加强城乡基层社会治理制度创新”“城市少数民族流动人口服务管理”“提高社会治理智能化水平”督办调研，围绕做实基层网格、构筑共建机制、减轻基层负担等提出意见建议，助力基层社会治理创新。

【科技创新专题协商】 2021年11月12日，中共泉州市委、泉州市政府与泉州市政协召开会议，围绕“重视科技创新，助推高质量发展超越”民主监督议题开展专题协商。针对泉州市科技创新工作存在的主要困难和问题，市政协课题组多方听取意见，广泛凝聚智慧，形成主题报告，围绕“统筹科技创新发展规划与资源布局”“做强做优科技创新载体平台”“发挥企业科技创新重要主体作用”“提供强大科技创新人才支撑”“完善科技创新体制机制”5个方面提出18条意见建议，包括加强科技创新工作的统筹领导、打造区域科技创新高地、抢占产业发展制高点、推动高新区高质量发展、集聚“大院大所”优势资源、加大科创飞地扶持力度、推进科技创新平台建设、提高公共科技服务能力、激发企业科技创新活力、增强产业“链主”核心作用、培育科技型企业、加快技能型人才培养、扩宽多维引才方式、优化人才软环境、强化科技政策机制协同、完善多元科技投入机制、促进科技成果转化和营造科普氛围。由有关部门把意见建议分解办理落实。

提案办理

【概况】 2021年，泉州市政协委员、政协各参加单位和政协各专门委员会围绕市委、市政府中心工作，运用提案履职建言。提出提案603件，其中各民主党派、工商联和人民团体提案150件，占24.88%；委员提案453件，占75.12%。经审查，立案570件，立案率94.53%；未予立案的388件提案均转送相关部门参考。这些提案涉及面广、针对性强，具有一定的前瞻性、科学性和可操作性，反映人民群众的新期盼新要求，体现鲜明的时代特征和政协特色。在市委、市政府的重视和各承办单位的办理下，所有提案均按时办结，提案者对办理结果均表示满意或基本满意，办结率和满意率均为100%。

【提案征集和立案】 2021年，政协泉州市委员会重视提高提案质量，打牢履职基础。把提案业务学习纳入委员学习培训计划，邀请有关专家学者做专题辅导，增强撰写提案的能力。加强对口联系，举办专题讲座，开展视察调研，召开情况通报会，为委员知情明政提供平台。加强提案选题引导，及时了解党委、政府决策部署和工作重点，主动向党政工作部门征集提案案由，编制提案参考目录，引导提案者开展调研，精准选题撰写提案。引导政协各参加单位发挥界别、人才、专业优势，深入分析，科学研判，提出高质量的集体提案。严把提案审查立案关，优化审查模式，加大提案改、转、并、撤力度，提案由数量型向质量型转变。组织开展年度好提案评选表彰工作，评选出20件2021年度政协“好提案”，发挥先进示范引领作用。

【提案督办】 2021年，政协泉州市委员会重视协商民主建设，构建职责分明、重点突出、督办有力、协商多元、落实到位的提案办理工作格局。加强与市委、市政府督查室的协同协作，建立提案督办协商机制，加强提案交办签收、办前协商、办理时限、答复行文等环节的动态督查，将提案办理质量纳入承办单位绩效考评范畴，增强责任意识，提高办理工作水平。加强与承办部门的沟通联系，主动走访卫健委、教育局、发改委、工信局等多个市直部门，与单位主要负责人面对面协商沟通，实现提案办理工作和部门重点工作“双促进”。联合市政府督查室，组织部分提案者共同对提案办理情况进行“回头看”，推动提案A类答复件由309件提升到339件，提升提案办理实效。

【成果转化】 2021年，政协泉州市委员会发挥重要提案摘报引领作用，筛选编发26期重要提案摘报，得到市委、市政府领导批示63件次，通过领导批示跟踪协调、督促指导和落实反馈等机制，推动相关意见建议的落实。做深做实重点提案，围绕政府中心工作和重大民生问题集中选题，经主席会协商确定“完善应急管理体系建设”“提升教育医疗服务水平”“优化营商环境”“推动科技创新工作”“助力乡村振兴”5个方面19件重点提案，由市政府和市政协领导领衔督办，通过组织开展调研、现场视察推进、延伸提案办理、专题座谈协商等多种途径，促进提案人的意见建议和领导的工作要求落到实处，推进督办成果转化运用和提升。深化办理成果运用，发动承办单位总结年度提案办理工作经验，及时梳理提案意见建议采纳转化情况，编印制《重要提案摘报领导批示落实情况汇编》《提案办理工作典型经验选编》《提案意见建议采纳情况选编》，提供有关领导、政协委员和承办单位参阅。商请市工信局、农业农村局在市政协全会开幕式上介绍提案办理工作经验和成效。

【农村小流域环境整治专题对口协商】 2021年，政协泉州市委员会组织提案单位（人）、部分政协委员及承办单位有关人员，调研剖析农村小流域环境整治工作中存在的问题，以永春县石鼓镇田中溪污水处理设施及管网建设工程、吾江溪安全生态水系建设为抓手，协力解决项目建设中存在的实际困难，协力改善泉州市农村小流域生态环境和人居环境，助力实施乡村振兴战略。

纪 检 监 察

综　述

【监督网络建设】　2021年，泉州市纪委监委因时因势跟进市委落实习近平总书记到福建考察的重要讲话精神的55项重点任务、“再学习、再调研、再落实”活动17个重点专项、市党代会103项具体任务、11项专题工作和市政府“抓项目、促发展”12个系列专项行动，统分结合找准政治监督着力点，精准发现和纠正问题1764个。疫情面前闻令即动，建立9个督导组一线监督保障、市县乡村四级联动、“一竿子到底”的立体监督网络，推动整改问题153个、提出建议21条。加强换届风气监督，协助市、县党委推进巡回督查和分级分类谈话，严把党风廉政意见回复关2382人次，对曾受过处理的231名干部做出不影响使用的223人次，占96.5%，有效激励干部担当作为。

【营商环境督导】　2021年，泉州市纪委监委围绕市委“民营经济发展年”“营商环境提升年”重大决策部署，推进“打造一流营商环境”专项任务。领导班子走访百名企业家问政问计，出台纪检监察机关助推“机制活”8项措施，压茬推进“百日行动”、市县专项巡察、“我为企业解难题”、“局长走流程、组长督整改”等系列活动及“窗口腐败”专项整治工作。全市新增“一件事”集成套餐15件，累计79件，居全省第二；多年未接入市本级“互联网+政务服务”一体化平台的32套部门业务系统，有13套成功对接；惠企政策线上直兑平台试运行，683个可“掌上办”事项近90%上线运行；自由裁量权纳入“台账化”监督管理，“一把手”审批事项压缩30%以上；泉州市支持民营企业改革发展的13项创新举措获国家发改委全国推广。

【纪检监察体制改革】　2021年，泉州市纪委监委深化市直派驻机构改革，梳理归纳可复制、可推广经验做法25条，项目化推进43个问题整改落实，专门出台工作意见，加快构建“1+N”制度体系，促进派驻机构履职规范化。对内“一盘棋”统筹衔接四项监督、做实做强专责监督基本盘，常态化开展“室组”联动监督、集体研学、廉情会商，规范“室组地”联合办案。对外通过运用“1+X”监督机制，有效解决派驻机构力量小、散、弱等问题。加快推进市管企业、金融机构和市属高校纪检（监察）体制改革，指导推动县级纪委监委深化派驻机构改革。落实纪律检查委员会工作条例、监察官法、监察法实施条例，衔接省纪委15项案件监督管理标准化流程，系统梳理制度实际运行的薄弱环节，在上级制度框架内抓好“精装修”，提高规范化法治化正规化建设水平。深化信访检举举报平台应用，探索打造审查调查数据化取证分析实验室，常态化开展案件质量评查，以“制度+科技”提高纪检监察工作质量。

【中国共产党泉州市第十三届纪律检查委员会第一次全会】　2021年10月11日，中国共产党泉州市第十三届纪律检查委员会第一次全会召开，选举产生新一届市纪委领导班子。经中国共产党泉州市第十三届委员会第一次全会批准，中国共产党泉州市第十三届纪律检查委员会常务委员会委员为傅藏荣、陈金忠、张维劲、许仰东、郑燕飞、王洪龙、林国章、汪白露、赖发泽。傅藏荣当选市纪委书记，陈金忠、张维劲、许仰东当选市纪委副书记。

正风肃纪与反腐

【概况】　2021年，泉州市纪委监委

坚持“稳中求进”工作总基调，立足职能职责忠诚履行使命，正风肃纪反腐，一体推进不敢腐、不能腐、不想腐，推动全面从严治党向纵深发展。查处“四风”问题268人，给予党纪政务处分156人。聚焦重点领域和关键环节保持反腐高压态势，推进政法队伍教育整顿监督执纪执法和粮食领域腐败问题专项整治，全市立案1306件，给予党纪政务处分1308人，移送司法机关38人。受理案件22件，审结20件，处理干部49名（其中处级干部15名、科级干部17名）。

【党风政风监督】 2021年，泉州市纪委监委分领域分地域分层级治“四风”、树新风，严查通过快递物流收送礼品礼金、地方换届“拉票聚餐”等问题，集中整治“天价茶”、炒作片仔癀等背后的腐败和作风问题。推进建筑渣土运输管理专项整治，三年来事故死亡人数下降超50%。聚焦教育医疗、生态环保、供销系统等民生领域问题，以及惠民富民、脱贫攻坚、乡村振兴政策措施落实情况加强监督检查。针对19项群众急难愁盼问题“点题整治”，群众满意率超96%；对中央纪委、省纪委交办的182件群众留言挂牌督办、跟踪落实，查处群众身边腐败和作风问题181人，给予党纪政务处分141人。常态化、机制化推进扫黑除恶“惩腐打伞”。

【信访处理】 2021年，泉州市纪委监委落实省纪委具体要求，深化“打通‘末梢神经’监督全覆盖”和“纪检监察服务基层化解矛盾”专项行动，235件“多年、多头、多层”信访件化解率达97%，中央纪委确定的16件重复典型件全部化解。分领域、分专题开展政治生态研判和信访分析，形成83份政治生态调研报告和6项专题信访分析，推动精准化解重大活动期间信访件67件。

【“四种形态”贯通运用】 2021年，泉州市纪委监委出台监督提升干部精气神的三方面措施，探索容错纠错、查处诬告陷害、澄清正名、党员权利保障的路径方法。全市精准运用“四种形态”5620人次，第一、二种形态占比稳定在90%以上，抓早抓小保持常态。制度化开展受处分人员回访教育，促进干部从“有错”向“有为”转变。构建亲清新型政商关系，在政商交往“负面清单”的基础上探索出台“正面清单”，明确政企互动“安全区”。

【审查调查】 2021年，泉州市纪委监委坚持用“身边事”教育“身边人”，分级分类组织警示教育活动，覆盖党员干部40.9万人次，增长超200%。清理整治公职人员一人多证问题。坚持以案促改、以案促建、以案促治相贯通，突出“治未病”、防复发，协同推进办案、整改、治理，做到“查处一个案件，解决一类问题，完善一套制度”。强化国有企业廉政风险防控，梳理风险点6408个、制定防控措施7034条，绘制相关防控工作流程107项。做好欣佳酒店坍塌事故案后整改，督促专项整治领导干部违规干预规划许可、土地出让、工程建设等行政审批事项问题。围绕政法系统顽瘴痼疾，对13起典型案件“解剖麻雀”，推动制定执法办案全流程管控措施，强化源头治理。

【案件审理】 2021年，泉州市纪委监委加大案件审理人才培养，通过充实案件审理储备人才、建立“审理微课堂”学习机制、推行“一案一跟班”制度等方式，打造专业化审理干部队伍。选好配齐审理干部、组织全市纪检监察系统首场案件审理专业技能竞赛、审理人才储备库建设三项工作得到中央纪委国家监委案件审理室领导肯定。对标对表中纪委和省纪委相关工作要求，组织开展全市案件质量评查，形成《关于职务犯罪案件质量调研评查情况的报告》，将《2019年以来泉州市职务犯罪案件常见问题提示》印发全市纪检监察系统，督促落实整改工作，带动提升案件质量，取得较好评查效果。

【文化遗产保护专项监督】 2021年，泉州市纪委监委开展文化遗产保护专项监督，继续落实《加强文化遗产保护领域监督执纪问责工作十二条措施》，明确将监管不力、执法不严，侵占、挪用文化遗产保护经费等问题列为监督重点，对泉州文化遗产项目涉及遗产点多、分布广的实际，深化运用“1+X”监督机制，由各县（市、区）纪检监察机关联合协作，建立线索移送、协作联动、提级督办等机制，将监督“探头”延伸到一线，形成文化遗产保护监督工作合力，全程跟进开发、保护、利用等各环节，推动形成以预防性保护为基础，跨部门、跨领域高效协作、保护利用协同发展的世界遗产管理体系，助力“泉州：宋元中国的世界海洋商贸中心”申报世界遗产成功。

党风廉政建设

【概况】 2021年，泉州市纪委监委聚焦党的全面领导、发挥全面从严治党引领保障作用，把监督保障主体责任落实作为政治监督重要内容，推动“两个责任”贯通联动、一体履行，助推党风政风持续向好，带动社风民风向上向善。协助市委抓好省委主体责任检查、涉粮问题专项巡视整改落实，以及全市主责检查考核，精准规范问责党员干部70人。建立职务犯罪案件庭审旁听常态化机制，分层分级、分领域分行业开展警示教育6000余场，覆盖党员干部40.8万人次。

【“两个责任”落实】 2021年，泉州市纪委监委聚焦“一把手”和领导班子监督，出台“一意见一办法

2021年11月19日，泉州市纪委监委采取“现场观看庭审+远程在线观看”的方式，组织市、县两级政法系统“关键少数”旁听案件庭审

（图/张九强）

一方案”，突出以上率下、抓本级带系统，主要领导到各县（市、区）调研30余次，与党政“一把手”、纪检监察机关负责人点对点、面对面谈心谈话、传导压力，带动全市纪检监察系统分级落实政治监督“责任树”“线路图”，实时更新换届后“关键少数”两档案，督促各级领导干部在“两个维护”上发挥“头雁效应”，严肃查处违反政治纪律问题22人。

【反腐倡廉宣传教育】 2021年，泉州市纪委监委围绕庆祝中国共产党成立100周年、开局之年、换届之年等重大主题，策划开展主题宣教活动，创作换届纪律漫画等原创宣传精品，打造廉政宣传“刺桐清风品牌”，推进清廉建设。主要领导6篇署名文章在中央及省级重点媒体刊发，监督助力优化营商环境、监督护航世界遗产保护等经验做法被《人民日报》采用。加强理想信念和党纪国法教育，开展监察法实施条例普法宣传。摄制《Vlog丨保护世界文化遗产 纪委监委在行动》等多部短视频在新华社、中纪网播发。

【《在好家风中行走——追寻泉州家风故事》出版】 2021年6月，《在好家风中行走——追寻泉州家风故事》由中国方正出版社出版发行。泉州市纪委监委联合泉州银行在《泉州晚报》开设专栏，寻访泉州地域上的好家风，并将其汇编成《在好家风中行走——追寻泉州家风故事》一书。该书采用寓教于乐的方式，讲述具有闽南特色的优秀传世家风及其背后的故事，并在每篇篇尾附加“旅游小贴士”“一日游路线”等，让读者在领略泉州历史名胜古迹的同时，感悟传统文化魅力，接受优秀家风熏陶。

2021年6月17日，泉州市纪委监委举行“诵读红色经典，砥砺奋进力量”主题朗诵活动，青年纪检监察干部诵读《百年颂歌》 （图/张九强）

民主党派和工商联

中国国民党革命委员会泉州市委员会

【概况】 2021年，中国国民党革命委员会泉州市委员会团结带领全市各级民革组织和党员履职尽责，召开中心学习组（扩大）学习会，在《泉州民革》和微信公众号开辟学习专栏。组织到泉州市党内政治生活馆、惠安革命历史纪念馆、革命烈士陵园等开展学习教育活动。开展庆祝中国共产党成立100周年、纪念辛亥革命110周年主题征文活动，征文40余篇，组建泉州民革中山艺术院。开展“风雨同舟　肝胆相照”——庆祝中国共产党成立100周年红色电影专场活动，组织党员观看红色电影《1921》。开展纪念辛亥革命110周年“观故居，走多党合作之路”活动，参观福州中山纪念堂。创建示范支部，43个支部全部参与，推荐2个支部获评“民革中央优秀示范支部”。推荐优秀民革党员到政府、企事业单位任职、挂职，提高民革党员担任实职干部数量和任职层次，全市有检察院副检察长1名，县（市、区）级四套班子成员3名，高校处级干部3名，其他人大、政协、党派机关以及国有企事业单位、社会团体等处级领导职务7名，科级领导职务及以上50名。组织基层组织负责人等培训班，培训92人次，推荐11人次参加民革中央、民革省委、中共市委党校举办的专题研讨班、进修班等。民革各基层组织换届工作基本完成。截至年底，全市有2个县级市委会、5个总支部、3个工作委员会、43个支部。

【参政议政】 2021年，中国国民党革命委员会泉州市委员会向市“两会”提交建议、提案、大会发言等78件。《关于泉州打造“博物馆之城”助力文化强市建设的建议》被选为市政协大会口头发言材料。《关于对接沿福厦泉轴线科技创新走廊、沿海科技创新带建设的建议》被市政协评为重点提案。与50多个办理单位进行答复协商，推进提案的办理落实，对承办单位的答复满意率达100%。开展课题调研11项，“如何建立健全多元科技投入机制”的调研课题被中共福建省委政策研究室选为省重点课题，《中国人民政协报》专版报道。《加快推进“互联网+政务服务”+优化我省营商环境》被选为省政协季度专题协商会发言。参加市委、市政府、市政协以及市人民法院、市人民检察院等召开的政党协商、专题协商、各类征求意见会、情况通报会30多次。在全省率先出台《泉州市农村生活污水处理设施运行维护管理规定》和考核方案，探索建立农村生活污水、垃圾长效治理运管机制。每季度召开社情民意资政座谈会，收集报送社情民意信息100多条，各级部门采用48条，各级领导批示5条。其中，《关于立足文化传承与保护，加快少数民族特色村寨建设的建议》等2篇信息被中共中央统战部采用，《党外人士建议解决好低保兜底脱贫对象安居保障及应急救济问题》等6篇信息被民革中央采用，《党外人士建议疫情期间鼓励我省地方官员“直播带货”帮助企业解决滞销难题》等18篇信息被中共省委办、省政协、中共省委统战部采用。报送宣传信息256篇，刊发《泉州民革》杂志1期。“民革泉州市委员会”微信公众号推送569次430篇。

【社会服务】 2021年，中国国民党革命委员会泉州市委员会参与疫情防控工作。9月莆田、泉港发生疫情，泉州民革党员投入疫情防控一线工作，抓紧抓实抓细各项疫情防控措施。各级组织、党员及其企业、基金捐款30.03万元，捐赠4.32万个口罩、8800千克消毒液、24.2万元医疗、生活物资。开展“博爱·牵手”活动，向南平市顺昌县顺昌中学10名贫困生捐助1万元；举行医疗、法律、科普“三下乡”惠民活动和“博爱牵手”捐资助学以及图书捐赠社会服务系列活动，发放科普宣传、卫生保健、法律法规等资料近1000份，发放价值2万多元的药品药具，接受法律、科普咨询80多人次，义诊服务群众100多人次。向东碧中学赠送书籍2.5万元，为20名品学兼优的学生发放奖学金1万元。发动党员捐资2万元帮扶贫困学子。依托志愿福建平台，开展义诊送药、义务植树、垃圾分类、讲文明树新风等志愿服务活动。

【涉台宣传服务】 2021年，中国国民党革命委员会泉州市委员会完成涉台调研2件，上报涉台信息18条，被有关部门录用2条，华侨大学总支徐晞提交的《深化两岸社会组织融合发展的阻力与对策》被中共中央办公厅采纳。加强与中共泉州市委统战部和涉侨、台部门的联系，定期参加中共市委统战部涉台部门通报会，协调涉台企业，对重点台属进行常态化慰问走访。协助成立泉州民革台湾同胞法律服务中心。坚持走访辖区台资企业，了解台资企业对两岸关系的意见和建议，宣传普及大陆惠台31条及福建惠台66条政策。

2021年4月13日，中国国民党革命委员会泉州市委员会召开2021年参政议政工作会议
（图/民革泉州市委会）

中国民主同盟泉州市委员会

【概况】 2021年，中国民主同盟泉州市委员会发展新盟员60人，平均年龄40岁，年平均净增率2.7%，其中文教科技界的新盟员占总数的50%，具有中高级职称的新盟员占总数的63%。截至年底，全市盟员2237人，平均年龄52.2岁，女盟员816人、占36.5%，文教科技界盟员占59.5%，中上层人士盟员1735人、占总数77.5%，具有中高级职称盟员数1575人、占总数70.4%。全市有地方组织2个、区工委2个、基层工作委员会1个、总支8个、支部93个、小组1个，专门工作委员会13个。

【参政议政】 2021年，中国民主同盟泉州市委员会议政泉州市“两会”，提交大会发言、议案、提案等78篇。其中，向市政协十二届五次会议提交《关于以知识产权证券化助推我市金融创新的建议》口头发言1篇，提交《加快培育人工智能产业做大泉州新经济》书面发言1篇，提交集体提案19件；盟员人大代表提交议案14件、个人提案42件，盟员张朝阳提交《关于我市城市规划建设的建议》口头发言1篇。《关于以知识产权证券化助推我市金融创新的建议》《关于及早应对入学高峰期中心城区小学教育资源紧张的建议》《关于推进泉州文化遗产“数字化”保护的建议》作为大会发言摘报和重要提案摘报，得到时任市委书记康涛、市长王永礼等批示。完成民盟中央、盟省委、市政协、市委统战部等各级各类调研课题、论文近30篇，其中《关于以知识产权证券化助推福建金融创新的建议》入选盟省委重点课题。提交6篇课题和论文参加民盟法治论坛、科技论坛、经济论坛等。6月28日，在市委、市政协召开“推动城乡融合发展”专题协商会议上，提交《关于推进泉州农村服务业发展的若干建议》并做发言；7月22日，在2021年上半年全市经济运行视频会议上，提交《对泉州市下半年经济工作的几点建议》作为政党协商书面建议。开展10多场次各级各类调研活动。加强信息收集分析和整理报送，发动骨干盟员撰写各类社情民意信息，围绕全国“两会”、习近平总书记“七一”重要讲话以及乡村振兴、科技创新等热点重点难点问题，向各级报送社情民意信息120多条。

【社会服务】 2021年，中国民主同盟泉州市委员会开展奖教助学、乡村振兴、慈善捐款等形式多样的社会服务活动。其中，向“同心安居工程”“同心助学松柏成才”等同心工程捐款6万元；7月11日，盟市委联合民盟石狮市总支、二院支部、医卫综合支部到石狮市永宁镇子英村开展“学党史 践初心 办实事”义诊送药活动，30多名医卫界盟员医生和志愿者参加活动，免费接诊病人100余人次，免费发放药品价值5000余元；11月25日，与泉州师范学院图

2021年7月1日，由中国民主同盟泉州市委员会承办的泉州市党外人士庆祝中国共产党成立100周年书画邀请展在泉州海外交通史博物馆开幕

（图/民盟泉州市委会）

书馆、泉州市图书馆主办“春蕾行动”阅读扶贫计划之临海小学百年校庆红色经典行活动，向临海小学捐赠价值3000元的少儿图书。承办“庆党生日 与党同心同行——泉州市党外人士庆祝中国共产党成立100周年书画邀请展”，100多人次参加活动；举办泉州民盟讲坛，依托盟内智力优势，发挥盟内专家、学者的学术专长，宣传中共路线方针政策、弘扬传统优秀文化、培育和践行社会主义核心价值观。

中国民主建国会泉州市委员会

【概况】 2021年，中国民主建国会泉州市委员会贯彻落实《各民主党派中央关于新时代组织发展工作座谈会纪要》精神，对体制内、专家学者和新的社会阶层代表性人士加大发展力度，优化发展结构，发展会员53人，平均年龄36.6岁，其中大学学历41人、硕士研究生3人、硕士博士生3人，中级职称14人、高级职称4人。完善后备干部队伍名单库，实现动态管理。加强新会员、骨干会员的学习培训工作，推荐和组织30余人次参加培训学习。推进“会员之家”建设，全市建立20个“会员之家”。举办“学中共党史 讲民建故事”——庆祝中国共产党成立100周年演讲会；联合中共泉州市委统战部举办党外人士庆祝中国共产党成立100周年书画展、征文比赛。截至年底，全市会员1668人，平均年龄49.6岁，大学及以上学历1218人，占75%，中、高级职称515人，占32%。各级人大代表45人、政协代表121人。

【参政议政】 2021年，中国民主建国会泉州市委员会组织召开各专委会和课题组会议，细化课题任务，提升课题质量，在全市上半年经济形势分析会上做专题发言。跟进参与中共市委、市政协第二季度和市政府、市政协第三季度专题协商会议，形成《关于引进大院大所，共建高端研发机构，加强重大科研基础设施建设的建议》等3篇调研报告。在中共市委与市政协“推动城乡融合发展”专题协商会做《关于培育提升泉州特色小（城）镇发展的建议》专题发言，在市政府、市政协“加快推进南翼新城规划建设”专题协商会做《关于布局南翼新城对外交通的建议》；在民主监督专题协商会，做《提升在泉高校协同创新能力的建议》专题发言；参与市政协“完善应急管理体系建设”“打造泉州古城历史街区文旅品牌”等重点督办、对口协商活动。推荐优秀调研成果提交民建福建省委会、中共泉州市委统战部、市政协，其中3件入选市政协大会发言，《关于推动我市数字经济与实体经济融合发展的建议》等2件现场发言；3件被确定为年度重点督办提案，《关于加快提升我市“第三产业”集聚辐射效应的建议》等6件提案入选大会发言摘报、重要提案摘报。提交提案、议案、调研报告和社情民意信息86篇，其中6篇获全国政协采用，1篇获中共福建省委办公厅采用，7篇获省政协采用，35篇获民建省委会采用。加强与省级组织、专委会的协同协作，开展“强化农村水环境整治，助推福建省美丽乡村建设”“加快新智造发展，推动全球先进制造业基地建设”调研工作。围绕民建福建省委会重点课题“关于发展平台经济，推动福建经济高质量发展”进行走访调研。

【宣传报道】 2021年，中国民主建国会泉州市委员会加强《泉州民建》会刊专题策划，挖掘深度报道，加大先进人物和典型宣传力度。发挥“泉州民建”微信公众号、各工作微信群等平台优势，梳理各基层组织的宣传骨干力量，组织信息宣传队伍，加大支部活动、会员社会服务活动和重大活动的宣传力度。在“泉州民建”公众号上开设中共党史学习教育、“同心战疫”、庆祝中国共产党成立100周年“云端书画展”等专栏。“泉州民建”公众号推送205条信息。

【社会服务】 2021年，中国民主建国会泉州市委员会响应中共中央及省、市党委号召，参与并助力全面打赢脱贫攻坚战，提供各类帮扶资金52.93万元。新冠肺炎疫情防控期间，会员中的7名医务人员和36名基层工作者坚守临床救治和基层防疫一线；疫情防控捐资献物3140.4万元。开展助推政和县外屯村“三下乡”活动，慰问外屯村10户贫困家庭5000元；企业支部到永春县桃城镇开展乡村振兴调研等活动，慰问上沙村6户贫困家庭4000元；会员企业振牌（福建）海洋生物科技有限公司与云霄开发区上坑村开展“村企共建促发展，扶贫帮困送温暖”等活动。开展“我为群众办实事”，推进“同心”共建工作，捐资安居工程2万元；多位会员向教育基金会捐款500.9万元；企社委向泉州市实验小学捐赠3万元慰问金。开展“培育提升泉州精品特色小（城）镇”的调研活动，走访会员企业20多家。举办民建建华课堂福建分课堂暨民建泉州刺桐讲坛——《中华人民共和国民法典》讲座。举办2021年中国非公有制经济发展论坛到泉州项目招商会议，天津、福州等地的30余名民建领导和会员企业家代表座谈交流。

【年度调研课题】 2021年，中国民主建国会泉州市委员会发挥市、县联动机制优势，制定《民建泉州市委会2021年度调研课题计划》，各基层组织承担市委会课题6个，围绕构建新发展格局的重点难点问题开展调研。增强调研的针对性和严密性，关注跟踪上级相关政策措施，以工作实践为基础，以数据分析为依据，以历史和周边为对比，以小见大、以点带面，力求扎实、贴合实际，体现较高的理论水平。

中国民主促进会泉州市委员会

【概况】 2021年，中国民主促进会泉州市委员会开展中共党史学习教育，举办“在正道上行——庆祝中国共产党成立100周年”书画展。结合中共党史学习教育，推进“不忘合作初心，继续携手前进”“坚定信念跟党走”主题教育活动常态化，通过“微课堂”、观看电影、网络学习等形式，系统学习“四史”和多党合作历史、民进历史，夯实多党合作共同思想政治基础。全年各级组织开展中共党史学习教育20余场，参加会员300多人次。疫情期间，贯彻中共省委、市委以及民进省委会决策部署，发出《勠力同心抗疫 共建美好家园——致全市民进会员倡议书》，向社区基层、抗疫一线捐赠口罩、防护服、食品等抗疫物资价值20多万元。截至年底，全市会员742人，主要分布在教育、文化、出版等行业部门。

【参政议政】 2021年，中国民主促进会泉州市委员会紧扣中共泉州市委、市政府有关“十四五”目标任务和2035年远景目标，按照民进福建省委会和泉州市政协、中共泉州市委统战部等确立的年度议题重点，组织“深化农村土地制度改革建立财产性收入增长机制”“福建渔港经济区建设的思路建议”“鼓励和引导企业加大研发投入的建议”“推动台湾青年在福建就业创业便利化”等课题调研活动，在政党协商、政协协商等议政建言平台上提交高质量的提案或调研成果。提交省政协提案4件、市政协集体提案19件。统筹推进“反映社情民意信息”主题年建设。根据民进中央、省委会部署，制定实施方案，召开会议部署落实，举办社情民意信息员培训班，表彰2020年度参政议政工作先进集体和积极分子、先进会务工作者等40多人次。组织市委会领导班子、特邀专家和社情民意信息专干到基层组织辅导，通过专题研讨、专家授课等方式，开展相关学习培训交流，编印优秀信息案例汇编等学习辅导材料，收到会员撰写的社情民意50 多篇。

【《在我市各村（居）民委员会设立公共卫生委员会的建议》提出】 2021年，中国民主促进会泉州市委员会提出《在我市各村（居）民委员会设立公共卫生委员会的建议》，作为社情民意被各级统战、政协系统采纳。建议村（居）民委员会设立公共卫生委员会，公共卫生委员会作为村（居）民委员会下属委员会之一，发挥村（居）民委员会公共卫生委员会在疫情防控中人员摸排、小区封闭管理、居家隔离对象监督管理、民众生活需求服务保障、疫情防控政策宣传等作用。整合基层各方力量，宣传国家卫生政策，普及健康知识，开

2021年5月30日，中国民主建国会泉州市委员会在泉州实验小学开展“温暖童心 快乐六一”慰问活动 （图/民建泉州市委会）

展爱国卫生运动，支持传染病防控工作，开展卫生评议活动，提升基层公共卫生治理水平。

中国农工民主党泉州市委员会

【概况】　2021年，中国农工民主党泉州市委员会有委员37人、常委17人。发展党员38人，全市党员数1699人，党员中担任副处级及以上职务9人，其中副厅级1人、正处级3人、副处级5人。做好党外干部挂职锻炼推荐工作，推荐挂职锻炼人选1名。做好政协委员推荐工作。根据《农工党泉州市基层组织量化考核方案》，做好年度基层组织量化考核工作。走访全市21个地方组织和市直基层组织，了解基层组织建设情况。开展党员信息更新工作，掌握2016年以来党员情况。抓好基层组织换届工作，推动完成11个地方组织和市直基层组织的换届工作。推进市委会换届工作，指导完成换届工作方案、换届工作领导小组分配方案等换届文件拟写，经农工党泉州市第十四届常委会十一次会议研究通过并报上级批准；按程序推动换届工作，配合中共泉州市委统战部做好新一届领导班子提名人选推荐和谈话考察工作；要求各地方组织和市直基层组织在规定时限内将选举代表按照规定的组织程序推举上来，并做好提名代表的人选酝酿工作。做好党员培训工作，举办农工党泉州市2021年新党员培训班。组织6名骨干党员参加在泉州市社会主义学院举办的2021年泉州市民主党派基层组织骨干培训班。

【参政议政】　2021年，中国农工民主党泉州市委员会组织做好提案的征集、选题、申报和反馈工作。做好调研成果、提案、大会发言和社情民意信息的相互转化工作。做好集体提案反馈意见的答复工作。组织提交“两会”政协大会发言和提案。“两会”期间，报送2件大会发言材料和20件集体提案。建立健全信息考核制度，创新信息月统计通报制度，每月编制各基层组织信息撰写采用情况；根据全国政协、中共中央统战部、中共福建省委办公厅、省政协、中共福建省委统战部、农工党福建省委会的工作需要，发挥特约信息员作用，强化各级约稿撰写报送力度。收到各级组织、党员报送的社情民意信息280件，经编辑、整理，通过农工党中央、农工党福建省委会、泉州市政协、中共泉州市委统战部等信息渠道向各有关单位报送。报送反映社情民意信息230件（次），上级部门采用111件（次）。做好调研选题和理论研究撰写报送工作。向农工党中央人口发展战略研讨会报送调研选题1篇，向农工党中央、省委会报送理论选题1篇，向农工党省委会报送调研选题1篇。

2021年5月8日，中国农工民主党泉州市委员会在政和县开展“同心助医助学”系列帮扶活动。图为在岭腰中心小学举行“同心助学”“同心书屋”捐赠仪式　（图/农工党泉州市委会）

【调查研究】　2021年，中国农工民主党泉州市委员会开展调查研究，完成农工党福建省委会参政议政调研选题《增强我省职业教育适应高质量发展能力》的调研撰写工作；《健全农村医疗卫生服务体系的建议》作为市政协第二季度常委会重点发言；参与市政协“重视科技创新，助推高质量发展超越”专题调研；根据2021年政党协商计划和市政协年度协商计划，做好相关课题的调研工作。

【社会服务】　2021年，中国农工民主党泉州市委员会各级组织和党员发挥专业优势，围绕发展大局，注重服务实效，坚持服务基层、服务群众。举行各类社会服务活动近40场次，受益群众近万人，赠药、捐款、捐物价值20多万元。开展“同心助医助学”行动系列帮扶活动，资助15名学生，捐赠助学金3万元和图书1511册、医疗器械3套。

中国致公党泉州市委员会

【概况】　2021年，中国致公党泉州

市委员会主办“礼赞新时代，共筑同心圆”——庆祝中国共产党成立100周年文艺晚会。联合留学归国基层委员举办“纪念辛亥革命　留学报国追梦”座谈会。发展85名新党员，其中研究生以上17人、中级职称以上37人。制定《基层组织党员活动经费支出范围及报销审批流程》，规范党员活动经费使用管理。完成晋江市委会、南安市委会换届工作和部分市直基层组织改选工作。推进“党员之家”建设，致公党丰泽区工委会第二家“党员之家”在福建京闽管理咨询服务有限公司挂牌成立。成立换届工作领导小组，制订《致公党泉州市委会2021年换届工作方案》，部署换届工作。

2021年3月，由中国致公党泉州市委员会牵线菲律宾中国洪门致公党总部助建的德化县盖德中心小学“致公楼”落成　（图/致公党泉州市委会）

【参政议政】　2021年，中国致公党泉州市委员会3名省人大代表和2名省政协委员参加省“两会”，提交省人大建议案3件、政协提案3件。37名致公党员人大代表、政协委员参加市“两会”，提交政协集体提案15件，致公党界别人大代表、政协委员提交个人提案建议案36件。在市政协常委会专题协商会上提交调研材料4篇。在党外人士建言献策论坛提交调研报告5篇。完成调研课题21项，报送社情民意信息、提案等99篇。

【社会服务】　2021年，中国致公党泉州市委员会社会服务工作经验在致公党福建省社会服务工作会上做交流。发动各基层组织及社会资源参与社会服务工作。同福建智善慈航公益服务中心合作，捐赠“同心安居工程”5万元，助力贫困户实现安居梦，捐赠“同心助学　松柏成才”行动助学金2万元；募集资金长期资助多名家庭困难学生每月生活费；开展消费扶贫，参与致公党中央定点帮扶点重庆市酉阳县和致公党省委会定点帮扶点三明扶贫消费，帮助永春、安溪农民销售蜂蜜、茶叶等农产品；开展挂职帮扶，派出干部到永春县苏坑镇挂职。联合福建省智善慈航公益机构开展“同心抗疫　共克时艰”慰问抗疫一线医务人员活动，向抗疫一线医务人员捐赠慰问品12万多元。开展助医捐赠活动，向医院捐赠价值22.5万元的50台计算机。

九三学社泉州市委员会

【概况】　2021年，九三学社泉州市委员会坚持《中国共产党统一战线工作条例》和关于加强中国特色社会主义参政党建设系列文件精神，开展中共党史学习教育，巩固深化“不忘合作初心，继续携手前进”主题教育活动成果，开展“永远跟党走”宣传教育，参加九三学社中央网上文艺展演、“五史”知识竞赛等活动，协办市党外人士“庆党生日，与党同心同行”主题征文和书画邀请展。推进领导班子和队伍建设，完成九三学社华侨大学委员会、泉州师院委员会、石狮基层委员会、晋江支社换届工作，筹备九三学社泉州市第七次代表大会。以政治建设为统领，落实意识形态工作、廉政建设等主体责任，开展文明单位、平安单位、无烟党政机关等创建活动，参与创城创卫，办好《泉州九三》内刊和微信公众号。

【参政议政】　2021年，九三学社泉州市委员会参与政党、政协协商，就科技创新、城乡融合、社会民生等议题提出意见和建议。在市政协十二届五次会议上，提交2篇书面发言和20件集体提案，《关于加快我市中医药强市建设步伐的建议》被确定为重点提案。《关于普及心肺复苏技术的建议》作为九三学社省委会提案提交省政协十二届四次会议，《关于进一步加强后疫情时代我市公共卫生体系建设的建议》被列为市人大常委会代表建议重点督办件，《建议进一步完善〈机动车强制报废标准规定〉》《关于进一步推进众创空间发展的建议》《关于加强我国环境公益诉讼的建议》等社情民意信息被九三学社中央采用。

【社会服务】　2021年，九三学社泉州市委员会组织、发动基层组织和社员投身决胜全面小康、促进共同富裕实践，参与市统一战线“同心助学”“同心安居”工程，推进德化雷峰镇潘祠村“罗浪教育基金”项目，慰问南安防控新冠肺炎疫情一线工作人员。全市200余名社员参加社会服务活动，捐资80余万元，捐物价值10万余元，赠书800余册；举办义诊12次、诊察患者1500余人、施药3万余元，咨询7场、服务600余人，讲座7场、1000余人听讲，展览6次、1000余人观看，发放材料800余册。

【调查研究】 2021年，九三学社泉州市委员会全方位推动高质量发展超越主题，开展“再学习、再调研、再落实”活动，组织完成九三学社省委会立项课题《福建减排政策执行中的激励问题》《提升我省高等职业教育水平研究》《多元化解矛盾纠纷，优化民营经济营商环境》《后疫情时代民营企业海外拓展风险应对策略》及其他调研课题。参加九三学社福建省2021年（三明）科技论坛，协助九三学社宁德市委会开展“城乡老旧街区升级改造研究”，与九三学社山东省委会、济南市委会、淄博市委会、菏泽市委会进行社务交流。

台湾民主自治同盟泉州市委员会

【概况】 2021年，台湾民主自治同盟泉州市委员会在常态化疫情防控中统筹抓好各项工作，为全市实现高质量发展超越和促进祖国和平统一大业贡献台盟智慧和力量。召开“学习党史盟史 践行合作初心”交流座谈会，观看影像资料、回顾党史盟史。截至年底，全市盟员186人，多数分布在文教、医卫、公有制经济、政府机关等行业（部门）。盟员中担任台盟中央常委1人、委员1人，盟省委副主委1人、常委1人、委员5人。盟员中担任全国政协委员1人、省人大常委1人、泉州市人大代表2人（其中常委1人）、泉州市政协委员11人（其中常委3人），受聘地市以上各种特约监督员10人。

【参政议政】 2021年，台湾民主自治同盟泉州市委员会发扬“台盟人少声音不能小”的进取精神，突出“台”字优势与特色，为全方位推进高质量发展跨越和“五个泉州”建设咨政建言、献计出力。向各级人大、政协提交党派提案18件、大会发言5件、委员提案16件、人大建议11件，报送社情民意信息73件。1件被确定为市政协重点提案，4件提案作为市政协大会发言或重要提案摘报。46件社情民意信息被省级以上采用。

2021年6月4日，九三学社泉州市委员会举行“同心学党史 永远跟党走”专题读书班 （图/九三学社泉州市委会）

【民主监督】 2021年，台湾民主自治同盟泉州市委员会根据中共泉州市委、泉州市政协及其他部门协商工作安排，参与政党协商、政协协商以及纪委、法院、检察院工作情况通报等专题协商座谈会21场。在“推动城乡融合发展”专题协商会议上，《关于健全完善我市乡村治理机制的建议》的口头发言得到副省长、市委书记康涛肯定。《借鉴台湾经验 促进福建康养产业发展》被盟省委会采用作为省政协“加快推进我省康养产业发展”网络议政远程协商子课题调研报告提交。

【社会服务】 2021年，台湾民主自治同盟泉州市委员会坚持把“我为群众办实事”作为开展中共党史学习教育的出发点和落脚点，结合重要时间节点，依托各专委会开展社会服务活动，走访慰问6名困难群众，发放慰问金3000元；举办“乡村振兴 我们在行动”志愿活动，慰问留守儿童和困难女教师，发放慰问金5000元；开展“学党史 办实事”送医送药下乡活动；帮助洛江区虹山乡苏山小学申请场所建设经费补助8万元；与市教育科学研究所举办“学党史·办实事”庆建党百年暨乡村振兴送培送教活动，开展送教下乡活动。

【调查研究】 2021年，台湾民主自治同盟泉州市委员会建立完善调研选题、课题申报立项、联合调研、课题论证、课题转化等工作机制，整合盟内外资源，围绕改革发展大局、社会民生关切、两岸融合发展等重点领域谋划选题，开展调研，群策群力提升课题质量。申报上级调研课题22个（其中盟中央课题8个、盟省委课题14个）。重点课题《促进我省台资企业加快融入新发展格局》获福建统一战线第十七届建言献策论坛优秀调研报告一等奖，该调研成果转化为省政协十二届五次会议台盟界别发言材料，获中共省委常委、常务副省长郭宁宁批示。

【泉台交流】 2021年，台湾民主自治同盟泉州市委员会密切关注台情及两岸关系形势，开展涉台调研，提出有价值和前瞻性的政策建议。发挥亲情乡情优势，秉持“两岸一家亲”理念，关心关爱台胞台企，为泉台合作牵线搭桥，助力打造台胞台企登陆第一家园。发掘各种涉台资源，打造对台交流活动精品并扩大品牌影响力。指导“泉州海峡两岸大学生设计工作坊”，采用“师生在校、视频连线、企业问答”的形式开展，吸引海峡两岸27所设计高校237名师生（其中台湾学生87名）参与。承办台盟中央两岸融合发展交流营福建祖地文化分营活动。

【台盟泉州市委会读书会成立】 2021年3月27日，泉州市民主党派市委会首个读书会——台盟泉州市委会读书会在泉州府文庙正音书院成立，并启动首期读书分享活动。期间，中共福州市委党校统战理论与文化教研部副主任、副教授欧敏应邀做“学《大学》智慧 寻明德亲民止于至善之路”专题讲座。部分泉州高校台湾老师、台湾青年应邀出席活动。

泉州市工商业联合会（泉州市总商会）

【概况】 2021年，泉州市工商业联合会（泉州市总商会）创新拓展“晋江经验”，加强理想信念教育，服务民企高质量发展，为加快创建全国民营经济示范城市、推动泉州民营经济高质量发展做出贡献。通过“泉州市名特优农产品”——“泉州市总商会”扶贫小程序销售多类农产品，产品额91万元。

2021年6月10日，台湾民主自治同盟泉州市委员会组织部分经济界盟员到福建南王环保科技股份有限公司调研 （图/台盟泉州市委会）

【调查研究】 2021年，泉州市工商业联合会（泉州市总商会）围绕民营经济热点难点问题，做好各项课题调研工作，组织开展“创二代”人才培养、推进城乡融合发展、推动科技创新等专题调研。加强对民营企业特别是中小微企业有关情况的调查研究，了解企业的现状、问题和困难，通过信息专报、社情民意等途径，向党委、政府反映意见诉求20多份。《印度金奈泉州石材商会停泊卸货受阻》情况报告、《关于进一步增强泉商文化感召力的建议》政协提案等获领导签批肯定。参与世界遗产申报工作，举办“新泉商游古城”徒步活动，与泉州晚报社推出“我骄傲，我自豪——祝贺泉州申遗成功珍藏特刊”，组织11家泉州属异地商会会长推介泉州22处遗产点。

【民营企业发展空间拓展】 2021年，泉州市工商业联合会（泉州市总商会）围绕宣传贯彻“十四五”规划，加强惠企政策宣讲，举办民营经济人士专题培训班，部署开展“走千商”专项行动，推动各级党政领导走访客商1600多人次，推动惠企政策落细落实。发动所属商会为“同心安居”捐款，参与“同心助学 松柏成长”行动，帮助家庭困难的大学生完成学业。推动工商联自身建设，推动县级工商联“五好”建设工作走在全省前列，11个基层工商联被评为2018—2019年度省级、国家级“五好县级工商联”。

【泉州企业回归创业】 2021年，泉州市工商业联合会（泉州市总商会）配合落实市委“人才港湾”计划，借助异地商会换届庆典活动，宣传推介市委人才工作政策。协助举办2021年泉州市产业链招商季行动、泉州市（上海）招商恳谈会等，召开2021年异地泉州籍商会会长秘书长工作交流会，促进“回归工程”建设。依托工商理事会，与上海兰迪律师事务所等举办1期民营企业海外投资风险培训班，泉州参会企业30家。组织会员参加全国工商联第一期“助力民企走出去微讲堂”，重点学习东南亚国别风险和承保情况。接待韩国光州广域市驻中国（上海）代表处到访，组织宏远集团、海博体育等企业代表参加交流座谈。组织会员企业参加第四届中国国际进口博览会等，推广使用平安丝路网站和移动客户端。做好重庆渝中区工商联等外地工商联和经贸考察团到泉州经贸活动的对接。

2021年12月7日，泉州市工商业联合会（泉州市总商会）主办的“万企兴万村”行动启动仪式暨现场推进会举行 （图/市工商联）

【“万企兴万村”行动】 2021年，泉州市工商业联合会（泉州市总商会）为巩固百企帮百村行动成果，启动“万企兴万村”行动。召开“万企兴万村”行动启动仪式暨现场推进会，与兴业银行泉州分行签订“万企兴万村”“兴业兴村”金融服务行动方案，推动金融机构与农业产业化企业签订“万企兴万村”协议，围绕粮食安全、绿色农业、一二三产业融合等乡村振兴重点领域与重点民企开展合作，满足乡村特色产业、农产品加工业、农业现代化示范区建设等领域的多样化融资需求。福建三叶集团、福建省途易旅游发展有限公司、泉州市泉永商会分别与南安市金淘镇石林村、石狮市永宁镇前埔村、永春县横口乡福联村开展结对合作。

【法治化营商环境打造】 2021年，泉州市工商业联合会（泉州市总商会）推动构建“亲清”政商关系，助力优化营商环境，深化公检法联席会议机制，与市中级人民法院联合选聘38名行业调解员，组织调解员参加各级培训，提升调解能力。与市人民检察院发布《金融与知识产权检察白皮书》《反洗钱检察白皮书》等，围绕知识产权保护、企业融资等难题，构建“企业、行政、司法”三位一体的知识产权保护格局。提升“12345”民企诉求反馈2号线运行质效，完善“集中受理、分类处置、限时办理、及时反馈”机制，接到民企诉求来电300多个、窗口接访43人次，对诉求分类逐条梳理，通过电话沟通、查阅资料、实地走访等确认核实再签转职能部门办理，实现办结率100%，确保企业诉求“事事有回音、件件有落实”。加大非公职称评审，工艺美术类4批次评审通过478人，经济类评审1批次通过154人，建筑类评审1批次通过369人，上报省高级评审材料244份。

【《泉商在中国》首发】 2021年1月14日，由泉州市工商业联合会、泉州晚报社编撰的《泉商在中国》首发式举行。《泉商在中国》于2020年12月由海峡文艺出版社出版，该书是第一部全面、深入、系统地展示国内优秀异地泉州籍商会的书籍，从党建引领、抱团发展、慈善公益等方面展现70家优秀异地泉州籍商会的建设成果。《泉商在中国》的出版是2019年举行的“泉商中国行”巡回采风活动成果的集结之作。为庆祝中华人民共和国成立70周年，巡礼遍布全国的258家异地泉州籍商会取得的成就，2019年8月，在市委统战部指导下，市工商联和泉州晚报社主办的“心无旁骛做实业 推动高质量发展”异地泉州籍商会献礼中华人民共和国70华诞系列活动启动，子项目“泉商中国行”巡回采风活动同期举行。泉州晚报社旗下《泉州商报》记者组成采风团，兵分多路，历时4个月走访全国18个省（市）的70家优秀异地泉州籍商会，采访200多家泉州籍企业，与超过500名企业家座谈。《泉商在中国》一书总结、推介各地异地泉州籍商会的发展经验，通过翔实的图文介绍泉州企业家的故事，弘扬“泉商精神”，传承发扬“晋江经验”，激励泉州企业家在新时代展现新作为。

群众团体

泉州市总工会

【概况】 2021年，泉州市总工会学习贯彻习近平总书记关于工人阶级和工会工作的重要论述，履行团结教育、维护权益、服务职工各项职能，团结引领职工群众扛起全方位推动高质量发展超越主力军担当，各项工作取得显著成效。深化职工“五小”（小革新、小发明、小改造、小设计、小建议）创新活动，做好职工技术创新项目的培育、展示、转化工作，获省级以上奖励的职工技术创新成果410项。元旦、春节期间开展“送温暖”活动，筹措资金356万元走访慰问困难职工、一线劳模等7200多人，以及坚守“苦脏累险”岗位一线班组（集体）30个。

【职工劳动竞赛】 2021年，泉州市总工会以“打造海丝名城、制造强市当先锋·建设现代化中心城市作贡献”为主题，在重点工程、重点项目和支柱产业开展较大规模劳动竞赛605场次，在建筑、金融、装备制造、医疗等重点行业开展市级职工技能竞赛40场次，参加竞赛突破35万人次。推动产业工人队伍建设改革，深化“二元制”产业工人培育模式，在全市建成17家产业工人技能培训基地。开展“当好民营经济先锋 助力全方位高质量发展超越”职业技能提升主题活动，签订师徒结对协议10170对，命名“好师傅”200名，1600名农民工通过“求学圆梦行动”提高学历，举办全市“女职工素质提升讲堂”60场，组织超34万名职工参加岗位技能培训，7000多名职工晋升技能等级。命名表彰第五批“泉州工匠”40名，推荐表彰省级以上“五一劳动奖”先进单位和个人52个（名）、“工人先锋号”28家，11人入围“八闽工匠”30强，晋级省级以上劳模创新工作室8家，创建市级劳模创新工作室13家，创造性开展“工匠型”班组建设。

【职工教育培训】 2021年，泉州市总工会深化“永远跟党走、建功新征程”“奋斗新征程、当好主力军”主题宣传教育，开展职工文艺会演、职工歌唱党、职工话劳动颂党恩以及主题书画展等群众性活动。落实意识形态工作责任制，命名首批13家“泉州市职工思想教育基地”，培育市级职工书屋30家，依托“泉工e家”网上工会平台开设新思想、新理论学习辅导和知识竞赛专栏，推送相关学习主题微信（网页）150多条，举办中共十九届五中、六中全会精神答题竞赛和全市职工学习习近平总书记“七一”重要讲话精神答题竞赛等线上活动，开展学习体会交流和留言互动。采取“1+N”形式组织市、县工会劳模工匠宣讲团到镇街、园区、企业和校园开展宣传宣讲活动29场次，利用职工之家、职工书屋等工会阵地和载体，开展职工阅读分享等活动56场次，构建立体化网络化全方位宣讲资源体系。

【职工权益维护】 2021年，泉州市总工会首创“园区枫桥”工作模式，拓展升级一批职工维权服务一体化基地，探索“一站式”劳动关系纠纷调处机制，建立劳动纠纷联防共化、多元化解机制，为职工提供普法、咨询、调解、仲裁、诉讼便捷服务，推动维权资源下沉。新建的泉州台商投资区、晋江经济开发区职工法律服务一体化基地调解各类纠纷267起，涉及职工1200多人。与市人社局建立劳动争议处理双向联动机制，在市职工服务中心设立“劳动仲裁服务工作站”，在市仲裁院设立“工会法律服务工作站”，通过人员双向派驻办法，为职工提供法律援助。加强集体协商队伍建设与事前维权，开展以“稳岗留工、稳增促产、共享发展”为主题的“集体协商集中要约行动月”活动，推行行业协商、企业协商与区域协商“三头并进”模式，指导晋江市梅岭街道开展泉州市首场企业职工欢乐新春区域集体协商，指导推动黄塘电商行业集体协商暨签订集体合同，指导企业与职工就工资、休息休假等进行集体协商，在稳定劳动关系方面发挥作用。全市开展集体协商1717场，涉及行业、企业1694家，涉及职工12万多人。

【职工帮扶服务】 2021年，泉州市总工会围绕职工“急、难、愁、盼”问题，推进13个为职工办实事项目，组织开展万名职工队伍状况调研活动，普惠服务和精准帮扶。联合市教育局等在全省率先出台《泉州市进一步做好义务教育课后服务工作的实施意见》，全市义务教育学校课后服务开展实现“全覆盖”。立足职工多元需求，举办301个职工子女暑托班，探索职工子女暑期“安全管护、基本活动，课业辅导、自我成长”的“2+2精准解法”，以既“托”兼“管”又“教”的模式，服务职工子女近万人。举办2021年全省金秋助学启动仪式，全市筹集金秋助学资金321.29万元，资助困难职工子女608名，发放助学金319.85万元。第十五期医疗互助筹集58.9万名职工4125万元互助金，补助1.47万人次3046.8万元。培育5家市级、3家省级职工疗休养基地，组织开展职工疗休养24期，激励基层工会职工疗休养活动，扩大疗休养活动覆盖面。举办新就业形态劳动者温暖行动、关爱环卫工人系列活动，全市新建户外劳动者驿站30家，培育省级示范驿站13家，新建“妈妈小屋”13家，组织1169名单身职工参加联谊交友活动。实施“2021我在泉州过大年”企业职工欢乐新春活动，参与职工249万多人次。

【基层工会组织建设】 2021年，泉州市总工会组织全市37家省级以上职工之家开展“结对共建”试点活动，强基层、补短板、增活力；新建全市家政行业工会联合会，推动新就业形态劳动者入会建会。推动15个市直“近邻党建”联系点依托较为成熟的党群服务（活动）阵地增添工会服务元素和项目，增强对职工群众特别是新就业形态劳动者等灵活就业人员的组织和服务覆盖。研究制定《泉州市工会专干管理办法（试行）》和《泉州市工会专干考核方案》，明确和规范工会专干的招聘流程、管理职责、薪酬待遇等。选派15名干部到基层蹲点，与职工群众交朋友，优化工会工作作风。

【网上工会建设】 2021年，泉州市总工会增强改革创新意识，通过丰富载体、创新形式，在工会工作各领域打造一批品牌创新项目。开设“泉工e家”“网上工会”“缘分天空”栏目，吸引1260名单身职工开展线上交友互动。优化升级“泉工e家”网上工会平台，升级完善业务功能，完成13个县、区子平台部署搭建，形成以市总工会为主导、县级总工会、产业（系统）工会为主体，向镇街（园区）工会、基层工会全面延伸的四级贯通的网上工作体系，“泉工医助”入围2021年全国工会小程序前5强并获评权益维护小程序优秀案例。打造“互联网+工会普惠性服务”新模式，精准对接党政中心工作和工会主责主业，全年开展线上活动50场次，参与职工456.5万多人次，“泉工e家”网上工会平台粉丝数达37万多人，被中华全国总工会评为全国互联网+工会普惠服务最具影响力平台。

共青团泉州市委员会

【概况】 2021年，共青团泉州市委员会在“五四”和“七一”两个时间节点，举办“青春向党 奋斗强国”和“永远跟党走 奋进新时代”两场主题纪念活动，近1000名团员青年参与活动。开展“青联组织服务千村”等青联组织助力乡村振兴系列行动，组织50名泉州市青联委员，组建5个组团，挂钩联系5个乡村，到南安市金淘镇、洛江区马甲镇炉田村和河市镇厝斗村，了解村

2021年6月，泉州市总工会在泉州轻工学院举办泉州市服装行业职工职业技能竞赛活动 （图/市总工会）

庄基础设施、产业发展、文化遗产等情况，因地制宜，对接结对村需求，开展精准有效的服务。依托泉州市青少年社会保护中心，通过法治宣传、案例介绍、游戏互动、自我学习等方式，为全市青少年提供法治研学教育基地，提高青少年的自我保护能力，运行以来接待来访参观人员3000多人次。截至年底，全市有基层团委628个，团总支415个，团支部1.2万个，共青团员25万名，少先队员89.6万名，少先队大队2257个，少先队中队1.991万个，少先队辅导员2.29万人。

【团员青年思想引领】 2021年，共青团泉州市委员会依托团干上党团课、“青马之光”主题宣讲、“青年讲师团”计划等机制平台，结合开展“青年大学习·一起学党史”网上主题团课及“红领巾爱学习”网上主题队课，在中国共产党成立100周年等时间节点，学习宣传习近平总书记重要讲话精神。1.13万个团支部、近240万人次的团员青年参与线上党史学习活动。组织29名青年讲师组建青年讲师团，组织青年讲师到各学校、企业、机关、农村等地开展90场宣讲活动。开展泉州市第三十六期“少年军校”、“红领巾心向党——2021第四届小小朗读者大赛”、第三届青少年书画摄影大赛等活动，讲好党史故事，传承红色基因。创新举办“庆祝中国共产党成立100周年书画笔会”“青春祝福 百名青年党员为党庆生”图片展以及庆祝中国共产党成立100周年青春红歌音乐节等系列活动。发挥“青春泉州”微博、微信，《泉州青年报》《泉州市少先队周刊》等团属宣传阵地作用，拓展新媒体宣传阵地，创新开展“红领巾爱学习”网上主题队课，举办泉州市少先队“迎接少代会，争做好队员”主题“云”队会活动，直播浏览量超10万人次。联合泉州广播电视台制作“泉心向党 海丝新青年”网络视听专栏，聚焦新老党员精神代际传承，在抖音、视频号、B站等平台进行宣传，点击量近60万人次。

【志愿服务与青年帮扶】 2021年，共青团泉州市委员会围绕 “创城”“创卫”工作，组建市、县、乡、村四级创城志愿服务队，组织近2000名青年志愿者在全市范围内开展“美丽新福建·青春在行动”垃圾分类志愿服务活动、“烟头不落地 垃圾不落地”等助力创城志愿服务行动，常态化开展“文明让生活更美好”“防疫有我 爱卫同行”等活动。深化银团合作，升级推出“青创贷3.0”， 打造“1笔资金+N种配套”金融服务机制，召开“银团合作”工作推进会，为泉州市农村青年致富带头人联盟专项授信5亿元。发行“青创卡”6.93万张，授信66.56亿元，用信金额30.83亿元。举办全市农村青年创业致富领头雁培训班和电商直播青年创业训练营活动，近1000名各行各业的优秀青年人才得到培训和交流机会。以“青年志愿者”“青年突击队”“青年文明号”等“青”字号队伍和“青年联合会”“青年商会”等社团为工作力量，调动全市各级团组织、团员青年投身抗疫工作，全市招募储备志愿者7300人，4050名青年志愿者到街道、村（社区）、重点场所，开展志愿服务3万多人次，募集资金物资300余万元。

【青少年服务】 2021年，共青团泉州市委员会牵头制定出台《泉州市青年发展规划》。举行泉州市“校园引才大使”招募活动，遴选产生北京大学等高校58位泉州市“校园引才大使”。实施大学生实习“扬帆计划”，征集实习岗位2363个，吸引1476名大学生到岗实习。承办由中国人民大学、市政府主办的“后疫情时代的‘一带一路’建设与福建发展论坛”，邀请全国 “一带一路”相关的资深专家和百名青年企业家参会。开展“内地（大陆）港澳台大学生暑期泉州实习计划”活动。培育公益性婚恋服务项目，以“青春有约•爱在泉州”为主题品牌，策划举办面对面交流、平台交流、休闲娱乐、体育竞技等一系列婚恋交友品牌活动，探索健全以青年满意度为核心的婚恋服务评价体系，举办“与时光相遇•和青春有约——泉州市单身青年联谊活动”、“青春有约•缘聚刺桐”泉州市高层次人才“海上丝绸之路文化”派对、“泉心泉意·为爱启航—泉州市青年人才派对”活动等。市人民检察院、共青团泉州市委员会签订《关于构建未成年人检察工作社会支持体系的合作框架协议》，推动多方联动、社会参与、涉罪帮教等未成年人权益保护工作模式。启动泉州市青少年关爱保护行动——“青护”行动，以早期干预帮助等方法帮扶服刑人员28名未成年子女健康成长。

【团组织建设】 2021年，共青团泉州市委员会以“智慧团建”系统为核心，深化团员团干信息入库、“星级团支部+星级团员”评定、青年大学习网上主题团课等系列工作，“智慧团建”系统共有非公企业和新社会组织2099家。推动作用发挥好、活跃度较高的实体平台入驻“青年之家”云平台，创建“青年之家”综合服务平台114家，全市54家“青年之家”依托云平台发布、开展活动626场，参加人数1.45万人次。推动全市各县（市、区）全部建成团代表联络站，285位各级团委委员、1411位团代表入驻，团委委员联系团代表、团代表联系团员青年的工作机制普遍建立。落实《学联学生会组织改革方案》《关于推动高校学生委员会（研究生会）深化改革的若干意见》《学校共青团改革评价实施方案》等文件要求，落实高校团委、学联学生会以及中学（中职）团委、学生会改革创新，组织开展高校团委、学联学生会及中学（中职）团组织述职、换届等工作，加强中学共青团建设，做好团员发展、教育、管理，聚力初中团队衔接，优化团前教育和推优入团工作，完成团员发展的数量控制目标，全市中学100%落实共青团改革方案。组织全市少先队工作者开展学习《中共中央关于全面加强新时代少先队工作的意见》精神座谈会，全市各县（市、区）开展41场次学习。根据意见要求，全市各县（市、区）全部建立县级少工委，全市163个街道（乡、镇）中，有84个成立少先队组织。加强中小学少先队辅导员队伍建设，推动各县（市、区）配齐少先队教研员及大队辅导员和校外辅导员，开展“红领巾心向党，争做新时代好队员”福建省少先队“先锋队课”观摩研讨（泉州站）活动，开展泉州市少先队辅导员培训班，提升少先队辅导员履职能力。开展少先队理论研究和实践研究，团市委撰写的《新时代背景下泉州少先队辅导员职业获得感与社会化阵地建设探索》调研报告，获评“2021年福建省青少年发展研究重点课题”。

【泉州市首届少先队辅导员职业技能大赛】 2021年12月16日，由共青团泉州市委员会、泉州市教育局、少先队泉州市工作委员会主办的泉州市首届少先队辅导员职业技能大赛暨少先队辅导员骨干培训班在泉州职业技术大学闭幕。该活动旨在打造一支高质量、高素质、高技能的少先队辅导员队伍。培训班邀请专家学者就中共十九届六中全会精神和少先队工作理论等内容为辅导员进行解读。大赛采用笔试、观评课、说课等方式，根据少先队工作基础理论、活动开展、红领巾争章、红领巾研学等内容，考察辅导员基本理论素养、语言表达能力、组织策划能力等职业技能。经选拔，全市有36名少先队辅导员进入总决赛。泉州市第五中学大队辅导员朱云帆获特等奖，被授予“泉州市优秀少先队辅导员”称号，并被聘为“泉州市少先队副总辅导员”。

2021年6月27日，共青团泉州市委员会在泉州市音乐厅举行“永远跟党走 奋进新时代”庆祝中国共产党成立100周年主题演出　（图/团市委）

泉州市妇女联合会

【概况】 2021年，泉州市妇女联合会强化“引领、联系、服务”职能，筑牢巾帼心向党、奋进新征程的思想根基。举办“巾帼心向党·华章颂百年”庆祝中国共产党成立100周年主题活动，集中展示党领导下妇女群众的良好风貌。全市各级妇联深化“百千万巾帼大宣讲”活动，到村头巷尾、田间地头开展700多场宣讲活动，覆盖人群2.7万多人。通过举办专场报告会、参观红色教育基地等方式，融入妇联妇女和家庭工作特点，在全市妇联系统推荐11条开展“学党史、颂党恩、扬家风”党史学习教育主题党日活动参观点路线，策划生成10项特色主题宣传活动。开展泉州市闽台妇女交流和“66条”惠台措施落实情况调研，参加海峡两岸女大学生创业创新大赛，4个项目、2名导师和3个单位获奖。发挥11个闽台妇女合作发展基地、海峡儿童联谊交流基地作用，推荐2个单位为闽台姐妹合家园，2名台胞获省市“三八红旗手”称号。

【妇女思想政治引领】 2021年，泉州市妇女联合会贯彻落实习近平总书记“3·6”重要讲话精神，坚持以党的创新理论引领妇女。表彰宣传全国三八红旗手1人、省市级三八红旗手146人、省市级三八红旗集体52个。召开“凝聚巾帼力量·助力高质量发展超越”主题分享会，邀请先进模范代表、五好家庭（最美家庭）代表、女企业家代表及在赶超跨越发展中做出贡献代表分享经验，制作泉州巾帼故事微电影《致敬了不起的她》，拍摄4个不同时期优秀女共产党员爱党爱国事迹，讲好巾帼故事。惠女水库纪念馆获评首批福建省妇女爱国主义教育基地。用好“声、屏、报、网、微、刊”六位一体的宣传矩阵，重视意识形态（网络意识形态）工作，办好“云上三八节”系列活动，开设“党史学习教育”“党史上的今天”“跟闽姐姐一起学金句”“献礼建党百年——讲巾帼英雄故事”“讲好泉州巾帼好故事”等专栏，线上线下开展形式多样的以“巾帼心向党 奋斗新征程”为主题的群众性宣传教育活动。

【巾帼建功行动】 2021年，泉州市妇女联合会响应市委号召，发出“战疫”倡议，全市150个巾帼文明岗、130家巾帼企业坚守岗位、协同保障，4万多名巾帼志愿者、女企业家、妇联干部、执委投入一线工作，发动社会组织捐赠物资价值600多万元，定制“中秋暖心包”，设立隔离点“儿童之家”，开设空中家长学校，为抗疫一线群众送温暖。走访34家巾帼企业，宣传落实市委、市政府支持民营企业政策。联合市人社局举办“春风送暖 乐业泉城”“三八”妇女节专场网络直播招聘会，搭建就业妇女与用人单位线上求职招聘平台，12家巾帼企业线上展示，推出上千个工作岗位，受到网友和创业女性关注逾19万人次。落实市委人才“港湾计划”，举办“泉心泉意·为爱启航”泉州市青年人才派对和“巾帼助力高质量发展”能力提升研修班，主办“泉技能泉州 逐梦海丝”泉州市美容美发行业职业技能竞赛，扩大人才社群，筑优人才环境。7个集体获命名“全国巾帼文明岗”，4名优秀女性获评“全国巾帼建功标兵”称号，87个岗位（班组）获省市级巾帼文明岗命名；17名女企业家、8个巾帼企业获评省“优秀女企业家”和“优秀女企业家集体”称号。组织实施“科技创新巾帼行动”，设立科技助农妇女微家，在南安成立全省首个县级女科技工作者协会，组织省女科技特派员开展碳汇科技助农巾帼行活动；开展以农村妇女劳动力转移为主体的家政服务、电子商务、网络直播、烹饪等职业技能培训，全市各级妇联举办各类职业技能培训班183场次，培训妇女6985人次，投入培训经费368.9万元，促成就业1054人。各级妇联与农商银行办理妇女创业贷款5373笔5.786亿元。联合市农业农村局开展“美丽庭院”创建工作，在145个省级乡村振兴试点村率先启动1730户美丽庭院创建工作；联合市林业局、市河长办等开展“巾帼心向党·共造幸福林”“守护生态江滨 展现巾帼风采”家园清洁行动、巾帼护河等人居环境整治活动，举办泉州巾帼志愿服务工作现场观摩活动。

【妇女儿童维权】 2021年，泉州市妇女联合会在全省率先成立“妇女儿童权益保护及家事审判团队”、少年法庭，为妇女儿童提供维权服务。常态化开展维权工作，微信公众号推送《巾帼暖人心 普法维权在身边》系列宣传片7个，开展市、县两级妇联主席线上线下维权服务活动，发挥“12338”妇女维权公益服务热线作用。参与婚姻家庭矛盾纠纷的调解，受理信件、访问、电话等693件。全市办理妇女和未成年人法律援助案件2553件，免收法律服务费1111.95万元，挽回经济损失5281.68万元。召开市妇儿工委全体（扩大）会议对两纲终期评估验收工作进行部署培训，开展两纲终期评估督导检查点对点督导，完成省两纲终期评估验收工作。推动妇女儿童家庭内容纳入泉州市“十四五”规划纲要，首次专章专节规定保障妇女未成年人权益，加强家庭建设。常态化开展寻找“最美家庭”工作，培育3户全国最美家庭、22户省级最美家庭、22户省级绿色家庭、50户市级最美家庭。落实《中华人民共和国家庭教育促进法》和《福建省家庭教育促进条例》，创新家教传播方式，开展“共促成长 共赢未来”e享家长课堂和“双合格”家庭教育宣传实践活动，举办讲座30余场次，受众家长近20万人次。举办“百年礼赞·少年儿童心向党”“七个一百”家庭教育宣传活动，3000多户家庭参与各项活动。泉州市家庭教育工作作为福建省代表在全国妇联工作现场会交流发言。

【妇女儿童帮扶】 2021年，泉州市妇女联合会开展“感党恩 我为妇女群众办实事”——帮扶困难女大学生就业创业、扶助困难母亲活动，联合市人社局为大学生提供就业创业专场政策讲解及“一对一”就业指导，为20名困难母亲筹集10万元圆梦资金。开展“母亲健康1+1”公益募捐，募集爱心款203.79万元，走访慰问“两癌”（乳腺癌和宫颈癌）困难妇女205人，救助金88.8万元。开展“关爱女性健康”活动，组织“两癌”防治知识宣

2022年5月11日，泉州市妇联举行泉州市“最美家庭”揭晓仪式暨红色之旅家庭活动。图为省、市“最美家庭”代表参观中共泉州特支成立旧址
（图/市妇联）

传205场次，为9012名困难妇女购买女性安康险，21名患病女性获得理赔金102.58万元，构筑起“宣传+筛查+救助+保险”家庭健康保障屏障。响应“春蕾计划”促进女童教育特使彭丽媛教授的倡议，开展“春蕾计划——梦想未来”行动，募集资金60.47万元。办好儿童之家和妇女援助中心为民办实事项目，开展普法宣传、有奖问答、知识竞赛119场次，维权微课堂126期，参与人数50万多人。开展妇联执委“与爱同行·我们和留守流动儿童在一起”关爱活动，动员执委参与关爱活动，与留守流动儿童结对，实现“六一”微心愿。

【基层妇联建设】 2021年，泉州市妇女联合会落实市委、市政府支持妇联工作的政策礼包，落实乡镇（街道）妇联工作经费纳入所在县级财政预算机制，全市163个乡镇（街道）妇联落实工作经费957万元；为1700多名离任妇女干部发放近166万元养老补助金；“两纲”实施情况纳入绩效考评体系，推动“两纲”重难点指标落实；推动男女平等基本国策进入市县党校主体班次。落实“执委履职提升年”工作。坚持灵活建家，全市新成立“三新”（新经济组织、新社会组织、新媒体行业）妇联组织87家、“妇女微家”240个，执委工作室122个。组织开展“我履职我担当·学党史感党恩办实事”基层妇联组织特色项目展评活动，推行“一县一品”“一乡一特色”“一行业一亮点”。指导“两纲”终期评估12个县（市、区）女性进村“两委”班子等重难点督查指标。组织3000多人次参加选前培训，推动村“两委”班子中女性正职和委员的比例均高于上届，村两委正职“一肩挑”中女性占比大幅提高。

泉州市科学技术协会

【概况】 2021年，泉州市科学技术协会（以下简称“泉州市科协”）团结和带领科技工作者融入全市中心工作，为推动高质量发展提供科技赋能。构建纵向“市、区（县）、街道（乡镇）、社区（村）”四级，横向“学会、企业（园区）科协、高校科协”三类的科技志愿服务体系，注册科技志愿者1.13万人，占全省1/3。首创柔性引才新平台，推动泉州市委人才工作领导小组在福建省内创新出台《泉州市特级人才创新实验室建设管理规定（试行）》，加速引进高端科技人才及其团队。依托院士（专家）工作站等引才平台，柔性引进院士4名，院士专家团队103人，签约院士项目4个、专家项目16个，总投资4700万元。新组建及重新认定市级院士工作站4家、专家工作站14家，获省级认定院士工作站2家，遴选市级院士（专家）示范工作站4家，获省级示范院士（专家）站2家。承办2021年泉州市“全国科普日”云启动仪式，围绕“百年再出发，迈向高水平科技自立自强”主题开展线上线下科普活动1149项，占全省重点活动总数的二分之一，创历年之最。“启梦者”基层科普巡展志愿服务队入选中国科协“普惠共享·你我同行——中国特色现代科技馆体系‘科普之星’名单”。

【服务平台建设】 2021年，泉州市科协推动“科创中国”试点城市建设纳入全市“十四五”规划，出台《泉州市科协推进“科创中国”试点城市建设实施细则》，认定2批22家国家级、省级、市级“科创中国”学会服务站，引进5家国家级学会与泉州市达成“科创中国”科技服务团示范和产学融合会议项目，获中国科协资金补助260万元。促成中国环境科学学会与泉州南京大学环保产业研究院、上海大学南安研究院初步达成建站合作协议，中国流行色协会与石狮市政府签订战略发展合作协议、设立色彩搭配技术教育与应用培训基地。获批中国科协海智计划工作基地，增强海外科技人才引进渠道。开展“院士专家、海智专家泉州行”，邀请28名院士、40名海内外专家到泉州召开7场座谈交流会、7场专题报告，考察指导19家企事业单位，提出技术创新需求10余项，服务党委、政府科学决策。承办第21届省科协年会，围绕“点燃科创中国新动能，助力民营企业新发展”主题，举办1个主会场活动、1场党政领导与院士专家座谈会、5个板块12个分会场活动，邀请11位院士、20位“海智”专家，以及480家民营企业代表、2000余名科技工作者代表参加，13万多人次线上参加，邀请陈学东等7位院士为市政府经济顾问，征集院士专家意见建议45条，3家国家级学会与泉州民营企业签约共建服务站，10家省级学会与5个县（市、区）政府签订科技创新战略合作协议。主办第三届海绵城市全国建设论坛暨第十九届泉州市科协年会，承办中国国际时尚创意论坛暨泉州纺织鞋服产业时尚发展论坛等高端学术活动。组织推荐5家学会参加2021年度泉州市社会组织评估。围绕泉州经济社会发展热点，重点资助大型决策咨询课题研究项目3个。

【组织建设】 2021年，泉州市科协围绕提升学会服务能力推动经济科技融合发展、破解科技人才发展瓶颈、青少年科技教育和科普传播4个专题，到基层一线调研，推进10个“我为群众办实事”项目落地见效，帮助基层解决“急、难、愁、盼”问题。建好科技工作者之家，学习贯彻习近平总书记在中国科协十大上的重要讲话精神，提出泉州市7条贯彻落实意见。开展“众心向党，自立自强”泉州市“全国科技工作者日”系列活动，举办“学党史、感党恩，学科学、树新风”有奖竞答、刺桐科学传播学者下基层、走访慰问科技工作者等活动。推荐6名科技工作者参评中国农技协最美科技工作者、福建青年科技奖、优秀科技工作者评选活动，开展第三批刺桐科学传播学者遴选工作，新聘尤有利等13人为第三批刺桐科学传播学者。加强汪凤翔等优秀科技人才典型宣传，营造关心科技工作者、尊重科技人才的社会氛围。

【创新精神培育】 2021年，泉州市科协深化“启梦者”基层科普巡展志愿服务，提升流动巡展效果，到11个县（市、区）开展基层科普巡展30场、教育活动70场，赠送科普书籍4800册，受众人数4.51万人次。新建青少年创客工作室，加强对科学工作室的运行管理。开展青少年科学调查体验活动，举办机器人、科学影像作品、青少年科技创新、创意编辑和人工智能设计等各类市级科技竞赛。选送青少年科技创新优秀作品参加全省科技创新赛事，获福建省创新大赛一等奖16项、二等奖20项，总成绩位列全省第一；获福建省机器人竞赛冠军8队、一等奖14队、二等奖10队，所获冠军和一等奖数量第7次居全省双第一。抓好青少年创新教育骨干教师培训、机器人竞赛辅导员培训、机器人竞赛裁判员培训、创意编程和人工智能设计大赛辅导教师线上培训、创客教育培训及无人机大赛辅导老师培训等辅导教师培训，参训教师1195人次，助力提升科技辅导教师的业务指导水平。

【科普活动】 2021年，泉州市科协推进应急科普常态化，利用网站、微信公众号、移动公交、科普e站等平台，发布疫情防控、反邪教、食品安全、防灾减灾等应急民生科普信息。推进“百会帮百村”行动，创新乡村振兴的形式与内容，结对开展科技帮扶。组织开展“万人科技培训”工程，面向全市涉农各县（市、区）农村，根据当地特色产业和主导产业，举办形式多样的农村实用技术培训班。推荐南安蜜蜂科技小院入选2021年“福建省科协科技小院”“中国农技协科技小院”。“刺桐科学传播学者”到基层开展100场以教育培训、科普讲座等为主要内容的科普传播志愿服务活动，受众1.55万人次。开展关爱自闭症儿童志愿服务、“童心向党，科技育人”红色主题科普活动、科普夏令营、非物质文化遗产手工“纸织画”体验活动等科普展教活动113场，免费开放科技馆296天，接待观众10.57万人次。加大线上科普力度，向公众推送科普文章、科普视频、科普图说、科普漫画等内容，受众31.12万人次。

2021年5月4日，泉州市科协在泉州市培元中学举行泉州市第五届青少年机器人竞赛（图/市科协）

【科普设施建设】 2021年，泉州市科协科普场馆建设迈上新台阶。泉州市科技馆（新馆）是全国首个采用PPP模式建设运营的科技馆展教工程单体项目。根据项目整体实施计划，严格执行日核查、周通报、月目标制度，倒排计划狠抓施工进度，完成布展施工及展品展项的制作、安装、预验收等工作。获批省级、国家级立项的《科学技术馆展教信息化服务系统基本功能规范》《科技馆常设展览建设通用流程研究》两项行业标准分别通过结题验收及专家审定。下达市级基层科普场馆展教工程和科普服务能力建设补助资金和省级基层科普行动计划资金355万元，补助建设社区科学工作室、校园创新工作室、科普e站、科普示范村、农技协、科技小院等项目58个，推荐泉州市科技馆等3家单位入选全国科普基地，崇武海洋科普馆等6家单位获省优秀科普基地项目。指导3个县（市、区）通过2016—2020年全国科普示范县（市、区）总结评估工作并获总评优秀。

泉州市归国华侨联合会

【概况】 2021年，泉州市归国华侨联合会（以下简称“泉州市侨联”）围绕市委、市政府各阶段工作部署，带领全市各级侨联履行职能，发挥与海内外侨亲联系紧密的天然优势，凝聚侨心侨力，奉献公益事业，服务经济建设，为泉州“以侨资带动经济腾飞”做出贡献。配合上级侨联开展“亲情中华”“文化中国”品牌活动，参与筹备华侨华人春节联欢晚会、两岸乡愁笔会暨书画作品展，配合省侨联做好省侨界摄影家协会换届筹备工作。配合省侨联做好

2021年6月29日，由泉州市侨联等主办的“侨心向党——百名泉籍归侨党员事迹展”开幕　（图/市侨联）

“赤子情怀·闽籍侨胞百年故事摄影展”征稿工作，做好“赤子情怀·闽籍侨胞百年故事摄影展泉州巡回展”有关筹备工作。截至年底，全市有3000余名专兼职侨联工作者，形成较为完善的侨联组织网络。

【对外文化交流】 2021年，泉州市侨联结合传统节日开展对外文化交流。与印度尼西亚巴中校友会、印度尼西亚客属联合总会举办线上庆中秋活动，协助美国闽南同乡联合总会举办中秋网络晚会，选送南音等十几个非物质文化遗产节目在线上播出。与文旅局、东南网等筹备举办国际友人、海外侨胞游“世遗”泉州摄影微视作品征集活动。联合市委宣传部、工商联及《泉州晚报》《泉州商报》等出版“世遗”泉州特刊，寄往海外80多个重点社团。协调采购惠女服饰，支持澳大利亚福建乡情联谊会塔斯马尼亚分会举办闽塔姐妹省州四十周年文化艺术展等活动。联合市委宣传部、档案局、文联等举办首届“世界记忆遗产·侨批”主题文学创作大赛，出版《首届“世界记忆遗产·侨批”主题文学创作大赛获奖作品专辑》3000册（马来西亚、菲律宾、泰国等国家和地区的部分作品获入围奖），加强海内外文化交流，挖掘侨批所蕴含的华侨精神内核和文化内涵。

【华侨文化阵地建设】 2021年，泉州市侨联推荐13个单位参评全国侨联第九批中国国际华侨文化交流基地，南安光前学村等4个单位入选，入选数量居全省之首。全市有11个国家级基地。组织新入选基地举行授牌仪式，在外宣期刊《海丝侨声》刊发8个中国国际华侨文化交流基地，参加全国侨联中国华侨国际文化交流基地经验交流会。指导全市30多个单位申报福建省侨联爱国主义教育基地，经各县、区初评，并组织实地核验，确定上报20个。鼓励和支持各县（市、区）依托华侨古民居、古街巷，打造具有乡愁古韵的乡村侨史馆、侨领馆。支持洛江区建设“双阳华侨农场文化展示馆”，支持泉州台商投资区建设“东园龙苍村侨文化长廊”“归侨将军陈青山纪念馆”等13个馆，均已对外开放，拓展华侨文化阵地。

【海外社团联络员机制建设】 2021年，泉州市侨联在全国侨联系统率先建立海外社团联络员机制，探索海外社团交流服务新模式。首批聘任70个社团72名联络员，举行海外社团联络员机制启动仪式暨第一次联络员会议，组建联络员微信群。

泉州市台湾同胞联谊会

【概况】 2021年，泉州市台湾同胞联谊会（以下简称“泉州市台联”）贯彻中央对台决策部署和省委、市委工作要求，围绕台联主要职责，探索

2021年12月18日，福建省台联、泉州市台联举行“乡亲相爱一家人”——2021年在泉台胞联谊活动　（图/市台联）

海峡两岸融合发展新路，推动加快建设台胞台企登陆的第一家园。举办泉州市2021年中青年台胞骨干培训班，30名县（市、区）优秀中青年台胞学员参加，选派10名中青年台胞骨干参加全国台联和福建省台联组织的培训班，引导台胞坚定与党同心、跟党奋进的信念。

【定居台胞服务】 2021年，泉州市台联开具“籍贯证明”10份，出具中、高考加分“台籍子女证明”40份。全市有定居台胞2240户5227人，全年发放“老龄补、困难补”182.12万元，发放慰问金3.6万元，全年开展常住台胞联谊活动11批次，考察走访台企12批次，帮助岛内台胞寻根3批次，推荐6名在泉州定居台胞获得省台联颁发的“为‘新时代新福建’建设和祖国和平统一大业做出突出贡献奖”表彰。

【两岸同胞交流】 2021年，泉州市台联依托传统节日，举办留校台湾籍教师过小年、在泉州台湾青年义务植树、两岸同胞端午民俗文化活动，与晋江市政府举办泉州市第六届“中华情　两岸缘”新生代台胞联谊结对暨晋台家庭AI（人工智能）体验亲子活动等。协助台胞寻根，为原国泰医院院长黄清水、上海台商子弟学校校长陈俊男寻根谒祖、重修族谱提供帮助。征集涉台档案，联合市档案馆出台《“泉台记忆”档案联合征集方案》，到相关乡镇、定居台胞中征集海峡两岸往来书信、台胞族谱、台胞照片等涉台档案史料100多件。

【台联助力台湾青年就业创业】 2021年，泉州市台联搭建平台，与泉州市青年创业促进会、泉台人力资源服务产业园等机构建立联系，共同策划助力台湾青年到企业实习的措施。组织华侨大学工商管理学院部分台湾学生考察在泉州的台资企业，走访颐和医院、永大食品、泉州市智海文化创意有限公司等10多家台资企业，感受泉州就业创业环境，寻找发展机遇。

泉州市文学艺术界联合会

【概况】 2021年，泉州市文学艺术界联合会（以下简称“泉州市文联”）围绕中国共产党成立100周年主线，团结引领全市文艺家和文艺工作者，履行团结引导、联络协调、服务管理、自律维权工作职能，弘扬社会主义核心价值观，坚持以人民为中心的工作导向，为建设“海丝”名城、智造强市、品质泉州和打造“世遗”典范城市提供文艺支持。擦亮“名家进泉州”公益讲座品牌，作协、书协、美协、摄协、文评协邀请国内名家到泉州授课11场。举办第四届福建省曲艺丹桂奖大赛、少儿大赛泉州选拔赛和第三届“惠艺·匠心”诗歌大赛、第三届青少年书画摄影大赛、“我在泉州过大年”手机摄影比赛等。53人入展中国文联及其下属协会举办的专业展览。124人（件）在省文联主办的省级专业文艺奖项获奖。

【文艺创作】 2021年，泉州市文联完善并落实《泉州市文联扶持文艺精品创作暂行办法》等文艺奖励办法。举办市书协年度新会员优秀作品展、泉州画院新画师作品展、南安全国中青年获奖书法家26人精品展、惠安传统雕刻艺术精品展、蔡笃取艺术展、洪宗洲摄影展等展览展示，在《泉州晚报》推出35期“刺桐光影”专栏。承办省电视艺术人才培训班暨职业道德和行风建设工作会议，组织致敬“时代楷模孙丽美”文艺创作，举办“弘扬时代新风　传播道德力量”主题演讲比赛、道德模范故事汇基层巡演。完成市民间工艺美术家协会、市老年书画研究会、市摄影家协会换届工作，指导鲤城文联打造“海丝”原创音乐沙龙，搭建多个协会交流平台。推动新文艺群体职称评审工作列入全省试点，会同惠安文联培育聚龙小镇文联等新文艺组织，支持晋江文联创设“文艺两新”（新文艺组织和新文艺群体）工作基地、工作站、示范点。成立泉州市消防文联，拓展文联基层组织。发挥“泉州文艺”“泉州

2021年5月21日，由泉州市委宣传部、泉州市文联主办的“永远跟党走”——“我们的中国梦　文化进万家”活动在丰泽区源淮社区举行

（图/市文联）

文学”微信公众号、《泉州文学》月刊阵地作用，加大对文艺人才、文艺作品的宣传力度。

【文艺活动】　2021年，泉州市文联牵头组织市直各文艺家协会、各县（市、区）文联、行业文联聚焦中国共产党成立100周年举办一系列主题文艺活动。举办市级庆祝中国共产党成立100周年征文、书画摄影展、文艺演出、优秀原创歌曲征集，泉州美术作品邀请展、泉州师院美术学院毕业生作品展，百岁老人颂党恩公益摄影展、庆祝建党百年摄影展，闽南民间工艺美术精品展，电影海报展、红色经典爱国主义教育电影海报常态展，拍摄播出31集纪录片《泉州故事》第4季，举办首届“刺桐读本”书评征文暨年度图书推荐活动、省舞协“文艺两新”100支国标舞快闪活动、收藏红色藏品交流分享会、“我心向党”读书征文，出版《庆祝中国共产党成立100周年全国书画大展作品集》，举办主题书法创作活动。在《泉州晚报》开设“画说刺桐”专栏，举办泉州题材美术作品邀请展暨泉州海丝唐卡百米长卷部分作品展，编撰《中国民间文学大系·传说·福建卷》。与书协、曲协、思源闽南文化交流中心举办网络书法展、文明实践主题活动、诗歌朗诵。举办为百名百岁老人义务拍照、爱心助残、庆“五一”公益惠民演出、端午节文艺惠民演出、《传统诗词的艺术特色与时代传承创新》公益讲座等活动，向市老年大学、永春新文明实践中心、南安石井镇、英都镇赠书3000册。开展义务写春联活动近百场次，送出春联4万多副。主办“永远跟党走”“我们的中国梦　文化进万家”专场37场，举办第十一届端午文化节、第二届云阅读节、国庆中秋传经典书画作品征集、泉州市无障碍体验行、“百姓大舞台　文化进万家”、第十五届“欢乐泉州”才艺大比拼、红色经典电影展映、比干正音弦管古乐会等活动。

【文化交流】　2021年，泉州市文联启动“走进泉州看宋元中国”全国文旅摄影大展，开展第18届世界中学生运动会主题文学摄影美术书法征稿、侨批主题文学创作大赛。在北京举办王绍昌绘画艺术展（北京中国美术馆）、张红苹木雕艺术展（北京荣宝斋美术馆）等展览展示。在浙江东阳市美术馆举办“故里逢春——雪岛•何瑶中国画作品展”。

中国国际贸易促进委员会泉州市委员会

【概况】　2021年，中国国际贸易促进委员会泉州市委员会（以下简称“泉州市贸促会”）围绕市委、市政府关于推动构建新发展格局和高水平对外开放的部署要求，履行连接政企、衔接内外、对接供需职能，在提升营商环境、促进经贸交流合作、拓展国内外市场、服务民营经济发展等方面担当作为、聚力提效，为服务全市对外开放大局做出贡献。开展集中学习、研讨交流、培训辅导、参观见学、实践活动等70多场次，召开分析会、部署会、推进会等16场。发挥政策研究、信息咨询、对外宣传功能，编印《泉州贸促简讯》14期4200份，推送“一带一路”重点国家和新兴市场经贸投资指南50余条次，在《中国贸易报》、中国贸易新闻网、《东南快报》、《泉州晚报》等媒体发表信息稿件90余篇次，为企业拓宽国内外市场提供及时有效的经贸资讯服务。

【商事法律服务】　2021年，泉州市贸促会紧跟国际经贸形势、国家宏观政策、产业发展需要、市场主体需求，打造集“商事认证、经贸预警、培训咨询、法律援助”等功能为一体的综合商事法律服务平台，帮助企业防范“走出去”风险，抢抓区域发展机遇，提高国际市场竞争力。履行对泉州国际商会的党建和业务主管职能，组织修订《泉州国际商会章程》，推动党建入章，确保商会政治方向不偏不倚、发展运作合法合规。推进市贸促会、泉州国际商会换届筹备工作。借助中国贸促商事法律服务中心、中国贸易仲裁委员会、省贸促会等平台资源，加强与法律服务机构、团体的联络合作，及对涉外经贸领域的法律与规则研究，为泉州市企业开展国际贸易与投资活动提供法律风险防范意见和纠纷解决方案建议。采取商会敦促履约等方式，协助企业解决多起国际经贸纠纷。

【对外联络】　2021年，泉州市贸促会搭建平台扩大交流合作。组织发动300多家企业参加“特立尼达和多巴哥福建投资说明会”“后疫情时代福建家具企业发展策略研讨会”“福建省纺织鞋服产业国际合作研讨会”等14场经贸交流活动，帮助企业经贸配对、寻获商机。联合厦门、漳州国际商会等发起成立丝路与金砖国家跨境电商产业战略联盟专委会，整合资源、创新机制、搭建平台，服务推动跨境贸易发展。参加第八届闽西南协同发展区贸促机构联席会议，提出的“搭建区域企业互动交流平台、推动区域企业洽谈对接、项目撮合、抱团发展”等建议被列入联席会议工作方案。

【出证认证服务】　2021年，泉州市贸促会实行商事出证认证窗口“5+2”轮值、错峰办理、一窗受理、代办帮办等措施，推行服务承诺、限时办结、流程公开制度，缩短出证时限、提高服务效率。泉州市贸促系统签发一般产地证3.19万份，涉及出口总金额16.67亿美元；签发优惠产地证5868份，涉及出口总金额2.53亿美元，泉州市企业减免进口国关税1264.13万美元。代办领事认证458份、办理国际商事证明书1799份。新增注册企业203家，注册企业达2942家；新增自主打印企业57家，181家企业通过自主打印享受便利化服务。经向中国贸促会申请，分别新获中国—东盟、中国—巴基斯坦自贸协定项下原产地证书签发权限。

【经贸政策宣传】　2021年，泉州市贸促会开展“靶向式”“落地式”培训指导，围绕区域经济一体化、应对经贸摩擦和贸易壁垒等重要内容，运用培训、讲座、咨询等方式，加强对企业的商事法律宣传、政策指导和风险预警。举办区域全面经济伙伴关系协定（RCEP）推广解读、走进国际商事仲裁交流、国际货物规则新发展、中小企业参与“一带一路”绿色发展等培训讲座14场次，惠及企业800余家。举办“助力企业抢抓RCEP机遇”专项行动，到企业“一对一”“面对面”解读RCEP实施意义、关税减让、原产地规则，指导利用自贸协定优惠政策，开拓国际市场。完善上下联动、共建共享的预警信息传递机制，向企业发送反倾销、技术性壁垒、产品安全等预警信息700多条，开展线上线下指导900余条次，惠及企业500多家。

泉州市残疾人联合会

【概况】　2021年，泉州市残疾人联合会（以下简称“泉州市残联”）健全完善残疾人服务保障体系，围绕残疾人事业高质量发展主题，贯彻落实中央、省、市党委、政府对残疾人事业重要部署，结合泉州实际，开展调研座谈，征求基层和市直相关部门意见，绘制“十四五”残疾人保障和发展规划新蓝图。全市投入2.4亿多元实施包括残疾人社会保障、康复服务、就业创业、扶残助学、权益维护和宣传文体等内容50多个助残项目。实施市委、市政府为民办实事关怀特殊困难残疾人项目，投入2424万元，为1万多户2.2万名残疾人发放“一户多残”家庭残疾人生活补贴，为5384名低保和已脱贫重度肢体残疾人发放居家托养补助，兜牢织密特殊困难残疾人生活保障网。

【残疾人社会保障与权益维护】　2021年，泉州市残联实施残疾人参加基本养老和基本医疗保险资助政策，投入1.36亿元为5.42万名困难残疾人和5.79万名重度残疾人发放生活补贴和护理补贴；投入416.13万元为全市13.87万名持证残疾人购买意外伤害保险；创新“托养照护+辅助性就业”管理模式，投入380万元为134名16～45周岁二、三、四级智力和稳定期精神残疾人提供全日制集中式托养服务；投入600多万元为2500多名残疾人提供机构托养和居家托养补助；投入14.85万元救助64名发生重大疾病、重大变故等临时特殊困难残疾人；投入200多万元走访慰问4000多个低保、一户多残和困难残疾人家庭；投入320万元为95户农村困难残疾人家庭实施“安居工程”项目，改善残疾人居住条件；投入75万元为678户残疾人家庭实施无障碍改造，推进市残疾人康复中心无障碍环境改造提升工程；投入2.63万元为101名残疾人发放机动车燃油补贴。推动丰泽区、安溪县创建福建省“爱心助残驿站”试点。开展持证残疾人基本状况调查，完成第三代残疾人证（智能化）换发工作，在全省率先实现三代证电子证照应用。实施“一窗受理”、集中办证、上门服务等残疾人证办理便利措施，为行动不便残疾人提供上门评残服务139场次，办理残疾人证2616本。发挥“12385”残疾人服务热线和信访服务平台作用，聘请常年法律顾问提供诉讼、协议合同、事务性法律咨询等服务，协同司法等部门开展《中华人民共和国民法典》宣传、残疾人法律援助和救助工作，妥善办理残疾人信件访问700多人次。完成人大建议3件、政协提案4件，依法维护残疾人合法权益。

【残疾人康复】　2021年，泉州市残疾人基本康复服务率和辅具适配率均达100%。泉州市残联实施残疾儿童康复救助，投入4000多万元救助3030名0～17岁残疾儿童，将0～6岁脑瘫和听障儿童康复纳入医保门诊特殊病种范围，每名儿童每年叠加最高15万元医保报销；市级脑瘫儿童康复基地为100多名脑瘫患儿提供早期干预；帮助31名听障儿童申请免费适配人工耳蜗；为全市残疾人及其家属提供免费社会心理服务。开展辅具适配服务，投入600多万元补贴残疾人适配辅具2000多例，其中市级财政叠加90万元补贴残疾人适配假肢矫形器和助听器；设立泉州市残疾人辅具服务站，为200多名残疾人及有需求的伤病人免费提供辅具回收维修借用服务。保障成年残疾人基本康复需求，投入700多万元为5000多人次精神残疾人提供服药、住院补助，改善精神残疾人医疗康复状况；投入30万元举办两期脊髓损伤者生活重建训练营，帮助30名重度肢体残疾人重建生活信心；常态化组织开展康复义诊和心理辅导“双下乡”巡回活动28场，服务群众2000多人次，免费送药价值3万多元。推进残疾人家庭医生签约服务，指导鲤城区国家级重点联系点建设，开展残疾人基本医疗、基本公共卫生、健康管理，创新残疾人家庭医生签约服务精准化。开展残疾预防宣传教育，联合卫健等部门开展残疾预防知识有奖问答、线上线下公益讲座、拍摄专题视频及移动彩信宣传等活动，宣传普及残疾预防知识，增强社会公众残疾预防意识。

【残疾人就业创业】　2021年，泉州市残联落实省级残疾人就业扶持政策，发放超比例安置残疾人就业

2021年10月15日，泉州市盲人协会在市残疾人康复中心开展免费保健按摩公益活动　　（图/市残联）

奖励480万元，投入298万元扶持596名困难农村残疾人从事种植、生产经营等就业创业项目。促进残疾人就业增收，投入43万元实施市级扶持残疾人自主创业项目，创建泉州市首家盲人医疗按摩机构，推动盲按行业持续规范健康发展。开辟残疾人辅助性就业新局面，指导基层整合依托医疗、康复、托养、特教等资源，培育创建辅助性就业机构13家，发放扶持资金91万元，安置残疾人300多名，发放工资180多万元。实施残疾人技能提升行动，举办各类技能技术培训23期，为2144名残疾人免费提供职业技能和实用技术培训，联合市人社局出台市级残疾人职业技能竞赛奖励政策，被省残联行文推广。加强残疾人就业援助服务，通过线上线下相结合方式开展残疾人就业援助招聘会72场次，提供残疾人就业专岗2400多个。开展应届高校残疾人毕业生“一生一策”就业指导和跟踪服务，有就业意愿残疾人毕业生就业率达100%。全市审核认定按比例安排残疾人就业用人单位363家1245人，征收残疾人就业保障金2.7亿元，新增残疾人就业4254人。

【残疾人教育和文体】 2021年，泉州市残联投入367.6万元资助1930名残疾学生和残疾人家庭子女就学，开展适龄残疾儿童少年控辍保学工作，帮助59名中、高考残疾学生获得合理便利服务，走访慰问新考录残疾大学生，举办国家通用盲文培训班。举办泉州市残疾人艺术会演暨福建省残疾人艺术会演泉州选拔赛，获4个一等奖、8个二等奖、6个三等奖，奖项数量居全省前列；获“永远跟党走”庆祝中国共产党成立100周年全省残疾人美术、书法、摄影作品比赛7个一等奖、15个二等奖、20个三等奖；投入13.25万元组织实施文化进家庭“五个一”活动，受益残疾人家庭265户。8名残疾人运动员获东京残奥会1铜、陕西残运会3金5银2铜成绩；获福建省聋人篮球邀请赛冠军；举办泉州市残疾人飞镖比赛，获福建省残疾人飞镖比赛优秀组织奖和2银1铜的佳绩。

泉州市红十字会

【概况】 2021年，泉州市红十字会学习贯彻习近平总书记关于红十字事业重要指示精神，围绕中心服务大局，依法履职尽责，推动各项工作落实，各项核心业务工作取得新进展新成效。全市接收社会捐赠款物4235万元。举办持证应急救护培训63场次，培训红十字救护员2401名；开展应急救护普及宣传讲座310余场次，受益群众8.96万人次。登记捐献造血干细胞志愿者人数392例，实现造血干细胞成功捐献7例。全市遗体器官捐献登记人数9283人，位居全省第一；实现器官捐献9例、遗体捐献9例，居全省第三名。

【应急救援】 2021年，泉州市红十字会加强重点水域值班。全市11支水上安全救援队伍坚持做好水上安全巡查宣传劝导和暑日应急值班，工作面覆盖市区和石狮、晋江、南安、惠安等区域大部分公开水域。全年劝导市民6.32万多人次，施救171人次。国家级水域类综合救援队泉州市红十字迅捷应急救援队全年防汛备勤6次，施救589人次。6月28日至7月1日，救援队支援邵武洪涝救灾，出动2车6名救援队员到街道、厂房、村民住宅清扫淤泥及垃圾，协助当地进行灾后重建整理；7月，增援河南新乡水灾救援，转移被困群众788人次。动员社会力量参与，助力泉州疫情防控。9月新冠肺炎疫情防控期间，泉州市红十字会发动社会捐赠，配合市应急指挥部物资保障组，承担社会捐赠款物的接收和管理，做实做细明确捐赠意向、跟踪款物动态、协调物流运输、物资出入库清点、款物登记建账等各个环节工作，处置社会捐款122.09万元，各类捐赠物资110多万件次，价值350多万元。

【应急救护】 2021年，泉州市红十字会深化应急救护“六进”活动，重点推进应急救护知识普及向农村和社区延伸。完成第二批5个红十字博爱驿站建设，全市建成博爱驿

2021年3月27日，泉州市遗体器官捐献者纪念碑揭碑

（图/市红十字会）

站11个，服务群众2.5万人次；完成4个省级红十字生命教育体验馆立项和建设。举办红十字应急救护师资培训班，新培训师资50人；率先在全市推进红十字应急救护工作标准化、规范化提升工作，成立泉州市红十字现场救护培训中心，解决宣传培训质量标准内容不完善、执行不到位等问题。联合其他部门协作，扩大救护知识宣教面。开展水上安全进校园宣讲活动16场次，受益学生及家长4200多人次。开展“守护童年•悦享暑期”安全教育系列活动5场次，受益儿童320余人次。开展纪念第74个世界红十字日暨防灾减灾日主题宣传活动，组织15名志愿队员为300多名群众开展心肺复苏和AED（自动体外除颤器）操作普及活动。

【人道救助】 2021年，泉州市红十字会开展“博爱送万家”活动，慰问困难群众款物价值156.04万元，受益困难群众4826人。帮助25名群众获得天使系列基金救助88万元，帮助8个器官、眼角膜等捐献者困难家庭申请救助50多万元，做好人道救助申报工作；刘经文大病救助基金救助大病患者163人次122.97万元。9月，设立“爱过年•情暖刺桐”项目，组织全市红十字系统参与“99公益日”线上募捐活动，筹集89.9万元，募捐额是2020年度的4倍多，捐款全部用于春节慰问困难群体。

【泉州市遗体器官捐献者纪念园启用】 2021年，泉州市遗体器官捐献者纪念园启用。纪念园位于福建省丰泽区北峰街道宏福路宏福园内聚散广场，占地200平方米。主碑刻有碑名、碑文、红十字标识，由两片巨大白色花岗岩通过红色花岗岩镂空雕刻万字纹相连接。两片次碑形环抱主碑，碑上刻捐献者的姓名、出生年月和捐献时间。雕花栏杆三面合围，正面台阶间青草坡镶嵌“生命之树常青，捐者仁心永存”两行字。3月27日，泉州市遗体器官捐献者纪念园揭碑仪式暨捐献者缅怀纪念活动在泉州宏福园举行，各级红十字会工作人员代表、捐献者亲属代表以及红十字志愿者代表等100余人参加活动。

【泉州市第四届应急救护大赛】 2021年12月3日，泉州市红十字会联合市总工会、市卫健委举办泉州市第四届应急救护大赛，各县（市、区）红十字会的10支队伍70名选手参赛。大赛首次使用现场直播的方式，吸引超15万人次在线观看。经过角逐，晋江市红十字会代表队等4支队伍获团体一、二、三等奖，谢钦赐等6人获个人综合一、二、三等奖，蔡新煌等6人获个人单项一、二、三等奖。

泉州市中华职业教育社

【概况】 2021年，泉州市中华职业教育社（以下简称“泉州市职教社”）发挥“统战性、教育性、民间性”的桥梁纽带作用，开展建言献策、理论研究、社会服务、温暖工程、组织发展、深化交流等工作。首次在团体社员院校（黎明职业大学、泉州信息工程学院）成立“社员之家”，实现基层组织建设零的突破。新吸收泉州市纺织服装商会、泉州市保密协会、北京中关村硬创空间科技有限公司3家行业组织、科技企业作为团体社员。联合泉州华光职业学院举办“奋斗百年路 启航新征程”摄影作品展，展出百幅珍贵照片，观摩师生超8000人次。

【建言献策】 2021年，泉州市职教社社务委员、社员向省、市、县三级“两会”提交建议、提案30余篇，向省人大、市政协提交的4篇职业教育方面的建议、提案被立案；参与《中华职业教育社“十四五”工作规划》征求意见工作，提出相关建议；参与中共泉州市委统战部组织的“第十二届党外人士建言献策论坛”活动，5篇文章被收录。

【职业教育】 2021年，泉州市职教社开展职教宣传、理论研究、技能培训等活动。组织、参与中央统战部、中华职业教育社（总社）重点课题研究，子课题分获三等奖、二等奖；与中华职业教育社（总社）、福建省职教社三级联动开展“推进职业教育高质量发展，促进职业教育提质培优，加强对外交流合作”“职业教育校企合作的问题和对策”和民办职业教育办学情况等专题调研；宣传、组织社员院校申报中华职业教育社第一届黄炎培职业教育社思想研究规划课题，6个课题入选规划课题。指导团体社员福建旋转木马互联网信息服务公司举办农村直播技能系列公益培训班，与黎明职业大学、泉州市侨联等开展24期职业技术培训服务，培训直播技能学员2500多人。

【温暖工程】 2021年，泉州市职教社动员社会力量，拓宽工作领域，在就业促进、助学助困、乡村振兴等服务民生方面取得成效。推进“同心就业促进行动”，开展校企合作，助力“产”“城”“教”融合，推动西人马联合测控公司与福建经贸学校达成教学实习和对口就业意向，促成黎明职业大学、泉州信息工程学院和泉州芯谷园区达成校企合作初步协议等，“同心就业促进行动”促成6200名毕业生与企事业单位达成就业和实习意向。参与泉州市统一战线“同心安居”工程，捐赠4万元帮助困难群众实施危旧房改造。参与泉州市统一战线“同心助学 松柏成才”活动，资助黎明职业大学等3所职业院校15名品学兼优的贫困学生，每人5000元。联合黎明职业大学承办王清海职业教育基金会的“我成长我作主 精准帮扶”大学生公益助学行动，首期启动基金100万元。指导团体社员单位福建旋转木马互联网信息服务公司开展农村直播技能系列公益培训班，首期活动由惠安技术学校承办，引导惠女在“互联网+”时代新业态下灵活就业。

【交流合作】 2021年，泉州市职教社推进团体社员院校开展海内外、海峡两岸、闽西南等职教交流合作。泉州轻工职业学院与中航国际延续合作，开展非洲加纳、加蓬“鲁班工坊”项目，项目成果在第六届中非民间论坛上展示；泉州信息工程学院与美国东华盛顿大学举行校际合作线上签约仪式，合作建立国际商务、财务管理2个专业的“121”联合培养实验班。泉州信息工程学院建立“中国闽台缘博物馆青少年研学基地”，承办第八届海峡两岸大学生职业技能大赛“智能硬件开发与应用”赛项；泉州华光职业学院、南少林国际学校建立台湾青年体验式交流中心；泉州华光职业学院承办“闽台好风光”两岸摄影作品展。泉州幼儿高等师范专科学校牵头成立闽西南学前教育联盟；泉州华光职业学院与厦门理工学院、厦门医学院等院校开展联合办学等。

2021年5月26日，由泉州市中华职教社联合泉州华光职业学院主办的“奋斗百年路 启航新征程”摄影作品展开幕 （图/市职教社）

【“2021年泉州市职业教育系列宣传展示季”活动】 2021年，泉州市职教社联合泉州市教育局、泉州广播电视台举办“2021年泉州市职业教育系列宣传展示季”活动，举办首届职教展，开展职业院校校长访谈直播、职教宣传短视频联播和2021年职业院校“最美教师”和“优秀毕业生”网络评选等活动，得到社会广泛关注，其中“最美教师”“优秀毕业生”网络投票吸引789万人次访问，总参与投票数达95万人，经学校推荐申报、线上展示评选、专家评审和公示，最终评选出2021年职业院校“最美教师”和“优秀毕业生”各30名。

泉州市计划生育协会

【概况】 2021年，泉州市计划生育协会落实“六项重点任务”（宣传教育、优生优育指导、生殖健康咨询服务、计划生育家庭帮扶、权益维护和流动人口服务），宣传倡导生育关怀，促进家庭健康。落实行业改革方案，到基层调研，吸纳意见，修改补充完善本级改革方案，于2月完成机构改革及“三定”工作。到各县（市、区）基层调研，加强市、县两级计生协会班子和党组织建设，推动12个县级计生协会全部出台改革方案，解决“机构定性、职能定位、人员定编”等具体问题。推动晋江市、德化县计生协会成立党组，泉港区、石狮市、晋江市、南安市、惠安县、德化县成立机关党支部，指导其他各县加强党组织建设。

【宣传教育】 2021年，泉州市计划生育协会在“5·29”会员活动日期间，指导各县（市、区）计生协会开展“永远跟党走·奋进新征程——庆祝建党100周年”暨计生协会第23个“会员活动日”活动48场，宣传服务群众1.6万人次；联合市妇联、泉州晚报社连续第15年在《泉州晚报》推出“阳光母亲”系列报道活动，宣传6名经帮扶脱贫致富的党员母亲反哺社会的故事；以“永远跟党走”为主题，设计印制计生政策、优生优育知识等宣传折页，联合编印《妇幼健康科普知识手册》，普及健康知识；在微信公众号设立“政策宣传”“优生优育指导”专栏，刊发229期700多篇，注册“泉州计生协会”抖音号，拓展宣传阵地。在《中国人口报》《中国计生协会工作通讯》《健康福建》等刊登各类工作报道、典型经验，刊用数继续位居全省前列。

【青春健康】 2021年，泉州市计划生育协会联合教育等部门出台《关于实施青春健康工作五年行动意见》，开展“生育关怀——青春健康教育进校园”活动，明确部门职责、工作规范，推动形成学校、家庭、社会三位一体的青春健康工作格局。以县为单位，开展“青春健康师资培训年”活动12场，培训师资500多人，实现全市所有中学、乡镇全覆盖；指导7家高校中标中国计生协青春健康高校项目。

【优生优育】 2021年，泉州市计划生育协会推动0～3岁婴幼儿照护服务纳入市委、市政府为民办实事项目，全年投入800万元，在全市建成10家具有示范效应的试点，保障婴幼儿家庭照护服务需求；联合泉州市妇幼院·儿童医院举办“我为群众办实事·健康知识进万家——优生优育·儿童早期发展知识巡讲活动”，在市计生协会抖音号、市儿童医院抖音号同步直播；联合市人社局、财政局等单位将婴幼儿照护服务纳入康养职业技能培训计划，在市级培训基地开展10期培训班，459人受训，437人获得育婴员资质证书；加大不孕不育诊疗服务工作力度，为59个高龄独生子女家庭和计生特殊家庭提供诊疗服务，实现再生育家庭17个，向接受手术治疗的59个家庭发放补助115.2万元。

【关怀帮扶】 2021年，泉州市计划生育协会深化生育关怀行动。实施计生家庭安居工程项目，全年新帮助278户计生二女户、独女户通过建房、购房、修缮房等方式，投入资金904万元解决住房困难问题。新帮扶1162名困难计生家庭中的独女户、二女户女儿及父母双亡的孤女就读大学，发放奖助学金571万元。连续8年承办市委、市政府为民办实事项目——计生特殊家庭关爱行动。走访关怀新增失独家庭和独生子女伤残家庭102户，发放一次性抚慰金50.6万元；春节期间走访慰问所有失独家庭，发放慰问金90.8万元；为失独家庭提供医疗保障，投入55.06万元为1506人办理住院医疗保险；为14户失独家庭修缮房屋，发放修缮款28万元改善居住条件；开展失独家庭结对帮扶活动，948个失独家庭“关爱小组”常态化上门为失独家庭提供心理疏导、生活照料、困难帮扶等志愿服务活动，发放活动经费94.8万元。失独家庭帮扶工作经验在全国和全省会议上作典型发言，为失独家庭提供医疗保险保障、解决“看病贵”问题等做法列入中国计生协失独家庭帮扶工作实践汇编。实施幸福工程、民生科技远程培训、紧急救助等项目。210户计生家庭得到幸福工程帮扶款205.9万元发展生产项目，近5000人通过手机客户端在线接受农村实用技术培训；124户遭遇重大疾病计生家庭得到33.7万元紧急救助。联合市妇联连续第八年开展“我为妇女群众办实事·扶助困难母亲”活动，为20户困难母亲提供10万元资金帮扶。开展计生家庭意外伤害保险项目，为14.57万户计生家庭增加保险保障，投入保费1457万元。

【权益维护】 2021年，泉州市计划生育协会重点为计生困难家庭提供法律援助，按照“搭建平台、健全机制、突出重点、依法援助”的工作要求，为计生困难家庭建立“防火墙”，打造法律援助“快车道”，维护计生家庭合法权益。指导南安市继续创建省级法律援助示范点，累计创建省级法律援助示范点4个。成立县级计生协会法律援助站12个、街道（乡镇）级法律援助站163个、社区（村）级法律援助点771个。每个法律援助站至少聘请1～2名法律顾问，为计生家庭提供法律咨询、援助等服务。在村（居）一级设立联络员，形成市、县、镇、村四级计生家庭法律援助网络。投入196.31万元用于开展法律援助项目工作，3775名法律援助志愿者参与维权，举办宣传活动830场，开展业务培训667场，解答法律咨询8010人次，为计生户代理法律援助案件327件，挽回经济损失435.33余万元，为计生户调解民事纠纷1251宗，协调维护计生户合法权益1029件，接受计生群众咨询8010人次，惠及计生群众14.79万人。

【流动人口】 2021年，泉州市计划生育协会推动计生协会向新领域、新行业、新群体延伸，在领SHOW天地文化创意园区、南安市关爱母婴服务行业协会、华侨大学丰泽创新创业园区、功夫动漫有限公司、晋江城建集团等成立不同类型的计生协会，扩大工作覆盖面。创新流动人口服务模式，协同相关部门做好流动人口宣传倡导、困难救助、儿童早期发展、青春健康教育、法律援助等服务，增强流动人口的归属感。

泉州市社会科学界联合会

【概况】 2021年，泉州市社会科学界联合会（以下简称“泉州市社科联”）围绕“永远跟党走·谱写新篇章”主题，组织全市社会科学普及宣传周活动。结合党史学习教育，开展活动近300场。立项资助“弘扬晋江经验 提升职业教育服务发展水平”等5个重点项目、“闽南优秀传统文化‘进校园’与‘在校园’探索实践”等9个一般项目。组织市域内各高校参与国家社会科学基金和福建省社会科学基金项目的申报，27个、90个课题分获国家级立项、省级立项。年度课题研究聚焦创新发展“晋江经验”、建设“世遗”典范城市、经济转型升级等主题，立项课题112项。指导下属43个社会组织按时年检，对下属社会组织进行全面排查、分类整治。对泉州老子研究会等3个长期没有活动、工作停滞的社会组织，报市民政局作出撤销登记处理；指导泉州市李贽学术研究会、泉州历史文化中心等6个社会组织完成换届工作，指导成立泉州市说文解字研究会。

【社科学术交流合作】 2021年3月25—26日和4月30日，泉州市社科联组织专家到南安市诗山镇开展乡村旅游课题研究，助力乡村振兴。8月9日，组织社科界专家撰写“学习贯彻习近平总书记在庆祝中国共产党成立100周年大会上的重要讲话精神”阐释文章，在《泉州晚报》理论版刊发。10月20日，与黎明职业大学主办“弘扬‘晋江经验’提升职业教育服务发展水平”学术论坛。论坛包括开幕式、专家主旨报告和“弘扬‘晋江经验’ 做亮双高样本”以及“高职生源多样化背景下高端技术技能人才培养”两个分论坛。论坛活动既有专家报告，也有学术交流，围绕“职教如何对接经济发展需求”“如何鼓励教师争做职业教育战线学习者、思考者、践行者”等问题进行探讨。10月28日，在泉州师范学院陈守仁商学院举办“网络安全威胁与应对”主题报告会，近300名学生参加。12月20日，与泉州职业技术大学举办“传统文化教育联盟2021年会暨传统技艺传承与发展研讨会”。研讨会主旨报告从非物质文化遗产的定义、分类、保护历史，以及闽南文化的发源地、核心区——泉州的历史文化发展与保护等方面，对泉州非物质文化遗产的发展展开论述。

【社科知识网上竞答】 2021年，泉州市社科联组织市民群众参与社科知识网上竞答活动，参与人数屡创新高。4月，组织市民群众参加福建省“庆祝中国共产党成立100周年”主题网上竞答活动。11月，组织市民群众参加省“深入学习贯彻党的十九届六中全会精神”主题社科知识网上竞答活动。

【社科普及宣传】 2021年3月1日至4月30日，泉州市委组织部、泉州市社科联、泉州市档案馆开展“红色档案”征集活动，征集各类历史档案资料3000余件。5月9日，泉州市社科联、南安市社科联组织开展以“知党史·听党话·跟党走”为主题的红色社科普及基地研学活动。5月28日，泉州市社科联、黎明职业大学外语与旅游学院举办百位留守儿童“鲤真美·有我更美”研学体验活动。5月10—29日，泉州市社科联、惠安县社科联举办海洋科普进校园系列活动。8—12月，泉州市社科联、泉州市档案局主办的“百年奋进刺桐红”——泉州市庆祝中国共产党成立100周年主题档案文献展在泉州工人文化宫开展，并到泉州府文庙、南安市罗东镇巡展。9—12月，泉州市社科联、洛江区社科联推出“‘洛’地有声系列微视频，让党的创新理论飞入寻常百姓家”网络科普活动。12月1日，泉州市社科联、丰泽区社科联、泉州师范学院第二附属小学举办闽南优秀传统文化“进校园”与“在校园”探索实践活动。11—12月，泉州市社科联、南安市社科联、泉州华侨历史博物馆举办“侨心向党·清风颂廉——党风廉政建设”主题图片展。12月4日，刺桐讲坛（第四十讲）——泉州木偶戏专题讲座在正音书院举行。12月18日，泉州市社科联、泉州市图书馆举办“探谜·海丝泉州图书馆真人实景解谜”活动。

【泉州市2021年社会科学普及宣传周活动】 2021年12月1—7日，中

2021年12月4日，泉州市2021年社会科学普及宣传周启动仪式在泉州府文庙举行 （图/市社科联）

共泉州市委宣传部、泉州市社科联及有关部门组织开展泉州市2021年社会科学普及宣传周活动。4日，泉州市2021年社会科学普及宣传周启动仪式在泉州府文庙举行。围绕“永远跟党走·谱写新篇章”主题，结合党史学习教育，全市开展主题图片展、现场咨询服务、专题讲座、特色科普活动等近300场。

【“学习党的十九届五中全会精神暨第十三届党校市情论坛”】 2021年1月20日，泉州市社科联、泉州市委党校、泉州市史志室举办“学习党的十九届五中全会精神暨第十三届党校市情论坛”。泉州市委副秘书长、市委改革办主任廖良结做“打造海丝名城　制造强市　建设现代化中心城市”专题报告，对泉州市经济社会发展的基本形势进行分析，对2021年市委、市政府的工作重点做研判。与会专家分别就“泉州人才‘港湾计划’实施情况调研”“海外南安籍新生代华侨华人对家乡认同感研究”“南安市利用大数据推进村（社区）网格化治理的实践与思考”3个课题做交流发言。与会专家学者和实务部门负责人联系泉州实际，围绕课题研究和智库建设发表见解。

泉州市金门同胞联谊会

【概况】 2021年，泉州市金门同胞联谊会发挥“以金联台、以金促台”独特优势，建设台胞台企登陆第一家园，为推动两岸关系和平发展贡献力量。组织开展线上线下教育活动10多场次，300多人次参加活动。组织机关人员和在泉州市的省金联理事参加“2021年全省金门联骨干培训班”学习，做到学史明理、学史增信、学史崇德、学史力行。疫情防控期间，加大对常住泉州金胞的联络联谊，促进到泉州就业创业金门同胞更好地融入泉州生活。打造工作品牌，邀请金门、台湾少年儿童以视频的形式参加童谣比赛，增进海峡两岸少儿文化艺术交流。完成《泉州市金门同胞联谊会改革方案》。

【交流交往】 2021年3月12日，泉州市金门同胞联谊会组织30余名常住泉州台胞、金门同胞与定居泉州台胞、金门同胞到惠安青山宫举行义务植树。6月12日，邀请部分常住泉州台胞、金门同胞与定居泉州台胞、金门同胞到社区，开展“情暖端午，共筑两岸情”两岸同胞端午民俗文化活动。7月，走访金门籍企业泉台园金门高粱酒专营店、泉州乡村好货馆（石井店）和水象食品（福建）有限公司，了解企业生产情况，宣传惠台政策。联合福州市、漳州市金联在龙岩举办党史学习教育暨理事履职培训。培训以“学党史缅先烈，同心同向促统一”为主题，引导理事了解中国共产党的百年奋斗史，追寻红色记忆，接受爱国主义教育，提高理事履职水平。申报和发放福建省金门同胞扶贫济困专项资金，发放31.32万元110人次，其中困难金门同胞3人、老龄金门同胞107人。

【信息宣传】 2021年，泉州市金门同胞联谊会编辑《金联会讯》6期约1.9万字，向乡亲宣传两岸交流、会务工作、对台政策；介绍金门政治经济等情况；利用“金胞之家”和“理事群”微信群，每天发送《金门日报》电子版，向金门同胞宣传故乡政治、经济、社会、文化等方面的最新情况。

【参政议政】 2021年，泉州市“两会”期间，市金门同胞人大代表、政协委员撰写建议、提案7件。其中，人大代表董丰文撰写的《关于规范和提升泉州保姆家政服务的管理和服务水平的建议》被评为优秀建议；政协委员张亚轮参与泉州网《泉州市市容和环境卫生管理条例》专题访谈，为打造高颜值的泉州城建言献策。全市金门同胞人大代表、政协委员参加参政议政活动20余场次。

【第五届海峡两岸（泉州）闽南童谣大赛】 2021年12月17日，由泉州市金门同胞联谊会等主办的第五届海峡两岸（泉州）闽南童谣大赛汇报演出暨颁奖仪式在泉州广播电视台举行，邀请4所金门县、台中市小学和幼儿

2021年12月17日，由泉州市金门同胞联谊会等主办的第五届海峡两岸（泉州）闽南童谣大赛汇报演出暨颁奖仪式在泉州广播电视台举行

（图/市金联会）

园录制3个节目视频现场展播；3名金门县、台中市的校长和3名台湾协办方代表为大赛送来祝词视频。泉州广播电视台“无线泉州”App、中央广播电视总台“国广东方”海外平台同步视频、音频直播。中国新闻网、中国网、东南网、“学习强国”平台、泉州广播电视台等各级主流媒体纷纷报道。通过广播、电视、网络、新媒体等形式传播，形成舆论氛围和宣传效果。

2021年6月16日，洛江区关工委在马甲小学举办“学习百年党史 培育红色新苗”主题宣讲活动 （图/市关工委）

泉州市关心下一代工作委员会

【概况】 2021年，泉州市关心下一代工作委员会（以下简称“泉州市关工委”）贯彻落实中国关工委、省关工委有关工作部署，推动关心下一代工作高质量发展。专题筹划部署“百年献礼——党旗在我心中高高飘扬”主题宣讲活动，收集主题活动宣讲课题28个；在青少年中开展“五个一”（组织青少年聆听一次“五老”宣讲、阅读一本党史国史书籍、参观一个革命遗迹、参加一场征文活动、创作一幅书画或短视频）活动，推动党史学习教育走深走实；印发《颂百年党建、做时代新人》党史学习教育画册供基层作为宣讲活动参考；参与省关工委“红心向党，礼赞百年”思想理论优质课程评选展示活动，课程“艰辛孕育伟大，同心铸造辉煌”获高中（中职组）一等奖。开展“颂建党百年 做时代新人”两岸共同家园庆祝活动、“致敬百年，爱心向党”文艺志愿者巡演和“大手牵小手，永远跟党走”演讲（讲故事）比赛、建党百年文艺调演等系列文化艺术活动；在全市范围内评选出111名勇于担当、无私奉献的“最美关工人”，联合《东南早报》进行“庆建党百年 守初心使命”专题报道，宣传“最美关工人”的先进事迹。

【青少年社会教育】 2021年，泉州市关工委深化青少年社会教育活动，推动关心下一代工作创新发展。“六一”国际儿童节慰问丰泽、永春两所老区小学师生，捐赠奖教奖学金10万元。联合教育局、团委、残联等在泉州市聋哑学校开展关爱残障儿童活动。与南安市东大村开展城乡小朋友“我们的节日•端午”活动。调研德化县“小县大城关”青少年关爱问题，指导制定《对进城务工人员子女跟进关爱的工作意见》，推进“跟进关爱”新模式试点。指导全市171个青少年社会教育活动中心开展“我们的节日·春节·元宵”“寒假主题月”活动，与市委文明办和团市委，联合市高校开展“大手牵小手、共筑中国梦”暑期社会实践活动，发动600多名高校青年志愿者参与实践活动。筹集爱心助学资金140多万元，为260多名困难大学生送温暖；与市总工会、市慈善总会以“两会一委”关爱模式筹集关爱资金30万元资助贫困大学生；联合市教育基金会为安溪、德化等山区中学捐赠关爱资金10万元。

【关心下一代工作队伍建设】 2021年，泉州市关工委强化“五老”（老干部、老战士、老专家、老教师、老模范）和志愿者队伍建设，以“关心下一代志愿者联盟”和“未成年人保护联盟”两支队伍为基础，打造一支组织健全、人员相对稳定、结构合理、覆盖面广的志愿服务力量。全市有4.3万多人参加关工委工作，其中“五老”人员占90%以上。截至年底，全市各级关工委建立各种不同类型的志愿者服务组织400多个，志愿者达1万多人。

【普法教育活动】 2021年，泉州市关工委印发《中华人民共和国预防未成年人犯罪法》普法材料汇编，推动《中华人民共和国宪法》《中华人民共和国民法典》以及新修订的《中华人民共和国未成年人保护法》《中华人民共和国预防未成年人犯罪法》“四法”的学习宣传进校园、进社区、进青少年社会教育活动中心、进失足青少年帮教基地。组织开展“中华魂”主题教育活动，征订活动读本8000册分发基层各中小学校和青少年社会教育活动中心。

外事·侨务·台港澳事务

外事

【概况】　2021年，泉州市合理统筹疫情防控和对外交流合作，推进外事各项工作。推进对外交流合作，“泉州：宋元中国的世界海洋商贸中心”申报世界遗产成功，泉州在全世界的“热度”大幅提升，开展东亚文化之都城际交流，促进与有关国家的民心相通。推进国际友城交流与合作，加强外事管理服务，受理访华邀请事项71批243人次，举办APEC（亚太经济合作组织）商务旅行卡推介会5场次，受理申办件77批116人次，比上年增长235%。

【国际交流合作】　2021年，泉州市开展东亚文化之都城际交流，以视频方式参加2021横滨舞蹈节、韩国光州亚洲文化论坛等，组织策划中日韩东亚文化之都摄影交流展、城市宣传推介等活动；与菲律宾菲中电视台举办2021菲律宾•中国福建（泉州）电视周活动；推动有关在泉州高校和中小学通过线上方式与境外友好学校开展交流，组织“丝路华教·感知中国”线上专题营及海外华文教师培训班等。“泉州：宋元中国的世界海洋商贸中心”项目经世界遗产大会审议通过后，部分外文报道被美国有线电视新闻网（CNN）等境外媒体采用。各国华人、华侨代表、国际友城市长、议员和有关国际组织友好人士通过贺信和视频方式表示祝贺。世界遗产大会开幕前夕，由萨摩亚、汤加等国驻华大使组成的外国驻华使节团专程访问泉州，感受泉州的遗产文化。

【国际友城工作】　2021年，泉州市推进国际友城交流与合作，利用元旦、春节互致新年贺词，以及泉州市主要领导人事调整、申报世界遗产成功的契机，主动向各国际友城通报相关情况，加强沟通联系；以市政府名义通过视频向韩国光州广域市“中国文化周”开幕式致贺；邀请光州驻上海代表处首席代表到泉州访问并与泉州民营企业家座谈交流；推动泉州五中学生参加韩国济州岛国际青少年论坛，策划泉州实验小学与日本浦添市港川小学、泉州一中与丹麦霍尔拜克市石斧中学开展线上交流；组织有关国际友城、友好交流城市参加全国友协和省外办组织的中国土耳其民间友好合作对话会、“东盟+中日韩博物馆云论坛”、中国（福建）—欧洲友城遗产保护和文明对话研讨会等活动。

【外事管理】　2021年，泉州市加强外事管理服务，发挥市委外事委作用，加强党对外事工作的领导。3月，召开市委外事工作委员会第三次全体会议，对年度全市外事工作进行研究部署。通过在集中隔离场所设置双语标识，发放防疫“健康包”，配备双语志愿者等措施，加强对在泉州集中隔离的外籍人士的人文关怀和柔性管理。春节前夕开展走访慰问，通过泉州网等地方主流媒体发出《致在泉外籍人士的一封信》，倡议在泉州外籍人士配合做好防护，共抗疫情；外事、科技、教育等涉外部门和相关县（市、区）开展“在泉外籍人士活动日”主题活动，通过参观遗产点和企业、体验非物质文化遗产、座谈交流等方式，了解其需求并帮助协调解决有关实际问题。

【中国泉州·日本浦添少儿线上友好交流活动】　2021年7月13日，中国泉州·日本浦添少儿线上友好交流活动在泉州市实验小学举行。交流会上，浦添市立港川小学和泉州市实验小学进行校园宣传片展示、学生互相提问回答、双方文艺表演视频播放等。泉州市实验小学学生用流利的日语向日本学生问好时，日本学生发出阵阵掌声。日本学生很认真地记录泉州学生回答的内容，视频中不时还传来日本学生用汉语回应的“你好”“谢谢”等话语声。最后，交流会在两市儿童在线合唱《红蜻蜓》的歌声中结束。1988年，日本浦添市与泉州签署缔结友好城市关系协议书。2001年，两地教育部门签订“泉州市·浦添市少年儿童友好交流备忘录”，根据备忘录精神，确定双方两年一次互派少儿友好交流。2020年因新冠肺炎疫情缘故，两地未能如约进行互访。为继续做好两地友好交流，2021年改为线上交流。泉州市实验小学与浦添市的情谊已持续30多年。

2021年泉州市重要外事活动情况表

表4

时间	主要活动
1月23日	新加坡、泰国、菲律宾驻厦门领事馆在新加坡总领事吴俊明率领下一行6人（其中新加坡1人、泰国2人、菲律宾3人），参加2021中国石狮跨境电商发展（线上）峰会
3月19日	泉州市与日本浦添市共同参加福建省政府外事办公室与日本冲绳县文化观光体育部举办的福建—冲绳留学研修人员线上交流会
4月17—18日	新加坡驻厦门领事馆总领事吴俊明参加第二十四届海峡两岸纺织服装博览会
4月19—21日	韩国光州广域市驻上海代表处首席代表文景楠一行3人访问泉州，考察嘉泰数控科技股份有限公司等，与海陆丝绸之路城市联盟工商理事会秘书处座谈
4月21—23日	驻华使节团参加第二届国际茶日“茶香农遗——驻华使节走进遗产地”暨2021年安溪铁观音开茶节国际交流系列活动
6月30日	泉州市与波兰弗罗茨瓦夫市共同出席福建省政府外事办公室主办的中国（福建）—欧洲友城遗产保护和文明对话研讨会
7月13日	泉州市实验小学与日本浦添市港川小学开展线上友好交流活动
7月13日	泉州市、泰国孔敬市、泉州海外交通史博物馆、印度尼西亚巴厘岛博物馆协会共同出席福建省政府外事办公室、福建省文化和旅游厅主办的“东盟+中日韩博物馆云论坛”
7月15—16日	应外交部邀请，萨摩亚、汤加等国驻华使节一行22人访问泉州，参观泉州海外交通史博物馆、泉州非物质文化遗产馆等。福建省副省长、中共泉州市委书记康涛会见客人，副市长周真平陪同客人参观
8月4日	泉州市与土耳其梅尔辛伊尼赛市共同出席中国人民对外友好协会主办的中国土耳其民间友好合作对话会
9月8日	泉州市组织企业参加韩国光州广域市政府上海代表处在厦门举办的招商引资洽谈会
9月10日	菲律宾驻华大使馆大使罗马纳一行7人，到晋江黎刹广场献花，参观泉州海外交通史博物馆、清净寺、开元寺
9月11日	泉州第一中学与丹麦霍尔拜克市石斧中学举行线上师生交流活动
10月23日	第七届韩国光州广域市“中国文化周”开幕，泉州市副市长汪志红在开幕式上发表视频祝贺，泉州市选送南音视频《千家罗绮管弦鸣》在“中国文化周”期间展演
11月24日	新加坡驻厦门总领事馆总领事吴俊明一行14人，拜会泉州市领导和相关部门
11月25—26日	在福建省政府外事办公室组织下，来自印度尼西亚、缅甸、安哥拉等7个国家的留学生代表团一行17人到泉州开展“外国留学生看福建”活动，参观泉州海外交通史博物馆等
12月3—4日	印度驻广州总领事馆总领事何继往一行5人，参观泉州海外交通史博物馆和开元寺
12月23—26日	菲律宾驻厦门总领事馆总领事欧莉娜、新加坡驻厦门总领事馆总领事吴俊明、泰国驻厦门总领事馆代总领事婉拉葩一行13人，参加“海丝”国际品牌博览会开幕式
12月29日	菲律宾驻厦门总领事馆总领事欧莉娜一行19人，到晋江黎刹广场献花圈

侨务

【概况】 2021年，泉州市克服全球新冠肺炎疫情大流行的影响，推进各项涉侨工作。开展“暖侨行动”，组织开展“同心抗疫 情暖侨胞”春节走访慰问活动，慰问海外乡亲等，配套资金220.04万元。密切海外联谊，全年接待重点侨商、专家学者及侨团10余批100多人次。举办2021年RCEP（2012年由东盟发起的区域全面经济伙伴关系协定）青年侨商创新创业峰会、“学党史、知侨史、增信心、

2021年6月9日，国务院侨务办公室调研组在泉州南洋华裔族群寻根谒祖综合服务平台调研（图/市侨联）

跟党走”主题活动等大型涉侨活动5场，330多人次参加。发动海外侨胞向泉州市“同心”系列工程捐赠96万元，助力精准扶贫、助学等民生改善工作。支持海外华社抗击新冠肺炎疫情，为13家海外社团捐赠60万元的资金以及医疗物资。以落实“再学习、再调研、再落实”活动涉侨重点专项任务为契机，在全市范围内开展重点侨情调查，摸清泉州籍海外专业人士、留学人员等底数。全市接收侨捐4.92亿元。

【侨务联谊与招才引智】 2021年，泉州市承办RCEP青年侨商创新创业峰会，200多名专家学者、侨商侨领参会。结合党史教育活动，举办2期泉州籍海外侨胞“学党史、知侨史、增信心、跟党走”主题活动。组织16个国家的25名泉州籍海外优秀青年到福州参加“第三期闽侨青年精英海丝情”活动，增进泉州籍、福建籍青年精英互动交流。

【侨务对外宣传】 2021年，泉州市通过组织泉州籍侨胞参观侨史博物馆、“侨”主题展览、座谈交流等形式，引导侨胞了解党史、侨史，增强爱国情怀。以庆祝中国共产党成立100周年为契机，举办“侨心向党 凝心逐梦——泉州籍侨界代表学习习近平总书记在庆祝中国共产党成立100周年大会上重要讲话精神分享会”，邀请海外代表人士谈感想、讲心得，增进海外泉州籍侨胞对中国共产党和中国特色社会主义的理解和认同。发动海外侨胞参与庆祝中国共产党成立100周年、泉州申报世界遗产和省、市党代会等专题的宣传报道工作，引导海外泉州籍侨亲讲好“中国故事”、泉州篇章，传播“海上丝绸之路”文化和闽南文化。密切同海外华侨华人联系交流，收集撰写海外疫情动态研判信息32期。

【海外华文教育】 2021年，泉州市落实华文教育工作发展规划（2021—2025年），举办2021年“华教同心园 筑梦云课堂”马来西亚华文教师线上研习班，营员110人，提升海外华文教师队伍的教育教学能力和水平；举办2021年海外华裔青少年“丝路华教·感知中国”线上专题营活动，营员200人，让海外华裔青少年感受中华优秀传统文化的魅力，增强民族认同感和自豪感。加强与海外华校的校际交流，指导城东中学为菲律宾仙朝峨中学开展线上华文课程；推动泉州市通政中心小学与菲律宾计顺市菲华中学召开姐妹校“云”上联席会议，泉州培元中学与菲律宾侨中学院友好班级开展学生“云”端交流，泉州市第二实验小学与菲律宾中正学院开展网络直播迎新年联欢会演等活动。

【2021年RCEP青年侨商创新创业峰会】 2021年12月26—28日，2021年RCEP青年侨商创新创业峰会在石狮举行。峰会采取线上线下结合举办，线上开设24个“东盟10+5”等国家视频分会场，政企专家、福建籍侨商、创业侨青代表等200多人与会。峰会期间，福建省首个面向华侨华人的跨境电商平台“侨易邦”上线发布并入住首批企业，省侨青跨境电商实训基地授牌，各地商协会产业集群馆代表入驻，举行跨境电商实训合作、海外仓建设项目等线上线下签约。

2021年泉州市侨务活动情况表

表5

时间	主要活动
1月1—3日	知名旅美艺术家蔡国强等一行5人到泉州考察。市领导康涛、王永礼、林万明会见客人
2月2日	马来西亚IOI产业集团董事长李耀昇及夫人、新加坡童心教育国际集团董事长柯鸿景一行到泉州参访，市长王永礼、市委常委林万明与客人座谈交流
2月20日	新加坡天宇集团董事长何志东、世界泉州青年联谊会印度尼西亚分会执行会长何国家、吉林福建青年商会会长陈安源等一行9人到泉州参访

续表5

时间	主要活动
3月2日	美国 Tercel Group，LLC董事长吴为滨一行5人到泉州参访
3月16日	欧洲福建侨团联合总会访问团一行9人、坦桑尼亚福建同乡会会长许火炮及夫人等到泉州参问
3月20日	菲律宾石狮市同乡总会第十五届理监事会就职典礼在石狮举行
4月22日	世界福建青年菲律宾联会访问团一行18人到泉州访问
5月14日	市委统战部（市侨办）举办泉州籍海外侨胞“学党史、知侨史、增信心、跟党走”主题活动，8个国家和地区的30名泉州籍海外乡亲参加
5月27日	美国福建海外联谊会会长杨文田一行2人到泉州访问
6月24—25日	马来西亚IOI产业集团董事长李耀昇、IOI产业集团中国区总经理郑文良、IOI产业集团中国区副总经理陈庆宏一行到泉州考察访问，市委常委、统战部部长林万明与客人座谈交流
7月8日	举办第二期泉州籍海外侨胞“学党史、知侨史、增信心、跟党走”主题活动，12个国家和地区的40名泉州籍海外乡亲参加
7月8日	“侨心向党　凝心逐梦——泉州籍侨界代表学习习近平总书记在庆祝中国共产党成立100周年大会上重要讲话精神分享会”举行，邀请杨文田、陈展垣、蔡国伟、魏腾雄等参加中国共产党成立100周年庆祝活动的海外侨胞代表参加并发言
“9·8”投洽会期间	泉州市在厦门国际会议中心酒店举办2021年泉州市侨资专场招商推介会，邀请13个国家37名泉州籍侨商参加推介会，团组参会6个团18人，个人参会19人
9月	向南部非洲闽南总商会、缅甸中华总商会、“世泉青”印度尼西亚分会、世界泉州青年联谊会马来西亚分会、泰国泉州晋江联合总会、柬埔寨泉州同乡会等6家海外社团寄送价值50万元防疫药品——清肺排毒汤，帮助海外华社抗击疫情。通过世界泉州青年联谊会向7家海外社团提供抗疫资金10万元
11月4—7日	第四届中国国际进口博览会在上海举行。11月5日举办福建省交易团泉州分团专场招商推介会及客商恳谈会，邀请重点侨商参会
12月26—28日	2021年RCEP青年侨商创新创业峰会在石狮举行。峰会采取线上线下结合举办，线上开设24个“东盟10+5”等国家视频分会场，政企专家、福建籍侨商、创业侨青代表等200多人与会。省委常委、统战部部长王永礼，市政协党组书记肖汉辉出席开幕式并致辞。市委常委、宣传部部长、统战部部长陈辉宗出席26日举行的侨商座谈会

泉台交流合作

【概况】 2021年，泉州市发挥对台合作交流独特的人文、区位、产业等优势，推进海峡两岸融合发展。注重发挥对台资源优势，举办“海博会”“鞋博会”“农订会”等涉台展会，全市新批台资企业116家，投资总额1.68亿美元，实际利用台资1.54亿美元。实施海峡两岸闽南文化溯源交流工程，全市组织各类涉台交流活动近50场次，4万人次台胞参加线上线下活动。

【泉台经贸合作】 2021年，泉州市发挥对台资源优势，开展对台招商“牵线搭桥”和政策服务。举办“海博会”“鞋博会”“农订会”等涉台展会，通过线上线下相结合的模式，实现展会规模、台商台胞参与热情“双不减”。第五届海峡两岸食品交易会参展企业1012家，比2020年增加319家，盛香珍、华元、太祖、糖村等30家台湾企业、台资企业参展，达成意向交易额163.58亿元，比2020年增长18.02%，展会知名度和影响力进一步提升。第14届海峡两岸农产品采购订货会展会规模2.5万平方米，设置13个展区、708个展位，吸引全国各地423家企业参与，台湾展商占42.7%。集中展示美食、水果、茶叶、豆干、建盏等超千种产品，除传统农产品外，还有农业技术、农业机械和新营销模式。4月，举行泉州台商投资区2021年台资招商大会，26个台资项目签约，总投资175亿元。截至12月，全市累计批准台资企业1997家，投资总额66.15亿美元，实际利用台资12.82亿美元。

【泉台民间交流】 2021年，泉州市克服疫情影响，举办第十三届海峡论坛泉州活动，南安和晋江两地分别举办南安凤山文化旅游节、晋江市（安海）两岸端午民间旅游文化节，形式新颖、内涵丰富。泉州天后宫举办第十五届泉澎“乞龟”线上民俗文化活动，吸引两岸民众逾9万人次参与。推动与台北晋江同乡会、新北福建同乡会等16个台湾同乡宗亲组织开展常态化对接交流，推动与61个台湾乡镇、村里对接交流，打造晋江市安海镇、崇武镇大岞村等5个同名同宗示范村（镇）。

2021年6月14—20日，晋江市（安海）第九届两岸端午民俗旅游文化节开幕式举行。图为开幕式文艺会演 （图/市政府台港澳办）

【泉台青少年交流】 2021年，泉州市推动泉台青少年交流活动，组织在泉州台湾学生开展泉州与台湾两岸民间创业交流会，宣传介绍泉州市惠台政策和投资环境。开展两岸大学生工业设计交流、两地职工法律实务研讨、两岸青年闽南文化溯源交流活动、两岸青少年武术文化交流、“闽台好风光”摄影展等活动，以亲情乡情为媒，缔结泉州与台湾青少年交心交融新纽带。

【第四届“蔡襄杯”闽台中小学生书法大赛举行】 2021年，泉州市举办国务院台办2021年对台交流重点项目——第四届“蔡襄杯”闽台中小学生书法大赛，采用福建选手现场书写，台湾选手寄送作品、视频直播的形式举行，两岸有353名选手获奖，其中台湾选手40名。

【第九届泉州海峡两岸大学生设计工作坊举行】 2021年9月1日，泉州市第九届海峡两岸大学生设计工作坊举行，活动采取“线上作品提交+线上专家指导+线上企业评审”的方式进行。工作坊吸引包括清华大学、台湾实践大学、台湾艺术大学等100多所两岸设计高等学府参与，报名学员近万名，为九牧卫浴、梅花伞业、钜闽机械、亲亲食品等93家全国知名企业产出设计2000多件。活动以工业设计为媒，打造泉州和台湾青年交流“新名片”。

表6

2021年泉州市对台交流活动情况表

时间	项目名称
1—12月	艺揽闽台——大师与您面对面
2月12—28日	第十五届泉澎“乞龟”线上民俗文化活动
2月24—26日	闽台东石灯俗
2月26日至3月8日	第三届两岸少儿（围头古街）闹元宵暨第六届海峡姻亲（围头新娘）庆“三八”系列活动
3月12日	在泉州台胞义务植树活动
3月13日至6月30日	台胞陈文仁为祈愿海峡两岸早日和平统一骑行祖国各省会
3月30日	“安溪城隍爷云朝拜”
4月7日	2021年世界卫生日义诊及对台工作宣传活动
4月16日	“党史讲给台胞听”党史学习教育活动
4月25日	“手相牵，情相近，心相连”鲤台青年闽南文化溯源交流活动
4月29日	“我们的节日·劳动节”与台湾居民分享美食活动
5月16日	“我们一样YOUNG——‘桑梓同心’”台湾学生闽南文化研习营

续表6

时间	项目名称
5月31日	“闽台科技 融合发展”全国科技工作者日系列活动
6月12日	“情暖端午，共筑两岸情”主题活动
6月11—20日	晋江市（安海）第九届两岸端午民俗旅游文化节
6月14—19日	“云端版”第十五届闽台对渡文化节暨蚶江海上泼水节
6月19—20日	泉台两岸民间创业交流会
6月17日	纪念郑成功收复台湾359周年活动
6月9日	电影故事片《海峡情缘》首映式
6月10日	“我为台胞办实事”暨“粽情粽意”两岸同胞端午交流活动
6月19日	“共叙文化交流·共促融合发展”主题文化活动
6月25日	“海峡两岸融合发展之路——福建探索与实践”展览
7月15—18日	第十一届海峡两岸生物多样性与森林保护文化研讨会
7月16日	第十一届海峡两岸中学生闽南文化夏令营活动
7月18日	第四届“蔡襄杯”闽台中小学生书法大赛
7月17日至8月15日	晋江海峡两岸大学生线上设计营
7—9月	第九届泉州海峡两岸大学生设计工作坊
10月20日	泉州市台资企业协会石狮联谊会第十六届“两岸情·同胞心”助学金颁赠仪式
11月4—6日	第十三届海峡论坛•第八届南安（国际）凤山文化旅游节
11月12日	2021年“回望百年路，共筑中国梦”丰泽台港澳同胞及华侨华人联谊座谈会
11月18日	晋台民间交流协会换届
11月22—28日	第二届青山王民俗文化节
11月25日	组织晋江台胞台企开展职务链接法制宣讲活动
11月26日	德化县两岸闽南文化溯源交流活动
12月1日	“台胞在安溪”短视频大赛
12月2日	“闽台好风光”两岸主题摄影展
12月4日	首届泉台两地职工法律论坛活动
12月15—16日	第七届闽台（晋江金井围头）乡村旅游文化节
12月15—17日	第六届泉台两地雕艺行业职工技能竞赛
12月18—20日	洛江区第二届少儿武术锦标赛暨两岸青少年武术文化交流活动节
12月25日	“声磊 时光公益”音乐会
12月25日	两岸乡村振兴与社区营造论坛暨福建爱故乡研讨会
12月27日	“丝丝同心梦 声声两岸情”鲤台青年新年音乐会
7—12月	第五届海峡两岸（泉州）闽南童谣大赛

泉港澳交流合作

【概况】 2021年，泉州市推进与香港、澳门的交流合作。筹备和推进“海丝情·中国梦”港澳青年精英泉州故乡行活动，调动各方面的积极性，向港、澳重点社团、重点人士发出68封邀请函，邀请香港、澳门32个主要社团的105名港澳青年精英报名参加第五届“海丝情·中国梦”港澳青年精英泉州故乡行活动。由于疫情影响，活动推迟。经多年推进，“海丝情·中国梦”港澳青年精英泉州故乡行活动逐步成为海内外知名的港澳青年交流品牌活动，截至年底，有38个港澳主要社团参与活动。

【泉港澳经贸合作】 2021年，泉州市新批中国香港地区到泉州投资企业243家，投资总额21.6亿美元，合同港资11.3亿美元，实际投产企业43家，实际利用港资5.9亿美元。新批中国澳门地区到泉州投资企业74家，投资总额1.4亿美元，合同澳资1.3亿美元，实际投产企业9家，实际利用澳资75万美元。泉州市对中国香港地区贸易总额20.8亿元，比2020年下降48%，其中自香港购入额9045万美元，比2020年增长128.6%，销往香港贸易额19.9亿元，比2020年下降49.8%。对中国澳门地区贸易总额4.89亿元，比2020年增长907.3%，均为销往澳门。

2021年4月30日，由泉州市政府、香港贸易发展局主办的“泉州品牌·香港线上展览”启动
（图/市商务局）

【“泉州品牌·香港线上展览”启动】 2021年4月30日，由泉州市政府、香港贸易发展局主办的“泉州品牌·香港线上展览”启动仪式在泉州、香港两地同时举行。活动借助香港贸易发展局“贸发网采购”电子商务平台，设立“泉州品牌·香港线上展览”专区。2021年，专区在2020年基础上进行扩容升级：免费为120家企业提供买家引流，打造“线上泉州交易区”；展示泉州经济社会发展、行业优势，打造“线上泉州展示馆”；利用“香港贸发局商贸平台”App、全球买家电邮、买家微信等推广造势，打造“线上泉州推广链”。

【泉州市2所大学与澳门城市大学签订合作备忘录】 2021年，泉州市主动联系澳门城市大学、澳门特别行政区政府教育暨青年局，于5月18—21日组织泉州职业技术大学、泉州轻工职业学院2所大学的主要负责人及相关业务人员到澳门开展泉澳高校专项交流活动，推动泉州职业技术大学、泉州轻工职业学院2所大学与澳门城市大学签订合作备忘录，协助泉州市高等教育发展中心与澳门特别行政区政府教育暨青年局建立工作联系，为推进更多泉州与澳门政府部门间的交流合作打下基础。

2021年5月19日，泉州轻工职业学院与澳门城市大学签订合作备忘录
（图/泉州轻工职业学院）

法 治

人大立法

【概况】 2021年，泉州市人大常委会制定《泉州市历史文化名城保护条例》，为世界遗产保护管理工作提供重要的法规支撑。征求机关、高校、科研机构和各级人大代表意见建议，编制2022—2026年立法规划和2022年立法计划（草案）；加强地方性法规的宣传贯彻实施，委托华侨大学法学院对《泉州市海上丝绸之路史迹保护条例》开展立法后评估；组织对《泉州市市容和环境卫生管理条例》实施情况进行专题调研；对市区内沟河保护管理工作情况开展专题询问，推动法规落实到位。

【立法工作机制建设】 2021年，泉州市人大常委会继续健全党委领导、人大主导、政府依托、各方参与的立法工作格局，形成覆盖法规立项、起草、论证、审议和评估等全流程的制度规范。建立立法专班制度，实行“一个项目、一个专班、一抓到底”。加强与政府沟通联系，形成“同心同向、携手合力”立法协作机制。拓宽公众参与立法的渠道，建立健全法规草案公开征集意见及采纳反馈机制，发挥立法顾问和专家、基层立法联系点作用，促使立法工作更接地气、更具实效。

【法规实施推动】 2021年，泉州市人大常委会坚持立行并重，做好立法“后半篇文章”。出台规定，构建法规实施一年内调研、两年后执法检查和三年后评估的“三位一体”监督机制。采取三级人大联动、专题询问和满意度测评相结合的方式，跟踪《泉州市历史文化名城保护条例》法规的实施情况，督促相关配套制度和基础性工作落实到位。对“海上丝绸之路”史迹保护条例进行立法后评估，促进法规实施落地见效。

【《泉州市历史文化名城保护条例》公布】 2021年11月1日，泉州市人大常委会发布公告，经福建省第十三届人民代表大会常务委员会第二十九次会议批准，公布《泉州市历史文化名城保护条例》（以下简称“条例”），自2022年1月1日起

2021年11月26日，泉州市人大常委会召开《泉州市历史文化名城保护条例》颁布实施新闻发布会 （图/陈意鸣）

施行。该条例共6章44条，包括总则、保护规划和保护名录、保护措施、合理利用、法律责任、附则。条例明确，历史文化名城的保护对象包括历史城区、历史文化街区、名镇、名村和传统村落、世界文化遗产、不可移动文物、历史建筑、传统风貌建筑、非物质文化遗产等。条例提出，市、县（市、区）政府负责历史文化名城的保护与管理工作，将历史文化名城保护纳入国民经济和社会发展规划；加强保护“泉州：宋元中国的世界海洋商贸中心”世界文化遗产，履行《保护世界文化遗产和自然遗产公约》。同时，明确由乡镇政府（街道办事处）履行巡查职责，发现违反历史文化名城保护规定的行为，应当及时制止，并报告有关主管部门。条例明确，市、县（市、区）政府应当加强历史文化名城保护规划实施情况的监督检查，建立历史文化名城保护评估机制，每五年对保护情况进行一次评估，评估情况向同级人民代表大会常务委员会报告。

政法与综治

【概况】 2021年，泉州市政法部门以“平安泉州”“法治泉州”和过硬政法队伍建设为抓手，维护社会稳定，深化社会治理创新，开展政法各项工作。严防政治安全风险、暴力恐怖事件、突发群体性事件、公共安全事件和个人极端暴力案事件等各类风险。出台《关于推进常态化开展扫黑除恶斗争的若干措施》，保留各级扫黑办和人员，建立健全常态化工作机制，开展信息网络、工程建设、自然资源、交通运输四大行业领域专项整治，推动常态化扫黑除恶专项斗争取得显著成效。组织2批次线索核查专项行动，聚焦“有案不立、压案不查、有罪不究”“违规违法办理减假暂案件”两大顽瘴痼疾，随机抽取已经查否的重点线索，开展复查工作。开展社会治安问题排查整治，对全市11个地区单位分别实行省级、市级通报整改跟踪督导。12月，在连续5届获评“全国综治优秀地市”后，泉州市获平安中国建设协调小组“2017—2020年度平安中国建设示范市”表彰，同时获平安建设最高奖“长安杯”（连续4届）。

【维稳工作】 2021年，泉州市落实风险防范、矛盾化解、安保维稳等工作责任，加强重要涉稳信息预警通报。推动专项攻坚行动和“再学习、再调研、再落实”重点专项任务落地见效。落实包案化解、教育稳控措施，完成全国“两会”、中国共产党成立100周年、中共十九届六中全会及世界文化遗产大会、“数字中国”建设峰会等活动期间安保维稳任务，确保泉州市社会大局和谐稳定。

【扫黑除恶专项斗争常态化推进】 2021年，泉州市政法部门总结扫黑除恶专项斗争经验，市扫黑除恶专项斗争领导小组及办公室连续3年获省扫黑除恶专项斗争领导小组通报表扬。全市打掉涉黑组织2个、恶势力犯罪集团9个、恶势力犯罪团伙7个，查扣涉案资产1亿多元，受理涉黑涉恶腐败和“保护伞”问题线索38件38人，立案24件24人，查处涉黑涉恶腐败和“保护伞”问题20件20人，给予党纪政务处分16人，组织处理4人，移送司法机关处理4人。

【执法司法工作】 2021年，泉州市政法部门加强案件评查力度，督促政法各部门纠正执法中存在的普遍性、倾向性问题。推进违规违法办理减刑、假释、暂予监外执行案件全面排查整治，排查全市“减假暂”案件10.24万件。加大国家司法救助工作力度，中央下拨给泉州的国家司法救助资金全部发放到位。

【基层平安建设】 2021年，泉州市政法部门推广“E通政法”平台应用，“E通政法”平台在第四届数字中国建设峰会上推介展示，在中央政法委召开的第四次全国市域社会治理现代化试点工作交流会上得到肯定。健全矛盾纠纷多元化解机制，全年各级中心排查受理各类矛盾纠纷17.6万件，调解成功15.9万件，调解率90.34%。拓展“网格化+”职能应用，整合部门建立“社区+部门”联动工作机制，创新推出“专业网格”和“基础网格”叠加应用。

【专项整治】 2021年，泉州市政法部门找准泉州突出问题的薄弱环节和难点堵点，开展社会治安问题排查整治。开展“信访积案化解、道路交通安全整治、流动人口服务管理、社会治安突出问题治理”四大专项行动，落实重点行业清查整治及新业态行业安全监管，严打突出违法犯罪，防止治安形势反弹。紧盯外流人员参与电信网络诈骗犯罪问题，常态化开展拦截、劝返和打击工作，遏制高发势头。开展打击非法集资专项行动，落实稳控化解责任，防止经济金融风险向社会政治领域传导。开展安全生产专项整治三年行动，紧抓“围绕平安抓安全、抓好安全促平安”目标任务，部署安全生产标准化提升专项行动。

【政法宣传】 2021年，泉州市政法部门筑牢平安建设宣传阵地，推动以“平安泉州”为核心的政法新媒体矩阵建设，泉州市6个账号入选中央政法委第二届“四个一百”优秀政法新媒体，入选账号位居全省设区市首位。策划推出“政法泉媒力量”“泉域治理新格局·平安守护新篇章”等主题宣传活动，在全市范围内集中开展“平安建设”宣传活动，重点围绕全面提升群众安全感率、执法工作满意率开展系列宣传。加强与中央、省级、市级各有关媒体的沟通协作，总结报道泉州市政法平安建设取得的经验成效，受到社会各界广泛关注和高度认可。

法治政府建设

【概况】 2021年，泉州市落实《法治政府建设与责任落实督察工作规定》，定期规范报送法治政府建设年度报告，主动向社会公开，接受社会监督。将依法行政纳入市政府目标绩效管理、平安建设等考核指标体系，发挥考评激励导向作用，推动法治政府建设各项工作落实见效。发挥法治政府建设示范创建示范带动作用，法治政府建设示范创建成效显著，参与全国、省级法治政府建设示范创建活动，形成广泛参与、重点突出、特色鲜明的创建局面。打造地方特色法规规章体系，聚焦人民群众普遍关切，立足地方实际，科学制订人大立法计划和市政府规章制定计划，发挥地方立法对区域改革发展引领推动作用。加强行政执法监督，落实行政执法三项制度并列入绩效考评体系。出台行政复议体制改革实施方案，由县级以上政府统一行使行政复议职责。全市利用政府网站主动公开信息数24363条，受理依申请公开1429件，办结及时率100%。落实政策解读、新闻发言人、政务舆情回应等制度，召开政策宣讲解读会19场，新闻发布会19场。

【依法行政】 2021年，泉州市发挥法治政府建设示范创建示范带动作用，法治政府建设示范创建成效显著，参与全国、省级法治政府建设示范创建活动，形成广泛参与、重点突出、特色鲜明的创建局面，晋江市被省委依法治省办推荐至中央依法治国办参评第二批全国法治政府示范市；晋江市、石狮市和德化县获第一批全省法治政府建设示范地区和项目命名，全市获评数量居全省首位。法治化营商环境持续优化，传承弘扬“晋江经验”，开展“民营经济发展年”“营商环境提升年”“城市品质提升年”活动，13条支持民营企业改革发展典型做法获全国推广。深化放管服改革，建成市级政务数据汇聚共享平台，在全省“五级十五同”基础上完成省网上办事大厅2442项办事指南标准更新发布，完成率100%，“一趟不用跑”事项比例90%，与企业群众生产生活密切相关的重点领域和高频事项60%以上列入“一件事集成套餐”。推行“局长走流程”，解决行政审批难点堵点痛点问题467个、压缩779个工作日。全业务全时空公共法律服务体系基本建成，市、县、乡、村四级公共法律服务实体平台全覆盖，入驻泉州市掌上公共法律服务平台律师982人，全年提供免费咨询4.17万人次。32条政务服务便民热线统一归并为“12345”一号通办，诉求办理满意率99.2%。在全省率先组建服务民营企业律师志愿团，免费开展“法治体检”等服务。加强疫情防控法律服务，法律服务小组驻点市防控疫情应急指挥部审查文件225件。

【依法行政制度体系】 2021年，泉州市打造地方特色法规规章体系，聚焦人民群众普遍关切，立足地方实际，科学制订人大立法计划和市政府规章制定计划，发挥地方立法对区域改革发展引领推动作用。以问题为导向出台《地方立法征求意见指引》，规范立法征求意见流程。市人大审议通过《泉州市历史文化名城保护条例》；市政府制定出台《“泉州：宋元中国的世界海洋商贸中心”世界遗产保护管理办法》，为保护和延续泉州市城市历史文脉提供重要法治保障。加强规范性文件监督管理，创新实行规范性文件备案告知提示制度，试行部门规范性文件事前服务指导工作法，率先成立规范性文件审核专家库，省对市绩效考评合法率100%，在全省规范性文件培训会上作典型发言。市本级审查拟提交市委、市政府研究的规范性文件135件，审查各县（市、区）、市直部门规范性文件262件。开展规范性文件年度清理和涉行政处罚法、人口与计划生育法修改内容等专项清规工作，清理以市政府或市政府办名义出台的现行有效规范性文件383份，保留或继续有效267份、修改5份、宣布失效或废止111份。健全依法决策机制，率先出台重大决策合法性审查工作机制，将合法性审查工作置于决策前端。严格执行《重大行政决策程序暂行条例》，坚持重大行政决策集体讨论制度，所有重大行政决策都经市政府常务会议或部门领导班子会议讨论决定。落实邀请人大、政协列席政府常务会议制度，发挥法律顾问、公职律师在参与决策中的积极作用。市本级审查涉重大决策、行政行为、重要合同、国有资产处置等法律事务100件。

【公正文明执法】 2021年，泉州市加强行政执法监督，落实行政执法三项制度并列入绩效考评体系，推行证明事项告知承诺制工作，两批次公布10个市直单位94项审批事项。在生态环境等7支综合执法队伍试点开展行政处罚“三张清单”工作，对外公布实施的不予处罚事项清单224项，从轻处罚事项清单66项，减轻处罚事项清单17项。组织梳理行政审批涉“证明”事项2454项，经清理保留58项。加强重点领域行政执法，常态化开展扫黑除恶斗争，打击电信网络、经济领域、食品药品等违法犯罪，开展“飓风肃毒”暨“净边”专项行动。加强食品、药品、特种设备、工业产品等执法工作。推进民生领域执法办案“铁拳”行动，加大对11个民生领域违法行为的查处力度，点题整治校外培训机构和校园周边手机租售寄存乱象，强化反不正当竞争与反垄断工作，营造公平竞争秩序。加强规范事中事后监管，健全以“双随机、一公开”监管和“互联网+监管”为基本手段、以重点监管为补充、以信用监管为基础的新型监管机制，推进线上线下一体化监管，完善与创新创造相适应的包容审慎监管方式。完善跨部门联合双抽制度机制，实行信用风险分类监管，企业公共信用评价实现全覆盖。

【市域社会治理现代化】 2021年，泉州市司法部门加大全民普法力度，启动“八五”普法，在“泉州：宋元中国的世界海洋商贸中心”遗产点洛阳桥举办2021年泉州市“12·4”宪法宣传主场活动。组织48家市直机关修订、实施年度普法责任清单和计划。全市开展主题宣传活动3995场、“新媒体法雨行动”2135场、“新法面对面”讲座10场。加强基层法治建设，民主法治示范村（社区）创建率达100%。有国家级民主法治示范村（社区）15个、省级法治示范村（社区）108个。依法有效化解社会矛盾纠纷，健全矛盾纠纷多元化解机制，排查化解各类矛盾纠纷3.31万件，调解成功3.29万件，成功率99%；受理行政调解纠纷8.4万件，调解成功6.98万件。拓宽行业性专业性调解组织建设，建立行业性人民调解组织31个、律师调解工作室38家。推进依法分类信访工作，推行“最多投一次”阳光信访工作机制，全市纳入“最多投一次”办理的信访件1.05万件，一次性办结9300件、一次性办结率89.1%，信访事项办理及时受理率、按期办结率保持100%。

【行政权力规范透明运行】 2021年，泉州市司法部门自觉接受各方监督，主动接受人大监督和政协民主监督，执行向本级人大及其常委会报告工作制度，办理人大代表建议361件、政协委员提案532件。依法接受司法监督，支持法院依法受理行政案件，尊重并执行法院生效判决。聚焦优化营商环境，召开府院、府检联席会议，深化“一府两院”良性互动。加强和规范政府督查工作，推动实现督查增效和基层减负，保障政令畅通。强化审计监督，严格审计执法力度，实现公共资金、国有资产、国有资源和领导干部履行经济责任情况审计全覆盖。加快推进政府诚信建设，健全政府守信践诺机制。完善政府信息公开制度，拓宽政府信息公开渠道，提高政务公开能力和水平。强化政府信息发布和解读回应，实现重点领域政府信息公开常态化。

【泉州市行政复议咨询委员会成立】 2021年，泉州市行政复议咨询委员会成立。市司法局健全配套工作机制，协调抽调6个市直部门人员集中办理过渡期间行政复议案件，争取配套资金75万元、办公场所近150平方米。发挥行政复议化解行政争议主渠道作用，收到行政复议案件233件，办结216件，参加行政诉讼应诉105件。

公安

【概况】 2021年，泉州市公安局以开展“工作上得去、硬仗打得赢、形象出得来”竞赛活动为抓手，以做好中国共产党成立100周年庆祝活动安保维稳工作为牵引，抓好抗疫情、防风险、保安全、保稳定、护发展等工作，助力疫情防控和经济社会发展“双胜利”，为泉州市第四次捧回“长安杯”做出贡献。全市保持刑事立案下降、破案率上升态势，32起现行命案全破。打击治理跨境赌博、“三电”和油气田及输油气管道安全保护扫黄打非、打击盗抢骗、“团圆”行动、追逃、道路交通事故预防“减量控大”等战绩均名列全省第一。开展“强基促稳”防范治理电信网络诈骗犯罪专项行动，成立泉州大数据反诈联合实验中心，建立反诈综合平台，在全国首创互联网诈骗防范拦截“清源”系统，全市电诈警情数和立案数分别下降22.49%、10.89%，止付、冻结被骗资金4亿余元。坚持打击经济犯罪和防范金融风险两手抓，立经济犯罪案件1368起、破获1258起，挽回经济损失15亿余元。坚持基层和基础“两个大抓”，打造适应新时代发展阶段的现代警务体系，建成智慧派出所68个、智慧警务室14个，有96个派出所推行“一室两队”勤务模式，石狮市局蚶江派出所被公安部评为第二批全国“枫桥式公安派出所”。

【刑事案件侦查】 2021年，泉州市公安机关破案2.57万起，上升15.50%，抓获犯罪嫌疑人2.91万人，上升18.75%，逮捕9264人，上升69.64%，移送起诉1.75万人，上升31.41%。其中，破获电信网络诈骗案件6655起，上升36.04%，抓获嫌疑人5666人，上升1.78%；破获盗抢骗案件7012起，上升13.54个百分点，破获八类严重暴力性案件913起，上升4.58%。全市打掉涉黑组织2个、恶势力犯罪集团9个、恶势力犯罪团伙8个，破获黑恶9类典型案件1774起，抓获犯罪嫌疑人3038人。全市破获涉拐案件22起，抓获犯罪嫌疑人64人，找回历年失踪被拐儿童（人员）493人。全市刑侦工作综合绩效名列全省第一。

【经济犯罪案件侦查】 2021年，泉州市公安机关受理经济犯罪案件1823起、立案1763起，涉案总金额141.9亿余元，破案1605起（其中公安部督办案件4起、省公安厅督办案件16起），抓获犯罪嫌疑人1437人（其中境外逃犯17人），挽回经济损失15亿余元，发起全国性集群战役（包含数据协同作战）41起。其中，破获地下钱庄类非法经营案46起（其中，为赌博提供资金结算地下钱庄案17起），抓获犯罪嫌疑人90人，通过云端发起集群战役3起、数据协同作战9起；破获洗钱案件11

起、第四方支付平台类非法经营案件14起，抓获犯罪嫌疑人63人；破获信用卡犯罪案件192起，抓获犯罪嫌疑人216人，通过云端发起数据协同作战11起；破获虚开骗税犯罪案件96起（其中公安部督办案件2起、省公安厅督办案件3起），抓获犯罪嫌疑人88人，发起全国性集群战役3起、数据协同作战4起；破获合同诈骗案件220起，非法经营案件129起，抓获犯罪嫌疑人285人，发起非法经营数据协同作战3起、商贸领域数据协同作战7起；破获串通投标案件28起，抓获犯罪嫌疑人36人；破获侵犯知识产权案件233起，抓获犯罪嫌疑人257人，上报集群战役线索8条（其中涉外线索2条）；破获涉企员工职务犯罪案件113起，抓获犯罪嫌疑人110人，涉案金额5715万元。

【禁毒工作】 2021年，泉州市公安机关破获各类毒品案件243起（7起公安部督办和13起省公安厅督办毒品目标案件），抓获毒品犯罪嫌疑人317人，移送起诉毒品犯罪嫌疑人680人，缴获冰毒、氯胺酮、海洛因等毒品13.08千克。联合柬埔寨警方破获公安部督办“2021—341”特大跨国制毒案，得到中央和省市领导批示表扬。查获吸毒人员461人次，依法强制隔离戒毒57人，正在执行社区戒毒、社区康复1618人，执行率99.8%。会同相关部门建成7个毒品预防教育基地、539间林则徐禁毒宣教室。加强对易制毒化学品管理，全年依法审批购买备案证明6351份、运输许可证2003份。

【治安管理】 2021年，泉州市公安机关常态落实“外防输入、内防反弹”严控措施和社会面治安管控、各类涉疫场所安保等工作，出台《全市公安机关疫情防控工作导则（试行）》，牵头建立市“三公（工）一大”（公安、公卫、工信和大数据部门）融合协同机制并开展“实战+演练”。完成第44届世界遗产大会系列活动、“海上丝绸之路”司法国际论坛、世界中学生运动会系列测试赛、市“两会”、党代会等35场重大活动、34场考试安保。开展全市景区和非景区景点治理工作，实现公安职能类风险管控率、隐患整改率、AAA级以上景区的警务室覆盖率“3个100%”。推进安全生产专项整治和安全隐患大排查大整治行动，排查整治企业（部位）19.37万家（处）次，发现各类问题隐患1.22万处，整改销号问题隐患1.22万处，整改率99.58%，获评年度安全生产目标责任制优秀单位。推进食药环系列专项行动，破获刑事案件661起（省督35起、部督3起）；侦破晋江欧某等人非法倾倒固体废物污染环境案，该案入选全国公安食药侦系统典型侦破案例。深化打击整治枪爆违法犯罪，破获涉枪涉爆、涉烟花爆竹刑事案件96起，检察机关提起公诉71人、移送外地起诉6人，办结部督案件1起、省督案件2起，涉爆类刑事案件侦办数、公诉数位居全省第一。打击整治黄赌违法犯罪，分别破获涉赌、涉黄刑事案件1330起、418起，上升59.83%、88.29%，涉赌、涉黄警情数分别下降58.03%、65.38%。制定《民用爆炸物品行政许可及公共服务专家技术评审办法（试行）》，引进民爆专家评审民用爆炸物品行政许可及公共服务事项。推动7个行政许可事项由“承诺件”提升为“即办件”，即办件33项，占比55%，办理时限平均压缩比例86.11%；推动6个高频办理政务服务事项实现“掌上办”；健全重点项目服务保障机制，受理爆破作业许可事项59起，提前办结率98.31%；行政审批和公共服务事项“一趟不用跑”占比100%。深化保安监管“放管服”改革，在全省首推保安员学历证明承诺制改革；开展“保安队伍素质提升年”活动，组织上门服务技能提升培训165期，培训人员近万人；与市总工会、市保安协会举办首届“十佳保安员”评选活动。

【户籍管理】 2021年，泉州市公安机关科学合理划分警务网格，落实社区民警和协管员配备工作，全市划分警务网格704个（其中社区警务网格334个、农村警务网格370个），建成警务室（警务联系点）1723个，配备警务网格民警。依托信息系统有效整合社区资源，强化对各类重点人员、关注人员的摸排稳控，排查化解矛盾纠纷，维护社会稳定。全市197个驻公安（含海防）派出所排查录入矛盾纠纷9.36万起，成功调处化解9.25万起，调解率98.87%，防止群体性案件235起，防止“民转刑”案件232起。完善落实流动人口居住证“放管服”新举措，全年发放居住证13.22万张；采集流动人口基础信息，登记在册流动人口28.53万人，登记在册出租房屋59.85万户。

【出入境管理】 2021年，泉州市公安机关聚焦外防输入，动态调整外国人签证和停居留政策，引导内地居民“非紧急非必要不出境”，减少人员非紧急非必要跨境流动。全市办理出入境证件3.66万件，比2020年下降51.2%。强化打击防范，遏制非法出入境违法犯罪。妥善处置“三非”外国人案件194起301人，零失误遣送出境102人；做好外国人实有人口管理，全年采集外国人住宿登记9987人次，住宿登记准确率为99.55%，高于全省平均水平。推动服务提质升级，为183家涉外单位提供疫情防控期间停居留政策解读和签证材料准备指导服务，为涉外单位聘请的外国人办理工作类居留许可641人次，受理12名外国人在华永久居留申请，为外籍人才解答永久居留政策20余人次；试点推出外国人工作许可、居留许可“一件事”联办，将中、外管窗口整合，提升窗口办事效率。新增6个“3星级”事项和7个“即办”事项，40个事项实现3星级以上服务。推出便利老年人十项服务举措，为186名老年人提供优质便利服务。开通“绿色通道”，为出国留学、商务、就业人员办理护照877本。

【交通管理】　2021年，泉州市发生适用一般程序处理的道路交通事故3207起，造成498人死亡，与2020年同期相比，死亡人数下降24.09%（减少164人），事故死亡人数历史性压降到500人以下，事故预防“减量控大”考评成绩位列全省第一。创办《泉州市道安情报信息研判专刊》，提前完成62处省、市为民办实事交通安全隐患整治任务，全市246个村居被授予市级“交通安全示范村居”称号。主动融入“世遗”泉州“活态”保护工程，用好交通“大数据”资源，探索“上天入地”立体分流，宝洲街万达路段通行效率提升近70%，彻底解决长达10余年交通拥堵顽疾；运用“扁担思维”均分负荷，交通流态实现“扁担式平衡”的“均红变绿”，临漳门节点交通延误指数由60.44缩短至37.43；采用“通功易事”盘活资源，缓解接送学时段学府路、南俊路、东街交通拥堵问题。根据高德地图分析，在全国101座大城市中泉州市交通健康指数排名第十，高峰畅通指数排名第七。自主研发重点车辆轨迹追踪、恶劣天气风险路段预警、运输企业动态监管等实战模型，“炸街车”快速识别系统获全国公安基层技术革新三等奖，“车码联侦”超员载客预警模型获全省公安机关大数据建模比赛二等奖，并被确定为全省唯一入围的公安部大数据建模比武决赛项目。

【执法规范化建设】　2021年，泉州市公安机关推进严格规范公正文明执法，提升公安机关执法公信力，在8月全市依法治市工作会议上，市公安局作为市直机关唯一代表做先进典型发言；制定出台《泉州市公安机关执法办案全流程管控十五条措施（试行）》《泉州市公安机关执法办案“九个一律”（试行）》等10个相关配套制度；牵头开展“刑案清查”“有案不立、压案不查、降格处理及违规取保候审等执法问题”等执法突出问题专项整治，及时发现并纠正一批执法突出问题，完成各项整治任务；推动24个便民服务事项进驻“e政务”平台，市公安局173项行政审批和公共服务事项中，实现全流程网办的56项，实现“掌上办”的26项、“一趟不用跑”的120项（占比69.3%）、“需跑一趟”的49项；开展信访突出问题攻坚化解，公安部、省公安厅和省信访联席会议交办件1540件，剔除593件，化解914件，化解率96.41%。

【户籍业务“自由办”推广】　2021年2月10日，泉州市公安局出台《泉州市公安局关于全面推行落户便利化若干措施的通知》，在全市推广户籍业务“自由办”。全年全市迁入高层次人才20人、专业人才115人、各类创业就业人员2056人、凭租房和居住证落户180人，受理审批“掌上办”业务2.24万人次、“自助办”883人次、办理“跨省办”业务2315笔，办理省内婚迁“便捷办”业务2.5万笔。

检察

【概况】　2021年，泉州市检察机关落实党中央各项决策部署，统筹推进党史学习教育、政法队伍教育整顿，优化“亲清护企”工作模式，出台服务保障泉州创建全国民营经济示范城市的实施意见，落细检察环节服务保障措施，让法治成为最好的营商环境；坚持法治保护与专业保护、活态保护相结合，开展“古城文物保护”“古史迹遗址保护”检察公益诉讼工作，办理文物保护公益诉讼62件，促成有关行政机关修缮文物35处；贯彻总体国家安全观，做好大庆安保维稳工作，依法批准逮捕各类刑事犯罪7867人、起诉1.49万人，分别上升64.4%、28.4%；落深落细“群众信访件件有回复”工作，办好“小信件”里的“大民生”，对接收的4840件来信，均做到7日内回复、3个月内答复。两级检察院办理审查逮捕、审查起诉、公益诉讼案件2.4万件，全市依法批准和决定逮捕各类犯罪嫌疑人9383人、起诉1.7万人。办理诉讼活动违法监督案件2329件次。入选最高人民检察院指导性案例1个，入选最高人民检察院典型案例7个，入选省级以上典型案例、精品案例21个。泉州市人民检察院“亲清护企”工作获评“全国检察机关十佳文化品牌”。市人民检察院1名检察官获评“《法治日报》2020年度十大法治人物”“宪法的精神　法治的力量——2021年度法治人物”“中央政法委‘双百政法英模’”。5名干警入选全国检察机关业务条线检察人才库。1名干警获评“全国检察机关优秀办案检察官”。

【立案监督与侦查活动监督】　2021年，泉州市检察机关加强立案和侦查活动监督，监督公安机关立案59件，监督撤案83件，建议行政执法机关移送涉嫌犯罪案件39件。针对侦查机关侦查活动违法提出纠正159件次。纠正公安机关遗漏提请批捕121人，纠正公安机关遗漏移送审查起诉同案犯142人。贯彻落实《中共中央关于加强新时代检察机关法律监督工作的意见》和《关于健全完善侦查监督与协作配合机制的意见》，推进在县级公安机关执法办案管理中心设立派驻检察室的工作机制，鲤城、洛江、德化三地均实现派驻。南安市人民检察院与当地公安局共同设立泉州市首个侦查监督与协作配合办公室，作为及时落实侦查监督与协作配合的重要平台。

【刑事审判监督】 2021年，泉州市检察机关加强刑事审判监督，对认为确有错误的刑事裁判提出刑事抗诉43件，对刑事审判活动违法书面提出纠正意见26件次。结合政法队伍教育整顿开展刑事审判监督专项评查，全市抗诉数、书面纠正刑事审判活动违法数、抗诉采纳率等指标位居全省前列。探索创新证据开示工作，泉州市人民检察院指导鲤城区人民检察院出台《审查起诉阶段证据开示规则（试行）》等规范性文件。鲤城区人民检察院与区司法局以及区法院联合颁发《关于推进证据开示制度适用工作的意见（试行）》《律师参与证据开示的实施办法（试行）》等文件，推动实现量刑协商实质化和提高刑事案件质效。

【刑事执行监督】 2021年，泉州市检察机关落实财产刑执行各环节监督，督促人民法院立案财产刑执行案件1.21万人，执行到位2亿多元，发出纠正违法通知书498件。推进看守所巡回检察试点工作，对辖区8个看守所开展巡回检察，发现看守所日常履职、羁押监管、留所服刑罪犯管理等各方面问题65项，向看守所所属公安机关发出纠正违法通知书11份，发出检察建议书1份。服务保障村居换届选举工作，会同市中级人民法院、市公安局、市司法局、市民政局和泉州监狱会签《关于加强和规范剥夺政治权利罪犯监督管理工作意见》。强化社区矫正监督力度，针对监外执行违法情形，发出纠正违法通知书378件，纠正漏管11人，脱管21人。泉州市人民检察院创新“海上矫正+区块链”等社区矫正监督方式，助力解决相关社矫对象谋生难题。服务“六稳”“六保”，南安市人民检察院、丰泽区人民检察院联合司法局简化涉民营企业社区矫正对象到外地生产经营请假的批准程序和方式，助力民营企业发展。严格刑罚变更执行检察同步监督工作，提出纠正意见431件。

【民事行政检察监督】 2021年，泉州市检察机关贯彻民法典精神，提升民事监督质效。办理民事生效裁判、调解书监督案件233件，审查后提请省检察院抗诉6件，发出再审检察建议92件。办理民事执行活动监督案件460件，发出检察建议442件。发出纠正民事审判程序违法检察建议53件。深化虚假诉讼领域深层次违法行为监督专项活动，就虚假诉讼案件向法院发出再审检察建议、执行监督检察建议95件。安溪县人民检察院成立虚假诉讼案件办理小组，成功办理虚假诉讼监督系列案件82件，发出再审检察建议32件。德化县人民检察院探索虚假诉讼智慧监督，从生效裁判数据中自动筛查案件线索，发出再审检察建议7份，均获采纳。办理行政生效裁判监督案件33件，办理行政执行活动监督案件290件，发出检察建议286件，发出纠正行政审判程序违法检察建议1件。常态化开展行政争议实质性化解，促成15件行政争议妥善了结。永春县人民检察院获评全省检察机关“加强行政检察监督促进行政争议实质性化解”专项活动优秀组织单位。开展土地执法查处领域行政非诉执行监督、强制隔离戒毒行政行为法律监督、诉讼活动涉及行政处罚法律监督等专项活动，发出相关检察建议338件。

2021年，泉州市人民检察院、洛江区人民检察院、晋江市人民检察院、石狮市人民检察院被最高人民检察院纳入第二批企业合规改革试点单位，各方建立泉州市涉案企业合规第三方监督评估机制及第三方监督评估机制管理委员会。图为11月17日，泉州市涉案企业合规第三方监督评估机制管理委员会第一次联席会议召开 （图/市人民检察院）

【“亲清护企”】 2021年，泉州市检察机关优化“亲清护企”工作模式，出台《检察机关服务保障创建全国民营经济示范城市的实施意见》。继续深化“司法+征信”、涉民企刑事“挂案”专项清理等工作。4月13日，泉州市人民检察院、洛江区人民检察院、晋江市人民检察院、石狮市人民检察院被最高人民检察院纳入第二批企业合规改革试点单位。晋江市人民检察院在全国首创民营企业合规建设服务联盟，帮助企业诊断风险，改造不合理的经营模式，为8家企业进行合规体检，提出管理建议107条，244家企业参与线上体检，提出风险建议2919条。泉州市人民检察院联合司法、财政、税务等部门出台《涉案企业合规第三方监督评估机制的实施细则》。加强法治文化阵地建设，泉州（晋江）非公企业法治教育基地被省防范经济犯罪宣传联盟授予防范经济犯罪宣传基地。跟进保障创新创业环境，牵头国税局等六部门签订《泉州知识产权信用分级分类监管体系框架性协议》，共同探索知识产权信用体系建设。加强知识产权全链条保护，推进知识产权检察职能集中统一履行试点工作，起诉各类侵犯知识产权犯罪131人。泉州市人民检察院“亲清护企”工作获评“2021年度全国检察机关十佳文化品牌”。

【公益诉讼】　2021年，泉州市检察机关立案各类检察公益诉讼案件549件，办理诉前程序案件483件，提起诉讼49件。开展“服务保障乡村振兴战略公益诉讼专项监督行动”，督促有关职能部门推动农村人居环境整治提升等普遍性和根源性问题，开展“人居环境整治”“古树名木保护”“传统村落保护”等专项行动，立案涉农公益诉讼案件98件，办理诉前程序案件92件。稳妥拓展办案范围，对法律明确赋权领域之外群众反映的安全生产、文物和文化遗产保护、弱势群体权益保护等领域公益损害问题，办理相关公益诉讼案件241件。晋江市人民检察院督促保护“八二三”金门炮战遗迹行政公益诉讼案和执行无障碍设计规范案入选最高人民检察院和退役军人事务部发布的红色资源保护公益诉讼典型案例、最高人民检察院无障碍环境建设检察公益诉讼典型案例。保障推进泉州市申报世界遗产工作，组建专门办案团队，立案办理文物和文化遗产保护公益诉讼70件，促成修缮文物18处，聘请社会各行各业代表作为古城保护公益诉讼观察员。晋江市人民检察院督促保护安平桥案入选最高人民检察院文物和文化遗产保护公益诉讼典型案例。推出《检察护城》《守护古城 传承文脉》等公益诉讼工作纪实微电影。

【反腐败斗争】　2021年，泉州市检察机关依法完善监检衔接机制，受理监察机关移送职务犯罪32件34人，起诉37件42人，对3名原厅级干部提起公诉。在全省率先出台警示教育和预防职务犯罪工作机制，推行职务犯罪案件庭审旁听常态化机制，开展庭审观摩评议30余场次。重视检察环节追赃挽损，适用认罪认罚从宽18件22人，追回赃款1260万元。

【社会矛盾化解】　2021年，泉州市检察机关落深落细“群众信访件件有回复”工作，对接收的4840件来信，均做到7日内回复，3个月内答复。开展集中治理重复信访专项工作，清理高检院交办重复信访件142件。组织开展重点信访案件办理化解和涉法涉诉信访案件清查工作，办结化解12件。落实公开听证制度，邀请人大代表、政协委员、人民监督员等对234件疑难复杂案件公开听证，摆事实、举证据、释法理，以看得见的方式共同促进息诉罢访。落实认罪认罚从宽制度，适用率84.2%，量刑建议采纳率97.29%，消弭社会戾气，促进矛盾化解、社会和谐。

【未成年人保护】　2021年，泉州市检察机关从严惩治侵害未成年人犯罪，起诉422人。落实“一号检察建议”、法治副校长、教育从业人员入职查询、侵害未成年人强制报告等制度，完成64批次6.2万人次犯罪信息查询。惠安县人民检察院升级打造75个“护童观察员”示范村，办理的1起案件被最高人民检察院、全国妇联、中国关工委评为全国5个家庭教育指导工作典型案例之一。泉州市人民检察院联合市委政法委和团市委提出“完善全市涉案未成年人社会支持体系”，列入市委、市政府2021年为民办实事项目。与团市委签订《未成年人检察社会支持体系合作框架协议》，委托社工和社会专业力量开展帮教、亲职教育、心理疏导等1753次。泉州市人民检察院、石狮市人民检察院被最高人民检察院、共青团中央评为全国未成年人检察工作社会支持体系示范建设单位。泉州市人民检察院“刺桐花”团队被最高人民检察院评为2020年度全国检察机关优秀办案团队。南安市人民检察院被团中央、最高检评为全国“青少年维权岗”，该院主编的青少年普法读物《我的青春法则》入选最高人民检察院、教育部“法治进校园”全国巡讲活动

2021年，泉州市人民检察院联合市烟草专卖局、市市场监督管理局开展“合力关爱 守护成长”保护未成年人免受电子烟侵害专项活动

（图/市人民检察院）

法治宣传系列图书。

【保护未成年人免受电子烟侵害专项活动】 2021年6月24日，由泉州市人民检察院联合市烟草专卖局、市市场监督管理局开展的“合力关爱守护成长”保护未成年人免受电子烟侵害专项活动启动。活动为期半年，通过资源互补共享，形成部门多维度联动协调，共同构建未成年人涉电子烟事项的预防、监管与打击等工作机制，共同为未成年人营造安全健康的成长环境，推进未成年人社会治理的改善。

法 院

【概况】 2021年，泉州市两级法院收案24.8万件，结案23.7万件，收、结案数均创历史新高；市中级人民法院收案2.1万件，结案2万件；基层法院员额法官人均结案数371.8件，五家基层法院人均结案数进入福建省前十名，其中丰泽法院人均结案数609.3件，居福建省第一名。市中级人民法院首创的跨域立案诉讼服务入选首届“人民法院改革创新奖”，诉讼服务中心获评“全国巾帼文明岗”。泉州市各级法院多元解纷、“法商联动”和“执行+慈善”救助机制获最高人民法院院长周强批示在全国推广。市中级人民法院在市委、市政府支持下，协助最高人民法院举办“海上丝绸之路”（泉州）司法合作国际论坛，21个国家和3个国际组织代表以及部分驻华使节参会。

【民生权益保护】 2021年，泉州市两级法院审结一审刑事案件1.3万件1.8万人。审结一审民事案件6.3万件，其中以调解、撤诉方式结案2.97万件。妥善处理劳资纠纷3424件，构建和谐劳动关系。审结涉房纠纷6300件，保障“住有所居”。设立依法和谐征迁司法服务法官工作室，助力重点项目“百日攻坚”，审结一审行政诉讼案件1168件，办结行政非诉执行案件948件。执结9.9万件，执行到位金额168.2亿元。审结生态环境案件550件。

【特殊群体人权司法保障】 2021年，泉州市两级法院统一挂牌成立少年法庭，将涉未成年人刑事、民事、行政诉讼案件以及部分执行案件纳入受案范围，实现少年审判专业化、队伍职业化。开展预防未成年人违法犯罪活动及“百万大手牵小手”帮教转化工程。打击性侵幼女犯罪，严惩利用未成年人实施的涉黑恶犯罪。加大反家暴力度，依法签发人身安全保护令。选派优秀干部到妇联机关挂职，为维护妇女儿童权益提供法律支撑。贯彻社区矫正法，对被判处管制、宣告缓刑的罪犯，配合做好社区矫正工作。快审快执涉及困难群众案件，保障“弱有所扶”。推广一站式无障碍诉讼服务，保障残疾人参加诉讼活动。

【诉讼制度改革】 2021年，泉州市两级法院落实以审判为中心的刑事诉讼制度、民商事诉讼分调裁审机制、行政诉讼案件相对集中管辖、执行体制机制等改革。以智慧法院为突破口，打造移动电子诉讼新模式。落实证人、鉴定人、侦查人员出庭作证。出台《泉州市中级人民法院关于适用认罪认罚从宽制度审理刑事案件指导意见》，落实不当量刑建议纠偏程序，认罪认罚从宽制度适用水平不断提高。创新推出小额信贷不良资产司法链集中处置平台，提高金融信贷案件处置效率。

【审判管理机制创新】 2021年，泉州市两级法院采用清单方式明确院庭长、审判组织、法官的权限和职责，调整优化审判团队，强化院、庭长办案示范引领，院、庭长办案数占结案总数的34.8%。完善司法人员分类量化考核办法，调动各类人员积极性。创新“全流程在线同步办案泉州模式”，以电子卷宗同步生成和深度应用为重点，推动“智审智执智服智管”，为法官减负、为审判增效。在全省首创司法数助治理中心，推进人工智能、大数据分析在执法办案、诉讼服务、审判管理等方面的深度应用，获评全国法院“数助决策”深度应用单位。建立类案和关联案件检索统一法律尺度机制，出台审理案件指引，统一审判思路和裁判尺度。开展均衡结案执法办案竞赛，生效裁判服判息诉率98.8%，一审判决案件改判发

2021年，晋江法院开展生态环境巡回审判 （图/市中级人民法院）

回重审率2.9%，均为全省最优。

【诉讼服务】　2021年，泉州市两级法院成立跨域诉讼中心，推动常态化疫情防控下跨域诉讼3.0版建设，推动诉讼服务资源共建共享、通存通兑，常态化开展跨域执行、跨域调解、跨域开具生效证明等工作。与三明、南平、江苏南通等地法院强化跨域诉讼协作。依托市委政法委城乡社区网格化平台，研发泉州市矛盾纠纷多元化解信息平台，推出“星级调解员”“茶桌调解法”“网格化调解”等做法。完善推广“法院+商会”诉调对接等工作机制，推出“跨域办”“一号办”“分级办”“掌上办”“网上办”等便企措施。升级“12368”诉讼服务平台，实现一站受理、集成服务、限时办理、统一反馈。深化、规范专家式门诊接访，开展涉诉信访矛盾化解攻坚行动，在福建省平安建设涉诉信访考评中排名第一。

【司法公开】　2021年，泉州市两级法院加强司法公开、阳光司法，庭审直播25380场次、公布裁判文书110989份，分别比上年增长50.9%、8.3%，市中级人民法院入选全国司法链应用试点单位。落实普法责任制，举办新闻发布会5场，与市监察委员会、市人民检察院出台《关于联合开展“旁听庭审加强警示教育和预防职务犯罪工作”的意见》，建立职务犯罪案件庭审旁听常态化机制。建设“法映刺桐”法律文化展馆。自觉接受人大监督、政协民主监督和社会各界监督，听取意见建议，回应社会关切。

【最高人民法院法官国际交流中心福建基地签约】　2021年9月9日，由华侨大学、泉州市政府、泉州市中级人民法院合作共建的最高人民法院法官国际交流中心福建基地签约仪式在泉州市中级人民法院举行。最高人民法院法官国际交流中心福建基地由最高人民法院于2020年5月批准设立，2020年10月经福建省高级人民法院调研论证，最终落户华侨大学。基地在华侨大学设有办公室、培训室、专家研讨室、巡回法庭等多项配套场地，形成较为系统的运行机构。为提升基地的层次和水平，将基地打造成为展示宋元泉州海上贸易文明的“窗口”、泉州市中级人民法院融入引领“海上丝绸之路”国际司法交流合作的“舞台”，华侨大学、泉州市政府、泉州市中级人民法院签署协议，合作共建基地。

2021年10月22日，“法映刺桐”宋元法律文化展馆在泉州市中级人民法院揭牌
（图/市中级人民法院）

司法行政

【概况】　2021年，泉州市司法行政系统以服务统筹推进疫情防控和经济社会发展为主业，以服务保障“海丝”名城、智造强市、品质泉州建设为主轴，以深化法治泉州创建实践为主线，推动各项工作落到实处、取得实效。泉州市司法行政部门结合泉州实际开展普法宣传，开展地方性法规宣传，全市开展主题宣传活动3995场。出台行政复议体制改革实施方案，成立市行政复议咨询委员会，健全配套工作机制。壮大人民调解队伍，落实政府购买调解服务政策，全市配备村（社区）专职调解员348人，配备率13%。全年新接收社区矫正对象5574人，新解除5122人。推动公共法律服务进村入户，“一村（社区）一法律顾问”及其工作微信群实现全覆盖。完成市、县两级“12348”法律服务热线升级。以“强基促稳”三年行动、“乡村振兴 法治同行”活动等为主要抓手，推进“一村（社区）一法律顾问”工作，优化公共法律服务供给，推进村（居）公共法律服务工作室规范化建设，全市1109家村（居）公共法律服务工作室完成规范化建设。优化升级泉州公证网，结合公证“放管服”要求，将公证信息服务平台改版为“泉州公证网”，突出平台使用的响应速度和后台监管。制定《泉州市司法鉴定行政处罚自由裁量权标准》，规定19种司法鉴定违法行为的行政处罚自由裁量权标准，首次设定“轻微不罚”“首违不罚”两种情形。持续展法律援助服务，泉州市受理指派刑事法律援助案件1.71万件，位居福建省第一。

【普法宣传】　2021年，泉州市司法行政部门结合泉州实际形成《“八五”普法规划（2021—2025

年）（送审稿）》，11月2日经十三届市委常委会第三次会议暨市委全面依法治市委员会会议研究通过。11月10日，以市委、市政府名义转发第八个五年普法规划。12月13日，参照全国、省上会议安排，以市委全面依法治市委员会守法普法协调小组、宣传部、市司法局名义召开全市“八五”普法动员部署会议。印发“八五”普法规划启动宣传月活动方案，采用“市级主场活动+主题活动+重点活动”等方式开展主题宣传活动。与洛江协调对接筹划组织在泉州世界文化遗产洛阳桥桥畔开展“12·4”宪法宣传日主场综合活动；依托“泉州公共法律服务”微信公众号开展专题宣传和有奖问答；在“法治连线”栏目编辑修改并播出一期专题栏目；在泉州晚报、全市公交车、出租车扬招站等刊登专题宣传公益广告；与市教育局开展全市学生“学宪法 讲宪法”活动；邀请专家讲解《泉州市历史文化名城保护条例》、个人信息保护法，推动落实地方立法列入普法。落实地方性法律列入普法工作，督促指导有关单位将地方性法规的宣传列入普法责任清单和普法计划。组织市住建局、市文旅局开展《泉州历史文化名城保护条例》《泉州世界遗产及其保护利用》两场线上宣讲活动。开展地方性法规宣传。联系对接市教育局、市文旅局、团市委举办以“知法守法，让世界遗产保护更美好”为主题的2021—2022年世界遗产保护主题普法宣传漫画征集评选活动。开展服务民营企业法治宣传，落实“谁执法谁普法”“谁服务谁普法”“谁主管谁普法”责任制，推动行政机关开展民营企业“以案说法”“以案释法”。在泉州台商投资区举办首届泉州和台湾两地职工法律实务研讨会，围绕台湾籍职工权益维护与法律实务合作隔空进行研讨交流。线上线下开展“法律八进”活动，围绕市委、市政府重大决策部署开展普法宣传。全市开展

2021年12月4日，福建省“蒲公英”普法志愿者泉州支队授旗仪式举行（图/市司法局）

主题宣传活动3995场，参与群众超过40万人次，开展“新媒体法雨行动”2135场，惠及200多万人次。

【司法行政改革】 2021年，泉州市司法行政部门推进行政复议体制改革，相关领导到挂钩县（市、区）督导改革任务落实情况，同步推进市、县两级改革工作。市级及11个县（市、区）均出台行政复议体制改革实施方案，由县级以上政府统一行使行政复议职责。成立市行政复议咨询委员会，健全配套工作机制。市级协调抽调6名市直部门人员集中办理过渡期间行政复议案件，争取配套资金支持75万元、办公场所近150平方米。公证业务领域不断拓展，鼓励有条件的公证机构探索以公证方式保全金融证据及相关证明材料，拓展赋予金融借贷合同强制执行效力、赋予贷款抵押合同强制执行效力、商品房选房顺序摇号等公证事项，为金融预防性保护机制提供法律支撑。

【人民调解】 2021年，泉州市司法行政部门重点指导矛盾纠纷较多的大型工业园区，尤其是省级、市级以上工业园区，建立园区人民调解组织。其他行业性专业性人民调解组织本着按需设立的原则建立。全市新建行业性专业性人民调解员委会31个，其中涉企园区调委会6个。全市建立各类人民调解委员会3054个，其中乡镇（街道）人民调解委员会163个，村（社区）人民调解委员会2401个，企事业单位和行业性、专业性人民调解委员会490个。设立品牌调解室151个。壮大人民调解队伍，落实政府购买调解服务政策，指导有条件的村（社区），特别是人口基数较大、矛盾纠纷较多、信访上访频率较高的村（居）配备专职人民调解员。全市配备村（社区）专职调解员348人，配备率13%。组织已成立县级人民调解员协会开展三级、四级人民调解员的评定工作，评定三四星级调解员167个。新培育县级金牌调解工作室12个，新成立个人和特色调解室17个。健全多元调解机制，巩固做好“诉调对接”“访调对接”“公调对接”以及参与“110”非警务警情事项分流化解等工作，全年公（警）调对接纠纷4876件，受理纠纷4855起，调解成功4485件，分流370件。行政调解受理纠纷8.4万件，调解成功69762件。指导成立市级知识产权纠纷人民调解委员会，联合市市场监督管

理局等下发《关于强化知识产权快速协同保护体系建设的意见》，构建优势互补、有机衔接、快捷高效的知识产权保护模式。坚持日常排查和集中排查相结合，在元旦、春节、“两会”等重要节点开展矛盾纠纷大排查大调处等专项活动。全市排查化解各类矛盾纠纷3.31万件，调解成功3.29万件，成功率99%。其间，未出现因调解不当引发群体性、重大伤亡或造成其他恶劣社会影响事件。

【社区矫正与安置帮教】 截至2021年年底，泉州市接收社区矫正对象4.5万人，解除矫正3.93万人。新接收社区矫正对象5574人，新解除5122人。截至年底，在册对象5638人。其中，缓刑5359人、假释120人、暂予监外执行153人、管制6人。各县（市、区）社区矫正机构训诫社区矫正对象1323人次，警告293人次，治安处罚24人次，撤销缓刑53人次，对暂予监外执行对象收监41人次。开展庆祝中国共产党成立100周年、数字中国建设峰会、世界遗产大会、“两会”等重点时期社区矫正对象排查管控，组织社区矫正安全隐患大排查，排查出社区矫正重点人员267人。各县（市、区）社区矫正机构对社区矫正对象组织集体教育6.08万人次，开展个别教育1.81万人次，进行心理辅导5991人次，组织公益活动3.34万人次，针对社区矫正对象开展职业技能培训1653人次，指导就业或就学1144人次，帮助社区矫正对象顺利就业、融入社会。市司法局推动培育承接社区矫正业务的社会组织，2家社会组织获民政部门批复成立并开展社区矫正相关工作，各县（市、区）社区矫正机构联合人社部门开展职业技能提升行动，将社区矫正对象纳入重点服务对象。全市衔接新回归刑满释放人员6872人，重点帮教对象接送率100%，安置6812人，安置率99%；帮教6872人，帮教率100%。部署开展刑满释放安置帮教重点人员排查走访工作，摸排在册刑释安帮对象，排查有明显重新犯罪倾向、原罪涉黑涉恶等重点人员，建档立卡，及时按规定报送相关部门，做好帮教措施，努力预防风险隐患的发生。

【公共法律服务】 2021年，泉州市司法行政部门推进公共法律服务平台建设，实体平台实现市、县、乡镇、村（社区）四级全覆盖。延伸服务触角，推动公共法律服务进村入户，“一村（社区）一法律顾问”及其工作微信群实现全覆盖。完成市、县两级“12348”法律服务热线升级，建成立足“法治宣传教育、法律事务咨询、困难群众维权、法律服务指引和提供”定位的“12348”语音呼叫中心。整合线上公共法律服务资源，依托“泉州公共法律服务”微信公众号优化集成法律援助、公证、司法鉴定等网络服务平台，深度融合“互联网+法律援助”及法律援助异地受理机制，搭建“1+12”覆盖全市的“互联网+公共法律服务”网络，实现公共法律服务事项“网上办、指尖办、全域办”。

【律师管理】 2021年，泉州市有188家律师事务所，其中合伙所107家（含分所20家，其中省内分所12家、省外分所8家），个人所81家；律师2599人，其中专职律师1990人、兼职律师57人，香港居民律师3人，公职律师416人，公司律师110人，法律援助中心律师23人。全市律师办理各类案件8.75万件，担任法律顾问4977家，提供公益法律服务8005件次，咨询和代写法律文书8362件，业务创收7.24亿元。以“强基促稳”三年行动、“乡村振兴 法治同行”活动等为主要抓手，推进“一村（社区）一法律顾问”工作，优化公共法律服务供给。推进村（居）公共法律服务工作室规范化建设，全市1109家村（居）公共法律服务工作室完成规范化建设。部署第三批律师入驻“掌上公共法律服务平台”工作，全市982名律师入驻平台。开展重大村务决策在场79次，重要村规民约修改审核在场135次，重大事项法律咨询解答在场1350次，重大纠纷调解在场172次，重要节点普法宣传在场344次。强化律师执业监管和业务水平

2021年5月29日，泉州市人民调解员协会第二次会员代表大会召开，选举产生第二届理事会理事、副会长、会长和第一届监事会监事、监事长

（图/市司法局）

建设，完成对176家律师所和2337名律师的年度考核工作，同时联合市律师协会开展2021年律师事务所年度考核实地检查工作，结合“双随机、一公开”，抽查35家律师事务所；落实律师行业监督管理工作，加强律师办理涉黑恶案件监管指导，收到报备945起；依法开展投诉调查工作，收到律师行业投诉63件（移送市律协35件），均予严肃调查，做出行政处罚4件。推进律师行业专项治理活动，坚持问题导向和目标导向，聚焦突出问题，抓实学习教育、自查核查（深入排查）阶段的具体任务，按要求开展“回头看”工作。对存在违规执业律师均依法依规处理。其中，受到行政处罚、行业处分、党纪处分1人；受到行政处罚、行业处分1人；受到行政处罚1人；超过行政处罚时效给予行业处分3人；超过行政处罚时效且情节轻微2人，责令书面检讨，并做内部批评教育。建立完善长效机制，制定《关于加强离任法官检察官从事律师职业管理的规定（试行）》，指导市律师协会制定《关于律师行业宣传推介行为规则》。推进律师调解试点工作，全市在公共法律服务中心、人民法院、律师事务所建立38家律师调解工作室。常态推进律师参与化解和代理涉法涉诉案件工作，组织律师到市中级人民法院参加化解和代理涉法涉诉信访案件值班工作42人次；到市信访局参与群众信访接待值班工作53人次。

【泉州市服务民营企业律师志愿团成立】 2021年6月11日，泉州市服务民营企业律师志愿团成立。志愿团成员所在律师事务所与全市100余家各类商会、协会、民营企业签订服务民营企业法治共建协议书，开展法治共建活动。市司法局引导志愿团结合开展“法治体检”“我为群众办实事”等活动，发挥专业优势和职业作用。志愿团成员全年到企业开展法治讲座23场次，开展座谈研讨25场次，提供法律咨询363次，参与涉企矛盾纠纷化解34次，开展企业合规法治体检37次，形成法治体检报告9份，提出合规经营管理建议25件，提供其他法律服务126次。

2021年6月11日，泉州市服务民营企业律师志愿团授旗仪式举行

（图/市司法局）

【公证管理】 2021年，泉州市有11家公证机构和57名公证员。全市公证机构办理各类公证事项41378件，收费2229.79万元。评定3家公证机构为优秀等次，8家公证机构为合格等次，13名公证员为优秀等次，42名公证员为合格等次。做好商品房销售摇号工作，贯彻落实《泉州市人民政府关于进一步加强全市房地产市场调控的实施意见》精神，为中心市区预售商品房摇号提供现场监督公证。市直公证机构加强摇号方案审核把关，办理商品房摇号现场监督公证21次，涉及商品房6227套，保证商品房摇号销售过程公平公正。优化升级泉州公证网，结合公证“放管服”要求，将公证信息服务平台改版为“泉州公证网”，突出平台使用的响应速度和后台监管，推出在线预审、在线预约、在线导航等三大服务功能，建立申请信息推送、超时响应警示、响应速度评价三项效能管控措施，方便群众网上申请办证，提升用户体验感。放宽公证执业区域，对于学历公证、学位公证、驾驶证公证、纳税状况公证等实行“跨省通办”，省外人员可在泉州市任何一家公证机构办理上述公证。对于涉及不动产以外的其他公证事项，群众可在全市任何一家公证机构申请办理（涉及不动产的公证，应当向不动产所在地的公证机构提出）。

【司法鉴定管理】 2021年，泉州市有16家司法鉴定机构，125名司法鉴定人；承办司法鉴定案件2.79万件，业务收入2897万元。14家通过省级资质认定。开展2020年度司法鉴定机构和司法鉴定人年度考核，15家鉴定机构和105名鉴定人评定为合格，1家鉴定机构和4名鉴定人评定为不合格，15名鉴定人不予年度考核。加强司法鉴定投诉处理工作，办理司法鉴定投诉12件、信访2件。制定《泉州市司法鉴定行政处罚自由裁量权标准》，规定19种司法鉴定违法行为的行政处罚自由裁量权标准，首次设定“轻微不罚”“首违不罚”两种情形。司法鉴定机构参与能力验证，在86个能力验证项目中取得通过或满意的结果，通过率93.5%，满意率73.9%。

【法律援助】 2021年，泉州市各法律援助机构受理、审批、指派法律援助案件2.09万件，其中民事3782

2021年，晋江市司法局“12348”法律服务热线平台为市民提供服务
（图/市司法局）

件、刑事1.71万件、行政14件；受援群众2.13人次，其中农民工6420人次、残疾人274人次、妇女儿童3887人次、老年人318人次，为他们挽回经济损失1.65亿元。刑事案件律师辩护全覆盖试点工作继续走在福建省前列，泉州市受理指派刑事法律援助案件1.71万件，位居福建省第一，其中属于扩大通知辩护范围的3442件；泉州市指派值班律师提供法律帮助1.2万人次，其中认罪认罚9293人次，位居全省第一。建设“法援惠民生”品牌，推行法律援助经济困难证明事项告知承诺制和“网上办、邮寄办、预约办”，实行“全域通办”，泉州市办理法律援助异地申请43件，主动上门受理案件13件，为群众提供延时服务246次。推行“法律援助+劳动仲裁”工作模式，建立12个调解仲裁工作站，办理群体性欠薪案件49件，主动快速化解一起某鞋厂230余人的群体性欠薪信访纠纷。联合退役军人事务局建立泉州市12个退役军人法律援助工作站。与市财政局下文，规范经费管理，动态提高法律援助补贴标准。落实“12348”公共法律服务热线与“12345”政务服务便民热线归并工作有序开展。全市解答群众咨询4.25万人次，其中“12348”公共法律服务热线咨询3.7万人次，比2020年增长47.32%。开展形式多样的“法律援助七进”活动，开展宣传活动163场次，发放宣传材料2.82万份，现场解答法律咨询4655人次。

【泉州司法强制隔离戒毒所】 2021年，泉州司法强制隔离戒毒所连续第14年实现场所无毒品流入、无戒毒人员脱逃、无非正常死亡、无所内案件、无安全生产事故、无重大疫情“六无”安全目标。通过抓牢政法队伍教育整顿和现场管理“两大要务”，戒毒人员违规率较2020年下降60%。通过转变“两种理念”（伯乐相马向赛场选马转变，主观评价向数据说话转变），运用“三分考评法”（分开、分线、分岗考评），搭建“两个平台”（警情沟通平台和业务受理平台），推行“三项机制”（首问责任制、限时办结制、党委督办制），建立队伍考评积分数据库，开创队伍管理工作新局面；聚焦戒治主业，在丰泽社区卫生服务站、北峰街道、洪濑司法所等地建立3个康复指导站，并以此开展延伸帮扶和禁毒宣传，签订帮扶协议书63份，开展禁毒宣传9场次，近5000人次参加。

2021年1月6日，泉州司法强制隔离戒毒所举行首个人民警察节庆祝活动暨升警旗仪式（图/泉州司法强制隔离戒毒所）

军 事

泉州军分区

【概况】 2021年，泉州军分区党委贯彻习近平强军思想和上级党委扩大会议精神，紧扣庆祝建党百年政治要求，围绕战略决胜动员准备，全程突出思想引领、政治建军，加强备战练兵、动员援战，全速加快规划落地，有效推进新时代泉州国防动员和后备力量建设高质量发展。

【政治思想建设】 2021年，泉州军分区围绕庆祝建党百年抓好思想政治建设，深扎党对军队绝对领导的思想根子。突出抓好习近平总书记“七一”重要讲话和中共十九届六中全会精神学习贯彻，统筹抓好两项主题教育、党史学习教育、军事政策教育，党委中心组带机关理论学习，加强政治能力训练，理论武装质效明显提升。

【应急应战能力】 2021年，泉州军分区贯彻中央军委军事训练会议精神和军委习主席训词训令，加强党委对练兵备战的统一领导，落实每季度党委议战议训制度。制订军分区国动援战工作方案，组织值班培训考核增强战位意识，成立备战专班常态保持警惕，全年报情位全省前列。按纲抓训施训，印发党委《贯彻习主席重要讲话，推进军事训练转型的措施》，开展军事训练转型发展大讨论和创建“军事训练品牌”活动，完成各类演训活动。

【动员援战能力】 2021年，泉州军分区编制军分区“十四五”建设规划。深化民兵调整改革，在年度全省民兵工作综合考评中获得第二名。联合地方政府出台《泉州市促进大学生征兵工作若干措施》，全年选送新兵中，大学毕业生比例达47.9%，较2020年提高27个百分点，高出指导比例8.9个百分点，退兵率持续走低，全年无责任退兵和廉洁问题，征兵考评全省第一。选派3批次专武部部长参加省军区资格认证培训，综合成绩均名列前茅（第一期、第二期第二名，第三期第一名）。开展全市基层武装部建设“评星挂牌”活动，抓实重点潜力统计核查，完成15类6.3万条潜力数据审核入库。

【拥政爱民】 2021年，泉州军分区协调落实市委议军会、军事日、党管武装述职、考评等制度，及时任命人武部党委第一书记和基层武装部政治教导员，结合地方换届协调做好专武干部的选配任用。组织“爱我国防”大学生演讲比赛和“爱我国防”中小学生知识竞赛。组织军训骨干集训并进行资格认证。完成6所高校1.9万余人的军训任务。

【2021年“爱我国防”泉州市演讲比赛暨知识竞赛活动】 2021年10月，泉州市委宣传部、市教育局、市退役军人事务局、泉州军分区政治工作处、团市委联合举办2021年“爱我国防”泉州市演讲比赛暨知识竞赛活动。20日，举行2021年“爱我国防”大学生演讲比赛，全市7所高校10队选手参赛，他们结合亲身经历和自身感受，用声情并茂的演讲表达新时代青年对强化国防观念、提高军事素质、矢志报国强军的家国情怀。28日，举行2021年“爱我国防”中小学生知识竞赛，全市各县（市、区）及市直学校中小学在校学生组成12个代表队参赛。此次活动以“迈向强国新征程 军民共筑强军梦”为主题，以党史、军史、革命史等知识为主要内容。旨在普及国防知识、开展国防教育、厚植家国情怀，激发大中小学生赓续红色血脉、热爱人民军队、崇尚英雄、矢志报国强

军的政治热情，在校园里掀起传承红色基因、热爱人民军队、矢志报国强军、自觉为国防建设贡献力量的热潮。

泉州海警局

【概况】　2021年，泉州海警局组织实施海上维权行动，依法开展海上安全保卫，维护海上治安秩序，打击海上走私、偷渡，在职责范围内对海洋资源开发利用、海洋生态环境保护、海洋渔业生产作业等活动进行监督检查，预防、制止和惩治海上违法犯罪活动。查办各类违法犯罪案件71起，查获违法违规船舶38艘，查证非法围填海面积0.49公顷，抓获涉案人员62名，缴获成品油1191吨、香烟3万余条等。拓宽海上医疗救助和应急救援绿色通道，接处警266起，化解各类矛盾纠纷19起，救助遇险船舶3艘、群众40名。宣传“95110”平台职能，传递防台预警信息和安全作业常识，鼓励渔船民加入疫情反偷私渡战线。

【海上综合执法】　2021年，泉州海警局以近海高效执法为主业，高压严打海上违法犯罪，拓宽海上综合执法领域。执法水平跨越新台阶，查办的自然保护区内非法捕捞水产品案系支队首起；侦办的非法捕杀海豚案入选最高人民检察院生物多样性保护公益诉讼经典案例，系中国海警局唯一入选精品案件。坚持破大案、打团伙、摧网络，开展“国门利剑”、“碧海”、伏季休渔执法等专项执法行动8次，破获“1·19”“10·26”窝藏、转移、代销赃物案，“6·15”“6·27”销售假冒商标商品案，“8·24”非法占用海域案等多类型海上大案要案，查办各类违法犯罪案件71起，查获违法违规船舶38艘，查证非法围填海面积0.49公顷，抓获涉案人员62名，缴获成品油1191吨、香烟3万余条、渔获物3.8万余吨、鳗鱼苗60万余尾、废旧汽车发动机及配件50余吨、运输车辆4部、台杂货187箱，总案值2000余万元。

【海域监管】　2021年，泉州海警局创建海域网格化监管模式，深化新时代“海上枫桥”，搭建四级联动管理体系，与11家涉海职能部门签订执法合作协议，拓宽海上医疗救助和应急救援绿色通道，接处警266起，化解各类矛盾纠纷19起，救助遇险船舶3艘、群众40名。结合学习贯彻《中华人民共和国海警法》，开展“95110”平台两周年宣传活动，到辖区宣讲海洋法律法规，宣传“95110”平台职能，解读“两会”政策，传递防台预警信息和安全作业常识，鼓动渔船民加入疫情反偷私渡战线。

2021年6月29日，泉州海警局联合泉州烟草部门查获案值500万元的违法卷烟　（图/泉州海警局）

人民防空

【概况】　2021年，泉州市人防部门按照“注重承上启下、目标适度超前、适应战争形势”的要求，以国家、省人防办“十四五”规划为指导，筹划完成全市人防“十四五”建设规划方案。按照国家和省人防办部署要求，结合新型城镇化、乡村振兴等战略，开展人口疏散体系建设试点工作，以人口疏散掩蔽行动为抓手，以构建平战结合、四通八达、相互连通的城市地下空间为重点，探索实践基于网络信息系统的信息赋能，采用体系化规划和融合社会资源建设的方法，以期大幅提升泉州市城市人口疏散掩蔽行动效能。构建智慧高效的指挥体系，组织泉州市第24次防空警报试鸣活动，开展重要经济目标防护演练和应急救援演练。首次开展市直机关人员疏散掩蔽培训工作；指导各县（市、区）抓紧梳理指挥通信工作，主动协调同级政府和武装部，配齐指挥通信机构队伍，做到指挥通信人员专职专用。推进人民防空信息化建设，完成市本级基本指挥所和发信台的组网建设，同时指导基层人防办进行组网建设及设备调试，省、市、县三级IP语音系统骨干网络全部建成联网。推进人防指挥所建设，加强重要区位人防综合防护建设，加强人防工程使用和维护管理，协调文旅局、资源规划局、清源山管委会等推进境山文创园品质提升，提高人防工程的经济效益、社会效益。强法治宣传，提升民众的国防意识，结合防空警报试鸣日、防灾减灾日、安全生产月等重要时间节点，开展多层次、多渠道的宣教工作。

【人防训练演练】　2021年，泉州市人防部门组织市第24次防空警报试鸣活动。此次试鸣活动正值疫情期间，因此未开展人口疏散演练，重点强化全市警报器的使用维护管理。在石狮市开展人防信息防护专业队训练演示，信息防护专业队队员按演练内容分组展开，训练内容包括开设野外指挥所、架设三线天线和短波电台，并与泉州市人防指挥所进行模话、数话、数传、图传训练。根据要求，按照规定的数量和标准，依托县级人防办、人防设备厂家和大型物业公司等，完成新型人防工程平战转换专业队试点建设任务，市本级依托辖区人防设备厂组建分队。推进晋江市人防地下医院转换及急救训练试点，筹划晋江市人防地下医院转换及急救训练方案，以市国动委文件下达《晋江市地下人防医院战时转进暨医疗救护专业队伍演练方案》，指导晋江人防办以战时抢救辖区内枪伤、烧伤和受冲击波的伤员为背景，拟设3个训练课目、21个训练小内容。组织开展跨区志愿演练活动，组织机动指挥体系到宁德、泉港开展跨区支援训练科目。

【人防信息化建设】　2021年，泉州市人防部门抓好信息化建设，完成市本级基本指挥所和发信台的组网建设，同时指导基层人防办进行组网建设及设备调试，省、市、县三级IP语音系统骨干网络全部建成联网。7月28日，组织全市人防系统干部60余人，在石狮市人防办召开警报统控试点工作现场会。完成128个村（居）有线光纤专网铺设，完成安装新电声防空警报器，完成老旧电动电声防空警报点的改造，实现警报音响视频全覆盖。

【人防社区工作站建设】　2021年，泉州市人防部门在全市建设16个社区（村）人防工作站。其中，晋江市建设6个、丰泽建设9个，洛江、泉港、石狮、南安、惠安、安溪和德化各建设1个。

【人防指挥所建设】　2021年，泉州市人防部门推进洛江、永春完成应急指挥中心建设，其中，洛江区做好前期工作，永春县进入招投标工作。安溪应急指挥中心完成省、市、县互连互通。统筹推进区级人防基本指挥场所建设，鲤城区完成选址工作，丰泽区完成项目的前期工作。指导县级人防机动指挥系统建设及升级工作，完成石狮、晋江、南安市和惠安县机动指挥系统招投标工作。

【人防业务培训】　2021年，泉州市人防部门首次开展市直机关人员疏散掩蔽培训工作。2月，组织市直机关第一期人防联络员30人进行业务培训，通过培训规范市直机关人防工作内容和疏散程序。指导各县（市、区）抓紧梳理指挥通信工作，主动协调同级政府和武装部，配齐指挥通信机构队伍，做到指挥通信人员专职专用。根据全市人防指挥通信工作人员配备情况，每周组织开展指挥通信业务联调防试训练，提升通信信息保障和人防实战指挥作业能力。

【人防宣传教育】　2021年，泉州市人防部门加强人防宣传教育“五进”活动，把党政机关作为宣传阵地的重点，结合市直机关防空袭紧急疏散掩蔽培训，营造党政工作人员参与人防建设的氛围；结合防空警报试鸣日、防灾减灾日、安全生产月等重要时间节点，开展多层次、多渠道的宣教工作。

【泉州市重要经济目标暨应急救援实战化演练】　9月3日，由泉州军分区、泉州市人防办、南安市政府主办的2021年泉州市重要经济目标暨应急救援实战化演练在山美水库举行。此次演练模拟围绕信息化条件下重要经济目标防护课题，重点演练人民防空筹划决策、综合防护和快速救援三个课题，采取场地位移、时间跳跃、目标模拟、现场实演、综合显示的方式进行。20多个单位和人防专业分队参与演练，动用各种专业车辆、摩托艇、冲锋舟、无人机。

退役军人事务

综 述

【思想政治和权益维护】 2021年，泉州市退役军人事务局联合东南网拍摄抗美援朝、抗战老兵系列专题片《烽火记忆》，在《福建日报》、“学习强国”福建平台等刊发，作为全市党史学习教育、青少年学生思政教育素材，点击量突破1000万人次。深化“军民情•连心桥”主题活动，打造泉州退役军人思政教育工作特色品牌。发挥优秀退役军人在基层组织中的带头作用。推动县、乡、村退役军人志愿服务队伍建设，成立县、乡、村志愿服务队。推进“法律政策落实年”，权益维护形势向好。依托“我为老兵办实事”等实践活动，开展普法活动182次，发放资料8万份。

【服务保障体系建设】 2021年，泉州市退役军人事务局推进服务中心（站）规范化建设、实体化运行，服务机构建设更加规范，服务功能发挥更加显著，示范型服务站打造更加有力。截至年底，县、乡两级退役军人服务中心（站）和服务对象300人以上的村级服务站全部通过全国“示范型”服务中心（站）创建验收。石狮市退役军人服务中心获评全国退役军人服务保障先进单位，晋江安海镇服务站获评全国百家红色退役军人服务站，18个服务中心（站）获评省退役军人服务保障体系先进单位，晋江、石狮等地探索“网格化+退役军人服务工作”新模式。

【退役军人先进典型宣传】 2021年，泉州市退役军人事务局结合中国共产党成立100周年和省委、市委“再学习、再调研、再落实”活动，携手央视国防军事频道“老兵你好”栏目共同打造退役军人事迹典型专场录播《爱拼敢赢侨乡人——吴金营　温文溪　刘志军》。开展“最美退役军人学习”宣传活动，陈聪河获评2021年“全国最美退役军人”，温文溪获评2021年“全省最美退役军人”。

【移交安置】 2021年，泉州市退役军人事务局完成全市军转干部、符合政府安排工作的退役士兵和退出消防员安置工作，营以下和专业技术军转干部安置到公务员队伍和参公单位比例93.5%，符合政府安排工作的退役士兵和退出消防员安置到行政、参公、事业工勤比例高于往年。组织全市自主择业军转干部到910医院参加2021年度免费体检，建立健康档案。

【就业创业】 2021年，泉州市退役军人事务局落实“六稳”“六保”要求，通过泉州市退役军人微信公众号开展“百企送万岗”活动，发布35期招聘信息，95家企业提供就业岗位4017个。全市开展招聘活动41场次，2676家用人单位提供就业岗位3.99万个，服务助力退役军人（现役军人家属）就业。组织泉州市第二届退役军人创业创新大赛，推荐3个项目参评省退役军人事务厅复赛，获一等奖1个、三等奖2个。授牌18家“泉州市退役军人就业创业园地”，3家获评“福建省退役军人就业创业园地”，数量全省最多。

【军休服务管理】 2021年，泉州市军休服务管理部门落实退役军人事务部等五部门《关于做好移交政府安置的军队离退休干部住房小区居住条件改善有关工作的通知》及省退役军人事务厅相关工作要求，抓好服务管理机构和设施建设，将仁风军休所、丰泽军休所纳入当地老旧小区改造工程。采取走访慰问、召开座谈会等多种形式，将国家级纪念章、证书逐一登记造册并颁发给有关军休老干部，提升军休人员的光荣感与自豪感。

【泉州市第二届退役军人创业创新大赛】 2021年，泉州市退役军人事务局举行第二届“工行杯”退役军人创业创新大赛。活动旨在贯彻落实习近平总书记关于退役军人工作的重要论述精神，实施创新驱动发展战略。开赛后，收到报名项目38个，涵盖新兴产业、传统产业、生活服务业、现代农业等多个领域。经过角逐，14家由退役军人带领的企业（团队）脱颖而出，分获优胜奖、优秀奖、创业先进奖。

优待抚恤与褒奖

【概况】 2021年，泉州市退役军人事务局做好优待抚恤、纪念褒扬工作，制定出台关心关爱革命伤残军人工作措施，提高部分优抚对象抚恤和生活补助标准，联合市发改委等对享受国家定期抚恤补助的优抚对象发放春节临时价格补贴。在《泉州晚报》开设“泉州党员英烈谱”专栏，讲述100名泉州党员英烈故事。摸清全市烈士纪念设施底数，推进烈士纪念设施保护管理。

【优待抚恤】 2021年，泉州市退役军人事务局制定出台关心关爱革命伤残军人工作措施。联合省荣军医院、910医院等医疗机构开展为革命伤残军人医疗义诊服务活动，惠及伤残军人、在乡老复员军人、烈属及其他重点优抚对象。提高部分优抚对象抚恤和生活补助标准，优抚对象抚恤补助标准（不含伤残军人）平均高出国家和省定标准的41.94%，伤残军人抚恤标准平均高出国家和省定标准的38.65%，下拨重点优抚对象市级配套生活医疗补助经费。下拨经费帮扶困难重点优抚对象，助力解决其存在的生活难、住房难、医疗难问题。

【褒扬纪念】 2021年，泉州市退役军人事务局联合市纪委监委、市委组织部、市委史志研究室等，在《泉州晚报》开设“百年红色记忆 泉州党员英烈谱”专栏，讲述100名泉州党员英烈故事。发动高校师生（包括留学生）、老兵、现役军人组成“星火讲师团”，开展宣讲30余场。清明节期间，灵活运用融媒体、H5页面、VR（虚拟现实）体验馆、云祭扫等方式，安全文明有序开展“守护·2021清明祭英烈”烈士祭扫活动。9月30日，全国第八个烈士纪念日，牵头组织市四套班子领导、泉州军分区领导和市直有关单位等到市烈士陵园举行向烈士纪念碑敬献花篮仪式。摸清全市烈士纪念设施底数，建立健全523处烈士纪念设施挂钩联系人和管护责任人，策划生成《泉州市烈士纪念设施提质改造和布展提升项目库（2020—2025年）》。依托“今日头条”等多种渠道开展“为烈士寻亲”活动，为烈士找到亲属。

【关爱帮扶】 2021年，泉州市退役军人事务局在春节期间调拨办公经费帮扶援助困难退役军人。组织开展“老兵跟党走，把党的关心送到老兵心中”主题慰问活动，走访慰问困难退役军人，发放慰问金。梳理汇总一次性临时救助对象，发放市级补助金。组织开展“我为老兵办实事”“十城千店崇军联盟”活动，全市1125家商企加入，为退役军人办实事办好事。

双拥共建

【概况】 2021年，泉州市退役军人事务局聚焦国防所需、驻军关切、官兵期盼，以服务备战作为工作主线，围绕争创全国双拥模范城“十连冠”目标要求，推进拥军各项工作。开展拥军主题宣传，邀请拥军模范代表讲述拥军创模故事。军地基层党组织开展共学党史系列活动，深化“军民情·一月一主题”等活动。

【双拥教育宣传】 2021年，泉州市退役军人事务局开展“礼赞百年·军地共话双拥情深”主题宣传，邀请拥军模范代表讲述拥军创模故事。组织开展拥军创模主题文艺作品征集评选活动，选送全国双拥办的作品获一等奖（惠安县）1名、三等奖（石狮市、泉州台商投资区）2名，获奖总数位列全省设区市第一名。

【拥军支前保障】 2021年，泉州市退役军人事务局围绕服务国防建设、服务练兵备战开展工作，解决部队提报的土地划拨、道路整修、水电供应等清单问题。石狮市政府出资帮助部队垫付善后项目补偿经费。落实军人子女入学优待，鲤城区、丰泽区完善市区军人子女食宿站工作。

【军民共建】 2021年，泉州市本级和晋江市、石狮市、南安市出资购置平板电脑并加装优秀文艺作品，在除夕前送至一线官兵。军地基层党组织开展共学党史系列活动，深化“军民情·一月一主题”活动，组织书画军营巡回展、“情系边海防·暖冬行”、“双拥+乡村振兴、和谐家园、心理咨询、应急救援”等活动70多场次。开发“拥军优属联盟”小程序，发动2000多家企业、商家为退役军人、军人军属提供优先优惠优待服务。

应急管理

综述

【应急体系建设】 2021年，泉州市应急救援总指挥部依照国家、省突发事件总体应急预案有关规定进行相应调整。安全生产应急救援指挥部方面，设13个应急工作组，根据事故类别和处置工作需要，对应急处置、人员疏散、现场管制、应急人员安全防护、医疗卫生救治、现场监测、社会动员、信息发布8方面处置措施进行明确。市应急管理局编制应急体系建设专项规划，首次实现应急管理领域（应急体系建设、安全生产、综合防灾减灾）“三规合一”。多次组织相关地区和部门召开协调研讨会和开展调研，听取意见建议和重大工程项目规划设想，形成规划初稿征求意见。8月，主动邀请福州大学、泉州师范学院研究团队，承接省上规划对全市应急体系建设专项规划完善提升，组织召开专家论证会对规划内容进行论证，纵向系统衔接省级规划，横向学习借鉴福州、厦门等周边地市先进经验，梳理吸纳2018年以来市人大、市政协对应急管理工作的44个建议提案，结合全市应急管理、安全生产、综合防灾减灾重点工作，形成具有泉州特色的应急体系建设专项规划。从体制机制改革、防范化解重大风险、强化灾害事故应对准备、提升应急创新能力、构建全社会共同参与应急5个方面梳理22项主要任务；实现破解应急管理、风险防控、应急处置和科技创新4个方面的能力提升，谋划39个重大工程项目，以重点工程项目带动全面提升防范化解重大安全风险的能力和水平。

【突发事件联动值班和备勤机制】 2021年，泉州市应急管理局率先在全省应急系统出台《关于进一步健全现场应急协调备勤和改进应急值班值守工作的通知》，整合安全生产、防汛抗旱、森林防火、政务值班的联合大值班，成立道路交通、自然灾害、火情、生产安全4个突发事件备勤组，365天全时段做好各类突发事件应急值班备勤工作。以安办、防汛办、防火办名义联合下发《关于进一步健全突发信息快速报送联动机制的通知》，对突发信息报送范围、内容、时限、纪律要求等方面进行明确。牵头召开全市公共应急统筹小组联席会议，与21个市直部门建立突发信息速报联动机制，与泉州晚报社建立灾情险情信息联动服务，多渠道及时获取突发事件信息，在多起生产安全事故、森林火灾、防汛防台风等事件应急处置上有序妥善处置，提升应急值守处突能力。

【应急指挥中心和应急管理信息化】 2021年，泉州市应急管理局推进应急管理体系和能力现代化，开展应急指挥中心和应急管理信息化建设。多方协调推进市应急管理局应急管理信息化项目（一期）选址变更、建设运营模式调整等重大事项。明确泉州市应急管理信息化建设项目（一期）选址由原东海大厦变更为市档案综合大楼（在建），租赁相关楼层2440平方米作为业务技术用房；变更泉州市应急管理信息化建设项目（一期）运营模式，基于公共数据安全和全市政务数据汇聚需求，由市应急管理局委托市大数据公司作为业主建设运营。围绕“一库三中心”的总体框架，建设应急管理大数据库，实现数据共享；搭建监测预警、应急指挥、安全生产宣教“三个中心”。泉州市应急管理信息化项目（一期）项目专班围绕应急管理信息化项目“一库三中心”建设，健全项目工作专班，吸纳深圳城安院专家意见，补齐短板弱项，聚焦提升监测预警、辅助指挥决策、救援实战和社会动员能力，进行十轮项目可研初设的集中会审。吸取外地应急管理信息化建设的经验教训，会同中国电信展开空天海地一体化融合通信体系研究，形成融合通信体系的可研初设方案初稿。

【安全隐患大排查大整治】 2021年，泉州市应急管理局协调、督促各县（市、区）、市直各有关部门按照《泉州市安全生产专项整治三年行动实施方案》的计划安排，重点督促燃气、道路交通、建筑施工（房屋安全）、海洋渔业、消防等领域的安全生产。全市企业自查发现隐患37.73万条，整改37.69万条，整改率99.9%；成立各级各专项检查组1.6万个，开展督导检查3.8万次，检查单位9.18万家，督导发现问题8.88万个；开展行政处罚9464次，罚款6495.54万元，责令停产整顿2877家，暂扣吊销证照28家，关闭取缔171家，约谈警示1541家。组建标准化工作专班，召开工作会商会议12场次、专题推进会议2场次，组织13个包片督导服务组结合重要会议防控开展督导1次。制定下发《泉州市安全生产标准化提升专项行动方案》，召开安全生产标准化建设提升工作推进会议，专题部署全市46个行业（领域）推进安全生产标准化提升。遴选130家作为标准化标杆企业，每个县（市、区）分别遴选10家，各个专题专项组重点行业（领域）分别遴选5家；组织梳理编制“三张清单”（检查清单、隐患清单、整改清单）参考样式，形成行业检查清单。全市46个行业（领域）编制安全检查清单85份。实行每月通报和每季度会商工作制度。开展“控事故、保平安、迎建党百年”集中攻坚专项行动，按照“一个部门包一个县”的方式，组织13个督导组下沉一线。落实企业安全生产主体责任，上报检查企业3.42万家次，责令停产整顿企业2487家，关闭取缔企业161家。安全生产风险辨识评估企业9847家、各类风险点23.58万处。推广安全生产责任保险，全市684家企业投保安责险。

【安全常识宣教】 2021年，泉州市应急管理部门推进应急管理新闻宣传工作，组织观看《生命重于泰山》电视专题片3565场次，13万余人次。举办安全生产和应急管理讲座6000余场次，开展专题培训500余场次。组织重点部门分析各行业存在的风险点，制作形成46部警示教育片，发动全市各部门、各乡镇（街道）、企业开展30万余场次警示教育。6月16日安全宣传咨询日，通过开展主题宣传视频展播、安全生产优秀作品展播和颁奖仪式、有奖竞答线上活动启动仪式、应急知识互动讲堂等方式，线上线下参与人数达8万余人次。组织发动市民参与全国安全知识网络竞赛，连续五年取得全省第一名。全市举办知识竞赛200余场次，参与人员260万余人次。组织开展2021年安全生产微视频和创意海报大赛，征集近500部作品，在入围作品的展播和投票中，线上展播点击量100多万次，参与投票超过25万人次，作品分享量超过8万人次。9月8日，采用主会场现场宣讲+同步网络直播的形式开展新安法宣讲活动，参与人数20多万人次。开展专题培训433场次，25万余人次。印发《中华人民共和国安全生产法》宣传手册20万余册，宣传海报6万余张，播放公益广告5000余次，刊登标语30万余条（次），举办知识竞赛21场次、参与7万余人次。每季度对全市新闻宣传和政务信息报送情况进行通报。加强与各类媒体合作，推进专题报道、系列报道、跟踪报道；强化和完善市应急管理微信公众号、门户网站等新媒体平台建设。整合应急、防汛、防火、减灾、危化等通讯员队伍建设，由泉州网派驻专人负责信息的采编工作，提高整体宣传效应。

【应急预案优化】 2021年，泉州市应急管理局印发《泉州市应急管理局关于做好应急预案体系建设有关工作的通知》，对涉及的市级总体预案、专项预案、部门预案等预案进行责任分解，阶段推进各类预案修编工作，加强部门会审。修编出台《泉州市生产安全事故灾难应急预案》，预案设立安全生产应急救援指挥部，设13个应急工作组，根据事故类别和处置工作需要，对应急处置、人员疏散、现场管制、应急人员安全防护、医疗卫生救治、现场监测、社会动员、信息发布8方面处置措施进行明确，修编出台防汛防台风、抗旱、突发地质灾害、非煤矿山较大生产安全事故、冶金等行业较大生产安全事故等行业领域应急预案。推动全市各类应急预案汇集共享。完成政府类应急预案填报591份，企业类应急预案填报6177家次。

【应急演练】 2021年，泉州市应急管理局举行2021年泉州市危险化学品道路运输生产安全事故综合应急演练，从“政企结合、区域联动、集中力量、科学救援”的应急处置体制机制出发，重点演练八个阶段（事故现场企业自救、突发信息联动报送、事态扩大启动响应、联勤联动多方增援、形成合力协同总攻、终止响应妥处善后、洗消清理解除警报、安民告示恢复秩序），首次在机构改革后实践探索应急、公安、交通、生态环境、卫健、消防等部门应急处置危化运输事故的联动联勤联救机制。22个部门和单位560人参演和保障，出动应急指挥专业车辆及侦察灭火机器人、无人机等72部。10月29日，泉州市、德化县、桂阳乡采取市、县、乡三级联动、军警民三方联演的方式，在德化县桂阳乡组织景区非景区景点水域山地立体应急综合演练，287人参演，应急救援装备187件（套），机动通信车、气象监测车、警车、救护车等17辆，山地搜救犬2条。

【应急救援队伍建设】　2021年，泉州市应急管理局调研全市主要社会应急救援力量建设情况，对危化品、矿山、住建、交通、海事、防汛等重点行业领域应急救援队伍开展普查。全市普查各类应急救援队伍443支2.34万人（包括国家综合性消防救援队伍、各类专业应急救援队伍、社会应急力量、基层组织和单位应急救援队伍、公安、武警、民兵队伍等）。探索“三分三联”的建训管用模式（在调用队伍上坚持分层级、分区域、分任务，在建设保障上坚持信息联动、队伍联训、后勤联保，为社会应急救援队伍提供联建联调平台，结合应急值班和现场备勤制度，与相关社会救援队伍建立联勤联动联战机制）。会同市消防救援支队，与蓝天、迅捷等7支地方社会应急救援力量签订应急救援联动协议书，依托原消防培训基地，建立社会应急救援队伍联合办公点，建立战训联席会议制度，统一纳入泉州市消防救援支队指挥中心调度。制定出台泉州市社会应急救援力量管理规定，规范社会救援的日常管理及应急救援工作开展。全市7支队伍428名正式队员和211名预备队员及相关车辆器材装备入驻联勤值班基地。6月结合“安全生产月”活动，将社会救援力量骨干纳入全市应急管理培训班。6月21日，指定部分社会救援队参加市政府主办的“危化品道路运输事故应急综合演练”。10月15—30日，在德化县举办全市水域应急救援培训。组织迅捷、蓝天、荒野召唤、曙光等社会救援队伍，出动50人、10台车，携带救援装备，到河南新乡参加一线抗洪救灾。9月，统筹协调社会应急救援队伍参与社区疫情防控工作，出动1800多人次，清理涉疫垃圾6200多桶，转运防疫物资350箱，消杀面积200多万平方米。会同消防救援支队，整合以消防业务骨干的师资力量，每月定期组织开展业务交流大讲堂。

防灾减灾

【概况】　2021年，泉州市应急管理局夯实防灾减灾工作基础建设工作，提升防灾减灾应对水平。按照“安全生产三年行动”的要求，部署开展避灾点隐患排查，上半年排查问题98条，整改98条；履行为民办实事工作职责，制订提升100个避灾点的工作方案，按照进度推行落实，市、县下达500万元配套资金。开展全国综合减灾示范社区评选及复核工作，5个社区被评为“2020全国综合减灾示范社区”。按覆盖率50%的比例要求，对历年被评为全国综合减灾示范社区的单位进行抽查复核。加强救灾物资储备建设，协调市财政局下达2021年市级救灾物资采购计划（品种九大类、价款144.55万元）；在疫情防控期间向泉港区发放137万元的救灾物资。对全市库存的救灾物资进行全面统计录入，对全市避灾点的救灾物资进行全面统计录入。做好寒潮低温、大风灾害防范应对工作，市减灾委成立5个督导检查小组，分赴南安市、安溪县、永春县、德化县、洛江区乡村一线开展寒潮低温灾害防范应对工作专项督导检查。加强报灾信息员队伍建设，做好自然灾害预警监测工作。做好全市3224名灾害信息员，做好灾害风险隐患监测预警信息系统中关于负责人、管理人员、信息员相关信息的录入。

【保险补贴】　2021年，泉州市应急管理局做好全市冬春救助工作，下发中央冬春救助资金32万元。做好2021年农房保险和自然灾害公众责任保险资金审核工作，按要求下达市级相关财政资金自然灾害公众责任险251万元（县级1004.26万元）、农房保险149万元（县级315.7万元）。

【防灾减灾宣传】　2021年，泉州市应急管理局做好“5·12”宣传防灾减灾日和“10·13”国际减灾日的纪念活动，营造防灾减灾社会宣传氛围。在全市公交车上滚动播放防灾减灾宣传口号标语和海报49次；面向社会公众发布防灾减灾宣传短

2021年5月12日，泉州市地震局联合市减灾办、市应急管理局在丰泽区源淮社区举行2021年度“5·12”防灾减灾宣传日全市主场宣传活动

（图/市地震局）

信60万条，覆盖全市13个县（市、区）。联合相关部门在全市学校避灾避难场所（点）组织开展防灾减灾专题活动，组织全市1000多年所学校集中开展对避灾避难的应急设施、物资、标识、场所环境等的自查活动，参加活动的师生达8万多人次。开展防灾减灾宣传进社区活动。在源淮社区内举行防灾减灾救灾宣传活动，参加人员达500多人。开展防灾减灾和自然灾害综合风险普查知识线上竞赛活动，参与人员达10万人次。

【国家自然灾害综合风险普查】 2021年，泉州市应急管理局根据自然灾害综合风险普查的工作要求，在全市应急管理系统质检核查工作，完成数据质检1.19万条，整体准确率95.9%，准确率均达到国务院普查办要求的95%以上。提前完成77.7%的进度要求，立即转入数据外业核查工作。12月，组织11个市级核查组到全市各县（市、区），开展数据核查工作，将问题数据完成整改并上报至省级，应急管理系统普查完成进度实现100%。省质检核查组针对系统随机抽取的89个调查对象进行现场核查，洛江区、德化县完成省级核查工作任务。全市普查工作走在全省前列，完成此次普查工作市、县层级的工作任务。

安全生产监督管理

【概况】 2021年，泉州市应急管理局围绕“控事故、保安全”，增强应急管理和防灾减灾能力，做好安全生产专项整治三年行动、安全生产标准化提升专项行动、安全生产执法年活动等工作。综合运用集中执法、重点执法、专项执法、联合执法等多种方式，开展行政处罚1.2万次，罚款8564万余元，责令停产整顿3818家，暂扣吊销证照59家，关闭取缔1139家，约谈警示1895家。落实欣佳酒店坍塌事故整改，按照整改方案落实市委、市政府提出的81项事故教训和“115”事故防范建议细化整改措施。牵头组织对2起较大事故开展调查，追责问责28名责任人；督促各县（市、区）对一般亡人生产安全事故逐一开展调查处理。依法开展事故评估，对2015—2020年全市发生的17起较大事故和2020年发生的一般生产安全事故整改落实情况开展评估，完善事故防控长效机制。探索“保险+服务”的模式。利用市场机制和社会力量充实、加强安全生产工作，根据《泉州市全面推行安全生产责任保险暂行规定》，在全市矿山、危险化学品、烟花爆竹、交通运输、建筑施工、民用爆炸物品、金属冶炼、渔业生产等高危行业领域推行安全生产责任保险。全市818家企业投保安全生产责任险，保费851.1万元，提供风险保障88.57亿元。全市发生各类生产安全事故190起、死亡91人，比2020年减少17起、33人，分别下降8.21%、26.61%。

【安全生产责任体系】 2021年，泉州市应急管理局推动建立三级会商机制，不定期组织召开安全风险隐患分析会议，每季度召开防范重特大生产安全事故会议。建立领导挂钩督促重大隐患整改，梳理28个重大隐患问题，13名市领导包片挂钩督促整改。依法依规对各县级党委、政府和市直有关部门的安全生产职责分工进行再明确，涉及55个部门248条职责，形成《进一步明确安全生产监管职责构建安全生产长效机制的意见》，各部门提出意见340条，全部达成共识，于3月4日市政府常务会议上审议通过。围绕“两会”、庆祝中国共产党成立100周年等重大活动，安排13个包片督导组定期不定期下沉各县驻守进行清单式督导。组成6个考核组开展2020年度安全生产目标责任制考核。向13个县（市、区）和36个市安委会重点成员单位下达2021年度安全生产目标责任书。每月收集三年行动整治工作情况及“一情况两清单”等相关报表进行通报，开展危险化学品、渣土车、城市管理、自然灾害、工业园区、小化工、有限空间、工贸行业、自建房改加工场所评查整改等16个专项行动，做好3个专题和12个专项整治工作。组织开展攻坚专项行动，对事故多发易发领域，开展“控事故、保安全、迎建党百年”和“严执法、强攻坚、促提升”集中攻坚专项行动。全市企业自查发现隐患27.13万条，整改27.11万条，整改率99.9%；成立各级各专项检查组1.98万个，开展督导检查4.7万次，检查单位11.1万余家，督导发现问题10.6万余个；开展行政处罚1.2万余次，暂扣吊销证照59家，约谈警示1895家。借鉴福州市的典型做法和经验，制定下发《泉州市安全生产标准化提升专项行动方案》，组建标准化工作专班，建立落实定期会商（周碰头协商、月分析通报、季阶段小结、年提升推进）等工作推进制度，采取视频会议、集中授课、场景模拟、现场点评等“线上+线下”方式宣传发动造势和培训，组织全市29个监管部门编制覆盖46个行业（领域）的安全检查清单96份，连同各县（市、区）政府遴选130家企业培植对象培植打造标杆示范企业，选定丰泽区、石狮市为试点。

【安全监管执法】 2021年，泉州市应急管理局举行全市生产安全事故调查（执法业务）、执法案卷评查互查，对存在重大隐患及发生事故的生产经营单位的主要负责人开展集中教育培训，到各县（市、区）开展安全生产执法培训。根据《安全生产监管监察职责和行政执法责任追究的暂行规定》的要求，制订每年度安全监管执法工作计划。联合各县（市、区）、乡镇（街道）有关执法人员，到基层一线，开展

“四不两直”暗查暗访，指导企业开展隐患整改工作。按照《国家安全监管总局关于印发对安全生产领域失信行为开展联合惩戒的实施办法》要求，收集、汇总、上报各地拟纳入安全生产领域失信联合惩戒对象信息。通过应急管理部信用信息平台上报2家拟纳入安全生产失信联合惩戒对象。牵头开展南安市蓬华镇岩内发电站“1·20”导水渠分水隔墙坍塌事故、晋江全亿无纺布有限责任公司“2·6”较大坍塌事故和沙厦高速“9·30”较大道路交通事故调查处理工作。对省新镇“1·26”道路运输事故、南安市美林街道“5·8”道路运输事故、泉州市瓯昌树脂有限公司“8·14”一般事故、泉州台商投资区“11·7”一般中毒事故和泉港区“12·9”一般引燃5起生产安全事故进行挂牌督办。牵头对全市2015—2020年发生的17起较大及1起重大生产安全事故开展评估工作。督促各县（市、区）对发生死亡1～2人的79起一般生产安全事故进行调查。

【重点领域安全专项整治】 2021年，泉州市应急管理局在危险化学品、烟花爆竹和民爆物品安全整治方面，立案处罚24家企业68.49万元。打击10起非法违法“小化工”，处罚50.6万元。指导中化泉州石化有限公司落实“工业互联网+危化安全生产”推广，开展智能巡检系统建设。开展“水、火、瓦斯”三类灾害分析研判，全覆盖检查68座非煤矿山，发现隐患328条，处罚5起9万元；检查煤矿企业和生产煤矿12次，发现隐患126条并督促落实整改。实现全市住宅小区、公共建筑消防车通道划线标识率“两个100%”；集中督办高层建筑突出问题9处，督办整改“三合一”场所4795家，评查整改自建房加工场所1.89万余幢，清理违规充电、停放电动自行车3641处。利用大数据分析交通态势，发出安全风险预警，查处酒驾醉驾行为。全市查处严重交通违法行为54.20万起。加强重点时段及季节性天气安全防范，确保台风影响期间未发生海上险情；检查快递企业153家次，立案查处企业8家，排查并整改隐患40处；检查港区生产经营企业、建设工程项目27家，清除违法侵占航道渔网渔具113件、侵占航道泡沫浮球63个。建立市、县、企业三级网上巡查制度，拉网式排查、清退不适岗渣土车驾驶员，查处违规渣土车3715辆（次），处罚600.98万元。出台渔船“一船一档”管理、渔船编组生产、渔船进出渔港报告三项制度，建立点验中心考评奖惩制度和举报奖励机制，开展乡镇船舶专项集中整治行动116次，扣押违法违规船舶51艘次，取缔拆解船舶10艘次。排查2021年度新增城镇违法建设182宗，处置169宗，处置率92.8%，完成30个道路“微整治”项目和8条市政道路改造项目，修复道路破损问题8036处。排查处置重大安全隐患房屋4565栋、物理隔离人员密集场所房屋281栋，鉴定或专业技术核查钢结构房屋1.41万栋，督促整改隐患问题1.17万条。组织检查省级以下园区企业70家，排查隐患173处，完成整改163处；排查港区问题隐患87处，完成整改76处；检查寄递园区内快递企业256家次，立案查处企业12家，排查安全隐患312处，整改262处。开展危险废物整治，排查企业780家次，发现环境安全隐患问题221个，完成整改195个，立案查处危运违法案件224起、违法经营行为120起。自然灾害整治方面，重点针对山塘运行管理相对薄弱、基层管养经费不足、设施设备配备不足等问题，分批次为全市山塘统一配齐防汛应急物资724套，检查工程（项目）323个，排查安全隐患288处，督促完成整改265个。

【“小灶式”综合整治】 2021年，泉州市应急管理局通过“细清单、强警示、树典型、开小灶”，实施重点任务清单项目化推进、事故教训以案示警促改、标杆经验典型示范引领、“小灶”式精准整顿治理，印发《晋江市陈埭镇消防安全“开小灶”综合整治实施方案》，推动相关县（市、区）参照晋江市做法，找准县域特色行业性、区域性消防安全风险问题，开展“开小灶”式的综合整治，精准分析风险问题症结，研究提出系统性、综合性的长效治理措施。组织在全市范围内开展危险化学品企业“三违”（违章指挥、违章作业、违反劳动纪律）行为、特殊作业安全、有限空间作业安全、消防安全专项整治等集中攻坚行动。11月28日，在晋江召集座谈会，研究“一厂多租”“一楼多企”等突出消防问题，分析现状，探讨解决途径，提出规范管理的意见建议，按照“轻重缓急”的原则，引导企业建设标准厂房或进行搬迁升级。

地震应急管理

【概况】 2021年，泉州市地震局按照中国地震局、福建省地震局“十四五”防震减灾规划思路，梳理泉州市“十四五”期间防震减灾工作的主要任务目标及重点项目，重新修订市地震局《地震应急响应预案》。推进地震监测台站升级改造维护工作，完成德化国宝台及惠安东关台的建设搬迁工作，完成各地下流体台站基本标准化改造。做好自然灾害风险普查组织实施工作，指导南安地震办按时完成普查试点工作。联合晋江人武部、应急局、地震办、蓝天救援队等单位开展地震现场工作演练。修订泉州市地震自然灾害综合风险普查总体方案、实施方案及市县两级普查经费预算方案。加强泉州市区域性地震安全性评价管理工作，拟订《推进泉州市区域地震安全性评价工作优化营商环境的意见（试行）》，对全市范围内的区域地震安全性评价的适用范围、工作主体、评估程序等作出具体要求。开展地震易发区房屋设施加固工程，协调市直各参与单位及晋江、石狮的6个试点乡镇、当地应急、住建等部门定期收集汇总各相关领域、地区的加固工程进展数据，形成三次阶段性进展报告及全市加固工作初评估报告，落实加固工程工作部署；开展采集工作，录入1300余栋房屋信息，基本完成初期数据采集任务。

【预警网络建设管理】 2021年，泉州市地震局完成3800处地震预警终端三年建设任务，统筹组织各地推进预警终端建设工作，提升全市地震预警网络密度。全年新建终端近200处，预警终端总数达4020余处，数量保持全省首位；推进硬件设施建设，与市应急管理局协调，将地震预警信息发布工作纳入2021年度全市安全生产目标责任范畴，明确各地要完成既定的预警设施建设任务，保障预警设施日常运行经费，保持全年设施在线率不低于85%，为全市地震预警信息发布网络的稳定运转提供保障。

【地震日常监测】 2021年，泉州市地震局加强各地震监测台站的日常运维管理和资料报送工作，逐步细化完善数据报送处理流程，提高资料报送的时效性和准确性，根据《泉州市地震监测预报工作考评办法》，强化对各县（市、区）地震监测工作的考评；加强前兆观测资料跟踪分析，做好前兆异常跟踪分析和复核，形成省、市、县之间快速、准确、细致的工作机制。 强化地震会商机制，按时参加全省远程视频月会商，加强与省地震局和相关单位之间的会商交流；发挥远程视频会商系统的优势，每月组织开展全市地震趋势视频会商，按时召开年中、年度地震趋势会商会；落实前兆异常，按规范落实排查泉港一中台水温、晋江青阳台水位、石狮赤湖台水位等多项前兆异常。加强地震监测台站巡检管理和设备维护维修力度，排查处理南安莲塘台、德化国宝台、惠安洛阳台、丰泽宝山台等台站设备故障，确保台站运行稳定可靠。

【宏观观测网络建设】 2021年，泉州市地震局加强宏观观测点日常管理工作，优化全市宏观观测网布局。按规范对条件较好的宏观点进行升级优化，新增晋江东石、安海2处宏观观测点，完成石狮奈清水库宏观观测点升级改造；强化群测群防工作，做好宏微观资料对比分析。

【防震减灾法治和监管】 2021年，泉州市地震局制定“谁执法谁普法”责任清单，加强防震减灾法律法规的学习宣传，结合防震减灾宣传开展“法律六进”宣传活动；推进防震减灾“互联网+监管”体系建设。根据中央、省、市要求，认领7个主项12个事项，梳理检查实施清单7项，结合日常巡查工作完成检查行为录入。指导丰泽、洛江、晋江、永春、德化等地完成事项认领及检查实施清单梳理；根据市纪委监委、市司法局要求，重新梳理完成泉州市地震局防震减灾行政执法自由裁量权清单。

【地震应急避难场所建设管理】 2021年，泉州市地震局推动学校避难场所的建设和管理工作落实。9月，联合市教育局、应急管理局下发《关于进一步做好学校地震应急避难场所建设管理工作的通知》，首次以文件形式明确教育等相关部门和学校的具体工作职责，为“十四五”期间学校避难场所建设和管理等工作指明方向。为督促各县（市、区）做好避难场所日常管理的监督指导工作，下发《关于建立地震应急避难场所季度巡查制度的通知》，在全市范围内开展避难场所季度巡查。对市区5处公园避难场所开展月巡查，定期自查鲤城、丰泽、洛江、泉港辖区内避难场所；“5·12”防灾减灾日，联合洛江区地震办、应急管理局指导第十一中学开展应急避难场所启动演练，检验发生破坏性地震情况下场所的各项功能否正常启用。

【防震减灾宣传】 2021年，泉州市地震局联合市减灾办、应急管理局，举办2021年度“5·12”防灾减灾日全市主场宣传活动。活动采用云直播方式，同步通过泉州市地震局微信公众号在海丝直播平台进行直播，直播观看人数超过1.48万人；联合各县（市、区）地震部门在鲤城区百源社区等12个全国综合减灾示范社区及拟创建社区开展“防震减灾进社区”主题宣传活动，得到社区群众的关注和参与；5月初牵头制定并联合市减灾办、应急管理局、教育局下发《关于在学校避灾避难场所（点）组织开展防灾减灾专题活动的通知》，在全市学校避难场所组织开展场所应急设施设备检查整改、防灾减灾演练和科普讲座等专题活动，提升学校避难场所的整体防灾能力，62所学校、超过8万名学生参加本次活动。在泉州政务微信公众号及《泉州晚报》《中国应急管理报》等刊登专题报道，选拔“防灾减灾科学传播师”参加全省、全国科普讲解比赛，组织开展“海都报小记者走进地震局”科普活动，举办微信有奖知识竞答。9月初与市教育局、应急管理局联合下发《开展2021学年新生入学地震等自然灾害安全教育专题讲座活动的通知》，组织全市学校开展本学年专题讲座活动。

【防震减灾示范工程创建】 2021年，泉州市地震局根据中国地震局科普教育基地、科普示范学校的创建新要求，指导各县（市、区）开展本年度科普示范学校、教育基地创建工作。确定德化县科普馆申报省级防震减灾科普教育基地，惠安溪南实验小学等多所学校申报省级防震减灾科普示范学校；联合应急、气象、消防等部门开展全国综合减灾示范社区实地复核工作，根据复核结果推荐晋江华泰、惠安龙石等5个社区（村）参加全国评审；牵头制定《关于在全市综合减灾示范社区及拟创建社区组织开展防灾减灾专题活动的通知》，联合市减灾办、应急管理局、气象局、消防支队下发文件到全市50余个示范社区及拟创建社区，强化对示范社区的指导和管理。

消防救援

【概况】　2021年，泉州市消防救援支队以创新求突破、用实干促发展，全市消防工作和队伍建设呈现稳中有进、稳中向好的态势。全年接处警2.14万起，抢救被困人员1433人，疏散人员1177人，抢救保护财产3.74亿元。首次承担市委、市政府国庆升旗仪式任务。完成中央领导到福建到泉州考察、中国共产党成立100周年、省党代会、世界遗产大会等重大活动消防安保任务。

【社会化火灾防控体系建设】　2021年，泉州市接处火警8309起，亡11人，伤11人，直接经济财产损失7643.8万元。10万人口火灾发生率94.53，高于61.58的全省平均值；10万人口火灾死亡率0.13，低于0.19的全省平均值，全市火灾基本盘保持基本稳定。泉州市消防救援支队纵深推进三年行动、“百日攻坚”等专项行动，主动摸排整治校外培训机构、密室逃脱等不托底场所，因地制宜深化打通“生命通道”、群租房、三合一、电动自行车等系列治理组合拳。高标准完成2处异地扶贫搬迁安置点、136处“革命文物”建筑、504个老旧小区改造和23家危化重大危险源企业隐患治理，搬迁整改“三合一”场所4000余家，推动市、县党政领导挂钩整改6处消防安全顽症痼疾。针对厂房仓库“一厂多租、一楼多企”等突出问题，推进安全生产标准化与火灾隐患治理的深度融合，分级开展重点区域“开小灶”治理，分类实施“关闭取缔一批、改造提升一批、退城入园一批”，推动产业本质安全整体提升。开展自建房评查整改攻坚，创新第三方消防安全评查治理模式，评查整改2.7万余家自建房加工场所历史遗留问题。召开全市大型城市综合体创建达标试点现场会，2轮次组织专家团队开展检查验收，督办整改1794个综合体隐患问题，达标创建25家商业综合体。分行业制定检查清单、火灾风险自查指南和消防安全检查指引，组织召开消安委成员单位联络员会议，指导融入各行业安全生产标准化工作体系。按照“行业部门牵头、消防部门指导、打造行业标杆、逐批创建达标”的思路，联合多部门打造学校、养老机构、医疗机构、文保单位等重点行业标杆单位128家。全市消防救援机构检查单位1.81万家，督改隐患6500余处，处罚1385家，查封183家，“三停”181家，罚款1220万余元。

【社会化消防体系建设】　2021年，泉州市消防救援支队实行消防工作和火情研判“双预警”，形成“书记市长点题调度、部门局长专题汇报、行业挂钩包片督导”的消防安全机制。市委、市政府出台《泉州市深化消防执法改革若干措施》，将“消防执法改革”拓展为“整体防火工作”，明确“成立消安委、组建基层消防工作站、委托镇街消防执法、授权消防火调处理权、强化派出所消防处罚、争取地方事业编”等17项措施。实体化运作消防安全委员会，健全联络会商、情况通报、督导通报、考核巡查等工作机制，聚焦行业系统突出风险，采取“行业+消防+专家”治理模式，消除一大批突出隐患问题。坚持以“双随机、一公开”为基本抽查手段，以重点监管为补充，建立规范执法行为信息通报制度。出台优化营商环境八项措施，推行简政放权等服务举措，将公聚场所告知承诺检查时限从30日压缩至7个工作日。依托“互联网+政务”平台，建立与住建部门、市监部门审批信息互通共享机制，消防执法营商环境评估位列全省首位。提请市消安委出台加强基层消防治理工作实施意见，推动挂牌成立163个消防工作站，增配146名编外人员专职负责基层消防安全工作，向163个乡镇（街道）委托消防执法。深化“智慧用电”建设行动，用好奖补政策，推动各类场所安装电气火灾监控3.49万套、电动车智能充电桩4.2万余套。将农村消防工作纳入乡村房改、水改、电改、灶改等内容，结合中央一号文件，纳入2021年度为民办实事项目或“十四五”规划编制实施。

【综合应急救援能力建设】　2021年，泉州市消防救援支队主动对标“国家队、主力军”职能定位，推进专业队伍的达标验收三年工作计划，规范专业队伍的力量分布格局，加强装备配备、携行投送、通信保障、战勤联动等建设，强化重大灾情情况下的跨区域能力建设，建成“立足辖区，辐射全市”的力量体系。针对“一高一低一大一化”灭火难题，在建成地震、车辆、石化专业队的基础上，推动水域、山岳、高层建筑、公路隧道事故等救援专业队建设工作，探索国际认证机制。举办指挥员、攻坚组、无人机飞手等岗位培训，重点针对水域、山岳、车辆、地震等专业救援技术，挑选业务骨干以办小班的形式开展高质量培训，并考取资格证书，确保专业队队员执证上岗，提升灭火救援攻坚能力。加强与应急、气象、水利、自然资源以及相关企业单位的沟通联系，建立市级辖区内重大灾情情况下的应急联动和协调机制。组织指导社会联动力量和多种形式消防队伍联勤联

2021年3月26日，福建省消防安全教育主题直播活动在泉州举行

（图/市消防救援支队）

训联战工作，建立统一指挥、统筹调用、分级负责、就近参与的工作机制，实行社会应急救援力量联勤联训联战模式。推行乡镇、企业专职救援队伍的达标验收机制工作，规范调度使用机制。调研核实辖区内的乡镇、企业救援队伍的执勤实力、实战能力，将符合执勤实力要求的队伍统一纳入指挥调度体系。

应急执法监督

【概况】　2021年，泉州市应急管理局组织梳理安全生产、应急救援、防灾减灾等领域的执法事项，厘清应急管理执法职责边界，整合应急管理执法职责，制定印发《深化全市应急管理综合行政执法改革实施方案》《泉州市应急管理综合执法机构改革方案》《泉州市应急管理综合执法支队职能配置、内设机构、人员编制规定》等文件，确保改革工作稳妥推进。将应急预案编制情况、应急物资储备、应急演练等列为日常执法监督检查重点。做好安全生产典型执法案例报送工作，全市应报送典型执法案例70个，实际报送72个，报送率100%，全省排名第一，其中合格典型案例65个，合格率90.28%，全省排名第一。做好安全生产行政执法统计工作，各项执法数据名列全省前茅。

【安全生产行政执法】　2021年，泉州市应急管理局开展安全生产执法年活动，打击安全生产领域非法违法行为，净化安全生产环境，助力全市安全生产形势稳定向好。组织开展全市“安全生产执法年”活动，明确主要任务、时间步骤、工作要求，开展安全生产执法，严惩一批非法违法行为。全市应急系统开展执法检查3439次，检查生产经营单位1762个，查处违法行为6396项，完成整改6396项，整改率100%。行政处罚393次，处罚款1743.9万元。办理行政处罚案件39起，总处罚款195.2万元。全市立案查处涉嫌危险作业犯罪案件8起，移送司法机关追究刑事责任，开福建省危险作业罪追责先河。成立局安全生产行政执法领导小组及办公室，组织开展安全生产行政执法规范化建设，制定出台泉州市应急管理局安全生产行政执法工作制度、重大执法决定法制审核目录清单、行政执法音像记录管理制度、行政执法全过程音像记录事项清单等执法工作制度。在全省应急系统、全市各执法部门中率先制定出台安全生产行政处罚“三张清单”，列出不予处罚、从轻处罚、从重处罚事项51类，明确安全生产不予处罚、从轻处罚、从重处罚的事项内容、适用情形和法律依据，规范行政裁量基准制度，推进宽严相济、精准监管，确保安全生产监管执法公平、公开、公正。

【安全生产权利和责任清单】　2021年，泉州市应急管理局根会同市委编办等相关部门，制定印发《进一步明确安全生产监管职责构建安全生产长效机制的意见》，明确指导思想、基本原则、工作机制、工作要求，明确各县级党委、政府和53个市级单位共248条安全生产职责，提出：53个部门以外的其他保障部门要按照“三管三必须”（管行业必须管安全、管业务必须管安全、管生产经营必须管安全）原则指导监管；相关法律法规或职责分工发生变化的按新规定执行等2项兜底条款，确保全市各级各部门安全监管职责全面明确到位。

【行政执法案卷评查】　2021年，泉州市安全生产行政执法案卷评查工作采取县（市、区）自查，市应急管理局抽查、会议交叉互查等方式进行，全市每个县（市、区）抽查2个执法卷和1个事故卷，总计37个卷宗，县（市、区）自查发现问题53条，检查抽查互查发现问题327条。针对案卷评查中发现的在实体和程序方面的问题，逐一梳理进行通报，通过互评互查，掌握各地执法卷宗管理情况，纠正基层执法中存在的问题，提升行政执法监察规范化水平。

自然资源与规划管理

综　述

【耕地保护与开发】　2021年，泉州市政府办公室出台《进一步加强耕地保护监督工作实施方案》，明确5方面19项重点工作任务4项保障机制，建立健全严保严管、动态监管、责任追究的耕地保护监督体系。泉州市自然资源和规划局牵头组织开展“十三五”政府耕地保护责任目标考核，完成补充耕地任务810.5公顷、补充水田321.67公顷，均超额完成福建省政府下达任务，连续22年实现耕地占补平衡；组织验收土地开发复垦项目71个，产生新增耕地125.17公顷，增减挂钩指标28.41公顷。

【用地审批】　2021年，泉州市自然资源和规划局做好用地审批工作，全市获批农用地转用和土地征收项目288个，面积1394.73公顷。其中，新增建设用地1154.4公顷，耕地578公顷。成片开发方案获福建省政府批复60个，面积2366.93公顷，其中国家级重点项目白濑水利枢纽工程用地上报自然资源部审批。

【建设用地使用权出让】　2021年，泉州市自然资源和规划局做好建设用地使用权出让工作，全市出让土地415宗，面积1281.87公顷，成交金额403.37亿元。其中，经营性房地产用地165宗，面积582.2公顷，成交金额377.89亿元；工业用地236宗，面积675.27公顷，成交金额24.23亿元；其他用地14宗，面积24.4公顷，成交金额1.25亿元。

【废弃矿山生态修复】　2021年，泉州市自然资源和规划局做好废弃矿山生态修复工作，全市零星分散的废弃矿山完成治理面积50公顷，完成投资8457万元。4个集中连片废弃矿山治理工程包有序推进。其中，石狮市全市域废弃采石场治理工程完成治理面积11公顷；南安市丰州后田废弃矿山治理工程完成边坡修复总工程量的50%，危险边坡削坡减荷60%，完成投资8457万元；南安市石井镇蔡仔山废弃矿山治理工程全面施工，完成土石方施工量的35%，一期工程拟将连片废弃矿山整治为160公顷工业用地并作为泉州芯谷的项目用地；永春县天湖山煤矿区生态修复工程被国家列入九龙江流域山水林田湖草沙一体化保护修复工程，工程总投资1.82亿元，获中央财政资金4600万元，获省级财政首期配套资金2945万元，项目完成勘察设计招标工作。晋江市、惠安县实施3处废弃采石坑治理，建设3个石窟公园。

国土资源管理

【概况】　2021年，泉州市自然资源和规划局开展土地变更调查、农业地质调查，摸清全市土地资源，强化地灾调查、监测预警、综合治理、避险搬迁、技术支撑等工作，完善专群结合的群测群防体系，逐步构建“政府主导、分级负责、全民防灾”的地灾综合防治新格局，筑好筑牢地灾防治这项“生命工程”。采取“长牙齿”的硬措施严格保护自然资源，守护好泉州的绿水青山。

【土地变更调查】　2021年，泉州市自然资源和规划局组织各县（市、区）开展国土变更调查与遥感监测工作，采用内外业核查等多种作业方式，确保年度变更成果的真实性、准确性。截至年底，全市有耕地10.15万公顷、林地62.02万公顷、草地1.13万公顷、城镇及工矿用地15.84万公顷、交通运输用地2.28万公顷、水域及水利设施用地3.07万公顷、其他土地2.69万公顷。

【农业地质调查】 2021年，晋江市、石狮市、洛江区、泉港区、泉州台商投资区提交农业地质调查成果并通过专家组验收。至此，全市农业地质调查工作全部完成。

【专项清理整治】 2021年，泉州市自然资源和规划局履行耕地保护职责，打击非法占用耕地行为，实时跟进省自然资源厅下发的疑似新增农村乱占耕地建房问题图斑核查整改情况，采取“长牙齿”的硬措施，以“零容忍”态度坚决遏制新增违法占用耕地行为。全市发现新增农村乱占耕地建房问题176个，处置到位170个，处置率96.59%。处置批而未供用地748.47公顷，闲置土地393.33公顷，均超额完成省自然资源厅年度目标任务。

【地灾防治】 2021年，泉州市自然资源和规划局组织开展汛前地质灾害隐患排查，汛中巡查和汛后核查工作，逐点落实防灾责任人和监测人，发放“防灾明白卡”和“避险明白卡”1.58万份，更新修缮老旧地质灾害点警示牌。利用地质灾害风险隐患大排查大整治的阶段成果，会同住建、交通运输、水利、应急等部门编制《2021年泉州市地质灾害防治方案》，并经市政府同意公布实施。开展地质灾害隐患大排查大整治和安全整治工作，做好隐患排查，对排查整治工作的监督指导，对查出的隐患问题严格实行闭环管理，推动工作落细落实。安溪县和德化县普适型地质灾害预警平台投入试运行。全国自然灾害普查试点南安市地质灾害风险普查试点工作完成成果汇交。安溪县完成1∶5万地质灾害风险调查评价工作。南安市1∶5万地质灾害风险调查评价野外工作成果通过验收。市、县两级自然资源部门组织30组240人次到地质灾害防治工作第一线进行督促和指导开展防灾工作，出动专业技术人员101人次，群测群防1.4万人次，对全市地质灾害点和房前屋后高陡边坡进行监测、巡查。发布12次风险预警，并将预警信息发送给全市地质灾害汛期联系人和市、县主要领导和分管领导，为防抗工作决策提供科学依据。市、县自然资源部门开展形式多样的地灾防治宣传教育培训工作，采用现场宣传咨询、短信息、公益广告、抖音以及新媒体推送等，扩大宣传覆盖面。组织防灾知识学习，加强基层国土资源所、村级协管员、地灾隐患点防灾责任人、监测人员和受地灾威胁群众等群测群防人员全覆盖培训。

【不动产登记】 2021年，泉州市自然资源和规划局做好不动产登记工作，全市受理不动产登记业务67.81万宗，发放不动产权证书31.89万本、不动产登记证明31.76万份，办理抵押登记23.7万宗。推行“交地（房）即交证”服务模式，办结“交地即交证”61个项目、“交房即交证”颁发不动产证书4458本。推行政府购买不动产继承转移登记公证服务，由“数据跑腿、政府买单”代替“群众跑腿、自掏腰包”，办结1076宗政府购买服务，为办事群众节省费用858万元。实现不动产网络司法查、控一体化，提高法院对涉案不动产的处置效率，办理查封业务4440宗、注销查封登记694宗。全市不动产登记办理时间压缩至3个工作日、抵押登记办理时间压缩至2个工作日内，比国家法定的30个工作日缩减90%。泉州市本级、晋江市、南安市、安溪县、永春县二手商品房交易登记实现立等可取。在全市范围内推行涉企不动产转移登记免收登记费（房地产和金融机构除外），减免涉企不动产转移登记费150.77万元。

城乡规划

【概况】 2021年，泉州市坚持“一张蓝图”绘到底，以环湾、向湾、同城化为方向，改善提升城乡品质。泉州市自然资源和规划局完成1350平方千米总体研究、255平方千米“两江一湾”“海丝”新区总体城市设计成果，以及60平方千米新区示范区控规层面的详细城市设计阶段成果。组织推进《泉州历史文化名城保护规划（修编）》成果与世界遗产保护相关要求的协调、衔接，形成《泉州历史文化名城保护规划（修编）》。《泉州市城乡生活污水规划》批复实施，以提升城市生态景观面貌、改善人民生活环境为总目标，整合各县（市、区）较为零散的污水区域规划。《泉州市垃圾处理设施规划》批复实施，立足《泉州市城市总体规划（2008—2030）》，对市域2980平方千米范围内各县（市、区）垃圾处理设施规划建设提出指导性意见。“生态连绵带”规划建设按照“全市统筹、分区落实、分期实施”的计划要求，前期策划的项目陆续开工建设。

【城市专项规划】 2021年，泉州市自然资源和规划局邀请东南大学王建国院士、深圳建筑院孟建民院士以及中国城市规划设计研究院副总规划师朱荣远领衔开展环湾新区城市设计工作，完成1350平方千米总体研究、255平方千米“两江一湾”“海丝”新区总体城市设计成果，以及60平方千米新区示范区控规层面的详细城市设计阶段成果。《泉州市国土空间总体规划》形成包含15个章节、33个附表和48张附图的中期成果，涵盖现状分析、战略定位、国土空间格局、公共服务体系、资源环境底线约束、环湾空间布局优化和“十四五”建设清单等内容，并对外发布草案公示，征求各方意见。

【“生态连绵带”规划建设】 2021年，泉州市“生态连绵带”规划建设按照“全市统筹、分区落实、分期实施”的计划要求，前期策划的项目陆续开工建设，晋江下游南岸生态整治工程、百崎湖生态连绵带

石狮蚶江湿地公园俯瞰（2021年拍摄）　（图/市自然局和规划局）

启动区和石狮蚶江湿地公园等项目投入使用，形成东西两个山水田园城市展示面，得到市民认同。

【《泉州市城乡生活污水规划》批复实施】 2021年6月，《泉州市城乡生活污水规划》经泉州市政府批复实施。该规划以提升城市生态景观面貌、改善人民生活环境为总目标，整合各县（市、区）较为零散的污水区域规划，针对性提出建设指引和工作思路，形成覆盖规划市域范围的城乡生活污水规划框架，在此基础上，规划详细制定生活污水设施建设近远期计划，完善城市生活污水基础设施布局，建立系统的收集、转输、处理体系，为下阶段城市污水建设提供规划依据，通过规划落地实施营造更加整洁、良好的城市环境。

【《泉州市垃圾处理设施规划》批复实施】 2021年6月，《泉州市垃圾处理设施规划》经泉州市政府批复实施。该规划立足《泉州市城市总体规划（2008—2030）》，旨在对市域2980平方千米范围内各县（市、区）垃圾处理设施规划建设提出指导性意见，重点对980平方千米范围内垃圾处理设施进行研究完善，提升泉州市垃圾处理技术水平，建设环保型城市垃圾处理系统。规划年限内生活垃圾无害化处理率100%；餐厨垃圾无害化处理率中心市区100%[县（市、区）80%]；厨余无害化处理率中心市区80%[县（市、区）60%]；固化飞灰无害化处理率100%；粪便垃圾无害化处理率中心市区60%[县（市、区）30%～80%]；废旧家电报废汽车无害化处理率中心市区50%[县（市、区）40%]；一般工业固废综合利用比例98%，处置比例1.5%，贮存比例0.5%；危险废物综合利用比例12%，安全处置比例73%，贮存比例15%；医疗垃圾无害化处理率100%。

海域管理

【概况】 2021年，泉州市自然资源和规划局保障项目用海，引导沿海县（市、区）将重点建设项目布局在围填海历史遗留问题区域，盘活闲置海域，完成627千米海岸线修测；贯彻落实泉州市加快建设海洋强市的工作部署，推进交通、渔业等民生项目用海报批；受理审查围填海历史遗留问题区域内用海项目16宗，涉及历史遗留围填海图斑面积约119公顷。

【海岸线修测】 2021年，泉州市自然资源和规划局完成海岸线修测工作。该轮海岸线修测查清2008年以来泉州市海岸线主要变化，掌握海岸线的位置、长度、类型及开发利用现状等基本情况，对明确泉州市陆海分界，科学编制国土空间规划，制定自然岸线保有率管控目标和实现海岸线资源精细化管理具有重要的基础性作用。

【海砂资源调查】 2021年，惠安崇武角外侧海域规划采砂区方案获泉州市政府同意，并明确由泉惠石化园区管委会、惠安县政府共同牵头，成立工作专班推进海砂出让前期工作，以满足重点建设项目用砂需求。

【重点项目用海要素保障】 2021年，泉州市自然资源和规划局贯彻落实泉州市加快建设海洋强市的工作部署，推进交通、渔业等民生项目用海报批，审查惠安县净峰杜厝二级渔港工程、南安市沿海片区污水处理厂尾水深海排放管道工程等4宗项目用海，并出具用海预审意见。

【围填海历史遗留问题处理】 2021年，泉州市自然资源和规划局引导沿海县（市、区）将重点建设项目布局在围填海历史遗留问题区域，盘活闲置海域。全年受理审查围填海历史遗留问题区域内用海项目16宗，涉及历史遗留围填海图斑面积约119公顷。其中，获省政府批准项目5宗（晋江集成电路产业园区市政道路工程4宗），上报省自然资源厅审核审批5宗，出具用海预审意见3宗，海域使用论证报告书通过专家评审2宗，海域使用论证报告书公示1宗。加快推进已批未填、未用围填海历史遗留问题处理，石湖作业区5号、6号泊位工程完成填海147.93公顷，石狮锦尚作业区华锦码头工程等5宗项目通过省自然资源厅填海竣工海域使用验收。

生态环境管理

综述

【环境状况】　2021年，泉州市生态环境质量持续改善。中心市区空气优良天数比例97.8%，比2020年提升0.3个百分点，空气污染天数比2020年减少1天；全市39个主要流域国、省控断面一至三类水质比例100%，高于目标要求5.4个百分点，39个小流域考核断面一至三类水质比例92.1%，高于目标要求5.3个百分点；近岸海域海水水质优良（一、二类）面积比例95.98%。地下水环境质量保持稳定，受污染耕地安全利用率和污染地块安全利用率均为100%。全市危险废物产生量31.8万吨，处置利用率98.4%。

【生态环境保护督察】　2021年，泉州市生态环境局统筹推进两轮中央生态环境保护督察反馈问题整改，第一轮30项全部完成整改，销号29项，907件交办信访件全部办结；第二轮11项，完成3项，剩余8项按序时进度推进，860件交办信访件全部办结销号。梳理建立全市区域突出生态环境问题清单，健全完善日常调度、分析研判、提醒督促、现场督导等工作机制，梳理、下达问题215项，推动解决151项。

【生态文明区建设】　2021年，泉州市本级和10个县（市、区）建成国家生态市、县、区并获命名，德化县、永春县、鲤城区、安溪县获评国家生态文明建设示范县（区）。永春县入选“绿水青山就是金山银山”实践创新基地。《福建省永春县探索培育生态产品“三级市场”》入选2021年生态环境部发布的《“绿水青山就是金山银山”实践模式与典型案例（第一批）》。

【环评审批】　2021年，泉州市生态环境局优化环评审批服务，落实简政放权，助力高质量发展落实赶超。完成行政审批服务事项“五级十五同”标准化目录绑定工作，实现省、市、县等各级行政审批服务事项全省范围规范统一。发布行政审批服务事项8大项20子项，环境影响评价审批等部分事项在承诺时限、申报材料等方面优于标准化要求。推进全国核技术利用辐射安全申报系统、国家排污许可信息公开系统与泉州市一体化行政服务平台数据对接。推进工程建设项目审批制度改革，开展联合会商会审，推进“多评合一”。实施“三线一单”生态环境分区管控，按照优先保护、重点管控、一般管控的优先顺序，全市划分258个环境管控单元，其中陆域183个、海域75个，逐一制定具体准入要求，实行分类管理、分区管控。

【世界环境日福建（泉州）主场活动】　2021年6月5日，由福建省生态环境厅、政协福建省委员会人口资源环境委员会、泉州市政府主办的“6·5”世界环境日福建（泉州）主场活动举行。活动内容包括环保服装秀、武术表演、歌舞等具有泉州特色环保文化元素的文艺演出及趣味亲子环保捡跑活动，以中国生态环境保护吉祥物小山、小水为主角的童话提线木偶剧《风雨桃花山》公益首演。活动以线上、线下相结合的方式，在“无线泉州”App同步直播，吸引5.5万名公众观看，拓展“6·5”环境日宣传的广度和深度，引导公众形成简约适度、绿色低碳等环保理念。

大气污染防治

【概况】　2021年，泉州市生态环境局开展蓝天保卫战，实施蓝天工程，完成140个大气精准治理减排项目，完成11台65蒸吨及以上燃煤锅炉超低排放改造并投入使用。深化提升大气污染专项整治，开展涉挥发性有机物、建筑施工扬尘污染、道路扬尘污染、禁止燃放烟花爆竹、油品质量升级、船舶用燃油、露天烧烤污染、露天焚烧垃圾污染8个大气污染专项整治行动。以春夏季、夏秋季为重点时段，开展重点行业挥发性有机物综合整治。根据秋冬季污染物特点，强化秋冬季颗粒物污染防控力度。

【移动源污染治理】 2021年，泉州市生态环境局加强机动车环保检测软件规范工作，有效填补机动车检测软件监管的盲区。采取现场随机抽检、排放检测比对、远程监控排查、试点安装配备移动式摄像机等方式，实现对机动车环检机构监管的全覆盖。推动机动车环检机构全面按照国家标准使用简易工况法、加载减速法检测。加强“天地车人”一体化的机动车排放监控系统的应用，全年遥感监测机动车656万余辆。

【大气污染防治机制】 2021年，泉州市生态环境局建立污染治理提升机制、执法监管提升机制、预警预报提升机制、应急调控提升机制、督查考核机制五项大气污染防治长效工作机制。重新调整污染天气应急响应情况下的建陶行业干燥塔错峰生产方案，达到企业错峰生产而不减产，最大限度降低建陶行业对中心市区环境空气质量影响。完善空气质量联合会商制度，加强生态环境部门、气象部门信息共享和预测预报预警，全年发出污染天气防控预警12次，对可能出现的污染天气进行有效管控。推进颗粒物、VOCs（挥发性有机物）走航监测及网格化精准监测，全年走航监测45天。

【碳达峰碳中和】 2021年，泉州市生态环境局推动129家列入碳排放交易市场的重点排放单位按时完成碳配额清缴履约。推进低碳试点示范，在全市开展20个低碳社区（园区、景区）试点示范建设。

水环境综合整治

【概况】 2021年，泉州市生态环境局实施碧水工程，开展流域水质提升“碧水清源”专项行动，投资22.85亿元重点推进实施111个流域精准治理项目。完成1285个入河排水口治理。新建（改造）城市污水管网240千米、乡镇污水管网215千米，超额完成福建省下达目标。实施碧海工程，出台加强海漂垃圾综合治理工作方案，启动海域海滩海岸垃圾攻坚整治行动，完成规划外养殖清退整改面积3249公顷。

【饮用水水源地保护】 2021年，泉州市生态环境局深化农村饮用水水源地生态环境整治，保障农村饮水安全工作。全市实际供水千人以上万人以下农村饮用水水源地68个（其中洛江2个、南安22个、安溪32个、永春12个）全部完成水源地保护范围划定，排查出的47个水源地生态环境问题全部完成整治。

【近岸海域污染防治】 2021年，泉州市生态环境局开展入海排水口治理试点，完成全市入海排口排查，按照“先易后难，优先整治直接入海排口，重点整治原国家海洋督察反馈排口”的原则，选取87个排口先行启动整治试点。加强海漂垃圾综合治理，组织开展“海域海滩海岸垃圾攻坚整治行动”，全市清理海漂垃圾2.73万吨；沿海各县（市、区）全面完成“一县一公司”海上环卫队伍组建工作，初步实现海漂垃圾市场化、专业化治理；强化科技支撑，试点在滨海景区、渔港码头、海洋保护区等重点岸段布设智能高清视频监控设备14套，辅助海漂垃圾精准治理；加强考核考评，年度海岸带环境卫生月均考评成绩93.64分，公众满意率91%。

【农村生活污水治理】 2021年，泉州市生态环境局投资2.86亿元，完成88个农村生活污水治理项目，敷设污水网管439.9千米，新建小型污水处理站29座、泵站2座、新增处理能力3756吨/日。

土壤污染防治

【概况】 2021年，泉州市生态环境局开展净土保卫战，实施净土工程，完成112家重点土壤监管单位污染隐患排查，治理修复受污染土地2万平方米、土壤2.5万立方米。开展危险废物专项整治三年行动，2020年排查发现的104个问题全部完成整改。开展废铅蓄电池集中收集转运试点，收集废铅蓄电池1.88万吨。在石狮市开展漂染行业危险废物集中收集试点，收集危险废物291家次427.2吨。推进有害垃圾规范化收集处置，收集有害垃圾7.8吨。在兴业东江公司开展全市含汞废物（HW29）集中收集转运试点，实现有害垃圾全部就近就地收集处理。

【危险废物规范化管理】 2021年，泉州市生态环境局开展煤焦油类、铝灰渣、锌再生粉尘、废弃危险化学品等危险废物再排查、再整治，排查企业82家，发现的46个问题全部完成整改。组织实施危险废物规范化环境管理评估方案，建立市级重点监管名单，编制《晋江华懋电镀工业园区危险废物管理工作手册》，探索建立园区及园区企业危险废物及相关环境要素管理“一本账”。

【自然保护地监督】 2021年，泉州市生态环境局开展“绿盾”自然保护地强化监督工作，组织全面排查并严厉打击自然保护区违法违规行为，重点关注自然保护区内采矿采砂（采石）、工矿企业、核心区缓冲区旅游设施和水电设施四类重点问题，确保自然保护地生态安全。

依托“福建省生态保护红线监管遥感应用系统”及野外工作App，建立“监控发现—移交查处—督促整改—移送上报”工作闭环，定期对问题台账及整改进展实行线上调度管理，实现常态化监督。泉州市5个自然保护区（国家级2个、省级3个）313个疑似问题点全部完成实地核查及整改工作，境内珍稀濒危野生动植物数量总体稳中有升，生物多样性保护成效显著。

环境安全

【概况】 2021年，泉州市生态环境局加强医疗废物和医疗废水环境风险防控，指导规范处理处置涉疫医疗废物、废水、垃圾，全市生态环境部门出动执法人员5143人次，现场检查和视频调度各类医疗卫生机构和隔离点等涉疫场所3249家次，收集处置医疗废物量7431.3吨（含涉疫情废弃物1994.7吨），安全处置率100%。加强核与辐射安全监管，编制印发《泉州市辐射事故应急预案》。推动泉港、泉惠石化园区有毒有害气体环境风险预警体系建设并通过专家验收。完成市级环境应急物资库更新、补充，组织开展重点行业企业环境安全风险隐患排查整治。全年未发生突发环境事件。

【环境安全隐患排查】 2021年，泉州市生态环境局落实环境安全管理“515”工作机制，以石油化工、饮用水水源地、核与辐射安全、危险废物、尾矿库5个方面为重点，检查企业1108家次，排查发现隐患270个，完成整改隐患251个（其余隐患按时序进行整改），立案20家，处罚金额110.94万元，查封、扣押、停电处理1家，停产停业1家，提请关闭3家。

【环境应急能力建设】 2021年，泉州市生态环境局开展“以案促建，提升环境应急能力”专项活动，选取碳九案例作为省、市级典型案例。编制《泉州市生态环境局突发环境事件应急响应工作手册（试行）》，印发《泉州市生态环境局关于梳理细化突发环境事件信息报送和发布工作的通知》，规范泉州市生态环境系统突发环境事件应急响应过程中监测、调查、信息报告、信息发布等相关工作流程及具体要求。优化调整市级环境应急物资储备库，在安溪县和德化县各新增1座市级环境应急物资储备库，在永春县调整1座市级环境应急物资储备库。完成市“一河一策一图”应急响应方案、政府环境应急预案修编工作和个人辐射防护设备采购。

【核与辐射安全监管】 2021年，泉州市生态环境局强化辐射安全与防护监督检查，组织对核技术利用单位开展现场检查和年度自查评估报告审核，督促整改发现隐患问题，完善国家核技术利用辐射安全管理系统数据。推进完善市辐射事故应急预案体系，举办开展辐射环境保护知识竞赛；各县（市、区）编制本辖区辐射事故应急预案，开展年度辐射事故应急演练。开展辐射安全许可审批工作，受理审批辐射安全许可证304家次。

环境执法与监测

【概况】 2021年，泉州市生态环境局严厉打击环境违法行为，利用日常检查、网格巡查、群众举报等方式，加大对各类突出环境问题勤查重罚及错时执法力度。组织开展“清水蓝天”环保专项行动，“静夜守护”点题整治，推进制鞋、石材石雕、铸造、藤铁及日用陶瓷五行业整治“回头看”工作，“千吨万人”水源地环境问题排查，突出生态环境问题集中排查，排污许可证专项执法检查等执法行动，打击震慑各类环境违法行为。全市出动生态环境执法人员1.96万人次，检查企业9003家次；立案查处企业668家，罚款4227.5万元；实施停产、限产案件9起，查封、扣押案件93起，移送侦办案件63起（其中行政拘留50起、涉嫌环境犯罪13起），群众信访投诉量比2020年下降26.2%。开展空气、地表水、土壤和地下水、污染源等各项年度常规生态环境监测任务。发布环境空气质量日报和预报各365期，编发全市饮用水源地水质、主要河流、湖库和环境空气质量月报等24期；编制完成《福建省泉州市环境质量报告书（2016—2020年）》《2020年泉州市生态环境质量报告书》《2020年泉州市环境状况公报》。组织开展污染源监督性监测、自行监测监督检查等工作；对253家重点污染源开展执法监测，其中水环境重点排污单79家、大气环境重点排污单位249家；对283家重点排污单位开展自行监测监督检查。

【联合惩戒机制】 2021年，泉州市生态环境局强化企业环境信用动态评价，完成2450家强制参评企业和41家应约参评企业动态评价工作。将企业信用评价信息和行政处罚案件信息及时录入相关平台公开，通报相关部门。对重点环境问题挂牌督办，确定2021年市级挂牌督办问题12个，督促其按期完成整改解除挂牌督办。

【环境执法能力建设】 2021年，泉州市生态环境局制定实施《泉州市生态环境执法能力提升三年行动方案》，从软件和硬件两方面着手，包含思想政治、制度建设、装备现代化、应急保障等方面20个子项目。强化执法队伍培训，组织全市90人次参加省级以上生态环境综合执法培训。

【环境监测网络】 2021年，泉州市生态环境局布设37个空气质量监测点位。其中，5个国控监测点位分布在鲤城区、丰泽区、洛江区，24个省控监测点位分布在丰泽区、泉港区、石狮市、晋江市、南安市、惠安县、安溪县、永春县、德化县等地，8个省控重点监控区域（园区、港区）点位分布在鲤城区、泉港区、石狮市、晋江市、惠安县、泉州经济技术开发区、泉州台商投资区。泉州市主要流域布设监测断面39个，包括国控监测断面14个、省控监测断面25个。布设在用集中式生活饮用水水源地监测点位12个，其他集中式生活饮用水源地监测点位3个。布设小流域监测断面47个，包括43个省控断面、4个市控断面。城市建成区布设5个黑臭水体监测点位。布设水功能区监测断面53个，包括国控断面24个、省控断面29个。布设25个地下水质量监测点位，包括4个国控点位、21个省控点位。泉州市区和石狮市、晋江市、南安市布设7个酸雨监测点位点位。泉州市中心城区和石狮市、晋江市、南安市布设23个城市功能区声环境质量监测点位、436个城市区域声环境质量监测点位、150个城市道路交通声环境质量监测点位。

【环境监测能力建设】 2021年，泉州市生态环境局加快推进自动监测站、实验室基础能力等建设，完成南安市东溪的港龙桥断面（省控）、永春县桃溪的永春断面（国控）、德化县浐溪的尾厝断面（国控）和浐溪的初溪断面（省控）4座站房建设和装修。按照《福建省“十四五”细颗粒物与臭氧协同控制监测网络能力建设实施方案》有关要求，完成公路点、港口、机场点、铁路货物点等4座交通污染自动监测站点的选址、政府采购预算申报等工作。完成丰泽区津头埔国控站点周边路段视频监控装置安装联网，8个国控地表水环境质量监测点位断面桩埋设问题整改。组织开展2021年度生态环境监测机构能力考核工作。

节能减排

【概况】 2021年，泉州市实施绿色技改项目86个，实现年节能量6万多吨标准煤，循环利用各类资源80多万吨。全年创建国家级绿色工厂8家、绿色供应链管理示范企业1家、绿色设计产品8款；省级绿色工厂12家、省级绿色设计产品8款。泉州市生态环境局组织开展年度主要污染物总量减排工作，完成年度主要污染物减排核算和自查总结，四项主要污染物排放总量均控制在福建省下达的年度指标内。

【工业节能】 2021年，泉州市工业和信息化局抓好锅炉（窑炉）节能改造、电机系统能效提升、能量系统优化等绿色技改重点工程，推进能源综合梯级利用；巩固提升石狮、晋江、泉港、惠安等地集中供热工程。通过政策宣传、资金引导、强化考核等措施，加快绿色工厂、绿色园区、绿色供应链管理示范企业、绿色设计产品的创建，推动工业绿色转型。制订印发2021年度重点用能单位能耗双控考核工作方案，明确全市248家重点用能企业的能耗双控考核目标任务；推进重点行业、重点区域工业能效水平提升，开展能效“领跑者”引领行动；开展固定资产投资项目节能审查制度执行情况、重点用能企业单位产品能耗限额执行情况、“双随机”等专项节能监察，依法查处违法违规用能行为，组织对重点用能企业开展节能监察116家次；加强能耗在线监测系统建设力度，将该系统建设任务作为重要指标纳入政府节能考核。截至年底，全市有193家重点用能企业与省平台稳定联网；组织水泥制造、火力发电、炼钢、原油加工行业的13家企业参与全省用能权有偿使用和交易试点工作，通过运用市场化手段，限制企业超限额使用能源。开展重点用能单位能源管理培训会，加强重点用能单位的节能管理工作，提高能源管理负责人和能源管理人员的业务水平，组织90余家重点用能单位开展能耗双控业务培训会。

【节能宣传周活动】 2021年，泉州市工业和信息化局开展“节能降碳，绿色发展”节能宣传周活动。连续7天通过泉州移动短信平台向社会发送节能降耗公益短信；在全市1315辆公交车高频滚动播放节能宣传短视频；在全市2600辆出租车投放车顶LED节能宣传公益标语；在泉州电视台、《泉州晚报》等传统媒体和泉州政务微信公众号、泉州市政府门户网、泉州网等新媒体宣传报道各地节能周开展情况和“十三五”规划以来泉州市节能工作所取得的成效。

【排污权有偿使用交易】 2021年，泉州市288家企业通过海峡股权交易中心完成新建工业项目总量指标申购，受让成交总额1748.55万元；全市出让成交总额6184.9万元，其中企业出让成交总额5479.07万元、储备排污权出让成交总额705.83万元。截至12月，全市有1689家企业通过海峡股权交易中心完成新建工业项目总量指标申购，受让成交总额达3.1亿元；全市出让成交总额2.77亿元，其中企业出让成交总额1.81亿元，储备排污权出让成交总额9678.81万元。

经济监督管理

宏观经济管理

【概况】　2021年，泉州市积极创建全国民营经济示范城市，成为首批8个创建城市之一，“无间贷”、企业注销等13个典型做法获国家发改委行文全国推广。召开民营经济发展动员会，在全省率先打出支持民营经济发展的“1+N+N”政策组合拳。市发改委制定优化营商环境三年行动计划及2021年营商环境提升年攻坚行动方案，部署2021年攻坚任务127项，成立市级17个营商环境工作专班，建立专班工作动态台账和监督专班周报制度。开展行政审批服务事项改革，成立工作专班，梳理市本级2138个审批服务事项，减免材料2606件、压缩时限1298个工作日、精简环节232个，新增“一件事”集成套餐事项15个；推动可掌上办事项“能上尽上、能上快上”，完成闽政通“泉服务”掌上办上线运行超600个。推进厦漳泉“异地代收”试点。聚焦厦漳泉三地社保、医保、公积金、市场监管等重点领域，会同厦门、漳州梳理企业及群众迫切需求的高频政务服务事项18个。出台《泉州市抓创新促应用专项行动方案》《关于进一步支持企业科技创新促进高质量发展的实施意见》《泉州市科技创新券管理规定》等文件，落细落实科技创新倍增计划，全方位支持企业科技创新，鼓励企业购买技术和科技创新服务，促进科技成果在泉州落地转化。启动实施科技重大项目“揭榜挂帅”机制，聚焦产业链“卡脖子”技术和企业依靠自身力量难以解决的关键核心技术，遴选发布两批次5项重大技术需求榜单，成功“揭榜”2项。

【“五个一批”推进机制】　2021年，泉州市发改委强化“五个一批”推进机制，从项目遴选生成、服务保障、协调推进、监督监管等方面全链条、全方位推动项目建设。建立“五个一批”项目台账，按照“成熟一批、纳入一批、实施一批”的方式实行滚动管理，强化提前对接和会商机制，预先排除资

2021年11月11日，泉州市发改委组织到晋江开展鞋服产业数字化及园区标准化建设调研　（图/市发改委）

金、用地用林用海、文物、生态环境等可能存在的“红线”或重大政策障碍；建立“全流程”的在建项目电子台账，应用“鱼骨图”等直观的分析模型，准确跟踪各个重点项目进度、时间节点要求和当前堵点，并提出解决措施；建立健全项目服务台账、前期第一责任人、项目评审预警、前期推进“一张表”等配套制度，强化重点项目统筹推进职能；建立“周汇总、月协调、季调度”工作制度，完善项目分类分层管理调度机制，杜绝项目推进中遇到问题不分析、不协调的懒政行为；运用台账机制加强对审批外环节的跟踪管理，综合运用“红黑榜”、通报、停权、停业等手段，治理中介服务机构对重点项目业主服务时效拖延、质量不高等失信、失职突出问题。泉州市列入省“五个一批”项目5767个，总投资3.95万亿元；新增“五个一批”项目2138个，新增总投资1.33万亿元；在全省“五个一批”正向激励考评中，获前期工作经费奖励1200万元。

【投资项目规范管理】 2021年，泉州市发改委强化重大投资项目储备。根据市委、市政府部署要求，市直相关行业主管部门启动“十四五”制造业、城乡基础设施、战略性新兴产业等42个领域专项规划编制工作，并谋划项目支撑，强化项目储备，策划生成“十四五”期间拟开工重大项目1466个、计划总投资2.25万亿元。强化政府投资项目管理。根据《政府投资条例》及市政府投资项目管理相关规定要求，组织编制市本级政府投资项目三年滚动投资计划、年度计划。其中，纳入三年计划项目137个、计划总投资824.3亿元；纳入2021年度计划在建项目59个、计划总投资638.3亿元、年度计划投资116.3亿元。建立前期审批“四个一”工作机制。探索建立“一次现场、一次会议、一份清单、一套台账”的项目审批“四个一”工作机制，破解“坐等报批”“多部门会商难”“责任落实不到位”“报件经验不足”等“难点”“堵点”问题，形成“审批部门催办、主管部门督办、项目业主主动办、中介单位抓紧办”的项目审批新格局。此项机制得到省政府职转办发文推广。建立“审批评审联动”工作机制。为提高项目审批效率，加强项目审批评审联动，制定《项目审批评审联动工作机制实施细则》，就“制订年度审批计划、加强项目前期指导、提高评审质量、树立评审权威”等4个部分13项内容进行规范明确，并提出创新性的项目辅导员制度。

【产业结构优化升级】 2021年，泉州市推动产业强链建链补链，加速制造业数字化转型，推广数字化生产线120条，建设数字化车间15个，新增“上云上平台”企业1000家，培育5G示范场景应用案例57个。通过创新引领促转型，新旧动能转换提速，致力建设“创新泉州”，引进大院大所科研平台18家，获批国家创新型城市和首批“科创中国”试点城市。全市有市场主体128万家，成为全国首批“民营经济示范城市”创建城市。致力建设“智造泉州”，新增千亿产业集群4个，半导体产业加快成形成势，泉州“芯谷”获批海峡两岸集成电路产业合作试验区。出台《泉州市2021年第三产业提质扩量行动方案》。推动服务业百大项目建设，完成投资258.2亿元。形成第三产业项目调度机制。策划一批冷链物流、港区物流、AAA级及以上旅游景区提升工程规划建设项目纳入省级盘子。梳理研究服务业产业发展规划思路，研究形成各类服务业发展分析材料供市委、市政府决策参考。开展市委重点课题“促进消费和提高人民生活品质有关政策措施研究”研究工作。推进现代服务业集聚区能级提升工程，开展现代服务业集聚区专项调研并形成《泉州市现代服务业集聚区优化提升专项调研报告》。研究制定《泉州市现代服务业集聚示范区认定规定（修订）》。组织认定第5批市级现代服务业集聚示范区，新增4家示范区。形成第三产业集聚区跟踪服务机制，凸显服务业产业集聚效应。出台《关于印发泉州市第三产业龙头企业提质扩量行动实施方案的通知》，认定86家第三产业龙头企业，印发《2021年度泉州市第三产业龙头企业名单》。印发《泉州市加快培育新型消费三年行动方案（2021—2023年）》。

【区域协调发展】 2021年，泉州市加快推进厦漳泉都市圈建设，会同厦门、漳州编制《厦漳泉都市圈发展规划》，形成初稿。探索推动南安市与厦门翔安区加快毗邻区融合发展，形成《厦门翔安—泉州南安加快融合发展的实施方案》。推进联合招商机制，6月在泉州召开厦泉经济合作区联合招商工作组会议，两市商务部门牵头探讨建立招商资源共享、项目落地要素保障等合作机制。推进闽西南协同发展区重大项目建设，全年总项目112个，总投资12000.56亿元，其中泉州入库项目28个，年度计划投资291.15亿元，居五市第一，实际完成投资303.74亿元，完成年度计划的104.3%。配合推动建设协同发展共享平台，空间信息共享技术服务平台、旅游宣传推广综合平台、股权交易中心闽西南科技板等8个平台正式运行。强化协同发展新闻宣传，泉州广播电视台联合其他地市兄弟电视台围绕中国共产党成立100周年主题，开展大型媒体融合采访活动，摄制一组全媒体报道《追寻》、5城新媒体直播《青春党课》，寻访闽西南五市红色资源。

【省级特色小镇创建】 2021年，泉州市继续推进省级特色小镇创建工作。全市有永春达埔香都小镇、安溪尚卿藤云小镇、德化三班瓷都茶具小镇、晋江金井人才梦想小镇、晋江深沪体育小镇、晋江“芯”小镇6个小镇入选省级特色小镇创建名单。6个特色小镇发挥项目带动支撑作用，夯实特色小镇发展基础。完成投资60.93亿元，完成年度计划的102.61%。

【商事制度集成化改革】 2021年，泉州市发改委深化市场主体登记便利化改革。围绕“减事项、减层级、减材料、减环节、减时限”，进行纵向压缩、横向整合，将企业开办时间压缩至1个工作日。试点“多证合办”和“一照多址”改革，实行“一次告知、一表申请、一窗受理、一同核查、一并审批、一口发证”，允许纳入试点的市场主体将其在泉州市的分点地址统一登记在该市场主体名下。全市市场主体继续活跃增长，总数突破120万户，位居全省首位。深化企业注销改革。探索国家市场监管总局简易注销改革试点任务，压缩公告时间，建立简易注销容错机制。全市9000多户企业申请办理简易注销登记，占注销总数的66%。

【智能制造试点示范】 2021年，泉州市发改委创新平台经济发展机制。出台平台经济“五十百千”行动方案，梳理平台经济项目80个，引进华为、SAP等工业互联网公共服务平台，扶持天地汇、青创网等一批重点平台做大做强。培育创新场景应用。培育形成一批5G、大数据、人工智能、区块链等应用场景和示范应用案例，公安智能感知大数据平台、基于3D打印和VR技术的日用陶瓷设计研发与展示项目等21项应用入选省数字技术百大创新应用场景。新培育5G应用案例50个，九牧良瓷5G智慧工厂等7个应用案例在全国“绽放杯”5G应用大赛获奖，打造全省首条5G示范应用精品路线。

【公共数据资源管理】 2021年，泉州市发改委编制《泉州市大数据产业发展路线图》，制定出台《泉州市政务数据管理规定》，制定完善泉州市政务数据资源技术标准规范和数据安全管理规范。建成全市统一政务数据汇聚与共享平台。修订市公共数据资源目录，加速市政务数据全量汇聚，加大社会数据汇聚力度，推进省上回流共享，汇聚政务数据超过52亿条。创新公共数据资源开发利用机制。制定出台《泉州市公共数据资源开发利用专业化运营方案》，在全省率先开展公共数据资源开发利用专业化运营新模式。组建专业化数据运营团队，推进市级政务信息化公共平台及数据资源应用型政务信息化系统的统一建设运营，与泉州银行、建设银行签署战略合作，推进数字赋能普惠金融。

【财政事权和支出责任划分改革】 2021年，泉州市发改委推进零基预算改革。从严从实编制年度预算，市本级取消17个项目1.22亿元、调减压缩44个项目3亿元，用于保障重点急需领域。市本级年初预算批复率93.1%，比2020年提高0.5个百分点，预决算信息100%及时公开，在部门预算公开全覆盖的基础上，首次公开市级部门所属二级预算单位预算。推进预算管理一体化系统建设。梳理业务流程，如期上线运行预算编制及预算执行模块，完善人员基础信息库，提高预算管理规范化、标准化和自动化水平。加快财政事权和支出责任划分改革。制定实施交通运输、生态环境、医疗卫生、应急救援等分领域改革方案，理顺市与县财政事权和支出责任，提高基本公共服务供给效率和保障能力。

【全国居家和社区养老服务改革试点】 2021年，泉州市发改委落实养老服务设施配建要求。全市新建城区、居住小区按每百户20平方米配建养老服务设施，晋江市、石狮市按每百户40平方米配建。全市新增养老床位1560张。加强养老服务保障。加强基本养老服务，实施政府购买居家社区养老基础服务，以“7+1”类老人为基数，按照每人每月不低于20元的标准，提供居家养老基础服务。为困难老年人进行适老化改造，缓解老年人不便，提升居家养老品质。优化养老服务供给。开展2个“物业服务+养老服务”试点。新建或改扩建30个农村居家养老服务站（农村幸福院）。壮大养老服务产业。转型升级14所乡镇敬老院为区域性养老服务中心，探索将乡镇敬老院打包或分期分区打包交由专业化养老服务组织或企业连锁化运营。兴办和改扩建10个“长者食堂”。

国有资产监督管理

【概况】 2021年，泉州市国资系统全力稳增长、抓改革、防风险，高质高效推动国有企业发展再上新台阶，规模效益取得历史新高。资产规模持续壮大，市属国有企业资产总额首破两千亿元，达到2480.7亿元，比上年增长34.9%；所有者权益1280.49亿元，比上年增长31.43%。营业收入持续提升，全年实现营收292.25亿元，比上年增长26.04%。企业效益持续改善，全年实现利润总额21.49亿元，比上年增长47.33%，上缴税费9.73亿元。市属国有企业全年完成投资173.5亿元，比上年增长10.4%，国有资本项目投向规划更加合理高效。5家市级国资集团公司均实现主体信用评级AA+及以上，累计融资145.2亿元。新增省综合百强企业1家、省服务业企业百强企业2家。

【城市发展服务】 2021年，泉州市国资系统在城市更新改造中，推进城东、东海、北峰、江南、老城等组团开发建设，日均投资1800万元，高品质建设保障性住房。参与古城提质工程，开展中山路中

2021年12月31日，中国陶瓷电商物流园项目启用。图为该项目俯瞰
（图/市国资委）

段及29条街巷风貌综合整治提升，金鱼巷微改造工程获评中国建筑设计奖一等奖。在基础设施建设中，出资建设兴泉铁路泉州段等数十个市政、高速交通项目，国内首座跨海高速铁路桥泉州湾跨海大桥全桥贯通，海湾大道一期通车。在民生保障中，“七库连通”工程全线通水，城东、东海污水处理厂改扩建基本完成，白濑水利枢纽工程C1标段完工。建设安装168个公交智能电子站牌，新增微公交服务，公交线网布局进一步优化。加快实施泉州晋江国际机场扩能改造，通航点达80个。在新兴产业培育中，跟进泉州芯谷南安园区、宏芯科技光芯片、海丝时间中心等项目，福建省首个大科学装置落地泉州进入建设阶段。在招商引资中，参与“产业链招商季”活动，拓展泉州市与省属国有企业合作，高标准、高质量举办项目对接签约活动，全市对接项目59个，总投资1091亿元。

【国有企业改革】 2021年，泉州市国资系统以国有企业改革三年行动为抓手，依靠改革应对变局、开拓新局，扬优势、补短板、强弱项，截至年底完成改革总任务量的86.44%，超额完成国家要求70%的任务。健全现代企业制度。全市国有企业公司制改制全面完成。推动党的领导融入公司治理制度化、规范化、程序化，所出资企业党组织实现“前置研究事项清单”全覆盖。建立健全董事会规范建设、外部董事管理等制度，市属国有企业董事会建设不断加强，实现应建尽建。优化国有资本布局结构。加快推进战略性重组和专业化整合，推动城市设计运营集团组建前期工作。各企业加大管理层级压控力度，管理架构更加清晰。市县国有企业供水、原水运营、排水管理一体化，公共交通运营一体化加快推进；中国陶瓷电商物流园首期开园、入驻率90%以上，海峡雕艺文化园、惠安石化陆地港、德化红旗坊等县（市、区）产业园加快建设。推进混合所有制改革。推动市属国有企业综合采取引入战略投资者、项目对接、投资持股等方式有序开展混合所有制改革，全年新设混合所有制公司10家，引进社会资本10.63亿元，4家国有企业列入上市后备企业。建设市场化经营机制。经理层成员任期制和契约化管理逐步展开，推行一人一岗签订差异化的岗位聘任协议和经营业绩责任书。在条件成熟的权属企业有序推进职业经理人制度，选聘6名职业经理人。企业中长期激励、绩效考核、内部分配等激励机制逐步建立。

【国有资产监管】 2021年，泉州市国资委优职能强监管，提高国有资本监管的针对性和有效性，加快国有资本监管职能转变。完善监管制度。建立健全混合所有制改革操作指引、主业管理办法、投资负面清单、责任追究、法务管理等制度18项，组织开展制度性文件清理，形成各项有效制度性文件43件，国有资本监管制度体系进一步完善。谋划建设市国有资产国有企业在线监管系统，纳入市本级政府投资项目计划。加强重点领域监管。推动市属国有企业开展对标管理提升行动，完善企业内控制度。健全债务风险防控动态预警和量化评估机制。开展优化营商环境“百日行动”及重点项目攻坚活动、粮食购销领域等专项督查检查30余次。重点开展安全生产标准化建设，全年未发生重大安全生产事故。强化监管合力运用。发挥审计监督作用，各企业实施审计项目64个，审计金额808亿元。抓好国有资产国有企业领导人员经济责任审计问题整改落实。贯彻落实国有资产管理报告制度，配合开展泉州市国有资产管理情况调研工作，落实市人大常委会审议意见的整改提升。强化社会监督，推进市属国有企业信息公开，打造阳光企业。

【中国陶瓷电商物流园项目启用】 2021年12月31日，中国陶瓷电商物流园项目启用。该项目位于德化县浔中镇，总投资28亿元，建设用地38公顷，总建筑面积70万平方米。其中，仓储功能板块47万平方米，主要有电商仓储、物流分拨、实训中心和“司机之家”用房，同步建设园区管理平台及部分物流自动化系统设施；配套功能板块23万平方米，主要有商务办公、展厅、酒店、住宅等。首期入园的电商、物流、配套服务、通信运营商等20家企业分别与交发集团权属福建省瓷都云谷电商物流园有限责任公司签署入驻协议。其中包括陆升、同鑫等德化陶瓷电商龙头企业，中通、百世等知名物流企业，入驻率达90%以上，电商物流全生态链条初具雏形。

统 计

【概况】 2021年，泉州市统计局组织实施规模以上工业、资质建筑业、限额以上商业、规模以上服务业、房地产开发业等“一套表”企业联网直报工作，加强报送进度监测，做好2020年年报和2021年定报数据的收集、审核、汇总和上报工作。研究制定《2021年泉州市季度地区生产总值统一核算方案》，完善分县（市、区）生产总值统一下算台账，提高分县（市、区）生产总值季报资料的统一性与核算方法的规范性。做好名录库、农业、人口、科技、能源等专业统计工作。夯实基层基础，强化部门协作，组织业务培训，加强走访调研和督促检查，提高统计数据质量。公开《2021年主要统计信息发布日程表》，通过“泉州统计信息网”和“泉州统计”微信公众号等，第一时间发布统计月报、公报、年鉴和统计分析等相关资料，方便企业决策、项目论证等数据查询和引用。开放统计资料查阅室，方便群众查阅历史统计资料。开展在线访谈、在线调查、民意调查，及时反馈问题解答、网上调查和民意征集结果分析。按照“深入分析、及时解读、强化引导”原则，坚持月度、季度和年度数据解读工作模式，运用更加丰富翔实的数据，制作丰富多样的图文产品，解读经济运行中出现的新特点新变化新趋势，发挥统计信息作用。及时依法依规公开统计法规文件、统计标准和制度方法，对涉及面广、社会关注度高的统计相关法律法规政策和重大措施，使用深入浅出、通俗易懂的语言，通过图文并茂的方式开展政策解读，增强解读针对性。

【统计执法监督】 2021年，泉州市统计局根据统计工作各业务流程环节的工作内容和质量要求，建立健全统计数据全过程质量管理和控制体系，以及“谁主管、谁负责，一级抓一级、层层抓落实”责任体系，逐步形成不敢、不能、不想统计造假、弄虚作假的良好生态。围绕省第十一次党代会、市第十三次党代会的部署结合泉州统计工作实际，实施和完善全市高质量发展统计监测体系和运作机制。制定实施《泉州市统计机构负责人和统计人员防范和惩治统计造假弄虚作假责任制实施细则（试行）》，将防范和惩治统计造假、弄虚作假责任制执行情况的检查考核结果作为对各级统计机构负责人、统计人员的总体评价、业绩评定、奖励惩处和选拔任用的重要依据，列入统计系统年度述职述廉和民主评议党员制度的重要内容，拧紧从领导干部到工作人员的责任链条。组织指导各相关部门和各县（市、区）及乡镇（街道）按照“谁发布谁纠正”的原则，清理整改存在可能侵犯、影响统计机构和统计人员独立行使统计职权，引发统计数据失实的有关文件和做法，以及向企业下达经济计划任务指标等情况。全市清理纠正将统计部门作为完成指标、招商引资等工作的责任单位、牵头单位或协调单位的文件40份。建立统计执法与统计专业间的协调联动机制，通过统计数据质量监管关口前移，推动市、县统计执法“双随机”检查核查常态化制度化。运用审核程序等信息化技术手段对统计数据报送过程和数据质量进行动态监管，对发现统计数据异常问题实时查询；发现统计违纪违法行为，及时予以立案查处；依法认定和公示失信企业，强化联合惩戒的威慑力。全市查处统计违法案件25起，罚款39.7万元。会同市纪委监委出台《统计违纪违法案件移送的协作办法》，构建信息互通共享、问题线索双向移送移交工作机制，实现工作精准对接，协同构建统计监督体系。执行领导干部违规干预统计工作记录台账制度，配套建立市、县统计干部、各部门领导干部记录定期反馈制度。按照国家统计局《企业统计信用管理办法（试行）》，实施统计严重失信企业公示制度和实施企业统计人员数据库建设，在市统计信息平台建立失信企业公示模块。组织市、县两级业务骨干参加国家统计执法资格考试，充实全市统计执法人才库，市、县两级执法人员持有国家统计执法证人数43名。同时，通过专题培训、参与执法、跟班学习等方式，系统训练执法检查程序、执法检查取证等业务技能，提升执法能力和水平。

【统计管理】 2021年，泉州市统计局规范组织，加强统计调查项目管理。规范市、县两级绩效公众评议调查工作。要求各地参与组织实施公众评议调查需报省统计局报批后再组织实施，对报批材料进行初步审核后再上报福建省统计局审批。加强地方统计调查自查自纠工作。5月，印发《关于开展统计调查项目清查工作的通知》，对各县（市、区）依法开展国家统计调查制度情况、依法申报地方统计调查项目情况、依法审批地方统计调查项目情况、依法公开地方统计调查项目情况开展自查自纠，减轻基层和调查对象工作负担。6月，转发省统计局办公室《关于开展地方统计调查自查工作的通知》，组织对市、县两级地方统计调查开展自查自纠工作。周密部署，规范统计基层基础建设。将夯实统计基层基础作为2021年统计工作重点。出台《全市统计基层基础规范化建设工作方案》，部署各级政府、各有关部门围绕规范和夯实统计基础，组织实施全面加强基层统计能力建设、规范统计调查项目管理等10项重点任务。配套成立工作专班，组成5个督导组，组织对各县（市、区）党委政府、统计及相关部门进行两轮督导，对统计基层基础建设中的薄弱环节进行督促指导。市政府召开两次专题推进会，听取两轮督导情况汇报，研究部署下阶段工作任务。举办全市乡镇（街道）党委政府主要负责人统计业务培训班，开展“四上”企业（规模以上工业企业、资质等级建筑业企业、限额以上批零住餐企业、国家重点服务业企业）大培训，实现对全市163个乡镇、1.2万家“四上”企业的全覆盖培训，提高全体统计人员统计业务水平，增强规范执行统计制度的自觉性和主动性。

【《中国共产党成立100周年泉州经济社会发展系列报告》发布】 2021年8月22日，泉州市统计局与国家统计局泉州调查队发布《中国共产党成立100周年泉州经济社会发展系列报告》（以下简称“报告”）。报告显示：中国共产党成立一百年来，泉州市消费品市场发生历史性变化，特别是中共十八大以来，泉州消费结构升级换代，新业态新模式引领新型消费加快发展，多元化、个性化消费格局加速形成，消费成为全市经济持续快速增长的重要驱动力。1921—1949年，全市商品市场秩序混乱，消费能力严重不足，商品市场几近崩溃。中华人民共和国成立后，通过社会主义改造，泉州国民经济和商品市场初步形成。“一五”期末（1957年），全市实现社会消费品零售总额2.29亿元，比1952年增加0.78亿元，增长51.7%。1978年，全市实现社会消费品零售总额4.57亿元，比1949年增长2.9倍。中共十一届三中全会做出改革开放的历史性决策，消费品市场从计划管理向自由流通转变，步入快速发展轨道。而随着社会主义市场经济体制建立，以及中国加入世贸组织等利好，消费品市场快速发展。2012年，全市社会消费品零售额总额达2232.74亿元。1979—2012年，全市社会消费品零售额总额年均增长20.0%。中共十八大以来，新业态新模式企业层出不穷。2020年，全市淘宝镇、淘宝村分别达72个、238个，占全省的47%、54%，数量分别位居全国城市首位和第五位。2020年，泉州社会消费品零售总额5228.87亿元，比2012年增长134.2%，年均增长11.2%。泉州居民消费结构也在持续优化。居民用于购买食物的支出比例下降，城镇、农村居民恩格尔系数分别从1990年的65.2%和56.6%，降至2020年的32.0%和43.3%。

2021年3月2日，全市统计调查工作视频会议召开　（图/市统计局）

审计

【概况】 2021年，泉州市审计机关以服务泉州市全方位推动高质量发展超越为主题，贯彻落实党领导审计工作的制度机制，把加强党对审计工作的集中统一领导贯穿到审计工作各方面、全过程。在维护财经秩序、盘活资源提高资金使用效益、助推重大政策落实、优化营商环境、助力民营经济高质量发展、服务保障民生和促进权力规范运行等方面，发挥积极作用。完成审计项目259个，查出违规金额1.87亿元，处理应上缴财政1.78亿元；审计促进整改落实有关问题金额19.54亿元，其中增收节支1.96亿元，挽回（避免）损失1044万元；移送处理事项14件6人。出具审计报告和专项审计调查报告370篇，被批示、采用150篇次；提交审计信息1132篇，被批示、采用378篇次。提出审计建议872条，被采纳800条；促进被审计单位建立、健全规章制度42项。搭建43个数字化分析模型，对市本级一、二级预算单位财政财务数据全覆盖分析，锁定42个重点单位5.14亿元疑点数据，实现财政资金全覆盖与精准查核有机结合。

【国家重大政策措施落实情况跟踪审计】 2021年，泉州市审计机关开展减税降费、优化营商环境、民营经济高质量发展、城市能级提升重点项目等重大政策落实跟踪审计，创新工作方法，推行“政策跟踪审计+”模式，运用“上高度、重落实、强机制”的整改方法，加快财政专项资金拨付使用2.5亿元，清理不合规资金9884万元。

【财政审计】 2021年，泉州市审计机关围绕推动深化财税体制改革，开展市本级财政财务收支真实合法效益审计，通过大数据全面筛查+精准定位，促进全面实施“零基预算”和绩效管理，及时上缴和盘活财政资金8019.2万元，加快财政资金拨付使用发挥效益9907.77万元，清理部门往来账款2010万元，促进建章立制4项。关注政府债务风险，向市政府提交预警专报，防范化解风险隐患。

【经济责任审计】 2021年，泉州市审计机关聚焦权力制约，对全市117位领导干部开展经济责任审计，促进增收节支1110万元，督促44个政策执行不力问题得以推进，41个未完成目标任务得以落实，40个决策不规范事项得以完善。首次开展县级法院和检察院经济责任审计，实现对各个类型审计对象的全覆盖。探索出台《泉州市经济责任审计流程指南（试行）》，落实经济责任审计责任组制度，推动中期汇报、结果反馈等审计流程再造，实行闭环管理，提升审计质量。

【固定资产投资审计】 2021年，泉州市审计机关围绕政府重点投资项目，实施“聚城畅通”工程等25个重点水利、交通、城建基础设施项目审计调查，实施土地出让收益、32个片区改造、18个生态连绵带等项目审计，发现征迁费用等管理不规范金额3.74亿元，促进项目资金到位5500万元，盘活闲置土地3宗，规范土地开发净地管理和工程款拨付1200万元。开展47个政府投资项目剩余资产专项审计，梳理剩余资产96.58万平方米、价值近百亿元，市政府成立2个专班启动剩余资产清理和处置工作，推进资产上市交易8.37万平方米，盘活财政资源超11亿元。

【民生资金（项目）审计】 2021年，泉州市审计机关紧盯“三农”工作，实施惠安、德化2个县乡村振兴政策和资金落实情况专项审计，开展养老和医保基金审计，促进529.8万元资金规范使用，助力优化村公路近10千米，推动建章立制17项，人居环境整治实现标准化、规范化管理。收回多发放养老金36.16万元、清退81.95万元等。推动解决“看病难、看病贵”问题，促进医保部门提高普通门诊待遇水平；推动解决“上学难”问题，促进教育公平、城乡均衡发展；推动解决养老、就业等“急难愁盼”问题，促进项目加快进度、补足基础设施短板。

【企业审计】 2021年，泉州市审计机关完成市国资委2020年度预算执行情况和市国资委、城建集团公司领导人员任期经济责任等3个审计项目，开展推动民营企业高质量发展专项审计调查，督促制定出台《泉州市鼓励金融业加快发展若干措施的通知》，推动10场国内会展补助经费纳入2022年预算编制，推动兑现国家级工业设计研究院奖励政策300万元、融资担保风险补偿资金及业务补助政策1057.77万元、外资奖励政策153.5万元。

【资源环保专项审计】 2021年，泉州市审计机关加大资源环保审计力度，运用工商数据、水资源相关数据，发现公职人员资格证书外挂、无证取水等问题，利用ARGIs软件对遥感等地理信息数据进行分析，发现反映违规占用耕地、林地、湿地等问题。审计查出主要问题金额2109万元，非金额计量问题157个，提出审计建议26条，促进制定整改措施、建立健全规章制度6项。

2021年9月，泉州市审计局审计组在泉州市疫情防控指挥部开展延伸审计，调查了解大规模核酸检测防控物资的调配、使用情况（图/市审计局）

市场监督管理

商事制度改革

【概况】　2021年，面对全球经济下行及新冠肺炎疫情冲击影响，泉州市市场监督管理局下好商事制度改革先手棋，推进市场主体从准入到退出全过程的便利化，落实国家、省、市一系列复工复产、“六稳六保”的政策措施，保障市场主体的顺利准入和稳定发展。截至12月底，全市实有各类市场主体127.97万家，总量继续保持全省地级市首位。2021年，全市新增各类市场主体24.43万家，其中新增企业7.5万家，企业新增数居全省第一。

【市场监管领域“多证合办”改革】2021年，泉州市市场监督管理局试点市场监管领域“多证合办”改革。以药店、母婴用品店、超市作为试点行业，以申请企业自愿为原则，在全市范围内试行“多证合办”集成套餐改革，对试点行业申请市场监管领域涉及的药品经营许可证、食品经营许可证（不含餐饮及制售）、食品经营（仅销售预包装食品）备案、医疗器械经营许可证（为其他生产经营企业提供贮存、配送服务的除外）、第二类医疗器械经营备案凭证（为其他生产经营企业提供贮存、配送服务的除外）实行“一次告知、一表申请、一窗受理、一同核查、一并审批、一口发证”。

【“一照多址”改革】　2021年，泉州市市场监督管理局试行“一照多址”改革。以主营项目为“停车场服务”“房地产中介（含房地产咨询、房地产经纪）”“食品销售（含预包装食品）”“餐饮服务”“食品生产”且经营范围不涉及前置许可的市场主体为试点范围，开展“一照多址”改革。

【企业开办“一窗通办”】　2021年，泉州市市场监督管理局继续实行企业开办“一窗通办”，在企业开办提供预约银行开户服务的基础上，将预约用电、用水、用气等纳入企业开办的套餐服务事项，由各服务单位主动对接企业，提供靠前服务。为所有新开办企业免费发放一套（3个）印章和免费邮寄服务的开办“大礼包”，实现企业开办零费用，全年为企业节省费用3000多万元。

【企业简易注销登记改革】　2021年，泉州市市场监督管理局推进简易注销登记改革。1—12月，全市超过1.8万家企业申请办理简易注销登记，节约公告费用超1274万元，简易注销企业数占注销总数的63.06%。泉州市的简易注销改革于6月在全省推广，12月被国家发改委作为地方支持民营企业改革的典型做法在全国推广。

市场综合监管

【概况】　2021年，泉州市市场监督管理局开展知识产权“铁拳”、农村假冒食品、水暖建材、“天价茶”等多个专项执法行动，加大市场监管领域违法违规行为查处打击力度，维护市场秩序，净化市场环境。全市市场监管系统立案查处违法案件1.13万件，移送公安机关63件。突出进口冷链食品监督检查，查处相关案件214件，查扣处理违规冻品83.97吨，移送公安6件。处置6起其他省、市或省市场监督管理局通报涉疫产品流入泉州市的事件。强化新冠病毒疫苗检查和不良反应监测，开展疫苗接种单位检查329家次，对新冠疫苗接种单位的冷链运输、验收、储存及扫码上传等情况实行全覆盖监管。

【疫情期间市场监管】 2021年，泉州市市场监督管理局强化疫情防控，突出进口冷链食品监督检查，全市进口冷链集中监管仓进仓2411批次、9913.07吨。开发购药实名登记小程序，发挥药品零售企业疫情防控“第一哨点”监测作用，对落实防控措施不到位的74家药品零售企业进行停业整改。购药实名登记小程序收集止咳、退热等四类药品购药信息88万多条，居全省第一位。

【食品安全“一品一码”】 2021年，泉州市市场监督管理局推进食品安全“一品一码”信息追溯体系建设，全市1790家食品生产主体注册“一品一码”系统，录入追溯数据2293.11万条，食品生产环节“一品一码”主体注册率、录入率和录入追溯数据总量三项指标排名全省前列。全市食品经营者在省、市“一品一码”系统平台注册用户7.32万户，录入追溯信息1.57亿条。

【“天价茶”整治】 2021年，泉州市市场监督管理局向全市茶叶生产经营者发出《茶叶市场经营行为诚信守法指导意见书》（以下简称“意见书”），以抵制奢侈浪费、违规炒作“天价茶叶”等行为。意见书提出，茶叶生产经营者应共同抵制奢侈浪费行为，不在营销中渲染享乐奢靡的不良行为，不使用、炒作庸俗化、恶俗化的茶叶品牌或产品名称，不组织或参与虚标茶价、违规炒作“天价茶叶”等行为，推动形成健康良性的茶叶消费风气。同时，正确行使市场定价权利，不得相互串通操纵市场价格。不得捏造、散布涨价信息，哄抬价格，推动商品价格过高上涨。杜绝消费欺诈和虚假广告宣传行为，茶叶包装标识和广告宣传不得含有虚假或引人误解的内容，不得虚假宣传或标识“非卖品”“仅供内部品鉴”等内容实际高价出售误导、欺诈消费者。茶叶销售价格标识应真实准确，不得在标价之外加价出售商品或收取未标明的费用，也不得利用虚假的或者使人误解的标价内容及标价方式进行价格欺诈。此外，茶叶经营户还应建立健全内部价格管理机制制度，合理设置专职或兼职的价格管理岗位人员，并主动接受社会各界监督，在相关经营场所公布“12315”消费者投诉举报电话和企业内部价格监督渠道。

质量监督管理

【概况】 2021年，泉州市市场监督管理局制定《泉州市质量强市工作领导小组办公室工作规则》《泉州市政府质量奖评选管理细则（试行）》。推荐2个组织申报第四届中国质量奖，开展第六届泉州市政府质量奖评审工作及质量奖后备企业培育及市民质量满意度、服务业顾客满意度、制造业竞争力指数测评。探索开展计量、标准、认证认可、检验检测等质量基础设施“一站式”试点服务。出台《泉州市地方标准管理规定》，指导泉州和台湾两地企业共同参与茶叶机械领域的标准研制。加强计量器具监督检查，计量建标239项，免费检定计量器具20万多台（件），比上年同期增长20%，为企业减轻负担1600多万元，率先完成占全省1/3数量的重点用能单位的能源计量审查。

【品牌价值评价】 2021年，泉州市有19个品牌入选2021中国品牌价值评价5亿元榜单，11家企业入选自主创新榜单，全市申报品牌价值评价企业数及上榜数连续多年位居全国地级市前列。

【质量标准建设】 2021年，泉州市新增完成181项标准制修订，其中国际标准3项、国家标准129项、行业标准14项、省地方标准19项，新增发布团体标准16项；培育“安踏（中国）有限公司”“福建恒安集团有限公司”等3家企业4项产品获评国家企业标准“领跑者”。

【全国铸造机械标准化技术委员会基础通用分技术委员会在泉州成立】 2021年4月8日，由全国铸造机械标准化技术委员会主办、全国铸造机械标准化技术委员会基础通用分技术委员会秘书处南安市中机标准化研究院承办的全国铸造机械标准化技术委员会基础通用分技术委员会（以下简称“分委会”）成立大会在泉州举行。会议宣读国家标准化管理委员会关于分委会成立的批复和组成方案，并向全体委员颁发证书。与会委员审议并通过分委会章程、秘书处工作细则、标准体系框架和体系表以及下一期工作计划。为帮助标准化工作者及时、准确地理解和掌握新标准的相关规定和要求，会议还进行“GB/T 1.1—2020标准化文件编写精讲及案例分析”培训。

网络交易监管

【概况】 2021年，泉州市市场监督管理局探索“互联网+”网络智慧监管模式，高效履行国家市场监督管理总局“网络传销监测查处试点单位”、福建省食品药品监督管理局“药品安全网络交易监测中心”职能，建立线上线下一体、部门协同并举、精准智能监测、规范高效取证等网络交易监管机制。开展进口冷链食品网络销售、使用领导人形象发布违法广告、“两超一非”（食品生产环节超范围超限量使用食品添加剂和添加非食用物质）、专利违规、天价岩茶、中国共产党成立100周年专项监测等45项次专项监测，监测发现127条违法线索，均分流处置。监测发现涉嫌侵权线索近37万条，下架处理34.2万条。4月，监测发现并查办的某涉嫌侵犯斐乐商标专用权案被国家知识产权局评为“2020年度商标行政保护十大典型案例”。

【网络传销与交易监测】　2021年，泉州市市场监督管理局监测并编制189份涉嫌网络传销项目监测分析报告上报国家市场监督管理总局、福建省食品药品监督管理局，编制11期涉嫌网络传销舆情报告，撰写3份网络传销形势分析及调研报告，为国家市场监管总局和相关省局部署开展2021年度打击网络传销专项整治行动提供研判依据和决策参考。

【“两品一械”网络经营监测】　2021年，泉州市市场监督管理局完成福建省“两品一械”（药品、化妆品、医疗器械）网络经营主体数据库建设，全省“两品一械”有效入库主体27985个；编制12期月监测报告，监测全省“两品一械”网络经营主体61.69万个次，关联网店21.67万家次，相关商品页面2176.68万个次，监测发现涉嫌违法网店403家，涉嫌违法行为线索490条，均有效完成线索研判及在线存证。

【打击制售假冒安踏奥运赞助品服装专项行动】　2021年10月，泉州市市场监督管理局协助开展打击制售假冒安踏奥运赞助品服装专项行动，一举打掉长年盘踞在省外各地的制售假冒安踏品牌服装的特大犯罪团伙，端掉包括福建、北京、四川、重庆、山东和河南在内6个省（直辖市）12处窝点，抓获14名主要犯罪嫌疑人，查获大量假冒安踏品牌服装成品及半成品，案值达到2亿元。

知识产权管理

【概况】　2021年，泉州市市场监督管理局组织编制《泉州市“十四五”知识产权发展专项规划》。启动实施21个高价值专利培育计划项目，补助资金2100万元。开展2020年度泉州市专利奖评审，34个项目获奖；推荐6项专利申报第二十三届中国专利奖、20个专利申报2021年度福建省专利奖、10家企业申报2021年度福建省知识产权优势企业。开展知识产权行政保护专项行动，全市立案查处各类知识产权案件1009件，罚没款496.93万元。5月公布的全国城市营商环境评价结果中，泉州市知识产权创造保护和运用指标获批全国标杆城市。

【专利】　2021年，泉州市专利授权量47559件，连续11年居福建省设区市首位，全市每万人发明专利拥有量13.52件，8家泉州籍企业上榜“2021全国民营企业发明专利500家”榜单。

【商标】　2021年，泉州市有效注册商标量64.28万件，位居全国地级市首位；商标马德里国际注册总量1200件，驰名商标总量159件，均位居全国地级市前列；地理标志商标总数52件。

【厦门知识产权法庭泉州巡回审判庭成立】　2021年4月23日，厦门知识产权法庭泉州巡回审判庭在中国（泉州）知识产权保护中心成立。厦门知识产权法庭泉州巡回审判庭作为厦门市中级人民法院内设的专门审判机构，为泉州地区的技术类知识产权案件审理开辟便捷通道。厦门知识产权法庭主要受理跨区域发生在厦门市、漳州市、泉州市、龙岩市辖区内的专利、植物新品种、集成电路布图设计、技术秘密、计算机软件、涉及驰名商标认定及垄断纠纷的第一审知识产权民事和行政案件。

【泉州知识产权展示馆开馆】　2012年4月26日，泉州知识产权展示馆开馆。泉州知识产权展示馆位于丰泽区东海连捷国际中心，建筑面积3170平方米。馆内分为泉州知识产权工作展区、泉州企业品牌展区、维权功能服务区三部分。为推动泉州知识产权事业发展，丰富泉州知识产权文化，传播普及知识产权知识，提升公众维权保护意识，推介泉州商标品牌企业，市市场监管局在泉州商标馆基础上开始筹建泉州知识产权展示馆，致力将其打造成知识产权创新成果的宣传展示中心、知识产权维权保护的法治教育阵地、品牌泉州形象的特色城市名片。

2021年4月26日，泉州知识产权展示馆开馆。图为泉州知识产权展示馆展示的泉州品牌地图

（图/陈云青　苏晓晖　林思萍）

2021年，中国（泉州）知识产权保护中心通过国家知识产权局验收，成为福建省首家获批建设、通过验收的国家级知识产权保护中心。图为验收座谈会现场　　（图/市知识产权保护中心）

【中国（泉州）知识产权保护中心揭牌】 2021年8月，中国（泉州）知识产权保护中心通过国家知识产权局验收，成为福建省首家获批建设、首家通过验收的国家级知识产权保护中心，重点面向智能制造和半导体产业开展集快速审查、快速确权、快速维权、运用促进于一体的知识产权“一站式”综合服务。9月，首件通过中国（泉州）知识产权保护中心专利快速预审通道的实用新型专利申请获国家知识产权局授权。12月31日，中国（泉州）知识产权保护中心揭牌。截至12月，中国（泉州）知识产权保护中心备案申请主体253家、代理机构71家，通过保护中心提交的发明专利审查授权周期平均为53.3天、实用新型专利平均为6.6天，比普通专利申请程序缩短时间90%以上，显示快速审查、快速确权、快速维权的服务效应。

【泉州市发放首笔地理标志商标质押贷款】 2021年11月，泉州市市场监管局会同福建省农村信用社联合社泉州办事处，在永春举办为“永春闽南水仙”地理标志商标权利人进行1亿元综合授信的仪式，“永春闽南水仙”地理标志商标使用人、湖洋镇溪东村茶农郑生炎获20万元贷款，成为该地理标志商标质押贷款的首位受益者。此系泉州市发放的首笔地理标志商标质押贷款，也是全省首笔纳入风险补偿金保障的地理标志商标质押贷款。

消费者权益保护

【概况】 2021年，泉州市按照“双号并行”的模式，统一热线服务标准，提供“12315”热线“7×24小时”人工服务，确保“12315”热线全天候畅通。通过全国“12315”平台登记受理各类咨询、投诉、举报277515次，比上年同期增长26.73%，为消费者挽回经济损失3792万元。

【商品和服务监督】 2021年4月，泉州市市场监督管理局继续与市委文明办、市商务局开展“放心消费示范商圈”创建活动，营造放心消费环境，提振消费信心，助力文明城市创建。12月，召开2021年泉州市消费者权益保护工作局际联席会议，总结交流2021年全市消费者权益保护工作情况，探讨消费维权工作难点，推进消费维权社会共治。

【福建省2021年“3·15”国际消费者权益保护日活动在泉州举行】 2021年3月15日，泉州市市场监督管理局协办福建省2021年纪念“3·15”国际消费者权益保护日暨“守护夕阳红”老年消费者权益保护活动。活动以“守护消费安全　关爱老年人　畅通智能消费”为主题，旨在倡导企业诚信经营、促进消费畅通，服务经济社会高质量发展，营造安全、放心消费环境。活动现场，福建省水暖卫浴阀门行业协会向全省经营主体发出诚信经营倡议，倡议经营者关爱老年消费者，为老年群体营造安全便利的智能消费环境。现场还启动“全省线下购物七日无理由退货倡议活动”。监管部门倡议实体店经营者，对消费者的合理诉求不拖延回复，及时办理退货，及时向消费者返还已支付的款项，提高消费者满意度；同时鼓励经营者主动向消费者说明店家实行的无理由退货商品范围、退货时限、退货条件、退货程序等内容。

【泉州市消费者满意度测评在全国排名前列】 2021年5月，在中国消费者协会公布的2020年100个城市消费者满意度测评结果中，泉州市得分连续4年稳步攀升，其中2020年较2019年上升14个名次，在34个同类城市类别中排名第五位。根据分析，此次得分较高的项目分别为：消费供给方面满意度较高、本地消费环境认可度较高、普遍感觉消费价格合理、交易安全体验比上年同期大幅提升、认可泉州市消费宣传和消费执法工作。

财政·税务

财　政

【概况】　2021年，泉州市财政部门落实财政收支管理，聚力保障高质量发展超越，对标2020年进入万亿元生产总值城市，分析财政收入规模偏小、占生产总值比重偏低的差距短板及深层次原因，精准实施财政收入追赶行动。梳理研究上级转移支付补助政策和重点投向，协同合力策划项目争取资金支持，获中央和省级财政补助资金164亿元。常态化开展财政结余结转资金清理，全市收回部门结转结余资金18亿元统筹用于重点急需领域。支持服务融入新发展格局，加快建设现代化经济体系，聚焦“民营经济发展年”“营商环境提升年”，制定实施精准管用、更可持续、提质增效积极财政政策体系，促进加快制造业转型升级和新兴产业发展，推动建设现代产业体系。提升投融资策划运作，促进扩大有效投资，树立市场化思维和经营财政理念，创新“财政+国企+金融”融合运作机制，构建大财政统筹运作“资金池”，多渠道筹集资金保障政府投资项目建设。树牢为民理财宗旨，支持创造高品质生活，推进民生社会事业补短板提品质，全市民生支出499.51亿元，占一般公共预算支出的比重达75%，市本级投入1.87亿元实施为民办实事项目。深化改革，构建现代财政管理机制，坚持系统集成、协同高效，深化财政改革，推进治理体系和治理能力现代化，更好地发挥财政基础和重要支柱作用。

【全市预算收支执行】　2021年，泉州市一般公共预算总收入完成940.9亿元，比2020年增收127.58亿元，增长15.7%。其中，全市地方一般公共预算收入完成504.54亿元，比2020年增收50.49亿元，增长11.1%。全市一般公共预算支出672.28亿元，比2020年减少42.86亿元，下降6%（剔除权责发生制列支后可比口径增加56.25亿元，增长9.1%）。其中，民生支出504.97亿元，比2020年减少30.6亿元，下降5.7%（剔除权责发生制列支后可比口径增加52.50亿元，增长11.6%），占全市一般公共预算支出的75.1%，比2020年提高0.2个百分点（剔除权责发生制列支后可比口径提高1.7个百分点）。全市政府性基金收入416.76亿元，比2020增加107.87亿元，增长47.6%；全市政府性基金支出457.56亿元，比2020年增加60.8亿元，增长15.3%。

【本级预算收支执行】　2021年，泉州市本级一般公共预算总收入完成114.9亿元，比2020年增加11.48亿元，增长11.1%。其中，地方一般公共预算收入完成66.35亿元，比2020年增加8.08亿元，增长13.9%。市本级一般公共预算支出105.86亿元，比2020年减少1.48亿元，下降1.4%。市本级政府性基金收入53.3亿元，比2020年减少5.88亿元，下降9.9%；市本级政府性基金支出70.86亿元，比2020年增加13.52亿元，增长23.6%。

2021年泉州市一般公共预算收入完成情况表

表7　　单位：万元

预算科目	全市	市本级
税收收入	3943225	454938

续表7

预算科目	全市	市本级
增值税	1470269	144942
企业所得税	709325	82843
企业所得税退税	0	0
个人所得税	375575	26041
资源税	5752	0
城市维护建设税	220057	37596
房产税	164977	18805
印花税	80676	10102
城镇土地使用税	112198	4745
土地增值税	417175	41099
车船税	64259	10168
耕地占用税	23927	155
契税	292357	77388
烟叶税	0	0
环境保护税	5288	959
其他税收收入	1390	95
非税收入	1102127	208531
专项收入	358637	58547
行政事业性收费收入	119125	31335
罚没收入	163203	38295
国有资本经营收入	48413	5513
国有资源（资产）有偿使用收入	285530	21016
捐赠收入	35582	17
政府住房基金	36082	33449
其他收入	55555	20359
合计	5045352	663469

说明：本表根据2021年度年终决算数填报，市本级不含泉州台商投资区

2021年泉州市一般公共预算支出完成情况表

表8　　单位：万元

预算科目	全市	市本级
一般公共服务支出	520396	88566
外交支出	0	0
国防支出	5826	1457
公共安全支出	419326	121836
教育支出	1670596	174695
科学技术支出	183780	18167
文化体育与传媒支出	117599	30756
社会保障和就业支出	753805	73489
医疗卫生与计划生育支出	789936	264150
节能环保支出	126887	30341
城乡社区支出	376706	50537
农林水支出	502313	66910
交通运输支出	221743	67385

续表8

预算科目	全市	市本级
资源勘探信息等支出	368879	21181
商业服务业等支出	147665	4786
金融支出	10055	1999
援助其他地区支出	2578	1969
国土海洋气象等支出	44248	5242
住房保障支出	98199	9839
粮油物资储备支出	16245	850
灾害防治及应急管理支出	42583	6907
其他支出	59621	4521
债务付息支出	242007	12941
地方政府一般债券付息支出	241967	12941
债务发行费用支出	1806	71
合计	6722799	1058595

说明：根据2021年度年终决算数填报，市本级不含泉州台商投资区

税 务

【概况】 2021年，泉州市税务部门树立税收法治观念，优化税收执法方式，健全税务监管体系，提升税收治理效能，聚焦提升纳税人满意度和获得感，推出一系列全国、全省首创的服务项目；完善税费优惠政策落实工作机制，创新工作方法，致力打通政策落实“最后一公里”，在全国首创税收共治宣传服务中心、“税秒算”税费简易计算器、“网格化”管理模式互为依托的服务体系，为市场主体减负担、增活力、添信心。全年组织各项税费收入1106.7亿元，其中税收收入876.4亿元、社保费收入198.6亿元、非税收入31.7亿元。

2021年7月1日，泉州微笑自行车有限公司在国家税务总局泉州市丰泽区税务局办税服务厅申报缴纳城市绿化赔偿收入580元，并开出全省税务系统首张中央非税收入统一票据，标志着第四批非税收入征管职责划转工作在泉州市落地　（图/市税务局）

【减税免税】 2021年，泉州市税务部门完善税费优惠政策落实工作机制，落实新增减税降费28.34亿元，其中2021年新出台的政策减税降费（含展期）13.74亿元、2021年展期实施政策减税降费12.77亿元、2020年年中出台政策在2021年的翘尾新增减税降费1.84亿元。出口退税办理再提速，全年办理出口退（免）税184.33亿元，缓解企业资金困难。“易税”案例获第三届全省机关体制机制创新优秀案例征集评选活动一等奖。

【营商环境优化】 2021年，泉州市税务部门推出“同屏帮办”“税事远程帮”“办税码”互认共用、“二手房转移一件事”集成套餐等一系列全国、全省首创的服务项目。“同屏帮办”“八闽办税码”政务服务均在泉州市试点后全省推广，在2021年度全省纳税人满意度调查中排名第二，“构建‘易税’服务体系 营造优良营商环境”项目获评市效能办优秀改革创新项目。自主开发“税e链”平台，13项原

本只能线下办理的业务变为网上全程可办，便利群众办税缴费。通过“局长走流程”、聘请税务营商环境“体验师”，邀请人大代表担任“特约监督员”等方式，多维度问计问需问策，解决近2万条企业涉税问题。联合市检察院等11家共建单位发布《扶持民营经济发展政策措施申报指南》《深化“银税互动”工作方案》以及全省首份税收营商环境白皮书《泉州税收营商环境白皮书》，推出系列惠企政策措施，帮助全市小微企业获得贷款84亿元；提前实现“12366”办税缴费服务热线与“12345”政务服务便民热线归并，提供7×24小时“人工+智能”服务，优化营商环境。

2021年2月2日，福建省税务局与泉州市税务局、晋江市税务局在安踏集团开展迎新春、送“五福”系列文化活动　　（图/市税务局）

【依法治税】 2021年，泉州市税务部门落实“首违不罚”责任清单，放大惩教结合、包容审慎的柔性监管功能，将“黑名单”管理流程纳入三项制度建设，规范失信惩戒工作。深化税收征管改革，精选改革试点单位，将晋江、洛江分别作为中办国办《关于进一步深化税收征管改革的意见》的综合试点和精确执法的试点，晋江陈埭、南安水头、石狮灵秀、惠安螺城四个分局（所）作为基层建设的示范单位，就改革在基层落地开展探索和实践，夯实征管基础。推进税制改革，践行绿色发展理念，推动环境保护税法落地落实。承接水土保持补偿费、土地闲置费等六项非税收入的征管职责划转，推进国有土地使用权出让收入等四项非税收入项目划转准备。探索房地产行业企业所得税和土地增值税跨税种联动机制，推动清结算审核工作有机结合。

【税收风险管理】 2021年，泉州市税务部门建立新型动态信用评价制度和完善税务征信评分体系，以涉税费信息为主，整合发改委、工商、司法、电力等外部数据，从申报、登记、征收、法制、发票、外部六个维度进行系统梳理，并结合专家模型和信用卡评分模型建立评分模型，构建起完整的“信用+风险”动态提醒机制。防打结合，加强税收风险管理，健全“无风险不打扰、有违法要追究、全过程强智控”新机制，抓好重点行业、重点税种、重点事项、重点领域的风险管理和应对工作，完成风险应对任务5029户次。聚焦“假企业”“假出口”和“假申报”，开展打击虚开骗税靶向整治，承接省税务局下达各类稽查任务166件；税务稽查立案查补11.02亿元，营造公平公正的税收环境。

【泉州市“简化企业加计扣除政策申报流程”获全国推广】 2021年，由泉州市税务局与市财政局、市科技局联合推出的“简化企业加计扣除政策申报流程”创新举措，被国家发改委列入支持民营企业改革发展的典型做法，发文推广给全国各地区学习借鉴。通过该举措，民营企业申请享受研究开发费用税前加计扣除时，可根据前期已经取得的专利或权威报告，简化项目鉴定流程，加速享受税收优惠，减轻资金负担，从而优化税收营商环境，支持民营企业心无旁骛做实业。

2021年泉州市各类税种收入情况表

表9　　单位：万元

项目	金额
税收收入合计	8764088
增值税	3148945
企业所得税	1859561
消费税	1060178
个人所得税	946967

续表9

项目	金额
土地增值税	417175
契税	405251
城市维护建设税	258982
车辆购置税	205850
城镇土地使用税	112198
房产税	164977
印花税	80676
车船税	64259
耕地占用税	23927
资源税	5751
营业税	2781
环境保护税	6610

2021年泉州市各县（市、区）税收收入情况表

表10

单位：万元

单位	金额
全市	8764088
市直	782399
鲤城区	263436
丰泽区	417267
洛江区	241807
惠安县	1065436
泉州台商投资区	228698
晋江市	2341197
石狮市	488176
南安市	974776
安溪县	428457
永春县	169244
德化县	213592
泉港区	1014924
泉州开发区	134679

金　融

金融监督管理

【概况】　2021年，泉州市金融监管部门实施“八大金融工程”（重大战略保障工程、民营企业服务工程、资本市场提升工程、金融资源集聚工程、金融服务创新工程、闽台金融融合工程、金融风险防范工程、地方金融监管工程），推进“学金融、懂金融、用金融”活动，打造区域性金融服务实体经济中心，实现金融与实体经济良性循环。金融业增加值增长4.3%，比2020年增长10.64%，不良贷款率1.01%。

【金融助企】　2021年，泉州市金融监管部门出台信贷抗疫4条、金融纾困10条，新增信贷投放2000多亿元。实施金融服务企业小分队“一线服务”专项行动，市、县两级小分队走访企业894家，涉及金额超94亿元，全市小微企业贷款余额增长14.28%。启动“民营小微企业首贷培植行动”，开发“泉州中小微企业贷款直通车”，全市新增普惠小微企业首贷户1.15万户。开展银企对接“搭台”行动，分行业召开“小而精”银企项目对接活动126场。

【金融服务】　2021年，泉州市金融监管部门推进企业股改上市，出台《泉州市进一步支持企业改制挂牌上市实现高质量发展若干措施》，新增上市企业2家，加大企业发债力度，推动非金融企业发债58只、融资规模335.4亿元。发展供应链金融，开展小微企业供应链融资倍增推进计划，推广中征平台，发展“建信融通”、云信、政采贷等服务模式，全市供应链金融新投放201亿元。帮扶企业增信，制定银担批量担保业务指引、政府性融资担保机构尽职免责实施意见，推动开展批量担保业务，全市新增政府性融资担保业务63.3亿元。提升平台服务效能，推进建立新型农业经营主体信用信息库，启动建设数字普惠金融服务平台。

【金融改革】　2021年4月，中国人民银行研究局组织对泉州金改进行终期评估。10月，国家发改委向全国推广推行无还本续贷、建设数字金融服务平台险等4项金改成果。泉州市金融监管部门推进国家产融结合试点，实施动产和权利担保统一登记；推进两岸民间征信合作，实现对台湾地区全量160万家企业、30多项指标的数据实时更新；在全省率先建立供应链金融统计制度、设立知识产权质押融资风险补偿金。

【金融环境建设】　2021年，泉州市金融监管部门开展非法集资案件风险排查整治，打击非法集资犯罪活动，加大存量案件清理化解进度，将非法集资监测预警纳入社会治安综合治理体系。常态化开展地方金融领域扫黑除恶工作，打击“套路贷”“非法校园贷”等非法金融活动。

【知识产权质押贷款风险补偿金设立】　2021年，泉州市市场监管局联合市财政局、市金融监管局、人民银行泉州市中心支行、泉州银保监分局制定《泉州市知识产权质押融资风险补偿金管理规定（试行）》，对风险补偿资金的运作、管理等情况进行规定。泉州市财政安排专项经费1000万元建立知识产权质押贷款风险补偿金，探索对不良贷款由风险补偿金和银行、评估机构、担保公司多方分担后进行追偿。

银行业

【概况】　截至2021年年底，泉州

2021年10月19—20日，中国农业发展银行泉州市分行联合泉州市地方金融监管局举行“乡村振兴 你我同行”政策宣介暨项目对接会

（图/中国农业发展银行泉州市分行）

市金融机构本外币各项存款余额9781.60亿元，比2020年年末增长10.9%，其中人民币各项存款余额9652.83亿元，比2020年年末增长10.8%。人民币存款中，住户存款余额5177.71亿元，比2020年年末增长8.0%；非金融企业存款2819.57亿元，比2020年年末增长17.1%。金融机构本外币各项贷款余额8918.96亿元，比2020年年末增长10.4%，其中人民币各项贷款余额8862.14亿元，比2020年年末增长10.5%。人民币贷款中，个人消费贷款余额3036.44亿元，当年新增384.35亿元，其中住房贷款余额2341.72亿元，当年新增302.15亿元。

【中国农业发展银行泉州市分行】 截至2021年年底，中国农业发展银行泉州市分行审批贷款161.48亿元、投放141.17亿元，业务发展实现“项目审批、贷款投放”两个超百亿；各项贷款余额341.39亿元，各项存款余额50.85亿元，FTP盈利3.23亿元。制定下发“营销方案+营销机制+竞赛评比、集中评审、专项考核”“1方案+1机制+3活动”，建立客户营销机制，统筹推进资产负债业务联动“一体化”营销，按月上墙重点项目推进“作战图”，对疑难杂症“问题挂号、销号管理”。推动省、市分行与两级政府签订战略合作协议，联合市金融监管局召开2场“乡村振兴·你我同行”政策宣介暨项目对接会，13个县（市、区）财政、金融局及央省企、地方国企、涉农重点民企共112家企事业单位参加。全年对接项目122个、意向融资382.75亿元。支持地方粮油储备、粮食仓库及农贸市场建设，发放各类粮棉油贷款32.92亿元，调入粮油44.21万吨。投放农业农村基础设施类项目72个金额94.35亿元，涵盖水利建设、农村路网、安置房建设、污水处理、溪流整治、生态环保、医疗教育等领域。发放恒安集团、亲亲集团等重点客户贷款10家40.83亿元；新支持小微企业9家6370万元，贷款余额9940万元，比年初增长34.51%。落地农业发展银行全国系统首笔财务公司同业存款业务、农业发展银行全省系统首笔重大项目前期贷、同业客户认购农发债及银企直联业务。探索“有效资产+公益项目”“创业中心+商业配套设施”等可借鉴可推广融资新模式，全年审批新模式项目31个133.1亿元。以“政策性金融+”扶贫模式促成盼盼、保源公司精准帮扶脱贫地区捐款、投资55万元，投放东西部协作贷款29.1亿元、落地招商引资金额约7610万元；员工捐赠、购买脱贫地区农产品6.96万元。

【中国工商银行泉州分行】 截至2021年年底，中国工商银行泉州分行全部存款余额1084.97亿元，比年初增加50.57亿元，各项存款1041.16亿元，比年初增加64.54亿元；各项贷款（含卡）余额969.54亿元，比年初增加99.33亿元；全年实现中间业务收入5.51亿元，实现营业收入31.60亿元，实现拨备前利润22.36亿元；年末不良贷款余额9.67亿元，不良率0.99%，比年初下降0.08个百分点。加大信贷投放力度，服务地方经济社会发展，全年各项贷款余额969.54亿元，比年初增加99.33亿元。民营企业贷款余额242.26亿元，比年初增加6.05亿元；制造业贷款余额170.84亿元，比年初增加31.73亿元，增幅22.81%；制造业客户银行承兑汇票余额41.97亿元，比年初增加11.38亿元。贯彻落实国家产业政策、环保政策和金融监管要求，促进产业升级，减少资源环境损耗，绿色信贷余额38.25亿元，比年初增加2.22亿元，增幅6.16%。完成审批重点项目额度103亿元，其中牵头组建跨海湾大桥44亿元银团贷款，系泉州市政府首次采用吸收合并方式整合原省高速控股项目，也是泉州市属高速公路的首个银团贷款；支持科教文卫等民生项目建设，审批泉州台商投资区某医院、南安某医院项目共计18亿元；支持文旅项目建设，审批并投放泉州某旅游项目6.8亿元。支持国有企业融资需求，通过不同融资形式，重点做好地市级和县域国有企业的融资支持，向五大市属国有企业授信额度超35亿元。支持普惠金融发展，银监口径普惠贷款余额67.18亿元，比年初增加28.16亿元，增幅72.19%；银监口径普惠客户数5927户，比年初增加1832户，超额完成普惠贷款增速及普惠金融客户数增长的“两增”监管目标。做好民营和小微企业首贷培植，首贷企业当年发放户数256户，超额完成全年任务数，完成率142.22%；首贷企业贷款发放金额9.64亿元，发放贷款对象均为民营企业。其中小微首贷企业当年发放户数245户，贷款发放金额2.82亿元；大中型首贷企业当年发放户数11户，贷款发放金额6.82亿元。数字供应链余额2.5亿元，比年初增加1.78亿元。做好金融支持乡村振兴战略，涉农贷款余额304.45亿元，比年初增加50.09亿元，增幅19.69%，其中新型农业经营主体贷款余额13.81亿元，区域覆盖安溪、永春、德化、惠安、泉港等8个区域，比年初增加5个区域。

2021年6月21日，中国工商银行泉州分行作为泉州市第三代社保卡的主要合作银行，参加泉州市第三代社会保障卡首发仪式
（图/中国工商银行泉州分行）

【中国建设银行泉州分行】 截至2021年年底，中国建设银行泉州分行一般性存款余额1002.44亿元，各项贷款余额836.75亿元，双居全省建行系统和当地“四大行”（中国工商银行、中国农业银行、中国银行、中国建设银行）第一。服务地方经济发展，全年通过信贷与非信贷等综合融资方式，解决客户融资需求解决客户融资需求近450亿元。加大信贷支持力度，为泉州科技馆展教工程PPP项目、惠女菱溪引水工程等一批基础设施领域及重点项目建设提供资金支持。全年基础设施领域贷款投放30多亿元、制造业贷款投放185亿元。贯彻落实总行服务民企30条举措，民营企业贷款余额167亿元，占对公贷款比例超56%。助力小微企业发展，为小微企业投放普惠贷款235亿元。践行“新金融”，服务民生安居乐业，支持百姓购买刚需和改善型住房，个人住房贷款余额383.58亿元，全年投放103.35亿元；推进住房租赁业务，全年投放住房租赁贷款超千万元，并在全省率先开通公租房租金“悦生活”云平台缴费服务。助力“乡村振兴”，涉农贷款余额246亿元，借助建行“善融商务”平台完成扶贫兴农交易额1.32亿元，与福建农林大学安溪茶学院共建科教实践基地，促进银校协同创新。贯彻市委、市政府关于促进金融平稳运行、防控企业信贷风险、支持“六稳”“六保”等一系列举措。支持暂时困难企业发展，为26家企业办理再融资业务，余额超10亿元；为1787余户普惠小微企业提供贷款延期及续贷服务，涉及金额近18亿元。资产质量保持平稳可控，不良贷款余额3亿元，不良率0.36%；不良资产处置成效明显，全年处置不良贷款8.48亿元。

2021年，中国建设银行泉州分行与福建农林大学安溪茶学院签署科教实践基地共建协议　（图/中国建设银行泉州分行）

【中国农业银行泉州分行】 截至2021年年底，中国农业银行泉州分行各项存款余额1282.61亿元，比年初增加80.78亿元。不良贷款余额9.28亿元，比年初减少0.05亿元；

不良率0.79%，比年初下降0.07个百分点，不良贷款实现“双下降”，不良率连续6年保持下降。贯彻市委、市政府“民营经济发展年”工作部署，优化信贷结构，新增贷款主要投向重大项目、民营企业、制造业、科技创新、绿色发展等重点领域。实体经济领域法人贷款余额605.33亿元，比年初增加67.69亿元。民营企业贷款余额229.93亿元，比年初增加55.46亿元；制造业贷款余额260.58亿元，比年初增加35.82亿元；制造业中长期贷款余额40.61亿元，比年初增加18亿元。拓展普惠客户，夯实供应链融资发展基础，推进小微金融数字化转型，抓好普惠贷款投放，强化小微业务风险防控，打造乡村振兴服务亮点。普惠小微企业贷款余额240.91亿元，比年初增加32.02亿元，总量位居“四大行”首位。其中，普惠小微企业法人贷款余额73.41亿元，比年初增加10.38亿元。新增拓展首贷户555户，首贷金额7.19亿元。新发放普惠型小微企业贷款平均利率4.08%，比2020年下降21BP，全面实现“增量、扩面、降价”监管要求。普惠不良贷款余额1.17亿元，不良率0.48%，比年初下降0.08个百分点，不良贷款保持“双下降”。落实市委、市政府“促外经贸发展”，开展“外汇支持泉州民营经济高质量发展专项行动”和“外汇服务百家民企”活动，提升跨境金融服务水平。实现国际结算业务量139.40亿美元、境内结售汇业务量97.82亿美元、对客贸易融资业务量35.54亿元。坚持面向“三农”定位，落实总行与农业农村部、国家乡村振兴局签订的“金融服务乡村振兴战略合作协议”，主动对接泉州市乡村振兴工作部署，实施“三农”县域发展战略，做好“三农”和乡村振兴金融服务。涉农贷款余额811.42亿元，比年初增加87亿元。惠农e贷余额124亿元，比年初增加22.61亿元，总量位居全省系统第一，服务农户超过2万户。坚持“戴着口罩抓发展”，通过投放“纾困贷”、推广无还本续贷、实施贷款延展期、开辟绿色通道等方式为企业纾困。为51家小微企业投放第四期纾困贷73笔、金额3.21亿元，为777家小微企业办理贷款展期6.58亿元，累计办理续捷e贷313笔、金额11.56亿元。多渠道多维度减费让利，降低企业和个体工商户融资成本，新发放贷款实体贷款加权平均利率4.15%，比2020年下降10BP。

【中国银行泉州分行】 截至2021年年底，中国银行泉州分行本外币贷款余额532.51亿元，较2020年年末新增15.92亿元；本外币存款时点余额558.25亿元，较2020年年末新增45.75亿元。融入地方发展大局，坚持服务实体经济，为全市47个重点项目投放40余亿元。支持民营经济，结合地区民营企业活跃及具有成长性的特点，挖掘优质民营企业发展潜力，新投放民营企业贷款87.89亿元。扶持战略新兴产业，推动新兴产业项目投放，全年战略新兴产业贷款余额6.45亿元，较2020年年末新增5.7亿元。保障防疫企业资金需求，加大纾困贷款投放力度，为191家受疫情影响的困难企业发放纾困贷款9.93亿元。抓好普惠业务，银保监会口径贷款余额54.2亿元，较2020年年末新增18.61亿元，响应国家政策和上级行指示，加大“双贸贷”“科技贷”业务拓展，在绩效持续领先的基础上做出更多特色业务。推动普惠条线对公与对私全面整合，成立乡村振兴金融部，与普惠金融部合署，加大对县域机构普惠金融发展的推动力度。跨境金融持续巩固，对客户进行重检，梳理国际结算信贷工厂目标客户，通过授信支持提升国际结算量和外汇衍生品交易量，落地全省中行系统首笔政府汇率避险工具衍生品交易；发挥境内外联行协同，推荐海外企业在境外分行开户，助力企业境外发展；结合科技优势，做好首笔跨境金融区块链服务平台信保保单融资，新场景建设优势领先同业。全年跨境结算量123.89亿元，市场份额32.27%，居当地同业第一。推进县域金融，利用投行业务专业，为地方国有集团及优质民营企业续做发债业务，发行债券市场份额居当地“四大行”第一。拓展消费金融，紧盯家装业务新需求、新能源汽车发展新机遇，聚焦家装、汽车等居民热点消费场景业务，做大做优分期业务优势；加大零售贷款投放力度，零售贷款余额219.28亿元，较2020年年末新增33.42亿元，市场份额较2020年年末新增0.31个百分点，贷款增速17.98%居当地“四大行”第一。

【兴业银行泉州分行】 截至2021年年底，兴业银行泉州分行各项贷款余额768.51亿元，比年初增加68.77亿元。其中，制造业中长期贷款、普惠小微贷款、绿色金融融资余额分别较年初新增30.76亿元、43.02亿元和 56.40亿元，信贷投向更加符合国家战略导向。加大实体经济让利力度，新发放普惠型小微企业贷款平均利率较2020年下降0.33个百分点。加快数字化经营支持，供应链在线平台运用客户数、业务量比例不断提升，其中银行承兑业务笔数在线化率94%。落地兴业银行首个乡村振兴实验室，涉农贷款余额较年初新增43.35亿元，在2021年度泉州市金融机构服务乡村振兴考核评估中被评为“优秀”，是获评该档次的唯一一家股份制商业银行。贯彻总体国家安全观，强化金融风险管控，不良贷款连续四年实现“双降”。

【泉州银行】 截至2021年年底，泉州银行资产、存款和贷款余额分别为1396.76亿元、1076.47亿元、820.4亿元，纳税总额4.83亿元。信贷年增量保持较高水平，加强重点领域信贷支持，加大对制造业、普惠小微和普惠涉农的信贷投放力度。其中普惠型小微贷款超额完成增加目标，年增量居全省法人机构第二位。开展首贷户、个体工商户拓展专项行动，首贷拓展户数居全省前三。发挥“无间贷”典型示范作用。放宽做活“无间贷”，在金融抗疫中发挥重要作用。率先创新开展电子保函，成为全省首批、泉州地区唯一实现电子保函线上化的银行机构。在全市率先推出小微企业批量担保模式，并发展弱担保惠贷业务。丰富国际及投行业务品种，增加同业代付、国际福费廷等新业务，落地行内首笔国际证福费廷转卖业务，并上线电子信用证系统。落地首笔银团贷款和保债计划，通过组合融资拓宽企业融资渠道。依托“派驻红色信贷员+Pad移动金融服务站”，与1201个村建立整村授信合作。深化政银企合作，与10余家政府、国企建立战略框架合作。发挥机构业务优势，介入社保代发等省级系统，拓展医疗、院校等7家机构直连系统。完成新数据中心建设迁移及投产运营，构建全新的底层基础架构体、网络架构体系及多维度安全运行视图，实现基础设施能力提升，更好适应深化转型的数字化业态，多方位打好数字化转型基础。提升流动性风险应急处置能力，健全联络机制，完善与省内城商行民营银行的流动性合作互助机制，分层级开展流动性应急演练。强化金融资管业务风险防控，加强表内外投资业务管理。建立金融资管预审机制，表内外投资业务执行三个“只减不增业务”。

【泉州市农村信用社 泉州农商银行】 截至2021年年底，泉州市农村信用社、农商银行资产规模2445.68亿元，居全市银行业首位。各项存款余额1984.04亿元，市场份额20.42%。各项贷款余额1384.97亿元，市场份额15.28%。贷款总户数超61万户，个人贷款覆盖面超38%。涉农贷款余额突破1120亿元，占比超80%，农户贷款余额近890亿元。主动对接农村要素市场化改革，在全省首创地理标志商标质押贷款，为6项地理标志商标合计授信近1.5亿元。独家承办“新农直通贷”，与市农业农村局、人行泉州市中心支行推进新型农业经营主体普惠金融服务，创新“无感授信、有感反馈、无缝对接、无忧周转”模式，对接近1万户新农主体、授信近10亿元。开展“一村一品”专业村培育和农业产业化共富联合体创建，探索“供销社+农信社+农业龙头企业/农民合作社+农户”“商会/协会+会员单位+农信社”等批量服务模式。加大实体经济金融供给，小微企业贷款投放金额超千亿，普惠型小微企业贷款户数超14万户、贷款余额近600亿元。通过设立专营网点、创新特色产品、优化专属服务、搭建融资渠道等方式，打造多个全产业链供应链金融新模式。创新“科创贷”“科技贷”等产品，为“专精特新”企业提供全生命周期综合金融服务。推进数字化金融转型战略，加快金融服务“上云上平台”，在“金服云”平台为近8000家企业提供贷款超120亿元。加快探索“金融+文旅”全域融合，创新“民宿贷”“美食贷”“文创贷”等产品，推动金融、拓展文旅金融生态圈。投放信贷资金超260亿元支持民营企业发展；投放4期纾困贷款近40亿元，占全市近30%；开展“首贷培植行动”，小微企业信用贷款超110亿元，新增民营小微企业及小微企业主首贷户近1500户，金额近20亿元；落地全市首笔“中小微企业信贷直通车”贷款，向超520家企业发放直通车贷款超8亿元；实施临时性延期偿还普惠小微企业贷款本金超170亿元，减费让利超9亿元。向全市2487个村（居）派驻1280名金融助理，并以“信用合作者”身份加强与供销社、农民专业合作社、益农信息社协同联建。依托金融助理驻村服务，做实信用工程建设，评定信用户超70万户、信用村（社区）近1000个、信用乡镇近50个。创新“金融+产业+教育+电商+慈善”扶贫模式，推广生源地助学贷款，向超2.6万贫困学子发放助学贷款近7亿元。作为首批农民工工资专户合作银行，搭建“农民工工资专户监管平台”，由市人社局采纳为全市统一平台，为400余家单位的农民工发放工资卡超1.5万张，代发工资超9亿元。

2021年10月6日，泉州银行新一代数据中心正式投产运营（图/泉州银行）

【招商银行泉州分行】 截至2021年年底，招商银行泉州分行净利润3.94亿元，其中利息净收入6.7亿元。全折人民币自营存款时点余额217.36亿元，年日均存款175.04

亿元。人民币自营存款余额市场份额2.25%，其中对公存款市场份额3.58%；储蓄存款市场份额1.36%。表内不良贷款7.14亿元，不良贷款率2.35%；关注类贷款余额5500万元。为23家制造业企业新增授信57.19亿元，实际提用敞口13.97亿元。主动对接泉州实体经济社会发展的信贷需求，在风险可控的前提下，加大对支柱产业、优势行业的信贷投放，扩大有效信贷供给。围绕《泉州制造2025发展纲要》锚定的五大传统优势产业和高新技术产业，加大对企业制造装备数控化升级、互联网化提升、绿色技术改造和工业基础能力增强等方面的金融支持力度，全年为54家企业新增授信敞口额度211.68亿元，均为紧扣政府产业政策方向的优质企业。响应为企业主动降低融资成本号召，主动减费让利，为企业降低融资成本。在贷款利率方面，全年新发放对公一般性贷款加权平均贷款利率4.75%。在手续费方面，通过银承手续费、银行账户服务费减免、人民币转账汇款手续费减免以及票据业务收费减免等方式为企业降低财务成本金额1382.3万元，涉及企业4.41万家。其中，为小微企业减费让利81.23万元，涉及企业2.02万家，个体工商户减费让利4.02万元，涉及企业5904家。为8500多家小微企业提供普惠金融服务。运用互联网、大数据、人工智能等技术提升小微企业金融服务质效，创新服务内容，扩大小微企业融资覆盖面，如小微闪电贷满足小微企业主及个体工商户信用及短平快的需求，小微双主体满足小微企业开票场景需求，同时推广无还本续贷业务，解决小微企业融资续贷痛点，降低小微企业融资成本。普惠小微贷款余额19.48亿元，普惠小微贷款增速25.7%，增速高于各项贷款增速19.4%；普惠型小微企业贷款余额户数2848家，较年初增387家；发放贷款利率4.79%，较2020年下降0.36%，普惠小微贷款不良率3.49%；落实相关收费减免政策，主动承担小微企业办理贷款时所需的评估费等费用，普惠小微承担评估费用56.75万元。

2021年3月15日，招商银行泉州分行行长向老年客户宣讲金融知识

（图/招商银行泉州分行）

【民生银行泉州分行】 截至2021年年底，民生银行泉州分行表内外资产规模超过340亿元，各项存款余额221.06亿元，各项贷款余额277.96亿元，服务各类客户140多万户。坚持金融回归本源，把提升金融精准服务实体经济摆在重要的战略位置，强化组织领导和配套保障机制，加大考核激励和资源倾斜力度，创新金融产品和服务模式，加大对普惠金融、乡村振兴、先进制造业、绿色发展等领域的金融服务。普惠型小微企业贷款余额107.17亿元，较年初增加18.88亿元；制造业贷款、绿色信贷、涉农贷款余额分别比年初增加6.7亿元、2.68亿元、5.33亿元。同时，推行减费让利政策，降低实体经济融资成本，小微贷款平均发放利率下降78个bp，为小微企业减免各项费用2500余万元。健全信用风险管控机制和流程，把好新增授信准入关，多措并举、稳妥推进存量不良资产处置，资产质量显著提升，年末不良率1.04%、逾期率1.19%，分别比年初下降0.23个、0.54个百分点。优化和落实消保工作制度机制，落实消费者权益保护工作，通过"金融知识进万家"集中宣教、"以案说险"宣传推文、"金融防诈第一课"线上直播、联动社区民警现身说教等活动，让金融知识走进千家万户。

【交通银行泉州分行】 截至2021年年末，交通银行泉州分行人民币贷款余额98.98亿元，较年初增加2.39亿元。人民币各项存款余额54.84亿元，较年初增加8.47亿元。其中，对公存款余额42.28亿元，较年初增加6.55亿元；储蓄余额12.56亿元，较年初增加1.92亿元。人民币各项存款日均 50.78亿元。其中，对公存款日均38.37亿元，储蓄存款日均12.41亿元。注重整合客户资源，通过客户清单制管理和专项行动方案等措施，提升优质客群。对公达标客户新增429户，省行任务完成率103.37%，净增数排名全省行第一位。在个金客户方面，私银客户65户，省分行任务完成率111%；中端客户7216户，较年初净增1106户，省行任务完成率142%。服务泉州民营经济，普惠"两增"贷款余额6.11亿元，较年初净增2.98亿元，省分行任务完成率220.67%。普惠客户336户，较年初增加112户，省分行任务完成率106.67%。

【邮政储蓄银行泉州市分行】 截至2021年年底，邮政储蓄银行泉州市分行总资产415.78亿元，比2020年增长14.48%；各项存款余额370.69亿元，比2020年增长12.47%；各项贷款余额344.53亿元，比2020年增长21.18%。做好营业网点的疫情防控和金融服务，推广免抵押的小微易贷、极速贷、纾困贷款、网贷通等线上金融产品服务，突破全国首笔“新E支用模式纾困贷款”、全国首笔“全线上纾困贷”、福建省首笔抵押易贷业务。发放纾困企业贷款155户，金额9.66亿元，前四期发放纾困企业贷款231户，金额14.23亿元；为防疫相关企业发放贷款8200万元，为非防疫相关企业发放贷款69.59亿元。与市金融监管局、市农业农村局加强合作，常态化开展普惠金融送贷下乡活动。涉农贷款余额176.87亿元，比2020年新增16.45亿元，完成监管计划的161.58%；精准扶贫规模达1.20亿元，比2020年新增179万元；创建信用村113个，建成信用村435个，为1.38万户农村信用户提供便捷“农户”信用贷款，信用村贷款结余13.10亿元；介入市教育局国家助学贷款项目，帮助3205名贫困大学生圆大学梦，发放贷款人数占该项目新增申请人数30%，发放创业贷款2578万元。对接融资需求名单，获取有金融需求的首贷户名单，开展“搭千台访万企”活动，通过举行政银企推介会、党建共建、联合举办活动等形式，加强与政府主管部门、园区、行业协会、商会等平台合作关系。普惠小微企业贷款结余111亿元，比2020年新增11.63亿元；普惠小微企业贷款户数结余13496户，比2020年新增43户。年末小微企业贷款利率较2021年年初下降0.25个百分点；推进小微企业首贷户培植，其中小微企业比2020年新增86家。建立“乡村振兴”项目授信储备库，支持公共基础设施建设向村、户延伸。金融服务惠安农村污水PPP项目及安溪白濑水利枢纽项目，加大农村“水电气暖”类基础设施建设，重点支持县域城关镇或中心镇的公私合营水务项目、三大农村电力工程项目、燃气供应项目和管道项目，加大对农业农村基础设施建设中长期信贷支持；支持乡村清洁能源建设工程，跟进国家电力体制改革动态，支持行业龙头企业投建、电网接入和消纳条件较好、自偿性现金流充足的项目；对接数字乡村建设发展工程，支持农村信息通信基础设施建设升级和农业智能化基建，探索创新基于卫星遥感技术、物联网技术应用的信贷产品。

证券业

【概况】 截至2021年年底，泉州市有证券经营机构89家，其中证券分公司6家、证券营业部83家。全年通过证券市场发行、配售股票筹集资金5.42亿元，比2020年减少4060万元。全市有境内外上市公司109家，境内上市公司（A、B股）22家，比2020年年末新增1家，总市值1272.86亿元，比2020年年末增长3.0%；境外上市公司87家，比2020年年末新增1家。

【拟上市企业IPO交流会】 2021年6月2日，由泉州市金融监管局、上海证券交易所南方中心主办，泉州律师协会金融保险证券委员会承办，兴业证券股份有限公司协办的“学金融 懂金融 用金融”系列活动——拟上市企业IPO（首次公开募股）交流会举行，邀请资本专家为市级挂牌、上市后备企业“传经送宝”。上海证券交易所南方中心、信公咨询、兴业证券的三位专家分别做“A股IPO最新形势与政策”“拟上市公司媒体关系管理及应对指引”“IPO申报财务和法律重点事项”专题讲座。

【北京证券交易所上市业务培训会】 2021年10月27日，由福建省金融监管局、证监局指导，泉州市政府主办，市金融监管局、兴业证券泉州分公司承办的北京证券交易所上市业务培训会举行。全市各地的全国中小企业股份转让系统挂牌企业、市级上市和挂牌后备企业，以及部分专精特新“小巨人”和国家高新技术企业的主要负责人参加培训。北京证券交易所于9月3日注册成立，以服务创新型中小企业为市场定位。培训会上，全国中小企业股份转让系统市场发展部及兴业证券公司投行部的相关负责人，分别做北京证券交易所上市相关政策和上市业务培训。会后，他们还与参会企业负责人交流互动，针对性地给予答疑解惑。

2021年泉州市证券经营机构一览表

表11

名称	地址
兴业证券股份有限公司泉州分公司	泉州市丰泽街361号金控大厦5楼
申万宏源证券有限公司泉州分公司	泉州市丰泽区田安路丰盛商住楼4号店面F02—04
世纪证券有限责任公司泉州分公司	泉州市丰泽区东海街道大兴街1466号东海泰禾广场19幢2006～2008室
华福证券有限责任公司泉州分公司	泉州市丰泽区丰泽街213号兴业银行泉州大厦第13层第A、B、C、D单元

续表11

名称	地址
东兴证券股份有限公司泉州分公司	泉州市丰泽区东湖街道田安路武夷花园11号中心商场明旺金融中心四层北侧
中山证券有限责任公司泉州分公司	泉州市丰泽区云鹿路兴祥大厦B座302室
兴业证券股份有限公司安溪中山街证券营业部	安溪县凤城镇新景商业广场中山街87-6、7、8、9、10号店面
兴业证券股份有限公司惠安中山南路证券营业部	泉州市惠安县螺城镇中山南路欧景帝苑广场二楼
兴业证券股份有限公司晋江崇德路证券营业部	泉州市晋江市青阳街道崇德路金融广场3栋101号1层
兴业证券股份有限公司晋江泉安路证券营业部	晋江市安海镇泉安路西畲工业区万兴泰工贸城联泰综合楼A1、2层
兴业证券股份有限公司南安新华街证券营业部	南安市新华街成功大厦裙楼一、三、四层
兴业证券股份有限公司泉州丰泽街证券营业部	泉州市鲤城区丰泽街361号金控大厦4、7楼
兴业证券股份有限公司泉州通港西街证券营业部	泉州市丰泽区通港西街227-3号
兴业证券股份有限公司石狮八七路证券营业部	泉州市石狮市湖滨街道八七路1279号中天国际1号楼一、三层
兴业证券股份有限公司永春桃源南路证券营业部	泉州市永春县石鼓镇桃场社区福信财富中心1号D107～109
华福证券有限责任公司安溪民主路证券营业部	泉州市安溪县凤城镇民主路D1、D2幢二层商场3
华福证券有限责任公司惠安东南街证券营业部	泉州市惠安县螺城镇东南街海西大厦第二层7轴～11轴和C轴～G轴
华福证券有限责任公司晋江崇德路证券营业部	泉州市晋江市青阳街道曾井崇德路271号兴业大厦3层
华福证券有限责任公司南安成功街证券营业部	南安市柳城办事处成功街滨江大厦1幢一层商场
华福证券有限责任公司泉州丰泽街证券营业部	泉州市丰泽区丰泽街666号南益广场写字楼第26层
华福证券有限责任公司泉州湖心街证券营业部	泉州市丰泽区湖心街西段南侧星湖雅苑1号楼办公201、办公202
华福证券有限责任公司泉州田安路证券营业部	泉州市丰泽区丰泽街道田安路外代大厦一层北侧、一层夹层北侧
华福证券有限责任公司石狮金林路证券营业部	泉州市石狮市金林路38号（B幢）
华福证券有限责任公司永春留安路证券营业部	永春县留安路口建行大厦7层
安信证券股份有限公司泉州丰泽街证券营业部	泉州市丰泽区丰泽街666号南益大厦写字楼11楼03单元
财通证券股份有限公司泉州宝洲路证券营业部	泉州市丰泽区泉秀街道宝洲路浦西万达中心A座702、703室
大同证券有限责任公司泉州丰泽街证券营业部	泉州市丰泽区丰泽街666号南益广场写字楼1401单元
东北证券股份有限公司晋江世纪大道证券营业部	泉州市晋江市世纪大道宝龙世家D栋905、906单元
东北证券股份有限公司泉州丰泽街证券营业部	泉州市鲤城区鲤中街道促进社区丰泽街724号及二楼办公室（经营场所：泉州市丰泽街路桥大厦一楼店面丰泽街724号及二楼办公室）
东方财富证券股份有限公司晋江长兴路证券营业部	泉州市晋江市青阳街道陈村社区长兴路明鑫广场208-12号
东方财富证券股份有限公司南安江北大道证券营业部	泉州市南安市美林街道江北大道滨江一号1号楼商业用房108
东方财富证券股份有限公司泉州惠安县南阳路证券营业部	泉州市惠安县螺城镇东南豪苑4号楼一层22号商铺
东方财富证券股份有限公司泉州田安路证券营业部	泉州市丰泽区丰泽街道田安南路外代大厦一楼
东方证券股份有限公司泉州津淮街证券营业部	泉州市丰泽区津淮街25号燃气大厦A座502
东海证券股份有限公司泉州丰泽街证券营业部	泉州市丰泽街560号保险大厦十四层
东吴证券股份有限公司泉州宝洲路证券营业部	泉州市丰泽区宝洲路万达广场写字楼B3601
东兴证券股份有限公司德化浔南西路证券营业部	泉州市德化县龙浔镇浔南西路202、204、206
东兴证券股份有限公司惠安建设南路证券营业部	惠安县螺城镇中新大厦6号楼1层、4层
东兴证券股份有限公司晋江和平路证券营业部	晋江市青阳街道时代广场A1幢6楼
东兴证券股份有限公司泉州丰泽街证券营业部	泉州市丰泽区丰泽街666号南益集团大厦首层101单元及23层
东兴证券股份有限公司泉州田安路证券营业部	泉州市丰泽区田安路武夷花园明旺金融中心2层
东兴证券股份有限公司石狮濠江路证券营业部	泉州市石狮市濠江路东侧前园段众和国际大厦A座八层
东兴证券股份有限公司永春八二三东路证券营业部	泉州市永春县八二三东路189、191号、15栋3单元206
方正证券股份有限公司泉州津淮街证券营业部	泉州市丰泽区津淮街16号中骏广场10F03、05单元及负一层商铺179号

续表11

名称	地址
光大证券股份有限公司泉州田安路证券营业部	泉州市丰泽区田安北路288号青年大厦三楼
光大证券股份有限公司石狮濠江路证券营业部	泉州市石狮市濠江路众和国际大厦十楼
广发证券股份有限公司晋江崇德路证券营业部	泉州市晋江市青阳街道崇德路晋江金融广场3栋1501号
广发证券股份有限公司泉州温陵路证券营业部	泉州市鲤城区温陵北路354-1号富临新天地商贸区1幢A2101～2102室中01单元、02单元、03单元及05单元
国金证券股份有限公司南安江北大道证券营业部	泉州市南安市美林办事处江北大道滨江一号1号楼1层105～106单元
国金证券股份有限公司泉州云鹿路证券营业部	泉州市丰泽区云鹿路鲲鹏国际中心7层703、705单元
国泰君安证券股份有限公司晋江长兴路证券营业部	泉州市晋江青阳街道长兴路222号明鑫财富中心第六层601、605单元
国泰君安证券股份有限公司南安成功街证券营业部	泉州南安市柳城办事处成功街鑫溢财富中心1～2号楼商业1层07、08、09号店
国泰君安证券股份有限公司泉州云鹿路证券营业部	泉州市丰泽区东海街道伟润·世纪嘉园商场一楼16单元、二楼02单元
国信证券股份有限公司泉州德泰路证券营业部	泉州经济技术开发区德泰路114～118号建行综合楼四楼
海通证券股份有限公司晋江世纪大道证券营业部	泉州市晋江市梅岭街道世纪大道888号晋江万达广场1～2幢连体店62
海通证券股份有限公司泉州丰泽街证券营业部	泉州市丰泽区丰泽街666号南益广场写字楼22楼1～2单元
华安证券股份有限公司泉州宝洲路证券营业部	泉州市丰泽区宝洲路万达广场中心B座1002～1003室
华林证券股份有限公司泉州田安北路证券营业部	泉州市丰泽区丰泽街道田安北路128号明鑫花苑1号楼A15店面
华泰证券股份有限公司泉州九一街证券营业部	泉州市鲤城区九一街百源大厦四层
华西证券股份有限公司泉州附中路证券营业部	泉州市丰泽区东海街道附中路157号鲲鹏国际大厦11层1107单元
华鑫证券有限责任公司泉州宝洲路证券营业部	泉州市丰泽区浦西万达广场甲级写字楼1B塔808/809单元
华鑫证券有限责任公司泉州南山南路证券营业部	泉州市泉港区山腰街道南山南路大德左岸115～116号店面
联储证券有限责任公司泉州宝洲路证券营业部	泉州市丰泽区宝洲路东段南侧中骏国金中心5号楼店面37号
平安证券股份有限公司晋江泉安中路证券营业部	泉州市晋江市梅岭街道竹园社区泉安中路1558号
平安证券股份有限公司泉州滨海街证券营业部	泉州市丰泽区滨海街109号连捷国际中心3909～3911单元
申万宏源证券有限公司石狮石龙路证券营业部	泉州市石狮市灵秀镇服装城北区百德汇峰广场6栋商铺112～113号
太平洋证券股份有限公司石狮福辉路证券营业部	泉州市石狮市建德花园二期3号楼101～102室
天风证券股份有限公司泉州丰泽街证券营业部	泉州市丰泽区丰泽街道丰泽街666号南益广场13楼1301室
天风证券股份有限公司泉州泉秀路证券营业部	泉州市丰泽区泉秀路巴厘印象1号楼一、二层
万和证券股份有限公司石狮石龙路证券营业部	泉州市石狮市灵秀镇百德汇峰广场6幢1706单元
信达证券股份有限公司泉州丰泽街证券营业部	泉州市丰泽区丰泽街东方银座21号楼店面102、202
粤开证券股份有限公司泉州宝洲路证券营业部	泉州市丰泽区宝洲路浦西万达写字楼B座4303、4305室
长城国瑞证券有限公司晋江东华街证券营业部	晋江市东华街北侧福隆商业广场一期1～6幢连接体新街129号
长城国瑞证券有限公司泉州通源街证券营业部	泉州市丰泽区通源街194号
长城证券股份有限公司泉州丰海路证券营业部	泉州市丰泽区东海街道法石社区大兴街1466号东海泰禾广场19幢1410～1411室
长江证券股份有限公司泉州刺桐路证券营业部	泉州市丰泽区刺桐路3号浦西万达广场二期5号建筑一至二层商铺S355号
招商证券股份有限公司晋江和平中路证券营业部	泉州市晋江市青阳莲屿社区和平中路1号泰兴达大厦六层东北侧A单元
浙商证券股份有限公司泉州云鹿路证券营业部	泉州市丰泽区云鹿路鲲鹏国际中心5楼509
中国银河证券股份有限公司泉州南俊路证券营业部	泉州市鲤城区开元街道东升社区南俊北路132号
中国中金财富证券有限公司晋江世纪大道证券营业部	泉州市晋江市青阳街道世纪大道520号宝龙世家D幢1303、1305、1306、1307单元

续表11

名称	地址
中国中金财富证券有限公司泉州丰泽街证券营业部	泉州市丰泽区丰泽街666号南益广场写字楼21层03、04单元
中航证券有限公司泉州田安路证券营业部	泉州市丰泽区田安路与泉秀路交叉口丰盛大厦15层15F2
中泰证券股份有限公司泉州宝洲路证券营业部	泉州市丰泽区宝洲路中段南侧泉州浦西万达广场商业综合体1号建筑（甲级写字楼1A塔）A1702、A1703号
中泰证券股份有限公司泉州万荣街证券营业部	泉州市洛江区万荣街现代华城科技中心广场1号楼右侧101、102室
中信建投证券股份有限公司泉州丰泽街证券营业部	泉州市丰泽区丰泽街中段煌星大厦西区裙楼一楼
中信证券股份有限公司晋江世纪大道证券营业部	泉州市晋江市青阳街道世纪大道520号宝龙中心D栋12层11、12、13、15单元
中信证券股份有限公司泉州温陵北路证券营业部	泉州市鲤城区鲤中街道促进社区温陵北路354-1号富临新天地商贸区1幢A1801室
中信证券股份有限公司泉州丰泽街证券营业部	泉州市丰泽区丰泽街666号南益广场写字楼第20层03单元
中银国际证券股份有限公司泉州丰泽街证券营业部	泉州市丰泽区丰泽街中银大厦13楼

保险业

【概况】 2021年，泉州市保险业实现各项保费收入261.76亿元，比2020年增长6.16%。其中，财产保险保费收入62.12亿元，比2020年增长3.23%；人寿保险保费收入199.63亿元，比2020年增长7.11%。赔款及给付支出71.06亿元，增长2.07%。其中，财产保险赔款及给付支出36.77亿元，比2020年增长7.6%；人寿保险赔款及给付支出34.29亿元，下降3.25%。

【泉州市为高层次人才定制保险服务】 2021年，为贯彻落实泉州市人才“港湾计划”，泉州市金融监管局、市人社局出台《关于为高层次人才提供保险金融服务的实施方案》（以下简称“方案”）。方案聚焦人才需求敏感点，面向全市高层次人才提供保险服务。根据方案内容，承办保险服务机构为各类符合条件的高层次人才设计开发有针对性的保险产品和服务。保险产品和服务包括生活无忧随心保、机动车辆保险等。其中，生活无忧随心保是个人综合保障保险产品，涵盖保健康、意外、家财、账户，较单一产品有更多优惠，提供专人服务及承保、理赔绿色服务通道。机动车辆保险的车险费率给出专享优惠折扣，在专人服务及承保、理赔绿色服务通道的基础上，还提供增值服务，如根据车辆承保情况，提供次数不等的道路救援、车辆安全检测、代为驾驶、代为送检服务。

【被执行人人身保险产品财产性权益协助执行机制建立】 2021年11月8日，泉州市中级人民法院与中国银行保险监督管理委员会泉州监管分局、泉州市保险行业协会签署关于建立被执行人人身保险产品财产性权益协助执行机制的备忘录。三方就强化执行协助、破除信息壁垒、贯通对接渠道、提升工作质效等方面达成共识，并细化具体执行措施。此次备忘录签署，是全省范围内率先就被执行人人身保险产品财产性权益的执行进行规范统一的尝试，将为构建保险机构协助法院执行人身保险产品财产性权益的长效机制提供协作模式和实务经验。

【中国人寿泉州分公司总保费突破66亿元】 2021年，中国人寿泉州分公司贯彻集团公司“立足新发展阶段，贯彻新发展理念， 服务新发展格局”的工作要求，坚持党建引领、价值优先、科技驱动、协同发展、强化治理的总体要求，实现公司高质量发展，总保费实现新突破，达到66.41亿元，比上年增长6.43%，主要业务指标增长率和完成率均居全省前列，在全省系统中多项业务指标贡献度达到30%以上，在全国重点城市中多数核心指标位居前十强。

口岸综合管理

综 述

【口岸与航线】 2021年，泉州市港口与世界19个国家和地区有海运往来，已开通集装箱班轮航线39条，其中外贸集装箱班轮航线10条（含内支线1条），主要是近洋集装箱航线，通达菲律宾、越南、日本等地。受疫情影响，泉州港口岸外贸进出口吞吐量完成3768.19万吨，集装箱进出口完成8.46万标箱。泉州晋江国际机场已有国内外35家航空公司进场运营，开通国际（地区）、国内客货运航线76条，每周进出港航班2120架次。受疫情影响，泉州晋江国际机场航空口岸“客改货”货运航班于6月29日起停航，全年运载货物679.49吨；客运航班自8月3日起停航，全年进出飞机319架次，出入境旅客1.2万人次（其中入境5648人次、出境6362人次，平均每架次37人）。

【地区贸易】 2021年，泉州市对东盟出口656.95亿元，比上年增长38.5%，进口35.72亿元，增长19.5%。对欧盟出口238.41亿元，比上年增长30.3%，进口37.42亿元，增长51.2%。对美国出口290.72亿元，比上年增长42.5%，进口24.51亿元，增长6.3%。对沙特阿拉伯进口297.58亿元，比上年增长49.9%。

【口岸对外开放】 2021年，泉州市口岸管理单位落实靠前服务，现场指导码头泊位查验设施建设事宜，高标准高要求做好基础设施建设，助力企业发展。推进石狮锦尚作业区扩大对外开放，加快锦尚作业区查验配套设施的建设。推动中化石油公司外走马埭1～8号石化泊位新增作业点对外开放，拓展国际船燃供应业务。推进泉州石湖港保税物流中心（B型）建设验收，推动传统企业和跨境电商融合发展，提高港口综合经济效益，助推泉州外贸高质量发展。该项目于2月3日通过验收，7月8日起封关运营。支持泉州晋江国际机场开通洲际货运定期航线。泉州晋江—马尼拉定期“客改货”航班和泉州晋江—哥打基纳巴卢定期“客改货”航班运载货物679.49吨，所有货物均通过陆地港跨境电商通关中心报关后再对接机场，运行便捷、通畅。

【口岸管理服务】 2021年，泉州市口岸管理单位有序推进泉州报关查验中心产权置换工作。组织开展口岸收费专项检查。为规范口岸收费行为，成立口岸收费检查组，到各口岸开展口岸收费专项检查。提前完成落实口岸收费目录清单制度等任务，实现口岸收费信息在“单一窗口”网站上公开、在线查询。克服困难，多渠道、全方位收集各类疫情信息，每日准时汇编前一天飞机船舶航班动态和国内外疫情风险信息，每月统计集装箱吞吐量及口岸动态，同时通过全国口岸运行展示与分析系统上报省口岸办，实时掌握疫情期间口岸信息，开展口岸疫情传入风险研判评估。

【通关便利化】 2021年，泉州市口岸管理单位扩大改革覆盖面，发挥业务改革对提升通关时效的作用。推广“提前申报”等业务改革模式，推动口岸通关提效降费。全年泉州关区进口提前申报报关单3000票，应用率46%，出口提前申报报关单6.6万票，应用率49%；两步申报报关单2900票，应用率34%，监管“两段准入”报关单195票，货重2034万吨，货值702亿元，征收税款89亿元。压缩通关时间。在2019年年底提前完成整体通关时间比2017年压缩一半的目标的基础上，巩固压缩通关时间成果。泉州关区进、出口整体通关时间均优于厦门关区平均水平，实现进口整体通关时间17小时，出口整体通关时间1.5小时。落实口岸惠企政策。印发《关于组织申报2021年省级商务发展资金（第二批）的通知》，支持开展闽台经贸交流合作、支持外贸转型升级基地建设、支持企业开展品牌建设、鼓励企业参与中国国际进口博览会采购、支持企业多渠道拓展市场、促进跨境电商发展、鼓励在福建省航空口岸发展“客改货”国际（地区）货运业务，畅通外贸国际供应链；对2020年下半年客改货国际（地区）航空货运业务补助项目申报、审核，并推荐上报。助力企业复工复产，畅通国际供应链，促进泉州市外贸进出口发展；下达免除查验没有问题外贸企业吊装移位仓储费用试点经费54.76万元。石狮市继续执行免除查验作业费方案措施。改变由查验公司“先收后退”传统方式，执行政府垫付、年度结算、超标补贴的创新做法，对属于查验没有问题范围的直接免除费用，促进外贸通关减负增效。

【泉州市跨境贸易专班工作小组成立】　2021年4月14日，泉州市商务局印发《泉州市商务局关于成立泉州市跨境贸易专班工作小组的通知》，完成市跨境贸易专班工作小组组建工作。工作小组由市商务局（口岸办）、财政局、交通运输局、数字办、税务局、泉州海关、泉州海事局、泉州港口发展中心、湄洲湾港口发展中心、泉州出入境边防检查站、肖厝出入境边防检查站11个单位组成，市商务局（口岸办）局长担任组长，市商务局（口岸办）及其他相关单位分管领导为副组长。制订市跨境贸易专班工作方案，从优化工作流程、精简单证、提高通关效率、降低合规成本、提升口岸信息化水平、支持外贸新业态新模式发展6个方面，提出21条工作措施。

海关监管

【概况】　2021年，泉州海关统筹疫情防控和促外贸稳增长，统筹发展和安全，建设“更有效率海关”，打造厦门关区排头兵和治理典范成效显著。全年监管进出口货运量4746.2万吨，比上年增长5.4%；税收入库104.3亿元，比上年增长11%。

【税收征管】　2021年，泉州海关税收入库数104.31亿元，比上年增长11%，其中关税3.63亿元，增长25.8%，进口环节税100.68亿元，增长10.5%。落实“六稳”“六保”工作，发挥海关政策优势，精准施策，引导进出口企业用足用好减免税、自贸协定政策、落实对美加征关税商品排除清单退税，以及延期纳税、滞纳金滞报金减免、关税保证保险等政策，减、免、退税费超10亿元。其中，审批减免关税和增值税9000万元；自贸协定等优惠贸易安排项下商品进口享受协定税率，为企业减免税款超1.41亿元；通过签发自贸协定优惠原产地证书3万份，为企业争取进口方税款减免超7.7亿元。同时，于12月29日为1家石化公司办理一笔5263万元的石脑油政策性退税，系泉州关区两年来数额最大的政策性退税。

【卫生检疫】　2021年，泉州海关制修订完善本级工作方案和操作指南等26份制度规范，执行一线卫生检疫人员封闭管理，建立安全防护监督制度，做好个人防护，规范开展作业操作，开展日常巡查和专项督查；建立健全三级人员梯队并加强培训，开展输入性疫情暴发、本地聚集性病例、职业暴露等应急处置演练22次，146人获开展运输工具登临卫生检疫资质人员考核；指导推进口岸现场检疫设施和下属医学实验室扩建改造，下属保健分中心成为地方定点核酸检测医疗机构；强化联防联控，通报安全隐患及风险提示4次，完善市、县两级闭环管理联防联控机制，确保疫情防控从“国门”到“家门”的无缝连接和闭环运作的全链条管理。检疫监管进出境运输工具3501艘（架）次，比上年下降37.12%。其中检疫监管进出境船舶3182艘次，进出境飞机319架次，分别比上年下降27.3%、73.2%；检疫监管进出境人员5.87万人次，比上年下降65.9%，其中，运输工具服务人员4.67万人次、进出境旅客1.2万人次，分别比上年下降28.2%、88.8%。在入境船员中检出核酸阳性16例。监测进出境体检人员7314人次，比上年增长8.5%，检出传染病71例。强化口岸公共卫生监督，多点防范疫情叠加风险，检出2021年以来厦门关区水运口岸首例入境疟疾感染病例，在福建口岸首次截获输入性病媒生物“白点溜蝇”。

【动植物检疫】　2021年，泉州海关开展“国门绿盾”“清风”行动，以最严措施强化非洲猪瘟防控，筑牢口岸进出境动植物检验检疫防线。检验检疫进出境动植物及其产品1.13万批，比上年增长6.7%。其中出口1.1万批，比上年增长13.7%；进口311批，下降66.6%。泉州关区有进出境动植物及其产品注册登记/备案企业230家，主要进境动植物及其产品为大豆、盐渍牛皮、棕榈仁粕等，主要来自巴西、阿根廷、美国、澳大利亚、马来西亚等国家。主要出境动植物及其产品为竹木草制品、种苗花卉、芦柑、观赏鱼饲料、豆粕。截获检疫性有害生物280种次，比上年增长67.66%；在1批进境猪肉制品中检出非洲猪瘟病毒核酸阳性；通过旅检、快件渠道截获外来物种171种次，比上年增长327.5%。同时，助力农产品优进优出。与永春县政府签订促进农产品扩大出口合作备忘录，2020—2021年产季，监管出口柑橘5.13万吨。完成全国首次豆粕出口印度；监管出口种苗花卉3593.53万株、比上年增长57.34%，创历史新高；完成1家隔离检疫苗圃备案审批，保障从日本进口170株补血草第一时间进境隔离扩繁；时隔4年，帮促企业恢复进口棕榈仁粕。

【进出口食品监管】　2021年，泉州海关加强进出口食品安全监管，确保进出口食品质量安全。检验监管进出境食品2.49万批，比上年下降2.6%。其中出口食品2.4万批，比上年增长61.2%；进口食品977批，比上年下降90.9%。主要进口食品为水产品、食用油、酒类、茶叶类；主要出口食品为水产品、糖果类、水产制品、茶叶、蜜饯制品。执行准入管理制度，参与海关总署食品局疫情防控源头管控相关专项工作，对境外水产品企业开展视频检查及评估境外企业整改材料68家次。

【进出口危化品监管】 2021年，泉州海关强化对进出口危险化学品等重点敏感商品监管，执行危化品检验双人持证上岗，加强作业规范，落实企业主体责任，强化联防联控，提升应急处置能力，确保危险化学品监管安全。监管进出口危险货物及其包装639批次、2867.3万吨，分别比上年下降41.9%、增长5.37%。进口危化品种类为原油、甲醇、苯乙烯、液化石油气（丙烷、丁烷）、丙烯、对二甲苯、离子膜浓碱和石脑油等；出口危化品种类为汽油、柴油、航空煤油以及其他件装危化品等。检出不合格危化品及其包装8批次。另外，查获进口医疗器械货证不符1批，列入2021年海关总署十大案例。

【市场采购试点监管】 2021年，泉州海关精准施策，推行全省通关一体化模式，支持打造“市场采购+中欧班列”“市场采购+空运”等通关模式，与地方政府共享平台实行“一站服务”和“互联网+海关”等措施，助推外贸企业通过石狮服装城、晋江鞋纺城两大国家级市场采购贸易试点开拓国际市场，培育壮大新兴业态，促进市场采购健康有序发展。监管市场采购试点出口10.34万票、货值572.11亿元，分别比上年增长70.38%、64.12%，其中石狮服装城出口6.84万票、货值378.21亿元，分别增长12.79%、8.5%；晋江鞋纺城出口3.5万票，货值193.9亿元。出口商品涉及日用百货、建材类、塑料橡胶、机器机械、鞋、纺织服装等14个大类，产品出口到东南亚、美国、欧盟、中东等五大洲160多个国家和地区。同时，泉州海关帮促石狮国际食品城获批准纳入市场采购贸易试点，发挥石狮服装城作为全国首家获批市场采购出口预包装食品试点的优势，坚持“风险可控、源头可溯、责任可究”管理原则，构建“4+3+1”出口预包装食品监管新体系，推动形成地方监管部门、海关和对外贸易经营者“三方共治”食品安全保障机制，确保放得开、管得住、通得快，促进市场采购出口预包装食品试点取得明显成效。监管石狮服装城市场采购出口预包装食品超1300批、货值超6800万美元，分别比上年增长107.61%和195.91%，主要包括糖果、巧克力、糕点饼干类等18类低风险预包装食品，输往菲律宾、泰国、越南、缅甸等8个国家，已有800多家企业和店铺入驻，开辟出口食品新通道。

【快邮件监管】 2021年，泉州海关推进关区快件监管作业模式改革，采取节假日和周末预约加班、快邮件当天审核当天验放等方式，提高通关效率，助推新兴业态健康发展。监管进境非邮政快件394.36万票，比上年下降2.48%。主要进境货物为食品保健品、奶粉、化妆品护肤品、服装鞋帽等。通过智能审图与人工复审的双重防线，提升查验效能。快件渠道查获并移交含大麻成分制品11起，连续查获3例调味料夹藏罂粟籽，被海关总署口岸监管司作为典型案例推广。监管出境邮政快件154.58万件，比上年增长79.6%。其中，支持泉州邮政互换局“e邮宝”业务于4月22日上线运行，丰富泉州外贸的邮路新通道。监管“e邮宝”出境邮件97.32万件，主要物品为鞋靴、纺织服装及配件、小配饰、包袋、玩具及游戏用品、口罩等，出口全球100多个国家和地区。

【泉州综合保税区监管】 2021年，泉州海关以促进泉州综合保税区高质量发展为重点，扶持及培植保税及非保税电商同步发展，加大《适合入区项目指引》宣贯力度，支持培育新业态，探索开展跨境电商业务在泉州综保区实现新突破。10月29日，泉州海关在泉州综合保税区验放首单1440个、货值57.9万元的鞋装跨境电商包裹出口，在厦门关区率先启动海关特殊监管区“9610”一般出口业务，解决泉州关区内跨境电商企业原先无法本地申报、需通过二次物流到广东深圳等地出口难题，提升本地电商和跨境物流企业的竞争力。监管泉州综保区一、二线进出金额59.63亿元，比上年增长62.2%，其中一线进出口40.05亿元，增长92.5%；新增“一般纳税人”试点企业3家，累计8家，进出口总值5.56亿元，比上年增长2.67倍。

【企业管理和稽查工作】 2021年，泉州关区注册登记报关单位1.71万家，备案食品、化妆品进口商327家、出口食品生产企业225家、出口食品原料种植场91家（蔬菜基地24家，茶叶基地67家）、养殖场1家、进口肉类产品收货人14个。成立AEO信用培育工作专班，新增高级认证企业3家，累计19家。推动稽查理念向“以查发为导向”转变，取得明显成效。全年办结稽查作业84起，稽查有效率63%，开展3轮固体废物专项稽查行动，其中2家企业移送缉私处理，稽查渠道首次查发涉检案件，追补税4.17亿元，占厦门关区逾八成；办结核查作业303起，核查有效率68.32%，补税7301.55万元，采信第三方出具报告5起，与市场监管部门开展联合执法12家次。

【通关时间压缩】 2021年，泉州海关巩固压缩整体通关时间成效，推进“两段准入”“提前申报”“两步申报”等业务改革，扩大业务改革覆盖面，提升企业的实际获得感。3月8日，厦门关区首票采用“两段准入”通关模式的进口原油在泉州口岸通关，全年以“两段准入”方式监管进口货物195票。全年进、出口提前申报率分别为45.62%、49.27%，比上年分别提升6.43和31.17个百分点；两步申报应用率33.83%，提升27.91个百分点。12月1日，对从泉州晋江陆地港出发的市场采购货物在厦门海沧、东渡口岸试点“转关+安全智能锁”模式的出口转关业务。泉州关区进出口整体通关时间分别为16.34小时、1.21小时，压缩23.68%、27.98%，均优于厦门关区水平。

【查缉打私工作】　2021年，泉州海关履行全员打私责任，强化反走私综合治理，开展“国门利剑”“蓝天”“断链刨根”“清邮”等专项行动，查缉打私工作成效明显。全年刑事立案34件（其中海关总署缉私局挂牌督办案件2件），案值22.3亿元，涉税3.6亿元。行政立案251件，其中一般程序行政案件53起，案值8601万元，涉税1350万元。移交疫苗、濒危野生动植物及其制品、“水客”等走私犯罪案件22起；查获禁止进口类固体废物3批、114.83吨，与市打私办议定非法入境固体废物移交处理具体措施，并予以退运；开展“龙腾”“蓝网”等知识产权保护行动，查扣涉嫌侵权货物157.01万件，向公安机关移送涉嫌侵权犯罪线索2条。

【实验室建设】　2021年，泉州海关综合技术服务中心（以下简称“综技中心”）以“检得准、检得快、检得全”为目标，加大实验室建设力度，提高实验室综合检测能力。2月，下属食品检测实验室从晋江机场口岸园区整体搬迁至泉州海关刺桐办公区，实验室面积从原来的1000多平方米增加至4130平方米，并通过搬迁后的地址变更评审，实验室认可项目1223个，涉及常规理化、残留物、重金属、添加剂、微生物等领域，检测范围包括茶叶、果蔬、糖果、罐头、水产品、调味品、糕点等20多类食品。4月，下属保健分中心医学实验室取得临床基因扩增检验资质，并两次通过卫生部临检中心组织的新冠病毒核酸检测室间质评。同月，综技中心通过CNAS（中国合格评定国家认可委员会）组织的能力验证提供者资质现场复评审，继续保有独立组织实施CNAS认可的能力，并可依据准则开展皮革中禁用偶氮和橡胶DIN磨耗两个项目的能力验证计划。9月，下属动植物检疫分中心实验室1名高级农艺师作为副主编参与编著的《口岸截获蛉虫彩色图鉴》由中国农业出版社出版，系国内首册介绍口岸截获蛉虫的彩色图鉴。截至年底，综技中心各实验室拥有检验场所实用面积1万平方米，仪器设备760台（套）。实验室按照ISO／IEC　17025标准的要求建立质量管理体系，检测能力覆盖生物、化学、动植物检疫、消费品、医学五大认可领域，涉及食品、纺织品、鞋类及鞋材、原油、陶瓷、植物及其产品、血清、鼠等111类产品，实验室认可检测项目2427项。综技中心各实验室完成检测（疫）业务2.48万单、样品2.84万份、项目15.51万个。完成新冠病毒核酸检测23.87万人次，其中在入境船员检出16例核酸阳性。

2021年7月8日，泉州石湖港保税物流中心（B型）封关运营（首批货物入区）

（黄忠族　摄）

【泉州市首个保税物流中心（B型）封关运营】　2012年2月3日，泉州市首个保税物流中心——泉州石湖港保税物流中心（B型）通过厦门海关牵头成立的联合验收组实地验收。该中心于2019年12月获批，位于泉州港中心港区石湖港后物流园区，面积17.05公顷。按照“提前介入、靠前服务、实时跟踪、全程指导”原则，泉州海关逐条对照验收标准指导该中心完善各项软硬件设施；组建工作专班外出学习运营、监管流程及重点注意事项，加紧完成信息化系统联网、视频监控联网、入区企业注册备案等前期准备工作；梳理“B保”政策指引及招商引资建议，举办大型政策宣讲会，引导企业用好保税物流政策，推动中心于7月8日封关运营，丰富泉州关区保税物流形态。截至年底，有5家物流综合服务商和7家进出口企业入驻该中心。监管进出口货值3935.79万元，其中一线进出口货值294.03万元、二线进出区货值3641.76万元。

海　事

【概况】　2021年，泉州海事局聚焦三年行动专项问题治理，建立问题隐患清单和重大风险清单，完成19项突出问题整改验收。贯彻落实国家加强应急能力建设总体工作部署，组织召开泉州市海上搜救联席会议，强化成员单位间协调联动。

加速“多证合一”试点改革落地，创新推出船舶临时审核当场发证等19项政务服务便民举措。泉州辖区船舶进出港4.53万艘次，其中国际航行船舶进出口岸3185艘次。港口货物吞吐量1.57亿吨，同比增长35%。其中，外贸货物4262.9万吨，危险货物6337万吨，集装箱195.7万标箱。出动执法船艇1013艘次，巡航里程1.94海里。实施船旗国监督检查1354艘次，比上年增长21.4%；船舶现场监督检查3198艘次，增长15.5%。高效处置事故5起（其中一般事故3起、小事故2起），无死亡失踪人员，处置各类险情104起，成功救助遇险人员181人、救助遇险船舶31艘次，人命救助成功率100%。

【海上安全监管】 2021年，泉州海事局修订水上交通安全风险分级管控指南，编制泉州湾大桥桥区水域航行安全指南。与市海洋与渔业局签署海上安全与救助合作备忘录，开展“商渔共治2021”专项行动，围头湾碍航渔网基本肃清，建立航道保护区，全年辖区商渔船碰撞零险情、零事故。推动13家液货码头建立运行高质量选船机制，拒绝租用船况较差的液货船20艘，拉高进港危险品船舶安全标准。49艘长期逃避海事监管目标船舶全部“清零”，船籍港船舶监管覆盖率保持100%。抓好疫情防控，编制疫情防控工作要点和疫情防控常态化形势下大型油船（VLCC）现场监管指南。关注船员换班难、治病难、维权难、疫苗接种难的“四难”问题，全年完成129艘次国际航行船舶中国籍船员换班1228人次，实现国际到港船舶船员在泉州辖区疫情“零输入”，国内到港船舶船员在泉州辖区“零感染”，辖区航运公司所属船舶船员“零感染”。

【搜救应急保障】 2021年，泉州海事局印发关于加强海上搜救志愿者队伍的通知，强化搜救志愿者队伍演练和培训，指导和帮扶海上搜救应急志愿者队伍发展壮大。履行海上搜救工作职责，落实领导带班与24小时应急待命制度，做好海上险情处置和信息传达。快速反应，救助台湾海峡自沉船舶“豫信货12326”轮4名遇险船员。奋战7昼夜，保障满载煤电民生物资船舶“宏运发展”轮脱险。

【港航经济服务】 2021年，泉州海事局服务性预审和“政务服务专员”服务在福建海事系统复制推广，“全心365”便民政策包服务举措获交通运输部海事局肯定。坚持监管与服务并重，逐步破解鸿山热电厂煤码头回淤等6项通航顽疾，保障12个省、市重点工程项目安全高效建设，助力福厦客专泉州湾跨海大桥贯通。湄洲湾口船舶定线制运行一周年成效显著，船舶报告率95%。加强对辖区航运发展的支持力度，帮助企业解决多种危险货物海运散装运输难题，推动辖区新增航运公司7家、船舶52艘，运力首次突破400万吨，单船总吨位增幅15.2%。保障电煤、油、液化天然气等重点民生物资运输5642万吨。

【海事执法能力建设】 2021年，泉州海事局开展规范海事执法领域示范点建设，创新海事执法投诉举报处理规定等6项制度，优化清单工作法等11项机制，推出重大事项法制审核清单等8项执法清单，打造规范执法品牌。代交通运输部海事局起草的海事行政处罚工作程序标准、海事执法投诉举报处理规定等制度获高度认可。推进新《中华人民共和国海上交通安全法》宣传贯彻，出台规范船载集装箱货物开箱查验工作和辖区船舶油料供受作业单位备案管理等指导性文件，提升海事规范履职水平。开展交通运输执法领域突出问题专项整治，自查执法顽瘴痼疾问题18项，整改完成率100%。创新“嵌入式”督察模式，建立“法制、纪检、业务、效能”四位一体的“驻点督察”，强化动态监控和过程监督。实施行政强制2件，实施行政处罚644件，处罚金额851.14万元。

【涉海部门深化执法协作联合机制合作备忘录签订】 2021年4月30日，泉州市海洋与渔业局、泉州市公安局、泉州海事局、泉州海警局签订深化执法协作联合机制合作备忘录。4个部门本着共享发展、优势互补、积极配合、讲求实效的原则，建立健全联席会议、信息共享等机制，深化海上执法联侦联勤联动，共同开展安全宣传教育，打击海上违法违规行为，形成工作合力，更好地维护泉州沿海水上交通安全与稳定。

2021年7月，泉州海事局保障福厦客专泉州湾跨海大桥建设。图为“海巡08608”艇在附近海域巡航 （图/泉州海事局）

边防检查

【概况】 2021年，泉州出入境边防检查站查验出入境人员3.46万人次，比上年下降75.96%，出入境交通工具1890架（艘）次，下降49.79%。肖厝出入境边防检查站检查出入境（港）船舶1100艘次、人员2.22万人次，查获违法违规案件1件。

【泉州出入境边防检查站】 2021年，泉州出入境边防检查站向海关、卫健等部门推送涉疫重点船舶34艘、出入境船员702人，协助排查涉疫入境旅客414人次，协助地方联防联控完成3名叙利亚籍染疫船员离船转运救治相关工作；开展打击妨害国（边）境管理犯罪专项斗争等专项行动，查获在逃人员1人次、失效证2本，查处违法违规案件1件，依法阻止3名被上级布列重点关注和1名未被布列涉赌涉诈人员出境，排查上报跨境涉赌涉诈嫌疑人196名、经济类外逃人员22名；网格划分布建18名维稳信息员，深化情报专项攻坚；修订完善3类35项应急处突预案，绘制13张口岸平面图、疏散图、警力部署图，采购配发22类834件装备，围绕口岸冲闯关、疫情输入等各类突发情形，采取桌面推演、“红蓝对抗”等方式开展全流程合成处置演练20次。

2021年，肖厝出入境边防检查站开展口岸巡查。图为检查站警员在港口巡逻　　（图/肖厝出入境边防检查站）

【肖厝出入境边防检查站】 2021年，肖厝出入境边防检查站投入97万元采购各类查缉装备配备指挥中心，修订完善4类19种处置预案，增加8张码头航拍图，开展桌面推演10次，实战处突演练20次；与泉州市反恐办、泉州出入境边防检查站、泉州海关签订泉州口岸反恐怖合作协议，与海警、海事等海上执法部门建立合作机制，开展联合巡航活动3次，提升口岸管控合力；推进集中打击妨害国（边）境管理犯罪专项斗争，拓展免签入境人员核查范围，发现1条外教非法就业线索；从码头（台轮停泊点）现场物建13名信息员，提升情报信息搜集和研判力度；出台《业务技术融合的实施意见》，融合应用AR（增强现实）智能眼镜和梯口智能管控通道，探索海港口岸智能化巡查模式；综合梅沙系统、出入境综合数据应用平台等系统资源，建成集“综合研判、指挥调度、勤务监督、后台核查”职能为一体的勤务指挥中心；推进“网上办”“掌上办”，践行24小时全天候通关服务承诺。

2021年6月2日，泉州出入境边防检查站与口岸部门开展“忠诚卫士护国门”联合专项行动首次处突演练　　（图/泉州出入境边防检查站）

农业·农村

综 述

【农业政策支持】 2021年，泉州市出台强农惠农政策，市级财政实际支出5072.2万元用于扶持特色现代农业发展，包括农产品质量安全与监管400万元、优秀农村实用人才评选54万元、农机发展134万元、泉州和台湾农业合作项目60万元、互联网和冷链物流300万元、“百社百村带千户”合作社项目700万元、农药使用量零增长减量化专项行动50万元、种粮大户农业“五新”示范推广项目100万元、山垅田复耕种粮奖励50万元、水稻生产功能区建设项目60万元、国有农场基础设施的建设45万元、耕地质量保护与提升项目130万元、农作物新品种试验示范60万元、补助农业保险（水稻、马铃薯、设施蔬菜等）134万元、扶持农业基地建设400万元、农业龙头企业贷款贴息500万元、现代农业产业园投资18.18亿元、促进淮山产业发展80万元、扶持福建农民创业园发展200万元、畜禽标准化示范场奖励300万元等。

【“三农”体制改革】 2021年，泉州市完善农村基本经营制度，开展农村承包地确权登记颁证“回头看”，重点对权证颁发、暂缓确权、确权信息不准等问题，推进整改力度，加强纠纷调处，化解矛盾，分类精准施策，开展农村承包地确权登记颁证数据汇交工作，全市家庭承包88.01万户，家庭成员数量378.63万人，承包地块375.3万块，颁发权证面积10.5万公顷，耕地流转总面积2.16万公顷。加强农村土地承包经营纠纷调解仲裁能力建设，建立健全工作队伍，全市10个涉农县（市、区）成立仲裁委员会，全市仲裁委员会成员195人，仲裁委员会聘任234名仲裁员。将仲裁工作经费纳入当年财政预算保障，每年44万元作为农村土地承包经营纠纷调解仲裁工作及仲裁员培训专项工作经费。

巩固农村集体产权制度改革成果，制定泉州市农村集体“三资”管理工作导则，在全市推行运用三资管理平台，将村集体的“资产、资源、资金”全部纳入平台管理，实现村级财务核算信息化和大数据预警监测，提升村集体财务规范化管理水平和资产资源台账动态管理。全市有2540个村（居）纳入泉州市农村集体“三资”管理平台监管。

深化林业改革，创新林业生产经营、管理服务模式，放活集体林业生产经营权，巩固家庭承包基础性地位，保护林农承包林地的合法权益。规范引导全市林权流转工作，完善林权流转平台建设，在德化县探索林权流转新模式。全市完成林权流转11宗156.8公顷。培育扶持新型林业经营主体，评选市级林业专业合作社示范社和示范家庭林场各10个；新建林业专业合作社18个，新建家庭林场24个。全市累计建成家庭林场315个；建成股份林场119个，累计注册登记林业专业合作社1148个。

推进农业水价综合改革，结合高标准农田建设项目、中小型灌区、水利项目，实施农业水价综合改革，落实项目立项、选址，编制初步设计报告、设计评审等工作，完成改革任务9300公顷。下达分解2021年农业水价综合改革资金176.3万元，重点用于改革实施区域的计量设施建设、精准补贴和节水奖励、农田水利设施建设管护。根据高标准农田建设项目及灌区节水改造项目实际情况，按照满足计量要求，配套建设智能计量设施、水尺、水表等不同的供水量水设施，全市完成建设计量设施250处，计量控制面积5900公顷。

构建新型农业经营体系，改造

提升薄弱基层社8家。推进农村综合服务社提档升级，评定14家三星级农村综合服务社，新发展农村综合服务社23家。规范发展农民合作社，指导督促各地开展规范提升工作，新发展专业合作社29家，合作社联合社4家。

完善农村宅基地管理制度，加强农村宅基地和村民住宅建设管理，全市所有乡镇农村宅基地“一站式”规范审批窗口覆盖率100%。建立乡镇农村宅基地审批管理机制，133个涉农乡镇实现群众办理审批手续“最多跑一趟”。

高质量发展农业保险，推动农业保险“扩面、提标”。承保种植业作物37.67万公顷，农房保险覆盖率100%、森林保险覆盖率96.24%。人保财险泉州分公司在泉港、惠安、永春、安溪、德化等地开展生猪高传染性疫病扑杀保险，为承保的3.26万头生猪提供风险保障4722万元。

助力乡村振兴工程，出台泉州小微金融服务平台建设工作方案，泉州小微金融服务平台注册用户15.3万户，服务用户6万户，融资金额189.9亿元。创新金融产品，辖区涉农贷款余额4443亿元，比2020年增长10%；辖区普惠型涉农贷款余额1243亿元。农行制定“惠农兴村贷”业务管理办法，创新“快农贷”等特色产品，“快农贷”线上线下为2.08万户授信172亿元，用信123亿元。

【村财监督管理】 2021年，泉州市利用农村集体“三资”管理平台，加大村财记账进度，通过“泉州农情”公开村集体开支情况。深化“三资”管理平台应用，探索“银农直联”，实现村财开支无纸化、审查平台化、管理电子化。

【农产品质量安全监管】 2021年，泉州市推进农产品质量安全监管，加强风险防范，超时序进度推进生产基地源头快检筛查工作，将散户纳入风险监测重点对象，县、乡（镇）两级完成快检90355批次。紧盯日常监测发现风险隐患较大的重点产品，开展农产品质量安全风险评估。市农业检验检测中心通过省级农产品质量安全检验检测能力验证，泉港区、南安市、惠安县、安溪县、永春县、德化县6个县（市、区）的检验检测项目通过CATL（农产品质量安全检测机构）认证，认证比例100%，提高全市质量安全监管公共服务能力。

强化执法监管，落实“双随机”和“四快速”（快速抽样、快速检测、快速报告、快速查处）抽检制度，全市完成农产品质量安全监测抽样9487批次。开展农资打假专项治理行动，重点针对农药、兽药非法添加等突出问题，加强从生产经营到使用全链条各环节的执法监管，严管重打，确保农业生产用药用肥安全，全市立案查处各类有关农产品质量安全案件52件。开展“治违禁、控药残、促提升”攻坚行动，聚焦问题较为突出的11种农产品，采取精准治理模式，推进集中治理，推动顽疾问题彻底解决，出动监管执法人员1.1万人次，检查生产经营主体6697家次，发现质量问题38个，立案8件，移送司法1件。

提升监管效能，完善生产主体名录库，将纳入追溯平台管理作为生产主体申报（续展）认证绿色食品、有机农产品、地理标志农产品前置条件，做到应纳入尽纳入，入驻平台企业累计2446家，赋码8.03万批次。对平台上在产的生产主体形成做到市级每月、县级每周、乡镇每天线上巡查全覆盖的巡查制度，全市线上巡查3.16万人次，巡查生产主体20.98万家次，发现问题2756个。落实农产品基地准出责任，加大承诺达标合格证制度试行力度，提高试行覆盖率。推动落实“区域定格、网格定人、人员定责”要求，健全机构、配齐人员、配强队伍，加强业务培训，完善设备配备，提升监管能力，探索建立企业内控员、社会监督员队伍，完善生产一线网格化管理。

标准先行，推动绿色发展，强化“三品一标”认证材料审查，及时组织现场检查，新增“三品一标”认证产品46个，其中绿色食品20个、无公害农产品26个。安溪县绿色食品原料（茶叶）基地县获农业农村部批准。遴选上报37家农业企业作为省级优质农产品标准化示范基地，加强督促指导，完成企业树牌和示范创建工作。推进第三批国家级农产品质量安全县（永春县）和省级农产品质量安全县（南安市）创建工作。

【乡村振兴战略实施】 2021年，泉州市推进乡村振兴战略实施，完成315个省、市、县三级乡村振兴试点村的项目建设1681个，投资12.85亿元，占年度计划投资的101%。获评福建省乡村振兴重点特色乡（镇）1个，获评福建省乡村振兴实绩突出村14个。评选泉州市级成效显著村20个、乡村振兴实绩突出村16个；按照“三无一改”（无裸房、无黑臭水体、无凌乱杆线，改变影响人居环境的不良习惯）、“三有一壮”（有主题、有产业、有项目，发展壮大村集体经济）攻坚目标深化示范线创建，对第一批23条示范线开展中期评估，评选晋江围头、洛江虹山等首批6条市级乡村振兴精品路线，确定第二批示范线创建23条。遴选确定农业生态型试点乡镇6个、工贸带动型试点乡镇7个、城乡融合型试点乡镇8个，按照“同步启动、分类发展、重点培育、体系引导”路径及“五好”（富民产业发展好、乡村建设提升好、乡村文化传承好、治理能力建设好、党建统领发挥好）评价体系，启动整镇推进乡村振兴工作。联合8家银行推出首批27项金融服务乡村振兴创新产品，提供“菜单式”“订单式”服务，拓宽乡村主体金融需求与金融机构产品供给对接通道。

【脱贫攻坚成果巩固】 2021年，泉州市落实过渡期内“四个不摘”（摘帽不摘责任、摘帽不摘政策、摘帽不摘帮扶、摘帽不摘责任）要求，保持主要帮扶政策总体稳定，巩固拓展攻坚成果。拨付产业发展项目补助资金1500万元，带动2400多户低收入户发展增收。健全“1338”防止返贫动态监测和帮扶机制（以当地农村低保标准的2倍为1条底线，健全主动申报、常态化摸排、部门联动监测预警等3项监测机制，规范识别认定消除3项程序，实施挂钩帮促、产业带动帮促、实施就业帮促、“三保障”和饮水安全巩固拓展、兜底保障、消费帮促、应急救助、社会帮促等8项帮促工程），全市受理“一键报贫”4004件，纳入重点监测对象4户12人，新增低保14户、提高低保标准2户，就地、就近就业4574人，未发现返贫致贫现象。“雨露计划”补助754人，“控辍保学”保持动态清零。落实补助资金940.47万元，全额资助脱贫户参保，发放补助资金947万元，181个脱贫村全部实现“五有”（有村卫生所、有医生看病、有基本设备、有基本药物、有专用网络）。筹集“同心安居工程”帮扶资金728万元，进行危房改造182户；市级财政统筹1500万元，改善提升住房条件528户。将农村供保障工程列入为民办实事项目推动，受益人口3万人。组织专场招聘活动72场，提供就业创业服务8260人次，公益性岗位安置413人。拨付对口协作援宁资金9778万元，落实闽宁协作项目57个，完成宁夏、新疆农特产品销售8.5亿多元。健全脱贫户农产品销售消费兜底网络建设，确定安溪、南安、永春、德化4个县90个乡、镇挂钩帮扶企业107家，帮助1096户脱贫户销售农产品541.7万元，脱贫户家庭年人均纯收入1.84万元，建档立卡脱贫村村均经营性收入30.51万元，20万元以下的村实现全部消除。

农业产业化

【概况】 2021年，泉州市一、二、三产业比例为2.3：58.1：41.2，十大特色产业全产业链产值1852亿元，全市农村居民人均可支配收入2.35万元。统筹安排2600万元用于扶持乡村产业振兴项目，推动133个农业项目建设，带动社会投资3.4亿元。培育新型农业经营主体，评审认定第九轮市级农业产业化龙头企业224家，新增农业产业化国家重点国家级龙头企业1家、省级农业产业化联合体12个、省级优质标准化示范基地34个、省级农产品产地初加工中心37个、“三品一标”38个、省级“一村一品”示范村30个。重点扶持农业产业化龙头企业，以加工销售型龙头企业为依托，实行“龙头企业+合作社+基地+农户”的经营模式，采取合同订单、种苗供给、技术指导、保价收购等契约化合作形式。以园区、功能区、产业带为平台，推动优势特色产业向适宜发展区域集聚，建设国家级现代农业科技示范展示基地1个、现代农业产业园展示中心4个。

【新型农业经营主体】 2021年，泉州市系统设计财政支持政策，推进农民合作社、家庭农场等新型农业经营主体健康规范有序发展，引导新型农业经营主体提升关键发展能力、激发内生活力，开展集约化、标准化生产，完善利益分享机制，发挥带动小农户进入市场、增加收入、建设现代农业的引领作用，推动泉州现代农业发展。

【休闲农业】 2021年，泉州市推动三产融合提升行动，推动农业产业化龙头企业、专业合作社、家庭农场等新型主体发展休闲农业、乡村旅游和农村电商等新型业态，实施一、二、三产融合发展“五百工程”。培育市级休闲农业示范点，扶持休闲农业基础设施建设项目，推介精品休闲农业景点，推进省级示范点和省级美丽休闲乡村建设。全市有各类休闲农业点278个，从业人员1.27万人（其中农民从业1.03万人），带动农户数5.62万户，年接待游客951.17万人次，营业收入12.15亿元（其中农副产品销售收入8.7亿元），实现利润总额2.48亿元。有省级休闲农业示范点42家，省级美丽休闲乡村16个，市级休闲农业示范点90个。永春县北溪村、南安市眉山乡观山村、永春县岵山镇茂霞村、晋江市围头村、惠安县大岞村、下坑村、泉港区惠屿村、安溪县福岭村、德化县佛岭村、安溪县经兜村10个村分别入选2013—2021年“中国美丽休闲乡村”。“崇武海岸惠安女风情、古早茶园”“南安市区—清境桃源—童年故事—御仙庄—皇旗尖茶园”“海丝茶源·茶旅圣地”“晋江市英林镇湖尾旅游村—赶海妙境·醉鲜湖尾”等4条线路获得农业农村部中国美丽乡村旅游精品景点线路推介。“晋江市英林镇湖尾旅游村—赶海妙境·醉鲜湖尾”获得农业农村部中国美丽乡村旅游精品景点（夏季）线路推介。安溪县溪禾山铁观音文化园、德化县有济农业观光园、晋江市福祥休闲山庄和南安市弘鑫茶庄园获“福建省休闲农业示范点”荣誉称号。晋江市英林镇湖尾村、安溪县虎邱镇湖坵村、南安市水头镇呈美村获“福建省美丽休闲乡村”荣誉称号。

【品牌农业】 2021年，泉州市制定《泉州市知名农业品牌评定管理办法（试行）》，成立泉州市知名农业品牌评选认定委员会，组织相关县（市、区）推荐2021年知名农业品牌，评选认定市级知名农产品区域品牌8个、市级知名农产品品牌37家，完成“十四五”培育100个市级知名农产品品牌任务的45%。推荐3个农业品牌评定2021年省级著名农业品牌，完成1个区域公用品牌、2

个著名品牌的复评工作。开展全市特色农产品资源普查工作，普查出119种特色农产品，并对现状进行调研提出初步对策。

【农民专业合作社】 2021年，泉州市开展新型农业经营主体培育行动，促进家庭农场发展，规范发展农民合作社，推进市级以上示范社建设。是年，全市有农民专业合作社5461家，其中示范社1021家（国家级30家、省级215家、市级351家、县级425家）。全市有家庭农场（场）6169家，其中示范场590家（省级148家、市级218家、县级224家）。

【农业安全监管】 2021年，泉州市开展农业行业安全生产标准化提升专项行动，确定一家企业作为农业行业安全生产标准化提升专项行动标杆企业；组织编制农业安全生产检查清单、隐患清单、整改清单；落实监管责任和消防安全主体责任，及时化解农业消防安全风险、消除隐患。

种植业

【概况】 2021年，泉州市落实粮食安全行政首长责任制，完成粮食播种面积8.7万公顷、总产50.42万吨，分别比2020年增加61.53公顷、5916吨；建立16个粮食作物“五新”推广示范片，面积186.13公顷；完成抛荒山垅田复耕种粮107.38公顷；坚持绿色生态发展路子，实现全市秸秆综合利用率94.4%。围绕特色现代农业，主抓茶叶、蔬菜、水果、食用菌产业，在泉港建立高标准百香果育苗基地1个，年育苗能力30万株以上，在永春建立百香果标准化示范基地4公顷。继续实施省级设施农业温室大棚补贴项目，建成标准钢架设施大棚117.93公顷。

【粮食生产】 2021年，泉州市聚焦粮食安全生产，确保农产品有效供给，坚持把保障粮食和重要农产品安全作为农业现代化的首要任务，推进粮食和重要农产品安全生产行动，推进耕地建设和保护行动，推进特色种业创新行动。是年，全市谷类作物播种面积5.67万公顷，平均每公顷产6145.5公斤，总产34.87万吨，其中春收作物种植面积33.33公顷，总产200吨；夏收作物2.16万公顷，总产13.07万吨；秋收作物种植面积3.51万公顷，总产21.79万吨。稻谷播种面积5.5万公顷，占谷类作物96.96%，总产33.97万吨，占谷类作物97.42%。其中早稻面积2.04万公顷，总产12.39万吨；中稻面积1.4万公顷，总产9.29万吨；晚稻面积2.06万公顷，总产12.28万吨。全市水稻面积最大是南安市，面积2.22万公顷，总产13.41万吨。大、小麦播种面积60公顷，总产200吨。以小麦为主，面积46.67公顷，占77.78%。主要分布在泉港区、惠安县。杂粮播种面积1700公顷，总产8900吨。以玉米为主，面积1500公顷。薯类播种面积2.89万公顷，总产15.19万吨。甘薯播种面积2.19万公顷，占薯类面积75.90%，总产12.39万吨，占薯类总产81.57%。全市面积最大是惠安县，面积5500公顷，总产2.69万吨。马铃薯播种面积7000公顷，总产2.80万吨，面积最大是安溪县，面积3400公顷，总产1.24万吨。豆类播种面积1300公顷，总产3600吨。以大豆为主，播种面积1000公顷，总产2600吨。油料作物播种面积1.51万公顷，总产4.69万吨。以花生为主，播种面积1.47万公顷，总产4.53万吨。

【经济作物生产】 2021年，泉州市经济作物主要有水果、茶叶、蔬菜、中药材、食用菌。水果总面积1.46万公顷，比2020年增长4.7%，总产量15.84万吨，比2020年增长4.8%。其中，柑橘面积4600公顷，比2020年增长14.57%，产量8.04万吨，比2020年增长5.4%；龙眼面积4600公顷，比2020年下降0.7%，产量1.65万吨，比2020年下降0.6%。茶叶栽种面积5.26万公顷，采摘面积5.22万公顷，全年毛茶产量9.39万吨。全市乌龙茶产量约占全国乌龙茶产量的27%，占全省乌龙茶产量的34%。主要在省内的泉州、厦门、福州销售，省外主要销往广东、上海、北京等地，全国各大中城市都有安溪铁观音销售。蔬菜播种面积5.48万公顷，比2020年增长3.2%，产量104.84万吨，增长3.6%。中药材播种面积404.4公顷，比2020年增长4.2%，全年产量1051吨。食用菌总产量（鲜品）9.27万吨，比2020年下降1%。

【植物病虫害防控】 2021年，泉州市开展农作物重大病虫害监测预警，全市发布病虫情报100期、7117份，病虫电视预报5期，手机短信42期、4833条，农业信息网发布18条、培训村级植保员66人次、农民885人次，科学指导农民防治病虫害。全市各种农作物病虫害发生310.21万亩次，防治464.24万亩次，挽回粮食损失22554.6吨。其中主要水稻病虫发生88.72万亩次，防治110.94万亩次。甘薯病虫发生17.8万亩次，防治17.18万亩次。花生病虫发生25.75万亩次，防治27.63万亩次。果树病虫发生35.99万亩次，防治49.75万亩次。蔬菜病虫发生68.53万亩次，防治109.28万亩次。茶树病虫发生67.96万亩次，防治140.92万亩次。

林　业

【概况】 2021年，泉州市践行“绿水青山就是金山银山”理念，推进疫情防控和林业各项重点工作，全方位推动林业高质量发展超越，实施生态市建设战略，打造自然亲和的山水田园城市。全市林业产业产值1248.35亿元，比2020年增长5.2%。

【林业经济】 2021年，泉州市组织9家林业企业参加第四届中国森林食品交易博览会、广州森林食品交易博览会，获金奖产品8个；安排市级林下经济项目40个200万元、争取省级资金350万元，新增国家级林下经济示范基地5个；创建新增省级林下经济重点县2个（德化县、南安市），林下经济重点乡镇1个（德化县水口镇）。扶持林产品主产区就地加工、可食用林产品质量安全可追溯体系建设。组织开展鲜竹笋、油茶籽等可食用林产品及其产地土壤质量市级监测100批次。全市林业产业产值1248.35亿元，比2020年1186.65 亿元增长5.2%。

【林业改革】 2021年，泉州市深化集体林权制度改革，落实林地家庭承包经营政策，规范林权流转，维护林农作为林业经营主体的合法权益。年度流转林权11起，全市累计登记规范流转林权面积6.25万公顷，占商品林面积的16.7%，促进森林资源的市场化配置。规范引导林业专业合作社、家庭林场等林业新型经营主体健康发展，新增林业专业合作社36个、家庭林场55个，申报省级新型林业经营主体标准化29家。全市经工商部门登记林业新型经营主体1636家，经营面积10.76万公顷，其中国家级、省级和市级示范新型经营主体208家。

推进林业金融创新，新增林权抵押贷款1.1亿元，抵押贷款面积463.6公顷。全市发放林权抵押贷款6.1亿元，贷款余额17465.97万元，抵押面积1.37万公顷。永春联社推出针对从事森林资源培育、林下经济发展、林产品加工等林业企业法人、其他经济组织和自然人的信贷产品“林好贷”，发放“林好贷”500多户、8000多万元。永春县推出花卉行业担保基金贷款，发放超过9000万元。安溪县推出茶业助保金贷款和农业技术服务创新项目贷款风险补偿金项目，发放1600多万元。

巩固国有林场改革成果，强化现代国有林场建设，推进碧卿国有林场现代国有林场示范建设，推荐丰田林场申报第二批建设试点单位并获得省林业局批准，筹备建立“国家林业生态文明建设（泉州）科技示范区”；创新森林资源管理机制，开展“百场结百村”活动，全市参与场村共建活动的国有林场10个（9个省属国有林场、1个县办林场）；健全完善国有林场内部审计制度，加强固定资产经营管理，建立完善财务管理等制度，开展场长经济责任审计、森林资源离任审计、财务收支审计和国有资产出租出借等财经监管工作，确保资金、资源、资产的规范运行；推进国有林场生产性活动引入市场机制，采取合同、委托、承包或招标等形式面向社会购买服务，实施平台交易机制，严格森林资源管护，加强国有林场森林资源管护和森林公园保护地管理，确保森林资源不受损失，探索扩大国有林场生态公益林储备库，推进近自然森林、森林质量精准提升、国家战略储备林等建设，夯实国有林场森林资源基础；建立差异化绩效激励机制，落实省政府办关于国有林场加强人才队伍建设意见，争取适当核增省属国有林场绩效工资总量方案。

推进“林改”配套改革，推进森林综合保险等配套改革，完成森林保险财政保费补贴资金的申请拨付，全市森林综合保险承保面积52.80万公顷（省级以上生态公益林26.43万公顷、商品林26.39万公顷），生态公益林参保率100%。

【国土绿化】 2021年，泉州市从优化树种结构、推动林业产业发展等方面，提升森林质量，增强森林生态功能，推进国土绿化行动。全市（含国有林场）完成植树造林5930.53公顷，占总任务的108.3%。全市（含国有林场）完成森林抚育1.80万公顷，占总任务的120.7%，其中松林择（间）伐抚育改造完成3693.26公顷，占计划的109.3%。全市（含国有林场）完成封山育林5485公顷，占总任务的105.5%。植树造林中，“三沿一环”森林景观带建设完成765.2公顷（新造337.8公顷、改造427.4公顷），占任务的102.8%，包含沿路森林景观带新造85.27公顷、改造23.53公顷、沿海沙（泥）岸基干林带建设19.73公顷、环城森林景观带新造232.8公顷、改造403.87公顷；绿美示范片建设完成34.73公顷（新造0.67公顷、改造34.07公顷），占任务的102.2%；乡村绿化完成40.13公顷，占任务的120.4%；松林改造提升完成1741.27公顷，占任务的109.6%，包括皆伐改造805.13公顷（其中珍贵用材树种造林524公顷）、带状采伐改造 936.13公顷；新造木本油料示范基地建设完成163.2公顷，占任务的157.9%；其他造林更新完成3186公顷，占任务的107.1%。全市安排实施绿色乡村三年行动项目81个村，设施油茶、竹林等特色经济林示范项目764.4公顷，重点区位中幼林及未成造林地抚育889.33公顷，森林质量精准提升项目40公顷，乡村公园项目55个。

【林业生态建设】 2021年，泉州市强化林地和林木资源保护，执行林地定额制度，争取省林业局支持，开展“项目攻坚2021”涉林保障专项行动，保障重点建设项目用林。开展森林督查、违建别墅问题清理等专项行动，加强古树名木保护，建立古树名木资源数据库。开展古驿道修复保护利用工作，安排资金300多万元对保存较好的100多千米古驿道进行管护。古驿道修复保护利用相关内容写入市政府工作报告及市第十三次党代会工作报告中，明确开展古驿道保护修复任务，以古驿道修复保护利用突出以文塑城，丰富高质量发展超越的文化内涵。开展全市天然林保护情况调研，掌握全市天然林保护情况，谋划天然林保护修复规划实施方案，编制《泉州市天然林保护修复行动方案》。强化自然保护地保护，起草《关于建立泉州市自然保护地体系的工作方案》，纳入市委、市政府加强文化和自然遗产保护利用“1+3”文件。完成省级以上森林公园界限调查，开展自然保护地整合优化工作，完成《泉州市自然保护地整合优化预案》编制，经省林业局、省自然资源厅审核后上报国家林草局、自然资源部。

【绿民富民产业发展】 2021年，泉州市主动融入加快高质量发展落实赶超战略，培育林业经济新增长点。发展特色现代林业，安排专项资金，实施优势特色产业提升行动，以林竹、花卉苗木、林下经济、森林旅游等为重点。突出森林康养产业培育壮大，制定关于推进森林康养产业发展的意见。德化九仙山森林康养基地、永春北溪文苑森林康养基地2家申报单位入选省级森林康养基地名单。全市有3个全国森林康养基地试点建设乡（镇），5家全国森林康养基地试点建设单位，1家省级森林康养小镇，4家省级森林康养基地。新增森林人家授牌点13处，新增四星级森林人家1处、五星级森林人家1处。策划生成并推进一批特色现代林业项目，助力脱贫攻坚和乡村振兴。扶持服务企业发展，完善服务林业企业平台，通过微信群等新媒体及时发布政策信息和林业动态，指导企业对接。

【林业品牌创建】 2021年，泉州市扶持林业品牌创建和林产品加工业发展，开展市级“知名农产品品牌”评选认定工作，“金水堂永春篾香”等3家企业品牌获2021年度“泉州市知名农产品品牌”称号。新增及确认省级以上林业龙头企业28家，比上一轮增加7家。

畜牧业

【概况】 2021年，泉州市开展重大动物疫病防控工作、牲畜屠宰管理工作、病死畜禽无害化处理工作；推广畜牧“五新”技术；推进畜禽标准化、规模化养殖和畜禽粪污资源化利用工作；促进畜牧业生产有序健康发展，保障市场肉、蛋、奶有效供给。

【产业化经营】 2021年，泉州市推进畜牧业转型升级，立足维护畜牧业高质量发展，坚持防疫优先，针对存在问题，强化跟踪监测，筑牢免疫屏障，维护公共卫生安全和生物安全。推进畜牧业农业产业项目发展，出台优惠政策，推动畜牧业转型升级高质量发展。是年，全市生猪存栏85.83万头，比2020年增长0.72%；出栏139.99万头，比2020年增长16.98%。家禽存栏1984.21万羽，比2020年增长2.54%；出栏4676.79万羽，比2020年增长2.20%。牛存栏5.99万头，比2020年增长4.36%；出栏4.38万头，比2020年增长3.06%。羊存栏15.09万头，比2020年增长4.43%；出栏24.14万头，比2020年增长2.46%。全市肉蛋奶总产量28.65万吨，比2020年增长8.15%。

【动物疫病防控】 2021年，泉州市开展非洲猪瘟常态化防控情况，严格执行日巡查报告制度，排查生猪养殖场（户）33.06万个次，排查生猪8913.96万头次；生猪屠宰场1.34万个次，排查生猪199.94万头次；生猪无害化处理场2981个次，排查生猪1715头次，均未发现异常情况。监测非洲猪瘟病原学样品4474份，非洲猪瘟病原核酸阳性样品9份（其中，2份为私宰的猪肉，2份为屠宰场内无害化处理点的脾和淋巴结，2份屠宰场猪组织，3份为农贸市场肉摊的环境样品），阳性率0.20%。组织开展全市规模养殖场等场所非洲猪瘟入场采样监测工作，全市超额完成入场采样监测164家生猪规模养殖场，任务完成率110.8%。对全市直联直报系统备案的年出栏2000头以上的150家生猪规模养殖场（其中省动物疫控负责2家，市、县两级动物疫控部门负责148家）实现全覆盖，对生猪运输车辆洗消中心、生猪定点屠宰厂（场、点）、病死畜禽无害化处理场（或收集点）进行抽样监测。开展生猪屠宰场自检能力比对。

开展动物疫病监测与流调，全市监测高致病性禽流感（H5亚型）血清样品2.68万份，合格数2.57万份，合格率96.1%。H5亚型禽流感病原样品3901份，结果均阴性。高致病性禽流感（H7亚型）血清样品1.5万份，合格数1.41万份，合格率94.4%。H7亚型禽流感病原样品3310份，结果均阴性。O型口蹄疫猪牛羊血清样品9540份，合格数8855份，合格率92.8%；A型口蹄疫猪血清样品8533份，合格数7670份，合格率89.9%。口蹄疫病原样品995份，结果均阴性。小反刍兽疫血清样品3047份，合格数2905份，合格率95.3%。小反刍兽疫病原样品416份，结果均阴性。

开展猪腹泻病、猪瘟、高致病性猪蓝耳病、新城疫、布鲁氏菌病等其他动物疫病防控工作，指导养殖场户落实综合防控措施，最大限度降低动物疫病发生的风险。全市监测猪瘟抗体血清样品4816份，合格数4388份，合格率91.1%。猪瘟病原样品346份，结果均阴性。高致病性猪蓝耳病血清样品4442份，合格数3626份，合格率81.6%。高致病性猪蓝耳病病原样品385份，结果均阴性。猪伪狂犬病gB抗体血清样品549份，合格数510份，合格率92.9%。猪伪狂犬病gE抗体血清样品677份，阳性数2份，阳性率0.3%。猪轮状病毒病病原样品92份，阳性数4份，阳性率4.3%。猪流行性腹泻病病原样品92份，阳性数11份，阳性率12.0%。猪胃肠炎病毒病病原样品

92份，结果均为阴性。牲畜布鲁氏菌病抗体血清样品4644份（其中猪2413份、牛58份、羊2173份），结果均为阴性。鸡新城疫抗体血清样品4559份，合格数4148份，合格率90.9%。鸡新城疫病原样品220份，结果均为阴性。

【动物卫生监督】 2021年，泉州市加强动物卫生执法工作，开展2021年放心农资下乡进村宣传活动，宣传新修订动物防疫法，普及动物防疫知识，加强打击违禁使用“瘦肉精”和丢弃、出售、贩卖病死动物宣传力度。强化动物卫生检查，采取日常监督、专项抽查和突击检查等方式相结合。全市立案查处动物卫生案件82件，案件涉及动物防疫、生猪屠宰等类型。其中6件移送公安机关，包括屠宰案件5件、违规调运生猪案件1件。加强“瘦肉精”、饲料和兽药抽检工作，全市在养殖、屠宰环节抽检牲畜尿液9.04万份，其中猪7.98万份、牛7972份、羊2629份进行快速检测盐酸克伦特罗、莱克多巴胺和沙丁胺醇，结果均为阴性。开展生猪屠宰“扫雷行动”，全市开展执法检查次数486次，出动执法人员1728人次，立案查处21件，移送公安5件，捣毁私屠滥宰窝点33个。加强动物检疫工作，动物检疫合格证明全部实现电子出证新系统出证，推广动物产地检疫便携式移动出证。全市产地检疫生猪87.72万头、牛羊550头，禽产地检疫128.44万羽；屠宰检疫生猪205.22万头、牛羊2.7万头。开展调运生猪监管工作，做好入闽动物及动物产品指定通道工作，宣传指定通道管理有关规定，引导管理相对人自觉遵守指定通道制度。全市发放宣传资料702份，开展检查154次，出动检查人员419人次，检查入闽家畜1.11万头（肉羊、肉牛、种猪、仔猪）、动物产品521.37吨。全市跨设区市调运生猪121.9万头。

【饲料行业监管】 2021年，泉州市推进《福建省饲料生产企业安全风险分级管控和隐患排查治理规范》在全市饲料和饲料添加剂生产企业实施。完成12家企业饲料企业的评定，其中评定为二级9家、三级3家。加强饲料行业安全生产监管，开展饲料行业安全生产标准化提升专项行动，深化饲料企业安全生产专项整治工作，预防和遏制生产安全事故发生，2021年未发生安全事故，市、县两级出动167人次，检查饲料、饲料添加剂生产企业68家次，发现隐患15个，整改15个，整改率100%。

【畜禽屠宰监管】 2021年，泉州市推进屠宰企业合理建设布局，推进大、中型屠宰企业建设。关闭不合格畜禽屠宰企业27家（1家场、26家点），经重新审核确认为合格屠宰企业16家（5家场、11家点）。组织开展生猪屠宰监管“扫雷行动”，坚持专项整治与日常监管相结合，打击收购和屠宰病死畜禽、生猪私屠滥宰、注水注物等违法行为。督促指导屠宰企业落实安全生产责任，健全、完善安全生产相关制度和应急预案，全面排查安全隐患。全市组织督查检查组8个，参加人员59人次，检查屠宰企业11家次，排查发现隐患总数9项，其中一般隐患9项，无重大隐患，均按要求完成整改。

【病死畜禽无害化处理】 2021年，泉州市有247个病死畜禽无害化处理点，其中县域或重点乡镇10个。组织开展为期3个月的打击非法经营病死猪违法行为专项行动。加强养殖、屠宰环节监督检查，督促养殖场、屠宰企业业主对病死畜禽及时进行无害化处理，做好处理记录。全市印发公开信、明白纸、告知书等宣传材料7961份，出动检查人员605人次，检查养殖场所270个次，下达无害化处理设施整改通知书8份，督促养殖场建立完善无害化处理管理制度74场次，现场监督指导无害化处理生猪196头。全市未出现大规模乱抛乱弃病死畜禽事件。全市无害化处理生猪2.47万头、禽1.14万羽；审核上报养殖环节病死猪无害化处理补助2.34万头。

渔业

【概况】 2021年，泉州市海域面积1.14万平方千米，海岸线长541千米，拥有湄洲湾、大港湾、泉州湾、深沪湾、围头湾5大海湾。近海渔场面积50.6万公顷，海洋生物种类627多种。渔港24个（其中国家级中心渔港3个、一级渔港3个、二级渔港8个、三级渔港10个），机动渔船2735艘（大中型渔船1409艘），远洋渔船54艘。渔业重点乡（镇）13个，渔业村99个，渔区人口29.86万人，渔业从业人员13.07万人。有地理标志产品11个，中国驰名商标3个，省级以上重点龙头企业20家（国家级4家），省著名商标22个。是年，全市水产品产量105.1万吨，比2020年增长0.26%，其中近海捕捞58.1万吨，海水养殖38.6吨，远洋捕捞6.9万吨。渔业产值145.74亿元，比2020年增长0.1%。

【渔业惠民政策】 2021年，泉州市争取中央、省级渔业发展、结构调整等资金9564.9万元，重点支持养殖设施升级改造、水产品加工等。修订市级海洋经济高质量发展专项资金管理暂行规定，降低奖补门槛和增加奖补比例，争取1500万元对远洋渔业、精深加工、海洋科技、海洋保险、海洋经济重点项目等予以扶持和贴息补助。引入金融助力，与福建省农村信用社联合社泉州办事处签订战略合作协议，为生物加工、海洋新兴产业等企业提供融资服务，新增贷款超5亿元。

【水产养殖业】 2021年，泉州市组织实施海水养殖设施升级改造行动，完成塑胶渔排1.09万口，筏式养殖1379公顷，深水抗风浪网箱5口，完成率100%。破解养殖受限难题，委托省水产研究所编制《泉州市深远海养殖发展规划》，探索、发展深远海养殖。支持养殖企业扩大产能，改扩建工厂化养殖设施6000平方米，在德化新（扩）建养殖池养殖棘胸蛙20多万只，实施稻渔综合种养313.33公顷，在南安引进10万条太平洋牡蛎养殖试验和10万条蛛蚵海蛎附着养殖试验，在南安构建1.2万只黄沙甲鱼+人工浮岛四季共生池塘混养模式试验。是年，全市水产品产量105.1万吨，比2020年增长0.26%。

【远洋渔业】 2021年，泉州市推进远洋渔业发展，扶持远洋渔业企业，支持远洋渔业企业技术改造、转场生产，13艘远洋渔船申请北太平洋公海项目、20艘远洋拖网渔船申请技术改造围网均获自然资源部同意，6艘新建灯光围网远洋渔船上报自然资源部。支持石狮远洋渔港码头建设，华锦码头口岸设施建设项目办公场地、海关检疫实验室、码头配套设施设备和疫情防控相关软硬件基本完成，申请省级验收。是年，全市有5家远洋渔业企业、54艘远洋渔船，作业范围覆盖至太平洋、印度洋公海。新引进6艘远洋渔船，争取中央远洋渔船履约养护国际渔业资源补助资金2885万元，筹集下达784万元补助资金鼓励远洋自捕渔获运回泉州口岸，上岸量3万吨。

【水产加工业】 2021年，泉州市有水产品加工相关企业149家，总产量71.37万吨，总产值127.17亿元。其中：水产品加工企业124家，产量26万吨，产值75.36亿元；海洋生物制品5家，产量4500吨，产值4.41亿元；冷链加工20家，产量40.95万吨、产值40.06亿元。加工企业原料来源为泉州本地的，占89.4%（63.8万吨），外地采购原料主要为紫菜、鱿鱼、墨鱼及各类杂鱼。

【渔业品牌建设】 2021年，泉州市挖掘渔业资源区域特点和渔业优势产业，通过“协会（合作社）+基地+农户”等多种产业化经营模式，引导建设一批有特色、有优势、规模化、现代化的养殖企业和产业龙头。新增国家重点龙头企业2家、省级重点龙头企业6家、市级以上渔业“一村一品”8个（省级1个）、市级知名农产品区域公用品牌2个、市知名农产品品牌5个，入选“十四五”期间泉州拟建设的农业产业强镇7个、“一村一品”27个。全市有国家级龙头企业4家，省级龙头企业16家，中国驰名商标3个，福建十大渔业品牌4个（泉州牡蛎、晋江紫菜、安海土笋冻、崇武鱼卷），福建省著名商标22个。

【渔业安全体系建设】 2021年，泉州市推进渔业安全体系建设，健全指挥体系，在沿海县（市、区）渔船集中乡镇设置14个渔船点验中心，实行24小时值班值守，落实渔船动态点验、进出港报告、编组生产等规范化管理，每天抽查10%渔船，将抽查发现问题通报各级主管部门直至县级政府，限期核查整改并反馈，实现提前干预、防患未然。加大数字化投入，筹集资金1811.4万元，在全市大、中型渔船上安装应急指挥电话，实现应急指挥直达船上。组织高通量卫星“宽带入海”、插卡式AIS（船舶自动识别系统）等项目，推进渔业管理数字化、现代化。严格闭环管理，紧盯北斗示位仪监管眼睛作用，针对北斗示位仪使用的各个环节，组织实施北斗示位仪二维码封绑加固、离线提醒召回、损坏维修审批、违规停航处罚、违法行刑衔接的闭环管理，压缩违法违规生产空间。探索组织化管理，在晋江进行试点，将原本松散的渔船生产转变为公司（合作社）经营管理的形式，配套开办一次性补助、示范性奖励、投保优惠等激励性措施，以及差异性制约措施，形成自我约束、互助提升的内在机制，提升本质安全水平。

【海洋渔业综合执法】 2021年，泉州市开展海洋“蓝剑2021”系列行动和“亮剑2021”专项执法，泉州市海洋渔业执法支队联合省总队直属三支队和厦门、漳州支队屯兵海上开展鳗鱼苗、大黄鱼汛期专项执法，与公安、海警、海事签订合作备忘录深化执法协作。加强渔船海上疫情防控，开展大、中型渔船安装使用“渔港通”进出渔港报告系统集中整治，提升“依港管人管船管安全”能力，严防境外疫情通过海上渔船输入。开展乡、镇船舶专项整治行动，拆解处置大、中型涉渔“三无”船舶78艘、小型310艘。全市海岸线巡查3391人次、434车次、行程2.97万千米，组织海域巡航311航次、航程8873海里，办结渔业行政处罚案件189起，查处非法用海行政处罚案件10起。推进常态化扫黑除恶斗争，行刑衔接移送涉嫌犯罪案件线索15起，其中首次移送渔船负责人涉嫌重大责任事故罪案件线索1条，2名当事人获刑，依法规范海洋与渔业生产秩序。

【休闲渔业】 2021年，泉州市利用22家省级“水乡渔村”等资源，挖掘渔文化内涵，发展渔家乐、休闲垂钓、渔事体验、渔业文创等项目，为游客提供更丰富的体验方式和更完善的保障服务，从单纯的牧渔耕海、捕捞养殖转向渔旅融合发展，打造惠屿岛水乡渔村、惠女民俗风情园等新产业、新业态，促进渔业增收增效。全市休闲渔业产值3075.34万元，比2020年增长8.89%。

水利

【概况】 2021年，泉州市有建成水库461座（大型2座、中型18座、小型441座），总库容16.7亿立方米；各类堤防总长849.65千米。形成以山美水库为主要水源、以龙门滩引水为补充、以各大中型水库为支撑、以金鸡拦河闸为分水枢纽、以南北渠和湄南工程为主要输水通道的沿海配供水网络体系。泉州市因“河长制湖长制工作因推进力度大、河湖管理保护成效明显”受到国务院表彰，奖励2000万元（全国8个、全省唯一）。《鹤舞桃溪》获第三届“守护美丽河湖”全国短视频公益大赛一等奖。泉州市获2021年全省河湖长制考核第一名。全市用水总量为25.9亿立方米，主要水功能区水质达标率92.3%。

【水资源管理】 2021年，泉州市落实河、湖长制工作要求，河湖面貌明显改善，流域水质持续提升，推进河湖长制从“有名有责”到“有能有效”转变。发布“河长令”，设置“河长日”，强化履职尽责，督促解决河湖管理保护的重大、疑难问题，推动全市河、湖综合治理。开展“碧水清河”专项行动，推动“两江一带”生态水系建设，入海河流水质达标率95.98%；成立水生态修复创新中心，建成113个市县乡河长办标准化试点、102座河长制主题公园，溯源编制100条流域治理一张图，选聘142名人大代表河长；启动水政执法简易程序，提升水政执法效能。市河长办组织开展山美水库禁泳禁钓联合执法专项行动，现场处罚19人，水库库周钓鱼、游泳现象大幅度减少；将成员单位履职情况列入政府年度绩效考评方案。落实最严格水资源管理制度，开展水资源管理和节约用水工作，开展取用水管理专项整治行动、计划用水、用水统计调查直报、水利行业节水机关建设、县域节水型社会达标建设等。全市用水总量25.9亿立方米，万元工业增加值用水量11立方米，万元国内生产总值用水量23立方米，农田灌溉水有效利用系数0.5653，主要水功能区水质达标率92.3%，均达到水资源管理“三条红线”控制目标值要求。

【水利工程建设】 2021年，泉州市加强重大项目和民生水利工程建设和管理。12月31日，七库连通工程惠女至菱溪、黄塘暨陈田至泗洲段全面建成并通水，标志泉州市七库连通工程总体建成；加快推进白濑水利枢纽工程、永春马跳水库工程建设进度；南安市水系连通及农村水系综合整治试点县全面建成，永春县入选全国水系连通及水美乡村建设试点县名单；南安市列入全省综合治水试验县；金门供水水源保障工程前期工作取得突破，总体方案通过省水利厅专家评审；彭村水库工程获得水利工程行业优质工程最高奖项“大禹奖”（全省第3个）。全年实施农村供水保障工程受益人口17.91万人，实施农业水价综合改革面积1.28万公顷；完成山美水库、惠安锦丰三库2座水库常态化除险加固，中小河流治理河长34.63千米。推进小型水利工程社会化管护，在总结借鉴公益性小型水库物业化管理成功经验的基础上，推行水闸、海堤、山塘社会化管护模式，开展堤闸社会化管护试点工作。12月，永春县入选全国第二批深化小型水库管理体制改革样板县。开展全覆盖市域水库安全运行问题排查，委托第三方开展大中型水闸、万亩海堤及河道三级以上堤防安全隐患排查，保证库闸堤的正常运行。推行水利工程电子招投标，健全完善水利工程质量监管体系，推广运用工程质量监督平台和水利工程信息（信用）管理系统，实行水利建设质量工作和项目质量综合考核，加强水利工程质量监管力度，执行省有关水利工程质量的技术规范、规程和标准，规范建筑市场秩序，建设质量管理得到有效提升。加强水利行业安全生产工作，推进风险管控和隐患排查治理双重预防机制建设，提升水利安全生产标准化建设，开展多元宣教，强化安全意识，安全生产实现零事故。

【库区移民】 2021年，泉州市有农村移民8.63万人，其中省水利厅核定大中型水库移民后期扶持资金直补人数4.91万人，项目扶持到村3.72万人。向上级争取移民扶持资金1.42亿元，组织实施涵盖饮水安全、道路交通、环境整治、社会事业等类型的后扶项目99个，库区移民项目管理规范、推进措施扎实，库区生态“美绿净”水平大幅提升，库区移民满意度和幸福感日益凸显。按照“产业兴旺、生态宜居、乡风文明、治理有效、生活富裕”的总要求，完成南安市、德化县两个第一批省级水库移民后扶项目示范区建设，启动并有序推进洛江区、泉港区和永春县3个第二批省级移民后扶项目示范区建设，助力乡村振兴战略实施。推动在建水库移民安置工作：泉港双溪水库完成下闸蓄水阶段移民安置验收；泉州白濑水利枢纽工程淹没影响区、枢纽工程建设区、安置区、公路铁路复建区房屋、土地征收补偿协议签订工作基本完成，移民安置点建设有序推进；永春马跳水库工程完成淹没区移民房屋征迁协议签订工作，专业项目迁（复）建工作进展顺利。深化“平安库区”创建工作，移民安居乐业、增收发展。通过多措并举、完善联动机制，及时排查化解库区矛盾纠纷，依法依规处理信访问题。

工　业

综　述

【工业经济运行】　2021年，泉州市统筹疫情防控和经济社会发展，各项政策措施取得成效，工业经济保持稳定恢复态势，多数行业和产品实现正增长，重点产业持续发力，转型升级稳步推进，企业效益明显改善。全市规模以上工业增加值比2020年增长9.1%，增速较2020年提高6.1个百分点；两年平均增长6.0%，工业生产总体呈现稳中加固运行态势。受上年同期基数逐月抬高的影响，月度增加值累计增速呈现从高速增长到逐渐平稳增长的态势。全市规模以上工业37个大类行业中有24个行业增加值实现增长，增长面64.9%。其中，化学纤维制造业（增长25.7%）、化学原料和化学制品制造业（增长16.6%）、非金属矿物制品业（增长16.3%）、纺织业（增长15.7%）、文教工美体育和娱乐用品制造业（增长14.2%）等19个行业实现两位数以上增长。全市列入统计的201种工业产品中有134种产品产量实现增长，增长面66.7%，103种产品保持两位数以上增长，占全部监测产品的51.2%。消费品类产品中，服装产量增长17.7%，纸制品产量增长16.3%，精制茶产量增长11.7%；装备类产品中，模具产量增长30.5%，金属切削机床产量增长26.0%，建筑工程用机械产量增长14.9%。全市规模以上民营工业企业完成增加值占规模以上工业增加值的比重87.4%，增长10.9%；民营工业企业产品产销率96.3%，高于规模以上工业1个百分点。全市规模以上纺织鞋服产业增加值增长9.7%，增速快于全市规模以上工业平均水平0.6个百分点；两年平均增长2.7%，延续稳定恢复态势。全市规模以上工业企业内销产值比2020年增长15.3%，增速快于出口交货值增速12.2个百分点；占销售产值比重86.7%，提高1.3个百分点。从重点产业看，工艺制品、石油化工、鞋业国内市场销售份额提升明显，内销产值占销售产值比重分别提高2.4个、1.7个和1.1个百分点。

【工业经济结构】　2021年，泉州市工业结构呈现积极变化。机械装备产业增势良好，全市规模以上机械装备产业增加值比2020年增长14.2%，增速快于全市规模以上工业平均水平5.1个百分点，继续保持两位数增长；两年平均增长7.7%；高新技术产业占比提高，全市规模以上高新技术产业增加值占规模以上工业增加值的比重23.6%，占比较2020年提高3.3个百分点；六大高耗能行业占比下降，全市规模以上六大高耗能行业合计增加值占规模以上工业增加值的比重29.9%。

【工业经济效益】　2021年，泉州市规模以上工业整体效益水平显著提高。生产和销售稳中加固，利润保持快速增长，全市规模以上工业增加值较2020年增长9.1%，增速较2020年加快6.1个百分点；企业营业收入增长10.5%，增速较2020年加快12.9个百分点。企业生产销售保持较快增长，为企业盈利能力提高奠定基础。全市规模以上工业企业实现利润1448.62亿元，比2020年增长17.7%，两年平均增长2.6%；12月当月实现利润185.28亿元，两年平均增长21.7%，达全年最高水平。全部行业大类实现盈利，全市规模以上工业37个行业大类全部实现盈利，有15个行业利润增速超过10%，3个行业增速超过100%。石油加工业实现利润110.67亿元，比2020年增长6.4倍，拉动全市规模以上工业利润增长7.8个百分点，对全市规模以上工业利润增长的贡献率为43.9%；非金属矿物制品业实现利润201.77亿元，增长16.6%，拉动全市规模以上工业利润增长2.3个百分点。多项效益指标显著提高，产品销售速度加快，全市规模以上工业销售收入增长10.5%；单位成本持续下降。全年每百元营业收入中的成本为84.87元，降低0.51元，比前三季度降低0.86元；利润率进一步提高。全年营业收入利润率7.8%，提高0.5个百分点。企业资产创收能力增强，规模以上工业企业每百元资产实现的营业收入为193.7元，比2020年年末增加17.3元，企业资产利用效率不断提高；资产负债率45.5%，分别比6月末和9月末下降1.1个和0.3个百分点，财务杠杆进一步降低。

【城镇集体经济】 2021年，泉州市推动集体企业改革创新。市城镇集体工业联合社到市属城镇集体企业调研，形成《发扬改革创新精神 深化城镇集体企业改革调研报告》，提出企业改革创新对策建议，对企业进行分类指导服务；制定《泉州市城镇集体企业投资合作指导意见》，规范市属城镇集体企业投资合作行为；指导市木器厂（新门市场管理服务中心）进行对外投资，参与原泉州机器厂开发及配套项目合作，2月8日签订《原泉州机器厂开发及配套项目合作协议》；指导市二轻联社做好九一街142号房产不动产权证办理工作，于9月取得该房产的不动产权证书；支持泉州古城街巷提升工作，指导市二轻联社将伍堡街厂房拆除后的场地租赁给市水务集团作为泉州古城市政综合提升工程堆料场，于11月签订场地租赁合同。规范房产租赁管理，要求市属城镇集体企业房产进入市产权交易中心公开招租，12家单位完成房产招租，共48个标的，面积4.75万平方米，成交金额998万元。指导企业加强协议履约管理工作，及时发现存在问题并采取措施，保证协议正常履行；指导市棉塑厂、工艺公司、竹编厂等房产租赁面积较大的企业做好房产招租工作；指导市剧装玩艺公司做好房产招租工作和房产租赁纠纷事宜处理工作。

制造业

【概况】 2021年，泉州市推进制造业转型升级，制定实施重点产业转型升级路线图，全市新增千亿产业集群4个、累计9个，半导体产业加快成形成势，泉州“芯谷”获批海峡两岸集成电路产业合作试验区。“数控一代”创新应用经验在全国推广，全市超五成规模以上企业参与数字化改造，建成数字化车间超100间、数字化生产线近1000条，推广工业机器人超1万台；九成以上制造业企业开展电子商务，快递业务量年均增长超30%，成为首批国家服务型制造示范城市。泉州市制造业增加值5758.6亿元，比2020年增长8.3%，制造业对经济增长的贡献率51.8%。规模以上工业增加值比2020年增长9.1%。其中，轻工业增长10.1%，重工业增长7.6%；采矿业下降30.9%，制造业增长9.4%，电力、热力、燃气及水生产和供应业增长9.7%。年末拥有年产值超亿元工业企业3091家，比2020年增加241家，其中超10亿元企业430家，增加76家。全年规模以上工业企业经济效益综合指数398.79%，比2020年上升53.26点。其中，总资产贡献率18.93%，上升2.45个百分点；资本保值增值率99.71%，下降2.32个百分点；资产负债率45.52%，上升1.27个百分点；全员劳动生产率42.24万元/人，提高7.22万元/人；流动资产周转率3.77次，提高0.32次；工业产品销售率95.22%，下降0.39个百分点。全年规模以上工业企业实现利润总额1448.62亿元，比2020年增长17.7%。其中，外商及台港澳商投资企业、股份制企业和股份合作制企业利润分别比2020年增长11.1%、22.5%和13.9%。规模以上工业亏损企业亏损额13.89亿元，减亏9.9亿元。全年工业用电量409.93亿千瓦时，比2020年增长16.7%。

【纺织鞋服业】 2021年，泉州市纺织鞋服业产值约占全市工业产值的1/3，全省纺织鞋服产业的半壁江山。纺织服装行业总体规模居全省首位、全国前列，形成七匹狼、柒牌、劲霸、九牧王、利郎、百宏、海天、凤竹、卡宾、大帝等一大批龙头企业。制鞋业是中国乃至世界旅游鞋、运动鞋、休闲鞋重要生产基地，全行业有生产企业3000多家，运动鞋、旅游鞋产量2.8亿双，占全国的四分之一，鞋业出口占全省的二分之一、全国八分之一，形成安踏、特步、361°、乔丹、匹克、鸿星尔克等一批龙头企业。全市纺织鞋服业2021家规模以上企业完成工业增加值比2020年增长9.7%，其中纺织服装增长12.1%、鞋业增长6.1%。

【食品行业】 2021年，泉州市食品产业是全国重点休闲食品生产基地，主要产品有休闲食品、饮料、精制茶、水产品、粮油等，产业规模效应明显，产值超亿元企业207家占全部规模以上产值的98%，拥有达利、盼盼、福海粮油、安记等一大批龙头企业，形成多元化的产业集群。全市食品规模以上企业275家，完成规模以上工业增加值比2020年增长4.9%。

【造纸及纸制品业】 2021年，泉州市造纸和纸制品业是具有鲜明特色的产业，分为造纸和纸制品两大部分，造纸业产业集中度高，龙头带动明显，技术水平较先进，形成恒安集团、玖龙纸业等一批龙头企业，这些企业生产线具有国际或国内先进水平。纸制品企业数量多，产业基础比较好。主要产品包括生活用纸及纸制品（包括卫生纸卷、纸巾、卫生巾、纸尿裤等）和纸质包装印刷品（纸箱纸盒等）两大类。全市形成恒安、雀氏、婴舒宝、美佳爽、嘉华、天娇等一批龙头企业。泉州一次性卫生用品的出口量占全国出口总量的近50%。卫生用品生产线及生产设备主要由泉州企业制造。全市规模以上企业151家，实现规模以上工业增加值比2020年增长10.2%。

【建材家居产业】　2021年，泉州市建材家居产业主要包括建陶、石材、水暖厨卫、水泥、钢材、新型墙体材料、消防安防设备、滕铁、铝型材、涂料、家具等行业。建材家居产业发展成为全国乃至全球的重要产业基地，形成产业链较为完整的石材、建陶、水暖厨卫（含消防设备）三个主导优势产业集群，是泉州市第五个千亿元产业集群。泉州南安石材集中加工区是中国乃至东南亚地区规模最大、种类最齐全的石材生产、出口基地，石材进出口量分别占全国的60%和55%，是辐射全球的世界级石材生产交易中心；晋江市磁灶镇、内坑镇和南安市水头镇、官桥镇为主的建陶产业集群是全国四大建陶生产基地之一，建陶产品年产量占全国的25%，外墙砖、地铺石等产品在全国市场中占主导地位；以南安为核心的水暖卫浴产区，是全国三大水暖生产基地之一，也是国家新型工业化产业示范基地和外贸转型升级示范基地。全市建材家居行业规模以上工业主要建材产品产量：钢材656.81万吨、水泥944.55万吨、陶质砖33.80亿平方米、花岗石板材5451.86万平方米、卫生陶瓷制品382.54万件；建材家居产业完成规模以上工业增加值比2020年增长10.9%、产品产销率96.1%。

【机械装备产业】　2021年，泉州市加快推动机械装备产业提质扩量，产业发展成为泉州市支柱产业之一，产业特色突出、优势明显，成为福建省重要的机械装备产业基地。全市机械装备领域拥有“专精特新”企业63家，路面机械、装载挖掘机械，专用设备中的砌块机械、石材机械和金刚石工具、陶瓷机械、纺织机械、制鞋机械，通用设备中的轴承、空气压缩机等均占有较大的国内市场份额，其中圆盘针织机（大圆机）、砌块机械、石材机械和金刚石工具等产品产量居全国首位。全市在机械装备领域拥有国家级制造业单项冠军示范（培育）企业（产品）4个（泉工股份、铁拓机械、南方路机、铁拓机械），获评省级制造业单项冠军企业（产品）14项，获评省级首台（套）重大技术装备（含智能制造装备）产品60项。泉州机械装备产业涉及8个大类、47个中类、111个小类，行业门类相对齐全。其中通用设备、专用设备、金属制品、电气机械和器材及计算机、通信和其他电子设备5个大类的产值均超百亿元。推动服务模式转型，有条件的机械装备制造企业加快从由制造产品为主向提供系统集成、工程承包、远程运维服务转变，满足制造业企业发展智能制造需求，全市机械装备领域培育级智能制造系统解决方案供应商6家，国家级服务型制造示范企业项目3个、省级15个，省级服务型制造公共服务平台2个。全市有规模以上机械装备企业900余家，规模以上增加值比2020年增长14.2%，超亿元企业300多家，

【生物医药业】　2021年，泉州市有药品生产企业19家，其中制剂企业12家、中药饮片企业4家、医用氧企业2家、出口国外的原料药生产企业1家。持有药品批准文号441个，主要分布在泉州开发区（4家）、南安（3家）、永春（2家）、石狮（2家）等地，其中较大的企业有太平洋制药、华宝海洋生物和国有控股中侨药业等。全市药品生产企业均为中小企业，底子薄、产品技术含量不高，发展速度不快。全市医药工业产值8亿元。

【新一代信息技术产业】　2021年，泉州市推进新一代信息技术产业发展，加快三安高端半导体项目、渠梁封测项目等重点项目建设，加快集聚产业链上下游高端和关键项目；支持泉州集成电路产业园载体建设，完善园区配套，完善产业链，形成集聚效应。晋江集成电路产业基地通过以商招商、平台招商、资本招商等手段，招引诸多产业链项目，产业链生态圈逐步形成。10月18日，2021年泉州市招商大会暨项目签约活动上，晋江市集成电路封装测试产业园项目等14个招商项目在主会场完成签约。

工艺美术品制造业

【概况】　2021年，泉州市城镇集体工业联合社推进工艺制品产业发展，到县（市、区）开展专题调研，形成《加快民间博物馆（艺术馆）建设发展的建议》调研报告。制定扶持措施，支持4家民间艺术馆创建示范馆，落实补助资金20万元。全市有工艺制品企业6000多家，规模以上企业417家，从业人员40多万人，其中中国工艺美术大师7名、福建省工艺美术大师193名、福建省工艺美术名人225名、泉州市工艺美术大师460名。

【工艺美术人才培养】　2021年，泉州市城镇集体工业联合社加大工艺美术人才培养力度，开展第四届泉州市工艺美术大师评选工作，举办石玉雕类、木根雕类、藤铁工艺类、陶瓷类、综合类五场现场创作考评，举办第四届泉州市工艺美术创新设计“天工奖”大赛，通过现场创作考评、代表作品考评、艺德业绩考评，全市评选第四届泉州市工艺美术大师157名、泉州市传统手工艺名人28名；与惠安县城联社联合举办数字雕刻实用技术人才培训班、雕艺人才高级研修班，与德化县城联社联合举办高级研修班，参训人员397人次。

【大师经济带动】　2021年，泉州市城镇集体工业联合社强化工艺美术大师服务管理工作，促进大师经济

2021年9月8日，由泉州市工艺美术协会承办的第四届泉州市工艺美术（综合类）现场创作考评活动在泉州非物质文化遗产馆举行

（图/泉州市城镇集体工业联合社）

带动。黄紫燕、陈阳山、蒋清兰、连德理、郑建忠、苏清良、李幼琴、林庭芳、吴志勇、郑建冰获评十佳工艺美术大师，并在泉州经济年会年度峰会上进行表彰，新增命名30个工艺美术大师工作室，并下拨补助资金30万元。

【培训展评和行业交流】 2021年，泉州市城镇集体工业联合社组织工艺美术展览、展评交流活动，举办第四届泉州市工艺美术创新设计“天工奖”大赛，评选一等奖作品32件、二等奖作品148件、三等奖作品105件。与市文旅局于6—7月在市非物质文化遗产馆举办献礼中国共产党成立百年优秀传统工艺精品展，全市200多名大师261件作品参展。组织556名工艺美术技艺人员参加第十一届福建省工艺美术精品“争艳杯”大赛，获奖作品327件，其中金奖43件，占全省98件的43.9%。组织66家工艺美术企业、66个标准展位参加第十五届艺博会暨“中匠杯”工艺美术优秀作品大赛，获奖作品59件，其中金奖22件。组织54名技艺人员参加“百年荣光大国匠心”庆祝中国共产党成立100周年工美作品展。推进校企合作工作，推行现代学徒制，鼓励支持中高等院校与工艺美术企业、大师工作室之间开展合作育人和岗位互换活动，依托大师工作室新增建立实习实训基地92个；鼓励支持86个工艺美术大师进校园、入课堂授课，开展传统工艺展示、体验和比赛，提高青少年的动手能力和创造能力，加深对传统工艺美术的认知。打造工艺美术大师和泉州工艺美术品牌，加强与中国网、中经网、《福建日报》、东南网、泉州广播电视台、泉州晚报社等主流媒体合作，对“中国工艺美术之都”品牌、企业品牌和大师品牌宣传报道100多篇次；与泉州广播电视台合作，播出34期“名师名匠大家荟”栏目，对34个工艺美术大师进行宣传推介；在中国闽台缘博物馆举办“艺揽闽台——大师与您面对面”技艺展示交流活动39期，线上、线下同步展示，打造大师品牌。

电力工业

【概况】 2021年，泉州市有电厂600座，各类电源总装机2092兆瓦（不包含省调直调的桐林储能电站30兆瓦、云顶风电96.4兆瓦、双格风电68.2兆瓦、外山风电40兆瓦、凤巢风电70兆瓦、板屿风电43.2兆瓦以及营销部管辖的居民光伏375.97兆瓦）。其中，水电装机容量861.52兆瓦，占地区各类电源41.18%；垃圾电厂装机容量247.4兆瓦，占地区各类电源11.82%；风电装机容量70兆瓦，占地区各类

2021年10月15日，由泉州市工艺美术协会承办的第四届泉州市工艺美术（陶瓷类）现场创作考评活动在德化臻峰文创园举行

（图/泉州市城镇集体工业联合社）

电源3.35%；分布式光伏电站装机容量289.08兆瓦，占地区各类电源13.82%；其他包括热电厂、企业自备发电装机容量624兆瓦，占各类电源29.83%。是年，泉州市非统调机组年发电量67.62亿千瓦时，年增长率11%。全市用电量612.47亿千瓦时，比2020年增长14.55%，实现用电量突破600亿千瓦时。

【发电】 2021年，泉州市非统调机组年发电量67.62亿千瓦时，年增长率11%。其中，水电14.89亿千瓦时，年增长率-21.23%；火电27.04亿千瓦时，年增长率35.72%；10千伏光伏发电2.88亿千瓦时，年增长率8.16%；风电9.60亿千瓦时，年增长率-8.45%；垃圾发电12.59亿千瓦时，年增长率45.8%；储能电站6200万千瓦时，年增长率-29.44%。

【社会用电】 2021年，泉州市用电量612.47亿千瓦时，比2020年增长14.55%，增长率同比提高10.78个百分点，实现用电量突破600亿千瓦时，表明全市经济运行呈稳中加固、稳中向好态势。其中，工业用电量409.94亿千瓦时，比2020年增长16.74%，增长率同比提高14.25个百分点。全市最高负荷1014.6万千瓦，比2020年增长10.5%，增长率提高4.17个百分点，成为全省首个、全国第23个负荷突破千万的地级市。第一产业用电量1.89亿千瓦时，比2020年增长17.94%，增长率提高11.19个百分点；第二产业用电量415.95亿千瓦时，比2020年增长16.47%，增长率提高14.02个百分点；第三产业用电量79.50亿千瓦时，比2020年增长18.32%，增长率降低14.09个百分点。城乡居民生活用电量115.13亿千瓦时，比2020年增长5.88%，增长率降低2.13个百分点。

2021年泉州市全社会用电量及工业用电量一览表

表12

分区名称	全社会用电量（亿千瓦时）	比2020年增长（%）	工业用电量（亿千瓦时）	比2020年增长（%）
晋江市	190.4174	18.18	144.3027	19.62
南安市	99.9007	13.08	67.8216	15.11
石狮市	49.4606	14.57	30.4024	16.18
惠安县	55.6983	15.41	34.0111	20.33
安溪县	44.4784	4.86	25.6754	2.94
德化县	20.3575	10.29	14.6794	9.9
永春县	16.3845	7.69	8.8575	10.17
直供区及其他	135.777	15.38	84.1854	18.84
全市合计	612.4743	14.55	409.9356	16.74

【电网建设】 2021年，泉州市完成电网建设投资20.26亿元，完成年度计划的100%。新增35千伏及以上变电容量236.28万千伏安、输电线路287.27千米，新建及改造10千伏线路1463千米、新增配电容量32.4万千伏安。截至年底，全市有500千伏变电站5座、容量920万千伏安、线路567千米；220千伏变电站47座（含用户变）、容量1774万千伏安、线路2140.79千米；110千伏变电站185座（含用户变）、容量1770.8万千伏安、线路3661.44千米。地区配网10千伏馈线4003条，其中公用馈线3440条，10千伏线路总长度3.04千米，其中电缆1.22万千米。公用配电变压器3.59万台，总容量为1688.26万千伏安。专变配电变压器5.06万台，总容量2103.02万千伏安。

开发园区建设

综述

【园区建设】 2021年，泉州市省级以上开发区（以下简称“开发区”）围绕国家级和省级开发区综合发展水平评价体系，创新体制机制，培育产业集聚，优化管理服务，提升载体建设，推进开发区高质量发展。全市开发区实现地区生产总值、固定资产投资、实际利用外资总额稳中有升，省商务厅对全省97家开发区进行2021年度综合发展水平考核评价中，泉州市有14个参评开发区取得较好成绩，排名前十名的有3个（晋江经济开发区5名、泉惠石化工业区7名、泉港石化工业区10名），排名前20名的有8个，居全省第一。商务部对全国218家国家级经开区的发展情况进行综合发展水平评价考评，泉州市有泉州经济技术开发区和泉州台商投资区两个国家级经开区参评，总体排名有所下滑（2017—2020年度排名情况：泉州经济技术开发区分别列126位、141位、148位、168位；泉州台商投资区分别列183位、168位、179位、205位）。

【园区管理】 2021年，泉州市除政区合一的开发区外，各县（市、区）均对应省、市促进开发区高质量发展联席会议制度，建立工作领导小组、联席会议制度或协调机制，推动部分园区管委会主要负责人由当地政府负责人兼任，其余则先行指派1名所在地负责人挂钩负责，逐步加大园区统筹协调力度。各县（市、区）逐步理顺开发区管委会与所在地政府和职能部门之间关系，突出各自职责重点，优化人员配置。9个开发区设立投融资平台，主要类型有发展、投资基金以及融资担保公司等，助力园区建设和企业发展。推动6个开发区实际管辖周边17个工业园区，解决工业园区跨乡镇（街道）的规划建设不统一、管理服务不统一等体制机制问题，实行“一区多园”集中管理。按照“一县一区、一区多园”要求，除特殊园区外（如石化园区），推动同一个县域内存在多个开发主体、未纳入中国开发区审核公告目录的开发区进行整合。在市委编办牵头指导支持下，晋江、南安和惠安经开区整合全县域内省级开发区及县级工业园区，设立统一管委会（规格副处级），实行“一区多园”管理。

【招商引资】 2021年，泉州市各开发区重视园区招商工作，开展与闽东北、闽西南两大协同区的交流协作，采取飞地经济、联合共建、委托管理等形式，建设跨区域合作产业园区。全市有5个开发区与两大协同区开展协作招商和共建园区，如安溪经开区与厦门市合作共建湖里园、思明园。各开发区更新招商理念和转变招商方式，构建招商平台，借鉴厦门火炬高新区探索成立专业化招商公司，实行市场化运作，泉州台商投资区成立招商服务有限公司，开展引资引才工作，助力园区产业发展和人才集聚。各开发区立足主导产业、龙头企业等重点招商方向，梳理产业链招商需求和目标客商，制定园区产业链招商需求清单，开展产业链“专、精、特”招商。各开发区科学规划打造特色“区中园”，按工业地产模式进行开发，建设“生产分区、功能配套、设施完备”的标准化厂房，解决小微企业“用地难”问题，洛江经开区开展“营商环境提升年”攻坚行动，建立涉企服务四个机制，出台《提升营商环境十条措施》，组建17个营商环境工作专班，建立损害营商环境“负面清单”和涉企服务四个机制；设立“涉企审批上门服务日”，提供43项上门服务内容，首创推行“审批服务反向提示清单”；探索开展涉罪企业合规不起诉试点工作，在全市率先建立合规监督员制度；新上线“i洛江”程序平台，63项高频服务事项实现“掌上办”。

【重点建设】　2021年，泉州市各开发区发挥传统产业积淀优势，突出龙头企业带动作用，拓展新兴产业，加快产业转型升级，促进主导和新兴产业集群化发展。泉港石化工业园区借助福州大学泉港石化学院、福建师范大学泉港石化研究院、国家阀门检测中心、国家油品检测中心等一系列知名院校、科研、教育检测服务机构，为入园企业提供化工生产、研发的咨询服务，相应建成佑达精细电子化学新材料工程技术中心、丰鹏含银催化剂回收银新工艺研发实验室等一批省市级企业工程技术研究中心，加快推进园区科技创新，提升园区科技创新能力。是年，全市开发区内有省级以上部门认定的高新技术企业数538个，建成创新创业平台机构246个，有效发明专利3128个。

【土地集约利用】　2021年，泉州市各开发区强化用地保障，优化土地供给，重点从严格工业项目准入门槛、创新土地出让方式、盘活存量用地以及减费降负等方面，推进区内土地集约、节约利用工作，提高土地利用率。

【绿色发展】　2021年，泉州市各开发区坚持绿色发展，按照相关环保要求，落实污水集中处理设施建设，沿海开发区污水处理厂均具备脱氮除磷工艺，并接入在线监控装置系统，对总氮、总磷污染因子进行监控；建设配套管网全覆盖，基本实现区内企业污水接管率100%，达到雨污分离要求。

表13　2021年泉州市省级及以上开发园区一览表

单位：万元

名称	层级	主导产业	地区生产总值	规模以上工业增加值	税收收入	固定资产投资总额	工业用地地均税收	进出口总额		实际利用外资
								出口总额	进口总额	
泉州经济技术开发区	国家级	纺织鞋服、电子信息、机械制造、医药食品	1886575	1065641	134436	136978	18.84	1446049	862909	31916
泉州台商投资区	国家级	纺织鞋服、机电设备、造纸及纸制品	3075100	1700200	178010	1968680	65.64	283124	85430	11434
泉州综合保税区	国家级	保税物流、进出口贸易、加工贸易、航空维修	—	—	15372.2	—	5.01	—	—	339.29
泉州市高新技术产业开发区（江南园、石狮园）	国家级	电子信息、纺织鞋服、机械汽配、精细化工	2813113.67	1690245.45	179628.3	634887.47	13.83	583710.0	04421	58577
泉州半导体高新技术产业园区	省级	化合物半导体、集成电路、光电	921042	431362	29469.8	1006122	9.61	325930.29	374440.04	1409
泉港石化工业区	省级	石化产业	3898676	3525877	785609	769884	75.1	64175	3950252	52594
泉惠石化工业区	省级	石化产业	1523949	1341075	331091	884714	55.36	2300436.2	4823155.2	29802
晋江经济开发区	省级	鞋服纺织、食品饮料、纸制品	3896800	3572313	401281	432189	50.66	792357	507372.13	47553
洛江经济开发区	省级	工艺制品、纺织鞋服、机械装备，提升智能装备产业	2434584	1419438	150604	946700	24.92	517700	18900	53066

续表13

名称	层级	主导产业	地区生产总值	规模以上工业增加值	税收收入	固定资产投资总额	工业用地地均税收	进出口总额		实际利用外资
								出口总额	进口总额	
南安经济开发区	省级	水暖厨卫、消防阀门、日用制品	5193200	2124906	209700	754996	22.2	302052	138398	19344.5
惠安经济开发区城南工业园区	省级	鞋服包袋、建材机械、食品	1171832	1003382.8	47976	34969	13.51	59745.5	5279.2	16000
惠安惠东工业园区	省级	纸制品、化纤、食品、机械	608140	479678	32119	114440	8.3	60122.54	3675.79	2000
安溪经济开发区	省级	建材、藤铁工艺、服装鞋帽、茶叶业、轻纺、轻工机械	5599718	2072172	151040	2564183	20.08	290766	29968	12570
永春经济开发区	省级	轻纺鞋服、机械铸造、陶瓷树脂	1307817	1155469	25200	96432	4.89	146093	5091	4634
德化陶瓷产业园区	省级	日用陶瓷、工艺品、树脂	776682	273020	98297	298814	13.46	234650	170	342

泉州经济技术开发区

【区情概况】 2021年，泉州经济技术开发区纳入国家级开发区范围的面积12.5平方千米（含综合保税区3平方千米），与晋江市合作开发的泉州特种汽车基地4平方千米，与南安市政府合作开发的官桥园区15平方千米。有商住小区17个，在建楼盘小区1个，常住人口4.27万人。全区有各类市场主体1.37万家，规模以上工业企业122家；产值超亿元企业47家；税收超亿元2家，超千万14家；上市企业8家，挂牌企业11家；拥有中国驰名商标11件、福建省著名商标43件，作为主要起草单位参与国家行业标准制定企业9家；国家级工程研究中心等“国字号”科技品牌81家（项），科技小巨人领军企业28家，国家高新技术企业51家，国家知识产权优势企业5家。形成纺织鞋服、电子信息、机械制造、医药食品4个主导产业。每万人发明专利拥有量88.13件，高新技术产业产值占全区工业总产值的37.9%。2021年反馈的国家级开发区综评中，泉州经济技术开发区单位“亩产”位居全国218个国家级开发区的第7位，单位规模以上工业增加值能耗、水耗，分别位居第2位、第4位。

【经济发展】 2021年，泉州经济技术开发区实现地区生产总值203.4亿元，比2020年增长8.1%；工业增加值154.6亿元，比2020年增长5.3%；第三产业增加值46.6亿元，比2020年增长18.3%；一般公共预算总收入13.53亿元，比2020年增长2.3%；一般公共预算收入6.34亿元，比2020年增长2.3%；全社会固定资产投资11.85亿元，比2020年增长17.3%；社会消费品零售总额119.42亿元，比2020年增长14.6%；出口商品总值53.34亿元，比2020年增长15%；实际利用外资（验资口径）3.18亿元，比2020年增长45%。其中，第三产业增加值、固定资产投资、社会消费品零售总额增速排在全市前3位。

【招商引资】 2021年，泉州经济技术开发区推进招商引资，促项目提质增效。到上海、深圳、杭州等地开展9场招商活动，考察联东U谷、立邦公司、西虎汽车、中深数字科技等30多个项目及企业；组织参加第四届上海进口博览会、第二十一届国际投资洽谈会等9场签约推介活动。落地奇鹭产业园、腾趣休闲食品电商产业园等47个项目，总投资124.95亿元，其中海丝埃睿迪智慧水务等12个项目纳入民企项目管理库跟踪管理。在2.5产业园搭建区域总部平台集聚区，鼓励和吸引域外企业在开发区设立区域总部平台，提供免费注册办公场所，引进绿泉、宝峰、三峡等9家总部企业入驻。编制“十四五”规划纲要，提出“提升含金量、含新量、含绿量”，实施创新驱动引领、产业升级、数字经济领跑等9项重点任务。引育友臣等食品电商总部、斐乐等工业设计、利讯等贸易平台、比邻等服务型制造平台，有平台类企业近百家。平台经济贡献占销售额近一半，带动第三产业对生产总值贡献比2020年提升1.6个百分点。发展新经济，引进华数机器人等数字企业；与科复时代、京东科技共同建设新型显示数字经济产业园，锐驰与冠捷联合开发多款智能投影显示系列产品，在京东线上及冠捷线下门店销售，区内数字经济占生产总值的42.9%。重点建设数字经济、工业更新、城市更新等项目。17个市级在建重点项目年度计划投资14.86亿元，完成116.72%。

【营商环境】　2021年，泉州经济技术开发区开展"营商环境提升年"攻坚活动，深化"放管服"改革，推出"清亲清濛"微信公众号，打造惠企服务、政务审批、便民服务等平台，进驻各类服务事项551项；推广网上办、就近办和24小时自助服务。审批事项全部压缩在3个环节以内，审批时限压缩至法定时限的11.5%，行政许可事项"一趟不用跑"占比位居全市第一。推进配套提升工作，完善服务和生活消费配套。谋划建设中高端消费街区，初步选定在2.5产业园、圣弗兰小镇，打造集购物、娱乐、餐饮、休闲、健身等为一体的商业配套区。

【社会事业】　2021年，泉州经济技术开发区推进教育提质，通过推荐教师跟岗学习、研修培训等活动，发掘培养青年骨干教师，带动提升教师整体专业素质。指导公办园与普惠民办园建立帮扶协议关系，推动保教质量持续提升。推进"双减"工作，教育部监测平台9项指标均达到100%，课后服务学生参与率98.10%，教师参与率99.35%，实现有需求的学生全覆盖，学科类校外培训机构压减率100%。区内中小学100%通过福建省义务教育管理标准化学校验收。推进卫健提档，办好社区卫生服务中心，扩容办公场所，利用线上线下相结合方式开展8轮103人次业务培训，提升公办医疗水平。推进为民办实事项目，落实14项基本公共卫生服务项目。针对区内无疾控机构的实际，委托第三方指导开发区企业加强职业健康管理。

【生态建设】　2021年，泉州经济技术开发区推进生态环境建设，提升生态品质。启动全区规划环评报告编制，严把建设用地环境准入和建设项目准入，处理环境污染投诉12件，比2020年下降74.5%。深化大气、水、土壤等污染防治攻坚战，完成5个VOCs治理项目和4个制鞋企业水性胶替代项目，年度空气质量优良天数比例高于近三年平均值，大气污染物指标达到国家二级标准。推进智慧停车项目，启动奥林匹克花园低碳社区试点创建工作。

表14　2021年泉州经济技术开发区经济和社会发展主要指标一览表

指标名称	实绩（亿元）	比2020年增长（%）
地区生产总值	203.4	8.1
固定资产投资	11.85	17.3
财政总收入	13.53	2.3
地方一般预算收入	6.34	2.3
一般公共预算财政拨款支出	3.72	1.64
工业增加值	154.6	5.3
规模以上工业增加值	113.2	5.1
第三产业增加值	46.6	18.3
社会消费品零售总额	119.42	14.6
出口商品总值	53.34	15.0
实际利用外资（验资口径）	3.18	45.0

2021年7月30日，泉州经济技术开发区"职能部门进商会"科技经济发展局专场举行，相关部门负责人为企业家解读省、市、区三级推动企业科技创新、梯队成长、扩大对外开放合作等方面惠企政策

（图/泉州经济技术开发区管委会）

【科技创新】 2021年，泉州经济技术开发区实施科技创新行动计划，鼓励企业加大研发投入，R&D经费投入3.78亿元，比2020年增长24.7%，研发经费投入占生产总值比重2.06%。实施规模以上企业与高新技术企业“双向进入”，有国家高新技术企业51家，规模以上高新技术企业占规模以上企业22.4%、高新技术企业中规模以上企业占比47.1%。引进华中科大、中生协特种通信、湖南大学3个研究院，与区内外100多家企业开展技术需求对接。

【数智赋能】 2021年，泉州经济技术开发区推动企业上云用数赋智，建有70条数字化智能化生产线，推动38家企业上云上平台，其中国家“两化融合”贯彻标准示范企业9家，省工业互联网示范项目1个，省级智能制造试点企业2家，市级数字化车间5家。推动绿色数字技改，1家企业获评国家级绿色工厂。

【双向循环】 2021年，泉州经济技术开发区激活消费，举办“全闽乐购”泉州经济技术开发区狂欢购物节，开展“十大增量比拼、超百万购车补贴抽奖、千万消费券发放”活动，全面激活消费热点。批发和零售业均增长两位数以上，其中批发业比2020年增长21.72%、零售业比2020年增长20.05%。稳定外贸，从扩大出口、跨境电商、市场采购等方面出台7条政策鼓励企业走出去，全区有出口企业137家。促进线上营销，引入濛创伟业直播基地落户开发区。支持外贸企业通过网上洽谈、“云展会”等方式获取订单，组织参加首届中国跨境电商交易会等，有限额以上电商企业15家，年销售额18.45亿元，比2020年增长119.88%。加强招引外资，有外资投资企业86家。重点跟踪立邦新型材料海峡西岸经济区生产基地等项目，推动项目尽快到资、投入生产。

泉州台商投资区

【区情概况】 2021年，泉州台商投资区面积218平方千米，辖洛阳镇、东园镇、张坂镇、百崎回族乡4个乡镇，常住人口33.8万人。耕地面积4300公顷，粮食播种面积1600公顷，粮食产量8000吨。林地面积4500公顷，森林覆盖率20.8%，活立木蓄积量19.5万立方米。矿产资源以花岗岩为主。海域面积429平方千米，大陆海岸线长度80.12千米，沙滩长度10.39千米。主要旅游景点有泉州八仙过海欧乐堡景区、华光文博园景区、洛阳桥、洛阳古街、海上丝绸之路艺术公园、海上丝绸之路生态公园、月亮湾、上塘雕艺街等。

【经济发展】 2021年，泉州台商投资区完成地区生产总值355.70亿元，比2020年增长10.7%；规模以上工业增加值比2020年增长13.4%；第三产业增加值92.07亿元，比2020年增长10.3%；社会消费品零售总额98.24亿元，比2020年增长14.0%；固定资产投资比2020年增长16.0%；一般公共预算总收入25.06亿元，比2020年增长23.6%；一般公共预算收入16.70亿元，比2020年增长31.3%；实际利用外资2.50亿元，比2020年增长119.1%。

【重点项目】 2021年，泉州台商投资区举办重点项目集中开、竣工活动5场，集中开（竣）工项目43个、总投资406亿元，137个区级、25个市级、11个省级重点项目分别完成投资207.67亿元、134.13亿元、91.83亿元，完成年度计划的101.66%、120.09%、118.49%。新开工建设联东U谷·科技创新谷、泉州东站等项目52个，完成年度计划的101.96%。建成（或部分建成）泉东大道、德国侧尼特混凝土成型设备等项目31个，完成年度计划的110.71%。海湾大道双山段道路及景观工程被推荐为2021年福建省政府表彰的全省优胜项目。加快“五个一批”项目建设，完成投资166.56亿元，完成计划的100.43%。开展“项目攻坚年”和项目攻坚“插红旗”活动，分季度为招商（签约）、拔钉清障、新开工、建成投用等工作完成较好的乡镇、部门授“红旗”62面。开展“拔钉清障”专项行动，完成房屋征迁14.52万平方米，征地141.77公顷。

【城乡建设】 2021年，泉州台商投资区推进高铁片区、海江片区、湖东片区区域内基础设施建设，促进湖东片区城市功能完善和城市居民生活品质提升。五纵五横路网建成道路46.75千米，完成总投资59.95亿元，洛阳大道、南北大道、东西大道、海灵大道等完成建设并通车。组织成立高铁片区建设推进协调小组，编制高铁片区单元控制性详细规划，新泉州东站站前广场及市政配套工程建设完成年度计划投资7.9亿元。成立白沙片区棚户区改造项目工程管理指挥部，有序推进整体项目，改造工程完成年度计划总投资27.16亿元。

【生态环境】 2021年，泉州台商投资区开展污染防治攻坚战，区级集中式饮用水水源地水质保持三类标准，功能区水质达标率100%，空气质量达标天数比例99.4%，土壤生态环境质量保持良好水平，未发生环境污染事件。推进农村生活垃圾治理，坚持垃圾“减量化、资源化、无害化”处理，开展农村人居环境整治工作，全年清运、处理垃圾总量10.03万吨，无害化处理率100%。开展市容环境“大清理”行动，精细、高效管控占道经营、露天烧烤等市容乱象5896起；在洛阳古桥、亚洲艺术公园等景区量身定制“便民小屋”20处，指派专人入驻，对占道经营摊主实行“首次警告、2次处罚、3次退出”机制，引摊入市、入位经营252起。采取“基层中队+分局督查组”双轨巡查模式，整合卫片图斑、无人机“天眼”侦查、“天网工程”等监控视频资源，精准打击新增“两违”行为，拆除新增“两违”51宗，拆除面积6092.56平方米。采取低峰巡线、高峰巡面等弹性巡查方式，严查渣土车“滴洒漏”、乱倾倒等行为，立案查处渣土车案件381起，行政处罚142.05万元。

【乡村振兴】 2021年，泉州台商投资区整合成立区扶贫开发成果巩固与乡村振兴工作领导小组，科学谋划2021年实施乡村振兴战略十三大行动108项任务、乡村建设“1+6+2”实施方案，以及乡村振兴重点任务等，统筹推进扶贫开发成果巩固与乡村振兴工作。投入2.3亿元用于乡村振兴战略实施，统筹试点示范专项资金862.69万元（其中区级配套78.6万元），支持2个省级试点村、1个省级乡村振兴实绩突出村、1条市级示范线路创建，新增创建1条市级乡村振兴示范线和1个市级乡村振兴整镇推进示范乡镇。新建农村公厕15座，全区有农村公厕213座，实现村级公厕全覆盖。实施农村污水收集处理工程PPP项目，完成污水管道铺设157千米。完成村庄规划编制8个，新增完成裸房整治数842栋，创建区级“美丽庭院”示范户60户。

【社会事业】 2021年，泉州台商投资区推进教育项目建设，启动泉州师范学院附小台商区分校扩容建设工程，推进首都师大附属泉州学校、泉州幼高专附属第二实验幼儿园、区民族幼儿园教学楼等20个项目建设。与泉州师范学院合作创办泉州师范学院附属台商区中小学，先期托管玉埕中学和百崎乡3所小学。推动“双减”工作、“五项管理”落地，开展“课后服务”，推行校内课后托管服务“5+2”模式。修订下发《引进培育教育人才实施计划》，提高教育人才补助标准至60万元，加大引进和培育力度。深化区医院与泉州市第一医院医疗集团战略合作，根据区医院实际，提升19个专业科室建设；推动区医院与泉州市中医院、泉州市急救指挥中心等市级医院专科联盟建设，落实基层首诊制度。实施“名医反哺”工程，开诊27期，诊疗1670人次，专题授课5次。谋划并推动一批卫生重点项目，区医院基建项目工程包旧住院楼改造及采血区、检验科装修工程竣工验收，门诊楼、食堂预通过验收。依托微信公众号“健康新台商”，整合支付结算、免疫接种、生育服务登记等便民服务，为公众提供一体化电子健康管理服务。推进养老事业，全区每千人拥有床位数43.3张，养老机构提供医疗卫生服务率100%，基层医疗机构与老年人建立签约服务率65%以上。建成各类养老服务设施66家，居家养老服务设施覆盖率84.6%。引进5家专业养老服务组织参与到全区各类养老服务设施运营中，加快养老服务专业化建设，与泉州华光学院开展全区养老护理员培训工作，强化养老服务队伍建设。以星级评定促提升，支持农村幸福院、养老机构开展星级评定，全区有5个省五星级、6个市四星级和20个区三星级幸福院，全年兑现运行补贴及星级奖励资金118万元。建立高龄津贴制度，为全区4200多名80周岁以上高龄老人发放补贴500.56万元。推进社会保障事业，全区生活不能自理特困人员全部纳入集中供养，集中供养率100%。建立乡镇临时救助备用金制度，临时救助636人次，支出223.94万元，使用率100%。推进社区治理工作，开展省级近邻服务试点1个，推动建设“全科+专科”乡镇社工站4个。构建社银一体化服务模式，建成78个村级服务平台、54个金融服务点，建设8个城乡居民保社银联办示范点，将城居保参保登记、信息变更与养老金领取、缴费、社保卡办理等金融便民事项整合办理，形成“15分钟社银服务圈”，村级服务平台办件量1.01万件，社银便民服务点养老金领取14.8万笔、金额1.27亿元。推进文化服务，实施文艺作品质量提升工程，举办庆祝中国共产党成立100周年“七一”文艺会演以及优秀文艺作品展演展映展播等活动。组织开展文化科技卫生“三下乡”、“我们的中国梦·文化进万家”、乡村广场舞大赛、百姓舞台精品文艺演出等全区群众性文化活动63场次。完善公共文化基础设施，新建2个百姓书房、1个文化服务中心，完成2个综合文化服务中心示范点改造提升。推动优秀传统文化创造性转

泉州台商投资区海湾大道二期俯瞰（2021年拍摄）
（图/泉州台商投资区管委会）

化、创新性发展，加强文化遗产的系统性保护和活化利用。

【招商引资】 2021年，泉州台商投资区重点瞄准“3+5+3”（智能装备、新材料应用、数字包装三大产业，智能电力产业园、新材料应用产业园、数字包装产业园、台商精密机械产业园、台商新兴产业园五大特色园区，时空产业、人机交互产业、智能电网电器产业三大新基地）方向进行招商。签约海峡雕艺文化产业园项目、台商机械产业园项目、福建时代自动化新能源智能船舶研发生产运营基地项目等269个招商项目，总投资724.66亿元；新签约台商时代广场等10个重大台资及涉台项目，总投资90.15亿元。举办春节重大招商项目集中签约活动、疫情以来首场台资招商大会、产业链招商暨要素供给保障签约活动、智能电网电器产业峰会、旅游发展大会5次专题招商活动。全区69个项目被列入全市招商大会签约项目，总投资563.53亿元。

【创新产业】 2021年，泉州台商投资区实施高新技术企业提升、研发投入提升、科技成果提升3大行动计划，储备培育科技创新企业64家，认定高新技术企业21家、省级科技小巨人企业16家，新增市级以上科技特派员33位，市级科技特派员工作站1个，获市级以上立项的科技计划、研发投入分段等项目54个，完成技术交易额6673.23万元、完成率110%。一次成型透气膜生产线、HP-1200T全自动仿石砖生产线2个项目被列入省级首台套重大技术装备。3家企业被认定为国家级“专精特新”小巨人，3家企业被认定为省级“专精特新中小企业”，15个项目被列入市级以上重点技改项目，2个项目被列入市级揭榜名单。深化与中科院海西研究院新一轮科技合作，支持装备所提升平台建设、研发创新、人才团队、转化应用能力和水平，新增产学研合作企业6家。编制石墨烯产业专利导航分析，石墨烯产业专利导航项目获市级立项，通过国家知识产权管理体系认证企业8家。

2021年泉州台商投资区经济和社会发展主要指标一览表

表15

指标名称	实绩	比2020年增长（%）
地区生产总值	355.70（亿元）	10.7
财政总收入	25.06（亿元）	23.6
地方一般预算收入	16.70（亿元）	31.3
地方财政支出	17.86（亿元）	8.8
农业总产值	9.82（亿元）	1.6
全部工业总产值（规模以上）	813.24（亿元）	17.5
社会消费品零售额	98.24（亿元）	14.0
实际利用外资（验资口径）	2.50（亿元）	119.1
城镇居民人均可支配收入	51909（元）	8.1
农村居民人均可支配收入	26587（元）	9.6

泉州台商投资区城市夜景（2021年拍摄）

（图/泉州台商投资区管委会）

信 息 业

综 述

【软件和信息业】 2021年，泉州市从软件和信息服务、动漫游戏、泉企上云、工业互联网、公共服务平台发展等方面支持软件企业发展。鼓励各行业龙头企业率先加快转型升级步伐，支持互联网、软件和信息技术服务业企业与纺织鞋服、建材、机械装备等传统产业合作，实施工业互联网示范工程。培育国家级工业互联网示范项目1个（九牧）、省级工业互联网示范标杆企业18家。

【工业云平台建设】 2021年，泉州市组建以三大电信运营商、用友、金蝶为主的云服务商技术团队，引导中小企业将数据及业务模块向云端迁移，通过按需付费、以租代买、服务租赁等模式，逐步提升中小企业信息化水平，全市上云企业超3500家。实施《泉州市工业互联网标识解析二级节点建设方案》。

【动漫产业】 2021年，泉州市动漫产业在制作、发行、衍生品等开发方面发展较好的企业主要有功夫动漫和子燕动漫等。童装、童鞋、箱包、食品等主要传统行业，通过创意设计与动漫元素相结合、市场开拓与动漫形象相对接、品牌打造与动漫主题相联动，实现产品内涵提升、渠道运营能力提升、企业竞争优势提升。是年，全市有动漫相关企业166家，从业人员5000人，产值3亿元（含衍生品销售）。

【泉州市工业互联网标识解析二级节点上线】 2021年5月17日，泉州市工业互联网标识解析二级节点上线，项目总投资1075万元，打造成为福建省第二个工业互联网标识解析二级节点，服务于泉州市的纺织、鞋服等传统制造业行业。泉州市工业互联网标识解析二级节点于2020年年初准备筹建，至年底，国家信通院批复同意启动建设。

2021年5月17日，工业互联网标识解析二级节点（泉州）上线仪式举行

（图/市工信局）

数字化建设

【概况】 2021年，泉州市落实网络强国、数字中国、智慧社会等国家战略部署以及省委、省政府关于“数字福建”工作部署，推进设施新型化、数字产业化、产业数字化、治理数字化、数据价值化，深化数字化抗疫，编制“十四五”数字泉州专项规划，建立协同推进数字泉州建设的工作机制，成立泉州数字研究院和泉州数字研究院专家委员会。是年，全市数字经济总规模5342.8亿元，数字经济增加值增长率16.6%。

【数字基础设施建设】 2021年，泉州市推进数字基础设施建设，超前布局一批新型基础设施，推动数字基础设施新型化。推进5G网络建设，协调解决第二批难点清单站址192个，实现市中心城区、县（市、区）主城区和各乡镇网络信号全覆盖，其中18个新基建新经济比拼基地（园区）全部实现5G大网覆盖，七大重点应用场景——核心城区、产业园区、重要商圈、医院、校园、交通枢纽、景区等重点场所，实现5G网络广度覆盖。工业互联网二级解析节点、5G消息平台、区块链服务网络（BSN）城市节点等一批新型信息基础设施建成投用。泉州先进计算中心项目签约落地，全球商业遥感卫星地面接收站网等项目有序推进。

【数字政务服务】 2021年，泉州市加快推进数字政府建设，提升政府治理的数字化、网络化、智能化水平，推动政府治理流程再造和模式优化，加强资源集约统筹利用，提升数字政务水平。推进信息化项目管理，组织开展项目审查评估，年度建设项目由34个压缩到15个，对必建项目严格审核概算合理性，项目概算平均核减20%。对216套市直单位内部存量业务系统进行整合，精简31套。修订《泉州市级财政性投资信息化项目中介服务管理规定（试行）》，取消信息化服务中介机构强制入驻中介超市及事前审批。做大做强“泉服务”，全年整合各单位各类移动端服务与资讯入口近50个，推动“泉证照”“泉营商”等127个本地服务事项入驻，实现全市617项审批服务事项掌上可办，平台累计用户84万户。上线惠企政策线上直达兑现平台，可实现线上申兑的市级惠企政策93条、区县级惠企政策186条，注册企业数1280家，其中281家企业通过线上申报实现申报留痕，平台总访问2.75万人次。建成市级一体化办公平台，为82个市直单位和13个县（市、区）“两办”提供电脑端及移动端的协同办公应用。推进“互联网+监管”，全市通过省平台录入各类监管数据7.08万条，认领有效主项数1.01万条。

【数字经济发展】 2021年，泉州市推动数字经济发展，围绕技术链、价值链和产业链提升，以发展产业数字化为主攻方向，推进数字技术与实体经济深度融合，构建传统产业和新兴产业协同发展的新格局。福建省经济和信息中心测算，2021年泉州市产业数字化规模4833.9亿元，数字产业化规模509亿元。数字经济规模占生产总值比重超过47%。参与第四届数字中国建设峰会，组织20余家企业参与峰会数字经济招商对接会，对接项目131个，总投资595.23亿元，其中签约项目74个，总投资290.56亿元。承办2021数字中国创新大赛集成电路赛道，举办2021泉州数字产业发展论坛，16个数字经济重点项目进行集中签约，总投资42.33亿元。

SAP海丝工业互联网（泉州）创新中心、华为（晋江）工业互联网云孵化中心平台落地运营。启动建设海尔卡奥斯石材工业互联网平台，打造“石材云”平台，推出5G工业互联网智慧工厂——“石头牛工厂”。铁拓机械打造5G智能制造产业园。佰源智能装备参与完成的“高性能无缝纬编智能装备创制及产业化”项目获2020年度国家科技进步二等奖。陶瓷工业设计研究院入选首批国家工业设计研究院。智慧旅游云平台上线运营，建设景区智慧管理系统。上线源和1916景区线上导览电子地图。泉港区建设文旅联盟服务平台。天地汇公路港平台创新“无车承运人”模式，会员9万多个，服务企业6000多家。洛江新宜泉州物流枢纽中心项目试运行。中国陶瓷电商物流园一期建成投用。青创城（二期）、双奇电商园（二期）、S168网批中心、原创网批中心等加快建设和运营。建设“掌上农田”系统，实现农田建设统一、精准、高效的数字化管理。建设蜂窝云数字农业云平台，为农业企业提供可制定的物联网+智慧农业解决方案。搭建石狮市乡镇船舶管理平台，推进祥芝国家中心渔港扩建工程，泉港建设天通应急指挥平台和依托福建省渔船动态监控管理系统。

三安高端半导体系列项目投资40.64亿元，释放阳光中科“全自动新型高效多用途智能化太阳能电池生产线”产能。石狮市中石光芯院士专家工作站授牌。云箭研究院产业化项目形成生产及试验场地论证方案提交湖南云箭集团研究批准。推进建设时空运控中心、产业微园区（孵化基地）运营，中科海时创新研究院挂牌。自主投资建设完成高精度泉州城市时间源（一期）、海时温控健康大数据平台、高精度北斗GNSS形变监测大数据平台3个时空数据信息服务平台。出台平台经济“五十百千”行动方案，梳理平台经济项目80个，引进华为、SAP等工业互联网公共服务平台，扶持天地汇、青创网等一批重点平台做大做强。组织推动28家企业入选2021福建省数字经济领域“独角兽”“瞪羚”创新企业，入选企业较2020年增长3倍。培育形成一批应用场景和示范应用案例，公安智能感知大数据平台等21项应用入选省数字技术百大创新应用场景，新培育5G应用案例57个，九牧+铁拓公司5G工业互联网安全管控解决方案等14个应用案例在全国“绽放杯”5G应用各级大赛获奖，其中2个获全国二等奖。建设全省首条5G示范应用精品路线。

【大数据发展应用】　2021年，泉州市统筹数据要素配置，完善政务数据汇聚与治理体系，以构建大数据资源中心为基础，创新发展大数据产业为核心，完善大数据开发开放体制机制，推进公务数据资源有序开放，推动大数据产业发展，赋能营商环境提升，激活数据要素潜能。推进数据“三规”（规划、规则、规范）建设，编制《泉州市大数据产业发展路线图》，制定出台《泉州市政务数据管理规定》，制定完善政务数据资源技术标准规范和数据安全管理规范。构建大数据资源体系，修订市公共数据资源目录，加大汇聚力度，汇聚政务数据超过52亿条。深化政务数据治理，制定政务数据治理规则，强化数据质量管理，加速构建“6+N”数据资源体系。推动数据开发应用，制定出台《泉州市公共数据资源开发利用专业化运营方案》，开展公共数据资源开发利用专业化运营新模式，与泉州银行、建设银行签署战略合作，推进数字赋能普惠金融。推动数据共享开放，提供数据批量交换服务2000多项，发布服务接口200多个，制定《泉州市公共数据资源开放目录及责任清单》，梳理145张数据表、4800多万条数据向社会公开。推动大数据赋能营商环境提升，聚焦破解“放管服”改革堵点、痛点、难点问题，推动相关营商环境指标数据汇入市政务数据汇聚与共享应用平台。截至年底，汇聚相关指标数据159项，支撑开办企业、办理建筑许可、登记财产、执行合同、办理破产等优化营商环境18个指标。

【数字社会建设】　2021年，泉州市重视数字社会建设，提升社会服务数字化普惠水平，加快推动文化教育、医疗健康、出行、医社保等公共服务资源数字化供给和网络化服务。重点围绕社会关注的民生问题，统筹市级财政性投资信息化项目建设，创新建设模式。推进泉州市公共信用信息平台（三期）、泉州市招商数字化平台（二期）、“清亲清濛”平台项目、“泉州人才港湾”项目、泉州红色胜地云上游小程序等项目建设工作，推进泉州市级一体化办公平台、泉州市公共资源电子交易平台、市政府官方网站改版开发、数字泉州成果宣传展示厅建设项目、泉州市应急信息化建设项目（一期）、南洋华裔族群寻根综合服务平台、泉州市数字普惠金融服务平台、地理信息公共服务平台等项目建设。以“泉城通”平台为核心载体，整合公交出行、客车运输、网约出租车、社区巴士、共享单车、火车、飞机等出行服务方式，面向市民个性化出行需求提供“套餐式”的高品质出行服务。推广医保电子凭证的激活及应用工作，全市医保电子凭证激活人数450.03万人，推进泉州市区域医疗保障服务平台建设，如期上线国家医保信息平台。加强地理信息公共服务平台建设，完成历史影像数据处理、制作及更新发布，对接省地理信息平台的最新卫星影像服务，实现平台多时相影像服务。建设“台胞台企登陆第一数港”，为台胞、台企开辟专属在线服务空间。将鲤城文化底蕴数字化、资产化，开发鲤城城市IP动漫形象。国家动漫创意研发中心泉州分中心落地，建设国家级动漫CBD和3D动漫基地。南安市总医院5G+远程医疗平台项目入围工信部和国家卫健委联合发布首批“5G+医疗健康”应用试点项目“5G+远程诊断”方向试点名单。南安芯谷智慧园区项目获中国智慧城市大会“2021智慧城市先锋榜”一等奖。将智慧路灯引入山线绿道精品示范段PPP项目，建设智慧路灯119套。

【数字助力疫情防控】　2021年，泉州市提升数字化抗疫能力，依托数字化平台，加强重点人群管控，强化涉疫数据共享应用，为全市疫情防控工作科学化、精准化提供支撑，助力复工复产。泉港区、安溪县等地发生新冠肺炎疫情后，按照泉州市防控疫情应急指挥部部署，48小时内上线泉州市全场景核酸检测信息系统，实现核酸检测在采集、转运、接收、上传等全业务流程闭环管理，可支撑同时进行百万人次核酸检测采样信息登记。截至12月，该系统运用于全市2836个核酸采集点，采集1324.8万人次。

通信业

【概况】　2021年，泉州市电信业务总量112.37亿元，比2020年增长25.2%。年末电话用户总数1205.36万户，其中固定电话用户145.08万户；移动电话用户1060.28万户，其中4G电话用户675.17万户、5G套餐用户314.33万户。互联网用户1352.25万户，增加63.56万户。其中，固定宽带用户437.21万户，比2020年增加29.58万户，固定宽带家庭普及率131.6%；移动互联网用户915.04万户，增加33.98万户，移动宽带用户普及率103.9%。

【中国电信泉州分公司】　2021年，中国电信泉州分公司收入规模31.87亿元，实现利润总额4.2亿元，上缴税收1.05亿元。拥有天翼（300.5万部）、宽带（225万部）、天翼高清电视（102.3万部）、物联网（698万户）等用户1300多万户。推进覆盖深、速率高、感知优的精品网络建设。在5G方面，完成5G三期1834个室外基站、520个室分套站建设开通任务。截至年底，泉州电信5G扇区达1.34万个；5G平均下载速率超500Mb/s，重点区域超850Mb/s；城区5G覆盖率超98%，基本覆盖发达乡镇、政府、重点院校、大型综合体等区域。在光宽带方面，完成百万级用户规模千兆光网覆盖，接入局站万兆资源100%覆盖；宽带用户平均速率257.01兆；扩容城域网出口带宽600G，总带宽达4.2T。推进“云改数转”，构建数字泉州。在云资源方面，建成3座星级云机房，机架数2964个，出口带宽8400G，政务数据存储量达1P；完成云平台3大项、17小项安全加固工作，服务器防攻击能力达到5000G，安全等级99.99%；成立云网融合技术支撑团队，培养独立运维能力，云平台维护费压降近20万元，节约成本32%。依托云网融合优势为客户打造全面定制、深度融合、安全可信的5G定制网。5G定制网覆盖九牧、铁拓等12家企业，完成“5G+工业互联网安全管控解决方案”“5G+MES+机器视觉助力纺织行业智能制造”等项目解决方案；成立泉州市5G应用创新发展中心，打造海纳5G数字工厂、南安5G智慧石材、铁拓5G智造产业园、天通卫星智慧海洋项目、智慧停车场等一批标杆项目。发挥行业信息化优势，落实各项重点任务。推进疫情防控，9月莆田发生疫情，中国电信泉州分公司通过天翼云搭建泉州市全场景核酸检测信息系统，出动近3000人次助力培训和网络保障，推广门磁+云监控+大喇叭应用。服务乡村振兴，实施乡村振兴“五大行动”，建成平安乡村示范村955个、达标村1740个、示范镇112个；承接地方帮扶单位4个、个人26人，消费帮扶121万元，完成率111%。强化网信安全，完成单位网络保障519次，承接数字办会议保障任务406场，保障各大活动32场。

【中国移动泉州分公司】 2021年，中国移动泉州分公司作为泉州主导通信运营商，是福建移动客户规模和收入规模最大的分公司，处于中国移动收入超50亿元的大地市第一阵营。全年实现收入56.9亿元，比2020年增长5.9%。加快网络建设，推进5G精准建设，新增5G站点2436个，建设规模全省第一，5G站点总数超5000个，实现乡镇以上100%覆盖；开通700兆站点821个，实现乡镇中心点亮覆盖。开展宽带专项建设，超常规推进接入网“领航行动”，新增宽带覆盖地址75万个，农村覆盖率93%、城镇覆盖率98%；专项申请NB网络建设资源，加快推进2G物联网向cat1迁移。建设专线4159条，新增集宽端口3.75万，整体专线建设规模比2020年提升81%。通过“书记项目工程”的牵引，攻坚无线难点113个、宽带难点30个。攻坚后的4G站点忙时利用率高出整体10PP，5G站点分流比高于平均水平。提升5G数智水平助力兴企，借助热点强化5G感知，抢占触点提升5G体验，模板促进5G登网，开展5G重点项目主题签约，量质并重推进5G引领发展。打造全国首款“城市世遗IP”5G定制手机，将IP元素融入高科技现代的通信手段；在“5·17”世界电信和信息社会日推广全省首个5G行业消息手机报，联合合作伙伴举行5G消息创新大赛；结合“建党百年，智造泉州”主题开展5G重点项目主题签约，单日签约总额超亿元；6个项目获第四届“绽放杯”5G行业应用赛道奖项，包括福建泉州福海粮油5G智慧工厂项目、泉州石材行业“5G+工业互联网”项目、福建柒牌时装5G智慧工厂项目、福建信泰5G绿色智联智造项目、福建众益太阳能5G智慧园区项目、福建信泰5G绿色智联智造项目；5G网络客户超百万户，5G网络用户渗透率、5G流量份额均排名全省前列。

【中国联通泉州分公司】 2021年，中国联通泉州分公司加快数字信息基础设施建设，推动5G/4G、千兆光网、政企精品网络建设，服务社会民生，赋能数字化智慧生活。全年主营收入13.7亿元，服务手机用户180万户、宽带用户40万户、企业双线用户1.3万家。加强5G/4G精品网建设，按照“快建、多建、广建”要求，强化与电信共建共享，打造5G/4G一张网。建设开通5G基站2878个，5G基站规模5254个，共享及建设4G基站2251个，4G基站总数1.02万个，为用户提供优质的移动通信网络服务。提升千兆光网服务能力，“光纤到户”端口81万个，其中千兆端口占比94%，千兆网络覆盖180万户家庭。完善政企精品网覆盖，通过构建覆盖所有县（市、区）367个关键节点的政企精品网络，开展优质的升级组网服务，提供低时延、高带宽、高可靠、广覆盖的智能网络。立足于企业及各类园区的实际需要，推出“联通云犀”“联通云聚”等创新产品，为用户提供云录音、云转写、云质检、云名片、云定位、云识别等解决方案。发挥运营商资源禀赋，以云网融合创新技术赋能千行百业，推动数字产业化和产业数字化高质量发展。推动企业上云上平台，依托1个中心云池+8个下沉边缘云池构筑云网底座，建设“两张网，一平台，一朵云”的生态的产品体系，赋能企业转型升级，推动128家企业上云上平台。助力智慧社会建设，中国联通东南研究院自主研发智慧河湖长制平台、矛盾纠纷多元化解平台、智慧社区平台、数字乡村平台等，为生态水利、公检法、社区、乡村等提供现代科技手段，建设集视频监控、平台管理、报告分析等系统为一体的综合管控中心。助力数字经济蓬勃发展，利用5G专网、MEC边缘云、5G切片等技术与实际应用场景相互融合赋能消防、能源、纺织服装等制造业企业，到300多家企业调研，与13家企业签订战略合作协议。

【泉州市首个融合智慧党建与5G应用成果的数字展厅揭牌】 2021年7月10日，由中共泉州市委网信办、市工信局、市科技局、市数字办指导，中国移动泉州分公司、泉州数字研究院、中国科学院海西研究院泉州装备制造研究中心主办的“党建领航 智造泉州”2021年党建和创暨5G智造签约仪式在中国移动泉州分公司城东总部举行。活动中，泉州市首个融合智慧党建与5G应用成果的数字展厅——“和创智慧

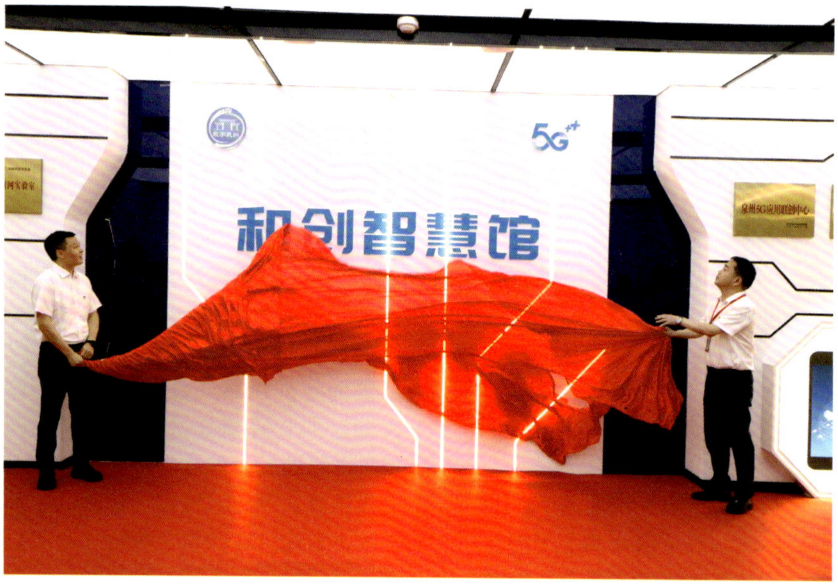

2021年7月10日，泉州市首个融合智慧党建与5G应用成果的数字展厅——“和创智慧馆”揭牌　（图/中国移动泉州分公司）

馆”揭牌并投入使用。“和创智慧馆”集党史学习教育、合作创新、新技术体验、能力转型等用途于一体，利用先进的5G+AICDE（人工智能AI、物联网IOT、云计算Cloud Computing、大数据Big Data、边缘计算Edge Computing）技术，展出多款同各行各业和人们生活息息相关的5G应用方案，旨在为泉州各行业相关方提供5G交流协作平台。

无线电管理

【概况】　2021年，泉州无线电管理局推进无线电管理各项工作，强化服务意识，合理配置和利用各项无线电管理资源，规范无线电台站审批与管理，加大执法监督检查力度，加快技术设施建设步伐，开展无线电安全保障，维护空中电波秩序。全年排查不明信号20个，排查无线电干扰7起，所有干扰均排查完毕，解决率100%。

【频率台站管理】　2021年，泉州无线电管理局服务重点设台单位，支持泉州重点项目、福建首个全球商业遥感卫星地面站建设。开展电磁环境测试和频率协调，主动上门了解设台需求和困难，帮助设台单位和国家无线电管理部门沟通。开展专项频率台站核查工作，核实民航、广电、气象和铁路等部门的台站200多个。开展无线电频谱赋能智能制造情况的调研，编制调研报告，推动5G和工业互联网深度融合。全年受理行政审批79件，核发电台执照2万多份，收缴频率占用费48万元。

【对讲机产业发展】　2021年，泉州市生产的对讲产品主要包含短波电台、业余电台、民用对讲产品、警用对讲产品等，主要工作在27兆赫兹、150兆赫兹、350兆赫兹、400兆赫兹频段。其中模拟对讲机占80%，公网对讲机占10%，数字对讲机占5%，公众对讲机和水上业务对讲机、警用终端、集群终端等产品占5%。除生产传统的对讲机终端产品，泉州市对讲机产业在应急、森林、轨道交通等传统专网领域和数字经济新兴领域发力，研发和生产系统级对讲产品，融合通信产品创新成为市场新增长点。是年，全市有对讲机生产企业200多家，经销商800多家，从业人员5万人，另有2万多名营销人员分布在全国其他省市，年产近3500万部无线电对讲机，约占全球对讲终端产量的60%。

【行政执法检查】　2021年，泉州无线电管理局开展打击“伪基站”“黑广播”违法犯罪活动，查处黑广播案件7起，拆除黑广播设备7套。会同公安、广电部门成立黑广播查处专班，协助公安部门查处1件扰乱无线电通信管理秩序案件。组织对非法设置使用、生产、销售无线电发射设备案件的查处，全年结案3件，收缴罚款17.5万元。通过向市场监管部门移交违法线索，查处1起生产企业违法案件。配合工信部完成无线电设备型号核准双随机抽查工作，抽查12家企业的12款对讲机产品，合格率100%。

【无线电安全保障】　2021年，泉州无线电管理局完成全国高考、公务员招考以及卫生、会计、建造师职称考试等15场无线电安全保障任务。5月，泉州市少年儿童田径锦标赛暨晋江第18届世界中学生运动会测试赛在晋江少体校举行，泉州无线电管理局组织监测技术人员开展全过程保障，排除干扰隐患1起，确保赛事期间无线电通信正常运行。

【信息宣传】　2021年，泉州无线电管理局结合“双随机、一公开”等专项检查，开展无线电管理法律法规宣传，分发宣传材料1000余份；结合考试保障工作，在各考场通过摆设展板、发放宣传资料、现场展示设备等方式，向群众和考生宣传无线电条例以及利用无线电设备进行考试作弊应负的法律责任，提高全社会对无线电的了解和依法用频意识。

【监测检测】　2021年，泉州无线电管理局开展无线电监测，记录并分析监测数据，排查不明信号，按时完成各项监测任务。开展航空、铁路、水上、广电、移动通信等重点频段监测保护，主动发现并查处非法广播电台2个，排查移动通信干扰1起，保障通信运行安全。保障合法电台，维护空中电波秩序。

交通·邮政

交通建设

【概况】　2021年，泉州市推进交通建设，完成交通基础设施投资130.4亿元（不含铁路），其中高速公路11.1亿元、普通公路53.7亿元、港航15.4亿元、站场建设及运输装备1.6亿元、现代服务业48.6亿元。全市公路通车总里程1.85万千米（位居全省第一），较2020年增长355千米，公路密度168.2千米/百平方千米；高速公路通车总里程680千米，高速公路密度6.18千米/百平方千米，保持全国前列。

【铁路建设】　2021年，泉州市推进铁路建设。截至年底，全市铁路总里程360千米，其中高铁里程86.97千米。在铁路总里程中，内燃里程243.8千米，电气化里程116.2千米，高铁里程86.97千米。

【高速公路建设】　2021年，泉州市推进高速公路建设，完成泉厦漳城市联盟路泉州段增设院前匝道收费站建设；续建泉南高速公路永春至汤城枢纽段及沙厦高速公路德化至汤城枢纽段改扩建工程，年度完成投资11.05亿元。其中，泉南高速公路永春至汤城枢纽段完成投资8.05亿元，沙厦高速公路德化至汤城枢纽段完成投资3亿元。12个高速公路项目同时开展前期工作，大安高速泉州段、泉梅高速泉州段组织初勘初测验收，政永高速德化至永泰段经营性建设项目投资人挂网招标，洛江至丰泽、安溪至翔安完成工程可行性研究报告行业内审，锦斗互通工程可行性研究报告、初设获批。14个高速公路项目被列入福建省交通“十四五”现代综合交通运输体系专项规划，其中沈海联络线泉（州）金（门）高速泉州段纳入国家综合立体交通网规划备选项目。推动高速公路路衍资源省、市战略合作，市政府与省高速公路集团有限公司签订战略合作框架协议，开展名优产品展销、特色现代农业、特色餐饮、文化旅游、民宿、公共服务6个领域商业化合作开发，推动路衍经济与文旅企业深度合作，打造感德、九仙山、永春东、崇武收费站特色民宿，实现路衍经济效益和社会效益最大化。

【普通国省干线公路】　2021年，泉州市推进普通国省干线公路建

2021年，泉州市打造223千米最美滨海国道。图为G228线石狮段

（图/市交通运输局）

设。截至年底，全市普通国省道通车里程1362千米、公路密度12.38千米/百平方千米，均居全省第四。建设S312线南安市金淘镇过境段公路工程等18个项目，新改建124千米，完成投资13.68亿元。新开工泉州大桥及接线扩宽改造工程和德化县龙门滩至碗坑段项目，泉州大桥及接线扩宽改造工程完成投资1.33亿元，占年度计划133%，完成旧桥维修加固工程提前恢复双向通车。承办全省2021年普通公路施工标准化指南宣贯培训暨现场观摩会议，打造晋江市东部快速通道一期工程等品质工程、绿色公路示范项目。

【农村公路】　2021年，泉州市推进农村公路建设。截至年底，全市基本实现乡镇通达三级及以上公路，85%以上的建制村通达双车道及以上公路；农村公路通车总里程1.65万千米，稳居全省首位，占全省农村公路总里程的17.5%；农村公路密度149.67千米/百平方千米，居全省第二。新增采集入库755千米，较大人口规模自然村组通硬化路入库率100%。完成农村公路路网建设279千米、安全防护工程312千米、危（病）桥改造29座，完成路面修复19.8万平方米，打造“建设达标、管护到位、主题突出、服务优质”的“美丽农村路”207千米。

【港口建设】　2021年，泉州市推进港口建设。截至年底，泉州港（不包括湄洲湾南岸的港区）港口水运工程在建项目4个，实际完成投资5.5亿元，完成年度投资计划的100%。石湖作业区5～6号泊位工程进行现浇胸墙面层、灌注桩、轨道梁、堆载砂等施工，5号泊位水工主体完工。石井作业区16～17号泊位工程进行沉箱预制、陆域回填、基槽开挖、出运码头等施工。锦尚作业区2号泊位扩建及4号泊位工程完工，进行交工、档案等专项验收。

2021年1月28日，载重吨1.15万吨的“兴通739”号船投入运营

（图/市交通运输局）

围头湾石井航道二期工程被列入交通运输部2020—2021年公路水路重点项目库，是省交通运输厅两个省级航道疏浚物综合利用试点项目之一，进行疏浚、炸礁等。锦尚作业区4号泊位扩建工程完成项目核准、港口岸线批复、初步设计批复、施工图审查等，办理开工前其他手续。石井作业区11～12号泊位工程完成项目核准，办理港口岸线使用等手续。

【机场建设】　2021年，泉州市推进机场建设，晋江国际机场建设项目投资3.14亿元，停机位增至34个。推进扩能改造工程建设，开展国内航站楼钢梁、钢柱吊装、塔台施工、国际航站楼扩建前期准备等工作，完成投资1.5亿元。安防提升工程通过验收投用，航空保障楼工程完成验收，实施局部装修品质提升工程及雨披工程结构施工，做好贵宾服务区转场至航空保障楼准备工作；委托编制空港服务园9～14号楼控制性详规。实施新建、改造环境品质提升项目28个，国际航站楼幕墙LED、入口景观提升、“红色引擎·一齐飞”党建基地等项目完工投用，顺丰速运配送中心扩容完成地基浇筑。推动“智慧机场”建设，与华为公司签订战略合作框架协议，加强信息化建设顶层设计，综合办公信息平台启动建设；加强自主研发创新，建立机场科研中心，投入研发费用1403万元，自主开发安检通道反恐智能应急联动装置、智慧机场防控智行安全管理系统和民用机场货物行李智能全方位消毒装置等产品。

【《泉州市“十四五”现代综合交通运输体系专项规划》批复实施】　2021年10月，《泉州市“十四五”现代综合交通运输体系专项规划》经市政府批复实施。规划提出：至2025年，基本建成“海上丝绸之路”重要门户、闽台融合重要通道、国家物流枢纽，基本建成“369”出行交通圈（中心市区30分钟通勤，中心市区至所辖县城、各县城至所辖乡镇60分钟通达，环湾核心区至全省各地市中心市区90分钟通达）和“123”快递物流圈（泉州至省内城市1天到达，至京津冀、长三角、粤港澳大湾区和成渝地区双城经济圈2天到达，至国内主要城市3天到达）。

交通运输

【概况】 截至2021年年底，泉州市有营运汽车总数6.14万辆，其中客运车辆2.36万辆、危险货物运输车辆657辆、普通货运车辆3.71万辆。全市公路运输总周转量增幅16.6%。全市拥有水运企业70家；拥有营运船舶255艘（货船254艘、客船1艘），营运货船运力规模405.7万载重吨，居全省各地市第二；集装箱箱位17万标准箱，比2020年增加1.7%。新增4家10万载重吨以上企业。水路运输总周转量2800.4亿吨千米，比2020年增长10.1%，增幅居全省各地市第三。泉州和台湾集装箱班轮运输航线运营138航次，运载集装箱8774标准箱；泉州与台湾本岛海上直航运载散杂货物9.7万吨；泉州与金门、马祖、澎湖海上直航运载货物6.9万吨。

【铁路运输】 2021年，泉州市完成铁路客运量851.9万人次，比2020年增长6.73%；完成铁路货物运输量771.53万吨，比2020年减少9.33%。

【道路运输】 2021年，泉州市开展乡镇和建制村通客车排查和整改工作，因地制宜、因镇施策，采取“班线延伸+镇村公交+区域运营+预约响应”通车模式，巩固提升“村村通客车”工作成效。全市2055个建制村100%通客车。其中，采取班车（含区域运营）及公交通车模式的建制村2054个，采用预约响应式通车模式的建制村1个（惠安县紫山镇半岭村）。建好用好乡镇综合运输服务站，完成安溪龙门南翼新城综合运输服务站建设。推动巡游和网约出租车融合发展，巡游、网约出租汽车在营车辆1.87万辆，组建“爱心车队”，重启“95128”电召服务电话，推动解决“老年人打车难”问题。鼓励支持冷链运输发展，省、市两级下达购置冷藏运输工具补助资金423.9万元，全市新增投入冷藏车辆32辆。网络货运虹吸效应显著，交通运输平台经济平稳发展，南安天地汇、福建宏图华昌、泉州闽运兴等13家网络货运企业成交票数66.47万票，交易运送量1389.91万吨，营业收入69.74亿元，为地方创收2.33亿元。

【泉州湾跨海大桥差异化收费政策实施】 2021年7月1日起，泉州湾跨海大桥差异化收费政策实施，使用电子不停车收费的一类小客车通行费由2.68元/千米降为1.2元/千米，降费幅度超一半，民众跨泉州湾出行享受降费政策红利，推动泉州环湾向湾集聚发展。

【泉州市首单多式联运“一单制”运单签发】 2021年，泉州市首单多式联运“一单制”运单在石狮签发。此次联运货运经由南安发往九江，总计218个40尺集装箱，超5000吨货物，全程“一份合同、一单到底、一票结算”，节省物流成本超30%。

【水路运输】 2021年，泉州市延续水路运输行业、泉金客运航线扶持政策，牵头制定市级“丝路海运”建设方案配套资金管理规定，对新增外贸集装箱航线、拓展“丝路海运”命名航线以及支持泉州港直航台湾本岛集装箱运输航线发展进行奖励。市、县两级审核、兑付促进港航业发展资金超1亿元。全市新增10万载重吨以上企业4家，运力规模254艘/405.6万载重吨，运力规模居全省各地市第二位。截至年底，泉州港口开通集装箱班轮航线39条，其中内贸航线29条、外贸航线9条、外贸内支线1条；泉州港口开通“海丝航线”6条，其中菲律宾马尼拉航线4条、越南航线1条、日本航线1条。与19个国家有海运往来，“丝路海运”集装箱班轮航线（不含港澳台）运营283班次。

【航空运输】 2021年，泉州晋江国际机场年完成航班起降5.2万架次、比2020年增长4.1%，旅客吞吐量598.4万人次，比2020年增长6.5%，货邮吞吐量7.3万吨，比2020年下降5.6%，在全国235个民用航空机场中分别位列第56位、第41位和第36位；厦门航空、深圳航空、东方航空、西部航空等37家国内外航空公司驻场运营，通航航点80个（国内69个、国际地区11个），完

2021年8月31日，泉州市重启“95128”电召服务电话，推动解决“老年人打车难”问题。图为“95128”爱心车队 （图/市交通运输局）

成总营收6.89亿元。优化干线航班网络，推广中转联程业务，提高航班密度，实现省会城市（南昌、福州除外）和主要千万级机场全覆盖，新增湛江、万州、西双版纳、宜宾、郴州、吉安（井冈山）、琼海7个航点；加密北京首都、成都天府等干线航班。坚持“客货并举”，加强与顺丰公司、晋江陆地港合作，开通国际“客改货”航班，天津货航新开国内全货机航班。每天进出港航班248架次。

【城市公交】 2021年，泉州市修订《泉州市市级城市公交成本规制管理暂行规定》和《泉州市域跨区公交线路市县两级财政补贴分担管理规定》，市本级财政公交运营投入提升至1.6亿元。新增公交车辆73辆、公交线路14条，优化公交线路34条，中心市区开通微循环公交2条，整治公交站名牌双语标识3002个，完成中心市区168座公交电子站牌建设。

邮政业

【概况】 2021年，泉州市推动邮政业发展，邮政行业业务总量完成193.28亿元，比2020年增长25.78%，业务收入完成144.43亿元，增长10.11%。其中，泉州市快递业业务量完成21.66亿件，比2020年增长26.12%，福建省占比超52.2%，全国排名第十位；业务收入完成129.08亿元，增长12.64%；邮政业四项指标均居福建省首位。

【邮政公司】 截至2021年年底，泉州市提供邮政普遍服务的营业场所有220处，服务半径4.07千米。平均服务人口4.41万人，电子化营业场所有220处，邮筒（箱）374个，村村通邮率100%，村邮站138个，便民服务站1690个，邮政专用标识车辆338辆，新建住宅小区信报箱配置率100%。

【快递企业】 截至2021年年底，泉州市拥有许可法人快递企业93家，登记备案的分支机构和末端网点2751家，涵盖国内主要快递品牌和 FedEx、DHL等国际品牌超20个，其中业务量超过1亿件的快递品牌6个、业务收入超过10亿元的快递品牌6个。泉州是福建省内快递业的功能集聚区，设有快递区域总部或省级分拨中心11个。全市建成31套智能化分拣作业线，省、市级分拨场所实现自动化分拣。从业队伍保持稳中有增，从业人员超过2.6万人，居全省首位。

【行业发展】 2021年，泉州市邮政管理局推进“快递进厂”“快递进村”“快递出海”工程。快递企业通过“仓配一体化”等方式服务制造业发展，形成顺丰霞美仓、宝峰仓等典型仓配一体化项目，年均服务制造业件次超过7000万件，直接支撑制造业产值超过370亿元。推动邮政速递、顺丰、京东、德邦4家直营型快递企业采取直投到村、邮快合作等方式完成农村快递网络布局，安溪县在全省率先启动客货邮融合试点，创新联合市委组织部推行“党建+寄递”便民服务，实现乡村寄递公共服务进驻村级党群服务中心，农村寄递物流体系建设初见成效。泉州国际邮件互换局上线“E邮宝”业务，跨境邮件实现本地通关，全年处理邮件159.43万件，比2020年增长81.42%。Shopee快件转运仓、Lazada晋江仓、福建E速宝中转仓在泉州设立运营，支撑跨境商贸实现更快更高速流转。行业基础设施建设不断加速，顺丰创新产业园开工建设，德邦集团东南总部成片征收开发方案上报省政府，韵达分拨中心基本建设完毕，圆通福建总部项目初步与石狮市政府达成购地协议。

【行业服务】 2021年，泉州市邮政管理局打造邮政综合便民服务平台，泉州市邮政寄递服务100%进驻辖区7个政务服务中心，实现警邮、税邮、政邮合作县、市全覆盖，开办“警医邮”业务覆盖9个县、市，建成福建省首家邮政机动车登记服务站。推进邮政服务进景区、进校园，新增福建经贸校园邮政所、虹山土楼主题邮局，洛阳桥邮政所、洛阳桥主题邮局。联合泉州市公安局交警支队出台《泉州市邮政快递专用电动三轮车通行管理方案》，邮政快递专用电动三轮车将实行车辆注册登记，实现依法上路，依规管理。推动行业绿色发展，全市一联面单使用率85%，快件瘦身胶带封装比例95%，电商快件不再二次包装率88.5%，循环中转袋使用率95%以上，鼓励快递网点设置包装废弃物回收装置超过500个，推进试点建设一批绿色示范分拨中心及网点。

【安全监管】 2021年，泉州市邮政管理局在全国率先制定《泉州市邮政快递企业安全生产标准化评定标准（试行）》及《泉州市快递营业网点安全生产标准化评定标准（试行）》，按进度培育标杆企业。全市15处省级快递分拨中心完成规范化改造。修订发布泉州市邮政业突发事件应急预案，推动行业应急管理工作融入地方应急管理体系。提升行业数字化监管水平，启动泉州市邮政管理局邮政快递业监管服务平台建设项目。

商贸流通服务业

批发零售业

【概况】 2021年，泉州市多次组织“购物节”“汽车节”等“全闽乐购”消费促进活动，发放购车消费券，结合泉州市申报世界遗产，繁荣文旅消费。截至年底，全市限额以上批发零售业法人企业达到4333家，比2020年增加588家，实现商品销售总额9617.81亿元，比2020年增长27.9%；其中商品零售额1553.21亿元，比2020年增长6.1%。社会消费品零售总额5819.72亿元，比2020年增长11.3%。限额以上商贸企业达到4119家。

【农畜产品批发及零售】 2021年，泉州市有限额以上农、林、牧、渔产品批发业法人企业16家，从业人员393人，年销售总额40.91亿元。

【食品饮料批发及零售】 2021年，泉州市有限额以上食品饮料批发及零售业法人企业528家，从业人员2.85万人，年销售总额638.68亿元。

【纺织、服装及家庭用品批发及零售】 2021年，泉州市有限额以上纺织、服装及家庭用品批发及零售业法人企业1226家，从业人员1.39万人，年销售总额3298.51亿元。

【文化、体育用品及器材批发及零售】 2021年，泉州市有限额以上文化、体育用品及器材批发及零售业法人企业92家，从业人员1343人，年销售总额69.11亿元。

【医药及医疗器材批发及零售】 2021年，泉州市有限额以上医药及医疗器材批发及零售法人企业83家，从业人员5022人，年销售总额176.47亿元。

【矿产品、建材及化工产品批发】 2021年，泉州市有限额以上矿产品、建材及化工产品批发业法人企业605家，从业人员3203人，年销售总额2858.18亿元。

【机械设备、五金产品及电子产品批发】 2021年，泉州市有限额以上机械设备、五金产品及电子产品批发法人企业203家，从业人员4227人，年销售总额312.56亿元。

【汽车、摩托车、零配件和燃料及其他动力零售】 2021年，泉州市有限额以上汽车、摩托车、零配件和燃料及其他动力零售法人企业412家，从业人员1.34万人，年销售总额581.35亿元。

【烟草批发及零售】 2021年，泉州市有限额以上烟草批发及零售法人企业2家，从业人员1124人，年销售总额136.31亿元。

住宿餐饮业

【概况】 2021年，泉州市限额以上住宿餐饮业法人企业实现营业额72.05亿元，比2020年增长35.2%；实现餐费收入和商品销售额收入48.74亿元，比2020年增长29.3%。

【星级酒店】 2021年，泉州市有星级饭店59家，其中五星级酒店13家、四星级酒店28家、三星级酒店18家。拥有客房1.02万间，床位1.59万个。

【一般旅馆】 2021年，泉州市有限额以上一般旅馆法人企业78家，从业人员2953人，年营业额10.83亿元。

【旅游饭店】 2021年，泉州市有限额以上旅游饭店法人企业110家，从业人员1.19万人，年营业额29.36亿元。

【餐饮服务】　2021年，泉州市有限额以上餐饮业法人企业135家，从业人员6644人，年营业额29.62亿元。持有食品经营许可证的餐饮服务单位6.66万户，其中属于餐饮服务经营者的6.34万户，属于单位食堂的3235个。餐饮服务经营者包括中央厨房21户，集体用餐配送单位43户，单位食堂中包括学校食堂2179个。从餐饮服务单位的主体类别来划分，属于企业法人的3533户，属于个体工商户的6.08万户，农民专业合作社7户，其他2206户。50平方米以下的小餐饮单位6123户。

会展业

【概况】　2021年，泉州市贸促会组织企业参加国内线下展、国际线上展，为企业拓展国内外市场牵线搭桥，组织22家企业、24个展位参加第二十三届海峡两岸经贸交易会。组织98家企业分别参加线上“云展会”。推进“展览+产业”“展览+文化”等会展模式；发挥“经贸外交”“民间外交”优势，主动对接泉州侨亲侨商资源；推进商会服务体系建设。

【办展组展】　2021年，泉州市开展“泉州品牌专区”推广计划，有序组织1206家企业参加第129届、130届“线上广交会”。组织183家企业参加泉州外贸云展会，展会主题包括家居用品、防疫物资、消费品等。组织泉州市452家采购商参加第四届中国进口博览会，意向采购企业及单位47家，采购需求11亿美元，现场签约意向采购2亿美元。

【会展企业服务】　2021年，泉州市贸促会打造以展会为载体的城市宣介、产销对接、商务洽谈等复合平台。主办莫斯科茶业博览会云展会、中国—南美纺织服装及轻工产品云展会、东盟家居用品及礼品云展会、时尚家居礼品云展会（欧洲站）、RCEP日用消费品云展会6场线上展会，吸引700多家国际采购商与泉州市企业共聚云端、共话商机；5月，组织22家陶瓷艺品、茶具、布艺礼品、食品等企业参加第二十三届海峡两岸经贸交易会，设立泉州展示专区，宣传泉州历史人文、营商环境、产业特色、城市形象等，推动泉州食品等优势产业产销对接、供需匹配；6月，举办第十二届中国·泉州国际汽车文化博览会，成交车辆6000余台，现场销售额超10亿元。

【国际化经营】　2021年，泉州市贸促会强化与国（境）外商协会的机制化务实化合作，邀请印度尼西亚泉州青年商会等举办商务座谈，分别与危地马拉—中国合作商会、世界泉州青年联谊会柬埔寨分会、泰国石狮商会、赞比亚华侨华人总会和菲华归侨经济促进会建立友好合作关系，授权设立中国国际商会泉州商会日本、柬埔寨、泰国、赞比亚4个海外国际商会联络处，并向境外商协会推送经贸信息等550多条次，为企业高质量发展拓宽渠道、打开窗口。

【商会会员服务】　2021年，泉州市贸促会紧扣服务企业发展职责，建立完善企业副会长轮值、企业联络员、挂钩走访等一系列日常工作制度；做好会员发展、管理、服务工作，已拥有会员企业2300多家。对接参与中国国际商会、福建国际商会工作，推荐泉州市匹克、利郎、达利、固美金属4家企业担任福建省国际商会第四届理事会副会长单位，另有4家企业担任常务理事单位、7家企业担任理事单位，助力企业开拓视野、对接资源，提高知名度和影响力。

【第七届“海丝”国际品牌博览会】　2021年12月24—26日，泉州市举办第七届“海丝”国际品牌博览会（以下简称“品博会”），石狮国际时装周同台展示。该届品博会以“新丝路、新格局、新业态”为主题，展会规模1万平方米，设置322个国际标准展位、13个展区，吸引20多个国家及地区150家在闽企业参展，展出商品逾万种，入场参观人数1.24万人次，专业采购商538家，现场成交额4120万元，意向成交额2.3亿元。

粮食储备与供应

【概况】　2021年，泉州市增强粮食质量检验监测能力，补助财政资金100万元，用于加强市、县两级粮食质量安全检验监测能力建设，实现每个县级中心粮库都有粮食检化验室。全市粮食总消费量281万吨，总产量50.4万吨，粮食自给率17.9%。依托全市20个粮油价格监测点，常年坚持市场粮油价格监测，密切关注市场行情动态。

【粮库建设】　2021年，泉州市推进粮库仓容扩容建设，有标准化仓容79.8万吨，超过政府下达的储备规模应匹配的仓容数量。按照储备规模与标准化仓容相匹配原则，推动泉港、石狮、德化等3个县（市、区）分别建设4000吨、2万吨、7000吨仓容，补齐标准化仓容缺口。10个县级以上中心粮库全部完成智能化信息化升级改造，与省级粮食管理平台实现库点、仓房、货位、粮情和安防等6项信息的数据对接。

【粮食加工企业】　2021年，泉州市继续推进粮食加工工作，粮油加工填报企业33家，其中大米加工企业11家、食用油加工企业5家、小麦粉加工企业9家、副食品加工企业5家。全市粮油加工企业完成工业总产值148.67亿元，主营业务收入180.04亿元，销售收入180.5亿元，销售成本162.76亿元，利润总额5.65亿元。全市粮油加工企业年处理稻谷量56.66万吨，年处理小麦111.9万吨，年处理油料100万吨，年精炼油脂103.25万吨。

【粮食应急体系】 2021年，泉州市继续建设完善粮食应急体系，建立粮食应急加工企业20家，其中大米加工企业10家、小麦粉加工企业7家、食用油加工企业3家，其中省级大米应急加工重点企业5家、市级粮食应急（骨干）加工企业7家。建立粮食应急供应网点193家、应急配送中心5家、应急储运企业9家，基本满足泉州市粮食应急保障需要。粮食应急网点主要分布在各县（市、区）、泉州台商投资区的连锁超市、门店、综合超市、粮油商店等，应急加工企业、商超、批发市场、粮油供应网点等应急网络节点依托物流配送服务连接，形成网状应急供应配送服务网络。

【粮油监督】 2021年，泉州市组织开展应急成品粮油库存、政策性粮食出库、收购等专项检查。加强对储备粮、政策性用粮、放心粮油质量的监督管理，抽检粮油样品476份，检查项目涉及质量指标、储存指标、重金属及真菌毒素等，食品安全指标合格率100%，质量安全指标合格率99.37%。加强与粮食主产区的产销协作，签订粮食购销协议70多万吨，补给粮源缺口。

烟草专卖

【概况】 2021年，泉州市烟草专卖局、福建省烟草公司泉州市公司实现税利36.06亿元，比2020年增长0.14%；实现不含税销售额119.3亿元，增长2.44%；实现卷烟销量37.08万箱，增长0.3%。

2021年8月27日，泉州市“保护未成年人免受电子烟侵害”专题巡讲队到泉州第五中学巡讲　（图/市烟草专卖局）

【专卖管理】 2021年，泉州市烟草专卖局、福建省烟草公司泉州市公司统筹推进专卖体系建设，构建新发展格局。查获假烟2131.7件，比2020年增长20.6%；走私烟67.8件，下降24%；查获大型烟机11台，破获重大案件14件；查获异常流动真烟4391.6件，增长5.2%，查获量和查销比均排全省烟草行业第　一名。

【卷烟销售】 2021年，泉州市烟草专卖局、福建省烟草公司泉州市公司加强卷烟零售现代终端建设，完善现代终端验收进退机制，泉州市卷烟零售现代终端占比达21%。规范“海丝新晟”流通品牌店选点及建设标准，试行客户全资建设方式，建设43家流通品牌终端。助力乡村振兴，打造98户“五个一批”农网特色终端、诚信经营示范终端，提升农网客户经营能力。协同泉州市文明办，以助力文明城市建设为目标，开创性地推动文明吸烟环境建设，建设熄烟点6436个。

食盐专营

【概况】 2021年，泉州盐务局立足市场，加强监管，提高辅助执法能力，多措并举促进经营业务发展，全员参与网格化建设，开展闽盐品牌宣传活动，巩固传统销售渠道，强化小配送工作，加强与社区电商平台的沟通协调，统筹推进疫情防控和保障市场供应工作，实现盐产品销量总量5.14万吨，完成年计划总量5.69万吨的90.3%，比2020年增长4.8%。实现营业收入9018.58万元，比考核目标数9649万元减少630万元，完成年计划的93.46%。实现利润总额718.17万元，比考核目标数870万元减少152万元，完成年计划的82.53%。

【食盐销售】 2021年，泉州市实现小包装盐销售1.81万吨，完成年计划量2万吨的90.9%，比2020年下降8.7%，其中原盐及以上品种盐销售5786吨，完成年计划6610吨的87.5%。大包装盐销售3.33万吨，完成年计划量3.7万吨的90%，比2020年增长14%。

【食盐市场监管】 2021年，泉州市盐政管理支队出动3101次，出动人数1.23万人次，检查餐饮店3.9万家次、批发零售店4.18万家次、加工用户66家次，发现涉嫌违规线索1698起，其中重大违规线索7起（34.97吨），移交各地市场监管部门79起，查获涉嫌违规盐产品78.89吨，市场监管部门办结涉盐案件72件，没收盐产品9.16吨，罚没款26.61万元，分发盐政法律法规等宣传材料1.3万份。与社区、街道协作，设置宣传栏，普及合法经营和安全用盐知识，利用“3·15”消费者权益日、“食品安全周”等开展主题普法宣传，协助市食安办、市场局举办食品安全普法宣传周活动，向群众科普健康用盐知识。对社区电商违法现象和证据进行摸排整理，协助各地对辖区内的电商采取现场约谈和电话约谈等，要求停止违规销售食盐的行为。

【食盐生产经营管理规范】　2021年3月10日，在泉州市盐政管理支队的积极推进下，市市场监管局发布《关于进一步规范食盐生产经营管理工作的通告》，从加强食盐市场监管执法、完善食盐生产经营资质管理、规范食盐定点企业生产管理、强化碘盐供应管理四个方面细化规定和要求。

对外经贸与技术合作

【概况】　2021年，泉州市进出口总额2616.5亿元，比上年增长32.7%。其中，出口额2035.5亿元，增长35.4%；进口额581.0亿元，增长24.2%。进出口顺差1454.5亿元，比2020年增加419.3亿元。新设外商直接投资企业509家，比2020年增长42.2%。投资总额168.03亿元，比2020年下降20.9%；合同外资金额95.75亿元，下降42.9%；实际使用外商直接投资51.64亿元，增长11.3%。新批外商投资超千万美元（含增资）的企业35家。在新签使用外资合同中，投向第二产业的合同金额44.18亿元，比2020年增长6.7%，投向第三产业的合同金额50.07亿元，比2020年下降58.6%。外商投资企业开业投产66家。签订对外经济技术合作合同金额3467万美元，比2020年增长8.0%；完成营业额7053万美元，比2020年增长15.3%。全年批准境外投资企业12家，境外投资金额8299万美元。

2021年9月8日，2021年泉州市侨资专场招商推介会在厦门举行

（图/市商务局）

【境外投资】　2021年，泉州市新增经备案（核准）到境外开展对外投资合作项目12个，协议投资总额8299万美元，中方协议投资总额5987万美元。

【招商引资】　2021年，泉州市组织参加第二十一届中国国际投资贸易洽谈会活动，对接项目53个，投资总额397.4亿元，拟利用外资275.5亿元。其中合同项目42个，投资总额292.8亿元，合同外资178.9亿元。在厦门举行2021年泉州市侨资专场招商推介会，签约26个项目，投资总额216.1亿元，拟利用外资158.5亿元。

【项目落地】　2021年，泉州市实际利用外资超亿元项目11个，实际利用外资38.4亿元。全市纳入福建省“五个一批”动态管理系统的外资项目178个，总投资1596亿元。其中2021年度新增项目29个，总投资313.6亿元。

【对外劳务】　2021年，泉州市对外劳务派出人数6316人次，新签劳务人员合同工资总额3467.2万美元。截至年底，泉州市在外劳务人员有5078人。

旅 游 业

综 述

【概况】 2021年，泉州市接待国内外游客6676.44万人次，比上年增长6.6%。其中，国内游客6665.99万人次，比上年增长7.0%；境外游客10.45万人次，下降70.3%。全年旅游总收入697.47亿元，比上年增长6.2%。其中，国内旅游收入695.06亿元，比上年增长8.7%；旅游创汇3700万美元，下降84.9%。全市新增1家AAAA级旅游景区、5家AAA级旅游景区，全国乡村旅游重点村1个，省级全域旅游生态小镇2个，省级“金牌旅游村”5个，省级工业旅游示范基地2家，省级旅游休闲街区2个。泉州市入选国家文化和旅游消费试点城市，西街东段获评国家级夜间文化和旅游消费聚集区。

【泉州“十四五”旅游业规划】 2021年，泉州市文化广电和旅游局印发实施《泉州市“十四五”文化和旅游改革发展专项规划》（以下简称“规划”）。规划提出，泉州市将打造世界遗产保护利用典范城市，深化闽南文化生态保护区建设，推进国家公共文化服务体系示范区创新发展及国家文化和旅游消费示范城市建设，力争到2025年，实现全市旅游人数1.3亿人次，旅游总收入2000亿元。

【导游培训】 2021年，泉州市文化广电和旅游局举办古城讲解员培训，各行业兼职导游、讲解员400余人参加；建立健全闽西南旅游综合协作机制，举办闽西南五地市青年骨干导游培训班，提高五地市青年骨干导游的文化与业务素养；举办导游业务技能提升培训暨“导游之星”技能大赛，打造高品质导游队伍；配合做好省文化和旅游厅全国导游人员资格考试（泉州考区）组织工作，400余名考生参加。

【泉州市A级景区向航空乘客免费开放】 2021年11月1日，为加快推动泉州文旅市场复苏、促进文旅消费，泉州市文化广电和旅游局组织开展全市文旅消费季活动。经协调，从是日起至12月31日，乘坐到达泉州晋江国际机场航班的旅客，可免费游览泉州市所有A级旅游景区。旅客凭本人到泉州航班登机牌或机票在指定日期内（航班到达之日起7天内）免费兑换景区门票（首道门票）。景区落实各项疫情防控要求，做好卫生消杀、实名登记、体温检测和查看健康码等各项疫情防控措施。游客旅游期间要注意加强个人防护，自觉规范佩戴口罩，保持“一米线”距离，不扎堆、少聚集。

旅游景区建设

【概况】 2021年，泉州市文化广电和旅游局加大旅游景区建设力度，石狮宝盖山景区获评国家AAAA级旅游景区，梧林传统村落、晋江经验馆、福建省世茂海上丝绸之路博物馆、溪禾山铁观音文化园、泉州八仙过海欧乐堡景区获评国家AAA级旅游景区。源和1916创意产业园、北溪文苑、石牛山、九仙山等A级景区建设大众茶馆和特色商品销售体验点。

【景区道路和设施建设】 2021年，鲤城区源和1916创意产业园提升夜间氛围亮化、游步道和标识导览系统，上线电子地图。洛江区仙公山景区完成景区步行道及缆车周边绿化提升、通仙桥围栏、水电改造等。石狮市宝盖山重点整治提升主登山道景观环境，提升游客中心装饰及功能，统一景区内外交通标识，改造旅游厕所；永宁古卫城综合提升改造永宁古卫城老街、小东门街、古卫城目下池景观、小东门停车场，加固修复永宁陇西番仔楼、旧邮电局、永宁徽国文公祠等主要景点。晋江市新增48套景区外部旅游交通标识牌，各A级景区完成内部标识牌更新；五店市完成来仪堂内部改造及街区垃圾桶更新；安平桥完成景观提升和防腐木设施改造；围头战地文化渔村完成炮战遗址加固和修缮；七匹狼中国男装博物馆建立线上藏品管理系统，导入双语藏品介绍；梧林传统村落新增AAA级旅游厕所2座，其中1座市级示范性旅游厕所。南安市在九日山、叶飞故里红色旅游区、天柱山3个A级景区试点建设红十字博爱驿站一分钟诊所。安溪县清水岩完成清水大道旅游风景道提升工程，沿途配套主题公园、休闲亭、旅游公厕、停车场等；凤山完成公共配套停车楼建设；洪恩岩改造拓宽通往3.7千米景区道路；溪禾山铁观音文化园建设市级示范性旅游厕所，完成部分游步道建设；国心绿谷景区完成景区1.5千米道路拓宽，村企共建绳网部落游乐场、露营民宿；花千谷景区新增萌宠动物园、风车海、旋转秋千等项目，提升通往射箭区健身步道。永春县牛姆林景区改造拓宽7千米景区道路，青钱柳山庄客房提升改造，建设永春非物质文化遗产展馆；北溪文苑新建大众茶馆和特色商品销售点，建设童心乐园、观光电梯；乌髻岩改造拓宽3.4千米景区道路；魁星岩更换景区标识标牌，新建1座旅游厕所；百丈岩提升改造游客服务中心；云河谷完善停车场、游客服务中心，新建1座旅游厕所，改造提升800米游步道。德化县石牛山景区扩建岱仙酒店门口沥青路面200米、岱仙瀑布至索道金凤站建设栈道800米、石牛山主峰酒店至石壶祖殿建设栈道780米、主峰片区龙泉洞府建设栈道160米，完成竹林小栈至小索道下站1.8千米沿线线路及灯光配置，建设打卡点3项及帐篷营地、栈道平台、旅游厕所等；九仙山对5千米景区道路进行“白改黑”提升，对道路景观进行绿化提升，形成樱花大道、枫香大道两条特色路段；云龙谷完成游客中心、1～2号停车场、漂流起点迁移、起终点服务中心配套、亲水平台、游步道、小蛙餐厅提升配套、春满园小蛙无动力游乐项目、导览系统、监控系统等建设。泉州台商投资区八仙过海欧乐堡景区完成海洋王国乐园建设，建成海底世界、海洋科普馆、热带雨林、鲸鱼湾、企鹅馆、江豚馆、天鹅堡、俄罗斯大马戏八大分馆。

【清源山风景名胜区建设与管理】 2021年，清源山风景名胜区管理委员会加大资源保护和项目建设管控力度，优化景区环境，实施景区松材线虫防控、白蚂蚁、红火蚁等病虫害防治、生态修复、绿化美化等项目；加大文物保护力度，设立检察联络点，设置摩崖石刻二维码宣传简介牌等。根据国家AAAAA级旅游景区标准要求，提升景区基础设施和服务设施建设，建设完成清源山污水处理工程（总投资8121万元）、公厕周边景观塑石提升工程。同时，督促福建清源山旅游投资有限公司完成标识标牌（更换完成500多块）、智慧景区二期（实现旅游服务、旅游管理、旅游营销智能化）、齐云路停车场等项目，启动上山第二通道（总投资2亿元）、势至路（双拥路）路面及景观改造提升工程（总投资550万元）等项目建设。将花博园片区融入泉州市新华路北拓及周边片区规划范围同步规划、同步设计，形成山—城联动的旅游发展新格局，整合优化旅游资源。依法查处一、二级保护区毁林开荒、修坟立碑等破坏风景名胜资源的违法行为，对违反《风景名胜区条例》等法律法规的违法行为实施行政处罚。实行景区日常管理精细化考评，研究制定《清源山风景名胜区日常管理项目考评办法》，对清源山景区卫生保洁、公厕卫生、设施维护、文明服务、绿化管养实行全面考评，建立景区有奖举报平台（涉及卫生、绿化、旅游设施、违章停车、摆摊设点等方面），组织景区日常管理项目考评11次，发现问题269处，发整改通知9次，完成月度考评报告11份；收到“数字城管”案件28件，按时办结率100%；做好景区疫情防控、宣传舆情落实、监督考评跟踪、活动策划指导、票务运营监管、AAAAA暗访整改、创城创卫、景区门票减免、优惠政策等进行监管，并下发工作提醒函落实监管。

【石狮宝盖山景区获评国家AAAA级旅游景区】 2021年10月19日，福建省旅游资源规划开发质量等级评定委员会发布公告，评定石狮宝盖山景区为国家AAAA级旅游景区。根据《旅游景区质量等级管理办法》和《旅游景区质量等级评定与划分》国家标准（GB/T 17775—2003）及《旅游度假区等级划分》国家标准（GB/T 26358—2010），参照《国家级旅游度假区管理办法》，经泉州市旅游资源规划开发质量等级评定委员会推荐，省旅游资源规划开发质量等级评定委员会组织评定，石狮宝盖山景区被评为国家AAAA级旅游景区。石狮宝盖山景区门票免费，景区以万寿塔为核心，布局有石窟公园、虎岫寺宗教园林、花海谷公园、学府公园、水库漫游道、观海台等多个区块，文体展演活动不时上演，兼具自然生态、人文遗迹与民俗风情。

旅游行业管理

【概况】 2021年，泉州市文化广电和旅游局主动服务旅游企业，强化旅行社、星级酒店日常监督和管理；组织开展全市文旅行业安全生产培训、消防应急演练和反恐防暴演练，引导旅游企业开展安全培训和应急演练，提高安全生产工作能力；监督实施旅游行业标准；承担旅游行业信用和质量体系建设；监管旅游服务质量，指导服务品质提升；负责旅游经济运行监测、假日旅游市场综合协调和监管；推动文明旅游、文明行业创建等工作。

【文明旅游宣传引导】 2021年，泉州市文化广电和旅游局举办泉州市“与文明相伴，与健康同行”“文明旅游进景区”等主题活动，突出泉州文化元素，制定具有泉州特色的文明旅游宣传折页，推进宣传折页进景区、进酒店、进旅行社，让文明提醒贯彻游客旅游全过程。分季度、分区域、分重点，开展文明旅游主题宣传等多项活动，实现2021年度A级景区志愿活动全覆盖，发放宣传资料3万余份，普及文明旅游常识，引导市民树立出境文明旅游和安全出行意识。

【星级酒店扶持与管理】 2021年，泉州市文化广电和旅游局组织力量，对企业进行检查指导，多次到企业针对性查找薄弱环节，督促抓好整改，加强员工培训，提升业务知识和服务技能；引导各星级饭店结合自身经营重点，开展个性化、人性化服务，让宾客产生宾至如归之感。完成32家星级饭店满三年期评定性复核工作，其中五星级7家、四星级13家、三星级12家。

【旅行社地接业务奖励】 2021年，《泉州市人民政府关于加快推进旅游业高质量发展的实施意见》出台，鼓励泉州市旅行社开展地接业务，扩大客源市场，拉动旅游消费，促进经济增长。对年地接国内游客500人次以上（含500人次）2000人次以下（不含），在泉州住宿1晚的，奖励30元/人次；达到2000人次以上（含2000人次）5000人次以下（不含5000人次）的，奖励40元/人次；达到5000人次以上（含5000人次）的，奖励50元/人次。在泉州住宿2晚以上的，每人次在原有奖励标准的基础上各增奖20元。对年地接境外游客500人次以上（含500人次），在泉州住宿1晚以上的，奖励50元/人次；在泉州住宿2晚以上的，每人次在原有奖励标准的基础上各增奖20元。组织境内、境外游客包机（含包机切位）到泉州旅游，且在泉州住宿2晚以上的，每架次人数在100人以上（含100人），每架次分别奖励3万元、5万元；组织旅游专列（含动车切位）到泉州旅游，且在泉州住宿2晚以上的，每趟次人数在300人以上（含300人）的，每趟次奖励3万元。

旅游市场开发

【概况】 2021年，泉州市文化广电和旅游局以世界遗产和古城为重点，多层次、全媒体开展“宋元中国・海丝泉州”世遗文旅品牌营销。“泉州古城”“郑成功”“德化白瓷”“妈祖信俗”等入选全省十三大“福建文化标识”。泉州市被《中国新闻周刊》评为“2021年度活力城市”“2021年度城市”，入选2021年携程・目的地年度口碑榜“中国人爱去的20城”（最佳新晋目的地城市之一）。

【媒体宣传】 2021年，泉州市文化广电和旅游局策划开展“探见泉州”“世遗泉州推荐官”抖音挑战赛、“宋元中国看泉州”网络大V探秘计划线下体验等新媒体事件营销，话题播放量超6.6亿次，多个主动策划热点事件登上热搜榜。其中“宋元中国看泉州”“网络大V”探秘计划线下体验，邀请14名不同领域“网络大V”到泉州，创作发布近300篇原创摄影作品、短视频、游记攻略，曝光量超过1.5亿次，超10万名网友参与线上讨论、话题互动。原创推出“泉”是好风光、解密刺桐城、知/道・泉州、泉州旅游攻略等专题图文、短视频内容，通过微信公众号、微博、抖音、视频号、头条号等官方新媒体持续发布2000余条，阅读量5500余万人次。开展城市“爆款”软文推广计划，仅申报世界遗产成功后3天，各级主流媒体有关原创报道超1000条，各类专题、专刊、美文、节目、纪录片不断推出。

【旅游推介】 2021年6月18—20日，第十七届海峡旅游博览会暨2021第七届中国（厦门）国际休闲旅游博览会（以下简称“旅博会”）在厦门国际会展中心举行。

2021年“五一”长假，市民、游客在西街小西埕游玩 （图/吴寿民）

泉州市在该届旅博会购买50个展位，为历年来购买展位最多，组织旅行社、旅游景区、酒店、文旅文创商品企业、特色小吃等100多家泉州企业展销。泉州馆围绕“清新福建·全福游　有全福·海丝泉州”文化旅游品牌主题，以水密隔舱福船作为主造型，寓意扬帆启航，结合闽南红砖古厝元素，并特设“泉州：宋元中国的世界海洋商贸中心”22个遗产点图片展示区，展现泉州作为宋元中国与世界对话的窗口形象特色。9月7—10日，泉州市文化广电和旅游局举办“宋元中国看泉州”2021全国主要客源地旅行商踩线采购暨“世遗”泉州精品旅游线路对接会，全国主要客源地旅行商代表100多人参加。通过对接推介会、实地踩线、对接分享会、采购签约等活动，提高“世遗泉州”的品牌知名度和影响力，向外界展示泉州“宋元中国”的历史文化积淀，完善泉州“世遗”旅游线路和产品设计，为泉州旅游开拓新的市场空间。11月23—25日，泉州市文化广电和旅游局组织包括旅游景区、旅行社、酒店、特色小吃、伴手礼、文创旅游商品在内的40余家文化旅游产业链企业、行业协会参加“爱旅游　爱生活”——2021年福建旅游交易会。利用展会平台，发放宣传材料、组织宣传视频展播、现场展演推介等开展宣传营销，组织商品展销和商务洽谈。泉州市文化广电和旅游局编制《“泉州：宋元中国的世界海洋商贸中心”申遗点导游词》读本、“寻梦刺桐”系列文旅口袋书、遗产点导览手绘地图、遗产点宣传资料等，发放至全市星级酒店、22个遗产点、机场、动车站、古城民宿等游客集散场所供游客择取。

【文旅活动】　2021年春节期间，泉州市文化广电和旅游局开展“原真闽南”泉州新春休闲文旅季系列活动，发布10条新春休闲微旅游精品线路，推出非物质文化遗产小课堂、线上“乞龟”文化民俗、好戏连台戏曲展播、文物文博展、解密刺桐城等40余项在线主题活动；举办闽越宝典文物展、新春和元宵音乐会、综合晚会、戏曲演出周、文化惠民演出、文化下基层等80余项文旅活动。开展在泉州务工人员免费游活动，21家景区对在泉州务工人员提供免门票优惠，全市旅游景点、文旅企业、星级酒店纷纷推出相关优惠措施。7月19日，举办“宋元中国·古城风华”泉州古城文脉赓续与国际传播沙龙，邀请多位重量级嘉宾、文化旅游界资深人士组成“探知古城”工作营，探访古街古巷、文旅业态、遗产点等，发掘痛点难点，碰撞思路对策，并进行“泉州古城”品牌形象发布。10月1日至11月15日，举办第四届闽南美好生活嘉年华，线上线下相结合，开展“世遗泉州推荐官”抖音话题挑战赛、“世遗泉州推荐官”抖音创作者评选、“探秘世遗·寻宝古城”趣味任务闯关、“世遗泉州·诗意栖居”主题摄影征集等活动。12月10—11日，在鲤城区源和1916创意产业园举办2021“海丝泉州”数字文创大会，同期举办项目招商、文创推介、文旅消费等系列活动，展现数字文创产业在社会各行业领域的当下影响力和未来爆发力。开幕式现场举行泉州古城品牌IP标识及导视导览系统发布会，发布古城品牌IP标识和古城LOGO导视导览系统。大会还举行项目签约仪式，签约项目40个，总投资113.65亿元。

【“世遗泉州”旅游目的地推广】　2021年8月12日，泉州市文化广电和旅游局与携程集团携手共推“世遗泉州”旅游目的地。发挥携程集团旅游全产业链平台资源和大数据优势，挖掘泉州区位、资源禀赋及文化沉淀资源，携手为泉州市提供全方位、优质且高效的文旅整合服务，助推泉州文旅提质升级。泉州市文化广电和旅游局与携程集团就下一步战略合作签署框架协议。携程集团以泉州申报世界遗产成功为契机，为泉州引入大型IP活动；发挥旗下丽呈、途家、旅悦集团等资源优势，与泉州共同培育新型住宿业态；紧扣国家乡村振兴战略，合力打造乡村旅游示范工程；借助集团强大的供应链体系，携手推出面向市场的“世遗泉州”精品旅游线路，设计开发更多新线路新产品；以携程研究院专家智库为抓手，共建文旅产业人才交流平台。

特色旅游

【概况】　2021年，泉州市文化广电和旅游局以图文攻略、短视频方式加大世界遗产泉州（一日游、二日游、三日游、五日游）、史迹游、工业游、祈福游、乡村游等35条精品线路、20个网红打卡点营销推介。推广10条“原真闽南”泉州春夏休闲游、10条泉州红色旅游、8大类55条“山海闽西南·魅力世遗游”等主题线路。借助同程旅行发起的红色旅游数字联盟，开通泉州红色旅游目的地主页，进行专题宣传。开展市直机关“重走史迹学党史　接续奋斗当先锋”主题活动，在全市范围筛选推荐15条红色线路、46个红色市集参观学习点。晋江五店市、泉州中山路入选省级旅游休闲街区。德化顺美陶瓷、南安英良石材获评第二批省级工业旅游示范基地。“海丝古韵最乡愁，闻香品醋源和堂”乡愁之旅、“英雄故里、时尚之都”2条旅游线路获评第一批福建省工业旅游精品线路。泉州市总工会、泉州市文化广电和旅游局认定首批5家“泉州市职工疗休养基地”。

【红色旅游】　2021年，晋江经验馆入选“建党百年红色旅游百条精品线路”。晋江经验馆于2020年8月开馆，设立历史背景、经验提出、践行发展、传承创新四个展区，通过影视回顾、珍贵照片、文字简介、实物展示和场景再现等手法，展示习近平总书记总结提出“晋江经验”的实践探索和理论思考，以及晋江践行发展“晋江经验”所取得的成就。泉州市12条线路入选福建省百条红色旅游线路，包括泉州华侨革命历史红色精品游、泉州安南永德苏区革命历史精品游、泉州“重温红色历史”精品游、泉州“忆往昔烽火岁月”红色精品游、泉州“红色苏区·梦想起航”精品游、泉州“不忘初心、牢记使命”精品游、泉州“追寻红色记忆”精品游、泉州“红色文化”精品游、泉州“红色乡村”精品游、“海丝泉州·乡村振兴”精品线路和学习“晋江经验”感受中国制造力量。

【乡村旅游】 2021年，晋江市新塘街道梧林社区入选第三批全国乡村旅游重点村，南安市蓬华镇、德化县雷峰镇入选2021福建“全域生态旅游小镇”，惠安县崇武镇潮乐村、泉港区南埔镇惠屿村、南安市九都镇金圭村、南安市金淘镇占石村、永春县仙夹镇龙水村5个村获评第三批福建省金牌旅游村。

【购物旅游】 2021年，泉州市文化广电和旅游局举办2021年“润物无声”泉州文创旅游商品设计创作大赛，培育优质文创旅游商品，助推购物旅游发展。泉州旅游商品在2021年中国特色旅游商品大赛中，获1金2银3铜，获奖数量位居全省第一、全国地级市前列；在2021中国旅游商品大赛（健康主题）中获1银1铜，包揽福建省奖项。金砖文化“星火相传花灯系列”、如瓷生活“一诺千金建党100周年纪念杯系列”入选全国红色旅游创意产品。

【泉州市2家企业入选第二批省级工业旅游示范基地名单】 2021年1月13日，福建省工业和信息化厅、文化和旅游厅公布7家第二批福建省省级工业旅游示范基地名单，其中包括泉州市2家企业，同时公布的还有3条第一批福建省工业旅游精品线路，包括泉州市2条路线。入选第二批福建省省级工业旅游示范基地名单的是福建泉州顺美集团有限责任公司和泉州英良石材有限公司。入选第一批福建省工业旅游精品线路的是“‘海丝古韵最乡愁，闻香品醋源和堂’乡愁之旅”（核心组织运营方：泉州源和创意产业园运营有限责任公司、永春县达埔彬达制香厂有限公司、福建永春老醋醋业有限责任公司等）和“英雄故里、时尚之都”（核心组织运营方：福建七匹狼实业股份有限公司、福建泉州南星大理石有限公司、泉州英良石材有限公司等）。

【2021年泉州市山地生态旅游节在南安举行】 2021年11月19日，2021年泉州市山地生态旅游节在南安市蓬华镇香草世界开幕。该届山地生态旅游节以“宋元中国·海丝泉州——畅游泉州山地 乐享生态南安”为主题，现场发布清源山—九日山—泉州少林寺—茗山茶文化园、桃花山公园—泉州森林公园—泉州台商投资区海丝生态公园、灵应寺—乐峰印山森林康养基地—九都镇金奎村—向阳乡坑头村、蓬华镇—眉山乡观山村—金淘镇占石村等15条泉州山地生态旅游精品线路。现场还举办蓬华镇“脐橙王”颁奖仪式、各县（市、区）文旅资源展、旅游助推乡村振兴成果展、山地户外装备展、特色伴手礼市集等活动。在2021年泉州市山地生态旅游节文化旅游优选项目招商推介会暨“品质泉州·健康旅游”主题对话活动上，泉州市通过直播互动方式，向异地商会优选推介28个相关旅游项目，8个项目现场签约。

2021年11月19日，2021年泉州市山地生态旅游节在南安市蓬华镇香草世界开幕 （图/陈梅萍 庄子豪）

民企与泉商

综述

【概况】　2021年，泉州市民营工业量质齐升，规模以上民营工业增加值增长10.9%，占全市规模以上工业增加值比重87.4%。全市进出口总值2616.5亿元，创下历史新高，其中有超七成业绩来自民营企业，证明民营企业始终是泉州第一大外贸经营主体。

【泉州市民营经济发展动员会召开】　2021年2月16日，市委、市政府召开民营经济发展动员会。省长王宁出席并讲话。大会授予恒安、安踏、达利、九牧、百宏5家企业为“2016—2020年度泉州市功勋民营企业”，并发布50家“2016—2020年度泉州市民营企业纳税大户”名单。丁世忠、林孝发、蔡劲军作为企业家代表分别围绕创建有国际格局的企业、产业生态圈建设、发展科技创新型企业发表演讲。会上发布市委、市政府《关于创新发展“晋江经验”加快创建全国民营经济示范城市的决定》，出台泉州市科技创新、转型升级、营商环境等配套政策，决定开展N个专项行动，即“1+N+N”组合拳；签约晋江市高新产业发展投资基金、火炬电子泉州智慧总部基地等10个总投资427.4亿元的民企重大项目。“1+N+N”组合拳的“1”，即制定《关于创新发展“晋江经验”加快创建全国民营经济示范城市的决定》总指导性文件；第一个“N”，即推出关于优化营商环境、支持制造业高质量发展、支持企业科技创新等配套政策文件；第二个“N”，即开展民营企业招商对接、加速高新技术企业培育、全面激活消费等专项行动。“1+N+N”组合拳概括起来为“987”政策礼包，即“九奖”“八补”“七服务”，让企业有感、得实惠。

【泉州市民营企业法律服务热线开通】　2021年5月13日，泉州市民营企业法律服务热线开通，拨“12345”转“3”号键接通，受理民营企业经营者对民商事案件、执行案件类咨询、投诉、举报、求助。2021年初，市委政法委聚焦民营企业经营者“急难愁盼”，针对制约和影响泉州市法治化营商环境建设瓶颈问题，决定依托“12345”服务热线，在全省率先建立民营企业法律服务热线，作为泉州市政法系统结合省委、市委关于优化营商环境的决策部署，贯彻落实全省、全市政法队伍教育整顿活动部署要求，回应群众关切，践行“我为群众办实事”活动的重要举措。泉州市民营企业法律服务热线下设法律服务组、检察监督组、执法司法监督组、专家联络组，不仅为民营企业提供免费的法律服务，对案件办理、执法部门进行法律监督，还能组织专家对民营企业开展“法治体检”和指导帮助民营企业降低法律风险。

【4家泉州企业上榜中国制造业民营企业500强】　2021年9月25日，全国工商联发布2021年中国民营企业500强、制造业民营企业500强、服务业民营企业100强榜单。泉州市1家企业入围2021年中国民营企业500强，4家企业入围2021年中国制造业民营企业500强。泉州市安踏体育用品集团有限公司以营业收入355.12亿元位列中国民营企业500强第292位。同时，安踏体育用品集团有限公司、福建恒安集团有限公司、达利食品集团有限公司、福建百宏聚纤科技实业有限公司分别以营收355.12亿元、223.74亿元、209.62亿元、172.23亿元，位列2021中国制造业民营企业500强榜单的167位、293位、306位与343位。

【国家发改委推广泉州市支持民营企业创新举措】 2021年10月21日，国家发改委召开专题新闻发布会，邀请包括泉州市在内的3座城市介绍支持民营企业改革发展的典型经验做法。新闻发布会透露，国家发改委开展“民营经济示范城市”创建工作，把包括泉州在内的8个城市作为首批创建城市，同时会同各省选择一批创建联系点城市，形成支持民营企业改革发展工作的“第一梯队”。此次，国家发改委推广的典型做法共72条，来自青岛、成都、常州、温州、台州、泉州、佛山、江阴8个地方。这些典型经验做法，都是针对民营企业在改革创新中遇到的突出问题推出的创新举措，且在工作实践中取得显著成效，基本涵盖支持民营企业发展的各个重点领域。泉州市入选的13条举措包括：简化企业加计扣除政策申报流程，推行以保险、保函等替代现金缴纳涉企保证金，开展企业注销“少跑腿”改革，推行无还本续贷，建设数字金融服务平台，设立公益性金融公共服务机构，防范化解涉企金融风险，“建立包容审慎监管机制，推行涉企柔性执法，对轻微违规‘首次不罚’”，支持民营企业开展职工技能培训，支持民营企业自主评价高层次和高技能人才，开展民营企业家培训培育，设立民营企业维权平台，推动民营企业“党建入章”等。根据要求，各地方结合实际创造性开展工作，力争在此基础上形成更多、更具有普遍性、更有针对性的创新做法。

【泉州市强化民营企业用地保障】 2021年，为促进民营经济转型升级和土地节约集约利用，强化用地保障，泉州市资源规划局印发《关于强化用地保障推动民营经济高质量发展的若干措施》，提出9条针对性强、含金量高的政策措施，在引导转型升级、保障用地空间、降低拿地成本、提高办事效率、解决融资问题等方面给予民营企业全方位支持。在全市工业园区内探索新型产业用地“MO”（在工业用地M类中增加新型产业用地，主要为满足产业转型升级需求），试点建立工业项目“标准地”制度。在符合城市规划的前提下，企业经批准可以利用原有工业性质的地上建筑物举办信息服务、研发设计、创意文化等新兴产业，及福建省鼓励发展的生产性或高科技服务业。推行国有建设用地公开出让项目“交地即交证”。把用地规划选址意见书和用地预审意见合并办理，核发建设项目用地预审与选址意见书，实现事项合并办理；统筹建设用地供应管理和建设用地规划许可，在建设用地出让或划拨的同时，同步核发建设用地规划许可证。推进多评合一、多测合一，对社会投资简易低风险项目建设工程规划许可证推行审批告知承诺制，将审批时限压缩至3个工作日。通过信息共享、优化流程、开设涉企专窗等方式，将一般不动产首次登记时限压缩到3个工作日、涉企2个工作日，提高涉企不动产登记效率。争取更多的民营企业项目纳入国家级、省级重大项目清单，以直接使用国家配置指标；加大批而未供用地清理、闲置土地处置力度，通过“增存挂钩”产生的新增建设用地指标优先保障市级以上重点工业投资项目的指标需求；通过城市设计、控制性详细规划等手段，明确生产、生活、生态空间开发管制界限，合理安排民营企业发展空间。工业园区内企业已确权登记的存量厂房，在不改变用途的前提下，可按幢、层固定界限为基本单位分割为可以独立使用且权属界限封闭的空间，经批准可进行分割、登记和转让，用于发展创新创业创造的产业项目，或引进相关产业链合作伙伴的产业项目。降低民营企业拿地成本。明确提出对属于优先发展产业，且符合产业布局规划和集约用地条件的项目，可按不低于所在地工业用地出让最低价标准的70%且不得低于宗地的土地取得成本确定出让底价。鼓励工业企业原址增资扩建，对所需的扩建用地可实行协议出让，出让价格按不低于自然资源部和福建省规定的工业用地出让最低价标准，并参照周边工业用地招拍挂的市场价格评估确定。园区工业用地可采用租赁、先租后让、租让结合等多种方式供地，允许中小民营企业联合参与工业用地招拍挂，先租后让的租金按照相应年限通过市场评估，且不得低于《全国工业用地出让最低价标准》相应年期的价格，按法定程序报批后确定。

市场拓展

【七匹狼旗下创投公司跟投蓝晶微生物】 2021年2月26日，蓝晶微生物宣布完成近2亿元的B轮融资，该轮融资由高瓴创投和光速中国领投，七匹狼创投和三一创新投资跟投，蓝晶微生物原有股东峰瑞资本、前海母基金、中关村发展启航基金和中关村发展前沿基金继续追加投资。蓝晶微生物成立于2016年，是一家基于合成生物技术从事分子和材料创新的初创公司。

【久久王登陆香港主板】 2021年3月16日，福建久久王食品工业有限公司在香港联合交易所主板上市，成为泉州市2021年首家上市公司。成立于1999年的久久王，主要生产及销售甜食产品，获评“中国驰名商标”“全国食品工业优秀龙头食品企业”“福建名牌产品”“福建省著名商标”。根据国际著名市场研究机构弗若斯特沙利文提供的资料显示，按收益计，久久王在福建省整体甜食市场排名第二，占2019年该区域市场份额约2.7%及2019年中国市场份额约0.7%。此番上市，久久王全球发行1.98亿股，公开发售股份及配售股份数目均为9900万股，每股定价0.75港元。

公开资料显示，扣除股份发售的包销费用、佣金及其他开支后，久久王此次上市所得款项净额约为7900万港元。

【嘉亨家化成为泉州创业板“第一股”】 2021年3月24日，嘉亨家化登陆深圳证券交易所创业板，成为创业板实行注册制以来泉州市首家登陆创业板上市的企业，同时也是泉州市第22家A股上市公司、第109家境内外上市企业。嘉亨家化是强生、大宝、启初、百雀羚、郁美净、薇诺娜、珀莱雅、屈臣氏等国内外知名日化品牌的核心供应商。嘉亨家化上市公开发行股票2520万股，发行价格16.53元/股，募集资金4.17亿元，募集资金用于生产线扩建、化妆品及塑料包装容器生产基地建设项目、技术研发中心升级建设项目、补充流动资金。上市融资给企业带来强劲的发展动力。嘉亨家化2021年年报披露，企业2021年实现营业总收入11.6亿元，比2020年增长19.9%；实现归母净利润9716.9万元，比2020年增长4%。

【特步获高瓴集团10亿港元投资】 2021年6月15日，特步国际宣布，高瓴集团与拥有“盖世威”及“帕拉丁”两大品牌经营权及拥有权的特步环球投资有限公司（以下简称“特步环球”）建立战略性伙伴合作，高瓴投资6500万美元（约5.06亿港元）于特步环球共同发展集团旗下“盖世威”及“帕拉丁”品牌的全球业务。此外，高瓴亦就特步国际发行的可换股债券订立另一份认购协议，投资本金总额5亿港元。交易完成后，高瓴约占特步环球已发行股本的20%，特步国际占股约80%。特步环球拟将所得款项净额用作特步环球集团的一般营运资金。

【亲亲食品独家投资华稼食品】 2021年7月，主打全酶解燕麦粉的食品科技公司华稼食品获数千万元A轮融资，由亲亲食品独家投资。该公司专注于植物酶解和谷物深加工技术，总部位于上海。新一轮资金主要用于扩充燕麦浆产线。资料显示，华稼食品成立于2006年，是从产品原料端工艺配方、技术、生产模拟到质量管控的一体化研发中心。华稼食品拥有位于上海的应用配方实验中心，致力于为客户提供从产品定位、配方、场景、工艺到最终产品落地的全套解决方案。2019年以来，亲亲食品通过全资控股子公司亲亲投资有限公司参与投资消费领域的不同细分领域。2021年，亲亲食品加快投资步伐。6月，亲亲投资参投永璞咖啡的A轮融资。12月7日，亲亲食品独家投资生活方式精酿厂牌“Taste Room”的千万级人民币Pre-A轮融资。原创纯茶空间品牌一茶一舍获数百万元天使轮融资，亲亲食品参与投资。

【匹克体育获近15亿元战略投资】 2021年9月26日，匹克体育宣布获得华润国调厦门消费基金战略领投、建信信托及其子公司建信（北京）投资等多家国有基金公司和多家市场化投资公司联合战略投资，融资金额近15亿元。华润集团旗下的高端零售空间万象城，将赋能匹克体育，为匹克进入核心商圈、直面年轻消费群体提供便利。

创新举措

【恒安携手健为打造省内最大卫材产业园】 2021年3月，恒安集团入股福建省健为医疗用品有限公司，双方携手在安溪湖里园打造省内最大卫生材料产业园，预计投资10亿元。作为一家生产卫生材料的上游企业，健为医疗所生产的纯棉无纺布是恒安集团卫生用品的重要材料。此次，恒安集团入股健为医疗，双方将在湖里园打造一个业内领先的高水准卫生材料产业园，形成全产业链的生产基地，实现互利共赢。

【兴业科技科研平台建设再突破】 2021年5月，兴业科技福建省皮革绿色设计与制造重点实验室通过验收，并获授牌运营。省科技厅组织验收专家组听取重点实验室的建设运行、科研发展状况、人才培养及规划等方面汇报，并考察重点实验室现场、设备等，以及小试、中试试验平台，了解重点实验室的建设和运行状况。同时，专家组就材料及现场考察中发现的问题进行质询。经过讨论，专家组高度评价实验室建设期间（2017—2019年）取得的系列科研成果，一致认为实验室建设期间在科学研究、队伍建设、人才培养等方面取得重要进展，完成各项计划任务，达到预期建设目标。

【凤竹纺织牵头起草团体标准】 2021年6月10日，由中国工业合作协会绿色制造专业委员会主办、福建凤竹纺织科技股份有限公司承办的印染行业绿色工厂评价规范团体标准启动会在晋江召开，凤竹纺织作为这项标准的主要起草单位，为纺织印染行业的绿色化、智能化的提升和发展起到标杆和引领作用。印染行业绿色工厂评价规范标准发布后，将作为印染行业评价绿色工厂工作的基础标准，更精准有效地促进绿色工厂的创建，推动工业绿色转型升级，实现绿色发展。

【恒安旗下IP“元七七”获动漫大奖】 2021年8月，国内动漫领域标志性奖项“玉猴奖”公布最新获奖名单，恒安集团旗下自有IP“元七七”获“年度十佳新锐动漫IP”奖项。“玉猴奖”创立于2016年，是由中国IP产业年会组委会主办的中国首个以市场价值为评选标准的IP产业类奖项。“元七七”已入驻B站等平台，同时建立“元七七”

相关QQ粉丝群，贴近“95后”“00后”群体对二次元文化、国潮风的需求。

【百宏聚纤获评智能制造标杆企业】 2021年12月8日，以“数字化转型，智能化引领”为主题的2021年世界智能制造大会在江苏南京开幕，现场发布智能制造标杆企业（第五批）名单，福建百宏聚纤科技实业有限公司位列其中，是该批次福建省唯一一家上榜企业。百宏聚纤推进数字化转型，依托工业互联网平台，围绕人员、技术、资源、制造四大关键环节，自上而下将智能制造建设成为四个层级。

商会活动

【39家泉州籍商会获全国“四好”商会称号】 2021年1月25日，中华全国工商业联合会办公厅印发《全国工商联办公厅关于认定2019—2020年度全国“四好”商会的通报》，认定1478家全国“四好”（政治引领好、队伍建设好、服务发展好、自律规范好）商会。其中，共有39家泉州籍商会获评全国“四好”商会。值得一提的是，芜湖泉州商会、福州市泉州商会、厦门市泉州商会、厦门市南安商会、泉州江西商会、晋江市安海商会、龙岩市南安商会、百色南安商会8家泉州籍商会连续2届获全国“四好”商会认定。

【泉州市温州商会会馆落户石狮】 2021年2月，泉州市温州商会会馆在石狮落成，为温州企业家在泉州发展搭建交流服务创业平台。该会馆位于石狮国际轻纺城，具有商会办公地点、信息服务中心、招商引资平台、文化展示中心等诸多功能。其中，会馆文化展厅划分为温州历史沿革、全国各地温州商会概况、温州历史名人、当代知名温商、温州风光等板块，全方位解读温州文化魅力。

【宜昌市泉州商会选举产生新一届理监事会】 2021年6月3日，宜昌市泉州商会第四届第一次会员大会召开，选举产生新一届理事会、秘书长，聘任新一届荣誉会长、名誉会长。第三届理事会会长王天铸再次当选新一届理事会会长。就职仪式上，宜昌市泉州商会第四届理事会向泉州同心松柏计划、当阳市泉州希望小学分别捐赠10万元。湖北银行宜昌分行向市泉州商会授信15亿元，助力会员企业发展。

【金华市泉州商会举行理监事会就职典礼】 2021年7月18日，金华市泉州商会第五届暨义乌市泉州商会第三届理监事会就职典礼在浙江义乌市举行，义乌市菲泰实业有限公司董事长蔡辉煌连任会长。金华市泉州商会于2005年12月9日成立。2011年，义乌市泉州商会在金华市泉州商会的基础上成立。在金华、义乌经商办厂的泉州企业达千余家，涉及工艺饰品、日用百货、纺织服装及鞋帽、箱包辅料、文化用品、电子通信、玩具、五金建材、物流、建筑水暖等10多个行业及领域。

泉企社会活动

【8位泉州籍企业家入选“中国捐赠百杰榜”】 2021年2月4日，“中国捐赠百杰榜（2020）”及“中国捐赠百杰榜十年回顾与展望”在北京发布。“中国捐赠百杰榜”中包括8位泉州籍企业家，捐赠总额8.21亿元。其中，有2名企业家捐赠额超亿元，宝龙集团许健康家族捐资5.34亿元成为泉州籍首善。上榜泉州籍企业家中有4名企业家捐款主要用于教育事业：许健康家族、陈国鹰、蔡明通、李贤义；3名企业家捐款主要用于抗击新冠肺炎疫情：苏新添、许荣茂、洪金灿；1名企业家向慈善总会捐赠：侯昌财。

【泉州企业驰援河南】 2021年7月河南水灾期间，安踏、鸿星尔克、恒安、盼盼、特步、乔丹体育、361°、宝龙、九牧王、利郎、劲霸、亲亲、火炬电子等泉州企业捐赠超3亿元。鸿星尔克在灾情发生后的第一时间成立救灾指挥小组，决定捐赠5000万元救灾物资，通过郑州慈善总会、壹基金紧急驰援灾区。除了鸿星尔克，运动品牌方面，安踏集团也在第一时间捐赠5000万元现金及物资。此外，在灾害发生的第一时间，安踏集团向所有受灾的河南员工及员工的家人开放“和木爱心基金”帮扶通道，为员工解决后顾之忧。特步集团通过中国扶贫基金会定向河南，向“河南暴雨紧急救援”项目捐赠价值3000万元鞋服装备，保障灾区人民基础生活用品需求。361°集团向河南省慈善总会捐赠价值1000万元现金及物资，帮助抗洪救灾及灾后重建工作。匹克集团也在灾情发生当日，及时宣布河南各地匹克体育门店对有需求的困难群众提供避难场所，工作人员在店铺内准备免费的食品、饮用水、干净鞋服。乔丹体育迅速响应洪灾应急救灾工作，筹备物资和对接基金会人员工作同时展开，向河南捐赠1000万元现金及2000万元物资，倾力河南灾后青少年教育重建。

【泉州企业驰援山西】 2021年10月，山西多地遭遇连续强降雨。为响应救灾，泉州企业捐赠现金及物资超亿元。安踏集团决定向山西捐赠2000万元现金及物资，助力当地救灾、民生保障与灾后重建等工作，帮助受灾地区群众尽快恢复正常生活。特步集团捐赠2500万元物资。361°捐赠2000万元物资，支持抗洪救灾和灾后重建工作。鸿星尔克集团决定向山西灾区捐赠2000万元物资。乔丹体育决定向山西灾区驰援1500万元物资，助力灾区人民防汛救灾以及灾后重建等工作。匹克体育决定向山西捐赠1000万元物资，并第一时间发往灾区，助力救灾、灾后重建等工作。卡尔美体育用品有限公司通过中国足球发展基金会向晋陕地区捐赠1000万元救灾物资和100万元资金，用于灾情救援和灾后体育设施重建。劲霸集团通过中国青少年发展基金会驰援总计2000万元物资，支援山西灾区前线的抢险救灾、民生保障等工作，帮助受灾地区群众尽快恢复正常生活。九牧王股份有限公司携旗下品牌九牧王、FUN、ZIOZIA向山西捐赠现金及物资合计1000万元，用于保障当地紧急开展抗洪救灾、民生保障、文物古建抢救及灾后重建等工作。

【源昌集团捐资60亿元建设泉州高水平大学】 2021年10月31日，泉州市政府与源昌集团在南安举行共建泉州高水平大学框架协议签约。泉州市政府与源昌集团合作，按照“集中力量、提质培优、整合资源、做强做大”的原则，重点支持泉州师范学院、泉州医学高等专科学校等高校建设。根据协议，源昌集团捐资60亿元，在南安市慈善总会设立专项资金，用于泉州高水平大学建设，其中20亿元用于建设泉州医学高等专科学校南安新校区。

【安踏出资100亿元成立基金会】 2021年12月18日，在安踏集团30年庆典之际，以丁和木、林乌敏夫妇名字命名的和敏基金会成立。安踏创始人家族宣布，投入价值100亿元的现金及股票成立和敏基金会，关注医疗救助、体育事业、乡村振兴及环境保护四大领域的公益项目。100亿元的捐赠中百分之六七十是丁和木的全部股票，其余是丁氏兄弟二人的现金。

作为一家资助型基金会，和敏基金会先期投入20亿元与上海第六医院共建福建和敏医院。医院建成后整体移交当地政府，作为公立医院提升晋江当地的医疗资源水平。

【鲤城区慈善会换届大会上获捐超1.2亿元】 2021年12月20日，鲤城区慈善会第三届理事会换届大会举行，选举产生新一届理事会成员，陈伟利当选鲤城区慈善会第三届理事会会长。大会还举行慈善资金捐赠及授牌仪式。捐赠仪式上，鲤城区慈善会诸多爱心单位、个人踊跃捐赠，捐款总额超1.2亿元。其中，陈伟利代表陈守仁家族福利基金会捐赠5000万元，泉州通淮关岳庙董事会、鲤城文投集团、江南城建集团分别捐赠1000万元，世珍基金会许纯明、区工商联、泉州元妙观分别捐赠500万元，泉州大开元寺、宿燕寺、承天寺分别捐赠300万元，泉州崇福寺、陈超群、香港鲤城同乡总会、黄洪河、泉州江南商会、海珊基金会张海南分别捐赠200万元，泉州七星电气有限公司捐赠150万元。

泉商荣誉

【恒安集团许连捷获评全国抗击新冠肺炎疫情民营经济先进个人】 2021年1月22日，由中共中央统战部、工业和信息化部、国家市场监督管理总局和全国工商联开展的“全国抗击新冠肺炎疫情民营经济先进个人表彰大会”在北京召开。恒安集团许连捷获评全国抗击新冠肺炎疫情民营经济先进个人。新冠肺炎疫情发生以来，许连捷指示公司相关负责人要不计成本、不求回报，支援配合全国防疫工作。恒安集团捐赠物资和现金2300余万元，卫生巾、防护服、消毒湿巾、消毒洗手液、成人纸尿裤、婴儿尿裤、生活用纸等产品快速送抵防疫一线。

【盼盼食品蔡金钗获评“诚信之星”】 2021年1月31日，中共中央宣传部、国家发改委为2020年“诚信之星”颁发证书和奖杯。此次发布的“诚信之星”包括3个集体和9名个人，福建盼盼食品有限公司总裁蔡金钗成为福建省唯一一个入选该榜单的个人。蔡金钗获奖理由是秉承“诚信为本、品质至上”的企业精神，不计成本保证防疫物资供应，为全国疫情防控做出突出贡献。

【达利食品许阳阳入选福布斯“杰出商界女性榜”】 2021年2月22日，福布斯中国发布2021年度中国“杰出商界女性榜”，达利食品副总裁许阳阳位列56名。2021年，福布斯中国在聚焦企业营运规模与质量等衡量指标的同时，首次引入创新力维度，对候选人进行量化分析与综合排名。榜单不仅关注女性高管所执掌企业创造的财富数值，也注重其在企业所扮演角色和对企业成长所带来的影响力。

【安踏集团丁世忠入选“25位年度影响力企业领袖”榜单】 2021年12月初，《中国企业家》杂志公布“25位年度影响力企业领袖”榜单，泉州企业家、安踏集团董事局主席兼首席执行官丁世忠入选。颁奖词中表示：丁世忠带领安踏从晋江一家不知名鞋厂，发展至中国第一、世界前三的运动品牌。

城乡建设与管理

城市建设

【概况】 2021年，泉州市以群众需求为导向，实施《2021年全市城乡建设品质提升实施方案》，开展“抓城建提品质”专项攻坚行动。科学编制国土空间总体规划，完成255平方千米“两江一湾”“海丝”新城总体城市设计，实施城市建设项目845个，有序推动城市更新。启动老旧小区改造项目504个，惠及居民6.1万户。是年，全市策划实施建设项目845个，年度计划投资661亿元，比2020年增长23.81%。全年在建项目318个，完工项目507个，完成投资781亿元，占年度计划的118.15%，投资量比2020年增长25.63%。泉州市城市持续环湾向湾发展，建成区面积拓展至240平方千米，全市城镇化率提高到69.7%。

【城乡民生基础设施建设】 2021年，泉州市实施《2021年全市城乡建设品质提升实施方案》，围绕居住品质提升、交通品质提升、水环境品质提升、风貌品质提升、管理品质提升、启动建设一批试点示范工程六方面，开展“抓城建提品质”专项攻坚行动。居住品质提升方面，重点解决基础设施设备老化、公共配套服务功能缺失等群众反映强烈的问题，突出补齐基础类民生短板，策划实施老旧小区改造、棚户区（危旧房）改造、农贸市场升级改造和房屋安全专项治理。交通品质提升方面，开展“聚城畅通”、打通“断头路”、“慢行系统”以及公共停车设施建设四方面专项攻坚行动，优化道路功能和路网结构。站前大道鲤城段南延伸项目、城东至北峰快速通道建成通车，刺桐大桥完成整修，晋江西滨至石狮大道段、泉州大桥改扩建工程开工建设，实施泉州湾跨海大桥降价惠民通行。全市打通“断头路”36条，新增停车泊位6000个。水环境品质提升方面，开展排水防涝、城市供水、农村饮用水设施建设，推进城乡生活污水收集处理，加快城区内涝整治。结合易涝低洼区域，建设丰泽城东浔美滞洪湖景观公园、泉港植物园二期（景观湖）、南安城西湿地公园3个雨洪公园，中心市区推动西华洋滞洪区、乌石山滞洪区等11个城市排水防涝项目建设，完成新改建雨水管网（渠）168千米。风貌品质提升方面，实施历史文化保护利用、城乡建设风貌、城市园林绿化、魅力休闲空间、城市夜照照明五方面提升。新增绿道112.4千米，新建公园绿地面积133.47公顷，建设91个“串珠公园”“口袋公园”，全市“裸房”整治完工2.66万栋、完工率106.4%，完成海峡体育主馆、泉州博物馆、后渚立交（泉州侧）等重要节点夜景工程建设，完成29条街巷路面铺装、地下综合管网改造，推进10个历史文化名镇名村传统村落改善提升。管理品质提升方面，实施“两违”整治攻坚、城市网格化管理、杆线设施整治、城市生活垃圾处理、农村生活垃圾治理五方面内容。加快建设晋江、惠安、安溪、德化等4座餐厨垃圾处理厂设施，推进泉港区农村生活垃圾治理市场化项目，确认303个初级版绿盈乡村，完成省级下达的220个绿盈乡村建设任务的137.73%，制定《泉州市无障碍设施品质提升三年工作方案（2021—2023年）》和《泉州市无障碍设施品质改造提升三年工作计划（2021—2023年）》。试点示范工程方面，实施新区（组团）建设示范、老城更新示范、县城品质提升示范、集镇环境整治示范、新时代农村社区建设示范、花漾街区示范、特色园林风情道路示范城市主干道整治示范、水环境综合治理区域示范、城市精细化管理街区示范十大试点示范工程，以县（市、区）为主体分别实施。全市相应启动西华洋片区新区建设项目、鲤城区泉州古城街巷综合提升项目、永春县城品质提升（榜头片区）工程、晋江市英林镇集镇环境整治示范工程、永春县吾峰镇吾西村新闽派农房示范小区、古城植绿行动二期、泉州台商投资区海湾大道（一期）、洛江区省道215线洛江区段“白改黑”项目、洛阳江流域综合整治—城东浔美滞洪湖景观公园、中山中路城市管理精品示范街十大样板工程。全年策划实施建设项目845个，年度计划投资661亿元，比2020年增长23.81%。全年在建项目318个，完工项目507个，完成投资781亿元，占年度计划的118.15%，投资量比2020年增长25.63%。

【中心市区交通建设】 2021年，泉州市实施《中心城区综合交通提升行动2021年度工作方案》，启动交通提升项目16个，预备项目14个。实施堵点疏解工程5个：朵莲寺节点整治工程、普贤路—城东到北峰快速通道节点提升工程、江滨北路—法坊路节点整治工程、东海二院节点整治工程、海星小区节点整治工程。实施人行天桥建设工程5个：群石小学过街天桥、泉州实验中学鲤城附属中学过街天桥、泉州城东学园（五中）过街天桥、泉州医高专过街天桥、群山社区过街天桥。实施片区微循环工程3个：贯通南低渠蔬菜市场至池峰路段渠边道路系统、打通星湖雅苑东侧护城河渠边道路、打通泉州实验小学西门县后街至西校区的连接通道。实施道路交通提升工程1个：双垵街潮汐车道试点工程。实施前期规划研究项目2个：坪山路、北迎宾大道及普贤路主辅出入口交通组织优化前期研究，灵山圣墓以北至清源山片区路网前期规划研究。通过节点整治提升、道路交通提升、片区微循环打通和建设人行立体过街天桥，畅通城市“内循环”。

【历史文化名城保护管理】 2021年，泉州市加强历史文化名城保护管理，实施古城综合提升工程，对中山路、西街2条历史文化街区进行综合提升，完成29条核心街巷市政管网、路面铺装及部分外立面提升。金鱼巷、中山路改造提升项目分获中国建筑学会“建筑设计奖”一、二等奖。古城提质工作入选《民生周刊》“我为群众办实事——2021民生示范工程”。

【老旧小区（片区）改造】 2021年，泉州市坚持民生优先、注重特色、建管并重，新启动老旧小区改造项目504个，惠及居民6.1万户，新完工项目300个（含续建），完成投资4.7亿元，新开工小区数较2020年增长70%。以街区网格为界对老旧小区进行连片改造，实施拆墙并院、打通通道、管网落地、共享配套，中心市区启动西街南片区、东街南片区、涂门街南片区、丰泽—后坂片区、铭湖片区、华丰片区、东湖—水漈片区、东美片区8个老旧片区改造项目，总面积3.19平方千米，总投资12.8亿元。2021年度开工项目5个，完成投资1.55亿元。全市全年获省级以上老旧小区改造补助资金3.04亿元，下发老旧小区改造市级财政补助资金2000万元，丰泽—后坂老旧片区改造工程获地方政府专项债券0637万元。

村镇建设

【概况】 2021年，泉州市开展乡村建设风貌提升行动，强化示范带动、整体推进，推进历史文化名镇名村改善提升、历史建筑保护发展、农村裸房整治提升、集镇环境整治示范建设、培育发展特色村镇、同心安居工程等村镇建设工作，提升乡村颜值和品位，带给老百姓更多幸福感、获得感。全年市级特色村镇实施投资工程包项目122个，完成投资43.15亿元，占年度计划的101%。

【特色小城镇建设】 2021年，泉州市聚力打造“生产、生活、生态、人文”相融合的创新创业发展平台和新型城镇化有效载体，在规划策划、产业支撑、项目带动、市场运作、创新机制上下功夫，市级特色村镇实施投资工程包项目122个，完成投资43.15亿元，占年度计划的101%。全市实施10个市级集镇环境整治示范项目，完成投资8024万元，占年度计划的109.84%。打造1个省级集镇整治样板镇，完成投资1400万、占计划的107.7%，通过打造微景观、整治卫生死角、开展裸房整治、硬化水泥路、清淤河道及新建公园，集镇环境明显改观，面貌颜值显著提升。

【名镇名村和传统村落保护】 2021年，泉州市实施10个重点扶持历史文化名镇、名村、传统村落改善提升，完成投资3.92亿元，占年度计划的114.8%。8个项目被列入省级重点扶持项目，争取补助资金3400万元。全市新增列入省级第四批传统村落22个，新增公布历史建筑64处，累计公布历史建筑1658处。推进数字化管理，建设泉州城乡建筑风貌综合管理平台，通过数字化、可视化手段，完成各类保护对象的数字化采集，建立资源数据库、网络信息和宣传展示平台，同步建立市级历史建筑租赁平台。完成岵山镇茂霞村、上涌镇曾坂村等52处古厝、民居资料照片录入，实现线上传统村落宣传展示、历史建筑合法租养、建筑修缮全流程跟踪、传统工匠保护传承等功能，对古村落、古建筑实行动态管理，推动古厝资源盘活利用。加强专业化培育，开展泉州市首届传统建筑名匠评选工作，评选出10名首届“泉州市传统建筑名匠”。整合闽台乡建、乡创项目，引进台湾团队进行专业化陪护，指导项目实施，协助基层政府决策，2021年列入省级乡建乡创闽台合作奖补项目13个，获省级奖补资金650万元。开展活态化传承，挖掘特色建筑文化和民俗文化，打造不同的文化体验业态，引导年轻人回乡创业，搞活乡村文化旅游。永春县岵山镇保留古民居传统风貌，打造一批文化展馆，保持建筑活态生活模式。德化县曾坂村按照“一堂一主题”模式活化利用古民居，建设德化白瓷艺术馆、曾氏家风家训馆等。晋江市梧林社区梳理特色建筑群，打造闽南与华侨文化体验中心；安海镇成立青年合作社，号召青年返乡，打造春节、端午、中秋三大节庆品牌。

【农村低收入户“同心安居工程”】 2021年，泉州市印发《泉州市2021年同心安居工程实施方案》，突出保障低保户、分散供养特困人员、残疾人家庭困难户等农村低收入户基本住房安全，组织实施农村低收入户“同心安居工程”182户，下达2021年农村危房改造市级补助资金331.2万元，筹集“同心安居工程”帮扶资金728万元，落实“政府政策＋社会力量”的帮扶机制。11月，印发《泉州市农村低收入群体等重点对象住房安全保障实施方案》，建立健全农村低收入群体住房安全保障长效机制，实现巩固拓展脱贫攻坚成果同乡村振兴有效衔接。

【农房整治】 2021年，泉州市制定出台农村宅基地和农房建设管理政策，建立新建农房“带图审批”制度，要求农户聘请经培训的农村建筑工匠进行施工，引导农户立足居住功能建设“美丽农房”，建成272栋。编制30套《泉州市农村建房通用图集》，汇编25套《石结构房屋改造参考图集》，组织开展“送图下乡”活动，分发1万册图集至镇村一线；编制《传统村落典型负面案例解读及对策》《泉州市历史文化名村传统村落建设指南》，指导各地营造村落传统风貌。全市10个涉农县（市、区）均完成县级政府公布推广农村住宅建筑立面图集，作为辖区农村建设审批依据。11月，市政府办公室印发《关于进一步做好农村在建房屋安全管理有关工作的通知》，加强乡镇执法队伍建设，强化乡镇网格化巡查管理，要求乡镇落实技术人员农房建设“四到场”（批前选址到场、建时放样到场、建中巡查到场、竣工验收到场），制止超层超面积等破坏乡村风貌的建设行为，夯实农村在建房屋安全清查整治工作成效，构建实用高效的常态化管控机制。是年，全市开工“裸房”整治3.47万栋、开工率138.85%，完工2.87栋、完工率114.64%。

市政建设

【概况】 2021年，泉州市加强市政公用设施建设，开展市级部分道路综合交通提升工程建设、市级道路积水点改造，开展环境综合整治，完善市政设施配套，优化、提升城市品质。推进垃圾、污水处理及设施建设。开展中心市区市政设施维修维护，全年修复车行沥青、水泥路面5.99万平方米，修复人行道3.06万平方米。

【市政公用设施建设】 2021年，泉州市推进市政公用设施建设。刺桐大桥市级管辖部分整治项目竣工验收。工程范围北起于刺桐南路与宝洲街交口，向南终于刺桐大桥主桥南端，双向六车道，红线宽度27至60米，全长1155米，包括刺桐大桥主桥、北引桥及其至宝洲街交叉口的北引道路段，重点整治内容包括：桥梁伸缩缝拆除与更换，排水系统疏通；人行道栏杆加固与保护，并加设钢质防撞护栏；上部结构裂缝修复；混凝土缺陷修补及露筋除锈；主梁粘贴钢板及碳纤维布加固；支座更换；混凝土外观防碳化涂装；道路沥青化改造及人行道改造等。组织对海峡体育中心周边、城东快速通道周边、万科城、中国闽台缘博物馆、泉州市博物馆、临漳门环岛、锦绣庄、北门街等重要节点进行夜景改建提升。修复车行沥青、水泥路面6万平方米，修复人行道3.06万平方米，修缮、调整、安装台阶路缘石3146米，调平更换检查井、雨水口824套，清理雨水口2.03万个（次）、清淤1.92万立方米，处理桥梁病害1839处，维修更换路灯设施3748件。

【垃圾和污水处理】 2021年，泉州市推进垃圾、污水处理及设施建设。开展小型垃圾转运站更新改造（三期）项目，投资5100万元，对树兜站、301站、美仙山、浔美站、双阳站、大乡站、东梅站、河市站、三群站、五星站、北星站11座站点进行密闭化提升改造，提高转运站臭味净化和除尘能力。对环卫车辆设备进行更新补充，购置60台12立方米负压感应式压缩箱以及12辆25吨钩臂底盘车，减少垃圾转运“滴、洒、漏”现象。新建改造环卫工人休息屋82座，解决环卫工人“喝水难、热饭难、休息难”问题。新建改造乡镇生活垃圾中转站10座，采购垃圾转运车辆56部。截至年底，全市有乡镇生活垃圾转运站296座和垃圾转运车辆455部。中心市区部分污水主干管节点改造工程通过验收，实施管道埋设685.6米、新建污水井34座。项目为2020年度续建项目，总投资概算749.61万元，建设内容包括：对东海1号泵站、港湾街、坪山路、体育街及云山小学门口5处污水管道缺陷进行改造修复。北峰污水处理厂配套污水主干管排查及部分病害改造工程通过验收，实施完成管道疏通7032米、管道修复85米、新建污水井8座、电控闸门改造1座。项目为2020年度续建项目，总投资概算504.44万元，建设内容包括对北峰片区西贤路、新华北路、宝龙街污水主

2021年新建的丰泽区温秀街187号环卫工人休息屋内景

（图/市城市管理局）

干管进行清淤疏浚、CCTV检测、雨污混接排查及病害修复等。污水泵站集水池改造项目竣工验收。项目为2020年度续建项目，总投资概算824.05万元，建设内容包括对见龙亭、金山、湖心、阳江、东海1号、东海2号、东海3号7座泵站进行改造修复。东海片区污水管网在线监测工程竣工验收并转入2年设备运行维护期。项目为2020年度续建项目，总投资预算765.8万元，建设内容包括：采购13个监测点监测设备、1套便携式监测设备及2年运行维护。道路积水点改造项目完成通源街与美仙山路节点、东湖街湖美酒店至仕公岭路段、科技路5～8号路灯旁等22处积水节点改造，增设雨水管道466米、雨水口67座、盖板沟22米、检查井10座。

公用事业

【概况】　2021年，泉州市推进公用事业发展，推进城市生活垃圾分类，中心市区和其余县（市、区）政府所在地实现生活垃圾分类全覆盖。新建、改造城乡公厕，提高泉州市公厕分布密度，推进沿街厕所对外开放。推进中心城区供水旧管网改造，加强城市节水工作。是年，全市生活垃圾产生量304.83万吨，生活垃圾无害化处理率100%。

【城市生活垃圾处理】　2021年，泉州市推进城市生活垃圾分类，中心市区居民小区生活垃圾分类覆盖率100%，分类投放点（站）改造提升数量占比86.88%，达标投放户数达35万户，生活垃圾回收利用率35.61%。鲤城区海滨街道创建福建省示范片区，鲤城区临江街道、丰泽区泉秀街道、洛江区万安街道创建泉州市示范片区，鲤城区海滨街道远建花园等21个小区创建泉州市示范小区。开展“我为群众办实事”实践活动，完成400座城市社区生活垃圾分类收集点（站、屋、亭）升级改造。开展“美丽新福建·青春新行动”垃圾分类专项宣传活动。

推荐农村生活垃圾分类，全市新增10个乡镇落实农村生活垃圾分类，完成有县乡工作机制、有宣传发动、有资金保障、有有机垃圾处理设备或设施、有减量成效、有县级现场会总结推广“六个有”创建。是年，全市生活垃圾产生量304.83万吨（日产生量8352吨）。其中，焚烧处理286.39万吨，卫生填埋18.44万吨，垃圾焚烧处理占比94%，生活垃圾无害化处理率100%。中心市区（鲤城区、丰泽区、洛江区、泉州经济技术开发区）生活垃圾处理量48.44万吨，完成城市生活垃圾处理费征收7195.8万元。

【城乡“厕所革命”】　2021年，泉州市开展农村公厕建设，新建改造农村公厕210座，农村公厕纳入村庄日常保洁和考评，实行“一长两员”（公厕长、管理员、保洁员）制度。全年考评农村公厕202座，发现解决相关问题868处。

【城市供水】　2021年，泉州市13个县（市、区）有城市水厂个16个，总设计供水规模252.5万吨/天，中心市区有北区水厂（5万吨/天）、泉南水厂（30万吨/天）、金浦水厂（15万吨/天）、金鸡水厂（20万吨/天）。推荐城市节水，以“世界水日”“中国水周”“城市节水宣传周”等活动为契机，开展节水宣传活动。3月22日，在泉州市金鸡拦河闸水资源调配中心举行庆祝中国共产党成立100周年“保护水源地活动”启动仪式；5月12日，在泉港工业园区举办第30届“全国城市节约用水宣传周”，对进驻企业、商铺进行节水宣传、分发节水器具、推广节水技术，促进城市绿色发展；10月28日，在圣湖社区开展“节水宣传进社区”活动，为社区居民讲解节水相关知识，引导居民参与节水工作。开展节水型企业、单位、居民小区创建，全年创建市级节水型企业（单位、小区）50家。

【城镇污水处理】　2021年，泉州市编制城镇污水处理提质增效行动实施方案，启动城东、东海及泉港污水处理厂扩建工程（总规模9.5万吨/日）、完成城镇污水管网建设270千米、管网排查513千米。泉州市城市管理部门邀请专家到各县（市、区）开展专项调研，指导各地开展管网建设。中心市区污水集中收集率由2020年的38%上升至52.5%，进水BOD（生化需氧量）浓度由70毫克/升上升至82毫克/升。石狮市、晋江市、惠安县、安溪县、德化县污水收集率及BOD浓度达到省级目标，南安市、永春县BOD浓度达到省级目标。晋江市污水集中收集率全省县级市排名第一。

【城市燃气管理】 2021年，泉州市组织开展燃气专项整治和打非治违，制发《泉州市燃气行业安全隐患排查整治工作方案》，要求燃气管理做到“三查一整一回头”（企业自查、部门联查、入户排查，重点整治城市综合体，对之前排查整治的燃气管道占压等进行回头看），做到“三个一批”（挂牌督办一批、督促约谈一批、停业整顿一批）。开展燃气安全宣传活动，制发《致全市广大燃气用户的一封信》《餐饮场所燃气安全宣传手册》，指导用户安全用气；运用短信、微信、报纸、梯视等多种媒介开展燃气宣传。全年排查整改燃气隐患点2817处，立案查处燃气违法案件40宗、罚款75万元，查处无证经营行为273个、查扣液化气钢瓶5876个，移送司法机关追究刑事责任14人。6月，泉州市召开全市安全生产视频会议，对全市燃气安全生产工作进行部署。12月5日，泉州市区东海大街往后渚大桥路段，福建中鑫建设有限公司野蛮施工挖破燃气管道，严重危及管道安全运行，泉州市城市管理部门依据《泉州市燃气管道设施保护办法》顶格罚款10万元，并在《泉州晚报》以案说法。全市有瓶装液化气企业35家，液化气供应站点1059个，液化石油气储罐总容积6.62万立方米，年销售液化石油气20万吨，液化石油气用户54万户，在用液化气钢瓶200万个；管道燃气企业1家，天然气城市门站6座、高中压调压站8座、LNG（液化天然气）储配站6座、应急储备能力205万立方米，加气站12座，燃气管道6951千米（其中高压管道152.8千米、中低压管道6798.2千米），在用天然气居民用户59万户、工商户6620户、加气车2987辆。管道天然气年用气量21.5亿方。

【户外广告管理】 2021年，泉州市制定《泉州市中心市区户外广告设施和招牌设置技术规范》，组织开展违规户外广告隐患排查和专项整治，拆除屋顶、墙面违规设置广告1.16万块、店招3547块，清理布条、横幅、灯箱1.26万处，清理“牛皮癣”306.75万张。

【机动车停车管理】 2021年，泉州市组织开展机动车停车场问题专项治理，制发《泉州市经营性停车场备案办事指南》《泉州市机动车停放服务收费管理规定》等，摸排占用公共空间项目数量382个，其中涉及经营性停车场149个，涉及“点题整治”问题项目50个全部整改到位；推广智慧停车，在鲤城区、丰泽区部分路段试行“停车自动计时、自主扫码缴费”33处1157个停车泊位，规范停车秩序。

【中心市区养犬管理】 2021年，泉州市加强中心市区养犬管理，发布烈性犬品种名录通告，禁止在城市建成区饲养47种烈性犬；开展专项整治行动，加强对农贸市场、广场、公园、公共绿地、学校周边、居住小区、背街小巷等区域的巡查管控，查纠违规养犬、随意遛犬等行为；组织专业捕捉队伍摸排流浪犬数量和种类，开展流浪犬捕捉工作。全年劝导纠正文明养犬1711起，捕捉流浪犬1289只。

园林绿化

【概况】 2021年，泉州市围绕品质泉州建设，结合全省城乡建设品质提升、迎接第44届世界遗产大会等活动，加快城市绿化美化步伐，新建公园绿地面积142.93公顷，建成109个“串珠公园”“口袋公园”，新建改造海湾大道、惠安霞苑路、石永二路等9条特色园林风情道路、86处立体绿化、打造11处花漾街区，其中“中山中路—花巷—许厝埕—新路埕”花漾街区样板示范段项目在2021年福建省样板工程评审上获第4名。开展年度最美城市园林绿化系列评选活动，组织专家对全市52个单位庭院、63个园林小区进行评选，晋江一中、南安市电力公司、永春县林业局获最美单位庭院一等奖，惠安聚龙小镇、晋江宝龙国际社区、石狮百德康桥假日获最美居住区一等奖。11月，泉州市启动国家生态园林城市创建工作。

【城市道路绿化建设和景观提升】 2021年，泉州市推进城市道路绿化建设和景观提升。晋江市组织世界中学生运动会景观提升工程和市区21条重要通道绿化提升，改造绿化面积18万平方米。石狮市实施锦尚外线道路绿化工程和石永二路绿化提升工程，锦尚外线道路全长6.2千米，建设面积7万平方米；石永二路全长3.5千米，主要进行道路绿化土壤更换和改良，更换灌木、死树枯苗等，增加花化彩化。惠安县完成滨海路（青山湾至西沙湾）景观提升工程，面积1.25万平方米；完成惠西片区规划二、三、四路绿化工程，绿化面积6070.6平方米。德化县新建道路绿化4千米。泉港区完成驿峰西路改造提升工程，全长6.04千米。泉州台商投资区完成海湾大道（16号码头—海玉路）景观工程和后渚大桥下滨海生态景观工程。其中，海湾大道项目6月完工，全长3.1千米，绿化面积3.1公顷；后渚大桥项目于10月建成，建设内容包括绿化、水体、园路、生态驳岸、湿地、雕塑小品等。

【公园建设】 2021年，泉州市中心市区完成“海上丝绸之路”司法合作国际论坛法律文化公园建设，建设面积1.3万平方米，建设内容包括绿化景观提升，建设法律文化长廊和园林小品等。泉港区完成菜堂湿地公园建设，公园总面积25.5公顷，主要建设人工岛、滨水栈道、景观桥及绿化景观。晋江市实施八仙山八仙阁、人民公园、崎山山地自行车公园、晋阳湖公园、“一山”慢行系统等公园工程建设，启动紫帽山景区项目建设，完成紫帽山郊野公园启动区、南岸生态公园亲子园、罗裳山生态公园配套公厕、世纪公园喷泉广场改造、敏月公园亲子园改造等项目。石狮市完成军事公园一期工程，建设面积18万平方米，建设内容包括训练场地、军事公园主题游览区、将军山游览区，对垃圾综合处理厂至新沙提村海岸带、沿海基干林、生态进行修复等。南安市完成蓝溪湿地公园（二期）建设，建设面积30.87万平方米，利用沿溪两侧滨水绿带进行建设。安溪县龙湖山公园一期工程为安溪县重点项目和为民办实事项目，12月完工，公园占地面积6公顷，建设有入口广场、稚趣园、凤鸣廊、玲珑园、修竹馆、如意湖、观湖石阶、临水阁、屋顶花园、停车库等。德化县对驾云亭公园西侧进行扩建，扩建面积6.2公顷，建设古城墙文化长廊区、生态园林景观区、休闲广场、咖啡室、茶室、古城墙等。

【泉州植物园建设】 2021年，泉州市完成植物园一、二期工程园路、景观桥、管理房、人工湖及6个专类园的建设；科普馆完成卫生间的管道铺设、防水及展厅墙面木做造型基层龙骨部分，进行馆内管线施工、墙面地面铺贴、园林水景等工程，暖通工程同步进场施工；园区主入口区智能化等设备安装完成；三期工程过境交通道路施工中，完成部分路段沥青层，次入口服务设施完成主体结构。

【口袋公园和街头绿地建设】 2021年，泉州市推进口袋公园、街头绿地建设。晋江市建成罗裳片区3处、城东片区仙石村3处、海尾村2处、洋埭2处等10处街头绿地，绿化总面积两万平方米。石狮市建成华侨中学西侧口袋公园、凤里街角公园乐康园、凤里街角公园轻享园、凤里街角公园嬉时园等18个口袋公园，绿化总面积4.56万平方米。南安市新建和改造市区内11个口袋公园，建设总面积2.98万平方米。惠安县新建11个口袋公园，分别为石板街怀旧公园、洪厝篮邻里公园、尚富印象公园、围头池红色公园、世纪公园、崇武联群口袋公园、东岭镇北埔口袋公园、紫山镇码头公园、涂寨镇上村村休闲公园、黄塘镇下坂消防公园、辋川镇许厝亲水公园，新增公园绿地面积5.8万平方米。安溪县完成吾都口袋公园、安溪廖长官纪念景观工程、兴泉铁路安溪站站前广场口袋公园和安溪县雁塔周边景观提升改造工程等10个口袋公园建设，绿化面积1.5公顷。德化县建设完成环城南路寨头路口、东路八中路口、瓷谷仙境地标、水口湖坂村街心等10个口袋公园，绿化面积1.7公顷。

【城市花化彩化工程建设】 2021年，泉州市推进城市花化彩化工程建设。中心市区完成时花种植7.9万余平方米。晋江市完成道路鲜时花种植121万株。德化县对南三环、茶具城、新寨一路、新秀园环岛、城东工业区等周边空地绿化、花化1.5万平方米。

建筑业

【概况】 2021年，泉州市围绕“抓龙头、强品牌、铸链条、拓市场”工作思路，促进建筑业发展壮大，扶持建筑企业做大做强，建筑业总产值持续增长，产业集中度、外向度保持高位，现代化程度全省领先，全市国民经济支柱产业地位稳固。泉州市“点对点”帮扶建筑企业晋升资质，扶持古建筑、建筑幕墙等优势领域发展壮大，新增一级以上资质企业10家，招引回归高资质企业6家，福建省惠东建工集团获批建筑工程总承包特级资质。截至年底，全市有建筑业施工企业2489家，规模以上建筑企业1165家，其中特级企业5家，占全省总量的20%，一级总承包资质企业94家，占全省总量的19%。一级资质以上建筑业企业完成产值1503亿元，比2020年增长11.3%，占总产值的68.4%。是年，全市完成建筑业产值2198亿元，比2020年增长11.1%，产值总量保持全省前三，占全省总产值的17%，其中省外产值1103亿元，比2020年增长10.9%，占总产值的50.2%。全年建筑业贡献税收48.8亿元。全年实现建筑业增加值685亿元，占全市生产总值的6.1%，占比连续11年超过5%，国民经济支柱产业地位稳固。

【建筑产业转型升级】 2021年，泉州市坚持市场主导、政府推动，结合建筑建材产业及其他资源优势，因地制宜发展装配式混凝土结构、钢结构等装配式建筑，提高装配式建筑的实施标准和比例。政策扶持方面，开发建筑业产教融合信息化平台，指导建材企业与高校共建建材试验室并开展科研项目活动，与清华大学、江夏学院签订产学研合作的协议，洲建集团与厦门城市职业学院共建装配式装修专业，推动高校优秀毕业生到泉州市建筑业企业就业。12月，印发《泉州市装配式建筑评价工作指引（试行）》，推动建筑产业现代化园区发展为发展方向。产业园区发展方面，构建“产业上集群、地理上集聚”的建筑业发展格局，泉州市建筑服务产业园（丰泽区）、装配式内装施工技术体系研发产业园（丰泽区）、部品部件研发企业孵化产业园（洛江区）、钢结构部件及围护部品产业园（泉港区）、绿色智能建造产业园（永春县）5个现代化建筑产业园区相继投产。全市有PC生产基地6个，年产能50.5万立方米和20万吨；内隔墙墙板生产基地4个，年产能400万平方米。装配式建筑发展方面，全年新增装配式建筑项目85个，面积362万平方米，新开工装配式建筑比例37.2%。截至年底，全市实施装配式建筑项目217个，总建筑面积815万平方米。

【建筑市场秩序整治】 2021年，泉州市开展在建项目发承包行为及劳务实名制"双随机"执法检查，日常检查2152次，查处施工项目承发包违法行为44起，处罚金1410万元，依据法律法规及行动方案，列入"黑名单"管理企业14家。开展招标代理企业市场专项检查，出动专家20名、执法人员2名，对全市开展房建和市政工程项目招标代理业务的117家招标代理企业（含分支机构）开展"双随机"检查，列出"红榜"企业10家、"黑榜"企业5家、"黑名单"企业4家，查处投标文件雷同案件20起，处罚金126万元。实施《泉州市房建和市政基础设施工程领域在建项目拖欠工程款及农民工工资问题专项整治方案》，排查在建项目755个，推动清偿涉及拖欠工程款金额4506万元，评价在建项目2163项次，全市工程建设领域欠薪发生率首次降至50%以下；立案查处房建市政行业欠薪案件4件，处置欠薪问题线索122条，惠及202人、187万元。全市公布"无欠薪标杆项目"23个、优秀劳资专管员10名，在国务院保障农民工工资支付的考核中，迎检成绩列全国第三名，"治欠"工作受省政府A级通报表扬。

【建筑企业减负】 2021年，泉州市落实《关于进一步促进建筑业发展壮大的若干意见》有关奖励事项，在市级惠企平台上线扶持政策，兑现资质、科技、招引、税收等方面资金奖励8509万元；组织30家建筑业企业申报中小微企业纾困资金，获批金融纾困资金1.27亿元，争取省级财政贴息127万元，以市政府名义表彰抢险救灾先进建筑定企业72家，提升企业信用排名。依据《福建省建设工程人工费动态管理办法》，本着"合理共担风险"的原则，在春节、国庆节及疫情防控期间及时调整建设工程人工费指数，应对建筑市场材料价格波动风险。修订保证金管理、全过程电子招投标、加强司法衔接处置恶意投诉等方面规定，落实放宽台资建筑企业招投标市场准入的政策。延续年度投标保证金政策，试行银行年度保函制度，减轻企业投标负担。

房地产业

【概况】 2021年，泉州市坚持"房子是用来住的，不是用来炒的"定位，落实"稳地价、稳房价、稳预期"要求，深化分片区精准调控措施，防范化解市场风险。1月，印发《泉州市商品房预售资金监督管理规定》，完善账户开设、资金缴存和使用、监管解除各环节机制。12月，出台《泉州市建立和完善房地产市场平稳健康发展长效机制工作方案》，坚持"一城一策"，精准做好房地产市场调控工作，开展整治规范房地产市场秩序行动，全市房地产市场平稳健康发展。是年，全市商品房新开工面积1552.78万平方米，竣工面积1079.8万平方米，全年供应商品房975.78万平方米。

【商品房供应】 2021年，泉州市商品房新开工面积1552.78万平方米，施工面积7601.1万平方米，竣工面积1079.8万平方米。全年供应商品房975.78万平方米，比2020年下降13.72%。

【存量房交易】 2021年，泉州市存量房交易571.72万平方米，比2020年增长10.8%。其中，存量住房交易377.64万平方米，比2020年下降1.14%。市区存量房交易179.49万平方米，比2020年增长21.64%。其中，存量住房交易131.24万平方米，比2020年增长4.9%。

【商品房价格】 2021年，泉州市商品房均价9428元/平方米，比2020年上涨4.18%。其中，商品住房均价9706元/平方米，比2020年上涨5.45%。市区商品房均价11003元/平方米，比2020年上涨6.7%。其中，商品住房均价10935元/平方米，比2020年上涨8.1%。

【商品房库存】 2021年，泉州市商品房库存1081.07万平方米，去化周期10.84个月。其中，商品住房库存638.84万平方米，去化周期7.38个月，略为偏紧；非住宅库存442.24万平方米，去化周期33.36个月。市本级商品房库存323.87万平方米，去化周期10.89个月。其中，商品住房库存175.34万平方米，去化周期6.71个月；非住宅库存148.53万平方米，去化周期41.37个月。

【物业服务】 2021年，泉州市有住宅小区2419个，其中物业管理小区1282个。全市物业服务企业686家（含分公司），从业人员3.1万人。新成立114个业委会，其中"红色业委会"109个，累计成立业委会824个，其中"红色业委会"558个。是年全市新创建18个市级物业示范达标项目，累计创建237个。

城管执法

【概况】 2021年，泉州市围绕"海丝名城、智造强市、品质泉州”建设，推进市政设施提升和城市环境整治，泉州市国家卫生城市创建工作通过复审，自来水用水报装服务被省发改委作为优秀营商环境典型经验行文推广，城市园林绿化、渣土车整治、燃气安全管理、共享单车和违法建设治理等工作取得实效。市城市管理部门梳理调整权责清单236项，修订行政处罚自由裁量权细化标准317项，制定市容环境卫生方面不予行政处罚、从轻或减轻行政处罚事项清单85项，完善行政执法程序规定等8项执法制度，清理规范性文件65份，做出行政处罚5080件、罚款1.046亿元。1月，《泉州市市容和环境卫生管理条例》施行；7月，《泉州市机动车停车管理条例》施行。截至年底，全市城市生活垃圾无害化处理率100%、污水处理率97.18%，建成区绿化覆盖率43.85%、绿地率40.53%、人均公园绿地面积14.84平方米，城市供水普及率99.64%、燃气普及率99.67%，中心市区快速通道和主干道机扫率91%、路灯亮灯率99%以上、污水泵站完好率95%以上。

【城市污染监管】 2021年，泉州市开展占道经营整治，加强日常巡查管理，落实动态巡查和节点守点制度；组织校园周边、净空安全防范等各类专项整治；清理流动活禽宰杀、交易点。全年查处各类占道经营12.67万起。开展露天烧烤整治，进行夜市大排档、烧烤摊专项整治，全年查纠夜市大排档、烧烤摊1.09万起。按照“谁污染、谁治理”的原则，加强城市管理巡查监管，进行露天焚烧垃圾整治。全年查纠露天焚烧垃圾838起。开展“静夜守护”城市夜间噪声污染整治专项行动，严查非施工时段施工扰民行为；开展中高考期间噪声污染专项整治行动（零点行动），打击中高考期间建筑工地超时施工扰民行为。全年查处施工噪声扰民案件2354起。开展土方车“滴洒漏”整治，加大执法力度和路面巡查力度，严查渣土车“滴洒漏”和乱倾倒等违法行为，全年查处“滴洒漏”1616件。开展餐饮油烟污染整治，探索建立长效监管机制，督促餐饮经营者安装油烟净化设施和隔油器，及时清洗油烟设施和管道，组织摸底调查餐饮门店9376家，油烟净化器安装率76.3%，督促问题整改1850处；推进鲤城区美食街等44条油烟管理示范街、样板街创建，美食街油烟净化及油水分离设施安装率、正常使用率均达100%。开展内沟河清淤整治，完成南环城河、普照溪等专项清淤1.53万立方米；组织对淤积较严重、影响行洪河段的三堡沟、七中沟、排洪渠C段、八七路荣誉桥下东沟暗涵、灵山沟（香江路—南洋路段）暗涵、东沟（南环路妇女活动中心）旁暗渠、东沟子芳路泰马桥下暗渠、灵山沟（南洋路—石灵路）暗涵等进行清淤4044.35立方米。

【违法建设治理】 2021年，泉州市加强城镇违法建设治理，坚持“控新、化存、固效”原则，综合运用网格巡查、卫片筛查、暗访暗查等措施，开展安全隐患治违化危攻坚、节日期间治违等专项行动，对排查出的违法建设建立清单、对单销号，遏制增量、化解存量。全年排查城镇违法建设765宗、面积139万平方米（属年度新增303宗、面积8.9万平方米），规范处置705宗、113万平方米，处置率92% 。

【渣土车整治】 2021年，泉州市开展渣土车安全整治三年行动及预防重特大道路交通事故渣土车专项整治行动。完善管理措施办法，实行安全风险评估、三级网上巡查，督促运输企业落实相关要求。强化驾驶员教育培训，实行教育培训全过程全景记录，组织“盲区”风险演练。采取错时延时和异地交叉执法方式加大执法力度。开展涉及渣土运输的生产经营单位签订安全承诺工作，开展渣土车运输安全整治专项攻坚行动，提高驾驶员安全意识，建立渣土运输领域监督考核办法、安全员随车机制，强化车辆动态监管平台管理运用，落实各方责任。是年，全市组织部门执法2.43万次、联合执法656次，查处违规渣土车5005辆（次），处罚金额729.64万元，检查企业项目79家（次），停业整顿41家、清退5家。

【数字城管建设】 2021年，泉州市对“数字城管”平台网格管理进行完善，完成网格巡查时间、网格划分和网格巡查频次的优化。强化系统运维管理，定期组织对交换机等设备线路检查，对系统安全漏洞进行扫描，及时修复系统漏洞，确保系统安全运行。各县（市、区）“数字城管”平台有效整合城市管理资源，系统功能不断优化。是年，泉州市本级及各县（市、区）“数字城管”平台稳定运行，市级“数字城管”平台受理案件24.38万件，结案24.31万件。12月，泉州智慧城管物联通管理平台（城市运行管理服务平台）项目完成招投标。

教 育

综 述

【概况】 2021年，泉州市有全日制各级各类学校3398所，在校生207.23万人，教师15.6万人。其中，全市高等学校18所，研究生招生数2422人，在校生7003人；普通本专科招生数6.4万人，在校生19.35万人；成人本专科招生数1.3万人，在校生2.6万人；中等职业教育学校32所，招生3.1万人，在校生8.4万人；技工学校8所，招生5551人，在校生1.1万人；普通中学331所，招生17.87万人，在校生50.68万人；小学1305所，招生15.11万人，在校生84.22万人；幼儿园1694 所，招生12.21万人，在园幼儿39.27万人；特殊教育学校10所，招生1080人，在校生6254人。国际生在校生3060人。全市各级各类学校教职工15.62万人，其中专任教师12.39万人；普通高等学校教职工1.3万人，其中专任教师8828人；中等职业教育学校教职工4366人，其中专任教师4081人；技工学校教职工653人，在校生448人；普通中学教职工4.3万人，其中专任教师3.6万人；小学教职工4.9万人，其中专任教师4.7万人；幼儿园教职工4.6万人，其中专任教师2.7万人；特殊教育学校教职工646人，其中专任教师548人。

【教育投入】 2021年，泉州市教育经费总投入256.32亿元，比2020年的235.81亿元增长8.7%。其中，地方教育经费256.3亿元，比2020年的235.79亿元增长8.69%；财政性教育经费187.4亿元，比2020年的181.87亿元增长3.04%。

【城乡义务教育经费保障】 2021年，泉州市落实省政府完善城乡义务教育经费保障机制的实施意见，全市义务教育公办学校生均公用经费按省定基准定额或高于省定基准定额拨款，其中小学750元、初中950元，泉州市本级高于省定标准250元；对公办寄宿制学校学生，按每生每年400元标准增加安排公用经费，足额落实对寄宿制学校和小规模学校增加公用经费的规定；特殊教育学校按普通初中生均公用经费10倍安排生均公用经费。全市城乡义务教育经费投入141.87亿元，其中财政性经费125.33亿元。

【校舍建设】 2021年，泉州市义务教育薄弱环节改善与能力提升项目66个（校舍建设类项目16个，设施设备采购项目50个），总投资7940.15万元（其中中央义务教育薄弱环节改善与能力提升补助资金4020万元），规划新改扩建校舍面积3.73万平方米，开工面积3.73万平方米，竣工面积2.67万平方米，完成投资4216.11万元，完成设施设备购置1408.02万元；中小学校舍安全长效保障机制建设项目39个，全部开工建设，完成投资30189.1万元；省、市为民办实事公办幼儿园建设项目33所，规划建设面积18.66万平方米，总投资6.13亿元，全部开工建设，完成投资2.98亿元。其中，20所列入市委、市政府为民办实事项目，规划建设面积10.24万平方米，完成投资1.71亿元。

【助学与教育扶贫】 2021年，泉州市安排学生资助资金4.47亿元，惠及学生36.56万人次，覆盖各个教育阶段。全年办理生源地助学贷款2.04万笔，经办银行放款1.56亿元，支付生源地信用助学贷款风险金及贴息689.87万元。

【教育督导】 2021年，泉州市教育局履行“督政、督学、质量监测”等各项工作的开展落实。做好2020年省“对市督导”自评工作等，针对省网络评估反馈意见指出的问题逐一进行整改；对丰泽区、泉州台商投资区开展“两项督导”市级检查；开展“义务教育教师工资收入”“五项管理”“双减”“幼儿园办园行为”“学前教育普及普惠”等专项督导评估；组织和指导县（市、区）参加国家和省义务教育质量监测，涉及学科8个、中小学校189所、师生上万名；针对质量监测反馈的主要问题，制定整改方案，推动整改和追踪，促进区域教育质量水平提升。

【招生考试】　2021年，泉州市有1.1万人参加硕士研究生入学考试。高考报名4.2万人，比2020年减少2265人，减幅5.1%。高职扩招专项招生考试报考1231人。2.13万人报考各类成人高校，比2020年增加3432人。1月参加高中学考的考生有32.34万科次。6月参加高中学考的考生有29.93万科次。自学考试上半年报考1.47万人，下半年报考1.58万人。全国计算机等级考试上半年1.85万人报名，下半年2.63万人报名。福建省新增教师编制公开招聘考试2.04万人报名。全国中小学幼儿园教师资格考试上半年笔试报名人数2.3万人，面试报名人数8361人，下半年笔试报名人数3.32万人，面试报名人数1.21万人。中考10.17万人，初二年地理、生物学考11.14万人。7772人参加专升本考试，比2020年增加3184人。

【民办教育】　截至2021年秋，泉州市有民办学校1122所，其中民办中等职业学校8所、民办高中19所、民办初中13所、民办小学24所、民办幼儿园1058所。全市有非学历教育培训机构370所，其中在教育部门办理办学许可证的368所。全市有1所民办高中通过省三级达标高中的验收，有6所民办园被评为“福建省示范园”，16所民办园被评为“泉州市示范园”。根据福建省规范民办义务教育发展实施方案精神，泉州市出台规范民办义务教育发展实施方案。2022年底前规范到位：一是对2019年底后新审批设立的民办义务教育学校，按照“谁审批谁负责、谁审批谁消化”的原则，转为公办学校或转办其他学段等方式稳妥消化；二是将县域民办义务教育在校生规模占比超过15%的调控至15%以内。

民办学校监管　为贯彻落实国务院和福建省对校外培训机构安全管理有关要求，泉州市教育局于3月9日下发《关于开展校外培训机构安全检查工作的通知》，要求各县（市、区）要高度重视校外培训机构安全管理工作，落实属地管理责任，加强校外培训机构的建筑、消防、饮食卫生等安全管理，落实疫情防控措施。对存在重大安全隐患的，必须予以关停取缔；对存在一般安全隐患的，要立即停止培训活动，督促限期整改，整改到位并验收合格后方可重新开办。强化监管力度，结合年检工作，对泉州实验中学、泉州外国语学校、仰恩大学附属中学实行“双随机、一公开”监管检查，通过随机选派执法检查人员组成检查小组，采用书面材料审核和实地检查的形式，对检查中存在的问题责成各民办学校整改。泉州市教育局下发《关于限制失信被执行人子女就读高收费学校的通知》，要求全市民办中小学在招生阶段，对失信被执行人子女就读高收费学校实行联合惩戒，严把新生入学关，对失信被执行人子女，应拒绝其办理入学手续，并告知其到公办学校就读。

校外培训机构监管　根据省、市纪委监委“点题整治”工作要求，泉州市教育局联合市市场监督管理局印发《泉州市“点题整治”校外培训机构突出问题专项行动实施方案》，按照“谁审批谁监管、谁主管谁监管”原则，由教育部门牵头，民政、人社、市场监管部门联合公安、消防、城管和乡镇（街道）等相关部门，开展拉网式摸排，加大跨部门联合执法力度，整治校外培训机构违法违规办学行为。截至12月30日，全市查处无证无照17家、有照无证53家；及时转办处置群众举报投诉线索56件。各县（市、区）不再审批新的面向义务教育阶段学生的学科类校外培训机构。依法依规严肃查处不具备相应资质条件、未经审批多址开展培训的校外培训机构。学科类培训机构一律不得上市融资，严禁资本化运作。对原有学科类培训机构重新审核登记，逐步大大压减，解决过多过滥问题。截至12月30日，全市义务教育阶段学科类证照齐全校外培训机构268家，压减228家，压减比例85.07%。推行“黑白名单”制度，市、县（市、区）教育部门通过政府网站、新闻媒体、校园公告栏等方式公布校外培训机构黑、白名单及主要信息，并公布举报电话和举报邮箱，接受社会监督。8月13日，市教育局再次梳理更新发布全市“黑白名单”514家，其中“白名单”354家、“黑名单”160家。

2021年泉州市民办学校基本情况表

表16

地区	民办学校总数（所）	民办中职				民办中学									民办小学				民办幼儿园			
		学校数（所）	在校生数（人）	教职工数（人）		学校数（所）						在校生数（人）	教职工数（人）		学校数（所）	在校生数（人）	教职工数（人）		学校数（所）	在校生数（人）	教职工数（人）	
				小计	专任教师	小计	初级中学	高级中学	完全中学	九年一贯制	十二年一贯制		小计	专任教师			小计	专任教师			小计	专任教师
合计	1122	8	12929	79	518	32	3	1	11	10	7	65700	6376	4715	24	22698	2100	1387	1058	187955	24751	13583

续表16

地区	民办学校总数（所）	民办中职 学校数（所）	民办中职 在校生数（人）	民办中职 教职工数（人） 小计	民办中职 教职工数（人） 专任教师	民办中学 学校数（所） 小计	民办中学 学校数（所） 初级中学	民办中学 学校数（所） 高级中学	民办中学 学校数（所） 完全中学	民办中学 学校数（所） 九年一贯制	民办中学 学校数（所） 十二年一贯制	民办中学 在校生数（人）	民办中学 教职工数（人） 小计	民办中学 教职工数（人） 专任教师	民办小学 学校数（所）	民办小学 在校生数（人）	民办小学 教职工数（人） 小计	民办小学 教职工数（人） 专任教师	民办幼儿园 学校数（所）	民办幼儿园 在校生数（人）	民办幼儿园 教职工数（人） 小计	民办幼儿园 教职工数（人） 专任教师
鲤城区	47	0	0	0	0	4	0	0	3	1	0	11203	1072	881	3	4340	453	282	40	9791	1271	706
丰泽区	87	2	6402	315	225	5	2	0	2	0	1	15072	1255	1021	3	6292	726	538	77	12365	2189	1211
洛江区	39	0	0	0	0	3	0	0	1	0	2	6887	703	478	1	33	7	6	35	6622	863	489
泉港区	72	2	281	42	19	2	0	0	0	1	1	3532	362	247	2	434	64	41	66	11651	1352	761
石狮市	113	0	0	0	0	2	0	0	0	2	0	1436	163	98	1	318	55	24	110	16338	2814	1475
晋江市	196	0	0	0	0	7	1	0	2	2	2	15423	1330	959	8	7962	563	350	181	34556	4516	2376
南安市	240	2	3081	152	113	3	0	1	0	2	0	1536	264	155	1	955	15	12	234	36093	4631	2596
惠安县	114	0	0	0	0	4	0	0	2	1	1	6585	879	599	1	1595	153	92	109	23133	2556	1412
安溪县	111	0	0	0	0	1	0	0	1	0	0	3459	271	216	0	0	0	0	110	18789	2372	1331
永春县	8	0	0	0	0	0	0	0	0	0	0	0	0	0	0	0	0	0	8	1940	273	145
德化县	43	0	0	0	0	0	0	0	0	0	0	0	0	0	1	25	9	5	42	7529	780	451
泉州开发区	7	0	0	0	0	0	0	0	0	0	0	0	0	0	0	0	0	0	7	2178	263	151
泉州台商投资区	45	2	3165	220	161	1	0	0	0	1	0	567	77	61	3	744	55	37	39	6970	871	479

【《泉州市校外培训机构资金监管暂行规定》出台】 2021年8月16日，泉州市教育局、中国人民银行泉州市中心支行、泉州银保监分局、泉州市地方金融监管局制定《泉州市校外培训机构资金监管暂行规定》，采用“大额动账预警”和“分阶段资金解付”的监管模式，明确学科类校外培训机构学费资金的收费退费、监管举措、风险预警、处罚措施等要求，加强校外培训机构资金监管，维护学生合法权益。

学前教育

【概况】 2021年，泉州市教育局出台文件完善普惠性幼儿园认

2021年4月5日，泉州市学前融合教育师资培训班观摩交流活动在培蕾实验幼儿园举行　（图/市教育局）

定与管理，学前教育三年入园率98.91%，公办率55.59%，普惠率89.82%，优质资源覆盖率44.39%；针对“城区学位不足、上公办园困难”问题，推进公办幼儿园学位配套建设，省、市为民办实事新改扩建公办幼儿园33所，建设面积18.66万平方米、总投资6.13亿元，规划新增学位1.2万个，其中乡村幼儿园开工10所，完成投资6544万元。截至年底，全市有独立幼儿园1694所、公办性质幼儿园616所（其中教育部门办385所、集体办218所）、民办幼儿园1078所（其中普惠性民办园823所）。全市在园幼儿39.27万人。

【普惠性学前教育】 2021年，泉州市教育局联合泉州市财政局出台《关于进一步落实普惠性民办幼儿园认定与管理工作的通知》，完善普惠性幼儿园认定与管理。督促指导各县（市、区）落实政府主体责任，加大学前教育投入，加快公办幼儿园建设，增加公办普惠学前教育资源供给。2021年秋季全市学前教育公办率巩固提升至55.59%，比2020年增长3.96个百分点，实现所有县（市、区）公办率达50%以上，普惠率巩固至89.82%。加大财政扶持，争取省级普惠性民办园奖补资金2275.35万元。

【示范园创建】 2021年，泉州市教育局鼓励扶持幼儿园（包括民办园）创建示范园，市级财政对省、市级示范幼儿园分别给予20万元、15万元的奖励，县级示范幼儿园由各县（市、区）参照制定奖励措施。新增创建47所示范幼儿园，泉州市县级以上示范幼儿园480所，其中省级53所、市级67所、县级360所，泉州市学前教育优质资源覆盖率44.39%，比2020年提高3.16个百分点。新增评估确认的福建省示范性幼儿园为：晋江市第八实验幼儿园、泉州幼师附属幼儿园石狮校区、南安市第二幼儿园；泉州市示范幼儿园为：丰泽区第五中心幼儿园、丰泽区第三实验幼儿园、晋江市东石镇钻石海岸幼儿园、晋江市池店镇滨江幼儿园、晋江市实验幼儿园嘉天下分园、晋江市池店镇海丝幼儿园、泉州台商投资区湖东实验幼儿园。市直、泉港区、晋江市、石狮市、惠安县、安溪县的17所省级示范性幼儿园开展面向全市的开放活动，辐射带动其他幼儿园的共同成长。

【幼儿园办园行为专项督导】 自2018年秋季启动幼儿园办园行为专项督导以来，按照5年一周期的评估要求，各县（市、区）统筹谋划、制定督导计划，开展幼儿园办园行为督导评估。2021年，各县（市、区）在园级自评的基础上，对192所幼儿园开展县级督评。市政府教育督导室适时采用购买服务方式，委托社会第三方教育评估机构开展抽查。

【幼小科学衔接】 2021年6月，泉州市教育局承办由福建教育厅在晋江市举办的福建省幼儿园与小学科学衔接专题研讨班，晋江市被省教育厅确认为“福建省幼小衔接实验区”，晋江市第二实验幼儿园—晋江市第六实验小学、晋江市第三实验幼儿园—晋江市第二实验小学（梅岭校区）、晋江市安海实验幼儿园—晋江市安海中心小学3对学校被省教育厅确认为“福建省幼小衔接结对试点校（园）”。泉州市教育局指导晋江市制定幼小科学衔接攻坚行动实施方案，促进幼儿园做好入学准备、小学做好入学适应，克服幼儿园“小学化”倾向，坚持小学零起点教学。

2021年泉州市幼儿适龄人口入园分县（市、区）基本情况表

表17

地区	园内外适龄幼儿数（3～5岁）（人）		在园内适龄幼儿数（3～5岁）（人）		入园率（%）	在园幼儿数（人）	毛入园率（%）
	小计	其中：女	小计	其中：女			
合计	394230	171850	389952	171729	98.91	392700	99.61
鲤城区	23768	10487	23766	10450	99.99	23841	100.31
丰泽区	26680	11862	26680	11862	100.00	26710	100.11
洛江区	12086	5183	11956	5127	98.92	11956	98.92
泉港区	17650	7943	17387	7845	98.51	17548	99.42
惠安县	38361	16443	37817	16211	98.58	37821	98.59
安溪县	42131	18600	41500	18326	98.50	41763	99.13
永春县	16253	7250	15979	7126	98.31	16127	99.22
德化县	18377	8112	18173	8011	98.89	18869	102.68
石狮市	33207	14445	32712	14287	98.51	32712	98.51
晋江市	84804	36460	84180	37587	99.26	85107	100.36

续表17

地区	园内外适龄幼儿数（3～5岁）（人）		在园内适龄幼儿数（3～5岁）（人）		入园率（%）	在园幼儿数（人）	毛入园率（%）
	小计	其中：女	小计	其中：女			
南安市	68560	29685	67605	29585	98.61	67945	99.10
泉州台商投资区	12353	5380	12197	5312	98.74	12301	99.58

义务教育

【概况】 2021年，泉州市教育局落实免试就近入学和“公民同招”政策，解决城镇大班额问题，巩固控辍保学动态清零成果，以居住证为主保障随迁子女教育权利秋季；实施新一轮乡村教育质量提升三年行动，纳入第二批“我为群众办实事”实践活动项目，开工建设27所，完成投资1.7亿元。截至年底，全市有小学1305所，一年级招生15.11万人，在校生84.22万人。小学班级1.99万个，56～60人大班额班级115个，比2020年减少87个班，大班额占比0.58%。普通初中331所（其中初级中学176所、完全中学初中部111所、十二年一贯制学校8所、九年一贯制学校31所）；初中一年级招生12.37万人，在校生35.5万人，毕业生10.24万人，初中学龄人口入学率99.72%，毛入学率103.35%。初中阶段全面消除56人及以上大班额。

【办学机制体制改革】 2021年，泉州市教育局推进城区小片区管理、农村薄弱校“委托管理”、集团化办学以及“名校办分校”“老校带新校”“强校扶弱校”，扩大优质资源覆盖面，缩小城乡办学差距，促进教育公平，构建优质均衡的基本公共教育服务体系。举行“继续开展泉州市实验小学洛江校区合作办学及合作创办泉州市实验小学洛江第二校区”签约仪式，深化“公办学校+名校品牌+委托管理”办学模式，市直小学在泉州城东、东海新区以及石狮市、泉州台商投资区、泉州开发区等地办分校，构建“一校两（三）区”发展新格局。全市城区义务教育初中学校“小片区管理”学校78所，小片区20个，参加小片区管理学校数（含参与小片区管理的镇区、乡村学校）73所，片区内教师交流总数543人，开展捆绑考核片区数13（个）。农村薄弱学校“委托管理”承担托管任务学校数（优质中学）14所，农村受托管理学校（农村薄弱学校）27所，教师1145人，学生1.61万人，双方学校教师交流203人。初中集团化办学集团8个，集团内龙头学校教师1006人、学生1.4万人，集团内成员学校9所、学生1.53万人。

【义务教育管理标准化学校建设】 2021年，泉州市教育局继续以“义务教育管理标准化学校”创建为抓手，深化义务教育学校管理改革，示范带动区域教育教学改革，促进学校依法办学与科学管理，推动学校内涵发展与质量提升。泉州市新增215所小学通过义务教育管理标准化学校市级评估，累计771所小学（占比59.08%）被福建省教育厅确认为“福建省义务教育管理标准化学校”。全市新增23所中学被确认为“福建省义务教育管理标准化学校”，目前全市“福建省义务教育管理标准化学校”中学达到241所，创建率73.93%；培育39所省级义务教育教改示范性建设学校。

【进城务工人员随迁子女就学】 2021年，泉州市教育局落实“两纳入、两为主”要求，进一步强化流入地政府责任，鼓励公办初中学校通过挖潜、扩招等办法扩大招收辖区内的随迁子女就近接受义务教育，进一步健全以居住证为主要依据的随迁子女义务教育入学政策，加强对随迁子女的教育管理服务，确保符合要求的随迁子女能够应入尽入，切实保障义务教育阶段随迁子女入学权利。截至2021年秋季，泉州市义务教育学校随迁子女在校生36.53万人，占比30.52%，义务教育阶段随迁子女91.18%在公办学校就读，比2020年增加0.68个百分点。

【小升初免试就近入学】 2021年，泉州市教育局落实“公民同招”，推动义务教育学校免试就近入学全覆盖。严禁以各类考试、竞赛、培训成绩或证书证明等作为招生依据，不得以面试、考试等名义选拔学生。民办义务教育学校招生纳入审批地统一管理，与公办学校同步招生；对报名人数超过招生计划的，全部实行计算机随机派位录取。即严格执行“两个100%”（100%网上报名、100%随机录取）和“三个统一”（教育行政部门统一建立招生平台、统一组织报名、统一组织计算机派位录取）。

【乡村教育发展】 2021年，泉州市教育局贯彻落实乡村振兴战略，推进乡村学校标准化建设，打造乡村温馨校园，探索将乡村小学办成小而美、小而优的新学校样态。秋季，泉州市乡村小规模学校全部达到省定基本办学标准。洛江区白洋小学被确定为乡村温馨校园建设

"教育部典型案例学校"，永春县外山中心小学被确定为乡村温馨校园建设"省级典型案例学校"。

【教学改革项目培育】 2021年，泉州市教育局按照省级统筹、市县推进、学校实施的工作机制，继续培育132所小学义务教育教改示范性建设学校。下发《泉州市教育局关于开展福建省义务教育教改示范性建设学校终期绩效评估工作的通知》，对首批67所小学"福建省义务教育教改示范性建设学校"进行终期绩效评估，指导各地各校坚持问题导向，查找差距，探索泉州教改运作模式，扩充泉州市义务教育优质资源。

【义务教育"双减"工作】 2021年，泉州市教育局贯彻落实中共中央办公厅、国务院办公厅印发的《关于进一步减轻义务教育阶段学生作业负担和校外培训负担的意见》精神，召开"双减"工作调度会，部署贯彻落实举措。出台《泉州市教育局关于加强"五项管理"进一步推进中小学生减负工作的通知》，梳理28条推进中小学生减负工作负面清单。发挥学校育人主阵地作用，健全作业管理机制，"一校一案"制定作业管理细则，建立作业校内公示制度，压减作业总量，提高作业设计水平，落实作业批改与答疑辅导。将课后服务作为落实"双减"工作的重要举措，制定《泉州市"点题整治"城区中小学课后服务覆盖不足问题工作方案》，实施课后服务"扩面提质"行动。8月28日，印发《泉州市教育局等六部门关于印发泉州市进一步做好义务教育课后服务工作的实施意见的通知》，"一县一策""一校一案"制定实施方案，提供"菜单式"服务，推行城乡学校少年宫活动与学校课后服务融合，确保秋季开学后实现义务教育学校课后服务全覆盖、有需要的学生全覆盖，解决家长急难愁盼问题。泉州市开展课后服务的义务教育学校覆盖面达100%，参加课后服务的学生90万人。各县（市、区）全面出台课后服务收费办法，泉州市级下拨补助金额463.88万元（其中泉州市财政从教育部门专项安排327.03万元、泉州市总工会补助136.85万元），推动建立政府财政投入、适当收费、家长合理分担的财政经费保障机制。

2021年泉州市小学教育普及分县（市、区）基本情况表

表18

地区	校内外学龄人口总（人）	在校学龄人口总（人）	学龄入学率（%）	在校学生（人）	毛入学率（%）
合计	836976	836975	100	842164	100.62
鲤城区	53810	53810	100	53810	100.00
丰泽区	47525	47525	100	47836	100.65
洛江区	22889	22889	100	22980	100.40
泉港区	35650	35650	100	35791	100.40
惠安县	75396	75396	100	75595	100.26
安溪县	104778	104777	100	106672	101.81
永春县	37821	37821	100	37978	100.42
德化县	32560	32560	100	32631	100.22
石狮市	68294	68294	100	68651	100.52
晋江市	191488	191488	100	192807	100.69
南安市	144873	144873	100	145353	100.33
泉州台商投资区	21892	21892	100	22060	100.77

2021年泉州市初中教育普及分县（市、区）基本情况表

表19

地区	校内外学龄人口总数（人）	在校学龄人口总数（人）			学龄入学率（%）	在校学生数（人）			毛入学率（%）
		小计	普通初中	职业初中		小计	普通初中	职业初中	
合计	343492	342528	342528	0	99.72	354996	354996	0	103.35
鲤城区	30398	30394	30394	0	99.99	30887	30887	0	101.61

续表19

地区	校内外学龄人口总数（人）	在校学龄人口总数（人）			学龄入学率（%）	在校学生数（人）			毛入学率（%）
		小计	普通初中	职业初中		小计	普通初中	职业初中	
丰泽区	19527	19527	19527	0	100	19889	19889	0	101.85
洛江区	8912	8912	8912	0	100	9109	9109	0	102.21
泉港区	13759	13759	13759	0	100	13962	13962	0	101.48
惠安县	25861	25792	25792	0	99.73	26509	26509	0	102.51
安溪县	55634	54799	54799	0	98.5	58457	58457	0	105.07
永春县	17312	17312	17312	0	100	17590	17590	0	101.61
德化县	11629	11574	11574	0	99.53	11712	11712	0	100.71
石狮市	26885	26884	26884	0	100	27733	27733	0	103.15
晋江市	71588	71588	71588	0	100	74162	74162	0	103.6
南安市	53511	53511	53511	0	100	56275	56275	0	105.17
泉州台商投资区	8476	8476	8476	0	100	8711	8711	0	102.77

普通高中教育

【概况】 2021年，泉州市教育局推进高中育人方式改革，打造泉州“G20”优质教育基地联盟，抓好11所省级示范性高中、13所省级课改基地校和20所特色校建设指导，扩大高中优质教育总量；保障新高考改革平稳落地，开展高中招生专项督导，建立五项学科竞赛专项奖励激励制度，注重高考命题趋势与备考策略研究。截至年底，全市有普通高中124所（其中高级中学4所、完全中学111所、十二年一贯制9所），普通高中招生4.98万人，毕业生4.43万人，全市在校生14.12万人，其中进城务工人员随迁子女在校生5.02万人。全市有省级达标高中89所。

2021年6月8日，2021年普通高考举行。图为泉州七中考点，考试结束后考生走出考场 （图/陈晓东）

【高中招生录取】 2021年，泉州市教育局做好初中毕业升学考试组织工作，全市有11.14万名考生报名参加初二年会考，10.17万名考生报名参加初中毕业升学考试。实行基于初中学业水平考试成绩、结合综合素质评价的招生录取模式，各县（市、区）继续实行省一级达标高中等优质普通高中学校按不低于总招生计划的50%比例分配到区域内各初中学校（含完全中学初中部），定向生名额向农村初中和无选择生源的城区初中倾斜。确保每一所农村初中都有一定比例学生升入优质高中就读，保证在普通高中最低录取控制线上至少择优录取初中校1名有定向资格的考生，发挥初中均衡办学和质量提升的正向引导作用。全市每年自主招生比例控制在普通高中招生计划总数的5%左右。2021

年开始，各县（市、区）各校原有的体育艺术特长生等特殊类型招生全部纳入自主招生范畴。按要求控制市域内跨县（市）招生的普通高中校数和招生规模并规范学校招生行为，招生计划不得超过学校当年招生计划数的5%。全市普通高中自主招生安排在中考结束后10天内完成，并安排在提前批录取，向自主招生普通高中学校报名参加自主招生的学生，还需填报提前批志愿，且只能报考一所自主招生的普通高中学校；完善全市统一的中考中招信息管理系统，规定凡升入泉州市普通高中学校学习的学生，均需经过泉州市中考中招信息管理系统统一录取。

【普通高中建设与发展】 2021年，泉州市教育局成立泉州市普通高中课程教学指导委员会，提高高中课程教学建设专业化水平。统筹指导11所省示范建设高中不断修订建设方案、落实对口帮扶和特色体育项目建设，并遴选3所高中推荐参评第二批省示范性高中建设项目。培育建设13所省普通高中课改基地校和20所市级高中课程改革基地校、20所特色普通高中校，10所泉州市普通高中强基计划学科教学联盟建设项目基地校，鼓励与引导学校科学定位、办出特色。

【达标高中复查评估】 2021年，泉州市教育局开展省达标高中建设，以评促建、评建结合，加强达标复查的过程性指导，推动学校对标整改、依法办学、提升内涵。指导奕聪中学、晋江陈埭民族中学两所省二级达标高中申报省一级达标高中，并接受省教育厅现场考察；晋江英林中学、晋江二中两所省一级达标高中和泉港二中一所省二级达标高中接受省教育厅复评；泉州六中、南安宝莲中学、德化八中三所省三级达标高中创建省二级达标高中；泉港六中一所普通高中创建省三级达标高中。

【教学教研】 2021年，泉州市教育局确认114所学科教学研究基地学校（园）立项114项学科教学研究基地学校（园）专项课题。组织2次全市各县（市、区）进修校校长会议，聘任各学段各学科60名兼职教研员。举办省教学指导意见研修教研组长教研能力提升班活动9场。组织教师参加新教材线上培训26场、教师课程执行能力提升和高级教师研修9场、高一和高二新教材培训18场、高三毕业班教师岗前培训9场、高三毕业班二轮复习教学研训9场、21年高考质量分析暨拔尖创新人才培养研训9场、质量监测反馈分析会议27场等共137场，参训人次1.5万人以上。组织市级学科比赛32 场，指导教师87人次获省级及以上奖项。组织教师参加省第五届教师教学技能大赛取得较好成绩，泉州市参赛老师获1个特等奖、6个一等奖、14个二等奖、22个三等奖。在2021年省中小学幼儿园及特殊教育优质课例评选活动中，泉州市推荐53节课优质课，其中42节课获奖。组织强基计划高校自主校测的市级培训，泉州市参加集训录取C9高校，高考成绩入围强基需要参加高校校测的学生23人，12人通过校测被强基计划录取，录取率52.2%。开展送教送研下乡及“订单式”研修活动，将优质教育资源送到亟须的基层学校。各学段各学科本年度送教送研下乡30 场次，涵盖区域内的各县（区、市）。制定并印发《泉州市义务教育阶段作业设计与实施意见（试行）》，确认立项“五项管理”及“双减”专项课题65项，邀请专家做“‘双减’背景下的作业设计”专题讲座5场。

【拔尖创新人才培养】 2021年，泉州市教育局抓强学科竞赛科技创新，提高人才培养质量。建立五项学科竞赛专项奖励激励制度，泉州市五项学科奥赛1人获国家级金牌（数学），10人获国家级银牌，8人获国家级铜牌，97人获福建省一等奖，保持五项学科竞赛成绩全省走前列。

【高考综合改革】 2021年，泉州市教育局推进普通高中育人方式改革。打造优质高中强基计划联盟。实施泉州优质高中共同体工作机制，完善质优生培养。组织举办泉州市普通中学质量提升培训班，抓好毕业班教师专题研训项目和学业质量监测项目，注重高考命题趋势与备考策略研究。组织2场省级、26场市级教育教学开放观摩研讨活动，定期开展“G20”学校强基计划招考培训暨拔尖创新人才培养专题研讨，扩大泉州市高中优质教育总量。

【疫情防控下教科研】 2021年9月，学校因疫情停课，泉州市教育科学研究所研制出台《疫情期间中小学线上教学指导意见》，各学段各学科也分别制定学科教学建议，为学生的线上学习提供方向。9—10月，泉州市教育科学研究所与泉州市教育资源配置中心承办、泉州广播电视台无线泉州合作举办2021年秋季泉州市推进中小学线上教学教研工作现场直播活动直播课堂。通过心森林公众号发布中小学心理教学资源，为中小学心理教师提供心理支持与教学支持，助推他们更好地为一线师生服务。

2021年泉州市普通高中分县（市、区）学生基本情况表

表20　　单位：人

地区	毕业生数	招生数	在校生数				
			合计	其中：女	一年级	二年级	三年级
合计	41776	54990	151831	73308	55000	49811	47020

续表20

地区	毕业生数	招生数	在校生数				
			合计	其中：女	一年级	二年级	三年级
鲤城区	4922	5203	15926	7243	5205	5307	5414
丰泽区	2161	2805	7933	3577	2805	2608	2520
洛江区	1061	2402	6289	2729	2403	2163	1723
泉港区	1590	2118	5760	2918	2118	1842	1800
惠安县	3835	4458	12553	6197	4459	4145	3949
安溪县	4457	8187	19529	9661	8189	6123	5217
永春县	2252	2717	7923	3939	2718	2684	2521
德化县	1602	1930	5701	2767	1930	1934	1837
石狮市	3702	4495	12545	6068	4495	4196	3854
晋江市	8518	10735	30793	14655	10735	10214	9844
南安市	6895	8740	23711	11915	8742	7526	7443
泉州台商投资区	781	1200	3168	1639	1201	1069	898

高等教育

【概况】 2021年，泉州市教育局加快应用型高校内涵建设。申请将泉州师范学院更名、黎明职业大学和泉州医学高等专科学校升格等事项纳入福建省“十四五”高校设置规划；牵头做好市政府与源昌集团签订捐建实物60亿元、共建应用型高校框架协议；牵头推进市政府与华侨大学签订战略合作备忘录，合作共建“物联网产业学院”等7个项目；引聘31名桐江学者。截至年底，全市有本科高校6所（公办2所、民办4所）、本科层次职业院校1所（民办）、高职高专院校11所（公办6所、民办5所），在校生18.46万人；另有福州大学石化学院、福建农林大学安溪茶学院在泉州办学。全市高校毕业生3.74万名。

【高校综合实力提升】 2021年，黎明职业大学入选中国特色高水平专业群建设单位、国家优质专科高等职业院校；泉州职业技术大学获批全国首批“本科层次职业学校”改革试点（福建省唯一一所）；泉州幼儿师范高等专科学校、泉州医学高等专科学校、泉州轻工职业学院入选省级高水平高职院校建设单位，泉州经贸职业学院、泉州工艺美术职业学院、福建电力职业技术学院、泉州纺织服装职业学院、泉州华光职业学院、泉州海洋职业学院入选省级高水平高职专业群建设单位。

【专业设置与产业发展对接】 2021年，泉州市实施服务产业特色专业（群）建设工程。全市高校有省级高峰学科、高原学科、服务产业特色专业群、产教融合示范专业点等各类对接产业的学科专业类质量工作项目164个，位居全省前列，初步形成覆盖重要产业链的专业布局。推进书证融通。全市高校和职业学校参与“1+X”证书制度试点项目372个，涉及智能制造、信息技术、健康照护、新能源等技术技能人才紧缺领域。建立专业设置动态调整机制。引导学校加强专业市场调研和论证，做好专业布局调整，错位发展，对接泉州市传统、重化、高新三大产业板块的发展需求和18个重要产业转型升级路线图，构建“亲产业”专业体系，研究和发布泉州市职业教育专业“正面清单”。

【学生综合素质增强】 2021年，泉州市高校毕业生就业落实率98%，其中在福建就业率80%，毕业生的社会认可度高，已成为推进泉州市现代产业体系建设的重要生力军。高职院校学生在全国、全省职业院校技能竞赛中，获国家级奖项8项、省级奖项145项；在全国、全省“互联网+”大学生创新创业大赛中，获国家级奖项8项、省级奖项122项。

【师资队伍建设】 2021年，泉州市新引进第十批“桐江学者奖励计划”特聘教授5名、讲座教授26名。实施职业教育名师“百人计划”培育项目和职业教育技能名师工作室建设工程，形成一批以名师为核心的高层次教学团队和专家型教师群体，认定54名泉州市高校中青年学科（专业）带头人，23个高等职业教育技能大师工作室通过验收。黎明职业大学数字媒体技术专业教学团队入选第二批国家级职业教育教师教学创新团队立项建设单位，泉州师范学院电子商务等6个教学团队入选首批省级职业院校教师教学创

表21

2021年泉州市本科高校基本情况表

单位：人

学　校	在校生数	招生数	毕业生数	办学性质
华侨大学（泉州校区）	15688	4160	3571	公办
泉州师范学院	17574	5032	4431	公办
仰恩大学	7767	2739	1661	民办
闽南科技学院	9460	3278	2021	民办
闽南理工学院	17322	5443	3807	民办
泉州信息工程学院	13102	4071	2668	民办
泉州职业技术大学	10268	3074	2441	民办
合　计	91181	27797	20600	—

新团队名单。39个教学团队在省级及以上职业院校教师教学能力比赛中获奖。

【泉州市政府与华侨大学签订战略合作备忘录】　2021年5月28日，泉州市政府与华侨大学举行市校战略合作备忘录签约仪式暨市校深化合作领导小组第一次联席会议。副省长、市委书记康涛，市领导孔繁军、洪自强、周真平，华侨大学校负责人徐西鹏、吴剑平等共同见证战略合作备忘录签约，以及“物联网产业学院”“泉州数字研究院”揭牌。根据市校战略合作备忘录，双方将建立联席议事、定期沟通、项目落实等6项合作机制，并实施“物联网产业学院”、“泉州数字研究院”、华侨大学医学院等7个共建项目。市、校双方表示，将通过联席议事制度，加强市校沟通协作，本着推动“做成事”的理念，对标对表推进、做实做细做成，争取合作共建项目早日结出丰硕成果。

【华侨大学】　2021年，华侨大学有26个学院、90个学系（部、中心），有18个国家级一流本科专业、26个省级一流本科专业，17个专业通过国际及国内专业认证。1700余名专任教师中高级职称占54%，具有博士学位教师占66%，海外留学经历者占38%，45岁以下中青年教师占66%。全日制普通本科生2.71万人、研究生5486人。

科研情况　新增计算机科学学科进入ESI（基本科学指标数据库）学科排名全球前1%；获批新增工商管理一级学科博士点，3项目获批教育部新文科研究与改革实践项目，4项目获批省级新文科研究与改革实践项目，与教育部政策法规司共建教育立法研究基地。获福建省第十四届社科优秀成果奖29项，获奖总数位列全省第3位；11项科研成果获2020年福建省科学技术奖，其中技术发明奖一等奖1项，科学技术奖二等奖3项、三等奖6项，自然科学奖三等奖1项；获十六届福建青年科技奖1项。立项各级各类科技项目467个、社科项目281个，科技经费1.29亿元，社科经费1905.27万元，其中国家社科基金立项23项，1课题获教育部哲学社会科学研究重大课题攻关项目立项；首次获外国资深学者研究基金项目，获批国家重点研发计划国际合作重点专项1项；新增省级科技创新平台3个；首次获批省级技术转移机构，获专利授权软件著作权登记496件。

学生获奖　2021年“挑战杯”全国大学生课外学术科技作品竞赛获国家二等奖2项、三等奖2项，在红色专项活动中获三等奖1项，在“黑科技”专项赛中获“行星”级作品1项、“卫星”级作品3项；获

2022年1月7日，第十一届“挑战杯”福建省大学生创业计划竞赛揭晓，华侨大学队获3项金奖、6项银奖、4项铜奖。图为比赛现场　（图/吴聪伟）

"挑战杯"省赛特等奖1项、一等奖5项、二等奖8项、三等奖1项；"创青春"国赛三等奖1项、省赛二等奖1项、三等奖5项；"互联网+"大赛国赛银奖5项、铜奖4项，省赛金奖7项、银奖8项、铜奖5项；首次获第五届中国青年志愿服务公益创业赛银奖1项，获省志愿服务项目大赛金奖1项、暑期社会实践全国"优秀团队"和"优秀品牌项目"2个、"福建励志先锋"人物称号1人；入选福建省高校原创文化精品推广行动计划1项，获全国大学生艺术节一等奖1项，获福建省大学生艺术节、戏剧节奖项27项。

国家战略服务　成立中华文化与世界文明研究院、华侨华人与区域国别研究院，设立中华文化海外传播与文明互鉴等委托课题36项；组建大数据采集、分析核心队伍，成立大数据研究机构；与省民宗厅共建福建省宗教中国化研究中心；聘请32名知名媒体人和学者担任学校世界文明对话研究中心兼职教授；举办"讲好中国故事""中国共产党百年历史与华侨华人"等学术研讨会35场。举办第十六期外国政府官员中文学习班、菲律宾金达沃省及首期达沃市政府官员中文培训班、泰国上议员汉语培训班等，培训政府部门官员265人；举办"双喜企业管理能力提升培训班"，培训缅甸、越南、老挝等国留学生25人。建设金砖工业能力提升培训基地，协办金砖国家智库国际研讨会；举办第五届中马"一带一路：海上丝绸之路"国际学术研讨会，牵头成立"一带一路"智能制造研究与培训中心，举办"一带一路"贸易畅通云上高级研修班等培训班，培训26个国家和地区的236名政府官员、专家学者和科技工作者，与泉州中级人民法院共建海上丝绸之路司法联合研究中心、最高人民法院法官国际交流中心福建基地。

地方经济服务　助力乡村振兴，定点帮扶贵州黔西南州、甘肃积石山县、宁夏闽宁镇、福建宁化县；推进校地合作，成立地方高质量发展研究院和国内合作办公室，与泉州市、重庆市等开展战略合作，与省内外6家医院共建教学实践基地。开展"千企千村行"活动244场，参与师生1290人次。华侨大学（南安）产教融合人才联合培养基地、（集美）政产学研基地启用，参与地方遗产保护、规划设计等工作。承办中央统战部定点帮扶县基层干部等各类培训班37期、培训2653人；组建服务泉州产业发展科技服务团，选派首批7名专业人才挂职帮扶。泉州市第一医院签约成为华侨大学教学医院，将通过多种形式开展教学科研合作、安排专题讲座和临床教学交流活动。

华文教育和交流合作　拓宽招生渠道，新设31个海外招生处，新增2个优质生源奖学金；启动全日制港澳台同胞、海外侨胞研究生"4+2"培养模式改革；首次在南美开办汉语国际教育硕士研究生班。港澳台同胞、海外侨胞新生报到2407人，占新生总数30%。获批国家语言文字推广基地、福建省教材建设重点研究基地。编写海外《华文（初中版）》教材，参与编制《国家海外华文教育工作发展规划（2021—2025年）》，编撰完成《世界华文教育年度发展报告（2020）》；承办"海外华校校长线上研习班""国际中文教师培训班"，培训海外华文师资800人次；完成"风味中国"等实景课堂、视频课程等线上华文教育课程8个；建设华文学校数据库，开发华文教育深度学习平台、研学智慧管理平台、活动综合报名系统；出台海外华校合作帮扶方案，与15所华文学校开展实际对口支持。获批教育部"高层次国际化人才培养创新实践项目"高校，新增美国、匈牙利、保加利亚等国7所境外合作高校，与8所院校续签校际合作协议，举办首期教师国际化发展培训班，重启中美"121"双学位项目，实施出境交流项目25个，组织269名学生到境外或线上交流学习。

【泉州师范学院】　2021年，泉州师范学院有泉州主校区（校本部）和南安、鲤城2个分校区，占地121公顷。设二级学院18个，本科招生专业58个。全日制在校本科生、研究生近1.8万人。教职工1400多人，其中专任教师1100多人，台湾全职教师近20人。有国家级人才3人，享受国务院政府特殊津贴专家4人，教育部教学指导委员会委员2人，福建省闽江学者、福建省"百千万人才工程"人选、福建省高校领军人才、福建省特殊支持高层次人才"双百计划"人选等省级高层次人才100多人，福建省高等学校科技创新团队3个，福建省本科教学团队9个，福建省研究生导师团队2个。

学科专业建设　完成2016—2020年"双一流"建设周期总结并通过考核。推进一流专业建设，人文地理与城乡规划获国家级一流本科专业，国际经济与贸易、社会体育指导与管理、历史学、生物科学、材料化学5个专业获省级一流本科专业。汉语言文学、数学与应用数学2个专业通过教育部普通高等学校师范类专业二级认证，化学、体育教育、历史学、地理科学4个专业接受二级认证现场考查。闽台合作7个专业通过省教育厅闽台高校联合培养人才项目质量评估，6个专业获评优秀等次，1个专业获评示范项目。

本科教学与人才培养　获批教育部产学合作协同育人项目7个。获批国家级新文科项目1个、省级新文科项目2个。获首届全国高校教师教学创新大赛一等奖1项、专项奖2项；获首届福建省高校教师教学创新大赛一等奖2项、二等奖1项、三等奖2项、专项奖5项。获省级重大教育教学改革项目2项、一般项目9项。组织学生参加各级各类学科专业赛事获省级以上奖项500多项，其中获第七届中国国际"互联网+"大学生创新创业大赛铜奖3项，获第七届福建省“互联网+”大学生创新创业大赛金奖3项、银奖3项、铜奖9项，获福建省第二届高校音乐、美术教育专业基本功展示活动个人全能一等奖6项、单项奖25项和团体一等奖。2021届毕业生就业率94.90%。

研究生教育　培育6个硕士专业学位授权点，遴选4个学位点申报省级硕士学位授权点培育学科。与中国邮政泉州分公司、泉州文旅集团、泉州大剧院建立研究生联合培养基地。出台《专业学位研究生行业产业导师聘任及管理办法》，新增研究生导师28人、行业产业导师50人。研究生获省级以上专业赛事奖项123项。1篇学位论文获评福建省优秀专业硕士学位论文，省级学位论文抽检合格率100%。

科学研究　获批各级各类科研项目300多项，年度科研经费1.35亿元。获福建省自然科学奖二等奖1项；获福建省科学技术进步奖二等奖1项、三等奖1项。获福建省社会科学优秀成果奖三等奖2项。获批教育部国家语言文字推广基地。福建省非织造新材料实验室创新平台入选2021年度福厦泉国家自主创新示范区协同创新平台。福建省绿色环保功能鞋材工程研究中心等6个省部级科研平台接受考核评估，获评良好等次4个。

社会服务　承担省体育局、市发改委等政府部门委托的发展规划编制、咨询服务项目130多项。依托国家语委科研机构“丝路语言文化研究中心”，完成福建省语言资源集的整理编纂和福建省79个点的语保工程建设。依托生物纳米材料中试基地每年可解决废弃海蛎壳1万吨以上，产值超亿元。与市生态环境局合作建设泉州市大气环境监测超级站。与泉州台商投资区签约合作创办附属泉州台商投资区中小学，挂牌泉州台商投资区民族实验小学（含白奇小学）和泉州台商投资区玉埕中学基地校。与中国工商银行泉州分行签订银校战略合作协议。做大做强继续教育，完成省级各类培训11247人次，市级校长（教师）、公务员、职业技能培训等各类培训7649次；新获批福建省幼儿园园长培训项目，获评省级终身学习品牌项目1项。

交流合作　新增6所境外签约合作高校。招收马来西亚、密克罗尼西亚、菲律宾等国长期留学生25人。打造海外华文教育品牌，承办2021年马来西亚华文教师线上研习班，为马来西亚华校100多名华文教师开设学科课程、教学管理及中华才艺培训；承办2021年海外华裔青少年感知中国线上专题营，为马来西亚、泰国等国300多名华裔青少年开设中华语言文化课程。新增闽台高校联合培养人才项目1个，与台湾世新大学联合培养广播电视学专业人才；首次获批教育部对台教育交流项目2项。

【仰恩大学】　2021年，仰恩大学占地121.76万平方米，总建筑面积41.55万平方米。设9个学院、4个直属系部、22个专业。年内录取本科生1730人，省外招生276人，省内招生1454人。完成专升本招生1115人。学生报到率95.07%。全日制在校生7767人。专任教师376人，外聘教师251人。硕士及以上学位教师占70.5%，高级职称教师占31.9%。

学科专业建设　新增网络与新媒体专业，同年开始招生。委托省评估中心开展“十四五”规划暨学科专业建设诊断评估。开展校内本科专业评估。新增工业工程专业学位授权。优化专业结构，组织申报12个新专业。组织申报汉语国际教育、电子信息、工商管理3个硕士专业学位授权点培育项目。加强建设，凝练特色，遴选2个专业参加国家一流本科专业建设点申报，遴选3个专业参加省一流本科专业建设点申报。金融学专业入选2020年度省级一流本科专业建设点。开展“1+X”证书制度试点探索，推进学历证书和职业技能等级证书的有机衔接。参与“1+X”证书制度试点的专业覆盖率超过80%，获批教育部“1+X”证书试点项目增至17个。

教学与科研　监控线上教学质量，制定线上教学开课、衔接计划、质量监管等制度，确保线上教学“质量不减、标准不降”。成立仰恩大学课程思政教学研究中心，以省级课程思政教学研究中心建设标准对标对表开展工作，提升教师

2021年3月31日，教育部国家语言文字推广基地评估专家组在泉州师范学院文学与传播学院考察

（图/吴蕙蕙）

课程思政教育教学研究改革能力。获横向项目2项、科技服务项目4项。获各类大学生创新创业训练计划项目40个，其中国家级5个、省级32个、校级3个。获各类纵向项目31个，其中省部级10个、市厅级21个。《新文科背景下国际经济与贸易专业实务课程立体化教学改革探索与实践》获评首批省级新文科研究与改革实践项目。获国家知识产权局专利授权165项，其中发明专利3项、实用新型151项、外观专利11项。公开发表论文97篇。

创新创业教育　巩固创业园区项目入驻，推动学生创业的升级发展。启动创业项目入驻申报，确定“海丝”跨境园——共创跨境新时代等7个项目为大学生创业园第12、13批入驻项目。83个项目入驻，其中有34个项目完成工商登记注册，包括20家公司、2家合伙企业和12家个体工商户。在园孵化项目20个。创业园第12批入驻项目负责人被团省委评为2021年度“创业之星”。在校大学生参与各级创新创业训练计划项目314人，其中47人参与国家级大学生创新创业训练计划项目、254人参与省级大学生创新创业训练计划项目、13人参与校级大学生创新创业训练计划项目。

继续教育与社会服务　完成第一批成人高考类考生录取工作，录取63名学生。获批成为福建省高等教育自学考试主考院校，开考3个自考本科专业及3个专科专业。做好做实社会服务工作，分别为厦门市同安区企业、晋江梅岭商会、晋江税务局等开展相关培训，参与8项非学历教育社会服务，培训918人。

交流合作　开展对外合作线上洽谈，拓展国（境）外合作项目。推动与英国阿伯泰大学在计算机、网络安全等专业的合作，完成工程学院合作协议签署。对接英国密德萨斯大学和乌克兰切尔卡瑟工程技术大学，完成校际合作备忘录签署。对接韩国南首尔大学、韩国中部大学、英国西英格兰大学、美国威斯康星协和大学、乌克兰国立技术大学等高校。

职业教育与成人教育

【概况】　2021年，泉州市教育局构建抓产业与抓职业教育协同发展机制，建立市、县两级职业教育工作联席会议制度，统筹协调全市职业教育工作。加强资金保障，设立市级职业教育发展专项资金，支持引导职业院校主动对接和服务泉州产业转型升级需求。全市有招生资格的中等职业教育学校30所，两所高职院校设中职部，技工学校4所。其中11所学校入选福建省“示范性现代职业院校建设工程项目培育校”。8所学校为福建省规范化中等职业学校，10所学校为福建省达标中等职业学校。7所学校立项福建省双高建设校、22个专业群为福建省双高建设群。全市有中职全日制在校生8.87万人，比2020年增长23.64%。中职招生3.79万人，其中五年制大专招生5535人（包含五年一贯制1982人和外地680人）。全市高中阶段教育在校生“普职比”为5.8∶4.2。全市中职学校专任教师3411人，在编专任教师2876人，编外合同专任教师535人；技工学校招生5521人，在校生1.1万人。

【产教融合与校企合作】　2021年，泉州市教育局构建校企命运共同体。由泉州幼儿师范高等专科学校、黎明职业大学、泉州工艺美院、泉州经贸职业学院牵头，联合相关院校、行业、企业等，分别组建闽西南学前教育联盟、泉州市融媒体产教融合职业教育集团、福建文化创意产教融合联盟、泉州市数字经济产教融合联盟；建好4个省级高水平产教融合实训基地；建设33个产业学院，其中新增7个学院入选福建省第三批产业学院试点项目。深化人才培养模式改革。全市高校、职业院校开展278个省级“二元制”和71个现代学徒制试点（试点数全省最多）。开展职业技能培训。落实泉州市职业技能提升行动，推动泉州市高职院校面向企业员工、下岗失业工人等开展专业知识、技术技能、操作能力、劳动能力等方面培训25万人次。推进校企精准对接。梳理汇总泉州市高校产教融合信息并转发各县（市、区）

2021年10月20日，黎明职业大学举办“弘扬‘晋江经验’ 提升职业教育服务发展水平”学术论坛　（图/黎明职业大学）

政府、行业主管部门、相关行业企业等；依托黎明职业大学筹建泉州产教融合综合信息服务平台。牵头组织集成电路产业专场产学研对接活动，会同市科技局举办泉州市产学研对接大会。

【中等职业教育质量提升】 2021年，泉州市中等职业教育根据本地产业布局发展趋势，合理规划专业设置。全市中职学校设置专业100个，其中服务第一产业的8个、服务第二产业的30个、服务第三产业的62个。学校在人才培养过程中，注重学生学习能力的培养以及学习习惯的养成，采用丰富多样的教学形式提高学生学习情趣，实现教学效果的整体提升。在学习的同时注重中职生的身心健康，注重强健学生体魄，提高体育教育的实效性。在校生文化课合格率95.55%，专业技能合格率95.99%，体质测评合格率91.85%。各校推进“1+X”证书制度试点工作，将学历证书与职业技能等级证书、职业技能等级标准与专业教学标准、培训内容与专业教学内容、技能考核与课程考试有机衔接融通，推进“1”与“X”的有机衔接，实现“书证融通”。

【技能赛事获奖】 2021年，泉州市有24所中职学校参加泉州市职业技能大赛，参赛率80%。20所中等职业学校参加福建省职业院校技能大赛，8所学校代表福建省参加全国技能大赛。根据《关于公布2021年度福建省职业院校技能大赛承办院校名单的通知》文件内容，泉州市七所中职学校承办2021年省赛的57个项目中的14项，占25%。泉州市学生参加全国职业院校技能大赛改革试点赛，获一等奖2个（4人），二等奖3个（10人），三等奖4个（8人）。参加全省职业院校技能大赛，获一等奖11个（46人），二等奖18个（70人）。在福建省职业院校教师教学能力比赛中，泉州市获中职组国赛二等奖1个、三等奖1个；省赛一等奖7个、二等奖作品7件。

【泉州市融媒体职业教育集团成立】 2021年12月4日，泉州市融媒体职业教育集团成立大会在黎明职业大学举行。与会代表审阅并表决通过集团章程、理事名单、常务理事名单、理事长、副理事长和秘书长名单。泉州市融媒体职业教育集团的成立旨在整合政府机构、中高职院校、行业企业优势资源，推进制度建设、机制建设、平台建设和项目建设，深化产教融合，办好新时代的职业教育，加快推动泉州教育的创新发展、特色发展和高质发展。融媒体产教融合高峰论坛同时举行，与会者分别就融媒体人才需求、融媒体平台与流程、融媒专业的建设等主题做交流。

【黎明职业大学】 2021年，黎明职业大学设有14个学院、51个专业，形成以应用工科、现代生产性服务业为主的专业布局。通过国际标准认证专业3个，成为“1+X”证书试点院校，参与28种证书的“1+X”证书试点，覆盖27个专业。有国家级重点专业2个，国家级骨干专业5个，国家级生产性实训基地3个，国家职业教育示范性仿真实训基地培育项目1个，国家级应用技术协同创新中心1个。教职员工919

2021年泉州市高职高专院校基本情况表

表22　　单位：人

学　校	在校生数	招生数	毕业生数	办学性质
黎明职业大学	18950	5635	3098	公办
泉州幼儿师范高等专科学校	9206	3007	2213	公办
泉州医学高等专科学校	9485	3299	2852	公办
泉州经贸职业技术学院	13066	5335	1629	公办
泉州工艺美术职业学院	5449	1963	950	公办
福建电力职业技术学院	2720	1176	693	公办
泉州纺织服装职业学院	5748	3007	1177	民办
泉州华光职业学院	8632	3049	1935	民办
泉州轻工职业学院	9606	4098	846	民办
泉州海洋职业学院	10142	3483	1368	民办
泉州工程职业技术学院	751	492	20	民办
合　计	93755	34544	16781	—

人，其中高级职称教师222人（含正高职称34人）、博硕教师569人，双师素质教师占81.85%。引进高层次人才6人（其中柔性引进博士研究生2人），新增“桐江学者”特聘教授1名、讲座教授6人。

招生与就业工作　聚焦高职扩招，做好招生工作，实际录取5478人，报到5255人，报到率95.93%。成人函授教育招生9484人（含专升本110人），比2020年增长25.9%，录取人数全省第一。实行“全过程服务、全方位辅导”模式，学生获省级以上创新创业竞赛奖项199项（国家级30项），获评全国KAB创业培训基地、全国高职高专创新创业教育协作会副会长单位。2021届毕（结）业生3308人，就业人数3280人，就业率99.15%。

社会服务　技术及社会服务收入7368.61万元，109项纵向课题和96项横向课题获得立项，130件专利获得授权；生成省、部级及以上行指委、教指委等高端课题10项、国家一级学会课题3项。做强新型智库，加强省情、市情、校情研究，取得智库决策咨询成果32件；立项校级委托课题18项，为科学办学和创新发展提供依据和参考，为地方经济社会发展建言献策。挂牌成立3个乡村振兴服务站，承接补贴性职业技能培训班146个，11433人次职业技能鉴定和社会考试服务，为农民工申请“求学圆梦行动”助学金91.13万元，21人获评福建省农民工“求学圆梦行动”优秀学员。

创新创业　加强创业孵化体系建设，举办创新创业项目培训班，参加各类创业活动的学生人数达6600余人。获创新创业职业能力鉴定站资格，组织130名教师参加专项能力考证。组织师生参加各类创新创业大赛，获省级以上奖项37项、国家级10项，总成绩位居全省高职院校第一；在第七届中国国际“互联网+”大学生创新创业大赛中，获2银4铜（全省仅3项银奖）。青创园入驻学生实体创业项目18家，创业实践基地获评泉州市众创空间、福建省“退役军人就业创业园地”。

交流合作　牵头成立21世纪“海上丝绸之路”职业教育分会，举办2场国际学术论坛、2场国际合作办学成果展，承办教育部中外人文交流区域主题研修班筹备工作专题会，成为中国—东盟教育交流周组委会合作伙伴、福建省海外华文教育基地。夯实“黎明海丝学院”境外办学平台的运营，开展14项“中文+职业技能”培训，为当地政府、海外泉州企业家、中资企业培养了解中国文化的本土化技术技能人才。推进“留学黎园”内涵建设，以“文”化人，面向留学生开展系列知华友华、知校爱校活动；留学生参与泉州市政府“海上丝绸之路”文化宣传片拍摄，获福建省中华经典诵写讲大赛“诵读中国”留学生组二等奖1项、三等奖1项，成为福建省高职高专唯一代表入选教育部第三届中华经典诵写讲大赛决赛。入选中国—东盟高职院校特色合作项目、亚洲教育论坛2021职业院校对外合作与交流优秀案例。

【泉州开放大学】　2021年10月，福建广播电视大学泉州分校更名为泉州开放大学。泉州开放大学辖鲤城、南安、石狮、晋江、惠安、安溪、永春、德化、泉港9个工作站（学院）。泉州分校本部占地0.33公顷，建筑面积5050平方米。有教职员工46人，其中副高以上职称11人、中级职称10人；外聘兼职教师80多人。2021年，全市开放大学系统招生5080人，增幅180%，创历史新高，特别是2021年秋季，成为全省首个招生规模首次突破3000人大关的地区开放大学，位居全省第一；分校招生数1031人，位居全省第一，创历史最高，实现地区开放大学系统和地区开放大学学校招生人数名次双第一。继续培训总收入380多万元，实现培训人数2.1万人，获评省级继续教育培训基地。组织基层社区参与国家开放大学首届全国老年教育教学成果比赛，获全国老年教育教学成果全国二等奖2个、全国三等奖4个。组织申报2021年省级“终身学习品牌项目”，“多彩中草药系列文化园”入选2021年福建省“终身学习品牌项目”。新开拓泉州华侨职业中专学校、泉淮社区、云谷社区等8个单位为社区教育示范点。组织开展“清源山上的宋元泉州”“聚宝城南—泉州人的江湖”等“直播带学　人文研学”活动。

2021年11月12日，泉州开放大学揭牌仪式举行　（图/泉州开放大学）

【泉州医学高等专科学校】　2021年，泉州医学高等专科学校有洛江、惠安、北门街等三个校区，占地75.87公顷。校内实训基地面积82.9万平方米，教学、科研仪器设备总值1.42亿元，馆藏图书总量57.63万册。拥有7所附属医院（含直属1家）及分布在全省各地的教学实习医院、实习药企279家。设有12个教学教辅院部、中心、馆，20个专业。有教职员工743人，专任教师521人，副高以上职称185人，享受国务院特殊津贴专家1名，全国黄炎培职业教育奖杰出教师1名，省级高校教学名师2名。全日制大专在校生9485人。成人教育设10个专业，与福建医科大学、福建中医药大学联合举办9个专升本专业，在学函授学生1587人。组织开展专业调研，修订2021年专业人才培养方案，有机融入劳育美育内容，将课程思政融入课堂教学建设全过程。新增5个“1+X”证书制度试点项目，3门课程获2021年省级精品在线开放课程立项，“医学虚拟仿真实训基地”获批省级职业教育示范性虚拟仿真实训基地建设、国家职业教育示范性虚拟仿真实训基地培育项目。全校教职医护员工发表论文142篇，其中发表在核心刊物及以上的论文42篇，SCI论文13篇。全校教职医护员工新申请专利35项，新获授权实用新型专利29项。有市级及以上立项的科研项目61项，获资助经费32.65万元，其中省部级科研项目2项。在总结5年省示范建设经验的基础上，申报福建省“双高计划”项目，获省高水平高职院校建设立项及临床医学专业群、护理专业群（A类）立项建设。

2021年7月1日，泉州医学高等专科学校附属口腔医院（筹）揭牌
（图/泉州医学高等专科学校）

【泉州幼儿师范高等专科学校】　2021年，泉州幼儿师范高等专科学校占地36.5公顷，设置1所附属实验幼儿园，形成“一校两区一园”的办学格局。建筑面积17.83万平方米，教学科研仪器设备总值8440.43万元，馆藏电子和纸质图书91万册，加入福建省高校数字图书馆联盟。建成万兆主干、全覆盖校园无线网络，有线无线两网一体化认证。校内实训基地56个，校外实践基地178个。标准恒温游泳馆1座、标准田径场2个、综合体育馆1座、综合技能训练馆1座，教师培训楼1座。设7个二级院部、17个专业。招收新生3072人，全日制在校生9206人，教职员工461人，专任教师289人，其中高级专业技术职称教师109人、双师素质教师239人、硕士以上学位教师215人。有国家级骨干专业2个，国家级生产性实训基地1个，国家级职业教育教师教学创新团队1个，省级精品专业1个，省级示范专业4个，省级职业院校服务产业特色专业群2个，省级专业群实训基地1个，福建省学前教育技能实训基地1个，福建省高校中华优秀传统文化传承基地1个，省级精品在线开放课程12门。教育部卓越教师培养计划改革项目1个，省级“质量工程”项目32个，获全国教师教学能力比赛二等奖1项，省级教学成果奖一等奖6项、二等奖4项。承担福建省幼儿园师资、泉州市小学（幼儿园）师资培训任务，培训名校（园）长、名师、学科带头人、骨干教师、乡村小学（幼儿园）教师、小学（幼儿园）融合师资、民办幼儿师资等。对口帮扶宁夏幼儿师范高等专科学校、西藏洛隆县。与台中教育大学、台湾中州科技大学、新加坡工艺教育学院、马来西亚苏丹依德理斯教育大学、韩国中部大学和台湾环球科技大学等签订教育交流与合作协议，师生进行短期交流学习。

【泉州经贸职业技术学院】　2021年，泉州经贸职业技术学院在校学生（含高职扩招、二元制）1.31万人。电子商务专业群入选“福建省高水平职业院校和专业建设计划”，电子商务专业教师团队入选省级职业院校教师教学创新团队。3个专业课教师参加福建省职业院校教师课堂教学技能竞赛，获二等奖1项、三等奖2项。3个课程入选省级职业教育第五批立项建设精品在线开放课程，1个专业教学资源库入选省级职业教育第五批专业教学资源库。与福建中软卓越科技有限公司联合申报的信息与智能技术产业学院，入选省级第三批高等职业院校产业学院。提高专业建设与产业创新发展的协同性和契合度，新开设5个专业；新论证、申报并获批4个2022年新专业。推进“岗课赛证”综合育人，组织教师参加教学能力（技能）比赛，3个团队分获2021年福建省职业院校教师教学能力比赛一等奖1项、二等奖2项，一等奖团

2021年3月，泉州经贸职业技术学院承办2021年福建省职业院校技能大赛服装设计与工艺（高职组）竞赛　（图/泉州经贸职业技术学院）

队代表福建省出征国家职业院校教师教学能力比赛获二等奖1项。承办福建省职业院校技能大赛2021年、2022年服装设计与工艺赛项及2022年会计技能赛项。组织学生参加2022年福建省职业院校技能大赛，获一等奖2项、二等奖3项、三等奖9项。组织1242人次参加12个项目的职业技能等级证书培训认证，2916人次参加各类技能鉴定，1551人次参加各类技能培训；新拓展6个专业技术人员继续教育项目，开展3次企业新型学徒制培训和政校联动技能培训；组织9场次4.05万人次大型社会考试；举办泉州市汽车检测与维修岗位职业技能竞赛。

【泉州工艺美术职业学院】　2021年，泉州工艺美术职业学院占地20.33公顷，建筑面积9.24万平方米；设有11个党政管理机构、8个教学机构和2个教学辅助机构；设置18个全日制专业和成人教育专业。有教授5人，高级职称40多人，双师素质教师112名，省级名校长1人、省级优秀教学团队1个、省级教学名师2人、省级专业带头人5人，省级工艺美术大师7人、省级陶瓷艺术大师12人、福建省工艺美术名人4人、高级工艺美术师16人。构建“工艺美术、文化创意和工艺品商贸”三大省级服务产业特色专业群，涵盖所有专业，服务工艺美术产业材料研发、产品创意、设计、制（创）作、管理、营销、鉴赏等全产业链，初步形成“专业生态链服务工艺美术全产业链”办学格局。探索“二元制”“大师班”“‘大师+名师’工作室”“跨界培养”等现代学徒制人才培养模式。获国家级教学成果奖二等奖1项，省级教学成果奖特等奖1项、一等奖1项、二等奖3项。与70多家大型工艺美术企业建立长期合作关系，建设60多个校内外实训基地；建设成为全省首个陶瓷行业职业技能等级评价“双机构”、福建省陶瓷产业技术开发基地、陶瓷新材料应用技术工程中心、陶瓷产品质量检测中心、陶瓷行业职业技能培训与考核中心、福建省高级技师培养基地、福建省陶瓷智造协同创新中心。主持或参与国家、省、市科研项目90个，国家教学资源库项目4项，合作企业研发技术项目20多个，研发陶瓷釉水110多种，出版著作10余部，校本教材20多种。

2021年11月25日，泉州工艺美术职业学院通过“线上+线下”方式举办中高本一体化人才培养模式改革专家研讨会

（图/泉州工艺美术职业学院）

科学技术

综 述

【科技政策与计划】　2021年，泉州市科技局编制出台《泉州市“十四五”科技创新发展专项规划》和国家农业科技园区、新材料产业、生物医药产业3个子项规划，制定印发《泉州市抓创新促应用专项行动方案》。牵头制定并以市政府1号文印发《关于进一步支持企业科技创新促进高质量发展的实施意见》，并配套出台《泉州市进一步推动高新技术企业培育发展若干措施》《泉州市科技创新券管理规定》等政策，全方位支持企业科技创新。优化科技惠企工作办事流程，在泉州市惠企政策线上直达兑现平台发布16条惠企政策，通过平台兑现省级高企出入库奖补资金9384万元，加快惠企资金兑现速度。在泉州市科技信息网、《侨乡科技报》等开设科技政策专版，加强各级科技政策发布与解读。

【科技投入】　2021年，泉州市科学技术支出2.54亿元，同比增长5.1%。投入科技创新资金1亿元，重点支持高新技术企业培育、企业研发投入分段补助、科技人才培养和深化科技特派员制度；投入3000万元推动国家自主创新示范区和国家创新型城市建设；投入7949万元引进培育清源创新实验室、海上丝绸之路时间中心等；投入403万元用于高新企业发展基金贴息补助；投入1200万元开展科技宣传、项目管理，提升科技普及率和知晓率；投入1500万元支持知识产权运营服务体系建设和知识产权保护发展。

【科技企业】　2021年，泉州市科技局聚焦强科技企业主体，壮大高新技术企业群体。实施加速高企培育及“增量扩面”三年行动，打好“政策扶持+精准培育+辅导服务”组合拳，新增高新技术企业613家，保有量达1650家，比2020年增长59.11%。修订出台《泉州市进一步推动高新技术企业培育发展若干措施》，加大高企奖补力度，下达2020年省高出入库奖补资金9384.94万元，下达外地整体迁入高企奖补资金150万元。建立“微成长、小升高、高变强”的高企梯次培育机制，充实市、县两级高企培育储备库。全市拥有国家科技型中小企业1528家、省科技小巨人企业301家，通过创新推广使用高企培育预诊断系统，精准筛选储备高企培育种子企业1200家。实施“百企千家万次”高企培训计划，线上线下相结合举办辅导培训33期、培训1.3万人次，超额完成全年培训目标任务，实现各县（市、区）和重点行业领域全覆盖；组建高企科特派服务团队，开展“一对一”专家辅导10场、辅导企业123家，开展高企申报预评审15场、服务企业160余家。利用“云MAS平台”向科技型企业推送高企政策和动态信息，推送信息8000余条。

【科技成果与奖励】　2021年，泉州市涌现一批高水平创新成果。泉州市企业和专家参与的“复杂原料百万吨级乙烯成套技术研发及工业应用”“高性能无缝纬编智能装备创制及产业化”“催化裂化汽油超深度加氢脱硫-烯烃分段调控转化成套技术”3项成果获国家科技进步奖（一等奖1项、二等奖2项），23项成果入选省科技奖公示名单。

【科技交流与合作】　2021年，泉州市科技局组织泉州企业申报2021年省级科技计划——对外合作项目，重点支持引进国（境）外重大关键技术成果在泉州市落地转化，为企业“走出去”提供科技支撑的项目。推荐5个项目参评，申请省级科技资助经费500万元，其中台商玮晟机械与德国企业合作的项目获立项，获补助资金100万元。选认11名台湾科技特派员到泉州开展创新创业服务。举办“海洋生物资源高值化开发新技术推介会”“西安工程大学科技成果云推介对接会”等3场技术成果推介对接会；推荐福建钜闽机械有限公司参展第十三届海峡论坛“闽台科技创新融合与高质量发展成果展”；组织泉州市企业、人才创新共享联盟、重点科研平台和科技中介服务机构等参加第十九届中国国际人才交流大会；联合泉州台商投资区举办“‘泉台科技融通，两岸资源共享’泉台科技成果展暨中国创新创业大赛泉州市赛”，签约2个台资项目；联合洛江区举办“泉州市人才创新共享联盟展厅及专家工作室揭牌仪式暨机器人产业专场成果对接会”等活动，引导科技系优秀华侨人才回乡创新创业。通过利用泉州装备制造研究所、福建（泉州）哈工大工程技术研究院的技术能力和人才优势，借助高新区管委会在产业管理、组织与布局方面的能力，联合龙岩、漳州等地开展项目研发与企业科技服务，培养一批高端行业人才，推动闽西南协同发展区支柱产业持续快速高质量发展。组织实施福厦泉国家自主创新示范区协同创新平台专项，安排220万元支持泉州装备制造研究所与龙岩高新技术产业开发区管委会合作共建“福建省智能制造创新设计与仿真技术公共服务平台”；安排220万元支持福建（泉州）哈工大工程技术研究院与福建思特电子有限公司合作共建“福建省粮食储备智能化技术服务平台”。依托泉州市人才创新共享联盟开展区域内高校、科研院所和企业科研人员互访交流，优化资源配置。引导泉州市企事业单位与闽西南地区企业、大院大所合作。

【科学普及与宣传】　2021年，泉州市科技局继续加大科学普及与宣传力度，围绕国家、省、市科技重点工作做好对外宣传。通过《科技日报》《泉州晚报》等主流媒体陆续刊发多条重要信息、专题报道、政策解读，集中展示泉州各项科技工作进展情况、取得的成效。发挥泉州市科技信息网科技门户网站及微信公众号的作用，加强科技信息宣传工作。全年编辑出版《侨乡科技报》50期，在菲律宾《商报》出版《侨乡科技报》海外版52期，海内外发行50多万份。2件作品在第34届（2020年度）全国科技报系统优秀作品评选中分获二等奖和三等奖。

【《关于进一步支持企业科技创新促进高质量发展的实施意见》出台】　2021年1月12日，泉州市政府发布1号文件《关于进一步支持企业科技创新促进高质量发展的实施意见》（以下简称“意见”），通过加大企业创新投入、高企培育、平台建设、双创活动开展、科技成果转化、科技人才培育、重大科技项目实施、科技金融、科技合作、企业家培育、优化创新创业环境、组织保障12条举措支持企业科技创新。意见突出政策及时性，面向全市企业公开征集技术需求，开出“技术榜单”凝练生成重大科技项目；突出政策可操作性，针对部分惠企政策兑现难问题，简化企业加计扣除政策申报流程；突出政策创新性，结合上级要求、政策调整及创新发展等实际情况，新增一些支持企业科技创新的举措。

科技人才

【概况】　2021年，泉州市科技局加大引才引智力度，优化高层次人才创新创业环境，为泉州市高质量发展提供人才支撑和智力支持。组织实施引进高层次人才团队“倍增计划”（力争到2025年，全市高层次人才团队达100个，比2020年增长1.5倍）。配合修订《泉州市高层次人才认定和团队评审及政策支持规定》，完善资助方式，拓宽引才渠道，提升引才效率。2021年，引进高层次人才团队10个，累计达49个，立项支持61个高层次人才创新创业项目，引进高层次人才团队项目投入产出比达1∶27.29。3名创业人才入选第二批省“创业之星”（全省第二），办理外国人工作许可申请1048项。搭建智企磋商交流平台，依托洛江区“机器人中心人才之家”设立人才创新共享联盟线下展

2021年8月5日，泉台科技成果展暨中国创新创业大赛泉州市赛活动在泉州台商投资区泉台人力资源服务产业园举行　（图/郭慧杰）

厅和5家机器人专家工作室，打造以“企业技术和人才需求对接”为核心应用的“智联空间”“云端成果展”。通过集聚人才联盟成员单位科研人员，共享技术、人才等要素，帮助企业快速精准找到可提供技术服务的专家。联盟拥有30家成员单位，集聚各领域科研人员700多人。首次启动“泉州市人才创新共享联盟联合攻关项目”，安排200万元专项资金，支持开展联合攻关项目4项。

【科研平台】 2021年，泉州市科技局加快引建、提升一批高端科研平台，打造成为科技创新的核心载体。引进上海东华大学与黎明职业大学共建“泉州鞋服材料创新中心”，华侨大学与南安市合作共建石材产业中心，推动晋江食品行业协会与盼盼公司等食品龙头企业成立泉州壹合食品研究院。引导科研平台与企业联合共建技术中心、组建产业技术创新联盟，促进平台与企业建立紧密协作、共享共利的长效协同创新机制，推动清源创新实验室牵头组建化工新材料产业技术创新战略联盟。加强科研平台绩效考核和管理，将绩效考核结果与政策资金支持挂钩，引导科研平台主动服务企业，提升创新能力和服务效益。起草科技创新平台“提质增效”相关方案，实施“一院一策”，分类推进科技创新平台建立健全灵活高效运营管理机制和市场化运行机制。加快引进培育高新时空产业项目，引入上海喜马拉雅、申源电子等9家企业入驻，对接洽谈法国高基、深圳纳晶等上下游企业。推进时空大数据运控中心和大科学装置建设工作。其中，全省首个国家重大科技基础设施高精度地基授时系统泉州站落地启动建设，时间大数据运控中心和时间科学馆项目建设基本完成。推进时空数据信息服务平台建设和应用，建设高精度泉州城市时间源（一期）、海时温控健康大数据平台、高精度北斗GNSS形变监测大数据平台3个时空数据信息服务平台，服务280多万人次。大院大所服务企业809家，为企业解决技术难题219项，与企业合作研发及技术成果转化项目133项，累计孵化培育、合作引进初创企业达16家。

【科技特派员制度】 2021年，泉州市继续推行科技特派员制度，聚焦创新驱动，乡村振兴和产业转型，坚持跨界别、跨区域选拔高水平科技特派员。全年新选认省级科技特派员个人250个、团队89个、法人5个，选认市级科技特派员个人503个、团队20个、法人1个、工作站18个。截至年底，泉州市选认省市级科技特派员2830名，组建（法人）团队科技特派员268个、科技特派员工作站38个，实现行政村（社区）服务全覆盖及一、二、三产业全覆盖。5月18日，全市科技特派员工作现场会在安溪县召开，制订分解2021年度泉州市科技特派员工作计划，开展科技特派员助力制造业数字化转型专项行动。8月25日，福建省科技厅主办的2021年福建省科技特派员助力产业转型现场观摩暨经验交流研讨活动在晋江市举办，泉州市科技特派员助力产业转型的典型经验做法在全省推广。争取省级经费706万元、下达市级经费959.5万元，立项支持省、市级科技特派员和星创天地建设补助项目38项，开展2020年度泉州市科技特派员考核，收集科技服务与科技成果需求信息1374条，举办或转播各类科技实用技术培训88期培训近9.1万人次。

【高精度地基授时系统泉州站建设启动】 2021年12月7日，高精度地基授时系统泉州站建设启动暨时空科创基地入驻仪式举行，全省首个大科学装置落地，转入建设阶段。泉州市市长蔡战胜表示，在泉州落地建设作为国家重大科技基础设施的高精度地基授时系统，有利于衍生孵化时间大数据、智能产品、检测认证、应用服务等高新技术产业，促进泉州产业转型升级，并以泉州为支点，延伸覆盖服务海峡两岸以及东南亚等海丝沿线重点城市，推动与海上丝绸之路沿线国家（地区）的交流合作。泉州将按照省、市党代会部署要求，开展科技赋能计划，实施“抓创新促应用”专项行动，支持高精度地基授时系统泉州站和时空科创基地建设，为所有科研团队和入驻企业提供全方位服务，致力将泉州打造成为时空产业新高地。是日，申源电子科技、福建云扬科技等5家企业入驻泉州市时空科创基地。

科技服务

【概况】 2021年，泉州市科技局建立重点科技工作专班制，并在全省创新组建研发投入、高企培育等科技特派员服务团队，实行专项任务专责化、专业服务常态化、培训辅导精准化，举办各类辅导培训150多场，惠及千家企业十余万人次。深化科技“放管服”改革，开展“局长走流程”活动，梳理进驻市行政服务中心综合窗口46项审批服务事项，实现网上可办率100%、“最多跑一趟”100%，“一趟不用跑”服务事项39项（占84.78%）、“全流程网办”服务事项31项（占67.39%）；办理时限从原来的7个工作日缩减为3～5个工作日，其中外国人工作许可等8个事项升级为“即办件”。加强项目监督与管理，通过立项审查、中期检查、双随机抽查等系列措施，结题率从2018年初的76.26%提升至2021年底的95.76%。发放省级“科技贷”12.19亿元，放款量居全省第二；遴选扶持42家科技型企业登陆海峡科创板挂牌展示，有效破解科技型中小企业“融资难”“融资贵”问题。

【新型研发机构建设】 2021年，泉州市科技局加强新型研发机构建设。全市新认定市级新型研发机构20家，补助经费190万元；新获批省级新型研发机构4家，每家奖励30万元，共计120万元。截至年底，泉州市新型研发机构总量达78家（其中省级21家）。

【众创空间和孵化器建设】 2021年，泉州市科技局建设创新创业孵化载体。发动组织2021年省级众创空间和科技企业孵化器申报推荐工作，向省上推荐泉州市24家众创空间和1家省科技企业孵化器备案，其中获福建省级众创空间认定17家、省科技企业孵化器备案1家。开展2021年泉州市科技企业孵化器、众创空间申报认定，认定市级科技企业孵化器4家、众创空间24家。推荐申报2021年度省科技企业孵化器（众创空间）新增孵化用房补助项目14项，其中立项4项，获省级奖补资金128.42万元。加强原有众创空间、孵化器管理提升，下发《关于开展泉州市科技企业孵化器、众创空间考核评估工作的通知》，开展孵化器、众创空间考核评估，严格执行退出机制，取消8家市级科技企业孵化器和7家市级众创空间资格。截至年底，全市有市级以上众创空间96家，其中国家级11家、省级59家、市级85家；市级及以上科技企业孵化器31家，其中国家级2家、省级11家、市级26家；11家众创空间通过国家备案，年国家备案众创空间复核数居全省第一。

【科技成果转移转化】 2021年，泉州市科技局通过畅通供需端、做强市场端、优化政策端，加速科技成果进入企业的转化应用过程，全市认定登记技术合同614项，同比增长93.69%；技术合同成交金额6.17亿元，增长51.60%。实施科技重大项目"揭榜挂帅"机制，聚焦产业链"卡脖子"技术和企业依靠自身力量难以解决的关键核心技术，遴选发布2批次5项重大技术需求榜单，均"揭榜"立项。依托泉州科技大市场等公共服务平台，常态化开展供需对接服务，筛选发布高校、科研院所科技成果1000多项，举办科技成果推介对接活动10多场。引进北京硬创空间到泉州建立中关村中试熟化平台和泉州知创园实验室；新培育省级技术转移机构15家。参与承办2021年福建省初级、中级技术经纪人培训，新增"持证"技术经纪人107人。鼓励企业购买技术和科技创新服务，促进科技成果在泉州落地转化，制定出台《泉州市科技创新券管理规定》，评审入库创新券服务机构33家；指导5家企业机构获省级技术转移奖补资金76.5万元。开展技术合同认定登记培训10场、培训500多人次。

【泉州市产学研对接大会】 2021年10月29日，由泉州市政府主办，市科技局等承办的泉州市产学研对接大会召开。会上举行产学研合作项目签约仪式，12个项目现场签约，总投资7200万元，涵盖"5G+智慧养老"、AI智能体育、可释放负离子陶瓷等新兴发展热点。市科技局在会上发布"揭榜挂帅"重大技术需求。大院大所代表推介最新科技成果，在泉州高校代表推介产教融合最新成果，金融机构代表推介特色科技金融产品，并在现场对接洽谈。

农业科技与服务

【概况】 2021年，泉州市农业农村局承担国家级、省级和市级农业科研项目攻关，合作承担省、市科技计划项目建设，各项目研究均按计划推进，取得阶段性成果。在全市推广泉州市农科所培育、引进的农作物新品种、新技术。坚持和深化农业科技特派员制度，全市选认市级科技特派员个人55人、法人1人、涉农工作站9个，共有10人列入2021年福建省科技特派员。深化泉州和台湾农业科技交流合作，建立两岸农业专家、学者交流互访制度。以新型职业农民为培育主体，提升农村实用人才的科技素质、职业技能和经营能力，落实省、市优秀农村实用人才表彰奖励政策。发布落实农业主推技术149项，推进基层农技推广体系改革项目建设，遴选建设农业科技示范基地64个，培育科技示范主体3150个。开展科技助力乡村振兴行动，选派农业专家和技术员158名，对口帮扶103个行政村、617个经营主体，开展技术指导、信息咨询服务，助力农业产业增产增效。

【农村实用人才】 2021年，泉州市农业农村局抓好高素质农民培训。分解下达中央、省级财政补助资金1670万元，培训中央资金补助的高素质农民5909人，完成率137%；培训省级资金补助的高素质农民21492人次，完成率102%。抓好高素质农民学历提升。选送224名青壮年农民及农村高中毕业生、返乡农民工、退役军人等参加专科学历教育学习，提升农业从业人员综合素质和技能水平。抓好建设高素质农民培育培训基地和实训基地建设。遴选确定一批基础条件好、经营管理规范、示范带动作用大，具备承担高素质农民示范培育任务的培训基地和实训基地。其中，培训基地12家、实训基地20家。抓好高素质农民教育培训师资队伍建设。市级建立高素质农民培训师资库。选派18人参加全省高素质农民培育师资班学习；推荐2人入选全国农民教育培训共享师资库，实现优秀师资资源共享。评选市级优秀农村实用人才25名，发挥优秀人才在实施乡村振兴战略、脱贫攻坚成果巩固、农业农村改革等重点工作中的示范引领作用。举办星火科技大讲堂农村实用技术远程培训班8期，培训4.8万人次。组织收看全省农村实用技术远程培训班12期，培训6万人次。印发《泉州市新型农业经营主体贷款贴息实施方案》，把优秀农村实用人才及领办企业纳入贷款贴息申报对象。探索出台《泉州市高素质农民和优秀农村实用人才贷款管理暂行办法》。

【农业技术推广】　2021年，泉州市农业农村局指导各项目县（市、区）结合生产实际，组织专家遴选确定149项（累计）水稻、果蔬、畜牧、茶叶、绿色肥料等主推技术推广应用，农业主推技术到位率98.67%；建立55个示范带动效果明显、长期稳定的农业科技示范基地，立足基层农技推广补助项目任务要求和当地优势特色产业发展需求，全市遴选3150个能力较强、乐于助人的新型农业经营主体带头人、种养大户、乡土专家等作为农业科技示范主体。加强农技推广队伍建设，全市共有基层农技人员913人参加各级培训。有序推进农业科技示范展示基地建设，泉州市现代农业科技示范园区育成5个新品种。获得专利授权17项，其中发明专利1项，建立20个示范展示基地。

【农业科研】　2021年，泉州市农科所承担在研市级及以上农业科研项目56个，其中合作5个。主持承担的15个省市项目通过验收，独立完成的“高产优质多抗广适花生品种泉花551的选育与应用”项目通过第三方组织评价，整体达到国际同类研究先进水平，其中育成品种对主要病害和非生物胁迫的综合抗性居国际领先水平。引进229份农作物种质资源进行观察与鉴定评价，育成“泉豆17”“泉紫薯96”“泉薯5号”3个粮油作物新品种通过国家品种审定、登记，合作育成“福农优039”“福农优404”“宁12优039”3个杂交稻新组合通过国家或福建省品种审定，获授权专利18件，其中发明专利1件。与5家农业企业和1个乡镇签订农业技术支撑合作协议，通过省级科技特派员认定10人，市级科技特派员19人、工作站1个，协助1家企业申建市级“科创中国”学会服务站。专业技术人员到泉州市各县（市、区）及福州连江、莆田秀屿、邵武和平、龙岩新罗、平潭等试验、展示示范基地和挂钩服务的镇、村（农场、合作社），有针对性开展技术指导与产业帮扶，助力农业产业发展，赠送粮油作物种子8760公斤、种苗15万余株。依托泉州国家现代农业科技示范展示基地、泉州国家农业科技园区创新中心等平台，开展农业科技培训、现场观摩44场次，受训3900多人次。协助省、市开展远程培训6期10个专题，受训人数1.8万多人次。加强对台农业科技交流合作，采用线上线下结合方式，组织开展对台交流活动7批次14人次。在全市推广泉州市农科所培育或引进的农作物新品种、新技术3万公顷，由农科所创新或引进的各项新成果在省内外累计推广面积10万公顷。

2021年11月18日，泉州市首届优质水稻品种品质鉴评活动在泉州国家现代农业示范展示基地（洛阳西塘）举行　　（图/市农业农村局）

【泉州市首届优质水稻品种品质鉴评活动】　2021年11月18日，由泉州市农业农村局、泉州市科学技术协会、泉州市农业科学研究所主办的泉州市首届优质水稻品种品质鉴评活动在泉州国家现代农业示范展示基地（洛阳西塘）举行。鉴评专家组参照省优质稻鉴评方法，对米饭的气味、外观、适口性逐一进行细品。经评定，由德化顺天福种养农民专业合作社选送的“隆两优黄莉占”获评金奖，由永春湖洋益民农机专业合作社选送的“荃优967”和德化县三珍种养农民专业合作社选送的“晶两优1377”获评银奖，由泉州市惠安县中和农场选送的“粤良珍禾”等6个品种获评铜奖。

社 会 科 学

综 述

【社科项目立项与经费】 2021年，泉州市有27个课题获国家社科基金项目立项，其中重大项目1个、重点项目4个、一般项目13个、青年项目7个、后期资助项目2个。90项课题获福建省社科基金项目立项，其中重大项目8个、重点项目11个、一般项目46个、青年项目7个、年度项目13个、博士扶持项目5个。泉州市社科规划办立项年度社科研究规划项目112个，其中重点项目12个、委托项目13个、一般项目51个、青年项目16个、合作项目20个。泉州市社科规划办印发《泉州市“十四五”哲学社会科学研究规划》。市社科规划办年度社科研究规划项目聚焦创新发展“晋江经验”、建设世界遗产典范城市、经济转型升级等主题开展研究。华侨大学立项社科项目281个，社科经费1905.27万元，其中国家社科基金立项23项，1课题获教育部哲学社会科学研究重大课题攻关项目立项。

【社科成果】 2021年，福建省政府下发《关于颁布福建省第十四届社会科学优秀成果奖的决定》，泉州市32项成果获奖，包括一等奖3项、二等奖9项、三等奖20项。其中，华侨大学获奖29项，获奖总数列全省第三位。

【社科期刊】 2021年，《泉州学林》出版正刊4期，在编发学术理论文章的同时，结合时政热点推出学习贯彻中共十九届五中全会、六中全会精神和弘扬“五四”精神、党史学习教育等专栏，发挥阵地作用、窗口效应、示范效果。

【《泉州历史文化概览》出版】 2021年5月，由泉州市社科联组织全市文史专家编撰的《泉州历史文化概览》在福建省人民出版社出版。该书是泉州市第一本较全面介绍泉州历史文化的普及读物。内容主要有泉州历史概述、泉州古代海外交通、泉州宗教、泉州古代人口变化、泉州人向海内外迁移、泉州与台湾历史关系、泉州非物质文化遗产、泉州文物、泉州方言、泉州古代教育、泉州古代文学、泉州古代书法、泉州民俗、泉州乡贤著述、泉州文化的形成及特征等。

社科学会

【概况】 2021年，泉州市社科联主管的社会组织有42个，年内新成立1个（泉州市说文解字研究会），注销1个（泉州市城市金融学会）。

【社科学会建设】 2021年4月18日，泉州赵宋南外宗正司研究会第六次会员大会召开，赵建国当选会长。4月28日，泉州市老年学学会第三届三次理事会暨学术交流研讨会召开。6月26—27日，泉州市社科联、泉州市孔子学会、晋江市社科联、晋江市委史志研究室在晋江市举办“百年泉州（晋江）文教史话”座谈会。7月12日，泉州市闽浙赣边区革命史研究会第二次会员代表大会召开，李园春当选会长。9月5日，泉州历史文化中心第三次会员代表大会暨成立38周年纪念会召开，蔡胜铁当选会长。11月7日，泉州市李贽学术研究会第三届会员代表大会召开，陈少牧当选会长。11月27日，泉州市嗓音艺术学会第二次会员代表大会召开，林薇当选会长。12月1日，泉州市城市金融学会注销。12月18日，泉州市语言文字学会第三次会员大会召开，王勇卫当选会长。

【社科学会活动】 2021年4月29日，泉州市演讲与口才学会在洛江区对木美术馆举行朗诵鉴赏会。6月11

2021年6月11日，庆祝中国共产党成立100周年座谈会在泉州府文庙举行
（图/市社科联）

日，由市社科联、市委史志研究室、泉州市闽浙赣边区革命史研究会、泉州市闽粤赣边区革命史研究会、泉州市中国人民解放军长江支队历史研究会、泉州市新四军研究会、泉州市南下服务团泉州团史研究会主办的庆祝中国共产党成立100周年座谈会在泉州府文庙举行。6月26日，泉州市茶文化研究会举行“茶和世界·同心向党”主题茶会，庆祝中国共产党成立100周年。11月4日，市社科联、泉州市职业技术教育研究会举行“校企合作育匠心· 产教融合育匠人”座谈会。12月9日，泉州历史文化中心组织党员老专家探访古城遗产点，感悟世界遗产的历史底蕴。

【泉州市说文解字研究会成立】 2021年4月18日，泉州市说文解字研究会成立，成为泉州市文字学及闽南语传播的研究和交流平台。许景南被推选为研究会首任理事长。泉州文字学研究走在全省前列，许多爱好文字学的专家、学者撰写并发表一大批具有全国影响力的论文、论著。该研究会主要由泉州市高校汉语言文字学研究的专家、学者和文字学爱好者组成，是一个自发的、非营利性的社团组织。

泉州学研究

【概况】 2021年，泉州学研究所贯彻落实市委、市政府赋予的工作职责，以研究、弘扬泉州文化和闽南文化为主要任务，发挥组织、联络、协调、服务作用，推进泉州学研究。完成《泉州学概论》编辑出版工作。继续开展“生活中的泉州学”系列科普公益活动。举办“老行当新传承，指尖上的非遗”百变妆糕人、“陶瓷魅力不减，千年窑火不断”德化陶瓷、“手中世界花样多，非遗文化零距离”提线木偶、“中西文明的碰撞，鼻尖缠绕的芬芳”永春香主题、“编织掌心里的色彩，传承生活中的缤纷”安溪竹编5次活动，得到市民、学生的热烈响应。

【泉州学研究成果】 2021年，泉州学研究成果斐然，文物研究、华侨华人研究、泉州港与“海上丝绸之路”研究、方言研究等方面的研究成果推陈出新，学术研讨气氛浓烈。泉州市2021年哲学社会科学研究结项课题与泉州学有关的有《闽南文化研究现状调查》《古泉州（刺桐）史迹申遗背景下“海丝故事”译介研究》《海丝背景下泉港头北话在台湾的传播与演变》《“海丝史迹”之磁灶窑陶瓷文物牌示解说的英译研究》《外文传教文献与泉州学研究》《泉州非物质文化遗产在数字影像时代的活态传承研究》《宋代泉州市舶司提举任职情况对外海贸易的影响研究》《泉州地区传统侨乡聚落景观的空间特色及遗产价值研究》《朱子哲学范畴研究》《泉州地方文化助推理想信念教育路径研究》《文明交流互鉴背景下梨园戏的美学特征与价值研究》《区域文化治理视野下的闽台歌仔戏百年大变局》《新媒体语境下海丝史迹数字化展示与传播研究》《蔡清学派考论》《世界文明视野中泉州城市文化空间的变迁（10—14世纪）》《新媒体环境下惠女编织腰带活态传承保护利用研究》《泉州家风文化在新时代传承与发展路径研究》《泉州海丝文化与大学生社会主义核心价值观融合研究》《推进“非遗”活态传承——泉州“惠安女文化”与济州“海女文化”对比研究》《非遗即生活——泉州非物质文化遗产活态传承保护策略研究》《泉州传统建筑技术“出砖入石”工艺在街道景观设计中的应用研究——以泉州市旧馆驿巷为例》等。

【《泉州学概论》出版】 2021年，由泉州学研究所组织编撰的《泉州学概论》在厦门大学出版社出版。该书的出版推动泉州学研究走向更加科学完善的学术研究体系。中国社会科学院学部委员、历史研究所所长陈祖武在序言中指出，《泉州学概论》在回顾泉州学缘起、阐释相关概念及理据、确定研究对象与方法、论述泉州学与闽南文化的关系及学科意义的基础上，探索泉州鲜明的文化性格、独特的方言文化、耀眼的“海丝”文化、兴盛的家族文化、多元的宗教文化、多彩的民俗文化，以及泉州特色的文学艺术、泉州学者的思想开拓和政治舞台的泉州风骨。

文 化

综 述

【文化体制改革】 2021年，泉州市委宣传部制定《2021年泉州市深化文化体制改革工作要点》，确定2项重点突破改革事项。印发《泉州市贯彻落实党的十九届四中全会精神坚持和完善繁荣发展社会主义先进文化制度实施方案》，加快推进文化强市建设。贯彻中共中央办公厅、国务院办公厅关于《深化国有文艺院团改革的意见》，研究提出泉州市实施方案，建立多演多得、多创作精品多奖励的激励机制。以泉州市文化改革发展工作领导小组名义印发《泉州文化产业高质量发展超越行动方案（2021—2025年）》，实施文化科技攻坚、文化产业数字化、影视产业崛起、出版传媒业提质、文化旅游深度融合、工艺美术业升级、演艺娱乐业促进、创意设计业提升、海洋文化产业壮大九大行动，促进文化产业高质量发展。制定出台《泉州市扶持影视产业发展若干措施》和申报指南，引导和培育影视业态，做好影视行业的优质服务和政策申报工作。制定出台《关于开展市级文化产业和旅游产业融合发展示范区创建工作的通知》，构建文化旅游融合发展新体制。完成经营性事业单位泉州晚报印刷厂转企改制工作，稳妥退出事业单位序列。探索宣传经营分离的领导体制和运营机制，推进《泉州晚报社、泉州广播电视台深化干部人事制度改革工作方案》落实，推动员工入编工作。总结推广市本级和各县（市、区）文化改革发展好的经验做法，《石狮市创新对外宣传机制 精心“打磨”城市名片》在《福建改革情况》刊登。

【文化产业发展】 2021年，泉州市委宣传部做好文化企业复工复产工作，及时下达泉州市市级文化产业发展专项资金1700万元，扶持44个项目。争取上级资金支持，安溪县、德化县获2021—2023年福建省文化产业发展专项资金扶持。培育骨干文化企业，推荐3家企业获评2021年福建省十强企业及最具成长性企业，评选出10家泉州市市级文化产业发展十佳企业，推动文化企业在坚持正确导向、履行社会责任中做大做强。促进文化产业招商和项目对接，推动在2021年“读懂中国”国际会议（广州）期间，与广州市委宣传部签署“广州泉州宣传文化合作框架协议”，推进双城在城市宣传、影视产业、文旅开发等领域交流合作。开展“我为群众办实事”实践活动，对泉州市申报挂钩帮扶的30多家文化企业，对接做好政策服务。举办泉州市第三届文化创意产品展暨传统工艺美术精品展，展出100件入围复评作品及100件传统工艺美术精品，颁发“2019—2020年泉州市文化产业发展十佳企业”奖牌。与央视网签订“世遗之城•泉州”城市IP文创孵化战略合作协议，首批8家文创企业17款产品入驻“央视网选”电商平台。组织泉州文创企业参加福建文创奖（包括红色文创大赛和松溪文创大赛两个主题赛事）。

【文化交流与合作】 2021年，泉州市委宣传部举办“百年风华 视听共享”2021年菲律宾·中国福建（泉州）电视周系列活动，14部电视作品在菲律宾展播1个月；主办“岭南文化与闽南文化：广州对话泉州”活动，成为2021年“读懂中国”国际会议（广州）专题活动之一，并签订《泉州广州宣传文化合作框架协议》。泉州、厦门、漳州、三明、龙岩闽西南五市文旅局，在台湾台北、高雄设立“清新福建·山海闽西南”旅游形象店，多方位、多角度、多层次、多渠道宣传“山海闽西南”“海丝泉州”文化和旅游资源，推广精品旅游线路，重点针对青少年群体、大学院校学生及潜在大众客户群体。泉州市文旅局在台湾开展平面媒体广告宣传，全年完成《旅天下》同业杂志单页广告2次、《国家地理》杂志单页广告2次、《中国时报》旅游广告2次、《联合报》旅游广告2次。

【文化活动】　2021年，泉州市委宣传部围绕“永远跟党走”“庆祝中国共产党成立100周年”“我们的中国梦•文化进万家”等主题，组织开展形式多样、内容丰富多彩的群众性文化文艺活动。主办泉州市庆祝中国共产党成立100周年“五个一”系列活动（一场“光辉历程”主题文艺演出、一场“党在我心中”主题红色经典交响音乐会、一场“百年辉煌”书法美术摄影展、一场征歌、一场征文）；组织美术展、红色电影展播、摄影、微电影、漫画等主题作品创作征集和展示展播活动，开展知识竞赛、演讲比赛等活动；全年举办“我们的中国梦•文化进万家”线上线下活动1100多场（次）。1月25日，2021年泉州元宵线上花灯展直播举行。3月7日，“春暖花开”插花艺术讲座举行。3月16日，2021年“艺术公益课堂”系列活动举行。4月8—9日，2021年泉州市残疾人艺术会演暨第十一届全省残疾人艺术会演泉州选拔赛在泉州市艺术馆剧场举行。4月16日，2021年“我们的中国梦 • 文化进万家”文艺下乡活动在安溪县虎邱镇举行。4月30日，“百姓大舞台” • 庆祝“五一”国际劳动节文艺晚会举行。5月1—7日，“庆五一 • 赏非遗”漆线雕专题展览展示活动举行。6月13日，“我们的节日”——泉州端午肉粽制作技艺体验活动举行。6月25日，“奋斗百年路　启航新征程”——庆祝中国共产党成立100周年暨百姓大舞台文艺演出举行。6月29日，“光辉历程”泉州市庆祝中国共产党成立100周年文艺晚会在泉州大剧院举行。7月1日，“党在我心中”泉州市庆祝中国共产党成立100周年交响音乐会举行。7月28日，第十五届“欢乐泉州”才艺大比拼暨第十六届“东南早报 • 府文庙之夏”启动。8月20日，泉州市第三十一届中小学生南音比赛决赛举行。10月1日，“建功新时代 • 筑梦新未来”泉州市群文系统庆国庆云上文艺汇演直播。10月14日，“情暖金秋敬老孝亲”2021年泉州市新时代文明实践志愿服务活动主题文艺演出举行。11月6日，“泉山门讲古擂台赛”举行。12月19日，“冬节圆”制作体验活动举行。12月31日，泉州市2022年新年合唱音乐会举行。

【第三届泉州市文化创意产品展暨传统工艺美术精品展】　2021年11月12—19日，由泉州市委宣传部、市文旅局、市城镇集体工业联合社主办，泉州网、泉州市非物质文化遗产保护中心承办的“世遗泉州　海丝文创”第三届泉州市文化创意产品展暨传统工艺美术精品展在泉州非物质文化遗产馆举行。这是泉州申报世界遗产成功后首场以“世遗泉州”为主题的大型文创展。该届文创展以“‘世遗’泉州　‘海丝’文创”为主题，主要内容包含作品评选、现场展览、线上市集和文化产业游四个板块。启动仪式上，还为2019—2020年“泉州市文化产业发展十佳企业”授牌。展览集中展示泉州文创奖 • 非物质文化遗产文创大赛100件入围复评作品、泉州传统工艺美术100多件大师作品，同时还邀请电商平台、文化企业、工艺大师等产业链各环节的从业人士共同参与，通过现场展览推进业界交流。该届文创展同步开设“第三届泉州市文化创意产品展”线上云展馆，涵盖“泉州文创奖”线上市集，导入部分文创产品的购买链接，拓展泉州文创产业的网络传播空间。

群众文化

【概况】　2021年，泉州市文旅局组织参加“读中华经典，颂时代华章”活动，举办“温陵讲坛”“云艺术节”、中国共产党成立100周年系列美术展等文化活动，全方位提升线上线下文化供给品质。举办

2021年6月29日，由市委、市政府主办的“光辉历程”泉州市庆祝中国共产党成立100周年文艺晚会在泉州大剧院举行　　（图/市文旅局）

“曲颂党恩——庆祝中国共产党成立100周年”第四届福建省曲艺丹桂奖大赛泉州选拔赛、泉州市献礼建党百年优秀传统工艺精品展、“光明书香节”、“我们的中国梦——文化进万家”活动。

【城乡“百姓书房”建设】 2021年，泉州市文旅局按照“政府主导、共建共享、社会参与”建设思路，优先盘活利用企事业单位、社区等现有闲置公共资源，不新建只改造，实现资源集约化、效益最大化，推动泉州市“15分钟阅读圈”服务体系建设。新建百姓书房15个，其中南安10个、惠安4个、泉州市图书馆1个。

【村（社区）综合性文化服务中心示范点改造提升】 2021年，泉州市文旅局完成24个村（社区）综合文化服务中心示范点改造提升市级为民办实事项目任务，分别是：鲤城区江南街道明光社区、鲤中街道升平社区，丰泽区丰泽街道前坂社区、泉秀街道灯星社区，洛江区双阳街道朝阳社区、马甲镇新庵村，泉港区山腰街道埭港村、后龙镇后龙村，石狮市祥芝镇大堡村、锦尚镇奈厝前村，晋江市金井镇福全村、东石镇梅塘村，南安市罗东镇潭溪村、溪美街道贵峰村，惠安县东桥镇珩海村、净峰镇净北村，安溪县城厢镇经兜村、凤城镇蓝湖社区，永春县外山乡草洋村、达埔镇达山村，德化县浔中镇石鼓村、上涌镇曾坂村，台商投资区洛阳镇前园村、张坂镇玉塘村。每个示范点均按照国家公共文化服务体系示范区创建标准，面积达200平方米以上，均配备图书室、多功能室、科普活动室、宣传栏、广播室等功能室及设备，藏书量均达1500册以上，还配套1个活动广场。

【县级文化馆图书馆总分馆制建设】 2021年，泉州市下辖的11个县（市、区）均建设不少于一个优秀示范图书馆分馆，完成率100%，全市优秀示范图书馆分馆达56个。

【非物质文化遗产代表性项目代表性传承人保护】 2021年2月5日，泉州市文旅局公布第八批泉州市级非物质文化遗产代表性传承人103人。2月22日，泉州市新增第五批省级非物质文化遗产代表性传承人35人。市文旅局开展全市100所非物质文化遗产传习所调研评估，组织参加“再学习、再调研、再落实”非物质文化遗产考研活动，考察三辉木雕工艺厂、丰盈雕刻厂等，及时了解传承传习情况。推荐传承人参加国家级、省市各级传承人研培活动，完成南音、花灯国家级传承人评估上报工作。落实经费保障和项目申报扶持机制、扶持标准，将非物质文化遗产保护列入年度考核，落实保护单位和代表性传承人管理措施，引导和鼓励申报省级以上非物质文化遗产项目、代表性传承人。组织推荐泉州歌诀等35个项目申报第七批省级非物质文化遗产代表性项目；公布泉州市第三批市级非物质文化遗产传习所71个。10月20—22日举办2021年泉州市非物质文化遗产短视频编辑制作培训班，12月29—30日举办2021年泉州市非物质文化遗产保护工作暨非物质文化遗产代表性传承人培训班，市、县两级非物质文化遗产传承人、从业者180余人参加。开展周末非物质文化遗产体验活动970场次，参加体验者超5910人次；推出周末“非物质文化遗产剧场”活动60余场，观众5000多人次。发挥泉州非物质文化遗产馆社会教育与传统文化知识普及功能，承接机关党日活动、青少年研学活动、小记者团、大学生实习实践等公益活动几十场。

【2021年文化和自然遗产日福建主会场活动在泉州举行】 2021年6月12日，由福建省文旅厅、省文物局和泉州市政府主办的2021年文化和自然遗产日福建主会场活动在泉州府文庙举行。活动呼应“文物映耀百年征程·人民的非遗 人民共享”主题，全方位展现福建、泉州文物事业发展成就和文物工作者风采，宣传文化遗产保护法律法规，营造文化遗产保护的社会氛围，传承弘扬中华优秀传统文化，动员全社会关注和参与遗产保护，增强文化自信。主舞台上，以表演形式展示泉州大鼓吹、木偶书法及南音演奏、泉州南少林武术、惠女风情等非物质文化遗产。主舞台两侧，省文物局、市文旅局、市中级人民法院、市人民检察院、市公安局等设置宣传摊点，向市民科普文物保护利用知识。灯彩（泉州花灯）、泉州木雕、泉州金苍绣技艺、德化瓷烧制技艺、安溪竹藤编技艺等非物质文化遗产传承人在展示点设置体验环节，带着市民尝试制作简单的非物质文化遗产作品。

文学艺术

【概况】 2021年，泉州高甲剧团、提线木偶剧团创作《金牛送福》参与央视春节戏曲晚会录制，晋江掌中木偶《番婆弄》参演2021年新年戏曲晚会，泉州提线木偶、南音、高甲、晋江掌中木偶、泉州精武门等参演2021年福建春节联欢晚会晋江分会场录制。剧本《董生与李氏》《连升三级》入选“百部优秀剧作典藏”。完成高甲戏《连升三级》、梨园戏《董生与李氏》、木偶戏《火焰山》入选“庆祝中国共产党成立100周年舞台艺术精品创作工程”重点扶持作品的复排提升。《围头新娘》入选2021年度国家艺术基金（一般项目）庆祝中国共产党成立100周年大型舞台剧和作品主题创作资助项目；《围头新娘》《倪氏教子》《南侨机工》入选2021年度福建省舞台艺术精品工程重点剧目；泉州市高甲戏传承中心陈娟娟《昭君出塞》、福建省梨园戏传承中心曾静萍《朱买臣》入选2021年中国戏曲像音像工程录制演员（剧目）。14个单位52名演员报名参加第十五届福建省戏剧水仙花奖比赛，获一等奖6人、二等奖12人、三等奖10人。泉州市7位作家加入中国作家协会，6位美术家加入中国美术家协会。1位书法家获第七届中国书法兰亭奖银奖。

【音乐】　2021年6月18日，泉州市文联、洛江区委宣传部等主办的“红心向党　乐启华章”洛江区庆祝中国共产党建党100周年合唱音乐会在洛江区公共文化中心举行。6月，市委宣传部、市文联开展泉州市“庆祝中国共产党成立100周年”优秀原创歌曲征集活动，收到省内外作者投稿近50首，评出一等奖1名、二等奖2名、三等奖3名、优秀奖4名，获奖作品制作成CD光盘推广。11—12月“我们的中国梦”文化进万家文艺演出分别在晋江梧林古村落、泉州武警支队、安踏厂区举行。12月29日，泉州广播电视台、泉州市合唱协会主办的2022泉州市少儿新年合唱音乐会在泉州广播电视台800演播厅举行。12月31日，泉州市2022年新年合唱音乐会在泉州大剧院举行。1月，泉州市6人获省文联主办的福建省第五届“金钟花奖”声乐比赛奖项。6月，黄嘉辉作曲的歌曲《百年之本》获评中国音乐家协会“百年百首”全国优秀新创歌曲。泉州市通政中心小学参加世界青少年合唱节获银奖。

【南音】　2021年5月，泉州市南音传承中心4人入选省曲协主办的“十四五”时期“文艺英才计划”（试行）——首批培养曲艺青年人才。8月，在省文联、省教育厅主办的第四届省曲艺丹桂奖少儿大赛中，泉州市南音获一等奖1个、二等奖2个、三等奖2个。《明代泉州百首有声弦管曲》《南音锦曲选编》入选国家新闻出版署“中华民族音乐传承出版工程精品出版项目（2021年度）”。南音交响《丝海南弦》参加第44届世界遗产大会开幕式文艺演出。泉州市第三十一届中小学生南音比赛举行，比赛采用线上决赛的形式，由泉州网全程直播，并在泉州网同步播出。4月28日，由泉州市委宣传部、市文联主办的“古乐天籁•印山印象”文艺专场在南安市印山林场举行。6月27日，市委宣传部、市文联主办的“我们的中国梦・文化进万家——弦管雅集•洛水仙山”南音古乐会在洛江区马甲镇举行。11月29日，市委宣传部、市文联主办的比干殉难3050周年专场纪念活动——“比干正音弦管古乐会”在石狮市举行。

【戏剧】　2021年，泉州市文联开展“永远跟党走”——“我们的中国梦・文化进万家活动”，在“七一”和国庆期间组织文化文艺小分队到石狮市祥芝镇、晋江市龙湖镇埔头村等地举行高甲戏《杨门女将》《昭君出塞》《连升三级》3场地方戏曲文艺演出。利用网、微、端、屏等快捷、高效、多元的新媒体手段开展线上展演、展播等“云观戏”活动，构建微信、微博、快手、抖音等平台自媒体矩阵，同时还在海外社交平台开设官方账号，拓宽传统文化在数字时代的海外传播渠道。在省文联、省文旅厅主办的第15届省水仙花戏剧奖大赛中，泉州市获一等奖6名、二等奖12名、三等奖11名。组织参加第八届福建艺术节暨福建省第28届全省戏剧会演和第5届省音乐舞蹈杂技曲艺优秀剧（节）目展演，其中《围头新娘》《英雄虎胆》《小金刚传奇》《南侨机工》《莫耶・延安颂》获第八届福建艺术节最高奖“优秀剧目奖”，另获单项奖一等奖12个、二等奖20个、三等奖16个。推进泉州传统戏曲剧目抄本保护修复和数字化工程，此项目是泉州市市级优秀传统文化传承专项资金项目之一，以泉州戏曲传统剧目抄本修复电子化为基础，大量采集和处理各种艺术信息，建立完善的传统剧目档案库，为全市文化艺术创作、科研、艺术教学和非物质文化遗产保护与研究提供实用的创作基础信息服务。

【文学】　2021年，泉州市文联举行首届“世界记忆遗产・侨批”主题文学创作大赛、“在一起，更出彩——迎接第18届世界中学生夏季运动会”文学创作大赛征稿、第三届“惠艺・匠心”诗歌大赛、“先锋奋进新征程　初心辉映刺桐红”泉州市庆祝建党100周年党员故事征文大赛、“我们的中国梦　文化进万家”作家协会专场、我为社会做好事・走进老年大学赠书活动、洛阳桥诗会等活动。6月19日，2020年度泉州文学奖颁奖，评出10篇获奖作品，10位作家获奖。在省文联、省作家协会、福建文学杂志社主办的第二届福建省中长篇小说双年榜（2017—2018年度）评选中，林小玲中篇小说《杨柳依依》被评为中篇小说上榜作品。高寒《向海，向海》、雷智华《逆袭》入选省文联、省作家协会开展的长篇小说（重点题材）扶持项目。在省图书馆、省作家协会主办的“读吧！福建”第四届福建文学好书榜评选中，陈春成小说集《夜晚的潜水艇》获评优秀图书，姚雅丽散文集《人间向暖》、黄成散文集《书籍的隐喻》获评推荐图书，姚雅丽散文集《人间向暖》获评读者最喜爱的图书。11位诗人诗作入选省文联等主编、中国言实出版社出版的《福建百名诗人庆祝建党百年诗选——心中的歌》。

【美术】　2021年，泉州市文联举办庆祝中国共产党成立100周年“永远跟党走，助力乡村振兴——福建省首届连环画巡展”（华侨大学站）、“刺桐丹青•时代画卷”泉州美术作品邀请展、“光辉的足迹”泉州美术家赴革命圣地写生创作作品展、泉州画院新画师作品展、“八闽丹青奖”第三届福建省美术双年展泉州选拔评选活动、“刺桐情•海丝风”泉州题材美术作品邀请展暨泉州海丝唐卡百米长卷部分作品展等展览。6月29日至7月23日，由市委宣传部、市委党校、市文联合主办的“百年辉煌”——泉州市庆祝中国共产党成立100周年书法美术摄影展举行，102幅美术作品参展。在省文联主办的省八闽丹青奖（美术）评选中，泉州市获金奖提名（银奖）3件。20多件美术作品入选中国美协主办的全国专业美展。10人入选中国美术家协会举办的第三届中国当代陶瓷艺术大展。4月10—17日，泉州市美术家协会、泉州画院举办“光辉的足迹”——泉州美术家赴革命圣地写生创作活动，组织17位画家分3批到延安、井冈山革命老区和上海、浙江嘉兴写生创作。10—11月，“永远跟党走”——“我们的中国梦·文化进万家”2021年泉州市“三下乡”主题活动泉州美术家惠安紫山写生创作行暨泉州市美术家协会写生创作基地揭牌仪式、泉州美术家惠安小岞写生创作行、“画家走基层•丹青绘泉州”——泉州美术家惠安小岞生活艺术岛写生行活动举行。

【书法】 2021年元旦、春节期间，泉州市书法家协会开展“送福进万家”下基层公益活动和“送欢乐、下基层”“党报送春联”“我们的中国梦　文艺进万家”等志愿服务活动，组织300多名书法家到乡村、社区开展义务写春联活动近百场（次），送出春联4万多副。组织抗疫书法创作，举办10期“齐心抗疫　你我同在”书法网络展，推送抗疫主题书法作品近200件。举办5期“泉州市致敬‘时代楷模’”孙丽美书法网络展”，展出作品近50件。5月，“守正出新”——泉州市书法家协会2020年新会员优秀作品展举行，展出121件新会员的作品。6月29日，市委宣传部、市委党校、市文联主办的“百年辉煌”——泉州市庆祝中国共产党成立100周年书法美术摄影作品展开幕，展出书画摄影作品300件。10月31日，“书焕武荣”——全国中青年获奖书法家26人邀请展开幕。12月17日，“刺桐花红”——泉州市首届楷书邀请展开幕，展出楷书作品50多件。在“八闽丹青奖”第三届福建书法双年展中，泉州市2件作品获金奖，4件作品获金奖提名。11人入展中国书法家协会主办的全国第五届青年书法篆刻作品展，占全省入展的70%。10人入展中国书法家协会主办的2020“中国书法•年展”全国书法作品展。3人入选中国文联、中国书法家协会主办的“伟业：庆祝中国共产党成立100周年书法大展”，1人入展中国书法家协会主办的第九届中国书坛新人新作展。

【摄影】 2021年，泉州市文联、市摄影家协会举办第二届泉州市摄影艺术展评选，收到2345件参展作品，评出新闻纪实、艺术创意、商业广告、多媒体各类获奖作品194件。省摄影家协会、市摄影家协会举办石牛山全省摄影大赛、“建党百年　美丽永宁”全省摄影大赛、“美丽乡村　多彩良山”全国摄影大赛、“观音韵·茶乡美”首届中国·安溪国际摄影大赛暨摄影群英会。1—3月，市总工会、市文联举办“我在泉州过大年”主题手机摄影作品比赛。2月26日，市文联、泉州晚报社主办的“刺桐光影　海丝泉州”庆祝建党百年摄影展开幕。6月28日至7月3日，“百年征程　百年辉煌”泉州市老年书画摄影展举行。7月，庆祝中国共产党成立100周年“百年百赞”百岁老人颂党恩公益摄影展举行，并到北京国际摄影周展出，45位摄影家到泉州市各县（市、区）乡村社区，共拍摄152位百岁老人。10月18—22日，“歌颂祖国·夕阳生辉”——泉州市老年书画摄影展举行。9—12月，团市委、市委文明办、市教育局、市文联举办泉州市第三届青少年书画摄影大赛。12月26日，泉州市摄影家协会第六次会员代表大会在泉州图书馆新馆召开，选举洪宗洲连任第六届理事会主席。市摄影家协会与市直有关单位联办“美丽泉州　我是行动者”——“气象杯”摄影大赛、“交通先行助发展，执法尖兵竞风流”摄影微视频有奖征集活动、“四好农村路”摄影大赛等活

2021年12月26日，由泉州市委宣传部、福建省摄影家协会、中国摄影报社主办的“走进泉州看宋元中国”全国文旅摄影大展启动仪式在市图书馆举行　（图/市文联）

动。12月26日，由市委宣传部、省摄影家协会、中国摄影报社主办的“走进泉州看宋元中国”全国文旅摄影大展启动仪式举行。

【舞蹈】　2021年，泉州市舞蹈《我从海边来》《古厝·乡韵》《呛呛滚来好年冬》《敲起四宝唱乡音》《端午采莲》《田蛤仔》入选省文联、省舞蹈家协会“为人民起舞”——福建省百部优秀舞蹈作品展播。泉州市闽南民间歌舞传承中心创作的女子群舞《茶·飘香》入围由中国文联、中国舞蹈家协会、深圳市文联主办的第十二届中国舞蹈“荷花奖”当代舞、现代舞评奖入围终评。5月，泉州师范学院叶晓丽、彭辉编导的舞蹈《悬丝指语》在教育部主办的全国第六届大学生艺术节展演获专业组一等奖、优秀创作奖、优秀指导教师奖。11月，在省文联、省舞蹈家协会主办的第六届福建舞蹈“百合花奖”专业舞蹈大赛中，泉州市6个节目获奖。6月27日，由省舞蹈家协会、市文联主办的庆祝中国共产党成立100周年“永远跟党走”福建省舞蹈家协会“文艺两新”100支国标舞快闪活动举行。

【泉州艺术团体首次登上央视春晚舞台】　2021年2月11日，2021年中央广播电视总台春节联欢晚会播出，泉州歌舞剧团30名舞蹈演员相继参与开场舞《万事如意》、创意表演《牛起来》、歌曲《唱支山歌给党听》和《瑞雪平安图》、尾声歌舞《难忘今宵》的表演。2月26日，2021年中央广播电视总台元宵晚会（完整版）播出，泉州歌舞剧团参演军事舞蹈《开训、开训》。此系泉州艺术团体首次登上央视春晚舞台。

新闻出版

【概况】　2021年，泉州市新闻出版局落实意识形态工作责任制，按照全国、全省有关工作部署要求，打击各类涉黄涉非出版传播活动，加强新闻出版行业管理和安全生产。全市新闻出版（版权、电影）行业总体呈现稳步发展、提质增效、健康有序的态势。认领并发布监管事项清单231项，梳理检查实施清单88项，录入检查行为80件。全市开展各类检查督查800多次，查获非法出版出版物2万多册，引导企业办证30多家。

【出版发行】　2021年，泉州市新闻出版局通过全国发行单位年度核验信息系统和福建省印刷发行行业管理系统的填报、管理和应用，提升核验信息质量，提升行业监管水平和产业发展研判能力。突出抓好泉州市中心城区和其他重点地区、重点部位的市场监管工作，下沉执法力量，加大执法力度，提高执法效能，对反复出现问题的点位，坚持标本兼治，采取有力措施，确保取得实效。开展无证无照印刷企业、出版物发行单位专项整治，营造健康有序的市场环境。采取“四不两直”方式，对新闻出版、电影行业交叉暗访检查。梳理“一件事”“我要办书店”集成套餐服务事项。梳理并公布泉州市新闻出版局（版权局）依申请事项权责清单21项。做好新闻出版局窗口接办件工作，实行每月台账分析，落实月报和周报制度，全年接办32件。推进政务服务“马上办、网上办、掌上办、一次办”，以减时间、减跑动次数、提高网办深度等方式为主要抓手，优化新闻出版政务服务事项。梳理掌上办15项，占全部事项的53.57%。按照“能减尽减、能压再压”原则，对申报材料、审批环节、审批时限等进行再梳理、再精简、再优化，全部审批事项28项承诺时限再压缩14天，比绑定“标准化目录”后再提升24.56%。全程网办事项从0增加至24项，占85.71%。即办事项已提至23项，占全部事项的82.14%。

【全民阅读】　2021年，泉州市新闻出版局举办“4·23”世界读书日暨泉州市第二届云阅读节启动仪式，推出8期“晨读泉州”早安系列短视频，阅读量38.2万人次；邀请5位泉州本土文化大咖做客云端悦读间直播，吸引大量阅读爱好者的参与。在泉州市第十三次党代会期间首次设立“党代表读书角”，取得较好效果。举办泉州市第十五届“书香泉州”全民阅读月暨2021年图书展会活动，发放30万元惠民购书券，销售图书120多万元，开展主题演讲、经典诵读、读书征文、知识竞赛、阅读分享等100多项主题阅读活动，在全社会营造阅读氛围。落实《福建省全民阅读“七进”示范点建设标准》，推进全民阅读进农村、进社区、进校园、进军营、进企业、进机关、进家庭，让阅读活动深入基层，普及到群众。组织开展福建省全民阅读“七进”示范点评选，南安市“好读书”公益图书馆获评省全民阅读示范基地，风雅颂书局、南安市赤岭公益图书馆获评福建省全民阅读示范点。推进实体书店转型升级，指导实体书店“线上+线下”模式运营，实现主营业务渠道多元化和经营立体化，提升实体书店可持续发展能力。南安市仑苍镇辉煌“好读书”公益图书室、洛江区马甲镇永安村农家书屋获评福建省首届示范农家书屋；惠安一凡书城、安溪新翰墨书屋、泉港华艺教育书店、鲤城江桥文化用品店获评福建省首届示范书店；丰泽区欧阳书院新华书屋、石狮市侨乡乡土文化协会、永春县五里街镇文青团队新华书屋、永春桃源新华书屋入选第三批省“新华书屋”。

【扫黄打非】　2021年，泉州市新闻出版局推进“正道”“新风”集中行动和“清源”“固边”“净网”“护苗”“秋风”五大专项行动，开展历史虚无主义、制售传播非法宗教出版物（活动）、网络空间生态环境治理等专项整治行动，采取“双随机”检查、联合督查、暗访检查、重点复查等方式，强化出版物市场监管。处置“文档之家”“品阅网”“米力百科”等网站登载涉历史虚无主义不良信息。处置“冷情blog”“马可波罗”“经典粤剧粤曲”“南音曲库”等网站平台和自媒体公众号119家，依法关闭违法违规账号12个，警告73家次，联合约谈22家次，暂停更新12家，线下现场督导检查63家次，移送线索落地查人54件次，净化网络空间环境。坚持“彻查、彻办”原则，对上级转办、调查检查发现、群众举报等途径获得的线索，追根溯源、一查到底，查办“扫黄打非”案件21件，转化为刑事案件8件、行政处罚6件，追究刑事责任12人；4件案件被列入全国重大案件备案，2件案件被列入全国挂牌督办案件。落实《福建省进一步推进基层“扫黄打非”工作与相关平台有效结合的工作方案》，推动“扫黄打非”工作与县级融媒体中心融合，试点建立南安市融媒体中心“扫黄打非”工作站。加强基层站点建设培育，安溪县凤城镇获评2020年全国“扫黄打非”进基层示范点，石狮市祥芝镇获评2021年全国“扫黄打非”进基层示范标兵。采取短视频、公益广告、宣传标语、微信、微博等形式，多角度、多侧面、全方位做好“扫黄打非”工作宣传，发放“扫黄打非”宣传海报2.1万份、绿书签12万份，滚动播放“扫黄打非”宣传标语8000余次，护苗网络安全授课1.13万多场、受众者53万多人次。策划举办5场“成长守护者——2021年泉州市青少年护苗行动”进校园活动，邀请省委宣传部反非法反违禁处处长伊建荣做客泉州广播电视台FM889综合新闻频道直播间访谈“扫黄打非”相关业务知识。

【版权保护】　2021年，泉州市版权作品登记量6.52万件，位居全省前列。市政府出台《关于促进知识产权高质量发展的若干意见》，对新获评全国版权示范园区的，一次性奖励30万元；对新获评全国版权示范单位的，一次性奖励20万元；对新获得中国版权保护金奖的单位或个人，一次性奖励30万元；对年版权作品登记数量位居全市前3名的企业或个人，分别奖励5万元、3万元、2万元。

【印刷业监管】　2021年，泉州市提交年度报告印刷企业910家，其中出版物印刷企业40家、包装装潢印刷企业736家、其他印刷品企业134家。在2021年全国印刷包装百强企业排行榜中，泉州市有6家印刷企业（达利、金百利、南王、泰兴、文松、立旺）入选，入选数量位居福建省首位，也是全国地级市入选数量最多的城市。在2021年福建省优质印刷品评比中，泉州市印刷企业有59件印刷产品获评省优产品（全省185件），数量居福建省首位。泉州市4家企业（艾派、南王、文松、金百利）获“福建省首届示范印刷企业”称号。

报 刊

【概况】　2021年，泉州市公开发行报纸7家，分别是《泉州晚报》《东南早报》《泉州广播电视报》《海峡都市报·闽南版》《晋江经济报》《石狮日报》《海丝商报》。其中，《泉州晚报》是中共泉州市委机关报；《东南早报》属泉州晚报社旗下子报，是一份综合性市民生活报；《泉州广播电视报》是由泉州广播电视台主办的报纸；《海峡都市报·闽南版》《晋江经济报》《石狮日报》《海丝商报》属福建日报报业集团旗下子报，由福建日报报业集团负责管理。

【《泉州晚报》】　2021年，泉州晚报社完成深化习近平新时代中国特色社会主义思想、学习宣传贯彻中共十九届六中全会精神、庆祝中国共产党成立100周年、党史学习教育、“再学习 再调研 再落实”活动、世界遗产申报、疫情防控战、创城创卫、“抓项目、促发展”专项行动等各项重大主题宣传报道。同时关注民生，针对“双减”政策推出后校外培训和课后服务等群众关心的热点问题解读。围绕电动车充电安全、木栈道破损、小区停水、体育场内环境差等社会热点开展建设性的舆论监督，督促部门出台良策解决。做好“泉民开讲”宣传报道。并结合抗疫时期的情况，创新开展“党报送祝福春联抒真情”活动。合作推出“寻找阳光母亲”栏目。开展“共同托起他们的理想•2021行动”。以“我为群众办实事”主题活动拓展“东南公益”活动。

从资金、技术、人员上对新媒体进行补强，加快媒体深度融合发展步伐，报社新媒体用户数超1573万户，其中《东南早报》官微位列2020年中国微信80强。《东南早报》抖音粉丝增长至673万人，位居泉州第一、福建媒体抖音前列。泉州网运用VR技术，制作推出“红色记忆——泉州中共泉州革命历史专题展馆”“泉州华侨革命历史博物馆”“泉州革命烈士陵园”等多个网上VR展馆。发挥菲律宾《商报》及《美国侨报》《欧洲时报》《大洋日报》《非洲时报》的宣传优势，宣传展示泉州经济文化等各方面的建设成果。同时，依托《台湾导报》微信公众号开设“海丝泉州”专号，每周推送3～5期。建设视频号、抖音号、今日头条号、百家号、人民号、强国号等各类新媒体平台账号，壮大新媒体传播矩阵。和泉州通客户端开设《泉是好风光》《每日一景》专栏，成为宣传泉州的一个新窗口。

【《侨乡科技报》】　2021年，《侨乡科技报》做好科技宣传工作，聚焦泉州市传统产业转型升级和战略性新兴产业，推出机械装备、半导体五大、纺织服装、工业机器人、风电涂料、功能性食品、工业设计、区块链、数字经济、陶瓷、茶业、新型储能、海洋经济、时空、光子等多期产业科技专题系列报道；开设科技政策专版，刊发国家、省、市科技资讯及政策解读；编辑出版《科技新生活2021》特刊及疫情防控科普特刊；围绕“泉州：宋元中国的世界海洋商贸中心”被批准列入世界遗产名录，开展泉州历史文化系列宣传。全年编辑出版50期，在菲律宾《商报》出版《侨乡科技报》海外版52期，国内外发行50多万份。2件作品在第34届（2020年度）全国科技报系统优秀作品评选中分获二等奖和三等奖。

【《泉州文学》】 2021年，《泉州文学》办好常设栏目，注意扶持新人。继续组稿刊登“小说天地”“散文荟萃”“诗歌在线”“文学评论”栏目，全年刊发343篇（人）作品。围绕主题策划新栏目，第三期特别刊出“我与泉州文学”专辑，纪念《泉州文学》办刊300期。围绕中心服务大局，第八期及时推出“我与古城遗产点的故事”专栏。为庆祝中国共产党成立100周年，新辟“庆祝中国共产党成立100周年”栏目，从第四期至第八期刊登31人作品，体裁多样，内容丰富。做好专辑专号策划，第三期特别策划“女诗人诗歌小辑”，刊登8名诗人的作品，第六期推出“校园文学”专栏，刊登5名作者的作品。为加强海内外文化交流，展示泉州侨乡文化成果，第九期推出首届“世界记忆遗产·侨批”主题文学大赛获奖作品专辑，刊登48篇作品。组织刊发公益广告，全年底封均用于刊登公益广告。

【《闽南》】 2021年，《闽南》杂志编辑出版6期（总81期至总86期）。策划“世界遗产”专题，将22个遗产点分为机构保障要素、多元社群要素、生产基地要素、交通网络要素等栏目进行介绍，通过22篇文章及相关配图，从不同角度介绍、阐释22个遗产点的情况；刊发陈泗东文史活动文章5篇，介绍陈泗东文史活动情况；开启“泉州学导论”系列文章的刊载，刊载4篇文章，分别从“泉州学研究的缘起”“泉州学的学科性质”“泉州学的研究指向”“泉州学研究思路与展望”介绍泉州学研究情况。文章以传承和守护优秀传统文化的“朴实”、向海而生义利并重的“务实”、海洋商贸交往和文化相容的“信实”、敢于直面世界革故鼎新的“求实”作为主线，把泉州的历史串联一体，勾勒泉州独特的整体形象，揭示泉州深邃的文化内涵和发展动力。首次与海外华文媒体合作，精选十余篇文章发表于海外华文报纸，增强杂志对外传播能力。

广播影视

【概况】 2021年，泉州市有广播电视台9座（县级8座）、无线电视台1座、有线电视台8座（县级8座）。调频转播发射台9座，发射机总功率37.75千瓦。电视转播发射台9座，电视发射机总功率70.95千瓦。全市广播综合覆盖率99.94%，电视综合覆盖率99.94%。全市广播电台全年播音79036小时09分钟，全年自制节目43831小时11分钟；电视台全年播出62388小时44分钟，全年自制节目4314小时44分钟。有线广播电视用户254万户，其中数字电视用户139.78万户。全年广电收入3.93亿元，其中市直广电单位收入2.15亿元。

【主题宣传】 2021年，泉州市深化广播电视媒体“头条”建设和视听新媒体“首页首屏首条”建设，推动习近平新时代中国特色社会主义思想深入人心。紧扣重要时间节点，启动中国共产党成立100周年和党史学习教育主题系列宣传活动，组织开展“奋斗百年路 起航新征程”重大主题宣传，开设“辉煌100年”等专栏，组织开展“理想铸丰碑 我说新福建”“百年感动——闽山闽水映深情”主题视听节目创作活动。围绕学习宣传贯彻中共五中全会、习近平总书记视察福建重要讲话指示精神等重要政治任务，以及重大活动、重要会议、重大部署，统筹网上网下，引导广电媒体和网络视听新媒体做好主题宣传。

【精品创作】 2021年，泉州市紧扣庆祝中国共产党成立100周年和乡村振兴组织精品节目创作，征集庆祝中国共产党成立100周年创作选题65个，其中8个选题入选省广电局重点选题规划。组织创作庆祝中国共产党成立100周年主题公益广告23件。推进各个重点节目创作。国家广电总局2020年度网络视听节目精品创作传播工程重点扶持项目、泉州市庆祝中国共产党成立100周年重点文艺创作项目网络电影《围头新娘》、重点网络电影《爱在冬季》均已完成。开展“弘扬社会主义核心价值观”泉州市主题原创网络视听节目推选展播活动，面向社会各界征集到79件作品，以优秀视听节目抢占网络阵地，《第一家园》《你的模样》2部作品获国家广电总局扶持，占全省入选数的2/3。

【影视产业发展扶持】 2021年，泉州市政府出台《泉州市扶持影视产业发展的若干措施》，对市场产生良好刺激作用，新增38家影视制作机构，新增投资3.3亿元（注册资金）。泉州市和外来洽谈的电视剧网络影视剧项目27个，入选省广电局2021—2025年第一批闽派重点电视剧选题规划项目的有5个，12个网络剧、5个网络电影项目立项。

【网络电影《围头新娘》上映】 2021年12月6日，国家广电总局网络视听节目精品创作传播工程重点扶持项目——网络电影《围头新娘》在爱奇艺网站独家首映。《围头新娘》以海峡两岸跨海通婚为背景，以青春励志的爱情为明线，以两岸深厚的血缘关系为暗线，围绕“围头新娘”的主题，多线索多角度地讲述金门女孩林芳仪和围头小伙陈宁海因一出高甲戏《围头新娘》而结识，从欢喜冤家到合作伙伴再到亲密爱人的爱情故事。该影片由国家一级导演黄健中担任艺术总监，知名青年导演杨木生执导。

文 物

【概况】 2021年，泉州市文物局做实文物安全工作，做细文物基础工作，做好文物保护修缮，做强考古发掘与研究。截至年底，全市有各级文物保护单位945处，其中44处全国重点文物保护单位、104处省级文物保护单位和797处县（市、区）级文物保护单位，涉台文物保护单位281处，革命文物134处。

【考古调查】 2021年，泉州市文物局组织完成安溪县青阳下草埔冶铁遗址、泉州罗城城墙遗址（龙头山段）、市舶司遗址考古发掘；完成泉州经济技术开发区官桥园区再生水厂建设项目用地范围文物调查勘探、泉州古城有关街巷文物调查勘探、国家石油储备三期工程泉州地下水封洞库项目用地范围文物调查勘探、南安市霞美创业大道至X354公路工程项目用地范围文物调查勘探、南安市县道335（诗康线）康美复线一期工程项目用地范围文物调查勘探、泉州西华洋片区改造工程文物调查勘探、泉州繁荣片区棚户区改造项目用地范围文物考古调查勘探、泉州龙头山周边片区改造项目用地范围文物调查勘探、丰泽区机器人产业园区项目用地范围文物调查勘探、泉州城东至北峰快速道两侧片区改造项目用地范围文物调查勘探、泉州益龙纺织（二期）建设项目用地范围文物考古调查勘探、泉州软件园项目平衡用地范围文物调查勘探、泉州市万安（金屿）片区用地范围文物考古调查勘探、南安市武荣大桥工程项目建设用地范围文物考古调查勘探、国道324线泉州大桥及接线扩宽改造工程考古调查勘探、临漳门节点（近期）工程建设用地范围文物考古调查勘探等工作。

【文物保护】 2021年，泉州市文物局开展文物安全百日攻坚专项行动，对全市世界遗产和文物综合安全问题进行排查整治；开展“泉州：宋元中国的世界海洋商贸中心”系列遗产巡查。完成各级文物保护单位保护标识和一般文物点挂牌保护，推进省级以上文物保护单位建档工作，实现文物档案数字化；落实各级文物保护单位均有专门机构或专人负责保护管理机制，实施文物管理和安全责任人公开公示制度。全市配备基层文物巡查员779人，实现有文物的社区、村全覆盖。有序推进各级文物保护单位、保护范围和建设控制地带落图工作，省级以上文物保护单位定线落图已完成并提交资源规划局纳入国土空间规划管理平台，其他不可移动文物定线落图基本完成待公布。启动第八批13处全国重点文物保护单位监控完善提升项目。建设完成不可移动文物信息化管理平台（数据库），解决文物数据一站式交换问题。向国家及省上争取文物专项资金7553万元，22处文物保护修缮工程进展顺利，泉州府文庙大成门、金声门、玉振门通过省文物局验收；九日山祈风石刻保护修缮竣工，系全省第一个石刻本体保护项目；清净寺圣谕碑围墙抢险加固专家验收通过，洛阳桥蔡襄祠保护修缮通过初步验收；顺济桥遗址加固保护修缮推动市城管局启动方案编制，安平桥勘察研究完成并通过国家、省文物专家认可；完成德化窑、安溪冶铁遗址2处遗产点本体保护设施建设。加快完成市文物考古研究所考古力量整合，4名考古人员具备考古发掘个人领队资质。常态化与中国社会科学院考古研究所、北京大学考古文博学院、省考古研究院等机构合作，深化考古研究。泉州世界文化遗产考古研究方案、基本建设考古制度等完成初稿。组织专家研讨确定年度8个重点历史考古研究课题，逐步推进实施泉州古城、多元族群、商品生产、运输网络、制船基地等考古研究。

【泉州府文庙大成殿修缮项目入选优秀古迹遗址保护项目】 2021年3月10日，中国古迹遗址保护协会公布2020年度优秀古迹遗址保护项目，泉州府文庙大成殿修缮项目入选。为总结推广文物保护项目优秀案例和先进经验，促进全国文物保护项目整体水平提升，在国家文物局统筹指导下，中国古迹遗址保护协会主办2020年度优秀古迹遗址保护项目宣传推介活动。经广泛征集、初步审核、现场调研、终审研究等环节，最终评选出福建泉州府文庙大成殿修缮项目、山西临汾尧都区东羊后土庙修缮项目、福建厦门鼓浪屿日本领事馆旧址修缮项目、广东河源仙坑村四角楼修缮项目4个优秀项目。

【泉州市134处不可移动革命文物入选福建省首批革命文物名录】 2021年3月16日，福建省核定公布首批革命文物名录，包括不可移动革命文物1658处、可移动文物142581件（套）。其中，泉州市134处不可移动革命文物、36套可移动革命文物入选。福建省首批革命文物名录中，不可移动革命文物包含旧址、旧居、故居、抗战遗址、烈士墓、陵园、纪念碑亭等，可移动革命文物包括布告、生活用具、票据、手稿、书籍、刊物等。泉州市有134处不可移动革命文物入选，包括龙岭游击队员坑洞、泉州市革命烈士纪念碑、洪四影剧院等。其中，省级文物保护单位5处、市级文物保护单位23处，以及县区级文物保护单位、一般不可移动文物等。泉州市36套可移动革命文物入选，包括中国闽台缘博物馆收藏的1942年7月7日美国政府发行中国抗战五周年5美分纪念邮票、泉州华侨历史博物馆收藏的民国2年（1913年）永春颜如云中国同盟会侨越西贡支部入会证书等。其中，一级文物1件（套），二级文物2件（套），三级文物28件（套），一般文物5件（套）。

博物馆

【概况】 2021年，泉州市登记备案的博物馆有18家（含非国有博物馆5家），国家一级博物馆2家（闽台缘博物馆和泉州海外交通史博物馆），二级博物馆3家（德化陶瓷博物馆、晋江市博物馆、泉州市博物馆），三级博物馆3家（泉州华侨历史博物馆、南安市博物馆、安溪县博物馆）。全市博物馆总建筑面积超10万平方米，库房面积7000余平方米，常设展厅43个，临时展厅22个。全市博物馆参观总人数215.73万人次，开展线上线下活动超150场次。全市博物馆举办各类展览社教活动140余场，推出线上展览活动50余项。

【中国闽台缘博物馆】 2021年，中国闽台缘博物馆接待观众32.5万人次。在省委宣传部帮助下，推进“闽台缘”基本陈列改陈，获中宣部陈列布展项目资金补助1000万元，改陈大纲委托厦门大学台湾研究院编撰。坚持“请进来、走出去”相结合，引进展览7个，输出“指掌春秋——闽台木偶艺术展”5场次，开展“艺揽闽台——大师与您面对面”展示交流活动36场次，推出“情系闽台缘——流动的博物馆”系列社会教育活动126场次。依托祖地文化资源，做好两岸家书、谱牒等“迁台记忆库”文献资料搜集整理和研究阐释。开展两岸家书征集、抢救、研究，馆藏两岸家书、明信片涉及22个省市1943件，完成“两岸家书的多元化价值研究”省级重大课题结项，举办“闽台民间交流与两岸家书”研讨会。4月，首次收到从台湾岛内直接邮寄到馆的信件捐赠，共35封信件和1份探亲证明，系1947年至2001年间从大陆8个省寄往台湾的。打造谱牒文化品牌，馆藏谱牒涉及167个姓氏3219种1.12万册、相关文献资料857种1289册，参与国家社科基金项目重大课题“编纂《1949年以来中国家谱总目》”项目，完成馆藏黄姓、张姓、吴姓、李姓族谱迁台信息采集审校工作。接待两岸同胞族谱查询14批次26人次。举行“海峡两岸融合发展之路——福建探索与实践”主题展。展览分“咫尺天涯”“春风化雨”“交流潮生”“融合发展”四部分，通过180余幅图片、33件套文物实物和大量视频资料，集中展示从中华人民共和国成立以来党的对台工作大政方针和闽台交流交往成果，特别是中共十八大以来，在习近平新时代中国特色社会主义思想的指引下，福建加快推动两岸融合发展的新成效。举行“1921：中国有了共产党”图片展百场巡展，以“送展到基层、宣讲在社区”为核心，自5月14日启动以来，到南安、洛江、泉港、永春等地巡展宣讲，巡展54个单位110场次，受众7.78万人次。

【泉州市博物馆】 2021年，泉州市博物馆举行“红色记忆”——中共泉州革命历史专题展。通过400多幅展板、270件（套）革命文物、5处场景、8处多媒体，结合志愿小讲解员讲述等形式，围绕泉州革命历史关键时期的重要事件、代表性人物、物质遗存，全方位、立体化展示泉州在中国革命历史中的地位和作用。举行“方寸映春华、党史‘邮’我说——邮票上的党史”展览，通过600多件邮票展示中国共产党领导中国人民在经济、文化、社会、生态文明、国防建设及外交领域等各方面取得的成就。举行“百年·百赞——百岁老人颂党恩公益摄影展”，通过百名跨越百年的百岁老人，见证百年来在中国共产党领导下，国家、社会和生活发生的翻天覆地的巨变。引进“最后之胜利”——纪念弘一法师140周年诞辰暨手书墨宝、拓片展览，“美哉灵鉴”——仪征出土汉代铜镜精品展等。系列展览“泉州木偶展”落地湖北宜昌市博物馆，共同打造“偶遇：泉州宜昌木偶戏傩戏文物

2021年11月25—26日，“闽台民间交流与两岸家书”研讨会在泉州召开
（图/中国闽台缘博物馆）

展”。与南安市博物馆、南安市青年美术家协会举办“妙笔丹青，遇见世遗——泉州：宋元中国的世界海洋商贸中心”美术作品展，展出南安青年画家以泉州世界文化遗产为对象创作的美术作品32幅。利用互联网科技，通过“线下+线上”相结合的方式，推出线上展览“泉州历史展虚拟展厅”“翰墨丹青——馆藏修复成果展”等。开展“博物馆进校园”活动，宣传“泉州：宋元中国的世界海洋商贸中心”系列遗产，将优秀文化遗产知识带入校园。

【泉州海外交通史博物馆】 2021年，泉州海外交通史博物馆举办11场重要临时展览，并利用网站、微信公众号等各类网络平台，相继推出多场线上海报展览。接待海内外游客85万人次，其中境内84.1万人次、境外700人次，未成年人19万人次。7月25日，位于泉州海外交通史博物馆的泉州世界遗产总展示馆“泉州：宋元中国的世界海洋商贸中心”同步对外开放。作为世界遗产展览配套的“中国舟船世界”“阿拉伯—波斯人在泉州”展馆一并完成提升并对外开放。泉州海外交通史博物馆系列、疫情防控“文物有话说”等。完成2021年《海交史研究》编校工作，出刊4期。完成《杨钦章文集》编校工作，出版《泉州海外交通史博物馆藏宗教石刻》。组织46个主题、82场次宣教活动，受众人数1.93万人，其中未成年人1.6万人。围绕“建党100周年”“第44届世界遗产大会”两大主题开展的活动更具品牌化、系列化。世界遗产主题分别以“做一回宋朝人”“守护遗产 拥抱未来”“童心飞扬刺桐城”等系列活动来呈现，让青少年认识身边的文化遗产，了解文化遗产的内涵与价值以及应如何继续传承保护精神。“博物馆里的星星之火”系列青少年党史活动分别以“博物馆里的党史故事”“文物里的党史故事”等为主题，以博物馆职能为讲述对象，结合博物馆百年发展进程，向青少年展示中国博物馆事业在中国共产党领导下蓬勃发展的新局面。

【泉州华侨历史博物馆】 2021年，泉州华侨历史博物馆举办临时展览11个，通过线上线下展览相结合，推出“侨心向党——百名泉籍归侨党员事迹展”“赤子情怀——闽籍侨胞百年故事摄影展”“赤子情怀大爱无疆——纪念慈善家黄仲咸先生100周年诞辰事迹展”等展览，挖掘展示华侨与祖（籍）国人民同呼吸、共命运，共同投身革命、建设和改革开放宏伟历程的事迹。接待学校春秋游团队、研学团队、泉州各行政事业单位主题教育党日活动到馆参观，共5万余人次。打造“讲侨史 知侨心——侨史课堂”活动品牌，开展“怎一个美字了得——华侨民居中的传统文化”等社教活动8场。举办“族谱资料与华侨史研究：一个值得警惕的新陷阱”“心理文化视角的华人性与中华文化的吸引力”等专题学术讲座3场。编辑出版《故土情深——泉籍华侨华人奉献史图册》。征集入库文物藏品81件（套）。推进重点项目“南洋华裔族群寻根谒祖综合服务平台”建设。4月，平台（一期）线上试运行启动仪式在福州举行，平台作为数字泉州馆重要内容，亮相第四届数字中国建设成果展览会。全年征集族谱300多册，完成族谱扫描8万页。

【南建筑博物馆】 2021年，南建筑博物馆加强传统文化保护和闽南传统建筑构件、旧材料征集工作，参与西华洋片区改造工作，对具有历史意义和保存价值的闽南传统建筑及构件进行摸底造册，配合做好传统建筑遗存相关工作。全年接待游客1.4万人次，10所中小学校组织的学生团队及中规院等专业设计团队到馆开展研学活动。注重拓宽泉州历史文化和闽南传统建筑文化传播渠道，向泉州市图书馆、各县（市、区）图书馆、泉州博物馆、泉州文库等相关单位赠送《泉州市南建筑博物馆馆藏碑刻选》等图书，为查阅泉州地方文献提供图文并茂的翔实资料。出版《泉州市南建筑博物馆馆藏碑刻选》，组织编撰“泉州古建筑大系”丛书（包括《泉州传统建筑文化概论》《泉州城居文化释码》《泉州古建筑——土楼》）。

【“博物馆进校园”系列活动】 2021年5月18日，世界博物馆日，由泉州市文旅局、市教育局等主办的“博物馆进校园”系列活动举行。“童心飞扬刺桐城”长卷绘画、陶瓷拉坯、南宋海船DIY（自己动手制作）、福船彩绘艺术、陶瓷彩绘、掌中木偶制作、文物拓印体验等活动在全市校园举行，展示传统文化魅力。

图书馆

【概况】 2021年，泉州市有市、县级公共图书馆14个（丰泽区图书馆尚在建设中），其中一级馆7个（泉州、晋江、南安、石狮、南安李成智、鲤城、永春），二级馆4个（惠安、德化、安溪、泉港），洛江区、丰泽区、泉州台商投资区图书馆未定级。泉州市图书馆新馆位于丰泽区府东路泉州市公共文化中心，占地面积1.53公顷，总建筑面积4.8万平方米。全年投入250万元文献购置经费，完成10万册图书采访、编目、加工、入库；完成1418种报刊订购、登到、上架流通工作；搜集到地方图书819种1356册，征集族谱10种16册。馆藏总量达165万册，数字资源总量达157TB。全年图书报刊总借还数181.47万册次，总办证数1.21万张，接待读者103万人次。举行阅读推广活动543场。建设完成泉州公共图书馆基础数据服务与管理平台，推进完善馆藏图书纸电1∶1建设。百姓书房东湖街阅读点改扩建完成开放，百姓书房电大阅读点建成开放。

【《泉州图书馆工作》创刊】 2021年，泉州市图书馆主办的内部资料性出版物《泉州图书馆工作》创刊。该刊物旨在展示泉州地区公共图书馆的工作动态，搭建平台互相交流学习，探索推动泉州图书馆工作。每季度一期，设有图说泉图、场馆设施（功能介绍）、业务统计分析、服务创新与案例分享、服务特殊人群、主题阅读活动、交流与探索、业界动态、文献推介等栏目。

【“弘扬时代新风·传播道德力量”主题演讲比赛】 2021年5月26日，泉州市“弘扬时代新风•传播道德力量”主题演讲比赛在泉州市图书馆举行。全市各地文明办、市直机关文明办、市创建文明行业系统主管单位推荐17位选手参赛，以生动丰富的语言、感人肺腑的故事，向观众传递典型人物的先进事迹和崇高精神，推动道德典型学习宣传活动常态化。

【“探谜·海丝泉州 图书馆真人实景解谜”活动】 2021年12月18日，全省首个图书馆真人实景解谜项目——“探谜•海丝泉州 图书馆真人实景解谜”活动启动仪式在泉州市图书馆举行。借助探秘游戏的方式，在文章内容融入馆藏资源和信息检索知识，让参与者在解谜活动中无形地掌握如何利用图书馆信息资源的能力。

【泉州市图书馆学会2021年学术年会】 2021年12月23—24日，泉州市图书馆学会2021年学术年会在永春县举行。这是泉州市图书馆学会第十九届学术研讨会，主题紧扣时代，研讨题目为“‘十四五’时期图书馆高质量发展之路”，公共图书馆、高校图书馆、中小学图书馆的100多名会员参与研讨。

档案工作

【概况】 2021年，泉州市档案馆助力泉州申报世界文化遗产，提供5大类2万余件不同载体的文化遗产档案。助力乡村振兴战略，召开“乡村记忆文化”项目建设总结会，举办“乡村记忆文化”项目建设成果展，为全市50个“乡村记忆文化”示范村（社区）授牌，跟踪第二批38个项目补助资金425万拨补到位。接收脱贫攻坚档案1904件、疫情防控档案3305件，建立专题数据库。实施红色档案“征、建、展、宣”一体化工程，打造泉州红色文化精品， 纳入市委庆祝建党百年系列活动，为开展党史学习教育提供重要平台。举办“百年奋进刺桐红”主题档案文献展，并到各县（市、区）进行巡回展出。开展红色档案专项征集采风，到43个重要革命遗址现场征集红色档案3000余件。组织“百年恰是风华正茂•党史泉州篇”主题线上展览，网上阅览人数超过10万人次。此外，还举办“银幕中的百年伟业”电影海报展、编印《泉州红色记忆》有声卡通读本、组织“泉州先生”口述档案采集和名人档案建档等。

【侨批档案】 2021年2月开始，泉州市档案馆面向全球华人举办首届“世界记忆遗产•侨批”主题文学创作大赛。活动启动后，收到海内外投稿523件，最终评选出47名获奖者并发放奖金奖品。以“侨批+文旅”模式，在古城核心区建设泉州侨批馆，建成后的侨批馆成为福建省首个侨批展示基地和泉州古城文化新地标。一些归国华侨、侨眷闻讯后到场无偿捐赠珍贵侨批、侨信及相关物品。按照“征集一批、购买一批、复制一批、寄存一批”的思路，向省档案局申请侨批档案专项保护经费12万元，与全省侨批收藏家和侨批工作从业者接触洽谈个人收藏侨批的征购征集事项，继续进村入户探访挖掘珍稀侨批民间收藏，对散存在民间的不可再生珍贵侨批档案实施全方位的征集、复制和抢救保护，修复侨批信封124个、信笺281页，制作侨批仿真件131件。依托侨批展示馆，举办“侨批”主题诗歌朗诵会等主题活动，主动联系电视、广播、报纸、新媒体，并在“泉州档案”公众号上开设侨批专栏，提升侨批文化传播力和影响力。采取“向上争

2021年11月4日，泉州市“乡村记忆文化”项目建设总结会在惠安县东岭镇湖埭头村召开

（图/市档案馆）

取、纵向联动”的方式开展侨批学习调研活动，联合省档案部门到晋江、鲤城、永春等地开展侨批主题专项实地调研，到汕头、厦门等地交流探讨侨批档案工作。召开全市民间侨批收藏爱好者和研究学者专题座谈会。与华侨大学侨批研究学者成立课题组，形成《加强世界记忆遗产侨批保护利用的建议》研究成果。

【档案馆功能建设】 2021年，泉州市档案馆加快推进新馆建设，督促协调泉州中泉建筑公司于9月完成地下室施工。突出档案收、管、存、用等各环节的安全管控，抓好汛期档案安全、档案馆消防安全、档案网络安全防护等重点工作，落实一年两次的档案馆风险评估和排查工作任务，升级改造消防报警系统和安保监控系统，加强本馆网络软硬件设施设备和档案数据库的管理维护，防范化解重大风险，确保档案实体和档案信息安全。接收市直单位档案488卷、3828件，征集“泉州先生”档案资料50余件、摄影作品近800张、党史资料20余册及庆祝建党百年丝绸画作品《孕育》1幅，开展全市“五老”特色档案征集活动，启动“泉台记忆”档案征集工作，征集涉台民间档案资源117件，制作口述档案10期。做好档案服务工作，提升完善对外档案查阅服务大厅设施，优化查档流程，开展跨区域查档服务，落实查档手续“一次性告知”等，全年完成1991—1996年馆藏1.33万卷、18.5万件档案开放的鉴定工作，提供1574人次档案资料查询利用服务。

【档案宣传】 2021年，泉州市档案馆按照“线上与线下同步、业内与社会同声、宣传与推介同进”的原则，

2021年10月23日，泉州侨批馆工作人员为洛江区南山社区归侨侨眷的孩子讲解侨批 （图/市档案馆）

把镜头、笔头对准中国共产党成立100周年、侨批档案、乡村记忆、“6·9”国际档案日等重点工作，做好信息撰写和宣传工作，“学习强国”学习平台8次、人民网等国家级综合媒体24次、《中国档案报》等国家级档案业内媒体78次（含头条4个和专版1个）、《福建日报》等省级媒体9次（含头版1个）、泉州电视台等市本级媒体近100次宣传报道泉州档案，实现传统媒体与新型媒体、业内媒体与地方媒体全面开花，呈现出多渠道、高质量、高规格的发展态势。

【“百年恰是风华正茂”主题档案文献展在泉州举行】 2021年8月4日，由中央档案馆、新华通讯社主办，省档案局、档案馆协办的“百年恰是风华正茂”主题档案文献展在泉州工人文化宫（东海宫）开幕，泉州成为全省首个承办该展览的设区市。国家级“百年恰是风华正茂”大型主题档案文献展在主展区展出，内容包括1个序篇及8个主篇，序篇主题为“抗争与求索”，主篇分别为“信仰的力量”“理论的力量”“组织的力量”“人民的力量”“斗争的力量”“行动的力量”“制度的力量”“万山磅礴看主峰”，展出500余份档案、照片和音视频资料，主要为中央档案馆馆藏珍贵档案资料和新华社提供的部分照片档案，有近半数为首次公开展出。

【泉州侨批馆开馆】 2021年10月14日，位于泉州古城核心区——中山路陈光纯故居的泉州侨批馆开馆，成为首个“福建侨批展示基地”。侨批是旅居海外的侨胞寄送国内侨眷的书信与汇款的合称，又称“银信”。泉州侨批馆通过图文并茂的展板、多媒体放映、实物展陈等形式，展示泉州侨批历史。展馆由1个序厅、4个主展厅和1个互动室组成，布置展板105块，展出侨批及相关照片图片304张、侨批实物92份，许多馆藏侨批实物为首次对外公开展出。

卫生·体育

医疗卫生

【概况】 2021年，泉州市卫健委推进公共卫生体系建设，深化医疗卫生体制改革，提升区域医疗服务能力，推动卫生健康高质量发展超越。由市深化医药卫生体制改革领导小组印发《关于全面加强公共卫生体系建设的实施意见》，推进泉州市公共卫生体系建设，促进全市公共卫生资源配置更加均衡。泉州市深化医改评价考核连续三年保持全省前列，全市二级以上公立医院公众满意度测评连续5年蝉联全省第一。全市10个市级卫生重点建设项目完成投资19.67亿元，其中市光前医院综合住院大楼等项目投入使用，泉州市妇产医院超额完成年度投资计划。泉州医高专附属人民医院、泉港区医院等扩建项目完工，丰泽、洛江、永春、德化等新妇幼保健院建成。全市新增床位1011张。建成5个省“创双高”临床重点专科，新增市级临床重点专科2个、临床专病诊疗团队8个、对外合作临床专科4个和专病中心7个。全市疾控机构全部配备生物安全二级实验室，在省内率先实现所有疾控机构均能独立开展新冠病毒核酸检测。全市检查医疗卫生机构1.54万家次，下达监督意见书2390份，立案查处283起，其中警告180起、罚款133.2万元，责令停业整改265家。

【医疗卫生体制改革】 2021年，泉州市卫健委在全省首创制定指导清单30条，指导推进8个县域11个医共体紧密型县域医共体一体化实质性运作，形成责任、管理、服务和利益“四个共同体”，运行评估结果与医保打包基金结余留用资金、合理超支医保分担资金划拨比例挂钩，健全医保打包基金绩效考核、规范管理使用和激励约束机制。26家二级以上公立医院全部完成章程制定。把党建工作写入医院章程，制定医院党委会和院长办公会议事规则，落实党委领导下的院长负责制，全部实行医院院长、书记分设，完善医院内部13项管理制度。增加部分市属公立医院领导职数，单设纪委书记。加强医疗质量安全控制。强化上传病案首页数据质量管理，推进电子病历信息化等级评定。发挥质量与安全管理委员会、

2021年9月11日，泉州市卫健系统医护人员启程驰援莆田抗击新冠肺炎疫情

（图/福建医科大学附属第二医院）

药事管理委员会作用，推进合理用药、合理检查和治疗，二级以上公立医院规范实施临床路径管理的出院人数占总出院人数的67.21%。采取“一院一策”，分别制定院长考核指标，核发2020年6家市属公立医院院长（书记）、总会计师管理绩效年薪314.07万元，以8%为年增长率，核定市直7家公立医院工资总额11.15亿元，核增2020年绩效9880万元，职工人均可增加1.32万元。

【基层医疗卫生服务体系建设】 2021年，泉州市卫健委继续开展“优质服务基层行”活动。基层医疗卫生机构新增12家服务能力达到国家“推荐标准”、新增30家达到“基本标准”，全市平均达标率76.5%。启动社区医院建设，全市4家达到福建省社区医院评审标准。在乡镇中心卫生院启动县域医疗卫生服务次中心建设和特色专科建设，10家乡镇卫生院经医院等级评审为二级医院，每个乡镇中心卫生院基本建有1～3家特色专科。实施基层医疗卫生人才队伍建设项目。落实“公开招聘一批”“定向培养一批”“培训提升一批”基层医疗卫生人才工作。落实基层人才“高学历”补助政策，投入515万元用于改善基层医疗卫生单位高学历专业人才待遇，新增基层医疗卫生单位硕士研究生学历学位卫技人员每人每月2000元补助待遇。强化乡村医生队伍建设，组织乡村医生参加养老保险、医疗责任险参保工作。组织164人乡村医生分批次到福建卫生职业技术学院参加乡村医生执业能力提升培训，遴选51名骨干全科医生等业务骨干参加基层卫生人才能力提升培训项目，继续补助全市158家“空白村”卫生所村医632万元。组织2021年泉州市乡镇卫生院公开招聘编制内医学人才专项考试。

【卫生监督体系建设】 2021年，泉州市卫健委开展卫生监督执法工作，查处案件数856件，查案数占全省的1/4，案件数居全省第一。全市无证行医查处报告案件数178件，占全省的近1/3，居全省第一。全市报告监督总户3.23万户次，占全省的近1/4，监督户次数居全省第一。出台《泉州市卫生健康委员会行政处罚自由裁量权基准（试行第一版）》，完善行政处罚自由裁量权基准。对标法律、法规、规章的更新，及时调整修订裁量权基准，规范裁量范围、种类和幅度。细化裁量标准，压缩自由裁量空间，平等对待行政相对人，同样情形同一标准处理。开展规范行政执法专项行动，通过自查整改、完善机制、细化工作任务和目标，明确职责和限期完成等方式，规范卫生健康行政执法工作，杜绝执法不公、选择性执法、随意性执法等现象。落实行政执法公示、执法全过程记录和重大执法决定法制审核制度，编制行政许可、行政处罚、行政监督检查、行政强制等行政执法路线图，在市卫健委网站设置“行政执法公示专栏”，及时公示相关行政执法信息，定期向市司法局报送每月行政执法数据、每月行政执法动态和季度执法案卷目录，规范办事流程，防止执法不作为、乱作为。对执法人员进行全面清理，实行行政执法人员持证上岗制度，明确法制审核工作机构和法制审核人员。

【医政管理】 2021年，泉州市卫健委加快国家、省级区域医疗中心建设。上海六院福建医院落地晋江，于6月入选第二批国家区域医疗中心试点项目，设立6个“名医工作站”，带动开展57项新技术、新项目，其中15项国内领先技术落地福建，部分填补福建省技术空白。福建医科大学附属第二医院启动省级区域医疗中心建设。建成市、县、乡三级远程会诊平台，建设2家互联网医院，建成34个专科联盟、10家胸痛中心、10家胸痛单元和10家卒中中心。其中9家县级综合公立医院胸痛分中心全部达标，居全省首位。拓展一站式服务中心、医患有效沟通、预约诊疗、检查结果互认、互联网医疗、日间服务、多学科会诊（MDT）和无陪护病房等20个服务品牌，全省二级以上公立医院满意度调查得分92.25分，蝉联全省第一。开展创建无“红包”医院、不合理重复检查两项纪委监委“点题整改”效果显著，拒收或上交“红包”486人次，涉及金额36.55万元，满意度调查结果居18项中的前列。设立29个市级、78个县级医疗质量控制中心，涵盖29个临床专业，设置院内专职质控部门58个，临床科室质控员全覆盖，基本形成纵向与横向的质控工作网络。

【疾病预防控制】 2021年，泉州市乙类传染病报告发病数2.22万例，死亡96例，平均发病率252.83/10万，死亡率1.09/10万。通过国家突发公共卫生事件报告管理信息系统报告的7起事件共波及1.47万人，发病108例，死亡1例，罹患率0.73%。泉州市卫健委在完成5万以上服务人口接种单位数字化建设的基础上，继续推进2万以上服务人口接种单位数字化建设工作。新验收通过8家数字化门诊和1家基层预防接种示教基地。洛江区新建成省级慢性病综合防控示范区，截至年底，全市建成1家国家级慢病示范区和6家省级慢病示范区。市卫健委印发《开展心理卫生月宣传活动方案》，指导全市开展心理卫生宣传活动。5月1日，市卫健委、市第三医院、洛江区卫健局等在洛江居然之家广场开展现场社会心理服务科普宣教活动。同时，结合“健康中国行”“世界精神卫生日”“世界睡眠日”等主题宣传活动，组织心理健康专家“进企业、进工地、进学校、进社区”，开展心理健康义诊和心理知识宣传活动。

【卫生应急】 2021年，泉州市卫健委做好申报世界遗产大会、省委主要领导到泉州调研、省政法队伍整顿、市党代会、中国共产党成立100

周年文艺晚会、市“两会”、市民营经济发展动员会等重要会议、重大活动和中央领导到泉州的医疗卫生保障工作10多场次，派出医务人员近400人次参加现场医疗保障。推进泉州市政府人才“港湾计划”，建设完善“人才港湾”APP医疗板块功能，明确定点医院，建立医疗服务绿色通道，为本地区第1～3层次高层次人才提供优质的医疗保健服务。开设高层次人才保健门诊，分次分批开展健康体检。建立人才“一对一”挂钩联系机制，为40多名高层次人才提供有针对性的日常保健咨询和医疗服务。

【卫生人才队伍建设】 2021年，泉州市新增卫生技术人员3887人。泉州市卫健委实施特色专科团队、重点学科中青年骨干、薄弱学科带头人等人才培养项目，完善市属公立医院临床科室与北京、上海、广州等地“国家队”重点专科协作共建机制，推动人才培养高位嫁接。新增高层次人才522人，累计2655人，卫健系统高层次人才在全市占比15.23%。

【妇幼保健】 2021年，泉州市2万名适龄妇女接受免费的宫颈癌和乳腺癌筛查，1万名农村孕妇和城市低保孕妇接受免费的产前筛查诊断。泉州市妇幼保健院·儿童医院牵头组建泉州市妇幼健康服务联合体，于9月11日组织召开泉州市妇幼保健机构座谈会暨妇幼健康服务联合体成立大会。安溪县入选2021年福建省“生育全程优质服务县”6个试点县之一，获省级300万元项目资金支持，创新县域内妇幼健康连续、全程、优质服务模式，为农村育龄妇女提供更好的服务和条件。泉州市卫健委落实好计生各项奖扶制度，推进3岁以下婴幼儿照护服务。截至年底，全市有241家托育服务机构，3岁以下婴幼儿托位数1.19万个，其中普惠性托位2151个，新建10家托育机构试点单位，托位数和试点单位均居全省首位。

【中医中药】 2021年，泉州市卫健委编制出台《泉州市中医药产业发展“五个提升工程”行动方案（2021—2023年）》。市中医院与上海中医药大学附属龙华医院开展合作，肾病科、骨伤科、肿瘤科建立合作托管关系。3月，石狮市中医院开业，实现县级公立中医医院全覆盖。新建1个全国基层名老中医药专家工作室。新建2个省级精品中医馆。新增4个省级中医药文化宣传教育基地建设单位。新增2个省级非物质文化遗产代表性项目（传统医药类）。开展青年中医骨干人才研修项目，首批在全市遴选45名青年中医师作为培养对象。

【医养结合】 2021年，泉州市推进医养结合（医疗资源与养老资源相结合）工作。全市6个社区获“全国示范性老年友好型社区”称号。全市创建医养结合试点单位167家，其中医养结合机构18家。各级医疗机构均开设老年人就医绿色通道，全市37家二级以上综合医院开设老年病科25家，占比67.56%，超额完成全市50%指标。全市65岁以上老年人健康管理率72.94%，三级中医医院设置康复科比例100%。

【爱国卫生运动】 2021年4月8日，泉州市卫健委组织开展以“文明健康 绿色环保”为主题的全国第33个爱国卫生月宣传活动。全市组织开展城乡环境卫生集中整治活动340次，清理卫生死角2.9万处，开展病媒生物集中消杀124次，治理“四害”孳生地2.3万个，170万人次参加此次爱国卫生月活动。开展夏季爱国卫生运动，组织3次全市集中性环境卫生整治和夏季灭蚊除“四害”消杀活动，全市清理卫生死角14.49万处，清除蚊虫孳生地10.55万处。

【泉州市卒中急救地图发布】 2021年4月6日，泉州市卒中中心建设工作启动暨泉州市卒中急救地图发布仪式在泉州市第一医院城东院区举行。仪式上，泉州市率先在全省发布卒中急救地图，18家具有卒中救治能力的医院和首批9家基层卒中门诊串起全市“黄金急救圈”，建立以患者为中心的区域一体化卒中救治网络，缩短脑卒中急诊救治时间。卒中急救地图是集预防、治疗、康复于一体的卒中救治体系，包括对公众卒中防治知识的普及、院前急救、院内绿色通道等一站式卒中急救网络。群众可通过地图了解本地区“1小时黄金救治圈”内有急性脑卒中救治能力的医院，并及时与医院和“120”沟通，将患者转运到有救治条件且有资质的医院。启动仪式上公布全市首批18家医院入选泉州市卒中地图医院名单。

体 育

【概况】 2021年，泉州市体育局编制出台《泉州市“十四五”体育发展规划》《泉州市全民健身实施计划（2021—2025）》。泉州市运动员获得2个项目4人次世界冠军，1个项目1人次世界亚军，1个项目1人次世界季军；5个项目8人次全国冠军，2个项目6人次全国亚军，4个项目6人次全国季军。市、县、镇三级举办全民健身赛事活动566项，带动近200万人参与健身。

【竞技体育】 2021年，泉州市运动员在东京奥运会上获2金1铜，实现泉州奥运金牌“零的突破”，创造泉州奥运参赛史最好成绩。在陕西第十四届全运会上，泉州运动员获6金5银4铜以及18个第四到第八名的成绩，位居福建省全运会金牌榜第三名；群众体育项目上，泉州市比赛类项目获1枚银牌，展演类项目获2个二等奖和3个三等奖。

【群众体育】 2021年，泉州市体育局编制出台《泉州市全民健身实施计划（2021—2025）》《关于进一步加强新形势下老年体育工作的实施意见》《泉州市口袋健身公园建设三年行动实施方案》，提升全民健身设施，完善全民健身服务体系，相关经验做法（《建管并重 提升品质——构建高水平公共体育服务体系》）获省体育局在全省推广。永春县、晋江市、南安市被命名为“第一届（2019—2021年度）福建省全民运动健身模范县（市、区）”。举办市级比赛活动60项以上。加强社会体育指导员队伍建设，举办2期培训班，新增180名二级社会体育指导员。有序开展“全民健身实施计划”相关调查和服务工作，举办2021年泉州市国家体育锻炼标准达标测试赛，开展国民体质监测服务。

【青少年体育】 2021年，泉州市体育局做大做强中小学生市、县、校三级体育联赛，开展各项青少年体育俱乐部活动，引导学生积极主动地参加体育运动，锻炼健康体魄，提高学生体质健康水平。全市组织各中小学校1万余名师生参加足球、排球、田径、五祖拳等市级联赛。“六一”儿童节期间，全市组织1.2万名学生参加“奔跑吧少年”青少年主题健身活动，丰富青少年儿童课外及寒暑假的体育锻炼活动。在第三届全国学校冰雪运动竞赛中，泉州市代表队代表福建省参赛，多项赛事获得突破性进展，奖牌数量和综合名次均创福建省历史最好成绩。

【体育产业】 2021年，泉州市体育局争取2021年省级体育产业发展专项资金800万元。泉州市3家单位获评省级体育产业基地称号，截至年底，泉州市有国家体育产业基地1个、体育产业示范单位7家、省级体育产业特色基地1个、示范单位11家、示范项目8个，体育产业基地总数量位居福建省前列。组织体育企业参加2021中国国际体育用品博览会、第二十一届中国国际投资贸易洽谈会——体育产业投融资展等具有国际影响力的大型展会。全市体育彩票销售19.13亿元，同比增长7.86%，占福建省份额20.62%。

【体育文化】 2021年，泉州市体育局加大体育类非物质文化遗产保护力度。在全市中小学推广实施泉州南少林五祖拳健身操，并纳入市中小学生体育联赛项目及大课间活动内容。组织相关项目参加在广州举行的2021年中国体育文化博览会、中国体育旅游博览会，安海“水上掠鸭”、南少林武术、石狮狮阵3个传统体育项目入选2021年中华体育文化优秀项目，占福建省入选数量的一半。

【体育场馆建设】 2021年，泉州市新建80座口袋健身公园、2座智慧体育公园、8座多功能运动场、12座全民健身驿站、10座村级老年体育活动中心，泉州市城市社区体育健身场地设施覆盖率99.03%，体育场地面积（1950.51万平方米）、数量（2.31万个）分居福建省第一位、第二位，人均体育场地面积2.39平方米，公共体育设施免费或低收费开放率100%。

【体育赛事】 2021年，泉州市体育局举办泉州市2021年泉州市全民健身线上运动会、泉州市第十三个“全民健身日”活动、泉州市第二十二届太极拳比赛、泉州市第五届广场舞锦标赛、泉州市第二十五届百队千场广场篮球赛、泉州市第八届健身气功站点联赛、泉州市第三届“乡村振兴杯”篮球赛暨全民健身村级篮球联赛等比赛。承办全国皮划艇激流回旋春季冠军赛。完成第18届世界中学生运动会18个大项535个小项的测试赛。

【2021年全国皮划艇激流回旋春季冠军赛在泉州举行】 2021年3月19—21日，由中国皮划艇协会和福建省体育局主办，福建省皮划赛艇运动管理中心、泉州市体育局和南安市政府承办的2021年全国皮划艇激流回旋春季冠军赛暨第十四届全运会资格赛（第二站）在南安福建省皮划艇激流回旋基地举行。12个省市代表队的180名运动员参赛。比赛设男子单人划艇、女子单人划艇、男子单人皮艇、女子单人皮艇、男子极限激流、女子极限激流6个项目，228条艇报名参赛。其中，男子极限激流、女子极限激流2个项目是巴黎奥运会新增项目，也是首次出现在全运会赛场上。第十四届全运会皮划艇激流回旋资格赛（第一站）于2月在广州举行。按照第十四届全运会预赛规则，第一站比赛录取决赛阶段60%的参赛艇资格，而在南安举行的第二场资格赛录取40%的参赛艇资格。

2021年11月，由泉州市体育局主办、泉州市体育舞蹈协会承办的泉州市第五届广场舞锦标赛举行 （图/市体育局）

社会民生

人口与家庭

【概况】 2021年年末，泉州市有常住人口885万人，比2020年年末增加6万人。总户数222.74万户，平均家庭户规模为3.46人。

【人口】 2021年年末，泉州市城镇常住人口616.8万人，占总人口比重（常住人口城镇化率）69.7%，比2020年末提高1.2个百分点。65岁及以上老年人口占9.4%。人口出生率8.7‰，自然增长率1.77‰。

【家庭】 2021年年末，泉州市有户籍人口771.27万人，比2020年年末增加5.13万人。总户数222.74万户，平均家庭户规模为3.46人。

人力资源与劳动就业

【概况】 2021年，泉州市强化就业优先政策，推动人事管理、职称制度改革、人才工作、劳动保护、就业服务、劳动权利维护、工资监管和指导等工作，省政府对泉州市保障农民工工资支付工作考核排名全省第二，开展支持民营企业自主评价高层次和高技能人才、支持民营企业开展职工技能培训及博士后科研工作站建设、推行以保险保函等替代现金缴纳涉企保证金3项支持民营企业改革发展典型做法，推行工资保证金制度。

【人事工作】 2021年，泉州市规范事业单位公开招聘工作，全年核准、备案事业单位公开招聘方案89份，审核招聘岗位设置7163个。组织开展3场全市统一招聘笔试。全年开展的事业单位编制内工作人员公开招聘教育类60场次，计划招聘4333个岗位；医疗卫生类16场次，计划招聘2152个岗位；组织开展面向优秀基层干部公开招聘编制内事业单位工作人员专项考试工作，全市提供6个乡镇事业单位岗位，117名符合相关报考条件的优秀村党组织书记参加专项考试笔试。市直事业单位人事调配平稳运行，全年办理市直政府系统事业单位科级干部任职资格审核186人；办理代政府事业单位处级干部职务任免拟文8份；办理市直事业单位人员调动62人，辞职、调动转档109人；办理营级及以下军转干部事业单位安置人员登记、行政介绍3人。推进事业单位人事制度改革，开展机构改革人员分流安置工作，办理福建省泉州市农业学校主管部门移交手续，涉及编内在职人员184人，编内退休人员108人；办理转企改制人员移交手续，涉及在编人员53人，退休人员53人；泉州市演出管理处撤销建制人员移交手续，涉及在编人员3人，退休人员3人。开展县以下事业单位建立管理岗位职员等级晋升制度工作。协调规范市市场监管等6个领域综合执法队伍事业身份干部使用领导职数工作。推进“一报一台”“老人”入编工作，指导做好政审、公示等环节，首批完成68名“老人”入编和档案交接手续。

【职称制度改革】 2021年，泉州市完善事业单位岗位聘任管理，优化岗位结构，及时调整核定岗位设置，推进中小学（幼儿园）“县管校聘”改革，调整优化卫生、公卫人员专业技术岗位结构比例，形成动态管理机制，改善专业人才队伍职称晋升空间；核准、调整、变更岗位设置方案35个，办理各类专业技术人员职称聘任手续4500多人次；支持乡村人才职称直聘，对在农村满25年且仍在农村工作的专业技术人员、已取得职称资格的、可不受岗位职数直接聘任相应等级初始级的聘任工作，全年办理300多人次；推进高校教师自主评聘，完善高校职称评价标准，规范评审程序，严肃工作纪律，核准聘任备案900多人次；实施高层次人才职称直聘机制，为13位高层次人才办理职务直聘，实行岗位单列管理；落实疫情防控一线工作措施，主动对接有关医疗单位，采取绿色通道，简化办事流程，为获省、部级表彰的13位抗疫一线的卫技人员直接参加副高级卫生专业技术职务任职资格评审，优先办理专业技术职务岗位等级晋升工作。推进专技人才培养选拔，分类推进人才职称评价，推动人才总量倍增行动的落实，全年新增高、中、初级职称2.48万人；推进中级职称评审权下放，开展行业协会（学会）工程师职务任职资格评审，逐步扩大评审范围；探索授予泉州一中、泉州五中、培元中学等市直优质高中校自主开展中级职称评审，授权市水利局、市林业局分别承接全市水利水电专业、林业专业中初级职称评审，推进行业专业化评审；分类组织实施人才职称评价，实施传统的社会化职称评审（考试）、组织各类职业（执业）资格考试；县（市、区）组织开展中小学一级教师量化评价；组织对论文、科研等不作硬性要求，“定向评价、定向使用”的基层卫技人员高级职称专项评审；突出技能水平、技术创新，将“为企业群众办实事”结合起来，组织评审专家下沉基层，现场开展本土特色人才非公职称面试考核评审；支持鼓励在生产一线岗位取得高级工以上职业资格或职业技能等级，具有高超技艺和精湛技能，有科技成果转化应用，能解决生产难题，能够进行创造性劳动并做出贡献的高技能人才申报评审职称；打破技术工人向上发展的壁垒，畅通工程领域技能人才与专业技术人才职业发展通道，促进职称制度与职业资格制度有效衔接。

【就业服务】 2021年，泉州市实施“就业优先工程”，城镇新增就业10.54万人，完成任务数的105.4%；失业人员实现再就业2.92万人，完成任务数的194.7%；城镇登记失业率2.1%。贯彻“六稳”“六保”部署，稳就业保就业助力企业发展。推出“网络招聘地图”，开展“百场就业服务活动”“百家企业劳务合作活动”“百校百企对接活动”招工引才活动，全市举办线上、线下招聘活动457场，组织600多家规模以上企业到60多个省内外低风险地区举办劳务协作活动，组织1076家次企业对接65家院校，为1.34万家次企业发布34.15万个就业岗位信息，达成就业意向5.6万人。开展稳岗返还服务活动，返还稳岗补贴4.04亿元、惠及企业3.75万家。稳岗返还工作获评泉州市优化营商环境“最具获得感”十大举措。加强人力资源服务，继建立晋江、石狮人力资源服务产业园后，泉州台商投资区新建成泉台人力资源服务产业园。全市新增经营性人力资源服务机构26家，总数121家，帮助招工引才10.76万人。

【劳动权利维护】 2021年，泉州市推进劳动保护和劳动权利维护，构建根治欠薪机制，劳动关系总体和谐稳定。加强工资支付实时监管，建成工资支付监控预警平台、在市高级技工学校教学楼项目试点推出政府投资项目“国库分账拨付人工费”拨付方式，实现农民工工资及时足额支付。推行工资保证金制度，以保函替代现金缴纳涉企保证金，为施工单位释放现金流，减轻工资支付压力。线上线下联动处置欠薪，常态化开展现场核查，鼓励通过人社部、省人社厅欠薪线索反映平台和泉州市欠薪投诉举报平台投诉，及时妥善处置。全市协调处理欠薪案件376件，为2833名劳动者追发劳动报酬2064.6万元。创新“枫桥经验+法律援助”模式，联合市司法局、市总工会互设法律援助工作站，在泉州台商投资区、石狮市探索建立职工维权一体化基地，及时为劳动者维权提供免费法律服务400多人次。推进调解仲裁工作，全市处理劳动争议案件1.26万件，比2020年上升26.26%，涉及金额3.34亿元，比2020年上升12.08%，涉及人数2.74万人，比2020年上升31.36%，10人以上集体劳动争议案件476件，比2020年上升37.57%。市、县两级仲裁机构立案方式受理5450件，比2020年上升24.06%，涉及劳动者1.13万人，比2020年上升19.34%，其中10人以上集体劳动争议案件188件，比2020年上升7.43%。基层劳动争议调解机构案外方式调解7160件，比2020年上升28%。全市仲裁结案率94%，调解成功率69.76%，仲裁终结率67.35%，一裁终局率48.41%。

【工资监管和指导】 2021年，泉州市加强企业职工工资宏观调控，制定年度企业工资指导线，基准线为7.5%、下线为3%，为企业在岗职工工资分配提供指引。实施企业薪酬分配示范行动，测算市直国有企业2020年度平均工资，为8.27万元，比2020年增长7%。开展国有企业内外收入检查工作，选取2家市直国有企业实施市场化薪酬分配机制改革，按程序审核市直国有企业负责人绩效年薪调节系数。落实义务教育教师工资待遇，5月，根据中央和福建省关于义务教育教师收入不低于当地公务员工资水平的要求，再次调整提高市属中小学校年人均奖励性绩效工资额度至2.35万元，提高特殊教育学校年人均奖励性绩效工资额度至2.82万元，提高中小学教师收入；修订完善市直义务教育教师工资待遇工作方案，监督检查各县（市、区）落实义务教育教师待遇两项机制情况。

居民生活

【概况】 2021年，泉州市居民人均可支配收入4.43万元，比2020年增长8.7%；人均消费支出2.83万元，增长12.4%；人均住房建筑面积73平方米。按常住地分，城镇居民人均可支配收入5.5万元，增长7.9%，人均消费支出3.33万元，增长10.6%，人均住房建筑面积66.8平方米；农村居民人均可支配收入2.59万元，增长10.4%，人均消费支出1.96万元，增长16.8%，人均住房建筑面积84平方米。城乡居民家庭恩格尔系数分别为31.5%和38.4%。

【居民收入水平】 2021年，泉州市居民人均可支配收入4.43万元，比2020年增加3559元，增长8.7%。从城乡看，城镇居民人均可支配收入5.5万元，比2020年增加4043元，增长7.9%；农村居民人均可支配收入2.59万元，比2020年增加2452元，增长10.4%。从来源看，全市居民人均工资性收入2.55万元，比2020年增长9%；人均经营净收入1.17万元，比2020年增长13.0%；人均财产净收入4007元，比2020年增长3.6%；人均转移净收入3174元，比2020年减少0.9%。

【居民消费水平】 2021年，泉州市居民人均生活消费支出2.83万元，比2020年增加3111元，增长12.4%。分城乡看，城镇居民人均生活消费支出3.33万元，比2020年增加3207元，增长10.6%；农村居民人均生活消费支出1.96万元，比2020年增加2815元，增长16.8%。分来源看，食品烟酒类是全市居民消费第一大支出，全市居民人均食品烟酒支出9406元，比2020年增长7.5%，食品烟酒支出占生活消费比重（即恩格尔系数）为33.3%；居住类是全市居民消费第二大支出，人均居住支出7278元，比2020年增长4.4%；交通通信类位居第三，人均交通通信支出3373元，比2020年增长11.6%；其后依次是教育文化娱乐支出2766元，衣着支出1666元，生活用品及服务支出1639元，医疗保健支出1321元，其他用品和服务支出823元。

表23

2021年泉州市区主要生活必需品价格一览表

商品名称	规格	计量单位	价格类型	本时间段平均	2020年同期平均	比2020年同期（%）
菜籽油	桶装一级压榨	元/5升	平均价格	61.69	51.85	19.0
大豆油	桶装一级浸出	元/5升	平均价格	56.72	47.21	20.1
花生油	桶装一级压榨	元/5升	平均价格	119.04	116.76	2.0
大豆调和油	一级桶装	元/5升	平均价格	65.62	59.32	10.6
鲜猪肉	精瘦肉	元/500克	平均价格	21.68	32.03	-32.3
鲜猪肉	肋条肉	元/500克	平均价格	18.46	29.40	-37.2
鲜猪肉	带皮后腿肉	元/500克	平均价格	16.09	27.20	-40.8
鲜猪肉	肋排	元/500克	平均价格	33.59	40.71	-17.5
鲜牛肉	腱子肉	元/500克	平均价格	49.03	46.46	5.5
鲜牛肉	牛腩	元/500克	平均价格	46.58	46.68	-0.2
鲜羊肉	新鲜带骨	元/500克	平均价格	45.03	44.79	0.5
活鸡	活肉鸡1～1.5公斤	元/500克	平均价格	17.67	17.61	0.3
鸡肉	白条鸡、开膛 上等	元/500克	平均价格	15.16	15.40	-1.6
鸡蛋	新鲜完整	元/500克	平均价格	5.63	4.65	21.1
活鸭	中等毛鸭	元/500克	平均价格	25	25.70	-2.7
鸭蛋	新鲜完整	元/500克	平均价格	6.58	5.46	20.5
带鱼	冻 250克左右一条	元/500克	平均价格	21.50	23.71	-9.3
带鱼	新鲜 250克左右一条	元/500克	平均价格	27.09	26.91	0.7
草鱼	活 1000克左右一条	元/500克	平均价格	11.03	8.53	29.3

续表23

商品名称	规格	计量单位	价格类型	本时间段平均	2020年同期平均	比2020年同期（%）
鲤鱼	活 500克以上一条	元/500克	平均价格	9.49	8.58	10.6
黄鱼	冻 500克左右一条	元/500克	平均价格	17.83	18.42	-3.2
鳙鱼	活 1500克左右一条	元/500克	平均价格	13.70	10.90	25.7
鲫鱼	活 350克左右一条	元/500克	平均价格	16.05	13.59	18.1
虾	活 体长10厘米左右	元/500克	平均价格	38.33	38.13	0.5
芹菜	新鲜一级	元/500克	平均价格	4.97	4.56	9.0
大白菜	新鲜一级	元/500克	平均价格	2.19	2.17	0.9
油菜	新鲜一级	元/500克	平均价格	3.92	3.82	2.6
上海青	新鲜一级	元/500克	平均价格	3.21	2.87	11.8
黄瓜	新鲜一级	元/500克	平均价格	3.31	3.12	6.1
萝卜	新鲜一级	元/500克	平均价格	1.62	1.65	-1.8
茄子	新鲜一级	元/500克	平均价格	3.58	3.25	10.2
西红柿	新鲜一级	元/500克	平均价格	3.33	4.02	-17.2
土豆	新鲜一级	元/500克	平均价格	2.17	2.57	-15.6
胡萝卜	新鲜一级	元/500克	平均价格	2.36	2.25	4.9
青椒	新鲜一级	元/500克	平均价格	4.47	4.37	2.3
尖椒	新鲜一级	元/500克	平均价格	4.60	4.09	12.5
圆白菜	新鲜一级	元/500克	平均价格	2.06	2.10	-1.9
豆角	新鲜一级	元/500克	平均价格	9.73	10.18	-4.4
蒜薹	新鲜一级	元/500克	平均价格	6.65	6.21	7.1
菜花	新鲜一级	元/500克	平均价格	4.58	4.16	10.1
韭菜	新鲜一级	元/500克	平均价格	4.39	3.92	12.0
空心菜	新鲜一级	元/500克	平均价格	4.21	3.85	9.4
绿豆芽	新鲜一级	元/500克	平均价格	2.01	1.78	12.9
苹果	红富士 一级	元/500克	平均价格	6.54	6.22	5.1
梨	鸭梨 一级	元/500克	平均价格	4.44	4.33	2.5
香蕉	国产 一级	元/500克	平均价格	2.91	3.15	-7.6
西瓜	普通西瓜	元/500克	平均价格	3.26	2.73	19.4
奶粉	国产三段幼儿配方牛奶粉 盒装 400克	元/盒	平均价格	62.33	53	17.6
奶粉	进口三段幼儿配方牛奶粉 盒装 400克	元/盒	平均价格	111.21	75.67	47.0
矿泉水	瓶装 550毫升	元/瓶	平均价格	1.27	1.25	1.6

续表23

商品名称	规格	计量单位	价格类型	本时间段平均	2020年同期平均	比2020年同期（%）
碳酸饮料	瓶装　2.5升	元/瓶	平均价格	7.45	7.38	0.9
饼干	袋装100克	元/袋	平均价格	5.67	5.22	8.6
方便面	袋装110克左右	元/袋	平均价格	2.50	2.50	0
豆腐	无包装	元/500克	平均价格	3.50	3.31	5.7
食用盐	精制含碘盐	元/500克	平均价格	2.86	2.86	0
白砂糖	袋装	元/500克	平均价格	6.51	6.76	-3.7
红糖	袋装	元/500克	平均价格	10.85	10.44	3.9
酱油	瓶装生抽　500毫升左右	元/瓶	平均价格	8.02	7.56	6.1
醋	瓶装　500毫升左右	元/瓶	平均价格	6.78	6.76	0.3
牛奶	纯牛奶 盒装250毫升	元/盒	平均价格	2.98	2.93	1.7
味精	袋装	元/500克	平均价格	9.37	9.34	0.3

民政

【概况】　2021年，泉州市发挥民政在基本民生保障中的兜底作用、在基本社会服务中的支撑作用、在基层社会治理中的基础作用。提升基本民生保障，聚焦特殊群体，加强困境儿童关爱精准保障权益，落实残疾人两项补贴发放政策，改善基本社会服务，推动养老服务事业跨越发展，推进殡葬管理工作，加大社区服务建设，规范社会组织管理，推动慈善事业发展。

【社区建设与服务】　2021年，泉州市依法有序完成2537个村（居）委会换届选举工作，一次性选举成功率、村（社区）主干“一肩挑”、“两委”班子35岁以下年轻干部配备率、妇女成员配备率均为100%。组织实施新一届村（社区）干部培训，增强村级班子政治素质和履职能力。完善基层群众自治机制，下拨市级补助资金300万元，开展20个“共建共享”社区治理项目，打造一批亮点突出、示范性强的精品社区，推动协商民主向基层群众延伸，实现城乡社区议事协商场所全覆盖。晋江市英林镇西埔村入选全国村级议事协商创新实验试点单位。挖掘、提炼优秀村规民约和优秀社区工作法，泉港区峰尾镇上楼村等7篇村规民约入选福建省优秀村规民约，丰泽区丰泽街道源淮社区民主协商“阳光议事厅”工作法、晋江市青阳街道永福里社区“三治融合”工作法入选福建省第三批优秀社区工作法。推行城乡社区近邻服务，以助幼、助教、助医、助老、助困为基本内容，开展城乡社区近邻服务。创建近邻服务省级试点县（市、区）2个，省、市级试点社区34个。下拨市级补助资金150万元，建设15个市级城乡社区服务站，打造“15分钟便民服务圈”。开展易地扶贫搬迁集中安置社区治理工作，完善社区服务功能。优化社区工作者队伍，建立健全城市社区专职工作者薪酬体系和动态调整机制。落实福建省高校毕业生服务社区计划，招募30名高校毕业生服务安溪、永春、德化的城市社区。推进社区减负增效，明确社区依法履行职责、依法协助政府工作事项、需社区报送的台账表以及面对社区的检查评比达标活动等“四张清单”，梳理并公布村（居）民委员会依法出具和不应出具证明事项清单，依法厘清基层政府和基层群众性自治组织权责边界。提升社区治理智能化水平，推广应用全国基层建设和社区治理信息系统，完成系统录入工作，并做好动态更新。推动信息技术与社区治理融合，城乡社区利用社区网站、微信公众号、微信群等现代化手段开展线上协商、收集解决群众问题，提升网上服务能力。

【社会组织管理】　2021年，泉州市规范社会组织管理，推进社会组织党建工作。落实党建工作与登记、年检（年报）、评估“三同步”制度，本着应建尽建的原则，推动社会组织党的组织和党的工作“两个覆盖”有形有效覆盖。市民政局社会组织综合党委指导131家市级社会组织党建工作，成立党组织52个（联合支部1个、兼合式支部49个），覆盖63家市级社会组织，党员人数343人。加强社会组织党员培训，举办3期社会组织党建大讲堂，培训党员近400人次。实行网上年报制度，对市、县两级6000多家社会组织实行年报公示制，注重对年报信息进行检测分析，强化年报结果适用促进问题整改落实，将年报内容向社会进行公示，破解以往社会组织信息公开不全面的问题。开展第四批社会组织等级评估工作，公开社会组织评估结果，提升社会组织的服务能力。25家市级社会组织参加社会组织等级评估，确定AAA级以上社会组织24家。强化社会组织信息管理，更新社会组织异常名录和失信黑名单。有5家社会组织因未按时完成整改和27家社会组织因逾期未参加年报被列入社会组织活动异常名录；14家社会组织因被列入活动异常名录满2年或被登记管理机关撤销登记被列入黑名单。首次开展社会组织财务专项审计，委托第三方会计师事务所对20家市级社会组织开展财务专项审计，重点审计会计核算情况、财务收支的真实性、财务内部控制的建立和政策执行情况等。对审计存在问题的社会组织，约谈社会组织负责人，并要求限期整改。强化执法监督检查，依法对9家未按规定参加社会组织年报的社会组织进行处罚，给予8家市级社会组织撤销登记行政处罚，1家市级社会组织作出警告行政处罚。开展2021年市级社会组织随机抽查，分3组对随机抽取的36家市级社会组织开展检查工作。对于检查中存在问题的33家社会组织，下发整改通知书。加强风险防控，前移社会组织风险防控关口，通过与社会组织主要负责人的任前谈话和签订社会组织意识形态工作和诚信自律承诺书，引导新成立的17家社会组织树立正确导向；指导79家社会团体依法依规做好换届选举工作，促进规范运行；推动34家长期未开展活动的市级社会组织办理注销登记。通过民政官网、公众号等形式，向公众宣传如何甄别、识破和打击非法社会组织。引导号召社会组织加强自身建设和行业自律，增强防范意识，50多家市级社会组织发出倡议，支持打击整治非法社会组织。通过官方网站、微信公众号、网络媒体等平台开设非法社会组织投诉举报专栏，公布举报方式，畅通举报渠道。市、县两级取缔（劝散）涉嫌非法社会组织25家。开展行业协会商会乱收费专项清理整治工作，通过开展收费自查自纠工作、组织开展对部分行业协会商会进行现场抽查检查等形式，查处和制止行业协会商会违法违规收费，规范和引导行业协会商会合法合理收费。通过“信用中国”“泉州民政网”等媒体对社会公布行业协会商会收费清单。开展市级行业协会商会涉企收费专项检查，对随机抽取的20家行业协会商会开展实地检查，对检查中存在问题的下发整改通知书。

【婚姻登记管理】 2021年，泉州市办理婚姻登记5.05万对。加强婚姻登记规范化建设，开展民法典婚姻家庭编学习培训和婚姻登记业务交流，组织全市婚姻登记员资格考试；进行民法典实施所涉及的婚姻登记政策、办事流程等调整工作。推进婚姻登记信息化建设，配备使用多功能智能一体机，完成婚姻登记系统升级，开展婚姻登记数据汇聚共享、历史数据补缺补漏和档案电子化等工作。自11月1日起，全市婚姻登记窗口实现福建省内地居民婚姻登记“全省通办”。

【儿童收养与儿童福利院】 2021年，泉州市办理国内收养登记16件。全市有儿童福利机构9家（含综合福利院儿童部），床位435张，在院抚养儿童263人。

【老年福利院】 2021年，泉州市有各类老年福利机构146家（含福利院、福利中心、敬老院、老年公寓、村级敬老院等），床位5万张（含日间照料室床位），年平均入住床位4054张。

【行政区划管理】 2021年，泉州市继续进行大泉州区划调整各项前期准备工作。开展有关撤镇设街道和撤乡设镇等有关基础材料收集、调研和业务指导工作。组织编纂《泉州市地名志》《泉州市2021年行政区划简册》和《泉州市政区图》的前期各项规范性准备工作，完成招投标工作，进入编纂阶段。督促和指导各县（区、市）、泉州台商投资区，运用地名“二普”成果资料，编纂出版地名图、志、录等。开展有关撤镇设街道和撤乡设镇等有关基础材料收集和调研工作。泉州市政府第137次常务会通过安溪县龙涓乡、尚卿乡、蓝田乡行政区划调整撤乡设镇工作，同意上报省政府审批。加强各县（区、市）村、镇行政区划调整业务指导工作，支持条件成熟的村设立社区居委会、新设社区居委会等工作。开展有关泉州市行政区划调整变更资料的收集整理工作。截至12月，全市撤销5个茶场、茶果场、林场和1个村委会，设立5个村委会；新设5个社区居委会。

【地名管理】 2021年，泉州市开展全市地名的命名更名调研和指导工作，指导和督促全市各县（区、市）、泉州台商投资区做好建筑物、新建小区、街路巷的命更名工作，命名80多（个）条。指导做好街路巷标牌的设置工作。开展“福建省地名文化遗产千年古镇（古村落）”的调查、审核、指导等工作。开展泉州市标准二维码管理应用规范工作。各县（市、区）、泉州台商投资区进行辖区内街路巷命名更名、门牌号分段分配、行政管辖划分工作。开展二维码门牌（包括大中小门牌、梯位牌、户室牌）的采购安装工作。推进城市公共双语标识牌设置工作。为配合泉州市申报世界遗产工作和在晋江市举办第18届世界中学生运动会，完成22个遗产点周边标识标牌整改（设置）工作，全市整改（设置）1704块标识标牌，其中路名牌863块、交通指示（标志）牌269块、公交标牌330块、城市公共绿地标识牌37块、遗产点（景点）标识标牌（导向牌）205块。推进区划地名信息成果应用，落实《国家地名信息库管理办法》，逐步更新完善地名信息。加快地名普查成果资料档案整理、立卷和归档，推进地名普查档案验收。

【界线管理】 2021年，泉州市按照福建省勘界档案中心的工作要求，开展2020年度全市5条市间县级界线、3条市内县级界线和58乡级界线的联检任务，完成县、乡两级界线联检上报工作任务。完成2021年全市第四轮县级行政区域界线8条（其中市间县级界线5条、市内县级界线3条）和第三轮乡级行政区域界线61条联检工作任务。开展“平安边界”创建活动，把“平安边界”建设纳入“平安泉州”和各地平安建设总体规划，推动全市“平安边界”建设向纵深发展。继续巩固界线勘定、平安边界建设成果，落实好平安边界共建协议，确保边界地区和谐稳定。开展界桩的维护和更换工作，加强对界桩的管理和维护，查处擅自移动界桩、毁坏界桩、破坏界线实地走向位置等行为，消除边界纠纷隐患。结合界线联检，检查发现界桩损坏、遗失的，及时给予复原。

【福利彩票发行与资金管理】 2021年，泉州市有福利彩票投注站1113家；发行销售福利彩票11.86亿元（其中电脑票10.07亿元、即开型彩票1.79亿元），占福建省福利彩票销售总额的29.70%。筹集福彩公益金1.01亿元（其中市本级3751万元、县市级6319万元）。

【殡葬管理】 2021年，泉州市开展违建坟墓专项整治工作，强化属地管理责任，发挥市违建坟墓摸排整治工作联席会议机制作用，加强对各地的督促指导，摸排整治硬化大墓90个。推进殡葬业价格专项整治工作，整治违法违规殡葬服务中介4家、整治违法违规经营公益性安葬设施1家、整治经营性公墓内超标墓位153个、完善审批手续公益性安葬设施11个。促进全市殡葬业价格秩序和公益性安葬设施建设经营健康发展。加快城乡公益性骨灰楼堂和公墓建设步伐。争取到50个乡村公益性骨灰楼堂建设省级奖补专项资金550万元，完成50个乡村公益性骨灰楼堂建设改造，新增骨灰格位5.17万个。

【慈善事业】 2021年，泉州市慈善总会本会及冠名慈善基金开展“慈善助困、慈善助学、慈善助医、慈善助残、慈善助老、慈善公益”六大品牌慈善活动。接收慈善款物1.36亿元（含物资折价），支出款物1.39亿元（包括物资和定向慈善资金支出）。

社会保障

【概况】 2021年，泉州市推进社保扩面提标，强化社保兜底功能。实施全民参保计划，督促新开办企业及时参保，引导快递员、网约车司机等新业态从业人员、灵活就业人员、被征地农民参加企业职工养老保险。推进工伤保险、失业保险参保扩面。企业职工养老保险、工伤保险、失业保险分别新增16.5万人、8.5万人、8.94万人。

【养老保障】 2021年，泉州市参加养老保险人数583.39万人，比2020年新增31.52万人。其中，参加企业养老保险人数187.34万人，比2020年新增29.62万人，参加机关事业单位养老保险人数20.48万人（含退休），比2020年增加2900人；参加城乡居民基本养老保险人数375.57万人，比2020年新增1.61万人。年末企业离退休人员领取基本养老保险金人数12.26万人，全部实现养老金按时足额发放。

【医疗保障】 2021年，泉州市参加职工基本医疗保险人数109.85万人；参加城乡居民基本医疗保险人数609.63万人，基本医保参保人数居全省第一。

2021年10月27日，泉州市上线国家医疗保障信息平台

（图/市医保局）

【失业保障】　2021年，泉州市参加失业保险人数89.86万人，领取失业保险金人数1.14万人。

【工伤保障】　2021年，泉州市参加工伤保险人数131.54万人。

【生育保障】　2021年，泉州市参加生育保险人数88.91万人。

【住房公积金】　2021年，泉州市住房公积金管理中心推出“冲还贷+还本”业务，为已办理冲还贷职工开通提取冲本金业务及其线上功能，同时将冲还贷业务申请对象拓展至在本市缴存住房公积金并已办理住房公积金（组合）贷款、贴息（组合）贷款，发挥职工账户积累资金作用；开通“全城通办+跨省通办”服务。推行提取业务“全城通办”，让群众“少跑一公里、不花一分钱”，就近就能办理公积金业务。聚焦企业群众跨省（市）办事难的问题，完善跨区域、跨层级、跨部门异地办理模式，实现4项公积金高频服务事项“省内通办”及8项公积金高频服务事项“跨省通办”；泉州公积金中心业务网点全面“扩容”，归集银行网点由21个增加到35个，贷款业务银行网点由原来的37个增加到61个。加强风险管控，健全逾期催收责任制，形成逾期分类及降逾整改清单，加大清收力度，采取针对性措施，有效降低逾期率。泉州公积金中心逾期率从2020年12月底的0.33‰降至2021年12月底的0.19‰；

依托全国住房公积金监管服务平台，监督异地转移业务办理时限落实情况，确保缴存职工的资金安全与公积金数据的准确性。泉州市住房公积金管理中心新开户单位4416家，净增单位4410家；新开户职工8.52万人，净增职工4.4万人；新增归集公积金105.19亿元，完成年度计划的131.49%；新增批准提取公积金81.99亿元，完成年度计划的136.65%；新增发放个人住房贷款1.03万笔、45.42亿元，发放贴息贷款2092笔、9.79亿元，合计发放公积金及贴息贷款55.21亿元，完成年度计划的110.42%，个贷使用率92.99%（不含贴息贷款），比2020年年底下降5.48个百分点；实现业务收入8.63亿元、增值收益3.23亿元。

2021年11月5日，泉州市住房公积金管理中心与业务承办银行签署委托协议　（图/市住房公积金管理中心）

【最低生活保障】　2021年，泉州市城乡低保标准分为三档：第一档为每人每月825元（石狮市）；第二档为每人每月775元（鲤城区、丰泽区、洛江区、泉港区、晋江市、南安市、惠安县、泉州台商投资区）；第三档为每人每月660元（安溪县、永春县、德化县）。

【保险基金发放与管理】　2021年，泉州市完善社保基金监督，严监督、重审计、抓规范，提升社会保险基金监督能力，坚持依法监督，维护社保基金安全平稳运行。落实养老金待遇调整工作，调整2021年度退休人员基本养老金待遇，惠及企业退休人员11.66万人，月人均增加133.59元，月增支1557.34万元；惠及机关事业单位退休人员5.55万人，月人均增加195.67元，月增支1086.59万元。加强失业救助，及时掌握失业职工情况，帮助申领失业金，保障失业人员基本生活，并提供再就业援助。为4.09万名失业人员发放失业金6122.7万元。落实社保降费率政策，减征社保费10.35亿元（其中减征企业职工养老保险5.53亿元、工伤保险2.04亿元、失业保险2.78亿元），惠及企业33.28万家次。

老龄事业

【概况】　2021年，泉州市推进5个全国老年人心理关爱项目试点。市第三医院在鲤城区和丰泽区设立老年心理卫生服务点，提供老年人心理关爱咨询服务。

【退休人员管理】　2021年，泉州市落实退休人员各项待遇，严格执行退休制度，指导市直机关事业单位工作人员退休审批工作，及时做好退休政策解答和落实。高效办理退休手续，确保达龄人员及时办理退休手续。办理市直机关事业单位延长退休审批手续6人，审批一次性补贴12人，特殊工种6人。开展“送温暖，解忧难”活动。完成元旦、春节市直机关事业单位特困干部职工慰问工作，开展重阳节慰问活动，为330名当年届满

80岁、90岁、100岁的退休人员举行“祝寿”活动；为市直2300多名退休人员赠订《福建老年报》。

【老年教育及文娱活动】 2021年，泉州市制定《关于“十四五”期间加快全市老年教育事业高质量发展的若干意见》。泉州老年大学坚持政治建校理念，开办5个时政班（时政系学员总数300多人）、建立7个临时党支部。开展课前15分钟党史微课堂教育，在泉州老年远程教育云平台上开设“红色记忆”“时政教育”栏目，制作4个以讲述泉州籍革命烈士英雄事迹为主要内容的教学视频和3个时政课件，供全市2000多个老年远程教育收视点收看。泉州老年大学新校舍落成启用，开设9个系、47门课程、199个教学班、11个学会和6个教学基地。新成立时政学院、艺术学院。建设50个基层老年远程教育示范点（全市开通2298个老年远程教育收视点，初步实现老年远程教育全覆盖）。加强课件资源库建设，拍摄47课时教学视频、60个微课，报送的“食疗养生”等4个课件被评为第八批全国老年远程教育优秀、特色视频课程，洛江区、惠安县两地被评为第八批全国老年远程教育实验区。增设“智慧课堂”栏目，上传77讲“智能技术培训”精品课件。全市县级以上老年大学设立9个智能技术培训体验基地、13个教育培训机构，5万多人次参加培训。全市老年大学（学校）开展“银领双百”系列活动，举办近千堂“百堂思政精品课”、400多场“百场银领红歌基层行”，举办全市离退休干部庆祝中国共产党建党100周年文艺演出，拍摄《唱支山歌给党听》音乐视频，编排诗乐舞《百年风华》参加全省展演获金奖。各级老年大学（学校）举办文艺演出、诗书画影展、笔会、音乐会、诗词朗诵会、舞台剧巡演等。截至年底，全市有老年大学（学校）2550所，在校学员34万多人，占全市老年人总数的29.8%。

民族事务

【概况】 2021年，泉州市以铸牢中华民族共同体意识为主线，发挥民族工作“推进器”作用，民族乡村振兴工作纵深推进，少数民族社会事业协调发展，民族团结创建工作亮点纷呈，民族交往交流交融程度加深。全市有少数民族人口31.2万人。有1个民族乡（泉州台商投资区百崎回族乡）、48个民族村（社区）。其中，回族村30个，人口约6.7万人；畲族村15个，人口约2.6万人；蒙古族村1个，人口约2900人；满族村2个，人口约3300人。

【少数民族发展任务资金管理】 2021年，泉州市强化扶贫资金在线监管，发挥“制度+科技”精准监督作用，开展2020—2021年民族资金自查和绩效自评工作，确保资金管理更规范、监督反馈更到位。开展项目统筹和项目储备，完成2022年少数民族资金预算数申报和项目库报备工作。全年下达中央少数民族发展任务资金367万元、省级少数民族补助款245万元、市级民族补助经费460万元，落实补助项目60多个。

【民族乡村经济社会发展】 2021年，泉州市巩固提升小坝蒙古族村等7个挂牌“中国少数民族特色村寨”建设成果，推动洛江厝斗畲族村等8个第四批少数民族特色村寨试点建设。推进“一乡一业、一村一品”，优化民族村产业结构，指导洛江厝斗畲族村，南安丰美畲族村、坑内畲族村，安溪盛富畲族村等民族乡村培育优势产业，培育新经济增长点，推进德化龙塔畲族村等5个全省民族乡村振兴示范培育对象工作，推动脱贫攻坚成果巩固拓展与乡村全面振兴有效衔接。泉港区涂岭镇（小坝海上蒙古景区）及石狮市永宁镇（郭坑回族村）分别被列为2021年泉州市级乡村振兴最美示范线。泉港区山腰街道钟厝畲族村被列为第二批乡村振兴示范线。支持民族村建立少数民族文化展示馆、农村书屋，推动民族文化、少数民族非物质文化遗产保护传承发展；加强省级、市级少数民族传统体育运动基地建设，推荐泉州师范学院、泉州幼儿高等专科学校、剑影武术学校、陈埭民族中学4家单位被确定为2021—2024年福建省少数民族传统体育运动基地，百崎民族中学等7家单位被确定为2021—2024年泉州市少数民族传统体育运动基地。

【民族团结进步事业】 2021年，泉州市推动民族团结进步创建工作，推荐2家单位参评全国民族团结进步示范区示范单位，安溪县湖上乡盛富畲族村进入国家民委拟命名公示名单。在德化县举办泉州市第十四个民族团结进步宣传月主题活动。宣传月期间，全市召开各类座谈会、学习会、宣讲会等129场（次），开展民族政策法规知识网络有奖竞答活动，参与者3.7万人次，竞答者2.67万人次，知识点传播数13.17万题，在全社会营造民族团结进步氛围。

宗教事务

【概况】 2021年，泉州市推进宗教中国化，加强宗教活动场所管理，提升宗教界自身建设，开展公益慈善活动。全市有合法登记的宗教活动场所898处（含佛教466处、道教223处、伊斯兰教2处、天主教6处、基督教201处），其中寺观教堂705处、固定处所193处。民间信仰活动场所6964处（10平方米以上），省、市、县民间信仰活动场所三级联系点为151处，备案场所145处，宗教教职人员1762人。

【宗教工作法治化】 2021年，泉州市推进宗教工作法治化，加强宗教事务依法管理。制定全市宗教事务行政处罚自由裁量权标准，梳理权责清单，规范依法行政、行政执法等工作。开展“宗教政策法规学习月”活动，到宗教活动场所开展普法宣传活动，开展《宗教事务条例》《福建省宗教事务条例》等法律法规规章条例宣传贯彻，提升场所管理的法治化水平。举办基层网格员业务培训，优化网格化平台，健全宗教工作三级网络、两级责任制建设。依法加强宗教活动场所建设，指导省民族宗教厅批复的7处宗教活动场所完善相关建设手续，开展石狮金相院筹备设立行政许可相关工作。推进宗教财税试点工作，开元寺、承天寺、元妙观、花巷天主教堂、聚宝基督教堂5个场所被纳入全省宗教财税试点范围，按时完成法人登记、税务登记及减免申报等工作。

【宗教活动场所管理】　2021年，泉州市898个宗教活动场所将宪法、《宗教事务条例》等法律、法规入框上墙，组织开展宗教政策法规教育宣讲。推进宗教活动场所不动产权登记办理，解决少林寺、花巷天主教堂、青莲寺以及晋江朵莲寺等宗教场所不动产权登记历史遗留问题，全市办理不动产权登记宗教场所数量108处。深化文明敬香工作，推进文明敬香向各县城区、镇区延伸。履行场所管理主体责任，强化宗教文物的保护管理。宗教活动场所按照国家文物保护法的规定，依法依规对场所所有的文物进行管理和保护，并注重宣传教育和活化利用。在保护修缮上，拥有中国最高石塔的泉州大开元寺聘请国家文物部门和重点高校专家，针对壁墙风化问题多次调研论证，寻求解决方案。各宗教活动场所注重加强对文物的归集、整理，多个寺庙专门设立收藏文物的场馆；加强场所对非物质文化遗产的管理和保护，全市宗教活动场所中有市级以上非物质文化遗产15个（含国家级2个、省级8个、市级5个）。在活化利用上，注重加强人与文物的互动。泉州大开元寺等宗教活动场所采用3D成像、动漫绘画、设计LOGO等，让文物活起来、动起来。在组织机构上，拥有文物的宗教活动场所均由场所主要负责人担任第一责任人，成立管理组织，进行分工负责。发挥义工队伍的作用，负责文物的日常维护和卫生清理工作。

【宗教界自身建设】　2021年，泉州市围绕思想政治建设，开展宗教界“爱党爱国爱社会主义”系列活动。组织开展党史学习教育专题学习12次、专题研讨6次、专题读书班1次、现场学习教育3次、专题宣讲13场，听众超1500人次，征集报送29个宗教领域爱国故事。承办福建省宗教爱国故事陶瓷艺术作品展。全市宗教界开展“爱党爱国爱社会主义”主题活动32项，掀起宗教界庆祝中国共产党成立100周年热潮。围绕人才队伍建设，加强宗教教职人员培训。市佛教协会发挥泉州佛学苑作用，打造福建省佛教人才培训基地，培训教职人员579人，推送41人参加省佛教协会举办的第二十七次传授三坛大戒法会；泉州佛学苑2021年毕业学生25名，招收新生40名。市道教协会组织开展讲经讲道，打造“巡讲团”；市伊斯兰教协会开展讲经活动，不定期举行座谈会，提升综合素养；市基督教“两会”利用培训中心，不定期举办全市性教牧人员、信徒骨干培训班；7月，开展基督教传道员年检培训班工作。围绕场所规范化建设，推进“四进”活动。规范场所人员、财务、资产、会计、治安、消防、文物保护、卫生防疫8项管理制度，建立经常性学习制度、民主议事决策制度、重大事项报告制度等，坚持用制度管人管事，宗教团体内部管理日益规范；部署开展典型示范创建各项工作，树立泉州承天寺等“四进”宗教活动场所先进典型46个；开展“文明敬香”活动，倡导“一少三无一规范”（“一少”即少烧香，只敬一支或三支环保香；“三无”即无烧金纸、点蜡烛、放鞭炮；“一规范”指规范佛教、道教和民间信仰活动场所管理）。

【宗教界公益慈善活动】　2021年，泉州市引导宗教界开展公益慈善活动，为乡村振兴、疫情防控等做出贡献。聚焦“发挥宗教界优势助力巩固脱贫攻坚同乡村振兴有效衔接”“解决全市宗教界‘急难愁盼’的问题”“打通服务宗教界和信教群众的‘最后一公里’”三个方面，完成10项“我为群众办实事项目”，做到“深化基层治理出真招、推进乡村振兴有实招、提升生活品质有温度”。全市宗教界捐款6938.6万元。

2021年10月26日，由泉州市委宣传部、统战部、市民族与宗教事务局主办的“铸牢中华民族共同体意识·永远跟党走”泉州市第十四个民族团结进步宣传月主题活动在德化县瓷艺城举行。图为文艺演出

（图/市民族与宗教事务局）

县域概览

鲤城区

【区情概况】　2021年，鲤城区辖开元、鲤中、海滨、临江、江南、浮桥、金龙、常泰8个街道和泉州高新技术产业园区（江南园），82个社区。全区土地面积53.74平方千米，户籍人口27.86万人，常住人口39.7万人。

【经济发展】　2021年，鲤城区统筹推进疫情防控和经济社会发展，开展“六稳”工作，落实“六保”任务。实现地区生产总值501.66亿元，比2020年增长10.7%。一般公共预算总收入22.41亿元，比2020年增长10.7%。其中，地方一般公共预算收入13.55亿元，增长10.4%。全年居民人均可支配收入53224元，比2020年增长8.1%，居民人均消费支出32685元，比2020年增长10.9%。89个项目完成固定资产投资，比2020年增长14.9%。其中，53个项目完成投资占固定资产投资比重43.0%，增长112.6%；36个房地产开发项目完成投资占固定资产投资比重57.0%，下降14.7%。合同利用外资15.42亿元，外商实际到资5434万元，比2020年增长265.2%。社会消费品零售总额300.32亿元，比2020年增长27.5%。其中，174家限额以上企业实现零售额238.9亿元，比2020年增长32.9%，占全区社会消费品零售总额的79.5%。

【城市建设】　2021年，鲤城区实施“城市建设品质提升”行动，完成36项“申遗”重点任务、29条街巷提升工程、371宗“第五立面”整治。实施中山路及周边商圈提升工程，店铺整体出租率提升20%以上，中山中路获评省级旅游休闲街区。出台民宿发展规范，10个住宿接待载体提升项目有序推进。融入“跨江发展、跨域融合”发展战略，32个项目提升工程完成投资11亿元，建成1个体育公园及5个口袋公园，改造提升公厕19座，改造老旧小区161个。推进繁荣、站前西等大片区开发。全年征收房屋、厂房面积超68万平方米，其中繁荣二期完成征收任务，兴贤路中段等4个地块出让。实施“聚城畅通”工程，站前大道南延伸段、K2地块西侧道路等建成通车，7条断头路打通，8条道路完成微整治。

【生态环境】　2021年，鲤城区开展污染防治攻坚、“蓝天、碧水、净土”保卫战。开展挥发性有机物（VOCs）专项整治，5个市级大气精准治理项目实现减排。完成笋浯溪清淤检测工程，推进玉田渠专项整治，新建改造污水雨水管网10千米。在全省首创和试点建设森林蓄水池并投用。启动环卫一体化试点，开展城市夜间噪声污染整治暨“静夜守护”专项行动，推动低碳社区建设，推进垃圾分类全覆盖。全区空气质量总体状况良好，全年空气质量指数（AQI）为21～140，空气质量指数年平均值58，首要污染物主要为臭氧（8小时滑动均值），空气质量优良率96.3%（与2020年相比下降0.7个百分点），综合指数2.75（比2020年改善0.03）；降雨46期，降水pH值在4.91～7.92范围内，酸雨率6.5%。地表水省控断面（浮桥点位）地表水水质年均值达标率100%，集中式饮用水水源地水质达标率100%，南北二路渠水质基本消除黑臭。受污染耕地安全利用率93%，土壤环境质量保持稳定。城市区域环境噪声总体水平为二级，对应评价为较好；道路交通噪声强度等级为一级，对应评价为好。提升绿化景观，规划实施新延路两侧景观提升项目，集中改造站前大道鲤城段两侧绿化退让带，完成笋江路（笋江公园段）、笋江路五岔口渠化岛、南环路全线边分带路口绿化整治。

【社会治理】 2021年，鲤城区启动城市安全信息系统项目，建成499路智能感知设备，8个遗产点周边新增整合联网228路监控。开展“社区天网”提升工程，完善背街小巷、小区内部视频监控，新增公共点位415个。推动重点单位智能防控建设，建成175个智慧安防小区，联网接入79家内保重点单位。开展“动态监测+人工巡检+保险理赔”房屋安全保险监测试点工作，实行危旧房屋“先拆除、后补偿”的合作改造模式，有效处置1360栋重大隐患房屋。创新启动基层综合执法改革，推动执法力量下沉一线，强化“两违”整治，拆违466宗、2.8万平方米。推广“智慧用电”体系建设，古大厝、古民居类文保单位全部安装电气火灾监控系统。

【民生保障】 2021年，鲤城区完成28个为民办实事项目。推进全民参保，全区参加职工基本养老、居民基本养老、职工基本医疗、居民基本医疗、失业、工伤、生育保险人数分别为10.86万人、4.35万人、6.87万人、12.97万人、5.26万人、7.18万人、5.34万人。阶段性降低工伤、失业保险费率政策再延长1年。落实社保扶贫清零目标，核实困难群体已参保2115人（无需参保230人）。开展稳岗就业系列活动，城镇新增就业8500人，城镇登记失业率2.33%，发放失业保险金335.31万元，失业补助金339.37万元。加强住房保障，发放公共租赁住房补贴269万元涉及712户，落实“菜篮子”工程，开设5家政府平价商店，稳定疫情防控期间及重要节日期间市场物价。

【教育事业】 2021年，鲤城区推进教育事业高质量发展三年行动，泉州六中通过“省二级达标高中”市级评估验收，泉州七中江南校区、江南花园城配套小学建成投入使用，中南滨江铭悦小区幼儿园等4所小区配套幼儿园完成移交，新增学位4820个。课后延时服务全面覆盖，减轻义务教育阶段学生作业负担和校外培训负担的政策全面落实。是年，全区有中职学校1所，教师进修学校、特教学校各1所。普通中学8所，其中区属公办中学5所，均通过福建省义务教育管理标准化学校验收。泉州七中被确认为福建省首批示范性高中。小学30所，其中17所小学通过福建省义务教育管理标准化学校验收。幼儿园82所，其中公办幼儿园9所、省示范幼儿园5所、市示范幼儿园3所、区示范幼儿园17所。幼儿园在园生数1.89万人，小学在校生数4.11万人，初中在校生数1.65万人。公办中小学、幼儿园、中职及特教专任教师2547人。

【文化体育】 2021年，鲤城区推动遗产点周边环境实现常态化管护，各街道分别成立文化遗产保护中心。开展历史建筑认定公布、挂牌保护、集中修缮等工作，李贽故居等6处文保单位完成抢救性修缮，南外宗正司陈列馆等遗产活化载体建成开放。开展延陵片区文物迁移。启动古城文化传播人才培育、街头艺术文化提升、“世遗人家”培育“三大行动计划”，开展“万千百十”（每年送万场戏、千场文艺培训辅导、百场展览、数十批次流动图书点下乡）文化惠民服务工程，改造提升升平社区、明光社区2处综合文化服务中心，举办“文化有约”公益大讲堂12期、公益培训60场。到基层开展文艺演出及“三下乡”会演10余场，依托区文化馆等艺术场馆开展各类文艺展览8场，开展街头文化活动3000余场。推进中心城区全民健身设施提升工程，新建鲤城区智慧体育公园、新安装金山、新塘等4座全民健身驿站。开展区级全民健身运动会暨区直机关体育赛事活动10余场。

【卫生健康】 2021年，鲤城区加强疫情监测和处置，落实、落细疫苗接种、全员核酸、风险排查、区域管控、物资保障等各项防疫措施。启动卫生事业发展三年行动，引进宝藤集团等优质医疗项目，6个医联体项目高位嫁接优质医疗资源，各街道社区卫生服务中心均完成中医科标准化建设，居民健康档案完成电子建档。实施政府购买居家养老基础服务，实现街道养老服务照料中心全覆盖。残疾人家庭医

2021年4月23日第26个“世界读书日”，“书香鲤城”全民阅读系列活动启动 （图/黄凯杰）

生签约服务成为国家级试点，个性化精准康复服务做法在全省推广。国家扩大免疫规划疫苗接种率均99%以上。本省户籍孕产妇系统保健管理率93.32%，高危孕产妇筛查率68.18%，孕产妇死亡率为0/10万。3岁以下儿童系统保健管理率95.38%，5岁以下儿童低体重患病率0.66%，5岁以下儿童生长发育迟缓率0.72%，5岁以下儿童消瘦率0.3%，5岁以下儿童超重率2.32%，5岁以下儿童肥胖率2.57%，5岁以下儿童贫血患病率5.72%。5岁以下儿童死亡率2.57‰，婴儿死亡率1.93‰，新生儿死亡率0.64‰。新生入园体检6401人、口腔保健2.41万人次、眼保健2.66万人次。是年，全区有各级各类医疗机构196家。其中，省、市属公立医疗卫生机构4家，区属卫生机构2家，区属公立医疗机构16家，民营医疗机构174家。辖区（不含省市部队属机构）内开放床位数1168张，千人均床位数2.95张。

【高新集群发展】 2021年，鲤城区实施创新驱动发展战略，高新集群加快发展。启动“增量扩面”三年行动，76家重点企业入库孵化，国家级高企增至109家，规模以上工业R&D（研究与试验发展）经费支出比2020年增长20.3%，增加科技小巨人研发投入奖励资金，佰源机械项目成果获国家科技进步二等奖。提升高新区综合发展水平，聚焦制造业高质量发展，推进纺织鞋服、机械汽配、电子信息三大支柱产业建设，开展工业技改、工业“小进规”攻坚战，工业技改投资比2020年增长40%，火炬电子公司成为新的超十亿企业，9家企业列入市级明星梯队培育库，3家企业列入“十四五”省级培育名单，新增规模以上工业企业30家。推动新一代信息技术与制造业融合发展，2家企业入选省级标杆企业，铁通电子项目入选省级人工智能专项，培育并推广应用2个工业App。

2021年鲤城区经济发展主要指标一览表

表24

指标名称	实绩	比2020年增长（%）
地区生产总值	501.66（亿元）	10.7
财政总收入	22.41（亿元）	10.7
地方一般预算收入	13.55（亿元）	10.4
地方财政支出	20.35（亿元）	39.0
农业总产值	0.36（亿元）	-35.2
社会消费品零售额	300.32（亿元）	27.5
实际利用外资（验资口径）	0.54（亿元）	265.2
城镇居民人均可支配收入	53224（元）	8.1

【平台经济“五十百千”工程】 2021年，鲤城区实施平台经济“五十百千”［围绕工业互联网平台、电商物流平台、文创文旅平台、新兴细分互联网平台、基础资源平台5个重点领域，聚焦纺织服装、鞋业、建材家居、机械装备、食品饮料、工艺制品、纸业印刷、商贸、物流、文旅10个主要行业，筛选培育扶持100个具有行业性、区域性影响力的平台，每年推广应用100条（个）以上数字化、智能化生产线或应用场景，每年新增1000家以上企业“上云上平台”］行动，扶持壮大尚科捷云等18个重点平台，新增25家企业上云上平台，5G网络覆盖率超90%，数字经济规模突破200亿元。承办“海丝泉州”数字文创大会，推出动漫、影视产业政策套餐，加快数字文创动漫基地建设。

丰泽区

【区情概况】 2021年，丰泽区面积129.63平方千米，陆地面积105.84平方千米，城市建成区面积55.54平方千米，森林面积3170公顷，水域面积23.79平方千米，海岸线长16.6千米。辖东湖、丰泽、泉秀、华大、清源、东海、城东、北峰8个街道，83个社区。常住人口72万人，户籍人口31.54万人，人口自然增长率10.5‰。

【经济发展】 2021年，丰泽区实现地区生产总值807.5亿元，比2020年增长6.0%。人均地区生产总值12.21万元，比2020年增长5.0%。规模以上工业产值92.9亿元，比2020年增长8.8%。农林牧渔业总产值4.56亿元，比2020年下降1.1%。固定资产投资比2020年下降2.8%。社会消费品零售总额559.9亿元，比2020年增长6.9%。外贸投资总额5.33亿元；企业实际到资2.26亿元，比2020年增长5.1%。海关出口总值100.2亿元，比2020年增长29.0%。一般公共预算总收入27.8亿元，比2020年增长8.5%。其中地方一般公共预算收入17.8亿元，比2020年增长11.1%。城镇居民人均可支配收入64604元，比2020年增长7.5%。

【城区建设】 2021年，丰泽区落实“城乡品质提升年”活动，103个城建项目完成投资97.2亿元。改造老旧小区82个，启动后坂、东美等5个老旧片区成片系统改造。分类处置安全隐患房屋916幢，拆除违建2.5万平方米。开展“抓征迁交净地”百日攻坚行动，成建制推进13个项目征迁，突破久攻不下的“硬骨头”，完成房屋征迁114.6万平方米。“数字城管”采集立案超12万件，案件处置率99.9%，“移车警示”等柔性执法举措获群众好评。建成8个街道社会工作服务站，3个社区入选市级“共建共享”社区治理试点，源淮社区“阳光议事厅”被确认为全省第三批优秀社区工作法。津淮街获评第三批“福建省诚信经营示范街区”。新增垃圾分类改造点35个，创建市级生活垃圾分类示范小区13个。实施文明创建“8+1”专项行动，专班整治64个薄弱点位，解决占道经营、环境脏乱差、乱停车等问题876个。

【生态环境】 2021年，丰泽区开展中央第二轮环保督察反馈问题整治，100%办结，完成18件生态环境突出问题整治。实施大气减排项目5个，空气污染天数下降40%。落实河湖长制，改造雨污管网项目11个，国控蟳埔断面水质全年平均达到三类标准，完成水土流失综合治理16.73公顷。推进世界中学生运动会景观综合整治，新建口袋公园5个，新增绿地面积4.7公顷。

【社会事业】 2021年，丰泽区推进社会各项事业发展。建立“快速响应、快速转换、快速落实”的平战结合工作机制，坚持“外防输入、内防反弹”，加强重点人员、重点场所、重点部位、冷链食品全链条管理，提升多点触发监测预警能力，接种新冠疫苗138.5万剂次。面对9月周边地区疫情关联病例，3天内有序完成大规模人群核酸检测，没有发生社区传播、没有发生本土病例、没有出现医院感染。新增就业2.5万人，落实稳岗政策资金3290万元，东美社区获评“国家级充分就业社区”。发放各类救助资金1559万元。养老保险、城镇居民医保参保率均居全市第一。城镇居民基础养老金标准提高至每人每月160元、实现“五连涨”，被征地人员养老保障金标准提高至每人每月292元，实现“七连涨”。社区居家养老服务照料中心实现全覆盖，2个项目入选市级“物业+养老”居家养老服务试点。区第二实验小学东海校区等8所学校建成投用，新增学位5600个，在园幼儿公办率提升18个百分点；落实“双减”政策，“5+2”课后管理服务实现全覆盖，中小学“省义务教育管理标准化学校”创建通过率居全市前列。正骨医院北峰院区主体结构全部封顶，建成区疾控中心妇幼保健院新址、省级精品中医馆1家、首家市级0～3岁婴幼儿托育照护示范点，北峰街道社区卫生服务中心通过“社区医院”省级专家复审。区图书馆开放运营，新建2个社区综合文化服务中心示范点。常态化推进扫黑除恶专项斗争，推进政法队伍教育整顿活动，禁毒重点关注地区“摘帽”成功，刑事案件立案数下降23%，信访“治重化积”147件。推进安全生产专项整治三年行动，完成18项重大安全生产问题整改，生产安全事故数比2020年下降15.6%。开展自然灾害风险普查。通过国务院保障农民工工资支付工作考核。银行不良贷款率控制在1%以内。落实粮食安全行政首长责任制，完善食品“一品一码”追溯体系。

【“项目攻坚2021”】 2021年，丰泽区实施“项目攻坚2021”，举办4次重大项目集中开竣工仪式，77个在建重点项目完成投资179.2亿元，宏芯科技硅光模块等17个项目开工建设，海归E谷创业园等10个项目竣工投产。完善“五个一批”项目机制，新增入库项目122个、总投资782亿元。全年报批农转用地42.6公顷。争取债券资金11.8亿元，是2020年的2.9倍。全年引进中化创新产业投资等项目244个、总投资637.2亿元，5亿元以上项目数增长38.5%。项目转化落地率增长24.6%。引进外资项目60个。

【商圈优化发展】 2021年，丰泽区开展十大商圈优化提档行动，打造“夜浦西”等市级夜间经济示范区，新增限额以上商贸企业110家。发展新消费、新业态，东海跨境电商生态圈交易额比2020年增长30%，限额以上电商零售额比2020年增长16.3%。以泉州申报世界遗产成功为契机，推出旅游新模式，3个项目获评泉州“六大旅游产品”，国内游客数、旅游总收入分别比2020年增长168.4%、169.7%。开展“重龙头、强品牌、铸链条”行动，举办

2021年10月22日，以“美好丰泽 乐购商圈”为主题的第九届丰泽购物节启动 （图/陈小阳）

首届“刺桐杯”国际设计大赛，南方路机、安通物流获评省级工业龙头企业。

【特色园区建设】　2021年，丰泽区盘活闲置或低效空间，重点打造10个新基建新经济基地和特色产业社区。其中，软件园新签约项目14个；知创园建成全省首家国家级知识产权保护中心，新增投产项目12个；时空产业基地启动建设高精度地基授时系统泉州站项目；建筑服务园引进企业206家，完成建筑业产值超19亿元，实现税收超3000万元；丝路法务园入驻机构35家，实现营业收入2.4亿元。数字经济加速领跑，鑫润航达等6个平台项目落地运营，9家企业入选全省数字经济领域瞪羚创新企业，3个项目入选全省深度应用场景，新建5G基站220个。影视产业蓬勃兴起，成立影视协拍中心，引进影视文化项目16个、总投资29亿元。

【科技创新平台建设】　2021年，丰泽区实施科技项目29个，加快知创园实验室等创新平台建设，新增新型研发机构、企业技术中心6家。推行科技创新券，新增申报国家高新技术企业124家、认定省级科技小巨人领军企业26家。科技成果加速转化，新引进技术转移中心2家，认定登记技术合同151项，技术合同成交金额1.9亿元、居全市第一。人才发展指数居全市第一档次，首次评选区级技能大师5人、大师工作室6个，新增省、市高层次人才457人、院士工作站5家。深化“民营经济发展年”“营商环境提升年”，常态化“进千企、走千商、访千才”，帮助解决问题600多个，精准调控4轮356家企业有序用电。分行业培育明星梯队企业，重新确认区级重点企业189家，净增市场主体2.2万户。推行政策“免申即享”，兑现各类奖补资金2.2亿元。建立金融服务顾问机制，争取省中小微企业纾困资金5.8亿元，品尚供应链平台帮助企业融资20亿元。

丰泽区2021年经济发展主要指标一览表

表25

指标名称	实绩	比2020年增长（%）
地区生产总值	807.5（亿元）	6.0
一般公共预算总收入	27.8（亿元）	8.5
一般公共预算收入	17.8（亿元）	11.1
一般公共预算支出	22.5（亿元）	-11.8
农林牧渔业总产值	4.56（亿元）	1.0
规模以上工业产值	279.9（亿元）	12.3
社会消费品零售额	559.9（亿元）	6.9
实际利用外资（验资口径）	0.94（亿元）	-58.7
城镇居民人均可支配收入	64604（元）	7.5

洛江区

【区情概况】　2021年，洛江区辖2个街道3个镇1个乡。土地面积374.81平方千米。年末户籍人口21.1万人，常住人口25.5万人。人口自然增长率2.5‰。耕地面积3600公顷，粮食播种面积1900公顷，粮食产量1.17万吨。林地面积2.45万公顷，森林覆盖率64.39%，森林蓄积量134.84万立方米。矿产资源有高岭土、陶瓷土、耐火用黏土、砖瓦用黏土、建筑用花岗岩（凝灰岩）、饰面用及雕刻用辉长岩、冶金用石英岩、建筑用砂、矿泉水等。

【经济发展】　2021年，洛江区实现地区生产总值333.13亿元，比2020年增长13.9%。人均地区生产总值13.25万元，比2020年增长21.7%。规模以上工业总产值750.54亿元，比2020年增长16.2%。农林牧渔业总产值10.38亿元，比2020年增长10.2%。固定资产投资比2020年增长4.3%。社会消费品零售总额85.45亿元，比2020年增长25.21%。实际利用外资1.55亿元，比2020年下降70.8%。一般公共预算总收入26.01亿元，比2020年增长20.9%。其中地方一般公共预算收入15.40亿元，增长20.2%。城镇居民人均可支配收入48199元，比2020年增长7.8%；农村居民人均可支配收入22329元，比2020年增长12%。

【城市建设】　2021年，洛江区城建项目完成投资22亿元。加快阳江新城片区开发，12个公共服务和基础设施项目完成投资11.5亿元。优化交通路网体系，加快建设万虹路河市中学至马甲新庵岭拓改工程，启动省道213线、万虹路马甲至罗溪段提升改造，打通新城路、学府路、经五路等一批断头路，完善杏星路、金庄街、安达路等支路路网。以全国文明城市、国家卫生城市复审及创建省级文明城区为契机，修复、硬化主次干道、背街小巷1.6万平方米，投入1310万元改造一批老旧小区，实施万安市政道路改造提升，新建社区微光能路灯亮化、双阳高速出口匝道路灯工程；完成智慧停车项目，升级城区停车位1027个；投入4200万元实施万贤街、万盛街等市政道路绿化景观项目；新建改造绿化面积19.5万平方米、口袋公园5个。强化“两违”整治，治理“两违”面积超7万平方米。

【乡村振兴】　2021年，洛江区滚动实施121个乡村振兴重点项目，完成投资9552.5万元。强化示范带动引领，串点成线建成一批省市乡村振兴示范村、示范线路，罗溪镇洪泗村“党建助推乡村振兴”新模式入选省级典型案例，虹山乡乡村振兴示范线入选泉州市首批精品示范线。推进脱贫攻坚成果同乡村振兴有效衔接，实施巩固拓展脱贫攻坚成果项目49个，12个村集体经济收入超50万元。启动19个村庄规划编制，提升乡村建筑风貌，整治农村裸房984栋。

【生态环境】 2021年，洛江区投入2738.2万元实施12个“碧水清源”项目，洛阳江、龙华溪支流、晋江东溪罗溪段流域水质持续改善。加快建设河市西片区、霞溪工业区、滨江路雨污水管网，新建、改造管网22.1千米。开展大气污染治理专项行动，完成5个精准治理减排项目，空气质量优良天数比率97.9%。开展污染地块修复，转移危险废物1703吨。推行林长制，完成植树造林及森林经营415.88公顷。

【社会事业】 2021年，洛江区扩大就业，城镇新增就业4500人，失业人员再就业1250人，城镇登记失业率降至1.9%。城乡居民基本养老保险参保9.2万人，发放养老金5795.1万元。基本医疗保险参保16.7万人，基金支出1.12亿元。新建1个区域性养老服务中心、8个农村居家养老服务站，探索创新特困人员集中供养服务方式，生活不能自理特困人员集中供养率85.5%；投入202万元为特殊老年人提供居家养老服务。落实“我为群众办实事”实践活动、全市“惠民生补短板”专项行动，投入1.5亿元建设13个教育项目，深化与泉州市实验小学、南开公能教育集团、北京四中合作办学，泉州十一中晋升省一级达标高中，奕聪中学通过省一级达标高中专家组现场考察。泉州宝璋肿瘤医院加快建设，区医院新院区前期工作有序开展，启动国家级慢性非传染性疾病综合防控示范区创建工作；抓紧、抓实、抓细常态化疫情防控，新冠疫苗应接尽接，接种46万剂次，区级核酸日检测能力5万人次。开展文化惠民系列活动，新建一批多功能运动场和全民健身驿站，“蔡襄杯”闽台中小学书法大赛纳入国台办2021年对台文化交流重点项目，获批市级党史教育基地5处。

【洛江建成全省首个区级河长制智慧指挥中心】 2021年1月，洛江区建成全省首个区级河长智慧指挥中心并投入使用。通过“互联网+河长制”模式，定制化开发建设“洛江智慧河长”管理平台、洛江河道管护防洪监控信息化系统工程，罗溪镇河长制工作标准化建设。系统还通过连接辖区三条主要河流重要河道设立的12个“电子眼”监测点、6座小（1）型水库监控点、8处水质氨氮指标自动监测点，以及罗溪镇17个河道监控点，做到24小时不间断监测并实时反馈，实现河道问题“即知即改”，促进河道长效治理。

【《泉州市洛江区志》出版发行】 2021年6月，《泉州市洛江区志》出版发行。《泉州市洛江区志》为洛江区首部志书，上溯不限，下限至

2021年6月15日，洛江区首个5G智能制造产业园签约落地。福建省铁拓机械股份有限公司与中国电信泉州分公司签订5G智能制造产业园合作协议

（图/洛江区委史志研究室）

2021年洛江区经济发展主要指标一览表

表26

指标名称	实绩	比2020年增长（%）
地区生产总值	333.13（亿元）	13.9
财政总收入	26.01（亿元）	20.9
地方一般预算收入	15.40（亿元）	20.2
地方财政支出	16.6（亿元）	13.8
农业总产值	5.2（亿元）	8.2
全部工业总产值	207.47（亿元）	9.8
社会消费品零售额	85.45（亿元）	25.2
实际利用外资（验资口径）	1.55（亿元）	-70.8
城镇居民人均可支配收入	48199（元）	7.8
农村居民人均可支配收入	22329（元）	12

2007年，共设32篇，全书150万字，全面系统记述断限内洛江区自然、政治、经济、文化和社会的历史与现状，翔实记述洛江建区十年间的发展变化情况，记述历届洛江区委、区政府团结带领全区人民艰苦奋斗、砥砺前行，在改革开放和经济社会建设等方面取得的成就，突出时代特征和地方特色。

【洛江区首个5G智能制造产业园签约】 2021年6月15日，洛江区首个5G智能制造产业园签约落地。福建省铁拓机械股份有限公司与中国电信泉州分公司签订5G智能制造产业园合作协议。5G智能制造产业园项目融合5G、云计算、AI、大数据等先进技术，通过5G内网改造、绿色能源管理、产线智能升级、智慧物流等信息化应用，解决制造业降能耗、提效率等实际，实现生产柔性化、车间无纸化、交互智能化。

泉港区

【区情概况】 2021年，泉港区辖6个镇1个街道，土地面积341平方千米。年末户籍人口42.05万人。粮食播种面积1952.67公顷。林业用地1.22万公顷，森林覆盖率41.52%。是年，泉港区入选全国公共资源交易百强县，“‘全岗通’‘五服’泉港模式”入选2021年中国绿色影响力典范案例。

【经济发展】 2021年，泉港区实现地区生产总值657.80亿元，比2020年下降9.9%。农林牧渔业总产值22.84亿元，比2020年增长5.8%。工业增加值436.99亿元，比2020年下降13.8%。固定资产投资（不含农户）下降5.7%。社会消费品零售总额150.64亿元，比2020年增长12.5%。实际使用外资7.38亿元，比2020年增长40.3%。地方一般公共预算收入28.06亿元，比2020年增长9.7%。居民人均可支配收入32320元，比2020年名义增长7.2%。城镇居民人均可支配收入41725元，比2020年名义增长7.0%；农村居民人均可支配收入24829元，比2020年名义增长9.4%。

【城乡建设】 2021年，泉港区城市建设在扩体量上加速提品质。推进国土空间总体规划编制，启动泉港石化工业区控制性详细规划、石化安控区专项规划修编等工作，完成福厦客专泉港站区等32个区域控规批复。组织实施“十四五”综合交通运输发展规划。实施城乡建设品质提升五大专项行动，144个城建项目完成投资106.76亿元，51个市级小城镇项目完成投资29亿元。加快推进坝头溪流域综合整治、七镇连通、福厦高铁泉港段建设等重大项目，完成5处城区主要涝点整治，推进植物园二期、菜堂湿地公园建设。开展乡村振兴示范线攻坚行动，实施72个省级乡村振兴试点示范项目，建设16个乡村微景观，打造7个文体旅游融合试点村。

【生态环境】 2021年，泉港区启动海洋生态保护修复项目，开展海漂垃圾综合整治，实施肖厝—惠屿网箱养殖清退及升级改造22.1公顷。开展24件生态环保督察反馈问题整改，完成16个国家循环化改造项目，辖区环境空气质量优良率98.5%，饮用水水源地水质达标率100%。

【社会事业】 2021年，泉港区压减一般性支出30%，实现民生支出26.61亿元，占本级财力79.1%。投入1.72亿元完成14项31件为民办实事项目。提高残疾人两项补贴标准，为低保对象、特困人员等发放各类保障金7712万元，实现养老金“十六连调”。为征迁村提供就业岗位3500个以上，城镇登记失业率4.2%以内。新、改、扩建中小学、幼儿园12所，泉港五中与泉州五中实现结对帮扶，泉港职专复办招生，新增省级杰出人民教师、省学科带头人、市级名校长9人，实现义务教育学校课后服务两个“全覆盖”。推动公立医院综合改革，泉港区入选国家级居民健康素养监测点。完善文化遗产项目数字化建设，完成全区26处烈士纪念设施修缮。深化平安泉港建设，开展“治重化积”三年行动。开展安全生产“严执法、强攻坚、促提升”专项

2021年1月13日，仿古福船在泉港峰尾国家一级渔港下海试航

（图/陈小阳）

2021年泉港区经济发展主要指标一览表

表27

指标名称	实绩	比2020年增长（%）
地区生产总值	657.80（亿元）	-9.9
农林牧渔业总产值	22.84（亿元）	5.8
工业增加值	436.99（亿元）	-13.8
建筑业增加值	60.13（亿元）	-12.6
规模以上工业产值	1709.98（亿元）	-20.8
石油化工产业	1158.87（亿元）	-20.0
社会消费品零售总额	150.64（亿元）	12.5
一般公共预算总收入	104.03（亿元）	16.4
地方一般公共预算收入	28.06（亿元）	9.7
一般公共预算支出	27.08（亿元）	1.0
实际使用外资	7.38（亿元）	40.3
港口货物吞吐量（肖厝港区）	2250.63（万吨）	16.1
居民人均可支配收入	32320（元）	7.2
城镇居民人均可支配收入	41725（元）	7.0
农村居民人均可支配收入	24829（元）	9.4

整治，建立石化VR应急模拟实训基地，全区丙类自建房加工场所评查整改率100%。落实粮食安全行政首长责任制，健全完善食品“一品一码”追溯体系。

【安控区民房征迁】　2021年，泉港区开展安控区安征迁扫尾攻坚战，完成全省最大安控区民房征迁工作。截至11月8日，7个片区完成1.28万栋、482.7万平方米民房拆除任务。其中，2021年度完成民房签约642栋25.08万平方米、腾空626栋39.22万平方米；拆除1093栋64.3万平方米，完成宫庙祖厅、公产、厂房签约405栋、腾空314栋、拆除292栋，仅保留少量有历史价值的古建筑及管理用房，提前完成第一轮中央环保督察整改任务要求。

石狮市

【市情概况】　2021年，石狮市辖2个街道7个镇128村（社区），土地面积188.02平方千米。年末户籍人口36.59人，常住人口80.04万人，人口自然增长率6.43‰。耕地面积22.93公顷，粮食播种面积1100公顷。林地面积1300公顷，森林覆盖率10.88%。活立木蓄积量8.25万立方米。主要矿产资源有花岗岩。是年，石狮市获全国无障碍环境市、城乡交通运输一体化示范县市、全国信访工作“三无”县（市）、“中国校园服饰名城”等称号。

【经济发展】　2021年，石狮市聚力项目攻坚，新增签约项目101个、总投资180.6亿元，开工项目63个，提质增效项目142个。优化企业服务，开展“进千企、走千商、访千才”活动，实行惠企资金线上直达兑付，兑现惠企资金5.47亿元，帮助1200多家小、微企业获得普惠贷款40亿元，争取企业纾困贷款超10亿元。围绕破解外贸风险、汇率波动、“冻卡”等难题，建立政府统保、锁汇公共保证金池等制度，推行统一代理收结汇，帮助企业精准锁汇、阳光收汇。稳住工业大盘，综合施策助力企业稳产扩能，纺织鞋服、机械装备、食品药品产业规模以上产值分别比2020年增长13.8%、8.9%、29.1%。建新轮胎、九牧卫浴、光子产业园、海洋食品园等重大项目快速推进，通达手机盖板、美佳爽伍堡基地、中益制药二期等45个产业项目建成投产，新增省级科技小巨人企业17家、科技型中小企业85家。举办跨境电商高峰论坛、海博会、校服展、全省直播经济发展现场会等活动，筹办“海丝品博会”、RCEP青年侨商创新创业峰会，设立省级跨境电商实训基地，新开业5个网批专业市场，电商销售额突破1000亿元，快递业务量比2020年增长80%。市场采购贸易方式试点加快全省共享推广，石湖港保税物流中心（B型）封关运营，航运中心启动建设，港后“堆场”加速向“市场”转型，完成外贸出口440亿元。是年，全市实现地区生产总值1072.51亿元，比2020年增长10.4%。人均地区生产总值15.64万元，比2020年增长14.2%。规模以上工业总产值1453.99亿元，比2020年增长12.8%。农林牧渔业总产值53.97亿元。固定资产投资比2020年增长2.3%。社会消费品零售总额617.16亿元，比2020年增长13.6%。外贸出口额437.48亿元，比2020年增长2.7%；实际利用外资7.13亿元，比2020年增长10.3%。一般公共预算总收入59.57亿元，比2020年增长5.1%；其中地方一般公共预算收入40.14亿元，增长11.4%。城镇居民人均可支配收入69759元，比2020年增长7.6%；农村居民人均纯收入31981元，比2020年增长10.2%。

【城乡建设】　2021年，石狮市推进城北、狮仔山、联邦商业城等片区建设，进行龟湖公园、前坑前园、塘园、大仑、金曾五大片区改造。打通九二路（前坑段）、嘉禄路中段等“断头路”，锦江外线、锦尚外线、疏港公路建成通车，海岸带景观加速串联成线。实施景观风貌提升项目22个、老旧小区修缮提升项目44个，新建口袋公园30个，改造二次供水2000户，新增公共停车泊位1800多个。智慧石狮指挥平台、i石狮移动平台加快数据融通、应用拓展，智能停车管理系统上线运行。推进乡村振兴，完成村（居）委会换届，启动“新班子新气象、办实事促振兴”活动。完成国家级水禽基因库改扩建，新建高标准农田280公顷，新培育国家级农业产业化龙头企业1家、省级龙头企业3家。启动2个无“裸房”镇、5个无“裸房”村创建，新增“绿盈乡村”13个，新改建城乡公厕40座，郭坑村入选全国乡村治理示范村。

2021年1月20日，福建省世茂海上丝绸之路博物馆开馆（图/王柏峰）

【生态环境】 2021年，石狮市改善生态环境，建成大气精准治理减排项目10个，落实挥发性有机物、工地扬尘治理和污染天气应对措施，空气质量达标率99%。新铺设雨水管网25千米、污水管网210千米，基本建成农村生活污水PPP工程、永宁污水处理厂提标改造等项目，近岸海域水质全面达到一类标准。完成垃圾综合处理厂提级改造，推进湖滨街道、锦尚镇全域生活垃圾分类试点。

【社会事业】 2021年，石狮市开展补贴性职业技能培训4600多人次，新增就业1万多人。评定四星农村幸福院11家、四星养老机构1家，宝盖镇、蚶江镇居家养老服务照料中心和鸿山镇医养服务中心投入使用。建成石狮市退役军人服务中心和镇、村两级退役军人服务站。组建石狮市教育集团，教师进修学校新校区、信义实验小学、锦塘中心幼儿园等15个教育项目建成投用，蚶江中学复办高中，新增鹏山、后垵2所九年一贯制学校。主动对接高端医疗资源，与省立医院、解放军910医院共建医联体，新增名医工作室4个、传承工作室2个，石狮市中医院开诊，村卫生所（室）标准化建设完成。举办“宋元中国看泉州、海丝航标看石狮”世界文化遗产推介活动、第十五届闽台对渡文化节，李子芳烈士纪念馆入选福建省党史学习教育参观学习点，石狮狮阵入选国家级非物质文化遗产名录。五大文旅项目加快招商建设，新增AAAA级旅游景区、AAA级旅游景区各1处。平安建设全面提升，推进安全生产专项整治三年行动，加强重点领域安全监管，被确定为泉州市安全生产标准化建设试点。打击涉黑涉恶、电信诈骗等违法犯罪行为，推行“五治融合”社会治理新模式，信访积案化解率100%。

【世茂海上丝绸之路博物馆开馆】 2021年1月20日，福建省世茂海上丝绸之路博物馆开馆。该馆总投资5亿元，建筑面积3.07万平方米，馆内设九厅一院，包括两个故宫专题展厅、世茂珍藏展厅、海上丝绸之路展厅、丝路山水地图数字展厅等。

【石狮市中医院开诊】 2021年3月20日，石狮市中医院开诊。石狮市中医院由石狮市（华侨）医院旧址改建而成，总投资1.5亿元，占地面积2.67万平方米，建筑面积3万平方米，定位为石狮市中医诊疗中心。

2021年石狮市经济发展主要指标一览表

表28

指标名称	实绩	比2020年增长（%）
地区生产总值	1072.51（亿元）	10.4
财政总收入	59.57（亿元）	5.1
地方一般预算收入	40.14（亿元）	11.4
地方财政支出	48.33（亿元）	-11.9
农业总产值	53.97（亿元）	-0.2
规模以上工业总产值	1453.99（亿元）	12.8
社会消费品零售额	617.16（亿元）	13.6
实际利用外资（验资口径）	7.13 （亿元）	10.3
城镇居民人均可支配收入	69759（元）	7.6
农村居民人均可支配收入	31981（元）	10.2

【石狮狮阵上榜第五批国家级非物质文化遗产名录】 2021年6月10日，国务院公布第五批国家级非物质文化遗产代表性项目名录，以石狮狮阵为代表的泉州刣狮榜上有名。这是石狮继蚶江海上泼水节之后第二个入选国家级非物质文化遗产名录的项目。

晋江市

【市情概况】 2021年，晋江市辖6个街道、13个镇。陆域面积649平方千米，海域面积957平方千米。海岸线长121千米。耕地面积1.32万公顷，林地面积7995公顷，粮食播种面积3442.2公顷。林地保有量8189.83公顷，森林覆盖率14.53%，活立木蓄积量35.36万立方米。重要矿产资源有土、砂、石等12种。优势矿产主要有饰面用花岗岩、建筑用石材、玻璃用砂和铸型用砂四种。年末户籍人口123.25万人，流动人口116.27万人；常住人口206.9万人，人口自然增长率1.83‰。是年，县域经济基本竞争力持续位居全国第四位，城市投资潜力、营商环境跃居全国县域第二，经济实力连续28年居福建省县域首位。被中央主流媒体誉为全国县域经济发展典范、中小城市建设样板。获中国国际化营商环境建设示范市、全国工业互联网发展十强县、全国文明城市等称号。

【经济发展】 2021年，晋江市实现地区生产总值2986.41亿元，比2020年增长10.5%。规模以上工业产值6926.38亿元，比2020年增长15.4%。农林牧渔业总产值41.59亿元，比2020年下降3.6%。固定资产投资比2020年增长7.6%。社会消费品零售总额1640.96亿元，比2020年增长8.4%。实际利用外资17.02亿元，比2020年增长8.1%。一般公共预算总收入256.93亿元，比2020年增长12.8%；地方一般公共预算收入146.20亿元，比2020年增长5.0%。城乡居民人均可支配收入48849元，比2020年增长9.0%。其中，城镇居民人均可支配收入59023元，增长8.1%；农村居民人均可支配收入30201元，增长10.4%。

【城乡建设】 2021年，晋江市城乡建设建管并举，统筹推进114个城乡品质提升项目，完成投资109亿元。四大新片区实施项目84个、完成投资160亿元。12条道路建成通车，“聚城畅通”工程梯次推进。加强城乡人居环境整治，铺开环卫保洁、农贸市场、老旧小区、缆线规整等16个专项行动。推行河长制项目绩效考评，完成河道清淤整治45千米，建成4个标杆河湖，农村生活污水管网接户率达82%。植树造林346.67公顷，绿化矿山迹地111.27公顷。认定第三批市级历史建筑12栋，新增AAA级旅游景区2个，“晋江经验”馆入选全国“建党百年红色旅游精品线路”。入围全国乡村产业高质量发展典型案例，大埔村获评全国乡村治理示范村。完成全市工业用地调查，启动经济开发区改革，实施2个园区标准化建设试点，盘活产业空间。开展“营商环境提升年”活动，130个事项实现“一件事”集成，企业开办时限压缩至5个工作小时，二手房交易立等领证，服务事项网上可办率99.2%。深化国有企业改革，完成国有粮企改制重组。深化农村宅基地制度改革，盘活闲置宅基地31.8公顷。

【社会事业】 2021年，晋江市改善民生福祉，财政民生支出占比77.6%，22件为民实事顺利办成。新增城镇就业1.95万人，城镇登记失业率1.7%。新增优质学位1.24万个，开办学校自办食堂30个，课后延时服务全面推行。新增养老床位509个，新建、改建社区治丧场所5个。新增名医工作室10个，在全省县域率先推行医疗机构“一码通行”。科学精准应对省内突发疫情，坚决果断分级分区管控，全域全员核酸检测，阻断疫情传播风险，城市核酸检测基地建成投用，接种疫苗422万针次。强化“控事故、保安全”工作，启动消防安全综合整治“雷霆行动”，推进安全生产标准化建设，培育78个标杆企业、22个示范片区，生产安全事故起数、亡人数分别比2020年下降24.5%、23.1%。打击各类网络犯罪，电信网络诈骗破案率提高18.3个百分点。

【“晋江经验”馆入选“建党百年红色旅游百条精品线路”】 2021年5月，文化和旅游部联合中共中央宣传部、中央党史和文献研究院、国家发改委推出“建党百年红色旅游百条精品线路”评选活动，“晋江经验”馆入选全国“建党百年红色旅游百条精品线路”。晋江城市展馆分3层，拥有6400平方米展览展示区，其中一层为“晋江经验”馆。“晋江经验”馆设历史背景、经验提出、践行发展、传承创新4个展区，以影视回顾、珍贵照片、文字简介、实物展示和场景再现的手法，全面呈现习近平总书记总结提出“晋江经验”的实践探索和理论思考，以及晋江践行发展“晋江经验”所取得的成就。该展馆由晋江市清新文旅产业运营管理有限公司参与管理运营，获评“习近平新时代中国特色社会主义思想实践示范基地”“福建省党史学习教育参观学习点”“泉州市社会科学普及基地”“福建省爱国主义教育基地”等。

【全国县域首个国家区域医疗中心落地晋江】 2021年7月，国家发改委、国家卫健委、国家中医药管理局下发《关于第二批区域医疗中心试点项目有关事项的通知》，由上海市第六人民医院依托晋江市医院合作共建的上海六院福建医院获批，纳入第二批区域医疗中心试点项目名单。上海六院福建医院是国

2021年1月30日，晋江市医院（罗裳院区）作为上海六院福建医院一期项目运营
（图/晋江市委史志研究室）

2021年晋江市经济发展主要指标一览表

表29

指标名称	实绩	比2020年增长（%）
地区生产总值	2986.41（亿元）	10.5
一般公共预算总收入	256.93（亿元）	12.8
一般公共预算收入	146.20（亿元）	5.0
地方财政支出	124.77（亿元）	8.8
农业总产值	41.59（亿元）	-3.6
规模以上工业产值	6926.38（亿元）	15.4
社会消费品零售额	1640.96（亿元）	8.4
实际利用外资（验资口径）	17.02（亿元）	8.1
城镇居民人均可支配收入	49023（元）	8.1
农村居民人均可支配收入	30201（元）	10.4

家区域医疗中心试点单位唯一一家位于县域的医院。按照建设方案，上海六院福建医院打造成国内外知名的现代化三级甲等综合医院，在5年内建成集临床诊疗、疑难重症诊断与治疗、教学培训、科技研发、疾病预防、健康管理于一体的创伤区域医疗中心，辐射福建及周边省份乃至“一带一路”沿线国家和地区。1月30日，投资15亿元的晋江市医院（罗裳院区）建成搬迁，作为上海六院福建医院一期项目运营；3月12日，上海六院首批常驻专家团队进驻晋江。12月18日，安踏集团董事局主席、和敏基金会理事长丁世忠宣布捐赠100亿元人民币的现金及股票成立“和敏基金会”。上海市六院福建医院（福建和敏医院）项目是国家发改委、卫健委批复的国家区域医疗中心上海六院福建医院的二期建设项目，位于晋江市晋东片区，用地面积3.67公顷，建筑面积21万平方米，分两期建设，计划总床位1200张。

南安市

【市情概况】 2021年，南安市辖23个乡、镇，3个街道，2个省级经济开发区。土地面积2036平方千米。年末户籍人口166.6万人，常住人口193.3万人，人口自然增长率5.68‰。全市耕地面积3万公顷，粮食播种面积2.6万公顷。林地面积10.94万公顷，森林覆盖率52.7%，活立木蓄积量538.52万立方米。海岸线长32.8千米。重要矿产资源有铁锰矿、钼矿、钨矿、泥炭、饰面用花岗岩、饰面用闪长岩、工艺用辉绿岩、建筑用花岗岩、建筑用凝灰岩、建筑用砂、陶瓷土、高岭土、绢云母、伊利石、叶蜡石。是年，南安市获得的全国性荣誉有：中国县域工业百强第11位、赛迪“百强县”第21位、全国投资潜力百强县市第9位、全国科技创新百强县市第28位、全国县域电商竞争力百强第14位、国家级电子商务进农村综合示范县、首批全国县域足球典型。

【经济发展】 2021年，南安市实现地区生产总值1536.36亿元，比2020年增长9.8%。规模以上工业总产值3234.8亿元，比2020年增长12%。农林牧渔业总产值58.42亿元，比2020年增长4.1%。固定资产投资比2020年增长14.4%。社会消费品零售总额815亿元，比2020年增长10.4%。外贸出口额261.6亿元，比2020年增长9.8%；实际利用外资4.54亿元，比2020年增长13.4%。一般公共预算总收入102.2亿元，比2020年增长12.9%；其中地方一般公共预算收入58.62亿元，增长10.5%。城镇居民人均可支配收入54743元，比2020年增长8%；农村居民人均可支配收入27811元，比2020年增长10.8%。

【城市建设】 2021年，南安市城市建设空间布局和功能配套持续完善，国土空间总体规划形成初步成果，基本划定城镇开发边界和生态保护红线。高水平编制片区规划，11个节点片区更新改造完成投资额31亿元，溪美北山片区、罗东文卫商旅项目雏形初显。城市路网优化，江滨南路、茂盛路全线贯通，省道215线丰州至洪濑段拓改基本完工，横八线洪濑镇区过境线、东英公路扩宽改造提升工程具备通车

2021年6月7日，南安光电反射薄膜研发生产项目开工　（图/陈小阳）

条件，南金公路完成市政化改造。141个城乡品质提升项目全面铺开，改造提升老旧小区66个、惠及3200多户，新增绿地12万平方米、绿道5.5公里、口袋公园11个。生态整治修复“三线一单”划清生态管控脉络，完成植树造林近1333公顷、水土流失治理4267公顷、矿山生态修复31公顷。以老港溪、寿溪、大盈溪等为主体的水系连通及农村水系综合整治试点工程基本完工，“两溪一湾”美林、丰州段主体建成投用，城乡污水收集处理提质增效，完成市区污水管道深度普查，新建城镇污水处理厂1个、提升泵站2个、农村小型生活污水处理设施25个，新增配套管网近140千米，主要流域水质保持优良。

【乡村振兴】 2021年，南安市特色农业新建高标农田2670公顷，抛荒复耕近110公顷，粮食生产超额完成任务，蓬华入选全国农业产业强镇创建名单，“南安蜂蜜”“南安高茹芋头”获得国家地理标志证明商标。全面推进乡村建设，财政投入8.3亿元，支持巩固拓展脱贫攻坚成果同乡村振兴有效衔接。实施农村人居环境整治提升行动，拆除违建15万平方米，整治裸房近5300栋，提级改造“四好农村路”30千米，改造农村危桥5座。组建水务公司，启动城乡供水一体化。

【社会事业】 2021年，南安市加强社会保障，12件60项为民办实事如期兑现，“我为群众办实事”实践活动解决“急难愁盼”问题1000多个。新增城镇就业1万多人，农民工工资发放得到常态化监管保障。城乡居民医保人均补助标准从550元提高到580元，普通门诊费用实现跨省直接结算。新增养老床位600张。烈士纪念设施“六个一”长效管理做法获全省推广。教育教学提质减负，九小、十小、十一小、六幼等14所学校建成投用，新增优质学位9200多个，普惠性幼儿园覆盖率93%。落实“双减”政策，义务教育学校课后服务实现全覆盖，首批11个校园体育场地完成改造提升，7所学校入选全国校园足球特色校。南安职专及其他职校的3个专业群入选省职业院校“双高计划”。“医共体”建设深入推进，全国首创“专家组团帮带”模式建成4个高水平重点医疗学科，上海大学附属南安医院、童昌医院、成功医院新院区主体封顶，新增床位150张，县域就诊率提升至75%。组建文体旅集团，成立南安市成功体育人才培养基金，33个重点文旅项目完成投资20亿元，“郑成功”标识入选福建十大文化标识，举办全国皮划艇激流回旋春季冠军赛、山地生态旅游节等文体旅活动。举办“纪念郑成功收复台湾359周年”系列活动、海峡论坛•国际凤山文化旅游节，侨捐连续28年超亿元，光前学村获评中国华侨国际文化交流基地。基层网格化应用场景拓展至30个，“一网统管”高效运行。

【第17届中国（南安）国际水暖泵阀暨消防器材交易会】 2021年4月1—3日，第17届中国（南安）国际水暖泵阀暨消防器材交易会在南安成功国际会展中心举行。交易会以

2021年南安市经济发展主要指标一览表

表30

指标名称	实绩	比2020年增长（%）
地区生产总值	1536.36（亿元）	9.8
一般公共预算总收入	102.2（亿元）	12.9
地方一般预算收入	53.05（亿元）	6
一般公共预算支出	92.36（亿元）	15.5
农业总产值	58.42（亿元）	4.1
规模以上工业总产值	3234.8（亿元）	12
社会消费品零售额	814.98（亿元）	10.4
出口商品总值（海关口径）	261.59（亿元）	9.8
实际利用外资（验资口径）	4.54（亿元）	13.4
城镇居民人均可支配收入	54743（元）	8
农村居民人均可支配收入	27811（元）	10.8

"智造崛起，质领未来"为主题，设置水暖、泵阀和消防器材三大展区、9个精品展馆、1200个国际标准展位，523家企业参展，展览面积3万平方米。与新浪家居合作，开展2021CNPV云展会系列活动，延续"线上平台+直播"模式，开展水暖泵阀及消防器材国际买家线上采购会。展会期间还举办阀门青年论坛、工业设计推介会、阿里巴巴实战讲堂、CNPV颁奖典礼等活动。交易会吸引8.6万人次参观，签订意向合同金额62亿元。

【第14届海峡两岸（泉州）农产品采购订货会】　2021年9月7—9日，第14届海峡两岸（泉州）农产品采购订货会（以下简称"农订会"）在南安成功国际会展中心举行。该届"农订会"以"两岸携手、以农为媒、融合发展"为主题，设线下展馆3个，展厅面积2.5万平方米，国际标准展位708个，其中台胞、台商企业展位302个、大陆展位406个，吸引超过400家企业参展。推出"领导助农""主播带货""网红探馆"等线上活动。其中，"主播带货"直播活动直播15场，浏览量142万人次，成交单数3.7万单；邀请《海峡导报》主播邵诗涵携手台湾青年主播黄恺嘉直播逛展，直播曝光量1.73万人次；南安市融媒体中心主持人与FM88.1电台进行现场连线，逛展直播7.45万人次。现场达成协议合作意向451宗、金额16.2亿元；现场销售额4900余万元，比2020年同期增长3%。现场增设泉州和台湾农业技术合作成果展区、乡村产业振兴主题展区、福建农业品牌馆，举办福建省台农创业园招商推介会暨农渔产品市场拓销对接会、农业产业园及电商物流体系建设相关基地考察活动，组织评选"农订会最受欢迎伴手礼奖"和"农订会最受欢迎农产品服务商奖"等。

【第三届泉州智能装备博览会】　2021年12月3—5日，第三届泉州智能装备博览会在南安成功国际会展中心举行。该届展会展览面积1.8万平方米，286家企业参展，以数控机床、精密机械、智能制造、自动化设备、环保设备、模具工具、铸造设备、工程机械、五金制品等实物展示为主。展会人流量超2.5万人次，现场及意向订单金额1.6亿元。展会期间举行泉州（南安）高端装备智造园入园项目签约仪式，签约项目12个，预计投资额5亿元。同期举办2021年泉州铸造工业展览会、2021年泉州模具工业展览会，设立"专精特新"设备展示馆和南安装备品牌馆。

惠安县

【县情概况】　2021年，惠安县陆域面积（不含泉州台商投资区，下同）489.42平方千米，海域面积1725平方千米，辖12个镇、218个村（社区），人口81.45万人。耕地面积1.54万公顷，粮食播种面积9100公顷。林业用地积1.57万公顷，森林蓄积量91.55万立方米，森林覆盖率29.61%。

【经济发展】　2021年，惠安县实现地区生产总值1135.43亿元，比2020年增长8.5%，一般公共预算总收入、一般公共预算收入分别比2020年增长42.6%和18%，继续位列全国"县域经济综合竞争力百强""县域高质量发展百强""绿色发展百强""科技创新百强""营商环境百强"。255个在建重点项目完成固定资产投资超200亿元。对接引进易动力新能源等95个大项目好项目。中化乙烯17套装置投产运行，石大胜华一期、恒利达新材料等一批石化中下游项目投建投产，石化产业产值突破千亿元，泉惠石化工业园区竞争力排名全国化工园区第26位、全省开发区第3位，入选全国绿色化工园区。雕艺产业产值500亿元，比2020年增长19.4%；建筑业产值583亿元，比2020年增长8%；鞋服箱包、食品饮料、纸制品等民生行业分别完成产值500亿元、100亿元、50亿元。新引进唐传生物、杉鹰无人机等一批"专精特新"项目，新增3个省级众创空间，新培育57家国家高新技术企业、360家科技型中小企业、25家省级科技小巨人企业，全社会研发经费支出比2020年增长21.8%。

【城乡建设】　2021年，惠安县实施城乡建设品质提升行动，完成联三线黄塘至虎窟段道路工程全线通车，林口至聚龙道路提升、涂斗路及净峰路拓宽工程；启动新一轮全国文明城市创建，实施19个创城达标提升工程，提升22个老旧小区，沥青化改造25条城区道路，加快推进惠泉片区集中成片改造项目，围头池红色公园等5个城区口袋公园建成投入使用。开展农村人居环境整治提升行动，实用性村庄规划覆盖率70%，4个农村自住小区建设试点取得实质性进展，整治裸房2870栋，新增2条市级乡村振兴示范线，东岭镇许山头村等入选国家和省、市级乡村治理建设示范村。新增造林绿化533.33公顷，治理水土流失1100公顷，恢复矿山生态1.53公顷，绿盈乡村创建达标比例70%，空气质量优良率99.4%，集中式饮用水源水质达标率保持100%。

【社会事业】　2021年，惠安县推进社会各项事业发展，召开全县教育发展大会，出台"1+5"配套政策，惠安亮亮中学正式办学，新增公办幼儿园学位720个、中小学学位3000个。惠安县医院成为厦门医学院教学医院，加快建设县医院新院和螺城社区卫生服务中心综合楼等一批医疗基础设施，柔性引进高层次医疗人才33名，14个名医工作室开诊运行，基本医保报销比例提升至57%。惠安县文化馆被认定为国家一级馆，图书馆、博物馆主体工程

2021年11月13日，惠安县2021年中国农民丰收节暨首届“崇武鱼卷”文化节举行（图/崇武镇）

完工，新增3名省级非物质文化遗产代表性传承人和4个市级非物质文化遗产代表项目，12处不可移动文物点列入福建省第一批革命文物名录。城镇新增就业4600人，登记失业率1.94%；企业退休人员养老金“十六连涨”，人均标准提高至2412元，低保标准提升至每月775元，发放临时救助资金600万元，救助困难群众1700人次。

【2021年“博士菁英汇”系列活动】 2021年11月6—7日，惠安县举行2021年“博士菁英汇”系列活动，70名海内外博士人才与会，发挥专长和资源优势，与惠安结成“发展合伙人”“奋斗共同体”，助力惠安实现高质量发展。活动以“泉心泉意 惠才惠安”为主题，促成3个合作意向项目，聘任9名博士作为惠安县政府特邀顾问。

【惠安县教育发展大会】 2021年10月16日，惠安县召开全县教育发展大会，发布《惠安县教育事业发展三年行动方案（2021—2023年）》《惠安县推动教育事业高质量发展十条措施》，出台“1+5”配套政策，2021—2023年统筹25亿元资金投入教育事业，重点实施“改革突破”“品质提升”“师德塑造”“培根树人”四大工程，计划完成新建、改扩建中小学幼儿园53所，增加学位2.42万个。

2021年惠安县经济发展主要指标一览表

表31

指标名称	实绩	比2020年增长（%）
地区生产总值	1135.43（亿元）	8.5%
财政总收入	108.67（亿元）	42.6%
地方一般预算收入	40.86（亿元）	18.0%
地方财政支出	58.25（亿元）	15.1%
农业总产值	54.75（亿元）	5.8%
全部工业总产值	2475.55（亿元）	28.1%
社会消费品零售额	462.73（亿元）	10.4%
实际利用外资（验资口径）	4.69（亿元）	165.7%
城镇居民人均可支配收入	51909（元）	8.1%
农村居民人均可支配收入	26587（元）	9.6%

安溪县

【县情概况】 2021年，安溪县土地面积3057.28平方千米，辖15个镇9个乡（城区辖3个乡、镇）。年末户籍人口120.72万人。耕地面积3.19万公顷，粮食播种面积1.82万公顷。林地面积211.6万公顷，森林蓄积量953万立方米，森林覆盖率稳定在65.77%。2021年，安溪县位列全国经济综合实力百强县市第57位、全国绿色发展百强县市第52位、全国投资潜力百强县市第18位、全国科技创新百强县市第75位，获首批创建国家级农业现代化示范区、全国农业全产业链典型县、全国茶叶全产业链典型县、智慧茶业样板县域、2020年度全国信访工作“三无”县等称号。

【经济发展】 2021年，安溪县统筹抓好常态化疫情防控和经济社会发展，做好“六稳”工作，全面落实“六保”任务，经济运行在承压中平稳向好，各项主要经济指标完成情况良好。全县实现地区生产总值845.61亿元，比2020年增长10.5%。农林牧渔业总产值93.8亿元，比2020年增长5.5%；工业增加值360.5亿元，比2020年增长13.2%，其中规模以上工业增加值增长14.6%；建筑业增加值74.69亿元，比2020年增长5.4%；一般公共预算总收入50.14亿元，比2020年增长14.45%；一般公共预算支出65.76亿元，比2020年增长14.7%；社会消费品零售总额642.18亿元，比2020年增长13.0%；固定资产投资（不含铁路数据）比2020年增长3.6%。

【城乡建设】 2021年，安溪县开展“抓城建提品质”专项行动，注重城市片区更新改造，解放路西、沼涛实小、祥云路等片区改造加快推进，实施47个老旧小区改造提升项目；完成同美片区、炭坑内片区规划设计，推进雁塔大桥、砖文片区改造论证。同德大桥、参岭隧道建成通车，推进大三环省道S217（联四线）雅兴至东坑段、东三环罗内段、高速安溪出口路网等工程。兴泉铁路安溪段通过静态验收。万城壹号（清溪新城）全面复工并对外销售；天将御园（凤山家园）启动续建。龙湖山公园、大龙湖大型音乐喷泉等城市配套落地成景。启动城区共享电动车系统建设，完成1000辆电动车投放、覆盖185个停放点。推进城市精细化管理，拆除“两违”建筑4.45万平方米，建成公园绿地11公顷、口袋公园10个。泉州白濑水利枢纽工程大坝建设有序推进，先行工程进入收尾阶段，安置区工程加快推进。安溪经济开发区综合发展水平位列省级开发区第五位，推进安溪芯园标准化试点建设；数字福建（安溪）产业园加速链条集聚、数据汇聚，建成中国电影资料馆安溪数字资源中心，场景应用不断拓展。

【乡村振兴】　2021年，安溪县实施乡村振兴战略，推动农业提质增效、农村文明进步、农民增收致富，成为首批创建国家级农业现代化示范区，入选全国农业全产业链典型县，获批第二十五批全国绿色食品原料标准化生产基地创建单位，入选全国百条红色茶乡旅游路线，获“2021年度区域特色美丽茶乡”称号。实施“乡村振兴”专项行动，专题式滚动推进农村人居环境整治，首批11个乡镇片区改造全部启动，完成全域危废旧空心房整治，启动1.2万座裸房整治。健全完善防止返贫动态监测和帮扶机制，推进巩固拓展脱贫攻坚成果同乡村振兴有效衔接。培育省级乡村振兴特色乡镇2个、试点村30个，创建市级示范线6条。建设乡村振兴学院，常态化开展乡村人才培训；科技特派员实现乡镇及一、二、三产全覆盖。加快农村（社区）集体“三资”监管专项整治合同清理，追回和增收资金1135.57万元，收回土地1594.07公顷。龙门茭白入选全国名特优新农产品名录；安溪茭白种植面积667公顷、年产量3万吨。推进县级农村物流多网融合高质量发展建设，完善农村三级物流服务体系。推进“互联网+”农产品出村进城工程试点县建设，通过国家电子商务进农村综合示范县验收，建制村物流服务站实现全覆盖，淘宝镇增至10个、淘宝村增至54个，位列淘宝村全国百强县第33位、农产品电商百强县第2名，全县网络零售额240亿元。推进农村客运基础设施建设，全县438个建制村全部通客车，70%的人口出行实现公交化。

【生态环境】　2021年，安溪县加强环保宣传教育、环境监察执法，强化环境审批服务，开展污染物减排、医疗废物安全处置、第二轮中央生态环境保护督察反馈问题整改等各项生态环境保护重点工作，推进生态文明建设。安溪县空气质量综合指数2.54，二级以上达标天数361天，优良率98.9%。上半年空气质量优良天数比例97.6%；国家、省控河流断面水质全部达标，优于三类水体比例100%；治理水土流失40666.67公顷；造林绿化8200公顷，创建省级森林村庄13个。6月，“福建省泉州市安溪县坚持生态优先——探索山区特色农村污水治理之路”获生态环境部微信公众号推广宣传，成为典型案例。

【社会事业】　2021年，安溪县改善基本民生，城镇居民人均可支配收入和农村居民人均可支配收入都有增加，全体居民人均可支配收入27738元，比2020年增长8.5%，全体居民人均消费支出为19556元，比2020年增长12.1%。推进技能培训、转产转业、就业创业扶持，组织举办线上招聘会43场、现场招聘会6场，线上线下参会单位848家，提供岗位1.6万个，帮助企业招工引才6000人。城镇登记失业率1.94%，城镇新增就业人数3711人，城镇失业人员再就业875人。推动低保、特困供养人员审批确认权限委托下放至乡镇，提高社会救助时效。城乡居民社会养老保险61.59万人，参保率100%。发放城乡低保、临时困难补助等保障金1亿多元。建成农

2021年5月11日，戏曲电影《玉珠串》在安溪文庙开机（图/刘伯怡）

村区域性养老服务中心、长者食堂等养老服务设施。实现医保“村村通”，全县440所一体化村卫生所全部开通医保专线，实现在村卫生所可即时结报医保费用。落实粮食安全战略，完成高标准农田建设项目面积3万公顷，加强耕地保护，耕地地力保护、粮食生产与安全资金投入3451万元。推进食品安全“一品一码”工作，全县所有食品生产企业均注册使用福建省食品安全信息追溯平台，注册率100%。出台课后服务收费标准和监管措施，全县义务教育学校课后服务覆盖率100%；推进培文丽馨实验幼儿园分园等7个教育扩容项目；实施青年教师培养培训三年行动计划；入选全国中小学劳动教育实验区。邀请华东师范大学团队开展专家咨询调研，指导推进安溪县教育改革发展。发挥城镇优质学校的辐射、带动作用，实施城乡结对共建帮扶活动。完善医疗体系，健全平、急结合机制，推进方舱隔离点、城市核酸检测基地、疫情防控管理平台建设，开展多场景实战演练，提升疫情防控能力。推进医疗卫生体制改革。6月，安溪代表福建省接受国务院医改领导小组国家综合医改试点省阶段性总结评估，代表泉州市接受国家卫健委分级诊疗和医联体建设调研评估。推进“先诊疗、后付费”服务模式，改善诊疗环境，优化诊疗流程。县中医院医疗诊治能力提升工程项目加速推进，县医院门诊医技大楼投入使用。推行乡村卫生服务一体化管理。加快紧密型县域医共体建设，实施县域胸痛中心心电服务村村通项目。青阳下草埔冶铁遗址成为全国首个冶铁手工业世界文化遗产。拍摄全国首部高甲戏电影《玉珠串》，红色剧目《莫耶·延安颂》首演，《迟开的花》获全省第11届残疾人文艺创作会演二等奖。新建镇村文体广场10个、健身工程50个。

【《安溪铁观音质量安全白皮书（2020）》首发】 2021年4月16日，安溪铁观音质量安全白皮书发布会暨安溪铁观音海上丝绸之路“起航计划”启动仪式在北京举行。新华社中国经济信息社、中华全国供销合作总社杭州茶叶研究院、安溪县政府共同发布《安溪铁观音质量安全白皮书（2020）》。白皮书指出，安溪县空气质量优良，空气质量六项污染物指标均符合国家标准规定。茶园土壤肥力状况良好，微生物群落丰富，土壤生态系统健康稳定。白皮书肯定安溪茶园基地鲜叶、毛茶和成品茶质量安全状况。通过研究表明：鲜叶、毛茶和成品茶铅合格率为100%，含量远低于《食品安全国家标准 食品中污染物限量》（GB 2762-2017）标准限量规定（5毫克/千克）；依据《食品安全国家标准 食品中农药最大残留限量》（GB 2763-2019）进行农药残留的检测，合格率100%。

【安溪青阳下草埔冶铁遗址展示馆开馆】 2021年7月25日，安溪青阳下草埔冶铁遗址展示馆开馆仪式暨北京大学考古文博学院安溪考古工作站揭牌仪式在遗址现场举行。安溪青阳下草埔冶铁遗址展示馆暨北京大学考古文博学院安溪考古工作站项目于2020年11月启动实施，项目总投资2000万元，占地面积2000多平方米，包括展示馆、考古工作站、冶铁遗址保护棚、余氏祖厝遗址保护棚、广场等。

2021年安溪县经济发展主要指标一览表

表32

指标名称	2021年	比2020年增长（%）
地区生产总值	845.61（亿元）	10.5
一般公共预算总收入	50.14（亿元）	14.4
一般公共预算收入	32.94（亿元）	15.0
一般公共预算支出	65.76（亿元）	14.7
农林牧渔业总产值	93.80（亿元）	5.5
规模以上工业产值	120.43（亿元）	21.9
实际利用外资（验资口径）	1.36（亿元）	8.3
社会消费品零售总额	642.18（亿元）	13.0
城镇居民人均可支配收入	38459（元）	8.2
农村居民人均可支配收入	20909（元）	9.2

永春县

【县情概况】 2021年，永春县面积1456.87平方千米，辖22个乡（镇）、236个村（社区），户籍人口60.17万人。全县有农用地13.21万公顷，林地面积10.56万公顷，水资源总量18.21亿立方米。已发现的各类矿产资源30多种。其中，煤炭保有储量7674.32万吨，水泥用灰岩探明储量3.28亿吨，高岭土资源储量1234.27万吨。是年，永春县被中央文明委评为2021—2023年创建周期全国文明城市提名城市，被全国爱卫委重新确定为国家卫生县城，被农业农村部评为全国农业社会化服务典型，被农业农村部列入第三批全国农村创业创新典型县、第三批国家农产品质量安全县、全国农民合作社质量提升整县推进试点单位，被水利部评为第二批深化小型水库管理体制改革样板县等。

【经济发展】 2021年，永春县统筹抓好常态化疫情防控和经济社会发展，经济运行在承压中平稳向好，实现地区生产总值541.23亿元，比2020年增长6.1%。县财政一般公共预算总收入20.26亿元，比2020年增长，9.4%；一般公共预算收入13.19亿元，比2020年增长11.6%。全体居民人均可支配收入30639元，比2020年增长9.9%。

【乡村振兴】 2021年，永春县推进乡村振兴，实施省级乡村振兴试点村项目134个，打造4条市级乡村示范线路，仙夹镇龙水村入选全国“一村一品”示范村镇名单，仙夹镇龙水村、达埔镇汉口村入选省级“一村一品”示范村名单。岵山—仙夹示范线获评市级最美乡村振兴示范线，桃城镇上沙村、东关镇外碧村被列入市乡村振兴典型案例。新创建绿盈乡村23个、省级森林城镇1个、森业村庄10个，完成植树造林1000公顷，治理水土流失3066.67公顷。

【城乡建设】 2021年，永春县开展“城乡品质提升年”活动，实施54个城乡品质提升项目，完成投资33.2亿元。永春县“崇尚集约建房”试点等3个项目入选全省城乡建设品质提升十大样板工程，吾峰镇吾西村新闽派农房示范小区项目获全省新时代农村社区样板工程第一名。整合各类空间规划，坚持“规划引领、建管并重”，高标准编制国土空间总体规划，落实常态长效管理机制。县城建设步伐加快，城东片区改造完成征迁18.4万平方米，实施化龙安置区、公园壹号等项目，留安山东路等路网工程稳步推进。实施“永春真香”绿化景观提升工程，新建、改造口袋公园10个。开展农村人居环境整治提升，改造城镇老旧小区19个，整治裸房1363栋。推动68个省市县级乡村振兴试点村建设。注重乡村建设人才引进，永春县建设乡村人才驿站做法获评全国人才工作创新优秀案例。新建、改造污水管网20千米、燃气管网20千米、供水管网10千米，新改建农村公路60千米、危桥5座，完成国省干线“白改黑”46.5千米。新建5G基站190个，县城区智慧停车项目（一期）投入使用。推进白濑水库（永春部分）和横口集镇区迁建，加快马跳水库建设。生态质量综合指数优良率99.7%，东关桥、云贵国控断面水质达到二类。

【社会事业】 2021年，永春县落实常态化新冠肺炎疫情防控，12岁以上人群疫苗接种率98.6%，全县实现“零确诊”、医护人员“零感染”。完善社会保障体系，健全完善防返贫动态监测和帮扶机制，落实各类帮扶措施299条。完成低保户、残疾人、慈善安居工程55户。全年城镇新增就业1526人，城镇登记失业率控制在2.4%以内。开展“企业保障、稳岗就业、人才引育、技能提升”四项行动，发放各类复工稳岗补助资金3255万元。实施全民参保计划，城乡居民基本养老保险参保率99.3%，基本医疗保险参保率98%。启动仰贤实验小学扩建前期工作，10所学校项目竣工投入使用，增加中小学、幼儿园学位4360个。优化城乡学校布局，撤并12所、停办6所小规模学校、教学点，整合设置1所九年一贯制学校。落实“双减”政策，规范教育课外培训行为。卫生健康工作实行与省附一医院建立定点帮扶机制，引进专家医疗团队，打造县域特色品牌科室，深化特色分科，提升医疗水平和服务质量。县妇幼保健区建成投用。完善社会化养老服务体系，“爱心午餐+互助养老”模式入选福建省养老服务改革创新优秀案例。县老干部活动中心楼、县青少年宫新楼建成投用。永春香制作技艺列入国家级非物质文化遗产代表性项目名录，仙夹镇获评“中国漆艺之乡”，岵山镇获评“中国特膳食品（九制熟地）之乡”，15个单位入选福建省第一批革命文物名录。深化“强基促稳”三年行动，获评全国“2021基层社会治理创新县”。开展县域网格化服务管理试点工作，排查化解各类矛盾纠纷4051起。创新信访事项“磋商对账”机制，化解信访事项22件。推行“村干部兼职辅警”机制，入选社会治理创新“法治影响中国典范案例”。

【“五全”招商】 2021年，永春县把招商选资作为推动发展的“头号工程”，实施全县、全域、全员、全产业、全方位“五全”招商。成立招商工作指挥部，设立6个招商专班，出台招商引资项目

2021年11月23日，2021年中国永春芦柑文化旅游节暨芦柑开采活动在永春县达埔镇举行
（图/许永华 叶国强）

比拼考评方案，召开全县招商大会，推行“一把手招商”“现场招商”“乡贤招商”“飞地招商”。明确招商产业导向，聚焦“香、醋、瓷”三大有根产业，轻工纺织、机械制造、食品饮料三大传统产业及新材料、生物医药、数字经济三大新兴产业的“333”产业，立足永春资源禀赋和生态优势，推动文旅康养、现代物流、农产品深加工等一、二、三产业融合发展。扩展招商空间梳理闲置厂房13.8万平方米，可开发用地171.13公顷，规划新增用地591.73公顷。完善落地服务，实行产业项目全过程“保姆式”贴心服务制度，兑现招商优惠政策70余条。组织“走出去、请进来”考察活动115场，落地项目147个，总投资52.21亿元；签约项目57个，总投资136.69亿元。新设立外资企业（含增资）16家，投资总额1320万美元，合同利用外资6300万美元。

2021年永春县经济发展主要指标一览表

表33

指标名称	实绩	比2020年增长（%）
地区生产总值	541.23（亿元）	6.1
一般公共预算总收入	20.26（亿元）	9.4
地方一般预算收入	13.19（亿元）	11.6
农业总产值	47.12（亿元）	8.5
规模以上工业总产值	900.17（亿元）	6.7
社会消费品零售额	185.05（亿元）	9.9
实际利用外资（验资口径）	0.64（亿元）	12.6
城镇居民人均可支配收入	38043（元）	8.5
农村居民人均可支配收入	20382（元）	12.2

【永春县获评第三批全国农村创业创新典型县】 2021年1月，永春县被农业农村部评为第三批全国农村创业创新典型县。永春县致力建设农村创业创新平台，有农业农村部与财政部设立国家现代柑橘产业技术体系永春芦柑综合试验站；与福建农林大学联合搭建福建农林大学研究生工作站；依托柑橘首席专家邓秀新院士，建立柑橘院士专家工作站3个，依托福建省农业科学研究院等高等院校，成立市级专家工作站8个；建立永春智汇园、生物医药产业孵化平台。建设提升永春县农产品质量安全检验检测体系农业检测中心、燃香类产品质量监督检验中心（国家级）、县农资监管平台。实施“互联网+”农产品出村进城工程，完善永春县旅游集散中心“美丽永春”直播基地、京东永春农特产馆、永春芦柑信息网、益农信息社等平台，涵盖永春芦柑、佛手茶、蔬菜、笋干、面线等特色产品50类500多种，产品销售全国各大城市。完善农村创业、创新服务，依托国家农村创新创业园区“永春县农民创业园”，建立永春县农村创新创业服务中心，在福建省农村创业创新园区“永春县五里街镇现代农业产业园”“吾里青藤”与“田小农”星创天地等各类“双创”园区设立相应的服务中心。围绕农业特色产业生产与服务需求，引导社会资本、龙头企业、合作社、专业大户等与农民、返乡农民工、高校毕业生建立“1+X”利益联结形式，推动全县62%农户加入合作社或务工，形成“龙头企业+合作社+基地+家庭农场/农户”联结机制。优化农村创业、创新环境，推出农村承包土地经营权抵押贷，实施优惠鼓励措施、建立“降利率”机制，创新推进金融支农服务，设立农村承包土地经营权抵押贷，推出以林权抵押贷款的“林好贷”“花卉贷”“林易贷”等，抵押贷款4200笔、抵押面积3700公顷、贷款余额9.87亿元。将涉农人才建设纳入永春县“人才港湾”计划，年投入1000万元人才工作专项经费。

德化县

【县情概况】 2021年，德化县面积2232.16平方千米，户籍人口35.43万人，辖18个乡镇、217个村（社区）。耕地面积16892.79公顷，粮食播种面积9300公顷。林地面积17.13万公顷，森林覆盖率78.4%，森林蓄积量1911.49万立方米。全县可供开发的水力资源31.2万千瓦，水电装机容量28.7万千瓦。重要矿产资源有高岭土、煤炭、石灰石、铁矿石、泥煤、叶蜡石、金、铅、锌、铜、钨、锰等矿藏40多种。其中铁矿石、高岭土、石灰石储量均在亿吨以上，已探明黄金储量20吨以上。

【经济发展】 2021年，德化县实现地区生产总值327.48亿元，比2020年增长11.6%。规模以上工业产值417.4亿元，比2020年增长13.5%；社会消费品零售总额142.73亿元，比2020年增长13.6%，限额以上社会消费品零售额34.55亿元，比2020年增长26.9%。农林牧渔业总产值24.64亿元，比2020年增长5.4%。固定资产投资比2020年增长22.5%。一般公共预算总收入22.89亿元，比2020年增长18.2%；其中地方一般公共预算收入14.63亿元，增长13.8%。网络零售额163亿元，比2020年增长22%。城镇居民人均可支配收入40838元，比2020年增长8.3%；农村居民人均纯收入19933元，比2020年增长10.1%。

【城乡建设】 2021年，德化县推进城乡建设，城关扩容提质。投入11.3亿元，实施26个市政提升工程，完成驾云亭片区改造、5个老旧小区修补。凤凰山绿道加快推进，完成驾云亭公园扩建和东埔公园建设，新增一批街头绿地、口袋公园。推进全国文明城市创建，完成南门、龙南市场改造提升，开展市容市貌、占道经营、渣土车“滴洒漏”、餐饮油烟污染等专项整治。

【社会事业】 2021年，德化县推进社会事业建设与发展，全县民生相关支出26.06亿元，占一般公共预算支出的77.1%。编制“十四五”教育发展专项规划，新改扩建13个教育项目，刺桐红幼儿园等建成投用，新增学位2000个。落实“双减”政策，做好课后服务提质扩面工作。县职校工艺美术专业入选省中职高水平专业群建设名单，德化三中通过“省二级达标高中”市级评估验收，实现达标高中创建100%。巩固国家公共文化服务体系示范区成果，“德化白瓷”入选“福建文化标识”，非物质文化遗产技艺登上央视《乡村大舞台》，德化窑址入选世界遗产名录和国家“十四五”时期大遗址名单，获评中国民间文化艺术之乡。推进医共体实质性运作，入选省首批医共体建设试点县、全国紧密型县域医共体典型案例。县医院医技楼、第三医院建成投入使用。县医院通过省第一批卒中中心验收，与深圳大学总医院共建医联体，乡镇卫生院“双达标”建设完成，戴云山中医药基地获评省中医药文化宣传教育基地。县社会福利中心建设有序推进，新建农村居家养老服务站2个，创建爱心幸福城入选省养老服务改革创新案例。深化安全生产专项整治三年行动集中攻坚，开展“安全生产执法年”和“严执法、强攻坚、促提升”活动，推进安全生产标准化提升，安全生产形势总体稳定。常态化推进扫黑除恶斗争，全县综治平安“三率”水平位居全市前列，获评全国信访工作“三无”县。微网格公众平台入选全国政法智能化建设创新案例。政法队伍教育整顿群众满意度调查全省第一。

【乡村振兴发展】 2021年，德化县推进乡村振兴发展，成立县乡村振兴局，龙浔镇列入国家农村综合性改革试点试验区。整合各级资金2.66亿元，巩固脱贫攻坚成果，推进“美丽乡村”“一清二整三美化”、村集体创收等项目，新增省级乡村振兴实绩突出村2个、市级乡村振兴示范线3条，集体经济收入50万元以上村46个。探索建立“1+N”乡村公共服务共建共享机制，推进惠农综合服务中心建设，开发“筑梦”志愿服务平台，建设村级便民“服务圈”。

【全国陶瓷行业唯一“国家工业设计研究院”落户德化县】 2021年10月22日，2021年世界工业设计大会开幕，工业和信息化部公布首批5家国家工业设计研究院并颁发牌匾，位于德化县的福建省陶瓷工业设计研究院榜上有名。经过3年的培育期，全国陶瓷行业唯一“国家工

2021年10月22日，位于德化县的福建省陶瓷工业设计研究院被授予“国家工业设计研究院”牌匾 （图/德化县政府办）

2021年德化县经济发展主要指标一览表

表34

指标名称	实绩	比2020年增长（%）
地区生产总值	327.48（亿元）	11.6
财政总收入	22.89（亿元）	18.2
地方一般预算收入	14.63（亿元）	13.8
地方财政支出	33.19（亿元）	15.6
农业总产值	24.64（亿元）	5.4
全部工业总产值	458.68（亿元）	13.3
社会消费品零售额	142.73（亿元）	13.6
出口商品总值（海关口径）	27.78（亿元）	13.0
实际利用外资（验资口径）	0.16（亿元）	-38.6
城镇居民人均可支配收入	40838（元）	8.3
农村居民人均可支配收入	19933（元）	10.1

业设计研究院”落户德化县。“国家工业设计研究院”是国家制造业创新竞争的重要平台、是国家创新体系建设的基础平台，是2018年工业和信息化部为健全创新发展支撑体系、推动解决深层次产品创新问题而推出的。“国家工业设计研究院”的头衔极为稀缺，同一行业（领域）只认定一家“国家工业设计研究院”。

金门县

【县情概况】 2021年，金门县人口14.15万人，其中老年人口2.18万人，占总人口15.4%。面对新冠肺炎疫情，金门县推动纾困计划，协助产业转型，振兴全县经济。在城乡建设和社会事业上，继续保护修缮传统闽南建筑。启用洋山净水厂，减少长年对地下水的依赖。构建完善社会保障服务网络，建设托婴中心、家扶中心。建造全岛第一座共融公园。在疫情防控上，对户籍金门县且符合规定自费接种对象全额补助疫苗接种和诊查费。受疫情冲击，金门县旅游业低迷，利用“探索梦”号邮轮、“初日”号渡轮满足游客欣赏海上风光的需求，向到金门的游客赠送旅游振兴券加抽奖，协助旅游产业发展。

【经济振兴】 2021年，金门县应对新冠肺炎疫情对产业造成突发性冲击情况，及时整合原有措施和增加纾困内容，于5月28日宣布第一轮纾困方案，包括津贴发放、税收减免、经营协助、产业纾困四大措施。其中，中低收入者津贴每人核发现金，受惠人数700多人。7月，推出九大纾困措施，包括个人纾困救急、线上职训津贴、地方税减免及延期、产业贷款利息补贴、产业租金减免、促参权力金减免、规费减免、辅导产业电商销售等。10月，金门县振兴券在全县5个乡镇35个村里、41个领取点发放。是年，金门县发放纾困金协助民众渡过难关，再发振兴券刺激地方内需经济，提振整体市场景气。

【城乡建设】 2021年，金门县推进城乡建设发展。3月10日，金门水头港大型旅客服务中心新建工程开工。9月，对王金城洋楼进行修复，王金城洋楼是一栋金门侨汇建筑最盛时期的洋楼建筑代表，结合南洋风格的装饰，其构法、石作、砖造、拼花、正立面十分精良、接缝密致，彰显高水准的营建技术。其配置格局与做工堪称地区建筑代表，规模宏大，整体保存具有很大再利用价值。11月15日，金门县定古迹官澳藏兴古厝修缮暨利用工程开工。12月29日，新建工程洋山净水厂启用。净水厂坐落于金沙水库旁，占地面积4.45公顷，可供建设日产5万吨的净水系统，完成第一期日产2.5万吨的净水厂，第二期根据地区发展需求适时启动。洋山净水厂的水源为大陆原水，完工后将取代荣湖净水厂供水东半岛（金沙），并将配送至西半岛（金城、金宁）及小金门使用。除可提升民生供水稳定性外，亦将逐步取代地下水源，减少金门长年对地下水的依赖。

【社会事业】 2021年，金门县推进社会各项事业发展。5月2日，位于莒光湖畔的金门岛第一座共融公园游戏场揭牌启用。建设共融、友善、安全、游憩并符合全民共享的公园式游戏场，在“分区分级”“资源整合运用”的概念下，评估地形环境、群众参与性及区位利用后，金门县规划5个乡镇各设置一处共融式或亲子公园。金门县调整社会福利措施让各年龄层次都得到实惠，落实老年人日间照料、长期照料等各种实际照顾，办理公办幼托婴中心。5月7日，金门西半岛第一家公办民营托婴中心成立揭牌。实施育儿津贴新规，津贴分两阶段，第一阶段从8月1日起调整，减轻双薪家庭育儿负担。10月15日，金门扶助、支持弱势群体的家扶中心举行新馆启用典礼。

【旅游航运】 2021年，金门县推进旅游航运发展。推进“金门行动旅服”系统使用，游客只需一部手机即可熟门熟路吃喝玩乐畅游金门，是年平均每日有近2000人次浏览，浏览量超过40万人次，维持金门旅游超高人气和热度。该系统为运用渐进式网络应用程式技术开发的旅游服务系统，游客免下载手机App，即可享有App般的体验，系统整合金门“吃、住、买、玩、赏、行”六大旅游资讯服务，满足游客旅途中的需求。3月9日，“金门跳岛游”2021年度首航由星梦邮轮“探索梦”号载运1000余名游客抵达水头码头。3月13日，为摆脱因疫情导致的旅游业困境，金厦海运公司推出的海上游程首航剪彩仪式在金门水头码头举行。游客搭乘专属“初日”号渡轮由金门出发，沿途欣赏金门及厦门海上风光，船上提供“类空服”随船服务，旅客可于船上享用金门当地风味餐、特色茶点等，航行期间并安排歌手驻唱等娱乐节目。首期推出日航及夜航两种不同玩法，日航可观赏战地风光及金门生态特色，夜航则可观赏艺术灯光表演及厦门夜景。10月8日，“2021金门369来金旅游送振兴券+抽金牌”活动记者会举行，旅游、建设、金酒等部门推出一系列方案，协助业者度过疫情，超过100户商家加入。活动对象为到金门“自由行”及“旅行团”旅客，“369”是指到金门旅游送旅游振兴券，总计6.6万份，抽99.9%纯金金牌。

人物·荣誉

先进人物

李振生　中国扶贫志愿服务促进会副会长、南安市梅山镇蓉中村党委书记，全国脱贫攻坚先进个人。2012年起，李振生带头指导帮扶甘肃省会宁县钟家岔村、武山县北顺村和福建省寿宁县下党村，引领3个贫困村脱贫致富奔小康。作为中国扶贫志愿服务促进会副会长，李振生致力于贫困村创业致富带头人培训，创新“1+11”扶贫培训模式，针对村庄贫困农户实施精准创业帮扶。“1”就是让参训学员在蓉中培训基地集中学习1个月；“11”就是用11个月的时间对学员回村创业进行全方位的跟踪、帮扶和指导。既有当地政府选聘的扶贫创业导师采用“师傅带徒弟”的办法就地就近指导帮扶，又有蓉中培训基地创业导师每季度的跟踪帮扶和远程互联网服务，确保参训学员在一年时间内能够让创业计划落地，两年创业发展，三年创业成功。“1+11”培训模式培养出创业致富带头人5639人，创业率62%，他们活跃在17个省（自治区）210个县（市、区）约3000个贫困村，带动34960名建档立卡贫困村民脱贫增收，为脱贫攻坚做出突出贡献。2021年2月25日，全国脱贫攻坚总结表彰大会在北京人民大会堂举行，李振生被授予“全国脱贫攻坚先进个人”称号。

陈永春　安溪县扶贫办主任，全国脱贫攻坚先进个人。陈永春于2011年担任安溪县扶贫办主任，专事扶贫开发工作。十年来，为掌握不同地域的致贫原因和帮扶对策，陈永春走遍边远贫困村落，遍访贫穷困难家庭，提出“一个就业岗位、一份医疗保险、一块茶果园、一群鸡鸭牛羊、一个公职帮扶干部”的有效措施。2019年年底，安溪县贫困户、贫困村全部脱贫退出，打造出小康路上的“安溪样板”。实现扶贫开发工作的“四个根本性转变”，即贫困户的内生动力发生根本性转变、贫困村向美丽乡村根本性转变、贫困户住房条件发生根本性转变、扶贫力量实现由政府主导向大扶贫格局的根本性转变。2021年2月25日，全国脱贫攻坚总结表彰大会在北京人民大会堂举行，陈永春被授予“全国脱贫攻坚先进个人”称号。

陈欠水　惠安县人大常委会原助理调研员，全国优秀共产党员。陈欠水于1964年应征入伍，因表现突出入党，在部队18年受到党的教育培养和雷锋精神感召，立志把助人为乐精神发扬光大。转业到地方后，陈欠水成了扶贫助残一线的“急先锋”。在职17年，陈欠水放弃1200多个节假日，走百村、访千家，骑行7.9万多千米，为5100多名困难群众落实帮扶政策。退休16年，几乎每天早出晚归、风雨无阻，下乡总行程近23万千米，走访帮扶困难群众4.7万多人次。帮扶中，既向群众讲解党的政策又鼓励他们自力更生。陈欠水8次被评为全国先进，包括“全国五一劳动奖章”“全国最美志愿者”“全国职业道德先进个人”“全国残疾人扶贫先进个人”等。在惠安，陈欠水感染和影响了一大批当地的年轻人。一批年轻人成立“陈欠水扶贫助弱”青年志愿服务队，开展志愿服务活动上百场。2021年6月28日，全国“两优一先”表彰大会在北京人民大会堂举行，陈欠水被授予“全国优秀共产党员”称号。

林孝发 九牧集团有限公司党委书记、董事长、总裁，全国优秀党务工作者。九牧集团创立于1990年，2004年成立党支部，2013年升格为党委。作为党委书记，林孝发坚持以党建引领企业发展，推行民营企业党建工作融入公司治理的工作机制，围绕“党委创先进、党员争优秀、企业有发展、员工得实惠”目标，专门设立党委办，配备专职党务工作者，并把党建经费纳入企业年度经营预算，把党建写入企业章程，保障党建工作开展。在林孝发带领下，九牧集团党委弘扬“晋江经验”精神，坚持“党建强则发展强”理念，注重发挥党员员工的示范带动作用，培养优秀人才和骨干队伍，以创新推动企业转型发展。创建“党员创新工作实验室”、“劳模创新工作室”、工人先锋号、青年文明号等，设立党员先锋岗、生产技术示范岗、创新研发攻关岗等7个岗位，引导党员当好表率、主动作为，促进企业党建和生产经营同向发力、同步发展。九牧集团还创造性提出党建工作与人才培养相融合的工作思路，推行导师制、人才持股激励、合伙制等模式，公司省级、市级高层次人才数量名列泉州市前列，其中党员比例达20%以上。为此，林孝发也被中组部评为“国家高层次人才特殊支持计划领军人才”。2021年6月28日，全国“两优一先”表彰大会在北京人民大会堂举行，林孝发被授予“全国优秀党务工作者”称号。

李发彬 2020年东京奥运会中国体育代表团运动员，中国青年五四奖章、全国五一劳动奖章获得者。2021年7月25日，东京奥运会男子举重61公斤级比赛举行，李发彬以抓举141公斤、挺举172公斤、总成绩313公斤获冠军，并打破该级别挺举和总成绩奥运纪录。这也是福建选手参加东京奥运会所获的首枚金牌，同时标志泉州实现奥运会金牌零的突破。李发彬出征东京，是泉州举重选手第一次参加奥运会。8月9日，共青团中央、全国青联授予李发彬“中国青年五四奖章”。9月，中华全国总工会授予李发彬“全国五一劳动奖章”。

黄东萍 2020年东京奥运会中国体育代表团运动员，中国青年五四奖章、全国五一劳动奖章获得者，全国三八红旗手。2021年7月30日，东京奥运会羽毛球混双决赛举行，黄东萍与队友王懿律合作，获得冠军。此系福建选手参加东京奥运会所获第三枚奖牌。黄东萍此次出征东京，是泉州羽毛球选手第一次参加奥运会并夺冠，也是福建女子羽毛球队的运动员第一次参加奥运会并夺冠。8月9日，共青团中央、全国青联授予黄东萍“中国青年五四奖章”。同月，全国妇联授予黄东萍“全国三八红旗手”称号。9月，中华全国总工会授予黄东萍“全国五一劳动奖章”。

逝世人物

张美寅（1950—2021） 泉州籍知名摄影家、集邮家、收藏家。1950年出生于泉州。1995年开始学习摄影，最初喜欢拍摄美景，出版《九寨情缘》等影集。后来，喜欢上纪实摄影，为了一组好照片有时甚至付出10年的守候。曾任新加坡摄影艺术研究会会长，新加坡国家文化奖获得者，多次被美国摄影协会评为“世界摄影十杰”，并在国际集邮大赛中获得过金奖。2008年新加坡邮政发行的“国庆日”邮票当中，有3幅邮票图样选用张美寅的摄影作品。张美寅于2021年2月1日在新加坡逝世，享年71岁。

苏双碧（1933—2021） 泉州籍知名历史学家。民国22年（1933年）出生于南安洪濑厝斗村。历任北京大学历史系教师、光明日报社理论部主任、求是杂志社副总编辑等。在光明日报社工作期间，发表《切中时弊的两本好书——评〈燕山夜话〉〈三家村札记〉》《百家争鸣和发展马克思主义史学》《关于贯彻“百家争鸣”的几个问题》等文章，对贯彻百家争鸣方针起到积极作用。擅长中国近代史和史学理论研究，注重把握历史规律，运用正确方法，揭示历史本质。撰写的《当前史学研究中值得探讨的几个问题》等文章，在史学界产生较大影响。参与主编或主编《中国史学家评传》《中国革命史小丛书》《社会主义理论丛书》等书籍。出版《历史科学的理论和方法》《洪秀全传》《洪秀全》《太平天国史综论》等著作30余种。苏双碧于2021年2月24日逝世，享年87岁。

陈祥耀（1922—2021） 字喆盦，福建师范大学文学院教授，知名古典文学研究家、诗人、书法家。民国11年（1922年）出生于泉州。毕业于无锡国学专修学校。1954—1979年任福建师范学院、福建师范大学讲师，1979年晋升副教授，1983年晋升教授。长期从事中国古典文学的研究。曾任中华诗词学会理事，为中国书法家协会会员，享受国务院特殊津贴。担任《清诗选》《弘一大师全集（修订版）》主编。其著作已刊行的有《五大诗人评述》《中国古典诗歌丛话》《喆盦文存》《喆盦诗合集》《唐宋八大家文说》《清诗精华》《哲学文化晚思录》《喆盦书法选》《陈祥耀文史类稿》等。陈祥耀于2021年3月19日逝世，享年100岁。

刘兴土（1936—2021） 中国工程院院士。民国25年（1936年）出生于马来西亚马六甲市，原籍永春。1951年参加中国人民解放军，任华东军区司令部气象干部训练大队学员。1959年毕业于东北师范大学地理系，曾任中国科学院东北地理与农业生态研究所研究员、博士生导师、沼泽研究室主任、研究所所长等职。2007年当选中国工程院院士。曾任国家湿地专家委员会副主任、全国湿地保护标准化技术委员会副主任委员、国家湿地公园评审委员会副主任、国家林草局湿地保护修复科技创新联盟专家咨询委员会主任、全国湿地调查专家委员会主任、松嫩—三江平原国家科技攻关专家组组长等职。刘兴土是中国湿地学科具有突出成就的学术带头人，首创沼泽湿地稻—苇—鱼复合农业生态工程模式，开辟沼泽湿地的长期定位生态研究；提出粮食核心产区粮—牧—工协同发展、三江平原适度发展水稻规模等多项重要战略咨询建议，推进国家粮食生产基地建设和东北区域农业可持续发展。刘兴土于2021年5月6日逝世，享年85岁。

苏东水（1931—2021） 泉州籍知名经济学家、管理学家，东方管理学派创始人，“泉州模式”理论首创者，复旦大学首席教授、博士生导师。民国20年（1931年）出生于泉州市区一个爱国华侨家庭。1953年，毕业于厦门大学企业管理系，后到复旦大学从事教学和科研工作。虽早年离乡，但苏东水一直十分关心关注家乡的发展。改革开放之初，为破解泉州乡镇企业发展困境，苏东水曾在3年时间内8次到泉州进行调研和考察，于1986年首次提出“泉州模式”，即“股份制的经济形式，外向型的市场经济，国际化的经营道路，侨洋式的生产条件，灵活的经济管理和地、亲、文、商、神‘五缘’经济网络关系”，成为可以和“苏南模式”“温州模式”相媲美的区域经济发展模式。2006年，苏东水在《再论“泉州模式”》一文中总结提升“泉州模式”的新特点，即发达的集群经济、特色的县域经济、活力的品牌经济、发展的创新经济和新型的文化经济。2011年，在“泉州模式”25周年发展研讨会上，苏东水第三次纵论“泉州模式”，并重绘家乡发展蓝图：海西现代化中心城市、发达的总部经济、繁荣的第三产业、强大的城市综合竞争力、优越的人居环境。苏东水于2021年6月13日逝世，享年91岁。

荣 誉

2021年泉州市获得的全国荣誉称号一览表

表35

荣誉称号	颁发机构
国家创新型城市	科技部
首批国家产教融合试点城市	国家发展和改革委员会、教育部
第二批国家文化和旅游消费试点城市	文化和旅游部、国家发展和改革委员会、财政部
第四批国家公共文化服务体系示范区	文化和旅游部、财政部
十大“秀美之城”	中央广播电视总台财经节目中心、国家统计局、中国邮政集团有限公司、北京大学国家发展研究院
轻工业先进产业集群	中国轻工业联合会
2021年度活力城市	中国新闻社、中国新闻周刊

2021年泉州市各县（市、区）获得的全国荣誉称号一览表

表36

县（市、区）	荣誉称号	颁发机构
鲤城区	2021年度全国信访工作示范县（市、区）	国家信访局
鲤城区	2016—2020年度全国科普示范县（市、区）	中国科学技术协会
鲤城区	中国工业百强区	中国信息通信研究院
泉港区	中国工业百强区	中国信息通信研究院
石狮市	全国乡村“复兴少年宫”建设试点市	中共中央宣传部、中央精神文明建设指导委员会办公室
石狮市	城乡交通运输一体化示范县	交通运输部

续表36

县（市、区）	荣誉称号	颁发机构
石狮市	全国“家校（园）共育”数字化项目第二批示范区	国家教育行政学院
石狮市	2021年全国营商环境百强县（市）	中国社会科学院财经战略研究院
石狮市	2021年度全国综合实力百强县市	中国中小城市高质量发展指数研究课题组、国信中小城市指数研究院
石狮市	2021年度全国绿色发展百强县市	中国中小城市高质量发展指数研究课题组、国信中小城市指数研究院
石狮市	2021年度全国科技创新百强县市	中国中小城市高质量发展指数研究课题组、国信中小城市指数研究院
石狮市	中国工业百强县	中国信息通信研究院
石狮市	中国创新百强县	中国信息通信研究院
石狮市	2021年中国县域电商竞争力百强	《小康》杂志
石狮市	全国县域旅游综合实力百强县	全国县域旅游研究课题组、北京华夏佰强旅游咨询中心
晋江市	2021年全国营商环境百强县（市）	中国社会科学院财经战略研究院
晋江市	2016—2020年度全国科普示范县（市、区）	中国科学技术协会
晋江市	2021—2025年度全国科普示范县（市、区）	中国科学技术协会
晋江市	2021年度全国综合实力百强县市	中国中小城市高质量发展指数研究课题组、国信中小城市指数研究院
晋江市	2021年度全国绿色发展百强县市	中国中小城市高质量发展指数研究课题组、国信中小城市指数研究院
晋江市	2021年度全国投资潜力百强县市	中国中小城市高质量发展指数研究课题组、国信中小城市指数研究院
晋江市	2021年度全国科技创新百强县市	中国中小城市高质量发展指数研究课题组、国信中小城市指数研究院
晋江市	中国工业百强县	中国信息通信研究院
晋江市	中国创新百强县	中国信息通信研究院
晋江市	2020年全国工业互联网发展十强县	中国工业互联网研究院
晋江市	2021中国最具发展潜力百佳县市	《小康》杂志、中国小康网
晋江市	2021年中国县域电商竞争力百强	《小康》杂志
晋江市	全国县域旅游综合实力百强县	全国县域旅游研究课题组、北京华夏佰强旅游咨询中心
南安市	2021年电子商务进农村综合示范县（市）	商务部
南安市	首批全国县域足球典型	体育总局
南安市	2021年全国营商环境百强县（市）	中国社会科学院财经战略研究院
南安市	2021年度全国综合实力百强县市	中国中小城市高质量发展指数研究课题组、国信中小城市指数研究院
南安市	2021年度全国绿色发展百强县市	中国中小城市高质量发展指数研究课题组、国信中小城市指数研究院
南安市	2021年度全国投资潜力百强县市	中国中小城市高质量发展指数研究课题组、国信中小城市指数研究院
南安市	2021年度全国科技创新百强县市	中国中小城市高质量发展指数研究课题组、国信中小城市指数研究院
南安市	中国工业百强县	中国信息通信研究院
南安市	中国创新百强县	中国信息通信研究院

续表36

县（市、区）	荣誉称号	颁发机构
南安市	2021年中国县域电商竞争力百强	《小康》杂志
惠安县	2021年度全国综合实力百强县市	中国中小城市高质量发展指数研究课题组、国信中小城市指数研究院
惠安县	2021年度全国绿色发展百强县市	中国中小城市高质量发展指数研究课题组、国信中小城市指数研究院
惠安县	2021年度全国科技创新百强县市	中国中小城市高质量发展指数研究课题组、国信中小城市指数研究院
惠安县	中国工业百强县	中国信息通信研究院
惠安县	中国创新百强县	中国信息通信研究院
安溪县	首批创建农业现代化示范区	农业农村部、财政部、国家发展和改革委员会
安溪县	2021年全国营商环境百强县（市）	中国社会科学院财经战略研究院
安溪县	2016—2020年度全国科普示范县（市、区）	中国科学技术协会
安溪县	2021年度全国综合实力百强县市	中国中小城市高质量发展指数研究课题组、国信中小城市指数研究院
安溪县	2021年度全国绿色发展百强县市	中国中小城市高质量发展指数研究课题组、国信中小城市指数研究院
安溪县	2021年度全国投资潜力百强县市	中国中小城市高质量发展指数研究课题组、国信中小城市指数研究院
安溪县	2021年度全国科技创新百强县市	中国中小城市高质量发展指数研究课题组、国信中小城市指数研究院
安溪县	中国工业百强县	中国信息通信研究院
安溪县	中国创新百强县	中国信息通信研究院
安溪县	2021年中国县域电商竞争力百强	《小康》杂志
永春县	2022年全国水系连通及水美乡村建设试点县	水利部、财政部
永春县	第三批全国农村创业创新典型县	农业农村部
永春县	第三批国家农产品质量安全县	农业农村部
永春县	全国农民合作社质量提升整县推进试点单位	农业农村部
永春县	第二批深化小型水库管理体制改革样板县	水利部
永春县	中国工业百强县	中国信息通信研究院
永春县	中国创新白强县	中国信息通信研究院
德化县	中国民间文化艺术之乡（陶艺）	文化和旅游部

2021年泉州市获得国家部委及以上表彰的先进单位一览表

表37

单位名称	荣誉称号	颁发机构
永春县扶贫开发服务中心	全国脱贫攻坚先进集体	中共中央、国务院
德化县憨鼠爱心小分队	全国脱贫攻坚先进集体	中共中央、国务院
晋江市安踏（中国）有限公司党委	全国先进基层党组织	中共中央
泉州市提线木偶戏传承保护中心	首届人民政协“委员工作室（站）”全国20件杰出案例之一	中国人民政治协商会议全国委员会
泉州市委宣传部	全国基层理论宣讲先进集体	中共中央宣传部
福建省泉州市烟草专卖局（公司）	2016—2020年全国普法工作先进单位	中共中央宣传部、司法部、全国普法办

续表37

单位名称	荣誉称号	颁发机构
泉州市委宣传部	2016—2020年全国普法工作先进单位	中共中央宣传部、司法部、全国普法办
泉州市司法局	2016—2020年全国普法工作先进单位	中共中央宣传部、司法部、全国普法办
石狮市人民检察院	2016—2020年全国普法工作先进单位	中共中央宣传部、司法部、全国普法办
泉州市丰泽区公安分局	2016—2020年全国依法治理创建活动先进单位	中共中央宣传部、司法部、全国普法办
永春县五里街镇人民政府	2016—2020年全国依法治理创建活动先进单位	中共中央宣传部、司法部、全国普法办
南安市人民法院	全国优秀法院	最高人民法院
泉州市人民检察院“亲清护企”文化品牌	2021年全国检察机关十佳文化品牌	最高人民检察院
晋江市西滨镇跃进村	第八批“全国民主法治示范村（社区）”	司法部、民政部
永春县五里街镇大羽村	第八批“全国民主法治示范村（社区）”	司法部、民政部
泉州台商投资区张坂镇后蔡村	第八批“全国民主法治示范村（社区）”	司法部、民政部
永春县农村产业融合发展示范园	第三批国家农村产业融合发展示范园	国家发展和改革委员会、农业农村部、工业和信息化部、财政部、自然资源部、商务部、文化和旅游部
安溪县藤铁家居工艺基地	国家外贸转型升级基地	商务部
上海六院福建医院（晋江）	第二批区域医疗中心试点项目	国家发展和改革委员会、国家卫生健康委员会、国家中医药管理局
晋江经验馆	全国“建党百年红色旅游精品线路”	国家发展和改革委员会
福建斯兰供应链服务有限公司	第一批全国供应链创新与应用示范企业	商务部、工业和信息化部、生态环境部、农业农村部、中国人民银行、国家市场监督管理总局、中国银行保险监督管理委员会、中国物流与采购联合会
国家陶瓷工业设计研究院（福建）有限公司	首批国家工业设计研究院	工业和信息化部
福建田中机械科技股份有限公司	第三批专精特新小巨人企业	工业和信息化部
福建立信换热设备制造股份公司	第三批专精特新小巨人企业	工业和信息化部
福建科立讯通信有限公司	第三批专精特新小巨人企业	工业和信息化部
福建烟草机械有限公司	第三批专精特新小巨人企业	工业和信息化部
泉州众志新材料科技有限公司	第三批专精特新小巨人企业	工业和信息化部
福建省百川资源再生科技股份有限公司	第三批专精特新小巨人企业	工业和信息化部
福建路通管业科技股份有限公司	第三批专精特新小巨人企业	工业和信息化部
泉州恒毅机械有限公司	第三批专精特新小巨人企业	工业和信息化部
福建华清电子材料科技有限公司	第三批专精特新小巨人企业	工业和信息化部
德林智能科技有限公司	第三批专精特新小巨人企业	工业和信息化部
睿中电气股份有限公司	第三批专精特新小巨人企业	工业和信息化部

续表37

单位名称	荣誉称号	颁发机构
福建群峰机械有限公司	第三批专精特新小巨人企业	工业和信息化部
泉州市南安特易通电子有限公司	第三批专精特新小巨人企业	工业和信息化部
泉州市华茂机械设备有限公司	第三批专精特新小巨人企业	工业和信息化部
泉州市凯鹰电源电器有限公司	第三批专精特新小巨人企业	工业和信息化部
泉州嘉德利电子材料有限公司	第三批专精特新小巨人企业	工业和信息化部
力达（中国）机电有限公司	第三批专精特新小巨人企业	工业和信息化部
福建立亚新材有限公司	第三批专精特新小巨人企业	工业和信息化部
福建省陶瓷工业设计研究院	首批国家工业设计研究院	工业和信息化部
泉州匹克鞋业有限公司工业设计中心	第五批国家级工业设计中心	工业和信息化部
福建（泉州）哈工大工程技术研究院	第五批国家级工业设计中心	工业和信息化部
洛江区罗溪镇洪四村	第二批全国乡村治理示范村	农业农村部
泉港区前黄镇前黄村	第二批全国乡村治理示范村	农业农村部
石狮市永宁镇郭坑回族村	第二批全国乡村治理示范村	农业农村部
晋江市磁灶镇大埔村	第二批全国乡村治理示范村	农业农村部
南安市梅山镇灯光村	第二批全国乡村治理示范村	农业农村部
惠安县东岭镇许山头村	第二批全国乡村治理示范村	农业农村部
永春县湖洋镇吴岭村	第二批全国乡村治理示范村	农业农村部
德化县三班镇三班村	第二批全国乡村治理示范村	农业农村部
安溪县尚卿乡	2021年全国乡村特色产业十亿元镇	农业农村部
安溪县感德镇	2021年全国乡村特色产业十亿元镇	农业农村部
泉州市慈善总会	全国先进社会组织	民政部
丰泽区北峰街道见龙亭社区	2020年度全国综合减灾示范社区	应急管理部
石狮市凤里街道五星社区	2020年度全国综合减灾示范社区	应急管理部
晋江市梅岭街道梅青社区	2020年度全国综合减灾示范社区	应急管理部
南安市罗东镇银河新城社区	2020年度全国综合减灾示范社区	应急管理部
安溪县凤城镇湖滨社区	2020年度全国综合减灾示范社区	应急管理部
德化县上涌镇刘坑村	2020年度全国综合减灾示范社区	应急管理部
黎明职业大学	教育部第三批现代学徒制试点院校	教育部
泉州轻工职业学院	教育部第三批现代学徒制试点院校	教育部
黎明职业大学	全国高职院校服务贡献典型学校	教育部
黎明职业大学	全国教师发展指数优秀院校	教育部
黎明职业大学	全国学生发展指数优秀院校	教育部
黎明职业大学	国家级职业教育示范性虚拟仿真实训基地	教育部
黎明职业大学	首批国家示范性职教集团	教育部
黎明职业大学（数字媒体技术专业）	国家级职业教育教师教学创新团队	教育部
泉州市西街东段	第一批国家级夜间文化和旅游消费集聚区	文化和旅游部
丰泽区丰泽街道丰泽社区	全国示范性老年友好型社区	国家卫生健康委员会、全国老龄工作委员会办公室
泉港区山腰街道锦祥社区	全国示范性老年友好型社区	国家卫生健康委员会、全国老龄工作委员会办公室

续表37

单位名称	荣誉称号	颁发机构
晋江市梅岭街道竹园社区	全国示范性老年友好型社区	国家卫生健康委员会、全国老龄工作委员会办公室
惠安县螺城镇西北社区	全国示范性老年友好型社区	国家卫生健康委员会、全国老龄工作委员会办公室
安溪县凤城镇凤山社区	全国示范性老年友好型社区	国家卫生健康委员会、全国老龄工作委员会办公室
永春县苏坑镇嵩溪村	全国示范性老年友好型社区	国家卫生健康委员会、全国老龄工作委员会办公室
鲤城区工商业联合会	2020—2021年度全国“五好”县级工商联	中华全国工商业联合会
丰泽区工商业联合会	2020—2021年度全国“五好”县级工商联	中华全国工商业联合会
洛江区工商业联合会	2020—2021年度全国“五好”县级工商联	中华全国工商业联合会
泉港区工商业联合会	2020—2021年度全国“五好”县级工商联	中华全国工商业联合会
石狮市工商业联合会	2020—2021年度全国“五好”县级工商联	中华全国工商业联合会
晋江市工商业联合会	2020—2021年度全国“五好”县级工商联	中华全国工商业联合会
南安市工商业联合会	2020—2021年度全国“五好”县级工商联	中华全国工商业联合会
惠安县工商业联合会	2020—2021年度全国“五好”县级工商联	中华全国工商业联合会
安溪县工商业联合会	2020—2021年度全国“五好”县级工商联	中华全国工商业联合会
永春县工商业联合会	2020—2021年度全国“五好”县级工商联	中华全国工商业联合会
德化县工商业联合会	2020—2021年度全国“五好”县级工商联	中华全国工商业联合会
福建百宏聚纤科技实业有限公司	全国五一劳动奖状	中华全国总工会
福建鸿星尔克体育用品有限公司职工服务中心	全国工人先锋号	中华全国总工会
石狮市鸿峰环保生物工程有限公司锅炉丙班	全国工人先锋号	中华全国总工会
永春县达埔彬达制香厂有限公司研发室	全国工人先锋号	中华全国总工会
泉州市第一医院城东院区N4区肝胆肿瘤外科	全国五一巾帼标兵岗	中华全国总工会
福建省南安市公安局出入境管理大队窗口接待中队	第20届全国青年文明号	中国共产主义青年团中央委员会
厦门海关缉私局泉州海关缉私分局缉私二科	第20届全国青年文明号	中国共产主义青年团中央委员会
厦门出入境边防检查总站肖厝出入境边防检查站执勤一队	第20届全国青年文明号	中国共产主义青年团中央委员会
福建医科大学附属第二医院呼吸与危重症医学科	第20届全国青年文明号	中国共产主义青年团中央委员会

续表37

单位名称	荣誉称号	颁发机构
中国中化控股有限责任公司中化（泉州）石油销售有限公司丰泽区田安路南段加油站	第20届全国青年文明号	中国共产主义青年团中央委员会
国家税务总局安溪县税务局第一税务分局（办税服务厅）	第20届全国青年文明号	中国共产主义青年团中央委员会
中国人寿保险股份有限公司福建省晋江市支公司	第20届全国青年文明号	中国共产主义青年团中央委员会
福建泉州市华远电讯有限公司（九一营业厅）	第20届全国青年文明号	中国共产主义青年团中央委员会
中国闽台缘博物馆展览开放部讲解组	第20届全国青年文明号	中国共产主义青年团中央委员会
晋江市烟草专卖局（分公司）陈埭专卖管理所（客服部）	第20届全国青年文明号	中国共产主义青年团中央委员会
泉州市中级人民法院诉讼服务中心	全国巾帼文明岗	中华全国妇女联合会
鲤城区人民检察院“12309”检察服务中心	全国巾帼文明岗	中华全国妇女联合会
丰泽区东湖街道圣湖社区居委会	全国巾帼文明岗	中华全国妇女联合会
石狮市第二实验幼儿园教研组	全国巾帼文明岗	中华全国妇女联合会
晋江市中医院妇产科	全国巾帼文明岗	中华全国妇女联合会
七匹狼中国男装博物馆	全国巾帼文明岗	中华全国妇女联合会
南安市女企业家联谊会	全国巾帼建功先进集体	中华全国妇女联合会
泉州市法律援助中心	全国维护妇女儿童权益先进集体	中华全国妇女联合会
石狮市委政法委	全国维护妇女儿童权益先进集体	中华全国妇女联合会

2021年泉州市获得省委、省政府表彰的先进单位一览表

表38

单位名称	荣誉称号	颁发机构
泉州市扶贫开发领导小组办公室	福建省脱贫攻坚先进集体	中共福建省委、福建省人民政府
石狮市农业农村局	福建省脱贫攻坚先进集体	中共福建省委、福建省人民政府
晋江市医院	福建省脱贫攻坚先进集体	中共福建省委、福建省人民政府
晋江市总商会	福建省脱贫攻坚先进集体	中共福建省委、福建省人民政府
南安市梅山镇灯光村党总支	福建省脱贫攻坚先进集体	中共福建省委、福建省人民政府
南安市向阳乡党委	福建省脱贫攻坚先进集体	中共福建省委、福建省人民政府
南安市委统战部	福建省脱贫攻坚先进集体	中共福建省委、福建省人民政府
安溪县虎邱镇党委	福建省脱贫攻坚先进集体	中共福建省委、福建省人民政府
安溪县山格淮山专业合作社	福建省脱贫攻坚先进集体	中共福建省委、福建省人民政府
安溪县农业农村局	福建省脱贫攻坚先进集体	中共福建省委、福建省人民政府
永春县介福乡紫美村村民委员会	福建省脱贫攻坚先进集体	中共福建省委、福建省人民政府
永春县蓬壶镇党委	福建省脱贫攻坚先进集体	中共福建省委、福建省人民政府
德化县水口镇党委	福建省脱贫攻坚先进集体	中共福建省委、福建省人民政府
德化县对口帮扶宁夏红寺堡区工作组	福建省脱贫攻坚先进集体	中共福建省委、福建省人民政府
九牧集团有限公司	福建省优秀民营企业	中共福建省委、福建省人民政府
福建百宏聚纤科技实业有限公司	福建省优秀民营企业	中共福建省委、福建省人民政府
福建省石狮市通达电器有限公司	福建省优秀民营企业	中共福建省委、福建省人民政府
达利食品集团有限公司	福建省优秀民营企业	中共福建省委、福建省人民政府

续表38

单位名称	荣誉称号	颁发机构
福建盼盼食品有限公司	福建省优秀民营企业	中共福建省委、福建省人民政府
福建匹克集团有限公司	福建省优秀民营企业	中共福建省委、福建省人民政府
特步（中国）有限公司	福建省优秀民营企业	中共福建省委、福建省人民政府
福建省铁拓机械股份有限公司	福建省优秀民营企业	中共福建省委、福建省人民政府
鲤城区鲤中街道党工委	全省先进基层党组织	中共福建省委
福建火炬电子科技股份有限公司党总支	全省先进基层党组织	中共福建省委
泉州市通政中心小学党支部	全省先进基层党组织	中共福建省委
丰泽区东湖街道党工委	全省先进基层党组织	中共福建省委
丰泽区政府办公室党支部	全省先进基层党组织	中共福建省委
福建路港（集团）有限公司党委	全省先进基层党组织	中共福建省委
中建力天集团有限公司党支部	全省先进基层党组织	中共福建省委
泉州市奕聪中学党总支	全省先进基层党组织	中共福建省委
泉州市公安局泉港分局党委	全省先进基层党组织	中共福建省委
泉港区山腰街道聚福社区党支部	全省先进基层党组织	中共福建省委
晋江市英林镇西埔村党支部	全省先进基层党组织	中共福建省委
晋江市罗山街道华泰社区党支部	全省先进基层党组织	中共福建省委
晋江市安海镇商会党委	全省先进基层党组织	中共福建省委
福建浔兴集团有限公司党委	全省先进基层党组织	中共福建省委
晋江市新塘街道党工委	全省先进基层党组织	中共福建省委
石狮市锦尚镇卢厝村党支部	全省先进基层党组织	中共福建省委
石狮市阳光太太志愿者协会党支部	全省先进基层党组织	中共福建省委
国网福建省电力有限公司石狮市供电公司党委	全省先进基层党组织	中共福建省委
石狮市祥芝渔业协会党支部	全省先进基层党组织	中共福建省委
南安市官桥镇党委	全省先进基层党组织	中共福建省委
南安市石井镇党委	全省先进基层党组织	中共福建省委
南安市水头镇朴一村党支部	全省先进基层党组织	中共福建省委
南安市第一中学党委	全省先进基层党组织	中共福建省委
南安市柳城街道四季家园党支部	全省先进基层党组织	中共福建省委
厦门市南安商会党支部	全省先进基层党组织	中共福建省委
惠安县聚龙小镇党委	全省先进基层党组织	中共福建省委
惠安县崇武镇前垵村党委	全省先进基层党组织	中共福建省委
福建起步儿童用品有限公司党支部	全省先进基层党组织	中共福建省委
惠安县惠女水库坝区管理站党支部	全省先进基层党组织	中共福建省委
惠安县辋川镇离退休干部党支部	全省先进基层党组织	中共福建省委
安溪县湖头镇党委	全省先进基层党组织	中共福建省委
安溪县离退休干部党工委	全省先进基层党组织	中共福建省委
安溪县龙门镇洋坑村党支部	全省先进基层党组织	中共福建省委
泉州市凯鹰电源电器有限公司党支部	全省先进基层党组织	中共福建省委
福建八马茶业有限公司党委	全省先进基层党组织	中共福建省委
永春县达埔镇党委	全省先进基层党组织	中共福建省委
永春县岵山镇茂霞村党委	全省先进基层党组织	中共福建省委
国家税务总局永春县税务局机关党委	全省先进基层党组织	中共福建省委
永春县总医院党委	全省先进基层党组织	中共福建省委

续表38

单位名称	荣誉称号	颁发机构
德化县龙门滩镇党委	全省先进基层党组织	中共福建省委
德化县龙浔镇丁墘村党支部	全省先进基层党组织	中共福建省委
德化县雷峰镇朱紫村党支部	全省先进基层党组织	中共福建省委
福建万龙金刚石工具有限公司党支部	全省先进基层党组织	中共福建省委
泉州天地星电子有限公司党支部	全省先进基层党组织	中共福建省委
泉州台商投资区党群工作部党支部	全省先进基层党组织	中共福建省委
德润（福建）产业园运营有限公司党支部	全省先进基层党组织	中共福建省委
泉州市委组织部机关党总支	全省先进基层党组织	中共福建省委
泉州市政府办公室机关党委	全省先进基层党组织	中共福建省委
泉州市纪委监委机关党委	全省先进基层党组织	中共福建省委
国家税务总局泉州市税务局机关党委	全省先进基层党组织	中共福建省委
泉州市行政服务中心机关党委	全省先进基层党组织	中共福建省委
泉州黎明职业大学党委	全省先进基层党组织	中共福建省委
泉州晋江国际机场股份有限公司党委	全省先进基层党组织	中共福建省委
泉州师范学院物理与信息工程学院党委	全省先进基层党组织	中共福建省委
福建联合石油化工有限公司生产部聚烯烃业务团队党支部	全省先进基层党组织	中共福建省委
福建柒牌集团有限公司党委	福建省民营企业党建工作先进单位	中共福建省委
福建省闽南建筑工程有限公司党委	福建省民营企业党建工作先进单位	中共福建省委
顺景科技集团有限公司党总支	福建省民营企业党建工作先进单位	中共福建省委
福建晋工机械有限公司党总支	福建省民营企业党建工作先进单位	中共福建省委
功夫动漫股份有限公司党支部	福建省民营企业党建工作先进单位	中共福建省委
福建七匹狼集团有限公司党委	福建省民营企业党建工作先进单位	中共福建省委
福建省海佳集团股份有限公司党支部	福建省民营企业党建工作先进单位	中共福建省委
玖龙纸业（泉州）有限公司党支部	福建省民营企业党建工作先进单位	中共福建省委

2021年泉州市获得国家部委及以上表彰的先进个人一览表

表39

姓名	工作单位	荣誉称号	颁发机构
李振生	南安市蓉中村党委	全国脱贫攻坚先进个人	中共中央、国务院
陈永春	安溪县扶贫办	全国脱贫攻坚先进个人	中共中央、国务院
陈欠水	惠安县人大常委会	全国优秀共产党员	中共中央
林孝发	九牧集团有限公司	全国优秀党务工作者	中共中央
梁玉华	德化县委	全国优秀县委书记	中共中央组织部
黄　毓	泉州市人民检察院	2016—2020年全国普法工作先进个人	中共中央宣传部、司法部、全国普法办
潘高鹏	南安市委宣传部	2016—2020年全国普法工作先进个人	中共中央宣传部、司法部、全国普法办
许建安	惠安县委宣传部	2016—2020年全国普法工作先进个人	中共中央宣传部、司法部、全国普法办
林培兴	永春县农业农村局	2016—2020年全国普法工作先进个人	中共中央宣传部、司法部、全国普法办
洪彦伟	石狮市人民法院	全国优秀法官	最高人民法院
吴美满	泉州市人民检察院	2021年度法治人物	司法部、全国普法办、中央广播电视总台
郑雄彭	福建省德化县飞天陶瓷艺术研究所	全国五一劳动奖章	中华全国总工会
鲁本利	福建泉州闽光钢铁有限责任公司	全国五一劳动奖章	中华全国总工会
李锋平	泉州市疾病预防控制中心	全国五一劳动奖章	中华全国总工会

续表39

姓名	工作单位	荣誉称号	颁发机构
李发彬	2020年东京奥运会中国体育代表团	全国五一劳动奖章	中华全国总工会
黄东萍	2020年东京奥运会中国体育代表团	全国五一劳动奖章	中华全国总工会
李发彬	2020年东京奥运会中国体育代表团	中国青年五四奖章	中国共产主义青年团中央委员会、中华全国青年联合会
黄东萍	2020年东京奥运会中国体育代表团	中国青年五四奖章	中国共产主义青年团中央委员会、中华全国青年联合会
谢宝缘	福建医科大学附属第二医院	全国三八红旗手	中华全国妇女联合会
黄东萍	2020年东京奥运会中国体育代表团	全国三八红旗手	中华全国妇女联合会
庄燕华	泉州聚贤庄置业有限公司	全国巾帼建功标兵	中华全国妇女联合会
许清心	晋江市妇联	全国巾帼建功标兵	中华全国妇女联合会
王顺玲	石狮市人民法院	全国维护妇女儿童权益先进个人	中华全国妇女联合会
许建林	晋江市农业农村局	全国维护妇女儿童权益先进个人	中华全国妇女联合会

2021年泉州市获得省委、省政府表彰的先进个人一览表

表40

姓名	工作单位	荣誉称号	颁发机构
蔡志鹏	泉州市纪委	福建省脱贫攻坚先进个人	中共福建省委、福建省人民政府
庄树雄	泉州市委组织部	福建省脱贫攻坚先进个人	中共福建省委、福建省人民政府
赖晓艺	泉州市住房和城乡建设局	福建省脱贫攻坚先进个人	中共福建省委、福建省人民政府
颜硕丰	泉州市农业农村局	福建省脱贫攻坚先进个人	中共福建省委、福建省人民政府
黄建生	泉州市凌霄中学	福建省脱贫攻坚先进个人	中共福建省委、福建省人民政府
陈俊伟	丰泽区经贸综合行政执法大队	福建省脱贫攻坚先进个人	中共福建省委、福建省人民政府
朱德华	洛江区委机构编制委员会办公室	福建省脱贫攻坚先进个人	中共福建省委、福建省人民政府
付维松	泉港区第五中学	福建省脱贫攻坚先进个人	中共福建省委、福建省人民政府
王欣琪	石狮市农业综合执法大队	福建省脱贫攻坚先进个人	中共福建省委、福建省人民政府
庄玉静	晋江市中医院	福建省脱贫攻坚先进个人	中共福建省委、福建省人民政府
叶煌森	南安市眉山乡高田村党总支	福建省脱贫攻坚先进个人	中共福建省委、福建省人民政府
王碰生	南安市蓬华镇党委	福建省脱贫攻坚先进个人	中共福建省委、福建省人民政府
吴帮助	南安市官桥镇人民政府	福建省脱贫攻坚先进个人	中共福建省委、福建省人民政府
王德富	南安市农业农村局	福建省脱贫攻坚先进个人	中共福建省委、福建省人民政府
卢世锋	福建省惠安科山中学	福建省脱贫攻坚先进个人	中共福建省委、福建省人民政府
黄永中	安溪县尚卿乡灶坑村民委员会	福建省脱贫攻坚先进个人	中共福建省委、福建省人民政府
李瑞谦	安溪县湖头镇党委	福建省脱贫攻坚先进个人	中共福建省委、福建省人民政府
林格雷	安溪县参内镇党委	福建省脱贫攻坚先进个人	中共福建省委、福建省人民政府
刘细亮	安溪县虎邱中心学校	福建省脱贫攻坚先进个人	中共福建省委、福建省人民政府
高向荣	安溪县委	福建省脱贫攻坚先进个人	中共福建省委、福建省人民政府
李进作	永春县一都镇光山村党支部	福建省脱贫攻坚先进个人	中共福建省委、福建省人民政府
林志裕	永春县苏坑镇党委	福建省脱贫攻坚先进个人	中共福建省委、福建省人民政府
刘泷沅	永春县达埔镇党委	福建省脱贫攻坚先进个人	中共福建省委、福建省人民政府
林纪东	永春县湖洋镇党委	福建省脱贫攻坚先进个人	中共福建省委、福建省人民政府
刘延菲	永春县纪委	福建省脱贫攻坚先进个人	中共福建省委、福建省人民政府
赵文彪	永春县农业农村局	福建省脱贫攻坚先进个人	中共福建省委、福建省人民政府
李建聪	德化县龙门滩镇苏洋村党支部	福建省脱贫攻坚先进个人	中共福建省委、福建省人民政府
陈敏坤	德化县赤水镇党委	福建省脱贫攻坚先进个人	中共福建省委、福建省人民政府

续表40

姓名	工作单位	荣誉称号	颁发机构
刘振铭	德化县人民政府	福建省脱贫攻坚先进个人	中共福建省委、福建省人民政府
曾华基	德化县农业农村局	福建省脱贫攻坚先进个人	中共福建省委、福建省人民政府
郭少清	泉州台商投资区玉埕中学	福建省脱贫攻坚先进个人	中共福建省委、福建省人民政府
许清流	福建恒安集团有限公司	福建省优秀民营企业家	中共福建省委、福建省人民政府
赖世贤	安踏体育用品集团有限公司	福建省优秀民营企业家	中共福建省委、福建省人民政府
丁辉煌	三六一°（中国）有限公司	福建省优秀民营企业家	中共福建省委、福建省人民政府
吴志雄	南威软件股份有限公司	福建省优秀民营企业家	中共福建省委、福建省人民政府
万喜红	福建天电光电有限公司	福建省优秀民营企业家	中共福建省委、福建省人民政府
王聪星	利郎（中国）有限公司	福建省优秀民营企业家	中共福建省委、福建省人民政府
蔡劲军	福建火炬电子科技股份有限公司	福建省优秀民营企业家	中共福建省委、福建省人民政府
王诗榕	信和新材料股份有限公司	福建省优秀民营企业家	中共福建省委、福建省人民政府
付心知	泉州市特殊教育学校	福建省第六届杰出人民教师	中共福建省委、福建省人民政府
郭卫东	泉港区教师进修学校正高级教师	福建省第六届杰出人民教师	中共福建省委、福建省人民政府
曾旭晴	泉州市实验小学	福建省第六届杰出人民教师	中共福建省委、福建省人民政府
曾志兴	华侨大学	福建省第六届杰出人民教师	中共福建省委、福建省人民政府
谭　辉	晋江市南侨中学	福建省第六届杰出人民教师	中共福建省委、福建省人民政府
曾文彬	鲤城区海滨街道金山社区离退休干部党支部	全省优秀共产党员	中共福建省委
黄队强	丰泽区委办公室	全省优秀共产党员	中共福建省委
叶碧红	丰泽区泉秀街道华丰社区党委	全省优秀共产党员	中共福建省委
肖冰冰	洛江区疾病预防控制中心	全省优秀共产党员	中共福建省委
王希仁	福建省铁拓机械股份有限公司	全省优秀共产党员	中共福建省委
王峻峰	泉港区界山镇党委	全省优秀共产党员	中共福建省委
郭滨东	泉港区后龙镇柳亭村党支部	全省优秀共产党员	中共福建省委
柯金鏢	福建晋工机械有限公司	全省优秀共产党员	中共福建省委
苏统谋	晋江市文体局	全省优秀共产党员	中共福建省委
李燕玉	晋江市特殊教育学校	全省优秀共产党员	中共福建省委
郭焕钢	石狮市总医院	全省优秀共产党员	中共福建省委
卓光辉	石狮市公安局禁毒大队	全省优秀共产党员	中共福建省委
李云华	南安市疾病预防控制中心	全省优秀共产党员	中共福建省委
吴金笔	南安市省新镇省身村党委	全省优秀共产党员	中共福建省委
吴小纲	南安市财政局	全省优秀共产党员	中共福建省委
曾淑婉	惠安县螺阳镇尾透村党支部	全省优秀共产党员	中共福建省委
黄惠昌	惠安县总医院	全省优秀共产党员	中共福建省委
陈莹煌	安溪县龙涓乡内灶小学	全省优秀共产党员	中共福建省委
钟志艺	安溪县湖上乡盛富村党总支	全省优秀共产党员	中共福建省委
苏天恭	永春县蓬壶镇仙岭村党支部	全省优秀共产党员	中共福建省委
郑少君	泉州师范学院	全省优秀共产党员	中共福建省委
孙炳章	德化县第六中学	全省优秀共产党员	中共福建省委
郑雄文	福建省德化县山花陶瓷有限公司	全省优秀共产党员	中共福建省委
郭廷水	福建惠安县怡德塑胶有限公司	全省优秀共产党员	中共福建省委
吕孙顶	泉州市卫健委	全省优秀共产党员	中共福建省委

续表40

姓名	工作单位	荣誉称号	颁发机构
陈晓东	泉州市公交集团有限责任公司温陵分公司	全省优秀共产党员	中共福建省委
柯佳颖	泉州师范学院	全省优秀共产党员	中共福建省委
林党政	功夫动漫股份有限公司	全省优秀党务工作者	中共福建省委
魏丽双	鲤城区开元街道新春社区党支部	全省优秀党务工作者	中共福建省委
黄文耀	丰泽区东海街道党工委	全省优秀党务工作者	中共福建省委
罗　平	洛江区双阳街道南山社区党支部	全省优秀党务工作者	中共福建省委
潘世阳	泉港区委组织部	全省优秀党务工作者	中共福建省委
陈伟宏	泉港区涂岭镇党委	全省优秀党务工作者	中共福建省委
陈树森	晋江市磁灶镇苏垵村党支部	全省优秀党务工作者	中共福建省委
王春芬	晋江市梅岭街道竹园社区党支部	全省优秀党务工作者	中共福建省委
邱雪亮	石狮市人力资源和社会保障局	全省优秀党务工作者	中共福建省委
吴章建	石狮市凤里街道华南社区党委	全省优秀党务工作者	中共福建省委
林孝发	九牧集团有限公司	全省优秀党务工作者	中共福建省委
戴景水	福建省顺景科技集团有限公司	全省优秀党务工作者	中共福建省委
黄清地	南安市教育局	全省优秀党务工作者	中共福建省委
卢怡玉	惠安县螺城镇北关社区党委	全省优秀党务工作者	中共福建省委
邱仅生	福建省闽南建筑工程有限公司	全省优秀党务工作者	中共福建省委
廖桂金	安溪县尚卿乡灶美村党支部	全省优秀党务工作者	中共福建省委
陈清元	安溪县感德铁观音制作技术研究会	全省优秀党务工作者	中共福建省委
张文深	安溪县城厢镇党委	全省优秀党务工作者	中共福建省委
陈小书	福建省永春第一中学	全省优秀党务工作者	中共福建省委
郑泽洽	福建泉州顺美集团有限责任公司	全省优秀党务工作者	中共福建省委
肖志伟	泉州经济技术开发区党工委	全省优秀党务工作者	中共福建省委
孙铭忠	泉州台商投资区东园镇党委	全省优秀党务工作者	中共福建省委
吴金辉	泉州市委市直机关工委	全省优秀党务工作者	中共福建省委
蒋木春	国网泉州供电公司	全省优秀党务工作者	中共福建省委
黄阿香	泉州市刺桐幼儿园	全省优秀党务工作者	中共福建省委
李南山	泉州城建集团有限公司	全省优秀党务工作者	中共福建省委
林　斌	福建联合石油化工有限公司	全省优秀党务工作者	中共福建省委

2021年泉州市获得省见义勇为表彰一览表

表41

姓名	工作单位或住址	荣誉称号
陈顺强	泉港区峰尾镇前亭村	福建省见义勇为模范
陈炳辉	安溪县福田乡尾洋村	福建省见义勇为模范
谢中华	晋江骄玛体育用品有限公司	福建省见义勇为模范
杜闽清	仰恩大学学生街一饮品店个体户	福建省见义勇为先进个人
刘云洲	泉州市国营出租车有限公司	福建省见义勇为先进个人
黄树民	石狮市高新区管委会拆迁办	福建省见义勇为先进个人
杨恒利	安徽省蒙城县罗集乡罗集村	福建省见义勇为先进个人
赖木辉	洛江区罗溪亿兴缘手机配件商行个体户	福建省见义勇为先进个人
黄金龙	洛江区罗溪镇后溪村	福建省见义勇为先进个人

续表41

姓名	工作单位或住址	荣誉称号
黄志雄	南安市丰州镇金鸡新村	福建省见义勇为先进个人
林海原	泉州一杰物流有限公司	福建省见义勇为先进个人
郑周毅	泉州市烟草专卖局	福建省见义勇为先进个人

2021年泉州市获得市见义勇为表彰一览表

表42

姓名	工作单位或住址	荣誉称号
吴英治	鲤城区仙塘南路	泉州市见义勇为模范
杜彩华	永春闽兴出租汽车有限公司	泉州市见义勇为模范
洪国正	南安市石井镇仙景村	泉州市见义勇为模范
陈兴盛	晋江市安海镇	泉州市见义勇为模范
蔡良兴	石狮市蚶江镇莲塘东村	泉州市见义勇为模范
施国庆	晋江市深沪镇华山村	泉州市见义勇为模范
彭湘鄂	湖南省湘西土家族苗族自治州永顺县	泉州市见义勇为模范
柯善兵	晋江市陈埭镇岸兜村明绮鞋厂	泉州市见义勇为模范
张国河	广东省潮汕市饶平县上饶镇	泉州市见义勇为模范
王文仁	南安市丰州镇双溪村	泉州市见义勇为模范
许桂芳	惠安县东岭镇许山头村	泉州市见义勇为模范
苏建阳	鲤城区会通巷	泉州市见义勇为先进个人
庄景龙	泉州市聚贤文化发展有限公司	泉州市见义勇为先进个人
肖金勇	丰泽区新铺街	泉州市见义勇为先进个人
王红军	泉州市公交集团有限责任公司东海分公司	泉州市见义勇为先进个人
赖南水	洛江区罗溪镇翁山村	泉州市见义勇为先进个人
赖　添	洛江区罗溪镇翁山村	泉州市见义勇为先进个人
郑煌山	洛江区安达路	泉州市见义勇为先进个人
江文哲	南安市梅山镇	泉州市见义勇为先进个人
王日升	洛江区河市镇炉田村	泉州市见义勇为先进个人
苏志明	洛江区河市镇溪山村	泉州市见义勇为先进个人
刘吉庆	晋江市塔头刘侨兴服装厂	泉州市见义勇为先进个人
周少华	晋江市东石镇白沙村	泉州市见义勇为先进个人
柯森钊	晋江市梅岭街道	泉州市见义勇为先进个人
李华交	晋江市龙湖镇埔头村	泉州市见义勇为先进个人
林少波	石狮市鸿山镇	泉州市见义勇为先进个人
费跃万	重庆市长寿区	泉州市见义勇为先进个人
蔡文英	石狮市蚶江镇莲塘东村	泉州市见义勇为先进个人
黄天送	南安市洪濑镇西林村	泉州市见义勇为先进个人
尤振辉	泉州市顺丰运输有限公司南安溪美分公司	泉州市见义勇为先进个人
陈伟彬	泉州市顺丰运输有限公司南安溪美分公司	泉州市见义勇为先进个人
温志刚	惠安县开成职业中专学校	泉州市见义勇为先进个人
李榕翔	安溪县凤城镇	泉州市见义勇为先进个人
李春成	泉州安隆房产中介有限公司	泉州市见义勇为先进个人
赵智春	永春县玉斗镇武装部	泉州市见义勇为先进个人
赖向明	德化县浔中镇	泉州市见义勇为先进个人
任阳君	德化县龙浔镇	泉州市见义勇为先进个人

附　录

文献选编

市委常委会工作报告

——在中共泉州市委十三届二次全体会议上

中共泉州市委书记　刘建洋

（2021年12月29日）

深入学习贯彻习近平总书记来闽考察重要讲话精神和党中央决策部署

市委常委会把习近平总书记对福建工作的重要要求和党中央决策部署作为总纲领总遵循，始终牢记“两个确立”，坚决做到“两个维护”，持续推动学深悟透、见行见效。

坚决贯彻落实习近平总书记来闽考察重要讲话精神，召开常委会（扩大）会议、专题会、理论中心组学习会等，制定下发《工作方案》，举办市管领导干部专题研讨班暨读书班，一轮一轮抓学习领悟、宣传贯彻。贯彻落实省委十届十二次全会精神，召开市委十二届十五次全会，审议通过《中共泉州市委关于学习贯彻习近平总书记来闽考察重要讲话精神，谱写全面建设社会主义现代化国家泉州篇章的决定》，细化38项重点任务，专人专班抓落实。

认真学习贯彻党的十九届六中全会精神，以市委常委会（扩大）会议、理论中心组学习会、聆听宣讲团报告会等方式持续学深悟透精神实质、核心要义。市委常委同志带头深入学习研讨，带头开展调研宣讲，举办市管干部专题研讨班，组成市委宣讲团，组织分专题、系列化、靶向式宣讲，推动全会精神进企业、进农村、进机关、进校园、进社区、进军营、进网站。

以深入开展“再学习、再调研、再落实”活动为重要抓手，推动习近平总书记对福建工作的重要讲话重要指示精神和党中央决策部署落地见效。坚持以学促干，华大讲堂抓处级学习、东海学堂抓科级、“泉民开讲”覆盖基层，带动全市特色宣讲8000多场次、受众近500万人次。坚持边学习边调研边落实，实行路线图思维、项目化管理、清单式收账，开展17个专项研究，策划328项项目（事项）清单，形成19份高质量调研报告。用好“大督查”工作机制，刊发《督查通报》活动专刊15期，做好调研存在问题自查整改，持续督促推进落实。

慎终如始做好常态化疫情防控

坚持平战结合、快速转换，每周常态化研判，及时调整防控细案，抓实抓细信息报送、预警监测、舆情引导、物资保障等工作。面对突发输入性疫情，第一时间激活指挥体系，落实分区分级精准防控，2.4万余名党员干部迅速下沉到村（社区）协助做好防控，奋战近一个月，率先打赢疫情防控歼灭战，得到国务院、省领导肯定。用好“大数据+网格化”摸排中高风险地区入泉人员，建立入境人员动态管控数据库，落实“点对点”转运管理等。强化多点触发监测预警，发挥发热门诊、基层医疗卫生机构、药店等“哨点”作用，做好公共场所、医院、口岸、进口冷链食品流通等重点环节扫码测温、人员卫生防护、环境通风消毒等，防止发生聚集性疫情。持续提升核酸检测能力，制定全员核酸检测调度方案并开展实战演练，现有核酸检测机构59家，日最大检测能力达40万管。抓高风险、3～11岁、60岁以上人群和第三剂次疫苗接种，累计接种1830万人次。

加快构建现代化经济体系

认真落实中央“六稳”“六保”和省“五促一保一防一控”要求，实施季度攻坚任务清单，经济发展总体平稳、稳中加固，今年前三季度地区生产总值增长8.8%，居民人均可支配收入增长10.1%。1—11月，规上工业增加值增长9.7%，一般公共预算收入增长16.8%。

大力推进产业数字赋能、科技赋能、链条赋能、生态赋能。实施制造业数字化改造行动，分行业选树标杆企业示范推动，启动“五十百千”平台经济行动，首批扶持17个重点平台发展，全省新一代信息技术与制造业融合发展现场会在我市召开，新增数字化生产线超100条，新增“上云上平台”企业超1000家。实施高端研发平台、高新企业、高层次人才、高水平科研投入“四个倍增”计划，开展高新技术企业梯队培育，储备高企种子企业1200余家，新增市级以上高层次人才超4000名，引进产业急需高校毕业生1万名以上，清源创新实验室中小试基地正式投用，高精度地基授时系统启动建设。实施主导产业链长制，加快48家龙头企业“培优扶强”，深入推进新基建新经济基地建设，全市招商大会签约449个重大项目。落实碳达峰碳中和目标任务，开展绿色数字技改行动，实施工业园区标准化建设行动，各县域全面启动园区标准化试点。

不断提升城市功能品位

融入厦漳泉都市圈、闽西南协同发展区建设，谋划推动环湾中心城区、南北两翼、西部区域建设布局，完善中心城区“一盘棋”建设机制，加强中心市区一体化开发建设。推动古城新城联动发展，深化国家生态修复、城市修补试点，基本完成29条古街巷保护提升，金鱼巷微改造工程荣获全国“历史文化保护传承创新专项”一等奖，古城“双修”中山路综合整治提升项目荣获二等奖，“泉州：宋元中国的世界海洋商贸中心”成功入选世界遗产名录。完成255平方公里海丝新城总体城市设计，加快32个片区更新改造，新启动504个老旧小区更新改造。实施“聚城畅通”工程，福厦客专加快架梁铺轨，兴泉铁路基本建成，研究推动国道324外移置换联十一线，实现泉州湾跨海大桥降价惠民通行，城东至北峰快速通道主线双线通车。

实施“两江一带”生态保护行动，统筹水资源、水环境、水生态治理，强化水岸一体、上下游联动、江海协同，策划实施18个生态修复工程，完成流域精准治理项目111个。统筹推进两轮中央生态环境保护督察整改，深入打好污染防治攻坚战，持续深化大气污染防治、农村饮用水水源地生态环境整治、陆海统筹防治近岸海域污染等，巩固提升生态环境高颜值，中心市区空气达标天数比例97.8%，县级以上饮用水水源地III类水质达标率保持100%。

坚定不移深化改革扩大开放

加强重点领域和关键环节改革创新，部署推进59项改革事项，新获批产教融合、文化和旅游消费、公共文化服务体系示范区等全国试点，河湖长制获国务院督查激励。实施民营经济发展年，召开全市民营经济发展动员会，推出“九奖八补七服务”政策，开展“进千企、走千商、访千才”活动，跻身首批创建全国民营经济示范城市行列。

打造“遵法度、有温度”营商环境，持续深化“放管服”改革，实施营商环境提升专项行动，组织市级部门营商环境比拼竞赛，推广“一件事”集成套餐，开展行政审批服务“局长走流程”活动，启动运行惠企政策线上直达兑现平台，“一趟不用跑”事项比例提高到77%以上。

主动融入全省海丝核心区建设，实施外贸提质增量专项行动，用好“市场采购+跨境电商+外综服”政策试点，强化线上线下深度融合，举办跨境电商活动超100场，1—11月市场采购贸易出口438.6亿元，增长65.8%，带动全年出口增长51%。多措并举打好新“侨”牌，南洋华裔族群寻根谒祖综合服务平台一期上线运行，泉州侨批馆正式开馆，新增中国华侨国际文化交流基地4个。

全力打造台胞台企登陆第一家园，持续做好“通”“惠”“情”三篇文章，泉州向金门供水工程暨两岸通水交流中心获批省对台交流基地，向金门供水量日均1.35万吨，设立台商台胞服务绿色通道和便民服务热线，1—11月，组织涉台交流活动35场次，2.5万人次参加，新批台资企业105家，实际利用台资1.54亿美元。

着力提高人民生活品质

多渠道促进居民增收。实施城镇职工、农民居民、高级人才、困难群体“四大群体”增收计划，开展“技能泉州”“工匠泉州”行动，累计举办线上线下招聘活动457场，达成就业意向5.6万人，培训超12万人次。

着力创造人民群众高品质生活。常态化抓好文明城市创建，加强城市精细化管理，完善创城创卫常态长效机制，成功复牌全国文明城市。推进公共服务优质均衡供给，加快教育、医疗、养老、基础设施等民生事业提质扩面，扎实办好39个为民办实事项目，上海六院福建医院国家区域医疗中心挂牌运营，二级以上公立医院满意度蝉联全省第1，全年新增公办幼儿园学位1.2万个、中小学学位2.7万个、医疗机构床位数1000张、养老床位数1560张。

推进脱贫攻坚与实施乡村振兴战略有机衔接。出台《健全完善防止返贫动态监测和帮扶机制贯彻措施》，组织实施巩固拓展脱贫成果建设项目663个。整镇推进乡村振兴，分主题建好试点村、示范线、试点镇，典型推广50个示范村，评选首批6条精品示范线。实施乡村建设“1+6+2”系列行动，有序推进农村品质提升六大行动，提档建设452个绿盈乡村。

创新推进社会治理现代化。严格落实党委（党组）国家安全责任制，强化风险研判，建立政治安全、经济金融、文化等8个领域风险台账。常态化开展扫黑除恶斗争，推进“强基促稳”长效机制建设，实施群众急难愁盼问题源头化解、信访“治重化积”等13个专项，开展流动人口服务管理等专项攻坚，严厉打击电信网络诈骗犯罪，群众获得感、幸福感、安全感不断增强。持续开展安全生产专项整治，建立房屋建筑网格化管理体系，基本完成重大安全隐患房屋有效处置，全面铺开安全生产标准化专项提升工作，完善重大问题领导挂钩、购买社会服务等“9+6”监管机制，全力守牢安全生产底线。

积极发展社会主义民主政治

坚持党的领导、人民当家作主和依法治国有机统一，发展全过程人民民主。支持市人大及其常委会充分履行立法、监督、决定、任免等职权，围绕高新产业发展、政务数据汇聚共享、营商环境优化等，开展调研、强化监督。今年以来，制定《泉州市机动车停车管理条例》《泉州市历史文化名城保护条例》等。

深入推进政协协商民主建设，支持政协完善专门协商机构制度，在产业数字化转型、城乡融合发展、基层社会治理、民生热难点问题等方面，实施协商建言、开展民主监督，强化思想政治引领，广泛凝聚各方共识，画好团结奋进最大同心圆。巩固和发展爱国统一战线，贯彻落实新型政党制度，支持各民主党派、无党派人士履职尽责、参政议政，加强党外知识分子和新的社会阶层人士工作，促进民族宗教领域和谐和顺，深化港澳台和海外联络联谊，增进家国认同和情感认同，壮大爱国爱乡力量。加强工会、共青团、妇联等群团工作。

稳步推进全面依法治市工作，一体推动法治泉州、法治政府、法治社会建设，成立规范性文件审核专家库，完善政府决策部门协调机制和责任追究机制，完成“七五”普法验收，启动实施“八五”普法规划，圆满完成海上丝绸之路司法合作国际论坛在泉有关会务工作。有序有力推进政法队伍教育整顿，健全常态化学习教育机制，受理政法干警违规违纪违法问题线索1321件，办结率98.56%。梳理第一批中央督导组对福建建议和省指导组对泉州建议，形成70条整改措施，个性问题已全部整改，共性问题已落实整改举措。

扎实做好宣传思想文化工作

强化思想理论武装。市委常委会第一时间传达学习习近平总书记最新重要讲话重要指示精神，深入学习《习近平在福建》等系列采访实录，与学习贯彻习近平总书记对泉州工作的重要指示批示精神结合起来，边学习边研究，及时转化为具体落地的特色方案。建立常态化学习研讨机制，创新打造“对谁讲、讲什么、谁来讲、怎么讲”的“四讲”宣讲工作体系，分级分类开展习近平新时代中国特色社会主义思想培训班。

严格落实意识形态工作责任制。坚决贯彻《中国共产党宣传工作条例》《党委（党组）意识形态工作责任制实施办法》，健全意识形态工作专项巡察机制，制定正面、负面“两张清单”，健全完善舆情处置“1+N”工作机制。开展“正道”“新风”集中行动以及校园周边、印刷复制发行等“扫黄打非”专项整治，有力提升基层意识形态综合治理能力。加强网络意识形态阵地管理，扎实做好网络舆情监测工作，深化网络联合执法，持续推动网络文明建设。

大力培育社会主义核心价值观。推出“泉州市献礼建党100周年巡礼”专题报道，广播剧《林俊德》为全省唯一入选中宣部“庆祝建党百年优秀广播剧展播活动”作品。推出“家乡红馆我代言”青少年思政教育专题电视节目，持续抓好道德典型选树宣传，举办文化为民惠民活动1230场次，获评国家公共文化服务体系示范区。

纵深推进全面从严治党

坚持以党的政治建设为统领，全力抓好党的各方面建设。严格落实党中央关于加强对“一把手”和领导班子监督的《意见》，细化“一把手”和领导班子责任清单，出台实施《党内政治监督谈话实施方案》，推进政治监督具体化常态化。严肃抓好省委主体责任检查问题整改，组织对各地各部门主体责任落实情况“全覆盖”检查，5个方面22个问题44个具体整改项目均取得阶段性成效。扎实开展党史学习教育，市四套班子带头到党性教育基地集体现场学习、到基层宣讲，为所在党支部、高校等上党课，举办年轻干部“学党史增信念”专题班，用好晋江经验馆、华侨革命历史博物馆、叶飞故居等46个泉州特色红色资源，推动党史学习教育走深走实。创新开展“我为群众办实事”“我为企业解难题”“我为社会做好事”实践活动，策划生成12855个实践活动项目，完成率89.12%。坚持在学习中发现不足，高质量开好专题组织生活会，全市领导班子成员列出问题2510个，已整改2443个。

深入推进干部选育管用工作，突出政治标准一线考察识别干部，形成攻坚克难的干事导向。精心组织市县乡换届工作，改进考察办法，实施政治表现“首问”、正反向专项测评、政治廉洁表现“双鉴定”“双签字”，全市配备县级班子成员325名、乡镇班子成员1463名，全面完成结构性配备要求。实施“刺桐红”行动，开展思想引领、一线比拼、经验传承、暖心提劲等四个专项，激励因换届等原因退出领导岗位的干部保持履职状态、拼作为展新姿。

强化抓基层、打基础工作，持续推进“千雁领航，联片带富”引领乡村振兴，抓好村级组织换届。实施海丝先锋“达标创星”活动，推进党支部标准化规范化建设，大力开展“近邻党建”行动，探索推行“两长一员”和在职党员“回家日”制度，推广民营企业党建融入公司治理“1533”工作机制，基层党建质效得到全面提升。

坚定不移正风肃纪反腐。持续发力纠治“四风”问题，点面结合破除形式主义官僚主义，深入开展“天价茶”背后的“四风”和腐败问题集中整治、群众急难愁盼问题点题整治等，严肃查处“四风”问题158人、查处群众身边腐败和作风问题94人。不断提升治理腐败效能，全力支持监督执纪问责和监督调查处置工作，今年来共立案948件，其中县处级25人。突出彰显巡察利剑作用，加强协调跟进53家被巡察党组织整改落实情况，推动完成整改2032个问题。

高质量开好市第十三次党代会

10月8日至11日，中国共产党泉州市第十三次代表大会胜利召开。王永礼同志代表中共泉州市第十二届委员会向大会作了题为《创新发展“晋江经验”，扛起全方位推进高质量发展超越主力军担当，奋力建设海丝名城智造强市品质泉州》的报告。大会听取和审议了十二届市委的工作报告和十二届市纪委工作报告，选举产生了新一届市委委员51名、市委候补委员9名、市纪委委员42名，选举产生了我市出席省第十一次党代会代表54名。通过了《中国共产党泉州市第十三次代表大会关于中国共产党泉州市第十二届委员会报告的决议》和《中国共产党泉州市第十三次代表大会关于中国共产党泉州市第十二届纪律检查委员会工作报告的决议》。

同时，市委常委会切实加强自身建设，带头增强“四个意识”、坚定“四个自信”、做到“两个维护”。坚决贯彻落实《中国共产党地方委员会工作条例》和常委会议事规则，严格落实民主集中制，遵守请示报告制度，履行管党治党政治责任，以高质量党建引领高质量发展。严格执行中央八项规定及其实施细则精神，落实廉洁自律各项规定，从严教育管理亲属和身边工作人员。

人大常委会工作报告

——在泉州市第十七届人民代表大会第一次会议上

泉州市人大常委会主任 陈灿辉

（2022年1月7日）

过去五年的主要工作

市十六届人大一次会议以来，市人大常委会在中共泉州市委的坚强领导下，高举习近平新时代中国特色社会主义思想伟大旗帜，认真贯彻落实党的十九大和十九届历次全会精神，增强“四个意识”、坚定“四个自信”、做到“两个维护”，坚持党的领导、人民当家作主、依法治国有机统一，从党的百年奋斗历程中汲取智慧和力量，紧扣市委奋力作答三个“时代命题”、全面推进“五个泉州”建设的重大决策部署，紧紧依靠全体代表和全市人民，依法履职、勇毅前行，各项工作在历届人大及其常委会打下的基础上取得新的进展，为泉州经济社会发展和民主法治建设作出了应有的贡献。

五年来，共召开7次代表大会、46次常委会会议、83次主任会议，制定地方性法规6部，作出法规性决定1件，听取审议一府两院专项工作报告68项，组织专题询问9次、工作评议7次、专题调研75次、满意度测评51次，开展执法检查14次、配合全国人大常委会、省人大常委会开展执法检查33次，备案审查政府规章4件、一府两院规范性文件349件，依法任免国家机关工作人员471人次，组织宪法宣誓297人次，圆满完成市十六届人大确定的各项工作任务。

坚持党的领导把牢正确政治方向

常委会不断强化政治机关意识，深刻认识和牢牢把握坚持党的全面领导这一最高政治原则，确保人大工作正确政治方向。

持之以恒强化理论武装。认真学习习近平总书记重要讲话、重要指示批示精神和中央重大决策部署，巩固深化“两学一做”学习教育成果，深入开展“不忘初心、牢记使命”主题教育和党史学习教育。专题组织学习习近平总书记在党的十九届六中全会、庆祝建党100周年大会、中央人大工作会议上的重要讲话和来闽考察重要讲话精神，并与学习贯彻习近平法治思想、习近平总书记关于坚持和完善人民代表大会制度的重要思想紧密结合，以党的创新理论引领人大工作开拓前行。

坚决执行市委决策部署。及时传达学习市十二次、十三次党代会及历次全体会议精神，立足实际提出贯彻意见。围绕全市中心任务和阶段性重点工作，统筹安排立法、监督、决定和代表工作，确保人大工作始终紧贴中心、融入大局。严格执行请示报告制度，五年来先后就人大工作中的重大问题、重要事项向市委请示报告152次，确保人大各项工作始终在市委领导下依法推进。认真贯彻落实市委《关于加强新时代人大工作的若干意见》，出台《关于发挥“两个机关”作用、助力“五个泉州”建设的意见》。按照市委部署要求，建立健全立法项目论证、全口径预算审查监督等17项工作机制，积极参与“六稳”“六保”追赶行动、“进千企、走千商、访千才”、“抓项目、促发展”等系列活动，完成加快发展平台经济、以数字化赋能传统产业、加快新基建新经济基地建设等7个市委重点课题研究。坚持党管干部原则，依法做好国家机关工作人员任免工作，确保省委、市委人事安排意图得到顺利实现。

立足有效管用
在推行良法善治上迈开新步伐

常委会坚持科学立法、民主立法、依法立法，地方立法质量和效率不断提升。2017年7月，十二届全国人大常委会委员长张德江同志在全国地方立法工作座谈会上，肯定泉州“海丝”史迹保护条例“彰显地方特色”；2018年7月，十三届全国人大常委会委员长栗战书同志来闽考察，肯定泉州地方立法“很有特点、很有针对性”；2021年9月，全国人大常委会办公厅主办的《中国人大》介绍推广我市运用法治力量保护历史文化名城的典型经验。

突出重点领域立法。聚焦历史文化保护，制定内沟河保护管理条例、中山路骑楼建筑保护条例、历史文化名城保护条例，从点、线、面构建具有泉州特色的历史文化保护法规体系，为保护和延续城市文脉、助力泉州申遗提供重要法治支撑。聚焦城市治理法治化，制定市容和环境卫生管理条例、机动车停车管理条例，着力破解群众关切的噪声油烟污染、占道经营以及停车乱、停车难等问题，进一步改善城市环境、提升城市品质。聚焦水环境保护，制定晋江洛阳江流域水环境保护条例，对饮用水源、黑臭水体、工业废水、城镇污水、农村排水等“五水同治”作出规定；与厦门、漳州、龙岩同步作出《关于加强九龙江流域水生态环境协同保护的决定》，有力推动跨行政区域水流域生态保护。

完善立法体制机制。健全党委领导、人大主导、政府依托、各方参与的立法工作格局，形成覆盖法规立项、起草、论证、审议和评估等全流程的制度规范。建立立法专班制度，实行“一个项目、一个专班、一抓到底”。加强与政府沟通联系，形成“同心同向、携手合力”立法协作机制。拓宽公众参与立法的渠道，建立健全法规草案公开征集意见及采纳反馈机制，积极发挥立法顾问和专家、基层立法联系点作用，促使立法工作更接地气、更具实效。

力促法规有效实施。坚持立行并重，做好立法“后半篇文章”。出台规定，构建法规实施一年内调研、两年后执法检查和三年后评估的“三位一体”监督机制。采取三级人大联动、专题询问和满意度测评相结合的方式，跟踪检查内沟河保护管理、中山路骑楼建筑保护等4部法规的实施情况，督促相关配套制度和基础性工作落实到位。对“海丝”史迹保护条例进行立法后评估，促进法规实施落地见效。

依法加强监督在推动高质量发展上取得新成效

常委会紧跟市委决策、紧盯法律实施、紧贴群众关切，突出问题导向，不断增强监督实效。助推民营经济发展、依法保护归侨侨眷权益等工作得到全国人大常委会批示肯定；推动产业转型升级、督促全面落实减税降费政策等19项工作得到省人大常委会充分肯定；推动疫后经济重振、督促政务数据加快汇聚等17项工作得到市委批示肯定。

积极投身疫情防控。面对突如其来的新冠肺炎疫情，常委会第一时间作出关于依法防控疫情的决定，负责7个县（市、区）巡回检查工作，组织开展传染病防治法、野生动物保护法执法检查，深入基层助推复工复产和经济企稳回升，及时批准抗疫特别国债资金分配使用方案，促使最大限度减少疫情对经济社会发展的影响。全市各级人大代表积极响应常委会的倡议，在联防联控、群防群治中发挥模范带头作用。据不完全统计，全市各级人大代表捐赠抗疫款物达2.38亿元，充分展示了人大代表的社会责任和时代担当。

促进经济平稳发展。听取审议我市“十三五”规划实施情况的中期评估报告，提前介入“十四五”规划和二〇三五年远景目标纲要编制，对年度计划执行情况加强监督，全力推进工业增产增效、服务业提质扩量、新经济抢滩布局，确保实现稳全局、开新局。助推产业提质增效，听取审议市政府关于新基建新经济基地建设、三大板块“建链强链补链”、科技创新平台建设等专项工作报告，专题询问创新创造创业人才队伍建设情况，调研检查泉州制造2025纲要实施、新型研发机构建设、高新技术企业培育等工作情况，推动创新要素加快集聚，转型升级动力增强。紧扣营商环境优化，跟踪行政审批服务提质提速、扶持民营经济发展政策措施落实和《优化营商环境条例》执行情况，对政务数据汇聚共享、不动产登记、工程建设许可等实施专项监督，推动政府以减权限权激发市场活力和改革动力。着眼泉台交流和对外开放，听取审议市政府关于推进泉台人才交流合作专项工作报告，持续关注台胞台企同等待遇政策落实、闽台职业教育合作、台资企业权益保护等情况，推动台胞台企登陆“第一家园”建设。开展华侨权益保护法、归侨侨眷权益保护法执法检查，对华侨回国定居、海外华文教育等情况进行专题调研，促使进一步凝聚侨心、发挥侨智侨力。

加强预算和国资监督。落实中央关于人大预算审查监督重点向支出预算和政策拓展指导意见，精心做好预算、决算等法定项目审查，实现全口径全过程预决算监督。跟踪检查城乡居民基本医疗保险基金、旅游业专项资金使用情况，督促提升财政资金使用绩效。先后听取审议行政事业性国有资产、企业国有资产管理情况专项报告和国有资产管理情况综合报告，检查企业国有资产法实施情况，促使加强规范管理，确保国有资产保值增值。

推动城乡面貌改善。围绕新城集聚，听取审议市政府关于加快城市快速通道规划建设专项工作报告，视察中心市区各大片区更新改造工作，专题询问环湾城市规划建设管理工作，对晋江洛阳江入海口区域规划建设、推动行政区划调整等提出建议，推动环湾城市加快聚核成型。围绕古城提质，专题询问泉州古城旅游发展情况，对发挥“申遗”效应打造特色文化旅游品牌、实施城市“双修”促进古城保护发展、非物质文化遗产保护等工作进行专题调研，助推文旅融合发展，力促古城焕发生机。围绕乡村振兴，听取审议市政府关于发展壮大村集体经济、特色现代农业发展、渔业绿色规模养殖等专项工作报告，对农村人居环境整治情况进行专题询问，开展乡村建设、生态公益林保护管理、少数民族特色村寨发展与保护、畜牧业健康发展等专题调研，积极推动农村增美、农业增效、农民增收。

重视解决民生问题。开展食品安全法、消防法、道路交通安全法执法检查，对房屋安全“百日攻坚”、安全生产专项整治行动进行检查，促使市政府及有关部门加强隐患排查，切实保障人民生命财产安全。开展教师法执法检查，对新改扩建幼儿园工作进行评议，专题调研市区中小学幼儿园布局建设情况，督促维护教师合法权益，加快补齐教育短板。听取审议市政府关于公立医院“暖心服务”工作情况报告，专题询问全市深化医疗体制改革情况，跟踪检查医药卫生体制改革推进情况，促使加快“三医联动”，切实保障人民群众健康权益。听取审议市政府关于泉州市妇女、儿童发展纲要实施情况报告，力促加大对特定人群权益保护。对我市养老服务、家政服务、社会保险法实施、公共文化服务体系建设等情况进行专题调研、提出建议。听取审议市政府为民办实事专项工作报告，督促民生实事办实办好。加强和改进人大信访工作，五年来共受理群众来信1855件，接待来访998批1551人（次），积极推动积案解决，维护群众合法权益。

督促法治泉州建设。开展国家宪法日宣传活动，持续推进民法典学习宣传贯彻，听取“七五”普法工作情况专项报告，审议通过 “八五”法治宣传教育决议，推动进一步树立尊法信法守法的社会风尚。听取审议市政府关于扫黑除恶专项斗争情况报告，开展人民调解法执法检查，专项督查防范打击虚假信息诈骗工作，对法治政府建设、公安机关刑事案件受案立案、基层派出所执法规范化等情况进行专题调研，积极维护社会公平正义。开展宗教工作专项调研，促使提升宗教事务法治化管理水平。听取审议市法院关于民商事审判、金融诈骗审判、刑事诉讼制度改革、审判监督、执行工作，以及市检察院关于反渎职侵权、公益诉讼、刑事执行检察、民事检察、落实认罪认罚从宽制度等专项工作报告，对法官、检察官履职情况进行评议，有力推动规范执法和公正司法。

坚持依法规范在决定重大事项上展现新作为

常委会抓住事关全局、事关根本、事关长远的重大问题，依法讨论、决定重大事项，及时把市委主张通过法定程序转化为全市人民共同意志。

健全完善决定机制。认真执行中央和省委《关于健全人大讨论决定重大事项制度、各级政府重大决策出台前向本级人大报告的实施意见》，进一步明确讨论决定重大事项的范围、原则、机制和程序。五年来，先后就打好"三大攻坚战"、政府债务年度限额和新增政府债券收支安排、重要人事任免，以及与俄罗斯迈科普市、菲律宾怡朗市建立友好城市关系等事项作出决定决议87件。其中《关于全面推进地方性法规进入执法、融入司法、列入普法工作的决定》，得到省人大常委会充分肯定，批转全省学习推广。

督促决定贯彻落实。对本届人大一次会议关于加快全市垃圾分类处理利用和进一步加强全市流域水环境保护两个决议，连续5年跟踪督办。市政府密切配合、认真执行，目前已经建成一批处理设施，垃圾减量化、资源化、无害化处置水平不断提高；投入66.3亿元，实施606个整治项目，全市流域水环境质量实现稳步提升。对常委会作出的关于依法推动打好"三大攻坚战"的决定，连续3年跟踪督办：强化风险防控，听取审议地方政府性债务管理情况报告，督促严厉打击各类涉众型非法金融活动，全市债务和金融风险实现总体平稳可控；力促精准脱贫，督促严格落实"两不愁三保障"，健全防止返贫监测和帮扶机制，促使全面脱贫与乡村振兴有效衔接；推动污染防治，听取审议市政府关于年度环境状况和环境保护目标完成情况专项报告，对石化工业园区生态环境保护进行工作评议，开展大气污染防治法、土壤污染防治法、固体废物污染环境防治法等执法检查，推动打好蓝天、碧水、净土"三大保卫战"，共同守护泉山晋水良好生态。

强化服务保障在发挥代表作用上呈现新气象

常委会注重提升服务保障水平，充分发挥代表主体作用。全国人大常委会办公厅《联络动态》两次介绍我市代表工作创新经验，全省"人大代表联系群众活动室"建设推进会在泉州召开，我市"组建专业化、特色化人大代表活动室"获评全省人大工作优秀创新案例。

扎实开展"双联"活动。健全常委会组成人员联系代表、代表联系群众制度。五年来，常委会组成人员深入基层联系591名代表和群众，收集闭会期间意见建议709条；全市五级人大代表联系群众35579人次，收集社情民意16827条。通过"双联"活动，代表深入了解和反映群众诉求，推动"放宽编外教师报考编内教师专业限制""加快整治老旧小区架空线路杂乱现象""加大力度防范校园欺凌""尽快打通农村断头路"等一批难点问题得到妥善解决。

增强建议办理实效。采取分类督办、视察促办、不满意件退回重办、对办理结果进行"回头看"等方式，力促建议办结办好、办出成效。确定"加强科技创新平台建设""高标准规划建设高铁泉州东站"等54件重点督办件，由常委会领导领衔督办、市政府副市长牵头承办，以点带面推进泉州动车站配套建设及周边环境整治、修订泉州市高层次人才认定标准、泉州湾跨海大桥降价惠民通行、破解市区不动产登记历史遗留问题、加强外卖快餐食品监管、政府购买普惠性民办幼儿园服务等相关工作。五年来，代表共提出2101件建议，均在规定期限内办结，代表反馈满意和基本满意率达100%。

丰富代表履职内容。指导建立县级"代表之家"11个、乡镇（街道）"代表联系群众活动室"163个、"行业代表活动室"首批示范点26个。制定五年培训规划，举办6期培训班，代表履职能力得到加强。及时向代表通报常委会立法、监督计划，邀请代表列席常委会、参加专题调研和执法检查，持续拓展代表参与常委会工作的广度与深度。开展优秀代表建议评选，组织市人大代表向原选举单位述职，不断激发代表履职热情。围绕建设跨境电商综合试验区、推进海峡两岸集成电路产业合作等重点，组织在泉全国人大代表和省人大代表视察，在全国人代会、省人代会上提出建议，为我市赢得更多支持作出努力。

依法做好人大换届选举。研究制定县乡两级人大换届选举工作意见和市十七届人大换届选举工作方案。加强全过程督促指导，确保换届选举风清气正。协助把好代表政治关、素质关、结构关。全市各级人大坚持党的领导、充分发扬民主、严格依法办事，选举产生新一届市、县、乡三级人大代表13594名，代表素质得到提升，结构更趋合理，全市人大建设在换届选举中得到进一步加强。

注重从严从实在加强自身建设上实现新提升

常委会把政治建设摆在首位，紧盯政治过硬、能力过硬、作风过硬，以自身建设新成效推动人大工作新发展。

重视机关党的建设。常委会党组严格履行全面从严治党主体责任，贯彻落实中央八项规定精神和市委实施意见，持续推动意识形态"八个纳入"。扎实开展"我为群众办实事"、"再学习、再调研、再落实"活动，坚决反对形式主义、官僚主义，机关形成"说干就干、干就干好，说到做到、做就做成"的务实作风。

全力支持派驻市人大机关纪检监察组履行职责、开展工作。把省委巡视和市委巡察反馈意见整改作为重要政治任务，聚焦问题、真改实改。协同推进绩效考评、文明创建、平安建设和老干部服务保障工作。常委会机关先后获得“全省人大工作先进集体”等省、市荣誉26次，一批工作人员获得省、市先进个人荣誉。

不断提升工作质效。制定、修订常委会及机关各种规章制度83项。落实机构改革任务，设立市人大社会建设委员会、监察和司法委员会，内务司法工作委员会更名为监察和司法工作委员会。组建机关青年理论学习小组，举办“人大讲堂”。常委会党组定期听取机关干部履职情况汇报和工作建议，有针对性地给机关干部出题目、压担子，注重在抗疫一线和完成急难险重任务中考察识别干部。在市委的关心下，一批干部得到提拔交流使用，机关力争一流、勇当先进的氛围更加浓厚。弘扬“晋江经验”、创新人大工作的做法，在全省人大系统纪念改革开放40周年研讨会上作典型经验介绍。

加强人大宣传研究。举办庆祝新中国成立70周年和地方人大设立常委会40周年、中国共产党成立100周年系列活动。办好人大网站、杂志和微信公众号，在《法治日报》、新华网等省级以上媒体刊发稿件370多篇。开展泉州市“宣传人大制度好新闻”评选活动，13篇作品荣获中国人大新闻奖、福建人大新闻奖。深化人大制度理论研究，41篇论文在全省人大系统优秀调研课题评选中获奖。指导基层总结提炼工作经验，全市有14个人大工作典型入选《新时代福建省县乡人大工作创新案例》。

上下联动形成合力。自觉接受省人大常委会的指导，加强对县乡人大工作的支持，不断提升人大工作整体实效。鲤城区人大常委会持续推进古城“活态”保护；丰泽区人大常委会在换届选举中举办代表候选人与选民“云见面”；洛江区人大常委会大力推动生态文明建设；泉港区人大常委会实行“1432”工作评议法；石狮市人大常委会采取“五个督办”防止代表建议办理“被满意”；晋江市人大常委会开展“一镇（街）一亮点”创建活动；南安市人大常委会推行“量化考评”激发代表履职积极性；惠安县人大常委会列出“问题清单”增强监督实效；安溪县人大常委会构建“系统化”监督模式；永春县人大常委会广泛开展代表向选民述职；德化县人大常委会“线上+线下”打造民意直通车。这些做法，分别得到全国人大常委会、省人大常委会充分肯定。

回顾五年履职历程，总结五年工作实践，我们深刻体会到：

面对新征程，唯有坚持党的领导，才能保证正确方向。党的全面领导是人大工作最高政治原则。五年来，我们始终旗帜鲜明坚持党的领导，切实以习近平新时代中国特色社会主义思想统揽和指导人大工作，自觉维护党总揽全局、协调各方的领导核心作用，严格执行请示报告制度，把党的领导贯穿于人大工作各方面全过程，人大制度优势日益得到彰显，各项工作不断取得新的进步。实践证明，只有始终坚持党的领导，人大及其常委会才能履职有方向、担当有力量。

面对新期待，唯有践行以人为本，才能不负人民重托。人民的信赖、支持和拥护，是人民代表大会制度的深厚力量和牢固政治基础。五年来，我们始终牢记“人大是人民的人大”，积极发挥人大在发展全过程人民民主中的重要作用，切实保证人民的知情权、参与权、表达权、监督权；密切关注民生，把确保城乡居民幼有所育、学有所教、劳有所得、病有所医、老有所养、住有所居、弱有所扶摆在突出位置，努力推动解决人民群众急难愁盼问题。实践证明，只有始终坚持人民至上，人大工作才能体现人民意志、保障人民权益、激发人民创造活力。

面对新要求，唯有力求工作实效，才能彰显使命担当。解决问题、增强实效，是人大行使职权关键中的关键。五年来，我们大力弘扬真抓实干作风，在专题调研、执法检查中坚持奔着问题去、盯着问题改，着力把监督工作做扎实、做到位。推动营商环境优化是市委交办的重要任务，我们连续四年紧盯不放，综合运用“三级联动”、明察暗访、专题询问、工作评议等方式，打出环环相扣、步步推进的监督“组合拳”，督促出台工程建设许可阶段“多评合一”等27份文件，解决企业和群众反映强烈的“审批条件互为前置”等170多个堵点问题。针对审计发现的“老问题年年相似、新问题接连不断”的顽疾，列出问题清单、强化跟踪督办，整改成效明显增强。实践证明，只有扭住问题、一抓到底，不见实效决不收手，人大工作才能取得党和人民满意的效果。

面对新挑战，唯有勇于开拓创新，才能保持生机活力。创新是人大工作与时俱进的动力源泉。五年来，常委会在全省各设区市率先开展“两官”履职评议、引入第三方评估增强监督实效、出台地方性法规“三入”决定、实现代表活动室乡镇（街道）全覆盖、把政府部门研究处理人大常委会审议意见情况与年度绩效考评结果挂钩；首次邀请海外侨胞列席市人代会、进行立法后评估、开展区域协同立法、对审计查出问题整改情况进行测评、对研究处理常委会审议意见情况分部门进行逐一评议、对代表建议办理进行满意度测评、结合专题询问制作播放明察暗访专题片。实践证明，只有敢为人先、勇于突破，人大工作才能紧跟时代步伐、更具时代特色。

今后工作的建议

2021年10月，党中央首次召开人大工作会议，这是我国社会主义民主政治建设进程中具有里程碑意义的一件大事。习近平总书记在会上作了重要讲话，中央出台《关于新时代坚持和完善人民代表大会制度加强和改进人大工作的意见》，为做好新时代人大工作指明了方向。党的十九届六中全会对坚持中国特色社会主义政治发展道路、坚持和完善人民代表大会制度进行系统总结、提出明确要求。市第十三次党代会提出创新发展“晋江经验”，扛起全方位推进高质量发展超越主力军担当，奋力建设海丝名城、智造强市、品质泉州，描绘了泉州未来发展的宏伟蓝图，不仅为人大工作提供了更为广阔的舞台，同时也对人大工作提出了新的更高要求。

今后的人大工作，要继续高举习近平新时代中国特色社会主义思想伟大旗帜，全面贯彻党的十九届六中全会、中央人大工作会议、省委人大工作会议及市第十三次党代会精神，始终牢记“两个确立”，坚决做到“两个维护”，弘扬伟大建党精神，立足新发展阶段、贯彻新发展理念、服务和融入新发展格局，在中共泉州市委的坚强领导下，进一步弘扬“晋江经验”，高质量做好立法、监督、决定和代表等工作，在发展全过程人民民主中发挥更大作用，努力打造自觉坚持中国共产党领导的政治机关、保证人民当家作主的国家权力机关、全面担负宪法法律赋予的各项职责的工作机关、始终同人民群众保持密切联系的代表机关，为全方位推进高质量发展超越作出新的更大贡献。

2022年是市十七届人大及其常委会依法履职的开局之年。建议着重抓好以下工作：

要发挥主导作用以更优立法护航经济社会发展

坚持党对立法工作的领导，加强立法能力建设，遵循立法程序、严守立法权限，丰富立法形式、凝聚立法共识，增强立法的针对性、适用性、可操作性。今年拟制定文化旅游发展促进条例，督促起草“泉州：宋元中国的世界海洋商贸中心”世界文化遗产保护条例、传统工艺美术保护条例。对泉州市机动车停车管理条例实施情况进行检查。进一步加强备案审查制度和能力建设，确保维护国家法治统一。

要增强监督实效以更大力度推动高质量发展超越

要把宪法法律赋予的监督权用起来，实行正确有效依法监督，确保法律法规得到有效实施，确保行政权、监察权、审判权、检察权依法正确行使。要紧扣市委实施“五大工程”、实现“五个双提升”等重点工作，聚焦人民群众所思所盼所愿，统筹运用法定监督方式，推动解决制约经济社会发展的突出矛盾和问题。今年拟安排听取审议市政府关于计划和预算执行、应急管理体系建设、金融企业国有资产管理、中心城区快速化交通体系建设等13个专项工作报告；对世界遗产项目保护与发展、餐饮业油烟污染防治等工作情况进行评议；专题询问我市家政服务业发展情况；开展慈善法、职业教育法等法律法规执法检查；对制造业数字化转型、国土空间规划编制等26项工作进行专题调研。适时听取市监察委员会专项工作报告。听取审议市法院关于行政审判工作、市检察院关于法律监督工作情况专项报告；继续开展法官检察官履职评议。对市政府研究处理常委会关于科技创新平台建设、渔业绿色规模养殖、古城旅游发展等7项审议意见情况进行满意度测评。

要深化代表工作以更实举措保障人民当家作主

加强代表工作能力建设，健全和完善服务保障机制，支持和保障代表更好依法履职。推动代表履职平台提档升级，把“活动室”建设成为代表联系群众的“民意窗”“连心桥”。拓宽代表联系群众渠道，积极回应社会关切，更好接地气、察民情、聚民智、惠民生。推进代表议案建议“内容高质量、办理高质量”，建立完善代表履职监督管理和履职激励机制。各位人大代表要站稳政治立场、履行政治责任，发挥来自人民、扎根人民的特点和优势，当好党和国家联系人民群众的桥梁，努力展现新时代人大代表风采。

要提升履职能力以更新形象展现人大担当作为

进一步健全学习机制，强化思想理论武装。贯彻落实新时代党的建设总要求，落实好全面从严治党主体责任。创新完善人大工作制度，提高人大及其常委会议事质量和效率。巩固深化“不忘初心、牢记使命”主题教育、党史学习教育成果，努力打造政治坚定、服务人民、尊崇法治、发扬民主、勤勉尽责的人大工作队伍。继续完善市县乡“三级联动、一体共为”工作格局，进一步增强人大工作整体合力。

政府工作报告

——在泉州市第十七届人民代表大会第一次会议上

泉州市人民政府市长 蔡战胜

（2022年1月6日）

过去五年及2021年政府工作回顾

五年来，面对错综复杂的宏观环境、前所未有的风险挑战，特别是新冠肺炎疫情的严重冲击，本届政府深入学习贯彻习近平新时代中国特色社会主义思想，对标对表习近平总书记对福建、对泉州的重要讲话重要指示批示精神，坚决落实省委、省政府和市委决策部署，传承弘扬“晋江经验”，在变化变局中抢抓机遇，在逆境逆势中砥砺奋进，扎实推进“五个泉州”建设，经济社会高质量发展迈出坚实步伐。

五年来，我们致力建设“创新泉州”，“机制活”的发展态势更加明显。经济总量突破万亿元大关，全市生产总值从2016年的6921亿元增加到2021年的11304亿元，工业总产值从1.3万亿元增加到2.4万亿元，工业增加值、社会消费品零售总额、网络零售额等指标跃居国内城市前20位。国家自主创新示范区加快建设，19项首创举措在全省复制推广，引进“大院大所”科研平台18家，高新技术企业数量、全社会研发经费投入分别实现翻两番、翻一番以上，获批国家创新型城市和首批“科创中国”试点城市。72项国家级改革试点深入推进，农村“三块地”、河湖长制、金融服务实体等创新举措在全国全省复制推广，清理规范行政审批事项申报、“并联审批+电子证照”、工商注册便利化等得到国务院通报表扬，全市减税降费超760亿元，市场主体从58万家增加到128万家，成为全国首批“民营经济示范城市”创建城市。

五年来，我们致力建设“智造泉州”，“产业优”的实体根基更加坚实。制定实施重点产业转型升级路线图，全市新增千亿产业集群4个、累计达9个，半导体产业加快成形成势，泉州“芯谷”获批海峡两岸集成电路产业合作试验区。“数控一代”创新应用经验在全国推广，全市超五成规上企业参与数字化改造，累计建成数字化车间超100间、数字化生产线近1000条，推广工业机器人超1万台；九成以上制造业企业开展电子商务，快递业务量年均增长超30%，成为首批国家服务型制造示范城市。规上工业高新技术产业增加值占比从14.4%提高到23.6%。全市三次产业比重从2.7∶60.3∶37调整为2.1∶56.9∶41。

五年来，我们致力建设“海丝泉州”，“文化兴”的底气自信更加坚定。“泉州：宋元中国的世界海洋商贸中心”正式被列入世界遗产名录，新增全国重点文物保护单位13处、世界非物质文化遗产1项。国家级闽南文化生态保护区正式授牌，成功获评国家公共文化服务体系示范区，泉州籍体育健儿实现奥运金牌零的突破。海丝先行区建设走深走实，与海丝沿线国家（地区）年贸易额超千亿元，获批市场采购贸易方式试点、国家跨境电商综合试验区、跨境电商零售进口试点城市。海丝国际艺术节、金砖国家治国理政研讨会、海丝司法合作国际论坛等成功举办。港口吞吐量稳居亿吨大港行列，晋江国际机场旅客吞吐量突破800万人次。

五年来，我们致力建设“美丽泉州”，“生态美”的城乡底色更加鲜明。坚持古城提质、新城集聚，开展国家生态修复城市修补试点，启动古城整治提升工程，海丝古城逐步成为见人见物见生活的“活样本”；城市环湾向湾发展，建成区面积拓展至240平方公里，全市城镇化率提高到69.7%。全面推进乡村振兴，完成农村人居环境整治“一革命四行动”任务，实现所有乡镇和行政村生活垃圾治理常态化。打好污染防治攻坚战，空气质量优良率从93.2%提升至98.1%，小流域三类以上水质比例从79.2%提升至92.1%，近岸海域一、二类海水比例从94.2%提高至96%。

五年来，我们致力建设“幸福泉州”，“百姓富”的美好生活更加有感。坚持超七成五财力投入民生，脱贫攻坚战取得全面胜利，3.2万建档立卡贫困人口全部脱贫，181个建档立卡贫困村全部出列；居民人均可支配收入从3.1万元提高到4.4万元。民生补短板“四心工程”、“XIN”行动按时完成，为民办实事项目顺利兑现，五年累计新增公办幼儿园学位6.9万个、中小学学位12.2万个，医疗机构床位1.4万张、养老床位1.7万张，建成保障性安居工程8.9万套，实施老旧小区改造项目889个、惠及15万户。民主法治建设不断加强，出台政府规章5部。蝉联国家卫生城市、国家园林城市、全国综治最高奖“长安杯”，荣膺国家生态市、国家森林城市、国家节水型城市、全国基层中医药工作先进市、平安中国建设示范市、全国未成年人思想道德建设工作先进城市、全国双拥模范城“九连冠”，保持全国文明城市荣誉。

2021年是本届政府最后一年，面对突发输入性疫情，我们始终坚持“人民至上、生命至上”，第一时间激活全市一体化指挥体系，市县乡村四级迅速行动，广大医务工作者、社区工作者、志愿者和党员干部弘扬伟大抗疫精神，向险而行、冲在一线，快而有序有力有效抓好疫情防控，切实保障人民群众生命健康安全。一年来，在市委坚强领导下，我们认真开展党史学习教育和“再学习、再调研、再落实”活动，扎实做好“六稳”工作，全面落实“六保”任务，统筹推进“五促一保一防一控”，策划实施“抓项目、促发展”系列专项行动，顺利完成市十六届人大六次会议确定的主要目标任务，“十四五”实现良好开局。

精准施策稳增长 经济运行回升向好

全市生产总值增长8.1%，工业增加值增长8.3%，第三产业增加值增长9.4%，地方一般公共预算收入增长11.1%。支持企业稳产增效，组建金融小分队“分片包干”“一线服务”，开通中小微企业信贷直通车，培植普惠小微企业首贷户1.3万户，普惠小微企业贷款余额增长33.7%。开展“三个百”招工引才活动，引进产业急需高校毕业生1.35万人。精准调控1.7万家企业参与有序用电；全市新增“四上”单位超2000家。实施“项目攻坚2021”，市级在建重点项目完成投资1620亿元，119个重点项目开工建设，97个重点项目建成投产。开展“产业链招商季”行动，新签约项目1878个、总投资9346亿元；组织“抓征迁交净地百日攻坚”，完成征迁506万平方米，提供建设用地4万多亩，实现泉港石化安控区征迁“清零”，“交地即交证”模式全面推广。做好“两稳一促”工作，全市实际使用外资增长11.3%，出口总额增长32.7%，推广扩容市场采购贸易试点，晋江、石狮市场采购超459亿元；建成运营跨境电商综试区线上平台。办好“一月一会展”系列活动18场，开展千场促销百场直播活动，社会消费品零售总额增长11.3%。推动农业高质量发展，粮食产量超50万吨，十大特色产业全产业链产值达2117亿元，新增国家级农业产业化龙头企业2家、农业产业强镇2个、“一村一品”示范村（镇）3个，七库连通工程实现全线通水。

创新引领促转型 新旧动能转换提速

推动产业强链建链补链，加速制造业数字化转型，推广数字化生产线120条，建设数字化车间15个，新增“上云上平台”企业1000家，培育5G示范场景应用案例57个。拓展新基建新经济基地比拼，18个基地新落地项目121个、完成投资310亿元。推动科技创新“四个倍增”，出台市政府1号文件支持创新，推行科技创新券，全社会研发经费投入增长20%，3项成果荣获国家科技进步奖；新增高新技术企业超500家、国家专精特新“小巨人”18家；新建高水平科研平台3个，高精度地基授时系统启动建设，国家知识产权保护中心投入运行，知识产权创造、保护和运用指标获评全国标杆；实施人才“港湾计划”，新增高层次人才4788人、团队10个，科技特派员创业和技术服务实现行政村全覆盖、三次产业全覆盖。推动现代服务业提质扩量，实施加快培育新型消费三年行动，新增市级现代服务业集聚示范区4个、国家服务型制造示范4个，国家陶瓷工业设计研究院落户德化；新增3A级以上物流企业6家，实现“快递进村”服务全覆盖。

改革开放添优势 发展活力日益迸发

落实“民营经济发展年”活动，召开民营经济发展动员会，组织“进千企、走千商、访千才”活动，打出“1+N+N”组合拳，制定“九奖八补七服务”惠企政策，实施政策线上直达兑现改革，兑现惠企资金达51.7亿元，13条支持民营企业改革发展典型做法获全国推广。落实“营商环境提升年”活动，建成市级政务数据汇聚共享平台，“一趟不用跑”事项比例达90%，与企业群众生产生活密切相关的重点领域和高频事项60%以上列入“一件事”集成套餐服务。推行“局长走流程”，解决行政审批难点堵点痛点问题554个、压缩779个工作日。开展产融合作试点，金融机构贷款余额增长10.4%，企业公共信用评价实现全覆盖，台商台胞金融信用证书在全省推广；进一步支持企业改制上市，新增上市企业2家。严密防范金融风险，不良贷款率保持较低水平。加强与台港澳侨交流合作，做好新侨和华裔新生代工作，南洋华裔族群寻根谒祖综合服务平台（一期）上线运行，泉州侨批馆开馆，新增中国华侨国际文化交流基地4个；全年向金门供水633万立方米。

功能品质双提升 城乡面貌加速更新

落实“城乡品质提升年”活动，实施845个城建项目，完成投资770亿元；科学编制国土空间总体规划，完成255平方公里“两江一湾”海丝新城总体城市设计，开展片区更新改造比拼，县（市、区）32个城建片区实现投资180亿元；实施老旧小区改造项目504个、6.1万户，基本建成保障性安居工程1.7万套，新增各类租赁住房1.5万套；市本级政府投资项目剩余资产得到有效处置。完善快速交通体系，站前大道鲤城段南延伸项目、城东至北峰快速通道建成通车，刺桐大桥完成整修，晋江西滨至石狮大道段、泉州大桥改扩建工程开工建设，实施泉州湾跨海大桥降价惠民通行。全市打通断头路36条，新增停车泊位6000个。提升绿化景观水平，40个生态连绵带项目扎实推进，新开工城市综合性公园14个，建成口袋公园、串珠公园109个。加强城市精细管理，全面升级改造“数字城管”，完善网格化巡查制度。认真执行市人大关于加快垃圾分类处理利用的决议，建成石狮、晋江、南安、安溪垃圾焚烧厂技改项目及南安餐厨垃圾资源化处理厂。基本完成城东、东海污水处理厂改扩建，新建改造城乡污水管网496公里。开展宜居乡村建设，完成502个村庄规划编制，拓展创建315个乡村振兴试点村，培育50个典型示范村，加快23条示范线串点连线成片。永春入选全国水系连通及水美乡村建设试点。开展农村人居环境整治提升，全市整治裸房2.8万栋，所有村庄无害化户厕普及率超99%。深化农村宅基地制度改革试点，加强农村宅基地和村民住宅建设管理，所有乡镇设立农村宅基地“一站式”审批窗口。德化获批国家农村综合性改革试点。

以文兴城塑形象 文化实力更加彰显

加强遗产保护利用，高标准完成遗产点保护修缮，府文庙工程获评国家优秀古迹遗址保护项目。建成世界遗产主题展示馆及13个遗产点现场展示馆，改造提升中国舟船世界展示馆，新增3个国家级非遗代表性项目。出台世界文化遗产保护管理办法、保护管理实施意见，推动遗产保护管理工作法治化、规范化、常态化。实施古城提质工程，全面开展中山路中段及29条街巷风貌综合整治提升，金鱼巷微改造工程获评中国建筑设计奖一等奖；开展2条历史文化街区和10个历史文化名镇名村保护提升。巩固国家公共文化服务体系示范区创建成果，改造提升村（社区）综合文化服务中心24个，开展公益性文化惠民演出1230场，组织庆祝建党100周年系列文化活动。注重发展文化产业，出台扶持影视产业发展的若干措施，新增影视节目制作机构38家；打造世遗游、工业游、祈福游、乡村游等精品线路35条，晋江经验馆入选全国建党百年红色旅游百条精品线路；新增国家3A级以上旅游景区6家，入选国家文化和旅游消费试点城市，西街成为国家级夜间文化和旅游消费聚集区。

用心用情惠民生 社会事业持续改善

巩固拓展脱贫攻坚成果，强化低收入群体帮扶，实施产业帮扶2431户、住房条件改善提升528户、饮水安全保障4.5万户，扶持低收入村发展村财创收项目201个。推动教育优先发展，新增公办幼儿园学位9000个、中小学学位1.5万个，推动义务教育学校课后服务全覆盖，全面规范校外培训行为；新高考改革平稳落地，高中教育质量走在全省前列。建设高水平专业化产教融合实训基地4个，获批国家产教融合试点城市。推进未成年人思想道德建设落细落实，高质量通过妇女儿童发展纲要终期评估验收。发展卫生健康事业，“快、严、实、细”做好疫情防控，核酸检测能力达40万管/日，疫苗接种累计超1800万人次。泉州医高专附属人民医院、泉港区医院等扩建项目完工，丰泽、洛江、永春、德化等新妇幼保健院建成，上海六院福建医院国家区域医疗中心挂牌运营，全市新增医疗机构床位1000张，二级以上公立医院满意度保持全省第一。深化三医联动改革，药品和医用耗材集中采购范围分别扩大到263种、19种，价格平均降幅54.6%、67.8%，按病种收付费项目达449个。加强就业和社会保障，全市城镇新增就业10.5万人，失业人员实现再就业2.9万人，新增“五险”参保42万人次。扩大失业保险保障范围，返还稳岗补贴4亿元，减征社保费9.7亿元。全面落实新建城区、居住小区配建养老服务设施，新增养老床位1560张。老龄、老干部工作得到加强。市县慈善机构筹集善款12亿元，慈善公益蔚然成风。打好污染防治攻坚战，统筹推进两轮中央生态环境保护督察反馈问题整改。开展大气污染专项整治，完成大气精准治理减排项目140个。认真执行市人大关于进一步加强全市流域水环境保护的决议，完成流域精准治理项目111个，县级以上13个饮用水水源地Ⅲ类水质达标率保持100%。全市植树造林8.9万亩、水土流失治理27.9万亩、矿山生态修复91.7万平方米。深化平安建设，开展信访积案化解攻坚，严打电信诈骗犯罪，常态化推进扫黑除恶斗争，落实政法队伍教育整顿。持续开展安全生产隐患排查专项整治，推进安全生产标准化提升；建立全市房屋建筑网格化管理体系，实现重大安全隐患房屋“清零”。加快军民融合发展，市县两级全覆盖成立退役军人法律援助站、心理健康服务站，动员支前能力不断增强。民族宗教、统计、人防、海防、气象、地震以及工会、共青团、残疾人、红十字会、计生协会等工作取得新成效。

依法行政提效能 自身建设不断加强

深化法治政府建设，开展重大行政决策合法性审查，推进重大决策过程规范化、法治化。加强机关效能建设，32条政务服务便民热线统一归并为“12345”一号通办，诉求办理满意率达99.2%。严格执行市人大及其常委会决议决定，依法接受市人大法律监督和工作监督，主动接受市政协民主监督，认真办理人大代表建议361件、政协提案532件。政府带头过“紧日子”，压减一般性支出3.6亿元。党风廉政建设和反腐败斗争深入推进，风清气正的政治生态进一步巩固。

今后五年工作的总体要求和主要任务

未来五年，是我国开启全面建设社会主义现代化国家新征程、向第二个百年奋斗目标进军的关键时期，也是泉州全方位推进高质量发展超越的重要阶段。做好今后五年政府工作：要坚持以习近平新时代中国特色社会主义思想为指导，全面贯彻落实党的十九大和十九届历次全会精神，弘扬伟大建党精神，紧扣习近平总书记来闽考察提出的“四个更大”重要要求，按照省、市党代会部署，坚持稳中求进工作总基调，立足新发展阶段、贯彻新发展理念、服务和融入新发展格局，以供给侧结构性改革为主线，弘扬“晋江经验”，加快数字化转型发展，坚持“强产业、兴城市”双轮驱动，推进新型工业化和城镇化，扛起全方位推进高质量发展超越主力军担当，奋力建设海丝名城、智造强市、品质泉州。

今后五年经济社会发展目标任务是：在完成“十四五”规划目标的基础上，聚焦实现“五个双提升”，深入实施“五大工程”，扎实开展“抓项目、促发展”系列专项行动，在全省全方位推进高质量发展超越的征程中勇当“四个主力军”：一是发展现代产业体系主力军。实施制造业竞争力提升行动，落实“双碳”战略，突出科技赋能、数字赋能、绿色赋能，力争到2026年高新技术企业突破4000家、全社会研发经费投入占GDP比重2.5%以上，规上工业企业数字化转型实现全覆盖、生产线改造达70%，数字经济增加值占地区生产总值比重超60%。加速产业强链建链补链，努力打造“石化—纺织鞋服”“建材—家居”“机械—电子”万亿级产业链群，培育若干个千亿级、百亿级新兴产业。二是区域协调发展主力军。站位全省三大中心城市，主动融入闽西南协同发展区，突出区划重构、聚城畅通、聚湾强心，构建“369”交通圈生活圈产业圈，做大做强中心城区，做实做优次中心组团，做精做美小城镇和新农村。坚持保护好、传承好、利用好历史文化遗产，在历史文化保护中促进城市发展，致力打造世界遗产保护利用典范城市。三是深化改革开放主力军。纵深推进“晋江经验”改革实践，聚焦民营经济发展、企业自主创新、乡村全面振兴、生态文明建设、营商环境优化等领域，推深做实国家级、省级改革试验试点。强化泉州在海丝核心区建设中的担当，定位海丝先行区和战略支点城市，多措并举打好“新侨牌”，着力建设海丝综合交通、经贸合作、文化展示、城市联盟的重要门户，打造“双循环”重要节点、重要通道。持续做好对台“通”“惠”“情”三篇文章，加快建设台胞台企登陆第一家园。四是促进共同富裕主力军。突出共建共享、共管共治、共同缔造，满足“一老一幼”生活需求，提升“一大一小”教育水平，畅通“一快一慢”出行系统，营建“一动一静”生活场景；推动巩固拓展脱贫攻坚成果同乡村振兴有效衔接，力争到2026年，全体居民人均可支配收入超6万元，建设美丽宜居的幸福家园。

2022年工作安排

今年是新一届政府的第一年，经济社会发展主要预期目标是：全市生产总值增长7%～7.5%，农林牧渔业总产值增长2.5%～3%，工业增加值增长7%～7.5%，第三产业增加值增长7.5%～8%；一般公共预算总收入增长6.3%，地方一般公共预算收入增长6%；固定资产投资增长6.5%；实际使用外资增长3%，出口总额增长7%；社会消费品零售总额增长7%～7.5%，居民消费价格涨幅控制在3%左右；居民收入和经济同步增长；完成节能减排降碳任务。重点抓好以下七方面工作：

聚力扩量提质增效 加快打造现代产业体系

实施“抓创新促应用”专项行动。发挥国家自主创新示范区优势，谋划建设环清源山科创走廊、泉州科学城。落实科技创新“四个倍增”，新增高新技术企业500家，加快“一产业一平台”建设，新引建大院大所2～3家，推动国家技术转移东部中心泉州分中心落地，建好用好清源创新实验室、时空科创基地、光子技术协同创新研究院等平台；推广中鞋革晋江院经验，促进科技创新平台提质增效。实施一批科技重大专项，力争全社会研发经费投入增长20%以上。深入实施人才“港湾计划”，持续扩大人才自主评价试点范围，新引进高层次人才团队13个，大力吸引高校毕业生来泉留泉就业，引进产业急需高校毕业生1万名以上。

提升主导产业竞争力。实施“绿色数字技改”专项行动，加快纺织鞋服、建材家居、食品饮料等主导产业智能化改造、数字化转型，抓好重点技改项目200项以上，重点节能项目60项以上；推广数字化生产线120条以上，新增“上云上平台”企业1000家以上。实施“工业（产业）园区标准化建设”专项行动，坚持产城人融合，抓好“规划、规范、提升、示范、招商”5个环节，建好标准厂房、研发楼房、标准公寓房，打造一批产业综合体和创新综合体，提升规上企业入园率和增加值占比。实施“重龙头、强品牌、铸链条”专项行动，推行“一产一策一专班”，实施龙头企业培优扶强工程，新增国家专精特新“小巨人”10家以上、“小升规”工业企业700家以上；开展质量提升行动，深化商标品牌战略，运用好国家知识产权保护中心，成立泉州知识产权保护联盟，建好知创产业园。

培育壮大新兴产业。建好新基建新经济基地，力争新落地项目90个、总投资200亿元以上。加快在建半导体项目投产达产，争取半导体产业列入国家战略性新兴产业集群。培育新能源产业，建设高效太阳电池装备与技术国家工程研究中心，打造新能源产业创新示范区核心区。发展数字经济，实施“五十百千”平台经济计划，建设一批行业级数字技术公共服务平台；整合成立市级大数据集团公司，抓好遥感卫星接收站、先进计算中心等项目建设运营，培育5G示范场景应用新案例30个。实施海洋经济高质量发展行动，培育海洋食品药品、海上牧场、滨海旅游等新业态，抓好地下水封洞库等项目。

创新发展第三产业。滚动实施服务业百大项目，加快建设东海总部区，推进现代服务业集聚区提档升级。深化服务型制造示范城市建设，做大做强工业设计、商贸物流、金融服务、科技服务等业态，新增服务型制造示范15个以上，争创国家物流枢纽。加快培育新型消费，发展直播经济、社区电商、农村电商，深化“一月一会展”，举办“最闽南”美食节等百场促销活动，做优做活夜间经济、商圈经济，大力发展文旅经济。

开展“项目攻坚2022”。坚持项目为先、项目为基、项目为要，实施在建重点项目633个，完成年度投资1700亿元以上，确保开工、竣工重点项目100个、90个。实施“抓开放招商促项目落地”专项行动，创新招商机制，实行“一把手”带头、全员招商、以商招商，力争签约落地20亿元以上项目100个；加强签约项目全周期服务，进一步提高履约率。实施“抓征迁交净地”专项行动，坚持标准不变、一线攻坚、组团作战，用好“四边”工作法，全力保障项目用地需求。

聚力统筹一体发展 不断提升城市能级

提速建设做强中心市区。实施“抓城建提品质”专项行动，实行中心市区一体化开发建设，对环湾区域实行统管统筹。坚持产业培育、基础设施、公共服务配套、生态环境“四个优先”原则，全力推进东海城东等组团开发，集中力量打造中央活力区，加快建设高品质“两江一湾”海丝新城。

多维提升城市环境品质。开展城市体检评估，加快城市更新步伐，有序实施老旧街区综合提升，全面完成2000年底前建成的老旧小区改造任务，逐步推进石结构危旧房屋改造工作。加强防洪排涝改造，建设中心城区水系联排联调体系，争创国家海绵城市建设示范市。开展“绿满泉城”行动，实施“山水园林、百姓园林、文化园林+门户廊道”工程，统筹推进城市综合性公园、口袋公园和街头绿地建设。坚持“房住不炒”，完善住房保障和住房市场体系，促进房地产业良性循环和健康发展，开工保障性安居工程1.1万套，新增保障性租赁住房2000套。加快古建筑、建筑幕墙、装配式装修等特色建筑产业发展。

不断完善综合交通体系。实施“聚城畅通”专项行动，全力贯通一重环湾快速路，开工通港东街快捷化改造项目，加快刺桐大桥南节点改造，推动晋江西滨至石狮大道段主线贯通。着力推进高快一体路网衔接，开工建设永泰至德化高速，以及国道324改线工程南安段、惠安段，加快推进泉南沙厦改扩建项目，做细泉梅高速、洛江至丰泽高速项目前期。着力建设中心市区至县域放射线，往南开工晋江世纪大道南延伸项目，往西加快武荣大桥建设，往北力争开工市区至泉港快速通道。着力完善跨江过海通道，开工建设金鲤大桥，加快泉州大桥改扩建步伐，做细洛阳江大桥改造及东海、金屿、百崎通道前期，并力促早日开工。持续打通城市路网梗阻，实施改造36条“断头路、瓶颈路”。推进智慧停车平台建设，新增5000个以上公共停车泊位；完善公共交通系统，有序发展公共自行车、公共电单车。

加强城市精细化管理。组建城市运营集团，逐步推行环卫、市政、园林等一体化管理，建成智慧城管物联通管理平台，打造“一路一特色”精细化示范街区。动态建立城建“关键小事”项目库，策划实施充电桩建设、住宅加装电梯、主次干道微整治、餐饮油烟治理、杆线规整等补短板项目。出台生活垃圾分类管理办法，有序推进城镇生活垃圾分类，建成投用石狮、晋江、惠安、安溪、德化等5个餐厨垃圾处理设施。启动建设房屋建筑工程监管平台，实行房屋建筑“全生命周期”管理。抓好国家低效用地再开发试点，加快批而未供和闲置土地处置，坚决遏制新增“两违”。

推进区域同城化发展。统筹推进南翼、北翼和西部区域发展，支持南安北部新城、安溪“大三环”、永春“东拓西进”和德化大城关建设。深度融入闽西南协同发展区，加强重大基础设施对接联通，滚动推进重点台账项目和平台建设，确保兴泉铁路建成通车、福厦客专泉州段完工验收，加快城际铁路R1线、轨道交通等项目前期。

聚力整镇推进乡村振兴 促进农业农村现代化

做强特色现代农业。落实粮食安全责任制，抓好“米袋子”“菜篮子”，推动农业“五新”推广应用，新建高标准农田9万亩，粮食播种面积稳定在130万亩，年末生猪存栏86万头。实施特色现代农业高质量发展工程，规划建设省级以上现代农业产业园4个、农业产业强镇3个、“一村一品”专业村40个，力争十大特色产业全产业链产值增长8%。推进一、二、三产业融合，提高农产品加工、乡村旅游、乡村物流等发展水平。

建设宜居美丽乡村。实施“乡村振兴”专项行动，完成75%以上应编村规划编制，打造乡村振兴实绩突出村30个、精品示范线5条，创建整镇推进“五好”乡镇21个。开展裸房集中攻坚整治，实施镇域中心建成区裸房“存量清零”。完善农村生活垃圾减量化和村庄清洁行动长效机制，完成210个村庄生活污水提升治理；新改建供水管网1000公里。高质量推进老区苏区振兴发展，继续加强援藏、援疆、援宁对口帮扶和山海协作。

增强农村发展活力。深化农村宅基地改革，规范农村建房管理，实行乡村治理“积分制”，全面推广农村“三资”监管平台。落实“万企兴万村”行动，实施村兴民富增收工程，强化易返贫致贫人口的产业就业帮扶，全市村集体经营性收入基本达到20万元。深化科技特派员制度。发展新型农业经营主体，规范提升农民合作示范社40个，培育农业产业化联合体10个、家庭示范农场30个。

聚力建设一流营商环境 拓展改革开放空间

深化重点领域改革。实施“营商环境持续提升”专项行动，实行对内“一网统管”、对外“一网通办”，推广市级一体化办公平台，打造城市级掌上政务便民服务统一入口。加强政务数据汇聚与共享，建设公共数据开发平台，全面推进审批服务事项网上可办，“一趟不用跑”比例达92%。推进“一件事一次办”，重点领域和高频事项全部实现“一件事”集成套餐服务。持续开展“局长走流程”活动，推动机关干部下沉服务常态化。深化金融服务实体改革，建设数字普惠金融服务平台，推进普惠小微金融“增户扩面”，保持政府性融资担保费率不超过1%，大力发展绿色金融、供应链金融，确保全年增存800亿元、增贷900亿元；加快上市“育苗成林”，力争新增上市企业5家以上，推动海丝基金落地运作。争创国家级金融服务乡村振兴创新示范区。实施国企发展赶超计划，如期完成国企改革三年行动目标，发挥好国企在片区更新、园区建设、民生补短板等领域的先行担当作用，力争资产总额增长15%。加快做大市本级财力，全面实行零基预算和预算管理一体化改革，推进财政事权和支出责任划分，完善预算绩效管理体系，健全财政金融风险防范处置机制。

纵深推进对外开放。积极对接RCEP等规则，探索建设“两国双园”，争创晋江进口创新示范区，谋划打造世界多元文化商贸中心城市。实施泉州品牌推广计划，办好50场线上线下外贸展会。推进外贸新业态扩量，实现市场采购贸易出口480亿元。加快晋江国际机场扩能改造，完成国内航站楼扩建项目主体封顶；基本建成石湖5～6#、石井16～17#等泊位，抓好石湖港保税物流中心招商运营。密切与港澳侨合作交流，办好泉籍精英故乡行活动，力争推动泉州华侨历史博物馆升格，建设南洋华裔族群寻根谒祖综合服务平台（二期）。

探索泉台融合发展新路。发挥台商投资区、海峡两岸集成电路产业合作试验区等载体作用，深化泉台在半导体、精细化工、医学检验等领域合作，支持泉台农业“两园一中心”创新发展。完善保障台胞福祉和享受同等待遇的政策措施，建好全国台胞台企登陆第一数据港，扩大台湾专业技术职业资格直接采认范围，吸引更多台湾青年来泉学习实习、就业创业。加强海峡两岸闽南文化溯源交流，开工建设金门供水水源保障工程，推动金门供水工程创建国家级海峡两岸交流基地。

聚力活化保护文化遗产 扩大海丝名城国际影响力

高标准加强遗产保护利用。实施历史文化名城保护条例，出台世界遗产管理规划，建立监测巡查、专家咨询、技术审查等制度，抓好28个文物保护和安全工程项目，构建市级统筹、跨部门跨区域整体联动的保护体系。推动中国海上丝绸之路博物馆、蔡国强艺术中心和南外宗正司遗址、德化窑、磁灶窑、安溪冶铁、永春苦寨坑窑等考古遗址公园有实质性进展，举办百场以上遗产交流展示活动，讲好中国海洋文明故事。加强闽南文化生态保护区整体性保护，做好非遗名录“扩编”，支持安溪铁观音申报全球重要农业文化遗产。推动古城保护与复兴，加快非核心功能疏解，按照“一轴三片”格局推进古城街巷微改造，启动中山南路及周边片区风貌综合整治提升，开展历史文化街区、历史文化名镇名村保护提升。实施古驿道保护修复利用。加强革命文物保护，做好烈士纪念设施管护。

全方位推动文旅深度融合。系统开展世遗城市营销，建设海丝文化主题系列街区，办好海丝国际艺术节、世界闽南文化节，推动古城争创国家级旅游度假区，擦亮“宋元中国·海丝泉州”品牌。规范提升“吃住行游购娱”全链条服务，建设一站式智慧旅游服务平台，办好“四季”主题旅游节庆，支持海丝等主题影视、网络作品创作生产，策划打造旅游精品演艺项目，鼓励沉浸式表演进景区、进街区。

持续提升公共文化服务体系。深化社会主义核心价值观建设，加强新时代公民道德建设和爱国主义教育，巩固全国文明城市创建成果。推动国家公共文化服务体系示范区创新发展，深化国有文艺院团改革，常态化组织展演展览1000场以上。建成新型公共文化空间24个、口袋健身公园110个，建设全市应急广播体系，推广建设乡村博物馆，逐步打造“城市15分钟文化圈、15分钟健身圈、农村十里文化圈”，不断完善全民健身服务体系。支持竞技体育和体育产业发展，高水准办好第18届世界中学生运动会。

聚力低碳绿色转型 厚植高质量发展生态优势

加强“两江一带”生态保护。统筹水资源、水环境、水生态治理，强化水岸一体、上下游联动，持续推进河湖长制，全面推行林长制，加强水土流失综合治理，开工晋江下游河道清淤项目、金鸡拦河闸上游水源地环境提升工程。完善两江水利设施体系，加快白濑水利枢纽工程、永春马跳水库建设，做好“两江”连通引水、闽江北水南调工程前期。实行原水一体化运营，对全市原水实施统一建设调度管理。加快建设“蓝色海湾”，全面推行“湾（滩）长制”，开展互花米草治理，完成87个入海排水口整治。

深入打好污染防治攻坚战。强化生态环保目标责任书考核考评，统筹抓好中央环保督察反馈问题整改销号。实施100个以上大气减排精准治理项目，强化石化、制鞋等行业污染整治，有效遏制臭氧浓度上升趋势。实施100个以上流域精准治理项目，巩固市区黑臭水体治理成效，启动县级城市黑臭水体治理，推动城镇污水治理提质增效。建立污染地块开发利用联动监管机制，建设30个以上危险废物智能化监控项目。

落实“双碳”目标任务。编制碳达峰实施方案，加快能耗“双控”向碳排放总量和强度“双控”转变，推动石化、建材等产业低碳化转型，分区域分领域打造绿色低碳示范工程，提高生态碳汇能力。加快“三线一单”落地应用，构建以“空间+准入”为支撑的生态环境管控体系。

聚力保障和改善民生 建设高品质生活家园

增强就业和社会保障能力。认真落实稳岗就业政策，用好用足就业补助资金，开展“技能泉州”“工匠泉州”行动，职业技能培训3万人次，新增城镇就业8万人，新增“五险”参保19万人次。发展以社区居家养老为主体的养老模式，提档升级养老服务中心、长者食堂等各类养老服务设施项目51个，新增养老床位2000张。实施新一轮妇女儿童发展纲要，加强妇幼保健机构建设，新增普惠性托位1000个。拓展“三百工程”“同心工程”品牌，发展好社会福利慈善事业、残疾人事业。

办好人民满意的教育。有序推动城乡义务教育优质均衡发展，新增公办幼儿园学位1.2万个、中小学学位2.7万个，新建中小学教育集团6个，新增省级示范性高中5所。持续推进义务教育“减负”“提质”，规范民办义务教育发展。加快职业教育扩容提质培优，筹建泉州市产教融合联盟。政企共建泉州高水平大学，支持华侨大学建设省“双一流”高校，支持泉州师范学院建设省一流应用型高校，启动泉州医高专南安新校区建设，支持黎明职业大学建设国家高水平专业群。加快校长、教师队伍专业化成长，全面实施“县管校聘”管理，试点开展中小学校长职级制改革，推进县级教师进修学校标准化建设。加强家庭教育、劳动教育和心理健康教育，改进学校体育美育工作，抓好老年教育、继续教育、特殊教育。精准关爱下一代。

提高卫生与健康保障水平。坚持“外防输入、内防反弹”总策略、“动态清零”总方针，加强流调溯源、核酸检测、医疗救治等专业队伍能力建设，推进疾控机构改革，筹建市公共卫生临床中心、公共卫生应急处置作业中心，提高常态化疫情防控和应急处置能力。统筹城市医疗资源合理布局，建成市妇产医院二期、市正骨医院北峰院区、童昌医院等项目，新增医疗床位1200张、卫技人员2500人以上；建好上海六院福建医院国家区域医疗中心、福医大附二院省级区域医疗中心，高位嫁接优质医疗资源，争创中医类、综合类国家区域医疗中心。完善分级诊疗服务体系，加强二级以上公立医院与中心城区社区卫生机构合作共建，推进紧密型县域医共体“六个一体化”运行，强化乡村医生队伍建设。启动公立医院DRG收付费改革，进一步扩大市级医用耗材集采范围，推行医保待遇清单制度，创建“两病”门诊用药保障示范城市。充分发挥中医药防治作用，提升基层中医药技术服务能力，建设10个基层示范中医馆。

推进市域社会治理现代化。突出夯实基层基础，聚焦提升基层服务群众能力和基层综合治理能力，完善社区托幼、居家养老、净菜门店、文体活动等集成服务，解决群众“急难愁盼”问题，打造“15分钟便民生活圈”。深入实施“最多投一次”高质量信访服务模式，常态化开展扫黑除恶，严打严防电信诈骗、跨境赌博等违法犯罪，建设“海丝守护者”群防群治平台，完善“空地网”全域防控体系，争创全国社会治安防控体系示范城市。按照“四个最严”要求，提高农产品质量和食品安全水平，争创国家食品安全示范城市。实施“安全生产标准化提升”专项行动，基本完成企事业单位标准化创建，建立“三张清单”制度，实行“红橙黄蓝”安全风险等级动态监管。全面提升民族宗教治理能力，努力打造民族团结示范窗口。支持工会、共青团、妇联、计生协会等人民团体在社会治理中发挥独特优势。加强退役军人服务保障，推动退役军人服务中心（站）实体化运行，争创全国双拥模范城“十连冠”。落实国防动员体制改革，全力支持部队建设。

加强政府自身建设

把稳思想信念之舵。坚持把学习贯彻习近平新时代中国特色社会主义思想作为首要任务，始终牢记习近平总书记嘱托，争做“两个确立”的坚定拥护者和忠实践行者。坚持把党的全面领导贯穿政府工作全过程，不折不扣落实党中央国务院、省委省政府决策部署和市委工作要求，以实际成效体现增强“四个意识”、坚定“四个自信”、做到“两个维护”。

履行依法行政之责。严格遵守宪法和法律，把政府工作全面纳入法治轨道，高标准推进“八五”普法。深化政务公开，办好“刺桐新声”“东海潮声”“新法面对面”等互动平台。认真执行市人大及其常委会决议决定，依法接受人大法律监督和工作监督，主动接受政协民主监督，高质量办理建议和提案；主动接受社会和舆论监督。

践行担当作为之举。大力弘扬“四下基层”“四个万家”“马上就办、真抓实干”等优良作风，坚持项目工作法、典型引路法、一线工作法，强化一线考核、正向激励，着力提升干部业务水平和履职能力，构建上下贯通、执行有力的抓落实体系。聚焦群众和企业关切，实施“惠民生补短板”专项行动，办好39个为民办实事项目，常态化开展“进千企、走千商、访千才”活动，把民生实事一件一件做实做细做成做好。

坚守清正廉洁之本。主动扛起全面从严治党主体责任，分地域、分领域、分层级治“四风”树新风，坚决破除形式主义、官僚主义。加强党风廉政建设和反腐败工作，推动重点领域、关键环节监管全覆盖。严格落实中央八项规定及其实施细则精神，常态化过“紧日子”，将更多财力用于改善基本民生和支持市场主体发展。

政协工作报告

——在政协第十三届泉州市委员会第一次会议上

泉州市政协主席 李转生

（2022年1月5日）

五年工作回顾

五年来，在中共泉州市委坚强领导下，市政协常委会坚持以习近平新时代中国特色社会主义思想为指导，学习贯彻中共十九大和十九届历次全会精神，深入贯彻中央和省委、市委政协工作会议精神，坚持建言资政和凝聚共识双向发力，为协力建设“海丝名城、智造强市、品质泉州”贡献了智慧和力量。五年来，市政协坚持以党的政治建设为统领，党的建设全面加强，“两个全覆盖”全面实现；协商工作深入开展，民营企业转型升级、南翼新城规划建设、制造业高质量发展、城乡融合发展、加强科技创新、城市快速交通等一批高质量协商成果得到市委市政府采纳应用，专门协商机构作用更加凸显；大团结大联合工作扎实推进，特别是积极应对新冠肺炎疫情，充分发挥政协优势，组织社会各界同心抗疫、捐资捐物，海内外泉籍同胞爱国爱乡热情空前凝聚；委员主体作用和履职质效持续提升，十二届市政协委员累计参加各项履职活动16000多人次、履职考评优秀率达85%以上，履职成果得到全国政协和省市领导签批350多件次，《人民日报》、《人民政协报》、“学习强国”学习平台等中央媒体刊发报道我市政协工作500多篇，市政协机关连续保持省级文明单位和市绩效考评、平安单位建设先进行列，机关党委获评市“先进基层党组织”。

坚定政治方向 坚持中国共产党的全面领导

加强政协党的建设。认真落实中办《关于加强新时代人民政协党的建设工作的若干意见》和省市委实施意见，建立党组成员联系界别党员委员、党员委员联系党外委员的“双联”制度，率先将党的组织建在委员界别上，实现党的组织对党员委员和党的工作对政协委员“两个全覆盖”。坚持向市委请示报告制度，自觉在市委领导下主动负责、协调一致开展工作。修订完善《中共泉州市政协党组工作规则》，发挥好党组把方向、管大局、保落实的领导作用。严格遵守《党委（党组）落实全面从严治党主体责任规定》，建立健全党组主体责任、党组书记第一责任、班子成员“一岗双责”、纪检监察组监督责任的协同机制。全力支持派驻纪检监察组监督执纪问责，坚定不移推进党风廉政建设和反腐败斗争。

加强创新理论武装。把理论大学习、思想大武装作为重要抓手，建立完善以党组理论学习中心组为引领的经常性理论学习制度体系，深入学习习近平新时代中国特色社会主义思想，学习贯彻习近平总书记关于加强和改进人民政协工作的重要思想，及时跟进学习习近平总书记重要讲话重要指示批示精神，深入学习领会《习近平谈治国理政》，学好用好《习近平在福建》等系列采访实录，进一步深化了对习近平新时代中国特色社会主义思想理论逻辑、历史逻辑、实践逻辑的理解把握，不断增强“四个意识”、坚定“四个自信”、做到“两个维护”。五年来，共举行党组理论学习中心组（扩大）学习会128次，专题辅导报告会43次，专题研讨学习座谈会76次。

加强思想政治引领。认真开展“两学一做”学习教育、“不忘初心、牢记使命”主题教育，深入开展党史学习教育，引导全体政协委员和机关干部坚定理想信念、践行初心使命。用好新中国成立70周年、人民政协成立70周年、中国共产党成立100周年等重大节庆，举办诗词吟诵会、书画摄影展、征编文史资料等系列活动，讴歌党的光辉历程和伟大业绩。发动在泉各级政协委员3000多人积极参与全国政协“感悟思想之源 感怀为民初心”读书活动，委员发言条数和采用率均居全省前列。全面落实意识形态工作责任制，加强政协期刊、网站、微信公众号和论坛、讲座等舆论阵地建设管理。密切与中央、省、市主流媒体联系，加大政协宣传力度，讲好政协故事。

坚持围绕中心建言资政 助推高质量发展超越

助力实体振兴。深入学习贯彻习近平总书记在民营企业座谈会上的重要讲话精神，按照市委要求，召开民营企业政协委员座谈会，及时反馈减轻企业负担、落实帮扶政策、妥善处理用地、产权历史遗留等问题，帮助民营企业解决实际困难。围绕“加快推进制造业高质量发展”主题深入调研，提交24篇调研报告，市委主要领导充分肯定委员建言，相关建议被吸纳到智造强市工作措施中。围绕“深化供给侧结构性改革，振兴实体经济”主题举办委员论坛，“提升金融服务实体经济效率”等协商建言得到市委主要领导签批，并由相关部门重点推动。深入了解我市创建国家产教融合型试点城市情况，摸清底数、反复研讨，委员们提出20条建议，市政府主要领导要求相关部门认真吸纳，及时转化为具体工作举措。深入督办“深化‘放管服’改革，优化营商环境”“扶持中小企业发展”等提案，委员们积极建言助力企业发挥潜能、做大做强。

助力创新转型。围绕“战略性新兴产业人才的评价认定机制及扶持政策”议题开展专题协商，市委人才工作领导小组会议专题研究吸纳委员意见，分解到相关职能部门，有力推动人才“港湾计划”落地见效。发动全市政协系统就“围绕赶超战略，加快军民融合产业发展”议题，学习先进、深入研讨、对接项目，形成27篇调研报告，《建议案》得到市委市政府高度重视并有效转化。政协委员在履职过程中持续关注军民融合产业发展，《关于进一步加快我国军民深度融合发展的提案》被全国政协确定为重点提案。围绕“重视科技创新，助推高质量发展超越”主题组织科技界委员、界别人士深入调研，形成28篇调研报告，省市领导给予充分肯定，相关部门进行分解落实。组织开展“加快高新产业发展”“实施‘独角兽’企业培育工程”“加快数字化发展”等调研视察、对口协商，委员提出创新中小微企业融资获得率、加快推进物联网产业健康发展等意见建议，协商成果得到市委市政府采纳应用。组织督办“‘数控一代’智能装备产业发展”“培育发展区块链产业赋能实体经济”等一批涉及创新转型的重点提案，助推产业迈向中高端。与省政协联合开展“数字经济协同发展机制构建”“做大做强海洋经济”等课题调研，为泉州产业转型发展提供参考。

助力城市提质。围绕“加快推进南翼新城规划建设”“加快城市重大交通设施建设”等课题深入调研，召开常委会建言献策。聚焦城市快速交通建设痛点难点，立足实际，借鉴先进，提出19条建议，市政府主要领导要求相关职能部门和县级政府认真采纳，助推“聚城畅通”工程取得实效。践行“绿水青山就是金山银山”理念，围绕“推进石化园区环境治理”热点议题，组织委员、专家实地调研论证，从5个方面提出29条建议，市政府以《关于加强石化工业园区生态环境保护工作的意见》，分解细化到相关部门和属地政府工作中。围绕“加强国土空间规划，推动环湾城市发展”“城市园林景观建设”“泉州湾河口湿地资源保护与修复”等方面开展重点视察，提出有针对性的监督意见。持续关注古城提质、新城集聚和城市建设管理问题，围绕城市“双修”、提升老旧小区功能与环境、优化中山路示范性街区、加强智慧城市建设等重点工作开展调研视察，推动相关工作落实。

助力“海丝泉州”。按照市委市政府安排，市政协领导带队参加第二届中法文化论坛，开展文化交流、经贸合作，有效扩大泉州国际影响力。围绕“海丝史迹保护”主题，发动政协委员、文化艺术界专家深入调研，就加强海丝史迹保护基础研究、推进文献整理及数据库建设、提升申遗点保护水平等方面积极建言，市政府及相关部门高度重视，召开专题会议研究吸纳。组织市政府、市政协分管领导领衔督办“文旅融合发展”重点提案，助力解决西街观光旅游体验、蟳埔文创和旅游产品开发相关问题取得进展。政协委员结合泉州打造海丝名城实际，在全国“两会”上提出《关于设立海上丝绸之路国家文化公园的建议》，引起各界广泛关注。全力配合全国政协开展

“海上丝绸之路文化遗产保护和利用”专题调研，举办“海丝泉州”诗词吟诵会，与宁夏、新疆、福建文史馆联合举办宁、新、闽“丝路回乡翰墨情”文化交流活动，展现对丝路建设的美好愿景和历史担当。

践行履职为民 增进民生福祉助力全面小康

关切群众期盼。组织委员围绕大病统筹解决途径、食品药品安全监督、加强未成年人保护、落实全面二孩政策保障措施等50多个民生议题协商议政，提出合乎民情民愿、顺应民心民意的意见建议。围绕“深化产教融合，助力高质量发展”“推进学前教育优质普惠发展”主题，形成54篇调研报告，市政府将专题协商会建议意见，分解落实到有关单位，协商工作取得实质性成效。主动呼应群众呼声诉求，加大《提升殡葬服务品质的建议》提案督办力度，市政府主要领导批示和督促办理，相关部门开展专项整治，受到群众欢迎。围绕“农村饮用水安全”开展民主监督协商，从8个维度提出20条建议，市政府制定《泉州市推进城乡供水一体化实施意见（2021—2025年）》，分解细化到相关部门和各县（市、区）抓好落实。组织部分省、市、县三级政协委员开展“推进养老服务工作”课题调研和提案督办协商，推广新型养老模式、建立医养互通绿色通道等意见建议得到采纳应用。积极开展残疾人就业和服务工作专题调研，意见建议被市《扶持残疾人自主创业项目实施方案》等文件吸纳采用。聚焦为民办实事项目进展情况、电梯安全监管、城区交通拥堵、社区物业管理、安置房不动产登记办证等热点难点问题开展监督性调研视察，助推民生关切问题有效解决。

服务民生实事。围绕“实施乡村振兴战略，提升农村文化事业发展水平”“推进城乡融合发展”议题举办委员论坛、开展专题协商，助力农村文化事业和城乡融合发展持续推进。聚焦精准扶贫、脱贫攻坚，挂钩帮扶贫困村和困难家庭，深入老少边贫地区，协调解决具体问题。五年来，筹措资金帮扶6个少数民族村，400多户贫困家庭，助力脱贫奔小康。大力弘扬扶危济困、乐善好施的传统美德，把“我为群众办实事”贯穿始终，积极开展助学、助残、慰问帮扶和送医送药等活动。五年来，筹措资金帮扶困难大学生300多人次、孤残儿童100多人次，医卫界委员、宗教界义诊队为困难群众义诊施药2万多人次。新冠肺炎疫情发生后，第一时间发出倡议书，号召全市政协系统和广大政协委员积极投身抗疫斗争，市政协领导开展服务基层专项行动，抽调机关干部30多人次驻村工作，发动海外乡亲和企业界、宗教界和港澳委员、特邀嘉宾踊跃捐款捐物，用行动诠释了责任、用真情温暖了人心。积极反映各界呼声和诉求，畅通渠道、拓展来源，五年来共编发《社情民意信息》专报2300多件，得到全国政协和省市采用700多件次。

参与社会治理。探索“三平台四渠道”机制，助推市域社会治理现代化。组织委员听取市中级人民法院、市人民检察院工作情况通报，围绕法治环境优化、司法便民利民等方面建言献策。组织开展“执行难”多元破解机制建设专题调研，调研成果被市委市政府出台的《关于进一步支持法院决胜“基本解决执行难”的实施意见》吸纳，中央媒体刊发《福建泉州市政协建言“执行难”，让正义在“最后一公里”提速》，取得良好社会反响。支持政协委员担任人民陪审员、商事调解员、人民监督员，参与司法调解和法院诉讼调解，化解矛盾，促进和谐。组织政协委员参与社会治理的检查监督，支持受聘的特邀监督员、政风行风评议代表参加明察暗访和检查考评，助推效能建设提速增效。与省政协联合开展“加强城乡基层社会治理制度创新”“城市少数民族流动人口服务管理”“提高社会治理智能化水平”督办调研，围绕做实基层网格、构筑共建机制、减轻基层负担等提出意见建议，助力基层治理创新。

注重务实创新 推进政协协商制度化规范化

实践协商民主。深入贯彻中央和省市委关于加强人民政协协商民主建设的部署要求，完善政协协商议政格局，积极开展专题协商、对口协商、界别协商和提案办理协商。探索履职新模式，推行网上会议、线上议政，突破了委员履职时空限制。邀请群众代表列席政协全会，邀请专家学者、基层代表列席政协常委会和专题协商会，畅通让群众走进政协、政协走进群众的渠道。五年来，共举行全体会议5场，专题议政性常委会10场，协商式监督座谈会6场，提案办理协商、对口协商和界别协商210多场次，网上会议和远程协商21场次。共收到提案3453件、立案3065件，编发《重要提案摘报》120期、《大会发言摘报》136期。市委市政府主要领导高度重视政协协商，带头参加重要协商活动，面对面与委员互动交流，共谋泉州发展大计，有力推动协商民主实践。

拓展基层协商。按照省政协指导意见和市委要求，坚持党委领导、政府支持、政协搭台、各方参与、服务群众，扎实推进“有事好商量”协商议事工作，把人民政协制度优势转化为社会治理效能。创建“福建省政协委员泉州小组议政厅”平台，推动委员学习交流、密切联系群众、拓宽协商路径。坚持共建共享共用，指导县（市、区）政协在乡镇（街道）和企业建立政协委员联系基层群众活动室、冠名政协委员工作室等联系点90多家，倡导政协委员进企业、进社区、进乡村。各联系点通过开展“小微协商”“上门协商”“多方协商”，帮助解决群众身边的民生实事，基层协商工作走在全省前列。泉州市提线木偶戏传承保护中心委员联系点获评全国首届人民政协“杰出委员工作站”。

完善协商制度。协助市委召开政协工作会议，出台加强和改进人民政协工作、加强社会主义协商民主建设、加强政协民主监督等一系列重要文件，明确政协协商的内容、形式、程序、成果运用、加强与党政工作衔接等制度要求。建立健全市委、市政府、市政协“议题共同提出、计划共同制定、协商共同参与、成果共同推进”的协商工作机制，将市政协年度协商计划提请市委常委会审定，纳入市委年度工作要点。健全和完善党政领导共同参与协商活动以及协商成果的采纳、落实和反馈机制，将协商意见办理落实工作纳入党委、政府目标管理和绩效考核内容，推动协商成果有效转化落实。按照“制度建设见成效”要求，修订完善《提案工作条例》，制定出台《重点提案遴选与督办办法》《提案办理协商实施办法》《市政协领导联系委员工作的意见》等22项工作制度，不断完善结构合理、层次清晰、科学规范的政协履职制度体系。

坚持团结民主 广泛凝心聚力促进社会和谐

密切合作共事。深入学习贯彻习近平总书记关于新型政党制度的重要论述，以政协会议为平台、调研视察为载体、界别活动为纽带，加强与市各民主党派、工商联和无党派人士的团结合作。坚持市政协领导挂钩联系党派团体制度，支持党派团体更好发挥作用，优先安排大会发言，认真督办集体提案，重点采编以党派团体反映的社情民意信息。五年来，市各民主党派、工商联和无党派人士共提交调研报告300多篇、集体提案840件、反映社情民意信息1000多条，《关于多管齐下推动企业创建“海外研发平台”的建议》等500多件党派团体履职成果得到转化，充分展现了参政党履职风采。

深化交流联谊。坚持以情感为纽带、以文化为引领、以履职为抓手，积极开展联谊联络工作。注重发挥港澳委员作用，密切与港澳各界团结联谊，组团参加港澳地区泉籍社团庆典活动，支持港澳委员在关系国家核心利益问题上正面发声。组织港澳委员赴内地学习考察，为他们发展事业、参政议政拓展渠道。坚持走访台资侨资企业，帮助解决实际困难。组织开展进一步发挥华侨社团、华人华侨新生代、侨商侨智侨力作用等5个专题调研，课题成果得到全国政协和省市领导签批肯定。热情接洽海外重要社团和侨亲，创新开展华侨大学境外新生“看海丝·爱泉州”品牌主题活动，持续增强对祖国和家乡的认同感。开展泉台农业、泉台文创产业交流合作对口协商，深入推动“先行先试推进泉台融合发展，建设台胞台企登陆第一家园”工作专班项目落实，编修出版《泉州籍台湾族谱目录》，带领泉州妈祖文化交流团赴澎湖、金门开展文化、民俗系列活动，充分发挥泉台民间交流协会作用，拓展经贸合作和文化交流。《关于促进两岸社会融合的提案》被全国政协评为年度好提案，《加快推进两岸共享冬奥红利和文化认同的建议》得到全国政协领导批示落实。

广泛汇聚力量。认真贯彻党的民族政策和宗教工作基本方针，加强与重点宗教活动场所和民族宗教界代表人士联系交流，积极引导宗教与社会主义社会相适应。围绕发挥宗教优势增进“一带一路”民心相通、创建文明寺观、宗教事务条例贯彻落实、民族团结进步等方面开展调研视察，编撰《泉州佛教综览》，积极推进国旗、宪法和法律法规、社会主义核心价值观、中华优秀传统文化“四进”宗教活动场所，切实维护民族和睦、宗教和顺、社会和谐。注重加强与领军人才、“两新”组织的团结联谊，做好凝聚共识、发挥作用工作。按照市委部署要求，认真开展“进千企、走千商、访千才”活动，收集整理有关营商环境改善、关税政策豁免、土地管理措施等30多个问题和建议，报送市委市政府。充分发挥泉商发展促进会的作用，加强与异地泉商和海外泉商的联系交往。参加异地商会重要活动，组织开展回乡调研视察，举办异地商会座谈会，推介招商项目，鼓励回归参与家乡建设。

加强自身建设 着力推动政协工作提质增效

打造过硬队伍。按照新时代新要求，大力加强委员队伍建设，定期开展委员履职培训，制定强化政协委员责任担当实施意见，修订完善委员履职情况量化考评管理规定、港澳委员履职公约、政协常委提交年度履职报告等制度，为委员高质量履职作出明确规范。大力推进机关干部队伍建设，树立正确用人导向，优化干部队伍结构，调整充实一批年轻干部，选派业务骨干到基层一线挂职锻炼。充分发挥“学习强国”“党员e家”“福建干部网络学院”学习平台作用，鼓励干部参加在职教育，参加全国政协、省政协、市委党校等各层级学习培训，提升干部综合素质。实施干部绩效量化考核，激励机关干部担当作为、履职尽责。

创建模范机关。强化政协机关政治属性，扎实推进机关党建和履职工作深度融合、相互促进。驰而不息加强作风建设，对照市委巡察组对市政协机关巡察反馈意见，制定整改措施，狠抓整改落实。细化分解市政协《年度协商计划》《常委会工作要点》，坚持“清单化”管理、“项目化”运作推进工作落实，逐步实现以制度规范履职、以机制保障落实，推动政协履职从注重“做了什么”“做了多少”向“做出了什么效果”转变。健全主席会议成员分工联系专委会、专委会对口联系部门和界别委员的工作机制，依托专委会开展界别特色活动，专委会的统筹谋划、组织落实能力持续提升。

强化联动协同。召开全市政协主席工作座谈会，交流开展政协协商、民主监督、党建引领履职等方面做法经验。积极配合全国政协、省政协来泉开展调研视察和督办活动，认真承办省政协在泉召开的各类工作座谈会，配合开好远程协商会，主动对接好省政协履职工作。进一步加强对县级政协工作的指导，认真落实市政协领导挂钩联系县（市、区）政协制度，邀请县（市、区）政协主席列席市政协召开的常委会议、专题协商会、政情通报会，完善联系机制，打造履职平台，实现上下联动、协同协作。五年来，配合全国政协开展27个、省政协开展127个专题视察和督办调研，与县（市、区）政协联合开展92个专题调研、89项重点视察、督办96件重点提案，全市政协系统形成联动互促、整体提升的履职格局。

今后工作建议

坚持党的领导 在强化政治属性中奋进新征程

深入学思践悟习近平新时代中国特色社会主义思想，深刻感悟这一当代中国马克思主义、21世纪马克思主义的真理光芒和实践伟力，引领政协工作政治坚定、行稳致远。坚决贯彻落实中共十九届六中全会精神，从党的百年奋斗历程中汲取智慧和力量，学深悟透、细照笃行，牢记“两个确立”，以实实在在的工作成效增强“四个意识”、坚定“四个自信”、做到“两个维护”。弘扬伟大建党精神，牢记人民政协是中国共产党领导的政治组织和民主形式，把党的领导体现到各领域各方面，确保政协工作的正确政治方向。完善党组学习、专题学习和委员培训等制度，深化“书香政协”建设，及时跟进学习各级重大决策部署，明确工作方向和履职重点并坚决抓好落实。强化思想政治引领，引导参加人民政协的各党派团体和社会各界人士树牢政治共同体意识，永葆合作初心、继续携手前行。认真履行全面从严治党主体责任，以政治建设为统领，完善组织体系，增强组织力，强化党风廉政建设，探索实践“党建+履职”的载体与形式，实现“两融合、相促进、双提升”。

坚持服务大局 在落实党代会部署中创造新业绩

要围绕落实落细省、市党代会部署，对照我市“十四五”规划和2035年远景目标安排，深入谋划履职重点，多建睿智之言、多献务实之策、多尽精诚之力。聚焦创新发展“晋江经验”，在提高全市发展质量和潜能上下功夫，围绕推进新型工业化、加速智能化改造数字化转型、发展壮大海洋经济、增强科技创新能力、低碳绿色集约发展、后申遗时代文旅融合发展等方面开展专题协商，推动形成多元发展、多点支撑的产业格局。围绕推进新型城镇化，按照做大做强中心城区、做实做优次中心组团、做精做美小城镇和新农村的要求精选课题、深入调研、建言献策，助力提升城市能级、打造21世纪“海丝名城”。围绕打好新“侨”牌，努力构建国内国际双循环的重要节点、重要通道开展专题调研，推动建设海丝重要门户。围绕深化泉台各领域交流建言献策，推动建设台胞台企登陆的第一家园。要进一步丰富协商形式，促进远程协商和网络协商等新平台的建设与运用。各专委会和界别要主动作为，积极开展履职活动，善于发现问题、研究对策、促进发展。

坚持人民至上 在践行初心使命中展现新作为

人民是党的力量源泉和胜利之本，我们要坚持“人民政协为人民”的本质属性，办好民生实事，坚持问题在协商中解决、矛盾在协商中化解、人心在协商中凝聚。要对照市党代会关于建设美丽宜居的幸福家园部署，立足群众所盼、政协所能，把事关共同富裕愿景、事关群众切身利益的民生事业作为履职活动的重要内容，紧扣乡村振兴、做大做强富民产业、促进重点群体就业以及教育、医疗、社会保障、公共设施、平安建设等与民生息息相关的工作和领域，在落实“双减”政策、推进公共卫生体系建设、解决城市拥堵和停车难等具体工作中开展调研视察、协商建言、民主监督，于细微处见精神，在小事中显大爱，做到履职为民、履职惠民。继续加强全市政协委员基层联系点建设，拓展提升“小微协商”“上门协商”“多方协商”，近距离、点对点帮助群众办实事、解难题。要深入听取群众意见，关心群众疾苦，积极参与公益慈善活动，关爱弱势群体和困难群众，推动形成民心齐、民意顺、民风淳的良好社会氛围。

坚持和衷共济 在凝聚智慧力量中作出新贡献

坚持团结民主主题，充分尊重各党派团体、

社会各界代表人士的智慧与力量，丰富“有事好商量、众人的事情由众人商量”的制度化实践，形成共促发展的共识与合力。进一步发挥各民主党派、工商联和无党派人士在政协中的作用，开展联动调研、联合监督、联络联谊，倾听意见建议，支持履行职能、发挥作用，彰显新型政党制度优势。完善发挥界别作用机制，更好地反映各界愿望和诉求。密切同党外知识分子、非公有制经济人士、新的社会阶层人士、民族宗教界人士的沟通联络，扩大“朋友圈”。邀请社会组织、专家学者参加政协协商，加强与驻泉高等院校、科研机构的联系与交流，建设“智囊团”，为加快我市经济社会发展提供智力支持。要增进与港澳泉籍爱国社团的联络联谊，进一步密切与“一带一路”沿线国家华侨华人的交流交往，做好华侨华人新生代工作，促进侨务工作可持续发展，更好凝聚侨心侨力侨智。要密切关注影响社会稳定的各种因素，做好政策宣传、释疑解惑、增进共识、促进和谐的工作。

坚持自我提升　在增强履职能力中展示新风采

要担当人民政协制度参与者实践者推动者的政治责任，切实加强自身建设，打好履职基础。贯彻落实各级关于加强和改进人民政协工作的部署和指导意见，完善工作制度和履职机制，创新专委会履职方式，重视发挥界别作用，形成强大的履职合力。要巩固拓展创建模范机关成果，打造过硬的机关干部队伍，更好地为全市大局服务、为政协工作服务、为政协委员服务。要持续加强委员队伍建设，重视委员的能力提升、服务管理、履职考核、评价激励，引导委员坚守意识形态阵地，提升政治思想水平和履职能力。持续推进基层调研点、委员联系点标准化、特色化、个性化建设，优化委员履职环境，实现联系委员机制经常化，为委员开展工作创造条件。全体委员要心怀“国之大者”，加强自身学习，涵养为民情怀，引领良好风尚，做到言行守规矩、协商见水平、聚识有影响，以新业绩展现新时代政协委员的新风采。

统计资料

2021年泉州市国民经济和社会发展统计公报[1]

泉州市统计局
国家统计局泉州调查队
（2022年4月13日）

一、综合

初步核算，全年实现地区生产总值（GDP）[2]11304.17亿元，比上年增长8.1%。其中，第一产业增加值232.77亿元，增长3.3%；第二产业增加值6436.24亿元，增长7.3%；第三产业增加值4635.16亿元，增长9.4%。第一、二、三产业对GDP增长的贡献率分别为0.9%、51.3%和47.8%。三次产业比例为2.1∶56.9∶41.0。全年人均地区生产总值128165元，比上年增长7.5%。

年末常住人口885万人，比上年末增加6万人。其中，城镇常住人口616.8万人，占总人口比重（常住人口城镇化率）为69.7%，比上年末提高1.2个百分点。全年人口出生率为8.70‰，自然增长率为1.77‰。年末户籍人口771.27万人，比上年末增加5.13万人。

2021年年末常住人口数及其构成

表1

指标	年末数（万人）	比重（%）
常住人口	885	100
其中：城镇	616.8	69.7
乡村	268.2	30.3
其中：男性	465	52.5
女性	420	47.5
其中：0～15岁（含不满16周岁）	189	21.4
16～59岁（含不满60周岁）	579	65.4
60周岁及以上	117	13.2
其中：65周岁及以上	83	9.4

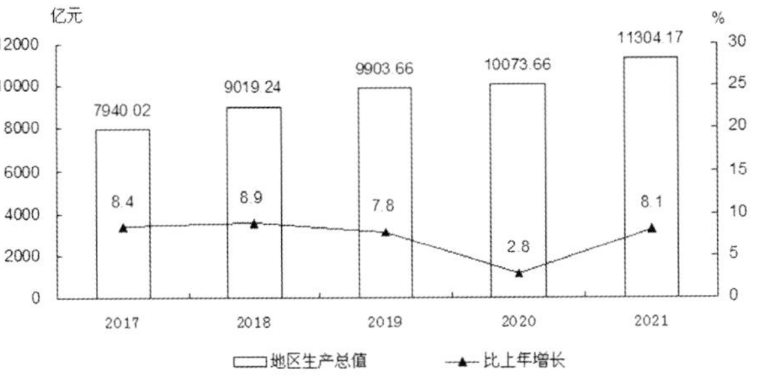

图1 2017—2021年地区生产总值及其增长速度

全年城镇新增就业人员10.54万人，有2.92万名城镇失业人员实现了再就业；全年培训各类劳动者12万人。年末城镇登记失业率为2.3%。

年末市场主体总数达127.49万家，比上年末增长7.0%。其中，年末工商登记企业单位数达40.65万家，增长11.9%；年末工商登记个体工商户数达86.84万家，增长4.9%。

全年市区居民消费价格比上年上涨1.3%，其中，消费品价格上涨1.0%，服务项目价格上涨1.6%。12月份，泉州市区新建商品住宅销售价格同比上涨3.7%，二手住宅交易价格同比上涨3.6%。

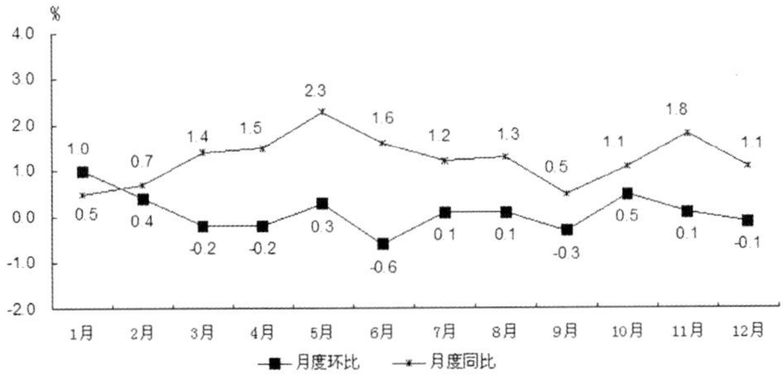

图2 2021年市区居民消费价格月度涨跌幅度

2021年市区居民消费价格比上年涨跌幅度

表2

指标	比上年涨跌幅（%）
居民消费价格	1.3
食品烟酒	-0.2
粮食	0.8
鲜菜	7.2
畜肉	-15.8
水产品	8.4
蛋	14.9
鲜果	0.6
衣着	2.5
居住	0.7
生活用品及服务	1.0
交通通信	2.9
教育文化娱乐	5.9
医疗保健	-0.2
其他用品及服务	-3.3

二、农业

全年农林牧渔业总产值422.73亿元，比上年增长3.9%。粮食播种面积130.43万亩，比上年增加0.09万亩。其中，稻谷播种面积82.53万亩，减少0.74万亩。油料种植面积22.61万亩，增加0.21万亩；蔬菜种植面积82.26万亩，增加2.55万亩。粮食产量50.42万吨，比上年增加0.59万吨，增长1.2%。其中，稻谷产量33.97万吨，增加0.02万吨，增长0.1%。

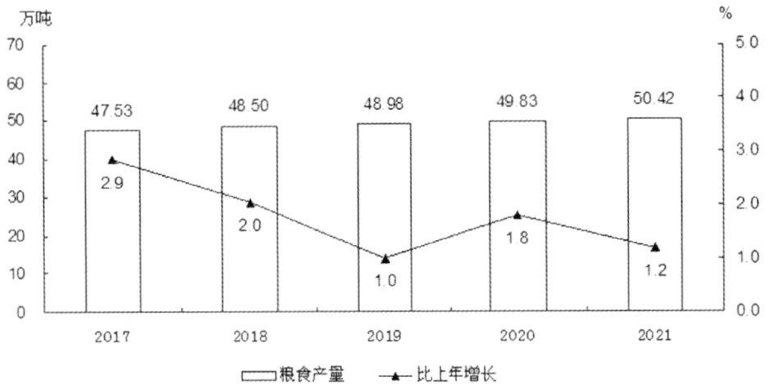

图3 2017—2021年粮食产量及其增长速度

2021年主要农产品产量

表3

产品名称	产量（万吨）	比上年增长（%）
粮食	50.42	1.2
春收	4.09	0.2
夏收	13.30	0.3
秋收	33.03	1.7
油料	4.69	0.8
其中：花生	4.53	0.8
油菜籽	0.16	5.4
糖料	1.05	1.7
其中：甘蔗	1.05	1.7
茶叶	9.39	4.2
水果	15.84	4.8
蔬菜	104.84	3.6
食用菌	9.86	0.2

全年植树造林总面积8.89万亩，占总任务7.6万亩的117.0%。其中，人工荒山造林0.69万亩，人工迹地更新5.37万亩，人工促进天然更新0.96万亩，低产低效林改造1.88万亩。全年完成幼林抚育作业面积9.23万亩。年末实有封山（沙）育林面积8.22万亩。全年商品材产量34.54万立方米，增长29.4%。

全年肉蛋奶总产量28.65万吨，比上年增长8.2%。其中，肉类总产量19.78万吨，增长10.5%；禽蛋产量8.31万吨，增长3.7%。年末生猪存栏85.83万头，比上年末增长0.7%；全年生猪出栏139.99万头，比上年增长

17.0%。

全年水产品产量105.09万吨，比上年增长0.1%。其中，淡水产品产量1.61万吨，增长1.1%；海水产品产量103.48万吨，增长0.1%，其中，海洋捕捞64.92万吨，下降2.1%；海水养殖38.57万吨，增长4.1%。

年末国家级、省级农业产业化龙头企业分别为7家和136家；有效期内无公害农产品267个，绿色食品120个，有机食品51个；农产品地理标志产品23个；福建十大农产品区域公用品牌4个，有效期内福建名牌农产品10个。

三、工业和建筑业

全年全部工业增加值5758.60亿元，比上年增长8.3%，工业对经济增长的贡献率达51.8%。规模以上工业增加值增长9.1%。其中，轻工业增长10.1%，重工业增长7.6%；采矿业下降30.9%，制造业增长9.4%，电力、热力、燃气及水生产和供应业增长9.7%。年末拥有年产值超亿元工业企业3091家，比上年增加241家，其中超10亿元企业430家，增加76家。

2021年规模以上工业增加值主要分类情况
表4

指　标	比上年增长（%）
规模以上工业增加值	9.1
其中：国有控股企业	-4.3
其中：国有企业	10.4
集体企业	25.5
股份合作制企业	27.5
股份制企业	18.7
外商及港澳台投资企业	-6.0
其他经济类型企业	14.1
其中：私营企业	18.9
其中：轻工业	10.1
重工业	7.6
其中：采矿业	-30.9
制造业	9.4
电力、热力、燃气及水的生产和供应业	9.7

2021年规模以上工业重点产业增加值增长情况
表5

指　标	比上年增长（%）
规模以上工业	9.1
按三大板块分	
传统产业	9.7
重化产业	7.4
高新技术产业	16.4
按“十四五”规划重点产业分	
#纺织鞋服	9.7
#纺织服装	12.1
鞋业	6.1
石油化工	2.0
建材家居	10.9
#工艺制品	14.1
纸业印刷	10.5
机械装备	14.2
电子信息	19.7
健康食品	4.9
按“二一一”产业链群分	
石化—纺织鞋服产业链	7.0
建材—家居产业链	10.9
机械—电子产业链	14.2

注：上表中重点产业分类并非标准分类，存在小范围交叉。

全年规模以上工业企业经济效益综合指数为398.79%，比上年上升53.26点。其中，总资产贡献率18.93%，上升2.45个百分点；资本保值增值率99.71%，下降2.32个百分点；资产负债率45.52%，上升1.27个百分点；全员劳动生产率42.24万元/人，提高7.22万元/人；流动资产周转率3.77次，提高0.32次；工业产品销售率95.22%，下降0.39个百分点。全年规模以上工业企业实现利润总额1448.62亿元，比上年增长17.7%。其中，外商及港澳台商投资企业、股份制企业和股份合作制企业利润分别增长11.1%、22.5%和13.9%。规模以上工业亏损企业亏损额13.89亿元，减亏9.9亿元。

2021年规模以上工业企业主要工业产品产量
表6

产品名称	单位	绝对数	比上年增长（%）
原煤	万吨	16.04	-49.9
原油加工量	万吨	2486.52	11.8
发电量	亿千瓦时	423.08	7.0
布	亿米	51.78	6.3
服装	亿件	60.41	17.7
皮鞋	亿双	13.24	-2.0
机制纸及纸板	万吨	192.35	9.4
化学纤维	万吨	280.24	48.3
饮料	万吨	175.39	2.0
精制茶	吨	90404.49	11.7
中成药	吨	3707.77	39.4
钢材	万吨	656.81	-11.4
水泥	万吨	944.55	2.0

续表6

产品名称	单位	绝对数	比上年增长（%）
陶瓷砖	亿平方米	33.80	9.5
花岗石板材	万平方米	5451.86	5.5
卫生陶瓷制品	万件	382.54	-18.3
建筑工程用机械	台	16238	14.9
金属切削机床	台	1153	26.0
太阳能电池（光伏电池）	万千瓦	128.90	50.6
光电子器件	万只（片、套）	12341.78	54.2

全年工业用电量409.93亿千瓦时，增长16.7%。

全年建筑业增加值685.19亿元，比上年下降0.4%。具有资质等级的总承包和专业承包建筑企业有1165个，完成建筑业总产值2197.47亿元，增长11.0%。建筑业企业房屋施工面积8855.09万平方米，增长1.0%；房屋竣工面积2731.18万平方米，下降3.6%。年末拥有产值超亿元建筑业企业218家，其中超5亿元企业78家。

四、服务业

全年批发和零售业增加值1491.20亿元，比上年增长15.2%；交通运输、仓储和邮政业增加值387.92亿元，增长12.4%；住宿和餐饮业增加值158.44亿元，增长10.9%；金融业增加值529.70亿元，增长4.3%；房地产业增加值581.42亿元，增长5.5%。

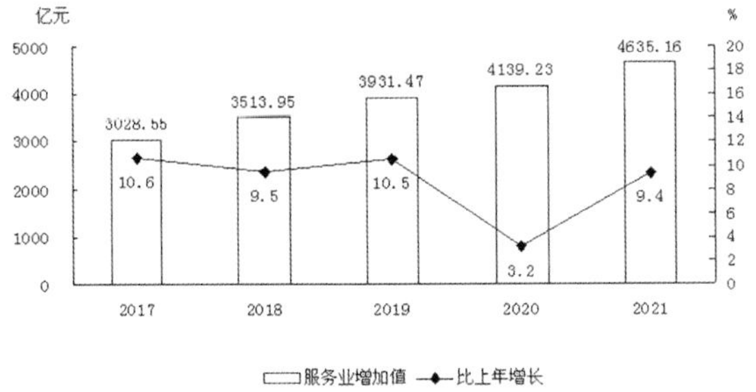

图4 2017—2021年服务业增加值及增长

全年共新建、改建公路287公里。年末公路通车总里程达18502公里，比上年末增加355公里。其中，二级及二级以上高等级公路里程3012公里，高速公路里程580公里。公路密度达168.2公里/百平方公里。铁路总里程约360公里，其中高铁里程86.97公里。

全年货物运输总量34647.05万吨，比上年增长12.3%；旅客运输总量3094.39万人次，下降13.6%。港口完成货物吞吐量14069.77万吨，比上年增长19.2%，其中外贸货物吞吐量3768.19万吨，增长0.04%；集装箱吞吐量195.43万标箱，下降13.5%。

2021年各种运输方式完成货物运输量情况

表7

指 标	单位	绝对数	比上年增长（%）
货运量	万吨	34647.05	12.3
铁路	万吨	822.27	-13.2
公路	万吨	17367.99	19.3
水运	万吨	16449.47	7.2
民航	万吨	7.32	-5.6
货物运输周转量	亿吨公里	2941.1	10.4
铁路	亿吨公里		
公路	亿吨公里	140.75	17.0
水运	亿吨公里	2800.35	10.1
民航	亿吨公里		

2021年各种运输方式完成旅客运输量情况

表8

指 标	单位	绝对数	比上年增长（%）
客运量	万人次	3094.39	-13.6
铁路	万人次	1694.97	6.9
公路	万人次	801.01	-44.3
水运	万人次	0	-100
民航	万人次	598.41	6.5
旅客运输周转量	亿人公里	8.74	-26.7
铁路	亿人公里		
公路	亿人公里	8.74	-26.6
水运	亿人公里	0	-100
民航	亿人公里		

年末民用汽车保有量184.9万辆（含三轮汽车和低速货车），比上年末增长7.4%，其中私人汽车保有量164万辆，增长7.3%。民用轿车保有量117.5万辆，增长6.9%，其中私人轿车保有量108.6万辆，增长7.0%。共有营运汽车46854辆（不含4.5吨以下货车）。其中，客运车辆8668辆（含客运班922辆，旅游客车364辆，包车客车414辆，公交3314辆，出租车3654辆），货运汽车38186辆（含4.5吨以上普通货车22314辆，牵引车7115辆，挂车8757辆）。拥有省际运输船舶255艘，总载重405.65万吨。公交运营线路长度6687.6公里，全年公交客运量11179.7万人次。

邮政业务总量[3]193.28亿元，增长25.8%；电信业务总量[4]112.37亿元，增长25.2%。年末电话用户总数1205.36万户，其中，固定电话用户145.08万户；移动电话用户1060.28万户，其中，4G电话用户675.17万户，5G套餐用户314.33万户。互联网用户1352.25万户，增加63.56万户。其中，固定宽带用户437.21万户，增加29.58万户，固定宽带家庭普及率131.6%；移动互联网用户915.04万户，增加33.98万户，移动宽带用户普及率103.9%。

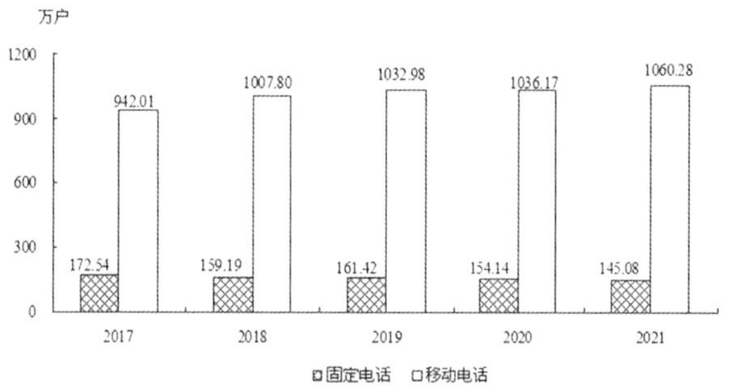

图5 2017—2021年年末电话用户数

五、国内贸易

全年社会消费品零售总额5819.72亿元，比上年增长11.3%。其中，限额以上消费品零售额1783.60亿元，增长18.3%；限额以下消费品零售额4036.12亿元，增长8.5%。

在限额以上批发和零售企业商品零售额中，体育、娱乐用品类零售额比上年增长47.7%，日用品类增长20.4%，中西药品类增长33.2%，服装、鞋帽、针纺织品类增长26.4%，饮料类增长13.2%，五金、电料类增长40.9%，汽车类增长14.0%，石油及制品类增长25.0%。限额以上批发和零售业企业通过互联网实现商品零售额340.61亿元，比上年增长33.9%。

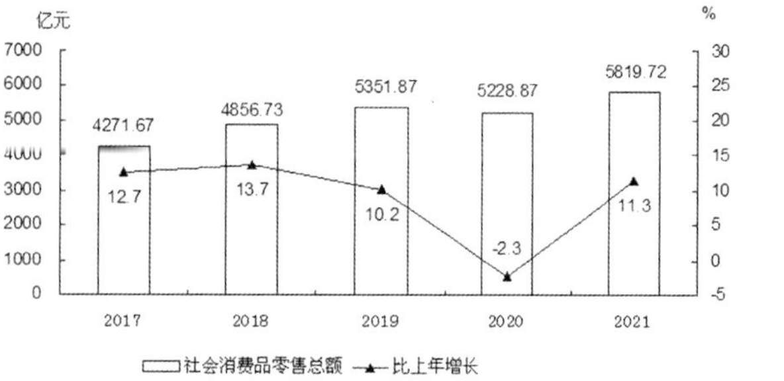

图6 2017—2021年社会消费品零售总额及其增长速度

六、固定资产投资

全年固定资产投资2576.14亿元，比上年增长3.6%。按三次产业分，第一产业投资完成14.98亿元，增长13.3%；第二产业投资完成841.06亿元，增长2.4%；第三产业投资完成1720.10亿元，增长4.2%。工业投资完成841.06亿元，增长2.4%，占固定资产投资的比重为32.6%。基础设施投资完成500.14亿元，增长11.7%，占固定资产投资的比重为19.4%。民间投资完成1785.66亿元，增长8.1%，占固定资产投资的比重为69.3%。

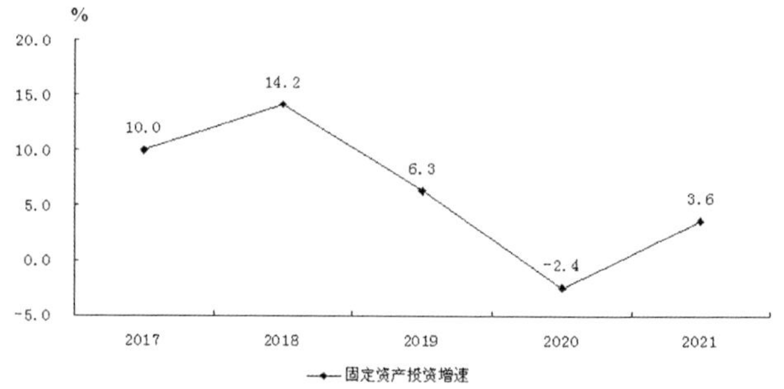

图7 2017—2021年固定资产投资增速

2021年固定资产投资情况

表9

指　标	绝对数（亿元）	比上年增长（%）
固定资产投资	2576.14	3.6
按构成分		
项目投资	1613.15	5.9
其中：国有及国有控股	585.36	-3.9
房地产开发投资	962.99	0.02
按产业分		
第一产业	14.98	13.3
第二产业	841.06	2.4
第三产业	1720.10	4.2

2021年分行业固定资产投资情况

表10

行　　业	绝对数（亿元）	比上年增长（%）
总计	2576.14	3.6
农、林、牧、渔业	16.17	8.6
采矿业	3.62	-9.1
制造业	783.61	3.5
电力、热力、燃气及水的生产和供应业	53.83	-10.1
建筑业	0.00	-100.0
批发和零售业	45.58	53.4
交通运输、仓储和邮政业	163.58	27.0
住宿和餐饮业	13.32	-40.6
信息传输、软件和信息技术服务业	43.59	-2.9
金融业	1.17	-68.5
房地产业	965.78	-0.7
租赁和商务服务业	46.36	-10.9
科学研究和技术服务业	9.71	74.5

续表10

行　　业	绝对数（亿元）	比上年增长（%）
水利、环境和公共设施管理业	262.21	8.7
居民服务、修理和其他服务业	2.12	70.4
教育	64.68	22.2
卫生和社会工作	51.80	50.1
文化、体育和娱乐业	41.32	-24.5
公共管理、社会保障和社会组织	7.69	30.9

全年房地产开发投资额962.99亿元，比上年增长0.02%。其中，住宅投资739.57亿元，增长2.4%；办公楼投资32.02亿元，下降5.1%；商业营业用房投资63.50亿元，下降5.4%。房地产开发企业房屋施工面积7601.11万平方米，增长0.9%，其中住宅施工面积5434.16万平方米，增长2.9%。商品房销售面积1611.43万平方米，增长7.7%，其中住宅销售面积1287.71万平方米，增长6.5%。

2021年房地产开发和销售主要指标完成情况

表11

指　标	单位	绝对数	比上年增长（%）
投资完成额	亿元	962.99	0.0
按构成分			
建安工程	亿元	668.99	4.5
设备工器具购置	亿元	17.99	42.4
其他费用	亿元	276.01	-11.0
其中：土地购置费	亿元	260.06	-8.8
按工程用途分			
住宅	亿元	739.57	2.4
办公楼	亿元	32.02	-5.1
商业营业用房	亿元	63.50	-5.4
其他	亿元	127.90	-8.4
房屋施工面积	万平方米	7601.11	0.9
其中：住宅	万平方米	5434.16	2.9
房屋新开工面积	万平方米	1552.78	11.1
其中：住宅	万平方米	1139.86	14.6
房屋竣工面积	万平方米	1079.84	39.9
其中：住宅	万平方米	735.48	53.4
商品房销售面积	万平方米	1611.43	7.7
其中：住宅	万平方米	1287.71	6.5
本年实际到位资金	亿元	1317.35	3.1
其中：国内贷款	亿元	87.08	-22.4
其中：个人按揭贷款	亿元	322.41	-0.1
本年购置土地面积	万平方米	81.36	-28.3

续表11

指　标	单位	绝对数	比上年增长（%）
本年土地成交价款	亿元	90.74	1.0

七、对外经济

全年进出口总额2616.5亿元，比上年增长32.7%。其中，出口额2035.5亿元，增长35.4%；进口额581.0亿元，增长24.2%。进出口顺差1454.5亿元，比上年增加419.3亿元。

2021年进出口主要分类情况

表12

指　　标	绝对数（亿元）	比上年增长（%）
进出口总额	2615.5	32.7
出口额	2035.5	35.4
其中：一般贸易	1525.5	36.5
加工贸易	47.7	-36.6
其中：机电产品	405.4	51.5
其中：高新技术产品	60.8	-14.6
进口额	581.0	24.2
其中：一般贸易	518.5	41.4
加工贸易	21.4	-61.9
其中：机电产品	76.2	32.8
其中：高新技术产品	63.5	33.5

2021年对主要国家和地区进出口情况

表13

国家和地区	出口额（亿元）	比上年增长（%）	进口额（亿元）	比上年增长（%）
亚洲地区	1089.1	32.7	464.8	28.9
日本	63.7	60.9	24.4	199.9
韩国	91.7	85.7	12.5	58.5
东盟	656.9	38.5	35.7	19.2
沙特阿拉伯	29.4	14.6	298.5	50.3
欧盟	238.4	30.4	37.4	51.1
俄罗斯	28.9	38.2	5.2	-42.7
美国	290.7	42.5	24.5	6.4
非洲	101.6	22.5	5.8	43.2

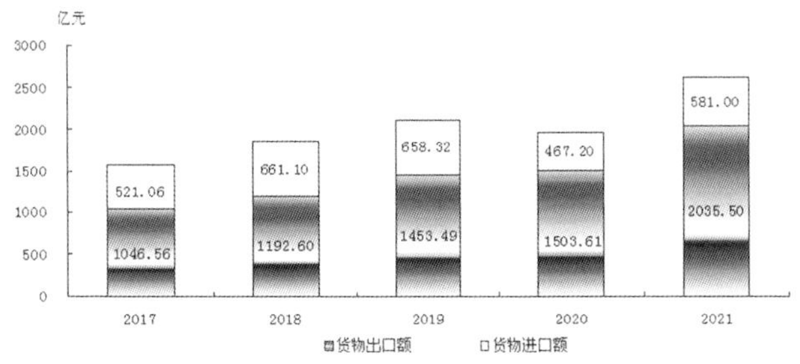

图8　2017—2021年货物进出口总额

全年新设外商直接投资企业509家，比上年增长42.2%。投资总额168.03亿元，比上年下降20.9%；合同外资金额95.75亿元，下降42.9%；实际使用外商直接投资51.64亿元，增长11.3%。新批外商投资超千万美元（含增资）的企业35家。在新签使用外资合同中，投向第二产业的合同金额44.18亿元，增长6.7%，投向第三产业的合同金额50.07亿元，下降58.6%。外商投资企业当年累计开业投产66家。

2021年外商直接投资分行业情况

表14

行业名称	新设企业数（家）	合同金额（万元）	实际使用外资（万元）
总计	509	957507	516449
农、林、牧、渔业	18	14936	15508
制造业	58	294813	283105
电力、燃气及水的生产和供应业	4	297	5825
建筑业	5	146728	0
交通运输、仓储和邮政业	7	-31001	4320
信息传输、计算机服务和软件业	25	48940	1259
批发和零售业	203	136198	84864
住宿和餐饮业	11	4274	0
金融业	2	664	0
房地产业	10	43131	12274
租赁和商务服务业	54	190817	89577
科学研究、技术服务业	77	90482	11646
水利、环境和公共设施管理业	1	1000	7000
居民服务、修理和其他服务业	6	7492	89
卫生和社会工作	2	950	850
文化、体育和娱乐业	26	7786	132

全年共签订对外经济技术合作合同金额3467万美元，比上年增长8.0%；完成营业额7053万美元，增长15.3%。全年派出劳务人员6316人，年末在外劳务人员共有5078人。全年批准境外投资企业12家，境外投资金额8299万美元。

八、财政金融

全年一般公共预算总收入940.90亿元，比上年增长15.7%。其中，地方一般公共预算收入504.54亿元，增长11.1%。一般公共预算支出672.28亿元，同口径增长[5]9.1%。其中，教育支出167.06亿元，同口径增长18.7%。政府性基金收入416.76亿元，政府性基金支出457.56亿元。税务部门组织各项收入1106.67亿元，增长23.1%，其中，税收收入876.41亿元，增长20.7%。海关代征税收收入100.68亿元，增长10.5%。

年末金融机构本外币各项存款余额9781.60亿元，比上年末增长10.9%，其中人民币各项存款余额9652.83亿元，比上年末增长10.8%。人民币存款中，住户存款余额5177.71亿元，比上年末增长8.0%；非金融企业存款2819.57亿元，比上年末增长17.1%。金融机构本外币各项贷款余额8918.96亿元，比上年末增长10.4%，其中人民币各项贷款余额8862.14亿元，比上年末增长10.5%。人民币贷款中，个人消费贷款余额3036.44亿元，当年新增384.35亿元，其中住房贷款余额2341.72亿元，当年新增302.15亿元。

2021年年末金融机构本外币存贷款情况

表15

指标	年末数（亿元）	比上年末增长（%）
各项存款余额	9781.60	10.9
其中：人民币存款	9652.83	10.8
其中：非金融企业存款	2819.57	17.1
住户存款	5177.71	8.0
各项贷款余额	8918.96	10.4
其中：人民币贷款	8862.14	10.5
其中：短期贷款	3003.95	7.8
中长期贷款	5295.75	11.0

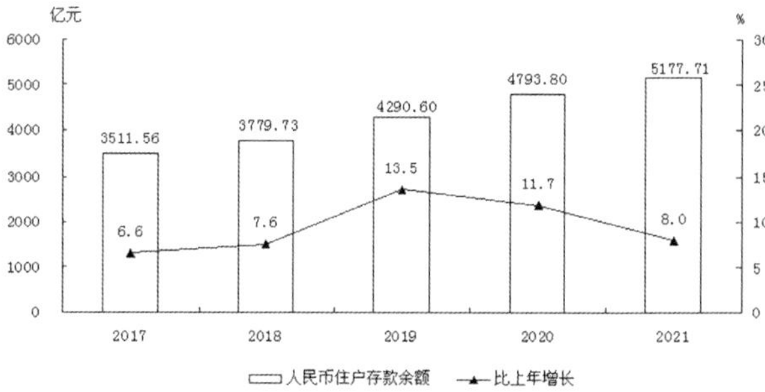

图9 2017—2021年年末人民币住户存款余额及其增长速度

全年通过证券市场发行、配售股票共筹集资金5.419亿元，比上年减少0.406亿元。其中，新发行2只，筹集资金5.419亿元，比上年减少2341万元。年末累计境内上市公司（A、B股）22家，比上年末新增1家，总市值1272.86亿元，比上年末增长3.0%；累计境外上市公司87家，比上年末新增1家。

全年保险业实现各项保费收入261.76亿元，比上年增长6.2%。其中，财产保险保费收入62.12亿元，增长3.2%；人寿保险保费收入199.63亿元，增长7.1%。赔款及给付支出71.06亿元，增长2.1%。其中，财产保险赔款及给付支出36.77亿元，增长7.6%；人寿保险赔款及给付支出34.9亿元，下降3.3%。

九、居民收入消费和社会保障

全年居民人均可支配收入44331元，比上年增长8.7%；人均消费支出28272元，增长12.4%；人均住房建筑面积73.0平方米。按常住地分，城镇居民人均可支配收入55011元，增长7.9%，人均消费支出33321元，增长10.6%，人均住房建筑面积66.8平方米；农村居民人均可支配收入25911元，增长10.4%，人均消费支出19564元，增长16.8%，人均住房建筑面积84.0平方米。城乡居民家庭恩格尔系数分别为31.5%和38.4%。

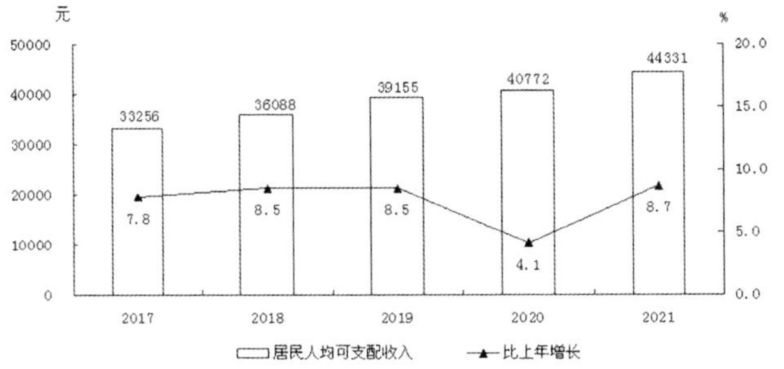

图10 2017—2021年居民人均可支配收入及其增长速度

年末参加养老保险人数583.39万人，比上年新增31.52万人。其中，参加企业养老保险人数187.34万人，比上年新增29.62万人，参加机关事业单位养老保险人数20.48万人（含退休），比上年增加0.29万人，参加城乡居民基本养老保险人数375.57万人，比上年新增1.61万人。年末企业离退休人员领取基本养老保险金人数12.26万人，全部实现养老金按时足额发放。年末参加失业保险人数89.86万人，领取失业保险金人数1.14万人；参加工伤保险人数131.54万人；参加生育保险人数88.91万人；参加职工基本医疗保险人数109.85万人；参加城乡居民基本医疗保险人数609.63万人，基本医保参保人数居全省第一。

年末共有收养性社会福利单位127个，其中，儿童收养性福利机构9个，床位448张，年末在院人数213人；城镇老年收养性福利机构118个。年末养老服务床位49960张。社区服务机构和设施5164个，其中，社区服务中心148个，社区服务站2534个，社区养老机构和设施560个。城市有8883人享受到最低生活保障救助，比上年增加188人；农村有71224人享受到最低生活保障救助，比上年增加3019人。全年销售社会福利彩票11.86亿元。全年直接接收社会捐赠款10484.3万元。

全年创建145个省级乡村振兴示范点，完成投资资金6.79亿元。23条市级乡村振兴示范线路，完成投资资金8.38亿元，实施项目905个。

十、科学技术和教育

年末拥有省创新实验室1个、省级重点实验室13个。市级及以上科技企业孵化器31家，在孵企业683家。年末拥有国家高新技术企业1630家，福建省科技小巨人领军企业301家，科技型中小企业1528家，省级新型研发机构21家，市级新型研发机构78家。全年共实施国家、省、市各级各类科技计划项目377项，其中国家级1项、省级72项、市级304项。全年专利授权47559件，年末有效专利拥有量157045件。其中，本年新增发明专利授权量2183件，年末有效发明专利拥有量11873件，年末每万人口发明专利拥有量达13.52件。全年共签订各类技术合同614项，合同金额6.17亿元。

年末共有产品检测机构350个，其中国家检测中心6个。共有法定计量技术机构8个，全年强制检定计量器具25.36万台（件），非强检计量器具2.14万台（件）。全年省级监督抽查泉州市工业产品生产企业2099家2322批次产品，合格2156批次，抽样合格率92.85%。

年末累计拥有全国驰名商标159件，省政府质量奖4个、市政府质量奖19个，全国农业标准化示范区项目11个、福建农业标准化示范区26个。

全年新增完成3项国际标准修订，129项国家标准制修订，14项行业标准制修订，19项地方标准制修订。

年末共有国家级地面气象观测站7个，其中国家基准气候站1个、国家基本气象站1个、国家一般气象站5个；拥有天气雷达观测站1个，风廓线雷达站2个，区域气象自动站272个。共有地震前兆台站20个，前兆测项44个，测震台站10个，烈度速报台站152个，强震动观测台站6个，GPS观测基准台6个。

年末企事业单位共有各类专业技术人员（不含退休及非公有制企业从业人员）11.51万人，其中高级职称1.66万人，中级职称5.16万人，初级职称4.61万人，未评职称0.08万人（不含编外人员）。共设立了21个企业博士后科研工作站，累计引进博士后研究人员275人（次），目前在站博士后56人。

年末拥有全日制高校18所（不含泉州开放大学），其中，普通本科6所，职业本科1所，高职高专11所。另有福建农林大学安溪茶学院、福州大学石化学院和晋江科教园在泉办学（相关数据不纳入本市统计）。研究生在校生6550人，招生2329人，毕业生1494人。普通高校本专科在校生20.04万人，招生6.67万人，毕业生4.14万人。中等职业学校40所（含技工学校8所），普通高中124所。高中阶段在校生23.57万人；招生9.16万人，其中普通高中5.5万人、中等职业学校3.11万人、技工学校0.55万人。普通初中207所，初中在校生

35.5万人，招生12.37万人，其中招收外来务工人员子女3.75万人。小学1305所，在校生84.22万人，招生15.1万人，其中招收外来务工人员子女3.84万人。幼儿园1694所，在园幼儿39.27万人，招生12.21万人，学前三年入园率98.91%。特殊教育学校10所，特殊教育在校生6254人。在泉就读进城务工人员随迁子女义务教育阶段在校生36.53万人。

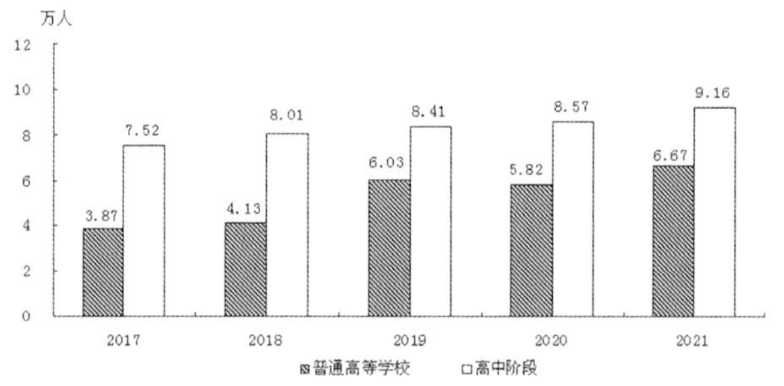

图11 2017—2021年普通高等学校本专科、高中阶段招生人数

十一、文化旅游、卫生健康和体育

“泉州：宋元中国的世界海洋贸易中心”列入《世界遗产名录》，涵盖22个遗产点及其关联环境。年末拥有各级文物保护单位945处，其中，全国重点文物保护单位44处，省级文物保护单位104处，市、县（市、区）级文物保护单位797处。入选各级非物质文化遗产项目名录628项，其中，世界级5项，国家级36项，省级128项，市级262项。

年末共有国有艺术表演团体12个，群众艺术馆1个，文化馆11个，博物馆（纪念馆）18个（含民营博物馆），乡镇文化站163个，公共图书馆13个。图书馆藏书总量1164.08万册，电子图书（含电子期刊）358万册。全年文化系统专业艺术表演团体艺术演出1735场，观众43万人次。

年末共有实际营业影院75家，银幕447块，年度电影票房2.64亿元。广播电视台9座，调频、电视转播发射台9座，广播节目11套，广播综合人口覆盖率为99.94%；电视节目12套，电视综合人口覆盖率为99.94%。有线广播电视覆盖用户254万户，实际用户139.78万户，有线广播电视传输干线总长47006.93公里。

全年共接待国内外游客[6]6676.44万人次，比上年增长6.6%。其中，国内游客6665.99万人次，增长7.0%；境外游客10.45万人次，下降70.3%。全年旅游总收入697.47亿元，增长6.2%。其中，国内旅游收入695.06亿元，增长8.7%；旅游创汇0.37亿美元，下降84.9%。

年末共有各类卫生机构5341家，其中，医院127家，乡镇卫生院126家，社区卫生服务中心41家，预防疾病控制中心13家，妇幼保健院（所）13家，村卫生室（所）3045家。年末共有卫生技术人员51673人，其中执业（助理）医师19821人，注册护士21707人。医疗卫生机构建设床位数49307张。拥有乡村医生4358人，实现村级医疗卫生服务全覆盖。

全年共报告法定甲乙类传染病病例22204例，报告发病率252.83/10万。传染病疫情网络直报县级以上医疗卫生机构覆盖率为100%，乡镇卫生院（社区卫生服务中心）覆盖率为100%。儿童预防接种四苗接种率99.77%，乙肝疫苗接种率99.85%。

全年我市运动员取得2个项目4人次世界冠军，1个项目1人次世界亚军，1个项目1人次世界季军；5个项目8人次全国冠军，2个项目6人次全国亚军，4个项目6人次全国季军。积极推进全民健身设施补短板工程，新建20座足球场、80座口袋健身公园、12座全民健身驿站、8座多功能运动场、2座智慧体育公园和10座村级老人体育中心，在建2座智慧体育公园。全年通过线上、线下、云端等方式，先后组织举办了各类全民健身活动560项，参加人数近20万人次。成功举办泉州市2021年泉州市全民健身线上运动会、泉州市第十三个“全民健身日”活动启动、泉州市第二十二届太极拳比赛、泉州市第五届广场舞锦标赛、泉州市第二十五届百队千场广场篮球赛、泉州市第八届健身气功站点联赛、泉州市第三届“乡村振兴杯”篮球赛暨全民健身村级篮球联赛等比赛。全年销售体育彩票19.13亿元。

十二、资源、环境和应急管理

年末环湾建成区面积达242.5平方公里，比上年末增加7.5平方公里。其中，中心市区建成区面积达163平方公里，比上年末增加3.6平方公里。中心市区建成区新增园林绿地187.22公顷，总绿地面积达9335.7公顷，绿化覆盖面积10032.6公顷，绿化覆盖率为43.62%，人均公园绿地面积为14.95平方米。

全年自来水供水总量62742万立方米，其中居民家庭自来水用水量23771万立方米，家庭自来水用户115.49万户。全年共铺装天然气管道182公里，年末天然气管道累计达4441公里；天然气用户数58.1万户。全年城市生活垃圾无害化处理率100%，城市污水处理率97%。

全年全市各城市、县城环境空气质量均达到国家二级标准，其中市区空气质量优良天数共357天，占总天数的97.8%。12个县级以上饮用水水源地III类水质达标率保持100%。主要流域39个国、省控断面Ⅰ类～III类水质比例100%，Ⅰ类～Ⅱ类水质比例48.7%，39个小流域监测断面Ⅰ类～III类水质比例92.1%。36个近岸海域国、省控站位一、二类水质比例91.7%。全年农村饮水安全受益人口17.91万人。

泉州市本级和10个县（市、区）先后建成国家生态市、县、区并获命名；德化县、永春县、鲤城区、安溪县获评国家生态文明建设示范县（区）。永春县还获得“绿水青山就是金山银山”实践创新基地。已建成111个国家级生态乡镇、1659个市级以上生态村。

拥有省级以上林业自然保护区4个，其中国家级自然保护区1个；林业自然保护区面积（含保护小区）42985公顷。另有福建深沪湾海底古森林遗迹国家级自然保护区面积31平方公里。拥有森林公园23个，其中国家级1个、省级22个，森林公园总面积2.35万公顷，占国土面积的2.1%。森林面积63.95万公顷，森林覆盖率58.7%，活立木总蓄积量4659.68万立方米，森林蓄积量4493.95万立方米。

全年发生森林火灾4起，过火面积50.26公顷，因森林火灾造成受害森林面积34.83公顷。

全年共发生生产安全事故190起，比上年下降8.2%，死亡91人、下降26.6%，受伤169人、下降23.5%，直接经济损失4118.08万元、下降47.3%。其中，工矿商贸事故（含采矿业、商贸制造业、建筑行业等）26起、上升116.7%，死亡31人、下降36.7%，受伤30人、下降28.6%；道路运输事故164起、下降15.5%，死亡60人、下降13.0%，受伤139人、下降19.7%；渔业船舶事故0起、下降100%，死亡0人、下降100%，受伤0人、下降100%。发生重大事故0起、下降100%，死亡0人、下降100%，受伤0人、下降100%。发生较大事故2起、与上年持平，死亡7人、下降56.3%。亿元生产总值生产安全事故死亡人数0.008人，下降33.3%；道路交通事故万车死亡人数1.60人，下降29.2%。

注释：

[1]本公报中数据均为初步统计数。各项统计数据均未包括金门县。部分数据因四舍五入的原因，存在着与分项合计数不等的情况。

[2]地区生产总值、各产业增加值绝对数按现价计算，增长速度按可比价格计算。

[3]邮政业务总量按2020年价格计算。

[4]电信业务总量按2020年价格计算。

[5]一般公共预算支出同口径增长指按收付实现制计算可比口径同比增长。

[6]旅游指标自2021年起，根据文旅部《国家文化文物和旅游统计调查制度》（2020年12月）测算，同期基数也相应调整。

2021年泉州市国民经济和社会发展统计表格

2021年泉州市国民经济和社会发展结构指标一览表

表16

项目	2021年比例（%）
地区生产总值	100.0
第一产业	2.1
第二产业	56.9
第三产业	41.0
固定资产投资	100.0
国有资产投资	22.7
民间经济投资	69.3
外商和港澳台投资	8.0
农林牧渔业总产值	100.0
农业	38.9
林业	1.4
畜牧业	22.5
渔业	34.5
农林牧渔专业及辅助性活动	2.7
客运量	100.0
铁路	54.8
公路	25.9
航空	19.3

续表16

项目	2021年比例（%）
货运量	100.0
铁路	2.37
公路	50.13
水路	47.48
航空	0.02
进出口总额	100.0
进口额	77.8
出口额	22.2

2021年泉州市国民经济和社会发展总量和速度指标一览表

表17

项目	总量	增长（%）
地区生产总值	11304.17（亿元）	8.1
第一产业增加值	232.77（亿元）	3.3
第二产业增加值	6436.24（亿元）	7.3
第三产业增加值	4635.16（亿元）	9.4
工业增加值	5758.60（亿元）	8.3
规模以上工业增加值	—	9.1
农林牧渔业总产值	422.73（亿元）	3.9
固定资产投资（不含铁路）	—	3.6
社会消费品零售总额	5819.72（亿元）	11.3
一般公共预算总收入	940.90（亿元）	15.7
地方一般公共预算收入	504.54（亿元）	11.1
一般公共预算支出	670.15（亿元）	8.8
进出口总额	2616.5（亿元）	32.7
出口额	2035.5（亿元）	35.4
全体居民人均可支配收入	44331（元）	8.7
城镇居民人均可支配收入	55011（元）	7.9
农村居民人均可支配收入	25911（元）	10.4

调研成果

疫情对泉州经济发展影响及确保经济运行在合理区间对策建议研究

泉州市人民政府发展研究中心课题组

根据市委“再学习、再调研、再落实”活动部署，课题组认真学习贯彻习近平总书记关于做好统筹推进新冠肺炎疫情防控和经济社会发展工作的系列重要讲话重要指示批示精神，紧扣市委市政府既定“十四五”及本年度目标任务，深入调研疫情对泉州经济发展影响，并对确保经济运行在合理区间提出对策建议。

一、疫情对泉州市经济发展的主要影响

（一）上游原材料价格涨幅较

大，部分制造业两端承压。今年6月份PPI同比上涨8.8%，生产资料价格上涨11.8%，超市场预期。比如，纺织鞋服行业，受国际油价上涨影响，加上即将迎来秋冬面料备货季，原料价格一直处于上涨阶段，不仅是坯布价格上涨，而且染整加工生产所使用的原料、助剂等各方面的成本也在不断攀升；纸业印刷行业，进口针叶浆价格由2020年10月份每吨约4200元，增长至每吨7000元左右。调研中发现，中小微企业受本次原材料价格上涨影响较大，多数企业没有原材料议价权，也难将价格传导给终端客户，在现金流、订单管理等方面均存在较大困难和压力。

（二）汇率不稳，难以预测。部分企业反映，汇率波动幅度较大，之前接的在手订单价格都是按照6.6或6.7汇率折算，现汇率在6.45左右。负面影响有：一是订单结汇出现明显亏损，有的企业利润下降10%～20%；二是后续新订单定价上出现“两难”（客户不接受提价，又怕人民币继续升值）；三是需订单融资的企业因折算收入导致融资额度降低。

（三）外贸运输成本居高不下，且难以如期运输。今年6月，中国出口集装箱综合运价指数平均值为2483.60点，较上月平均上涨13.9%，相比去年最低点834点累计大涨198%。市场运价在历史高位徘徊，6月，中国出口至美西、美东航线运价指数平均值分别为1691.25点、2047.96点，分别较上月平均上涨13.3%、14.2%。同比去年，到美国翻了3倍，到中南美翻了近10倍。海运物流运输不畅，欧美一些重要港口船只拥堵，柜难订，舱难订，大量货物积压在港口，有些货主提交订舱申请超过2个月未能拿到舱位，“甩柜”频繁（一些已订好舱位、装好货物的集装箱曾被船公司甩在出口码头达三个星期以上），导致资金无法及时回笼，企业成本增加。

（四）用工持续紧缺，招工比往年难。今年以来的多次调研中，企业反映最大的问题是人难招，一线普工、技术工、高层次人才都难招。比如，乔丹、三六一度、嘉泰鞋业、力利玩具等纺织鞋服、玩具等传统行业因缺工无法满产；渠梁电子、中石光芯等电子信息产业一线技工缺口较大；臻景新材料、火炬电子等企业高层次人才招聘困难。原因主要有三个：一是年轻人不愿意到生产车间当操作工；二是对比中西部薪酬性价比优势不大，返乡老员工就地就业趋势加速；三是与发达地区相比，泉州对高层次人才的城市吸引力偏弱，高层次人才难招、难留。

二、当前经济运行中面临的深层次问题

（一）项目投资支撑方面：一是库存项目不足。1—2月全市在库项目2212个，同比减少196个，在库项目计划总投资8565亿元，存量投资仅3134亿元，同比下降1.1%，预计今年可完成1500亿元左右，仅能达到全年目标任务的58.6%。二是项目招大引强难。缺乏规模大、效益佳、带动性强的重大项目，特别是高新技术产业、战略新兴产业以及世界500强、行业龙头企业、大型国企、民企500强等优质企业项目对接少，在建项目中超100亿元的项目仅12个。三是用地要素保障日趋困难。存量方面，现有土地和厂房的单位产出效益偏低，部分已供用地久拖未建，浪费现象严重；增量方面，因新《土地管理法》实施，产业项目用地报批已停滞一年多，智谷（泉州）万洋高新技术产业园等45个市重点产业项目用地尚未报批。

（二）培育外贸增长点方面：一是“双反”案件数量上升，针对纺织鞋服业的案件每年新增10%左右，我市部分出口企业对规则研究不透，担心被调查，被迫加增关税。二是石狮、晋江市场采购的差异化发展机制仍未有效建立。三是预包装食品试点规模较小，去年出口仅1亿多元，占市场采购贸易出口额不到0.5%。

（三）金融保障方面：一是供应链金融还没形成。仅有九牧、品尚等供应链金融平台相对成熟，其他平台发展较缓慢，符合条件的龙头企业少，且因占用自身授信额度积极性不高。二是上市资源不足。在270家上市及挂牌后备企业中，能马上改制在1—2年内上市少，高新技术企业距科创板上市条件仍有较大差距（暂无科创板上市公司）。三是类金融行业整体经营困难。受宏观经济下行和信用环境恶化等因素影响，新增业务较少，融资服务能力有待加强。

（四）创新驱动方面：一是创新载体水平与产业需求不匹配。企业与高校、科研院所还没建立深度对接沟通机制，在研发需求与技术上供给不匹配，产业布局不平衡，食品等行业缺乏技术支持。二是科技服务能力与创新发展不匹配。科技服务业起步晚，服务机构“小、散、弱”，缺乏专业的技术转移转化服务机构及技术经纪人。

三、经济运行主要指标分析

（一）“开门红”核心支撑

1.重点产业项目。（1）新建成（部分建成）产业重点项目。一是2020年以来（含今年1—2月），新建成（部分建成）产业重点项目86个、总投资1204亿元，全部达产后预计新增产值1500亿元，比如，南安三安半导体研发与产业化项目（预计增产40亿元）、晋江百宏系列（预计增产40亿元）、泉港百宏PTA项目（预计增产135亿元）、中化乙烯及炼油改扩建项目（预计增产200亿元）等。二是今年3—12月，计划新建成（部分建成）产业重点项目50个、总投资631亿元，比如，中科植物工厂（预计增产20亿元）、申利卡轮毂生产项目（预计增产10亿元）、九牧智慧制造产业园一期（预计增产7亿元）、力达扩建项目（预计增产15亿元）等。

（2）2020年以来新开工产业重点项目。一是2020年以来（含今年1—2月），新开工产业重点项目91个、总投资609.8亿元，其中总投资10亿元以上项目15个、总投资315.3亿元，比如，石狮建新轮胎（预计增产45亿元）、南安高端装备智造园（预计增产50亿元）、台商区中信重工智能装备产业基地（预计增产30亿元）、安溪大成（海尔）制造基地（预计增产10亿元）、惠安城南高端芯片项目（预计增产120亿元）等。二是今年3-12月，泉港国乔石化（预计增产100亿元）等41个项目计划新开工。

2.工业经济新动能。力争今年全部工业增加值增长7.5%左右，全市工业投资增速10%、技改投资增速10%。全市实现产能对接850亿元以上，全年对接引进制造业项目100个以上，合同总投资1000亿元以上。力争到年底全市“上云上平台”企业实现3000家。

3.外贸出口新增点。今年力争新增300亿元，主要支撑：一是市场采购新增出口200亿元，其中晋江鞋纺城市场采购出口基本是增量，初步预计新增出口150亿元；石狮市场采购预计新增出口50亿元。二是继续用好省、市政策，鼓励企业参与跨境电商出口，预计新增出口20亿元。三是鼓励防疫物资、食品、纸制品扩大出口，预计新增出口30亿元。四是协调贵金属有序恢复出口，预计新增出口50亿元。

（二）主要经济指标运行情况。今年上半年，全市实现地区生产总值5362.71亿元，按可比价格计算，同比增长12.7%，两年平均增长5.6%，两年平均增速比一季度加快2.0个百分点。分产业看，上半年第一产业增加值88.94亿元，同比增长3.0%，两年平均增长2.9%；第二产业增加值2949.15亿元，同比增长11.5%，两年平均增长4.6%；第三产业增加值2324.63亿元，同比增长14.7%，两年平均增长7.1%。说明当前全市经济运行符合预期，已总体恢复正轨，将实现开门红。

四、多措并举努力推动经济运行在合理区间

（一）稳住投资基本盘。一是高质量策划生成项目。突出先进制造、数字经济、海洋经济等新业态，抓紧策划生成一批科技含量高、带动引领性强的重大产业项目。积极吸引世界500强、中国500强、央企民企500强、行业100强等企业落地泉州。二是精准要素保障。深化推行一线工作法，市县两级联动协调，化解部分重点项目报批手续不够完整、要素保障不够充分、融资渠道不够通畅等问题，确保重点项目的用地、用林、用海、生态环境、建筑材料、火工油品等要素需求。三是拓宽融资渠道。努力争取国家投资补助支持，争取地方债、专项债对重点项目倾斜扶持，鼓励创新投融资模式，吸引民间资金和外资投资重点项目。

（二）筑牢工业经济“压舱石”。一是入库一批“小升规”企业。预计全年工业企业“小升规”超500家，推动全市规上企业总数增长10%左右。二是健全龙头与中小企业协作配套机制。发动260家市级龙头企业借助“市中小企业公共服务平台”发布需求采购（配套）信息；力争30家龙头企业、100家中小企业有效对接，力争一季度实现产能协作配套200亿元、全年800亿元以上。三是加快“5G+工业互联网”创新应用。依托行业龙头，培育面向特定行业、特定集群的工业互联网平台，加快打造SAP海丝工业互联网创新中心、华为工业互联网云孵化中心。四是推进“泉企上云”行动。推动工业企业按需购买云服务，引导深层次上云、降本增效。

（三）培育外贸持续增长点。一是打造跨境电商新千亿产业集群。启动“lazada泉州跨境优选100”成长计划，实施“电商育才工程”，推动阿里巴巴在华侨大学落地全国首个数字经济人才培育的试点基地。推动建立快速便捷的福厦两关之间、主管地海关与口岸地海关之间多层级的沟通协调机制，统一查验监管尺度。二是推动石狮、晋江市场采购特色化、差异化发展。推动石狮组建国有控股市场采购外综服、供应链管理及金融服务平台，旗下服装城、轻纺城、食品城形成统一品牌，培育3家以上年出口超5亿美元的市场采购外综服企业，打造国际商贸服务业创新载体。复制推广晋江市场采购贸易试点，逐步扩大至豪新食品市场、中国伞都伞具五金市场、泳装面辅料专业市场、海峡国际五金机电城、海西建材城等晋江专业市场。三是深化预包装食品试点。打造综合性进出口休闲食品专业市场，吸引省内外特色食品供应商以及进口食品采购商进驻，探索培育预包装食品供货综合体，实行集中采购、集中检测、集货监管。在确保质量安全基础上，协调海关进一步放宽试点限定条件，拓展试点范围、提高检验效率、优化通关条件。四是研究好运用好对接好RCEP相关安排。组织企业参加商务部举办RCEP系列线上专题培训，指导企业用好税差机遇、原产地规则降低贸易成本，提高管理水平和利用协定能力。

（四）全力做好金融保障。一是培育发展供应链金融平台。完善支持供应链金融政策措施，推进应收账款票据化，推动银行业机构开展“e销通”等线上供应链金融业务，支持通过中企云链、中征平台等帮助企业融资。二是大力推进企业上市“育苗成林”工程。实施企业股改“蝶变”行动，提前介入指导初创期、成长期高科技企业制定资本运作规划。加快储备资源转化，辅导申报IPO重点企业，力争今年新增境内外资本市场上市公司4家。推动市县两级产业股权投资基金、国有资本设立扩大高端化工、知识产权、创业投资等基金。三是充分发挥类金融机构“短、频、快”优势。聚焦支小支农，创新产品和服务，提高融资服务能力。

（五）全力保障用工需求。一是打造“网络招聘超市”。积极开展线上招聘，加强市县两级人社部门人才网络招聘平台链接，推广直播带“岗”网络云聘汇、视频面试“云招聘”等活动，助力企业招工稳岗。二是开展百场就业服务活动。举办线上线下300场以上招聘会，力争提供20万个以上就业岗位。三是开展百家企业劳务合作活动。到重点劳务协作城市举办各类劳务对接活动，深入省外乡镇、村搭建村企合作平台，开辟更多稳定的人力资源输入渠道，力争新增基础性人力资源1万人。四是开展百校百企对接活动。引导100家以上规模企业与省内外100家以上职业院校对接，建立健全渠梁电子、晋华等企业与高等院校之间就业对接机制。

（六）推动产学研用协同创新。一是建立企业研发需求与大院大所科技成果对接机制。推动企业与院校及科研机构“无缝对接”，推动建立渠梁电子与泉州信息工程学院等院校对口人才培养机制，解决1.2万人左右的用工需求等。二是推动科研平台与龙头企业联合共建创新联合体。以泉州装备所牵头，组建智能制造创新联合体；组建化工新材料产业技术创新联盟，联合攻关化工产业关键共性技术问题。三是加强科技服务创新资源整合。加快科技大市场建设，探索科技成果评估体系，建立标准规范的价值评估体系。支持社会化科技服务机构与高校院所合作，打通供需“最后一公里”。

课题指导：肖汉辉

为民办实事项目

2021年泉州市委市政府为民办实事项目完成情况表

表18

项目	责任单位	目标任务	完成情况
新改扩建20所公办幼儿园	市教育局	继续扶持新改扩建20所公办幼儿园，新增学位5000个，规划建设面积约5.5万平方米，规划总投资约1.9亿元，其中2021年计划完成投资1.2亿元	已完成。截至12月10日，20所公办幼儿园全部开工建设（竣工6所、新增学位1950个），开工面积10.24万平方米，完成投资1.44亿元，占年度投资计划的120.23%
改善全市60所中小学校教室视觉环境	市教育局	按照普通中小学校建设标准，落实教室、宿舍、图书馆（阅览室）等场所采光和照明要求，在2021年为全市60所中小学校1500间教室改造或更换符合国家标准使用利于视力健康的照明设备，改善教室采光照明条件，创造符合学生用眼卫生要求的学习环境，具体为：市直6所学校150间教室，泉州开发区、泉州台商投资区各1所25间教室，洛江区、永春县和德化县各4所100间教室，其余8个县（市、区）各5所125间教室	已完成。印发《2021年市委市政府为民办实事（改善全市60所中小学校教室视觉环境）实施方案》，各县（市、区）及市直学校均成立临时采购工作小组。截至12月15日，全市60所中小学完成1871间教室照明设备改造
持续实施呵护母婴健康工程	市卫健委	为2万名城乡居民适龄（30～64岁）妇女免费提供宫颈癌、乳腺癌检查。检查项目内容参照《泉州市卫生和计划生育委员会转发福建省农村妇女两癌检查项目管理方案（2015年版）的通知》相关内容；已参加该项目检查的适龄妇女不再参与城乡已婚低保妇女常见妇女病免费检查项目和国家宫颈癌、乳腺癌检查项目的检查。为1万名孕妇免费提供产前筛查诊断。检查项目内容参照《福建省卫生厅福建省财政厅关于印发2012年福建省农村孕妇和城市低保孕妇免费产前筛查诊断项目实施方案的通知》相关内容	已完成。完成宫颈癌筛查2.01万人，完成率100.29%；完成乳腺癌筛查2.01万人，完成率100.28%。完成血清学筛查1万人，完成率100.02%。完成彩超项目筛查1万人，完成率100.01%

续表18

项目	责任单位	目标任务	完成情况
继续补助全市158家“空白村”卫生所	市卫健委	自2020年起，连续3年对全市158家“空白村”卫生所（指因无村医或无村卫生所导致村级医疗卫生服务空白的村）予以财政补助，对自聘或乡镇卫生院派驻“空白村”经考核合格的村医，给予“以奖代补”资金补助，巩固消除“空白村”成果	已完成。市级补助资金158万元和县级配套资金474万元及时拨付至基层医疗卫生机构，全部由乡镇卫生院（社区卫生服务中心）逐月发放给“空白村”村医
建成10家婴幼儿照护服务机构示范点	市卫健委	计划按照国家卫健委制定的托育机构设置标准和管理规范，在全市新建或改扩建10家具有示范效应的0～3岁婴幼儿照护服务机构试点，丰泽、洛江、泉港、石狮、晋江、南安、惠安、安溪、永春、德化各1家。试点单位面向社会大众招生，原则上每个试点单位不少于80个托位，收费实行政府定价或接受政府指导价	已完成。印发《拓展婴幼儿照护服务试点方案》，筛选确定的10家婴幼儿照护机构示范点全部建设完成，预计新增1050个托位；投入资金800万元，包括省级240万元、市级168万元、县级392万元
打造14个区域性养老服务中心	市民政局	全市建设14个区域性养老服务中心项目，具体为晋江市4个，永春县3个，泉港区、石狮市、惠安县各2个，安溪县1个。依照《老年人照料设施建筑设计标准》《社区老年人日间照料中心设施设备配置》等标准，在原有乡镇敬老院或居家社区照料中心的基础上改扩建，或重新规划选址新建，拓展照料中心综合性服务功能，打造集机构、居家、社区养老服务功能为一体的区域性养老服务中心	已完成。省级补助800万元和市级补助450万元资金于3月10日分配下达，14个区域性养老服务中心（8个省级、6个市级）均完成主体建设并通过项目验收
改造建设20个长者食堂	市民政局	依托现有的养老机构或居家社区养老服务照料中心等养老服务设施，全市建设20个长者食堂项目，具有一定的配送能力，日供餐100人以上，就餐座位50个以上	已完成。3月10日下达市级补助资金300万元，20个长者食堂建设均完成并通过项目验收
购买居家社区养老基础服务	市民政局	引进居家养老专业化服务组织，为“特困供养人员、低保对象、建档立卡的贫困人口、重点优抚对象、计划生育特殊家庭成员、重度残疾人”中的老年人、农村留守老年人和80周岁以上老年人提供居家养老基础服务	已完成。市级800万资金于3月10日下拨到位，2021年各县（市、区）为16.67万名符合条件的老年人购买居家养老基础服务，并分阶段进行第三方评估
继续实施老年远程教育提升工程	市委老干局	在全市重点培育50个基层老年远程教育示范点，添置远程教育设施设备（电脑、投影仪、音响、课桌椅等）、修缮场所、购买教材、培训村（社区）老年远程教育收视点管理人员，推动引领全市基层老年教育教学质量的提升	已完成。50个基层老年远程示范点已全部建设完成，于11月通过市、县两级老教委验收，投入市、县财政资金250万元，吸引社会捐助资金近100万元。洛江区和惠安县老年大学被评为第八批全国老年远程教育实验区；泉州老年大学报送的食疗养生等4个教学课件被评为第八批全国老年远程教育优秀、特色视频课程及微课程

续表18

项目	责任单位	目标任务	完成情况
市级重点扶持8个历史文化名镇名村传统村落保护提升	市住建局	参照2021年省住建厅下达的数量，全市重点扶持8个历史文化名镇名村（传统村落），具体为泉港区、石狮市、晋江市、南安市、惠安县、安溪县、永春县、德化县各1个，建成后由项目属地政府负责运营管理。落实抓好保护规划编制、历史环境要素挂牌保护、历史建筑修缮利用、人居环境整治、团队驻点陪护、实施共同缔造等任务，打造保护利用品牌，发挥示范引领作用	已完成。明确8个重点扶持历史文化名镇名村传统村落；组织开展“一镇一村一方案”编制工作，谋划生成76个项目，完成投资3.47亿元，占年度计划的108.6%；省级奖补资金3400万元和市级奖补资金2000万元均已下达
建设36个新时代文明实践所（站）	市委文明办 市委宣传部	在鲤城、丰泽、洛江、泉港所辖乡镇（街道）建设12个新时代文明实践所（鲤城、丰泽、洛江、泉港各3个），每个承建新时代文明实践所的乡镇（街道）在所辖村（社区）建成2个新时代文明实践站（鲤城、丰泽、洛江、泉港各6个，共24个新时代文明实践站）	已完成。通过制定建设标准，组织实地勘察，明确36个新时代文明实践所（站）具体名单。将文明实践所（站）纳入文明城市常态化测评，组织3次调研，督促整改提升、推动项目落实，并于10月联合市文旅局实地评估所（站）建设进度和水平，均验收合格。各实践所（站）结合创城创卫、疫情防控等，开展“我为社会做好事”主题志愿服务活动，开展文明实践活动超6000场次
改造提升24个村（社区）综合文化服务中心示范点	市文旅局	在11个县（市、区）和泉州台商投资区各改造提升2个村（社区）综合文化服务中心示范点，全市共24个示范点。主要以村（社区）党组织活动场所、城乡社区综合服务设施、文化活动室、闲置中小学校、新建住宅小区公共服务配套设施及其他城乡综合公共服务设施为基础，采取盘活存量、调整置换、集中利用等方式进行改造提升	已完成。投入市级资金240万元，完成24个村（社区）综合文化服务中心示范点建设。24个示范点均配置图书室、多功能室、科普活动室、宣传栏、广播室等功能室及设备，优化提升基层文化设施1.68万平方米。同时启动开展文体活动和优秀传统文化传播展示，满足群众精神文化需求
开展250场文艺精品公益性演出	市文旅局	市直五家文艺院团和晋江市、惠安县、安溪县各国有文艺院团以剧场演出或下基层演出方式，开展250场文艺精品低票价公益性演出	已完成。全市国有文艺院团充分利用春节、元宵、庆祝中国共产党成立100周年等时间节点，推出专场演出，增加演出场次，丰富市民文化生活。2021年各院团开展低票价公益性演出271场，6万多人次市民和游客观看演出
新建10座村级老年体育活动中心	市体育局 市老体协	在全市新建10座村级老年体育活动中心，其中：安溪县3座，泉港区、永春县各2座，石狮市、南安市、德化县各1座。每座老年体育活动中心建设面积500～800平方米，设室内五室（健身活动室、棋牌室、乒乓球室、台球室、书报阅览室、老体协办公室等），配套室外三场（门球场、气排球场及其他健身项目活动场地）	已完成。截至12月9日，10座村级老年体育活动中心全部完成建设，投资2500万元（其中市级财政补助400万元、社会筹资2100万元）

续表18

项目	责任单位	目标任务	完成情况
实施中心城区全民健身设施提升工程	市体育局	新安装8座多功能运动场。场地面积700多平方米，配备整体拉网式包塑围网、篮球架和塑胶场地，增设简易看台和记分牌，具有篮球、气排球、羽毛球、广场舞等活动功能。运动场周边配备一定数量的全民健身器材。新安装12座全民健身驿站。驿站集中配备腿部舒缓训练器、健身车、椭圆漫步机、拉伸架、棋盘桌等健身设施，可实现太阳能供储电及能源转换控制、智能光控、蓝牙音乐播放、USB手机充电，健身显示次数及心率等功能，部分设备具有系统后端，可统计分析用户运动数据，做到大数据服务	已完成。截至12月9日，8座多功能运动场和12座全民健身驿站全部安装完成，市级财政补助资金500万元
实施特殊困难残疾人关怀项目	市残联	为2.19万名具有泉州市户籍，一本户口簿内家庭成员有2人（含2人）以上持有中华人民共和国残疾人证，具有法定的赡（抚、扶）养关系家庭中的残疾人发放生活补贴。为全市4700名具有本市户籍，持有中华人民共和国残疾人证，未享受当年省级居家养护项目，纳入低保的重度肢体残疾人发放居家养护补助	已完成。投入1885.8万元（其中市级补助资金567万元），为2.2万名“一户多残”家庭残疾人发放生活补贴；投入538.4万元（其中市级补助资金242.28万元），为5384名符合条件的残疾人发放居家养护补助
持续开展“计生特殊家庭”关爱行动	市计生协会	采取上门走访慰问、办理住院医疗保险、志愿者服务等一系列关爱措施，全方位、多渠道、精细化帮助计生特殊家庭解决生活、生产、生育、医疗等实际问题。其中，对新发生的失独家庭，每户给予一次性抚慰金5000元，对新发生的独生子女伤残家庭，每户给予一次性抚慰金3000元；为所有失独家庭成员办理住院医疗补充保险每人每年保费320元，住院护理补助保险每人每年保费100元	已完成。对新增失独家庭进行逐户关怀走访、心理慰藉疏导，发放一次性抚慰金53万元，新增独生子女伤残家庭一次性抚慰金9.3万元。市卫健委、计生协会开展全面走访慰问失独家庭活动，发放“两节”慰问金90.8万元。为失独家庭提供医疗保障，投入38.72万元为1.64万人办理住院医疗补充险，投入16.04万元为1668人办理住院补助险。如期完成上年度17户失独家庭房屋修缮工作，同步推进新年度14户失独家庭房屋修缮工作
继续实施关爱女孩“五项工程”	市卫健委	继续实施关爱女孩“五项工程”（安居、成才、致富、保障、亲情），帮助贫困计生女孩家庭解决住房、就学、生产、生活、就医等方面遇到的困难，帮扶24.23万（户）次	已完成。全市帮扶33.55万人（户）次，投入资金1.04亿元。（1）“安居工程”帮扶245户，完成率100.8%；（2）“成才工程”帮扶1.26万人次，完成率115.8%；（3）“致富工程”帮扶547户，完成率113.5%；（4）“保障工程”帮扶31.62万人次，完成率113.5%；（5）“亲情工程”帮扶5919人次，完成率106.5%

续表18

项目	责任单位	目标任务	完成情况
建设提升33个“妇女儿童之家”	市妇联	提升13个“妇女援助中心”服务能力，有效整合公安、检察、法院、司法、妇联以及社工机关、志愿者等各类资源，协同提供面向弱势妇女群体的专业化、社会化、人性化援助服务，构建“党委领导、政府主导、群团参与、社会协同”的“大维权”工作格局。1—3月制定下发妇女援助中心实施方案；4—11月立足实际需求，开展各项活动，发挥专业优势，利用多种渠道，多种形式，为妇女群众提供法律援助和法律帮助，提升妇女援助中心服务水平；12月底前完成终期评估。提升市级20个城乡社区“儿童之家”，完善“儿童之家”建设标准、工作制度和管理规范，配备专兼职工作人员，共享社区现有资源；通过购买服务、项目合作等方式引入有资质的专业社会组织为儿童提供专业化、精细化服务，发挥“儿童之家”在基层社会治理和儿童保护中的作用	已完成。（1）制定下发实施方案，购买专业社工服务，实行差异化拨款管理。13个“妇女援助中心”畅通“12338”妇女维权热线，接待来访、来电765件，开展维权法律法规有奖问答、竞赛、微课堂等120多场次，分发宣传材料1.5万多份，线上、线下参与人数15.5万多人次。（2）研究确定20个“儿童之家”建设点，下拨全年建设经费。各点位结合实际启动建设，常态化开展各项服务活动和4点钟学校课后延时服务。2021年开展主题活动、公益讲座及其他服务活动376场次，3.64万人次的儿童及家长受益
完善全市涉案未成年人社会支持体系	市人民检察院 市委政法委 团市委	市级：提升“泉州市未成年人保护联盟”社会支持能力。依托“泉州市青少年社会保护中心”平台，统筹市级及鲤城、丰泽、洛江、泉港4个区的社会支持体系建设，链接专业青少年事务司法社工、心理咨询等社会资源，构建涉案未成年人支持体系，推动政府购买，吸纳社会力量参与，营造积极的社会环境，对未成年人不良行为和危害社会行为早发现、早干预，对有严重不良行为及未达刑事责任年龄的未成年人实施临界预防机制，通过心理行为矫治、法治教育、帮教训诫、强制亲职教育等措施，开展全方位的处置和教育工作，打造观护平台，制作宣教精品，预防未成年人犯罪。县级：对石狮、晋江、南安、惠安、安溪、永春、德化等7个现有的“未成年人保护联盟”中心进行本辖区内涉案未成年人社会支持体系的巩固建设，并与市级中心对接协作，实现市、县两级联盟的人才、平台、宣教资源的共建共享	已完成。落实《未成年人检察社会支持体系合作框架协议》，协同推进项目试点工作，加强扶助救助体系建设。市级及11个县（市、区）签订政府购买司法社工服务协议，引入专业服务力量，巩固提升社会支持能力。市、县两级项目委托社工介入帮教涉案未成年人921人次，开展心理疏导、帮扶活动496人次，对158个未成年人家庭开展亲职教育，组织参与各类志愿服务活动254人次
优化提升“救急难”工作	市民政局	深化“救急难”工作，强化救助渠道和政策宣传渠道建设；为全市特困供养人员和60岁以上低保对象办理意外事故、重大疾病保险，优化保险理赔标准，基本解决全市特困人员住院护理问题；组织开展1～2批救急难“再救助”活动	已完成。开展2批“救急难”再救助，合计救助98人次，发放救助金51.4万元；投入70万元为全市特困供养人员和60岁以上低保对象办理意外事故、重大疾病保险，优化理赔标准，由2020年的50元/天提高到150元/天

续表18

项目	责任单位	目标任务	完成情况
实施农村低收入户“同心安居工程”	市委统战部 市住建局	2021年，全市计划实施农村低收入户“同心安居工程”136户，以解决除低保户、分散供养特困人员、残疾人家庭困难户等农村低收入户基本住房安全问题	已完成。实际实施农村低收入户“同心安居工程”181户，完成计划133%。竣工（含装修中）170户，竣工率125%
完善“菜篮子”工程体系建设	市商务局	全市新增或优化无公害蔬菜或畜禽基地20个；新建或升级改造冷鲜肉品配送中心项目建设1个，建立健全重要“菜篮子”产品储备制度，开展市级生猪活体储备1.2万头，保障副食品市场供应	已完成。“菜篮子”工程体系建设项目于9月底完成，下达市级补助资金500万元，全市新增“菜篮子”基地项目14个，优化“菜篮子”基地项目43个，完成冷鲜肉分割配送中心项目建设1个。完成2020—2021年度1.2万头生猪活体储备任务，做好猪肉稳价保供工作，全市猪肉供应能力稳步提升，生猪批发价下降超近六成，猪肉零售价下跌超三成。9月新冠肺炎疫情期间全市肉蛋菜供应稳定
新建1500个公共停车泊位	市住建局	拟根据场地情况，分类采用机械式、地下沉井式停车场、平面停车场等建设形式，在中心市区合理规划布局建设一批公共停车设施，推动各县（市、区）建设一批公共停车场，新增城市公共停车泊位1500位（不含路内停车泊位），其中鲤城区200位、丰泽区400位，洛江区、泉港区各50位，石狮市、晋江市、惠安县、安溪县、永春县、德化县、泉州台商投资区各100位	已完成。全市15个公共停车场项目完工，新增停车泊位1777位，超额完成年度目标
完善城市综合交通便民服务体系建设	市交发集团	建设泉州电动自行车全链条便民服务平台，为泉州市民提供查询、停车、结算、道路救援、充电等服务，建立曝光不文明用车行为、交流骑行线路的共享社区，改善用车环境。1—3月，完成“1+2+3体系”系统框架研发并上线试运行；4—6月，改善优化平台；7—10月，完成充电桩服务、维修网点查询、道路救援等电动车周边服务模块上线；11—12月，现金自行车网系统上线试运行，完成平台验收。在泉州中心市区范围内的168个公交候车亭、站点（其中163个公交中途站、5个公交首末站）建设安装公交智能电子站牌	已完成。完成“1+2+3体系”系统框架研发并上线运行，导入500家配套资源服务商，创建 “慢出行电动自行车便民服务” 微信小程序，完成泉州电动自行车全链条便民服务平台验收。支出资金347.15万元，其中平台建设费用280.43万元，运营费用66.72万元。168座电子站牌完成建设并投入使用，投入资金964.3万元
新建55个中心城区小游园	市城管局	通过拆墙透绿、拆违建绿、腾地建绿等方式，在中心城区，特别是人口密集的老城区新建（不含改造）一批口袋公园、街头小游园，拓展公共绿地空间。鲤城、丰泽、洛江、泉港、泉州台商投资区各新建5个不少于200平方米的口袋公园、小游园；石狮、晋江、南安、惠安、安溪、永春、德化7个县（市）各新建5个不少于300平方米的口袋公园、街边小游园	已完成。全市新建100个口袋公园、小游园，完成投资7109.8万元，新增公园绿地面积10.95万平方米，完成目标任务

续表18

项目	责任单位	目标任务	完成情况
治理“餐桌污染”，建设“食品放心工程”	市食安办 市市场监管局	加强食品（农产品）安全监管。开展各项专项整治，加大执法力度，打击食品安全违法犯罪行为，推进全市食品安全“一品一码”全过程追溯体系建设，完善食品安全风险监测网络，开展食品安全示范创建，引导食品安全社会共治。以“一所一快检室”为目标，按照统一场所设置、统一建设标准、统一工作规程、统一管理制度的标准，在2020年建设60个快检室的基础上，继续对66个乡镇（街道）市场监管所食品安全快速检测室（以下简称“基层所快检室”）进行改造提升，标准化建设，实现基层市场监管所快检室全覆盖	已完成。加强食品（农产品）安全监管。开展专项整治，立案查处食品案件3322件，罚没款2539.2万元；全市“一品一码”平台注册主体数7.17万户，上传追溯信息1.53亿条；开展风险监测2304份，报告食源性疾病病例信息11167条；开展食品安全示范创建，争取省级食品安全工作经费60万元；组织30家餐饮服务单位开展“互联网+明厨亮灶”示范创建。加强基层基础建设。全市66个乡镇快检室改造提升任务全部完成，实现全市乡镇（街道）全覆盖。2021年开展快速检测28万批次。
完善提升城市安全信息系统	市委政法委 市公安局	2021年建设完成智能感知设备（含高清视频监控、治安卡口、人像卡口、RFID和智能门禁等各类信息感知单元），推进安防智慧小区建设，提供城市安全信息系统1～6期的运维保障及新建内容的数据处理、系统优化、软件开发、电费支付、线路租赁等服务。基于智能感知大数据平台，拓展完善视频监控、语音识别、物联网、人工智能、大数据等前沿技术的多维融合应用，全面提升公安工作智能感知、立体防控、快速处置与精准服务方面能力	已完成。建设完成前端感知设备，在城市安全信息系统基础上，建设智慧安防小区管控系统，全市建设联网智能安防小区1310个。完成视频空间大数据、扫黑除恶智能挖掘分析、视频图像数据库、视频图像解析中心、共享联网平台升级等软件开发和智能感知大数据平台优化升级任务；开展城市安全信息系统1～6期运维服务，前端平均在线率保持在95%以上
推进全市62处道路交通安全隐患点段整治	市交警支队	对全市62处道路交通安全隐患点段进行整治，通过完善交通安全设施、增设红绿灯、监控、人行横道灯、路中隔离护栏、路边防撞波形护栏、路口渠化改造等工程，整治道路交通安全隐患，提升道路本质安全水平	已完成。以开展道安综合整治“三年专项行动”为载体，邀请省、市交通安全专家和各单位业务骨干，建立专家团队，为基层提供“全天候”指导服务，推进道路交通安全隐患整治。全市62处道路隐患点段全部整治到位，投入资金4972.68万元
巩固提升100个自然灾害避灾点	市应急局	在全市巩固提升100个自然灾害避灾点，应做到标识醒目、路径明显、责任明确、预案健全、制度上墙、设施配套、功能完善，配备齐全的生活保障类物资及疫情防控物资	已完成。确定100个自然避灾点提升清单，于4月30日下达项目市级补助资金150万元，并将这100个避灾点纳入安委会三年行动督查内容。经11月市、县两级联合验收，100个自然灾害避灾点按标准完成提升任务
继续实施“四好农村路”工程	市交通运输局	实施农村公路路网建设100千米、安全生命防护工程200千米，改造农村公路危（病）桥15座以上	已完成。全市完成农村公路路网建设278.2千米，占年度计划的278.2%；完成农村公路安全生命防护工程305.6千米，占年度计划的152.8%；完成农村公路危桥改造28座，占年度计划的186.7%。年度计划完成投资1.9亿元，11月底完成投资8.7亿元，其中市级投入资金4551.4万元

续表18

项目	责任单位	目标任务	完成情况
完成12条“断头路”改造项目	市住建局	除泉州开发区外，在每个县（市、区）完成1条“断头路”“瓶颈路”改造项目，解决周边市民群众出行难的问题	已完成。全市12条“断头路”全部完成改造并通车
打造新时代电力服务“双满意”工程	国网泉州供电公司	电力基础设施改造升级建设。对全市76个供电公司所属电力设施，如破损接户线、老旧表箱等进行更换，新建满足增设电梯等新增用电需求的供电设施。改造91万只HPLC智能电表，新增充电站6座、充电桩120个，满足居民用电需求。便民服务优化提升。依托政务服务平台，加强电子证照推广应用，在线获取和验证营业执照、不动产登记等用电报装信息，实现企业用户“一证办电”。升级“网上国网”APP网页版服务，将用电报装模块嵌入政务服务一体机终端，实现客户用电报装申请、项目进度查询、峰谷电价申请等业务“就近办”，打通24小时便民供电服务“最后一公里”	已完成。电力基础设施改造升级建设。完成全市76个供电公司所属电力设施改造升级建设，完成率100%；改造91.2万只HPLC智能表、完成率100.2%；新增充电桩8座、完成率133.3%，新增充电桩120个、完成率100%。便民服务优化提升。实现政务服务平台企业用户“一证办电”，政务终端线下就近办
实施中心城区供水旧管网改造及水质优化工程	泉州水务集团泉州市自来水公司	完成辖区内丰海路（后渚港口至双垵街口）、洛江区（万发街、万盛街、万祥街）、盛荣苑一期和洛江阳光国际广场等旧给水管改造工程，并配合古城双修及老旧小区改造同步完成旧街巷及住宅小区旧给水管改造	已完成。按计划全部完成辖区内供水旧管网改造工程，改造给水管道（管径DN75及以上）约16.8千米，完成投资1860万元，占年度计划投资的124%
新建（改造）100公里城镇污水管网	市城管局	通过实施泉州古城街巷市政综合提升工程（污水提升改造）、清源山风景区名胜区污水处理工程等项目，以老城区雨污分流改造、小区周边支路管网完善、主次干道管网完善、沿河截污管网完善为重点，加快完善生活小区、学校、医院、企事业单位的漏接、断接、错接的污水管网，打通断头管，盘活现状管网，提高城区污水管网覆盖率，加快推进老旧管网改造以及管道破损、淤积的治理修复	已完成。2021年新建（改造）城镇污水管网240千米，占年度计划240%；完成投资11.7亿元，其中省级奖补资金3445万元
打造30个老旧小区改造示范项目	市住建局	在全市重点打造30个老旧小区改造示范项目，其中：鲤城区、丰泽区各6个，洛江区、泉港区、石狮市、晋江市、南安市、惠安县、安溪县、永春县、德化县各2个	已完成。30个老旧小区改造示范项目全部完工，投资8528万元，其中市级补助资金529万元
开展实施科技特派员制度	市科技局	试行科技特派员备案制度，选认省、市级科技特派员500名以上，组建团队科技特派员10个以上，培育法人科技特派员5个以上，实现创业和技术服务乡镇全覆盖，带动行政村服务全覆盖。实施科技特派员示范项目15项以上，培育省、市级星创天地10家以上，设立科技特派员服务站10个以上。开展科技创新创业培训50期培训1万人次，引导和动员科技特派员服务企业、服务基层	已完成。选任省、市级科技特派员个人763个、团队109个、法人6个，实现创业和技术服务行政村全覆盖、一二三产业全覆盖。下达省、市级专项经费1565.5万元，实施省、市级科技特派员项目24项，新培育省级星创天地10家、市级11家。跨界组建R&D辅导、高企培育等科技特派员特色服务团队，举办各类科技实用技术培训88期、受惠人数超9万人次。8月，全省现场观摩暨经验交流研讨活动在泉州召开，泉州市科技特派员助力产业转型作为典型经验在全省推广

续表18

项目	责任单位	目标任务	完成情况
持续推进水土流失综合治理	市水利局	推进国家水土保持重点工程省级重点县水土流失治理项目建设，初步计划综合治理水土流失面积6600公顷，待省水利厅下达任务后再进行调整	已完成。截至11月底，完成水土流失综合治理面积6600公顷；治理崩岗17个，开展生态清洁小流域建设11条。完成投资4856.68万元，占计划投资4000万元的121.4%
实施农村供水保障工程	市水利局	补齐农村供水工程短板，提高农村饮水安全保障水平，2021年受益人口3万人，计划完成投资3000万元	已完成。投资3000万元，受益人口3万人，于9月底提前完成目标任务

重点项目

2021年泉州市重点建设竣工项目

一、交通项目

1. 惠安净峰线及镇区道路提升改造工程
2. 惠安涂斗路拓改工程
3. 惠安县林口至聚龙道路提升工程
4. 石狮市永宁外线（红塔旅游路至梅宁路）
5. 安溪湖头环城路建设项目
6. 泉州铁塔5G移动通信基础设施工程

二、能源项目

1. 石狮热电综合节能减排改造工程
2. 石狮鸿山热电供热工程
3. 海西天然气管网德化支线工程

三、农林水利项目

1. 泉州市区应急备用水源桃源水库至金鸡水厂输水管道工程
2. 泉州市惠女至菱溪、黄塘暨陈田至泗洲引调水工程
3. 晋江防洪工程
4. 安溪福华生态农牧综合开发项目

四、社会事业项目

1. 永春县实验幼儿园迁建项目
2. 泉州市完善提升城市安全信息系统
3. 泉州市“互联网+政务服务”一体化行政服务平台项目
4. 泉州医学高等专科学校精诚学生公寓项目
5. 泉州市委党校新校区项目（一期）
6. 泉州司法强制隔离戒毒所迁建项目
7. 黎明职业大学扩建工程（一期）

五、城乡建设与生态环保项目

1. 兴泉铁路永春站站前广场
2. 安溪城厢祥和花园安置小区（建安大道7-1B安置房）
3. 兴泉铁路安溪东站市政附属设施工程
4. 石狮垃圾综合处理厂提级改造项目
5. 泉州市东海污水处理厂扩建工程
6. 泉州市城东污水处理厂扩建项目
7. 南安市城南片区山水慢道（一期）工程
8. 南安市生活垃圾焚烧发电厂提级改造及餐厨垃圾资源化处理工程
9. 永春县污水处理厂扩建配套管网三期工程
10. 安溪县参岭隧道工程
11. 泉州市东宝花苑保障性住房项目三期工程
12. 德化县第二瓷厂片区棚户区改造安置房（宝泰花苑）
13. 石狮狮仔山片区开发建设项目
14. 石狮农村生活污水治理工程
15. 清源山风景名胜区污水处理工程
16. 安溪同德大桥
17. 安溪县垃圾焚烧发电改扩建三期项目
18. 城东西福花苑（棚户区A-1，A-2地块）
19. 北峰霞美棚户区改造龙兴小区二期工程
20. 德化驾云亭公园扩建工程
21. 南安五里桥畔休闲慢道景观项目（安海湾景观整治工程）
22. 南安再生资源回收体系建设项目
23. 石狮市政道路综合改造提升项目

六、服务业项目

1. 丰泽烟草机械综合楼
2. 石狮蓉芳电商城
3. 永春侨新老醋工艺研发、旅游文创基地项目
4. 南安源昌商业广场
5. 丰泽中碌广场
6. 韵达速递福建晋江分拨中心项目
7. 石狮青创城西城
8. 泉州刺桐港商业中心
9. 洛江梅赛德斯奔驰4S店
10. 南安市石材展示中心项目
11. 厦门银行泉州分行大厦
12. 泉州软件园项目

七、制造业项目

1. 泉港联合石化EOEG装置脱瓶颈改造项目
2. 泉港联合石化芳烃联合装置脱瓶颈项目
3. 泉港百宏石化氧化醋酸回收技术改造项目
4. 晋江劲霸口罩防护服生产项目

5. 石狮新启兴防伪材料研发及生产项目
6. 石狮美佳爽伍堡生产基地
7. 石狮益盛化纤二期
8. 南安圣康阀门厂区建设项目
9. 石狮振富针纺机械技术改造项目
10. 泉州开发区德恒运动鞋、休闲鞋生产项目
11. 惠安东峻化工项目
12. 惠安欧派纺织项目
13. 洛江智创机械生产项目
14. 永春骏源纺织年产9000万米坯布项目
15. 永春西斯特新材料生产项目
16. 惠安石大胜华44万吨/年新能源材料项目（一期）
17. 泉州开发区腾笼换鸟项目
18. 洛江双阳卫生用品电商园区
19. 永春兴宇环保年产10万吨氧化钙生产线项目
20. 丰泽盛荣产业园
21. 晋江乔丹工厂扩建改造项目
22. 石狮国耀数控一代高端针织面料生产项目
23. 石狮中益制药生产基地项目
24. 石狮通达玻璃盖项目
25. 安溪藤云工艺园一期工程
26. 安溪恒桥纸板生产项目
27. 安溪海佳智能照明科技生产项目
28. 南安金昊年产10万套各类模具项目
29. 南安泛科高速、静音带座轴承单元生产线扩建项目
30. 安溪健为年产1200吨纯棉水刺无纺布项目
31. 安溪尚品千艺工业模型生产项目
32. 安溪翔业厨卫工业厂房及其配套设施建设项目
33. 惠安家世比工业4.0电商产业园
34. 南安申利卡轮毂生产项目
35. 永春九牧智慧制造产业园一期
36. 安溪中科植物工厂
37. 泉港化工园区安全控制区建设项目
38. 泉港中海油服新材料生产基地建设项目
39. 石狮高新区智能产业园
40. 南安津高阀门生产项目
41. 南安恒利特种生活用纸生产项目

新闻报道选载

创新发展“晋江经验”民营经济再创辉煌
——访全国人大代表、泉州市委书记康涛

去年，泉州市GDP突破万亿元，“十三五”全国城市排名从第23位上升到第18位。去年，民营经济增加值达8200多亿元，列全国第9位。作为中国民营制造业重地，在迈入万亿城市俱乐部后，泉州如何铆足干劲再出发？“泉州要创新发展‘晋江经验’，抓住制造业大盘，政企互动保金融、保用工、保市场、促投资；同时，加快创建全国民营经济示范城市。”全国“两会”期间，全国人大代表、泉州市委书记康涛接受记者专访时表示。

今年是“十四五”规划开局之年，泉州市元旦前就部署7大专项121个攻坚任务，春节期间又开展“进千企、走千商、访千才”活动。“泉州要实现开局红，关键在于为民营企业纾困降本减负，重点是‘三保一促’。”康涛表示。如，保金融方面，提前制定金融扶持实体经济26条，创新供应链融资模式；保用工方面，出台鼓励留泉过年8条，组织百场招聘、百企劳务合作、百校百企对接等；保市场方面，关键畅通市场渠道，今年培育做强20个产地直播基地，举办100场以上直播节活动；促投资方面，重点推进13个新基建新经济基地建设，今年以来精准招商近百场，签约项目149个，总投资超920亿元。

今年正月初五，泉州市召开民营经济发展动员会，吹响创建全国民营经济示范城市冲锋号。会上，泉州市委、市政府打出“1+N+N”政策组合拳，即出台《关于创新发展“晋江经验”，加快创建全国民营经济示范城市的决定》，还配套推出9份惠企政策，开展48个专项行动，预计2021年全市惠企资金将超50亿元。

康涛说，泉州要在提升企业创新能力上作示范，充分发挥企业创新主体作用，实施研发投入、高新企业、高端研发平台、高层次人才“四个倍增”。在产业转型升级上作示范，大抓数字化赋能，加快13个新基建新经济基地建设比拼，力争5年打造千亿半导体产业、百亿传感智造产业、百亿时空产业、百亿新型数字显示产业、百亿知创产业。

“在新发展格局下，泉州要在服务融入‘双循环’上作示范，建设全球集采中心和双循环战略支点城市。”康涛表示，泉州将发挥全国民生制造业基地、网商货源地优势，发挥好侨的资源和渠道，用好市场采购贸易试点、跨境电商综试区等政策，推动“买全国、卖全球”“买全球、卖全国”。

泉州还要在打造标杆企业上作示范。支持头部企业引领智能化、品牌化、国际化，带动泉州成为全球“新制造”重要基地，构建起大中小企业良性互动的产业生态

圈。同时，选择一批增长性强的明星梯队企业，力争进入全国行业第一梯队。

康涛说，围绕建设“海丝名城、制造强市”，今年泉州还将启动民营经济发展年、营商环境提升年、城乡品质提升年建设。

（2021年3月7日 《福建日报》 李向娟）

泉州：打造全球新制造重要基地

2021年1月，泉州市统计部门对外宣布经济总量首次突破万亿元大关，连续22年位居福建首位，“十三五”全国城市排名从第23位上升到第18位，民营经济增加值达8200多亿元，荣获国家创新型城市、国家生态市、国家级服务型制造示范城市、中国快递示范城市等多张闪亮名片。

在极不平凡的2020年，泉州统筹做好疫情防控和经济社会发展，创新发展“晋江经验”，抓住制造业大盘，用“万亿GDP”的底气，再次向世人展现中国制造的魅力。

站在万亿级新起点，泉州提出，打造具有全国影响力的海丝名城、制造强市，加快建设现代化中心城市。具体建成：海丝重要门户城市、全球新制造重要基地、全国民营经济示范城市、两岸融合发展示范区、山水田园善治之城。

今年春节期间，泉州就高规格召开民营经济发展动员会，吹响牛年发展冲锋号，向外界释放出一种重要信号：在全球视野中，泉州再出发。

创新引领发展民营经济再飞跃

作为我省民营经济与传统制造的“双中心”，泉州民营经济贡献了当地八成税收、八成GDP、九成研发投入、九成城镇就业、九成企业数。

新时期，民营经济如何再出发？对于民营制造重地的泉州而言，民营经济要实现高质量发展，就必须依靠自主创新，才能让产业由大变强，制造大市变身制造强市。

在位于泉州半导体高新技术产业园区安溪分园区的天电光电公司，记者了解到，这家集研发、生产、销售为一体的国家级高新技术企业，去年以来，天电光电光耦产品凭借新设计、新工艺和智能制造模式实现逆势飞扬，年增长率达7.04%，去年实现产值19.31亿元。

天电光电只是泉州培育高新企业的一个生动缩影。目前，泉州市拥有国家级高新技术企业1037家，全市科技“小巨人”领军企业总数达739家，总量位居全省第一。

如何激发经济发展新动能？泉州市科技局副局长潘华培受访时说：“泉州将推动规上工业企业研发活动全覆盖，支持领军企业组建创新联合体，实行攻关任务‘揭榜挂帅’，力争新增高新技术企业300家以上。”

泉州拥有九大千亿产业集群，但除了电子信息产业是新晋千亿外，其余八大支柱产业大部分是传统产业。

如何推动传统产业转型“蝶变”？泉州市有关领导说，近年来，泉州实施“大院大所大平台”计划，深化拓展与中科系、大学系、军工系、企业系等大院大所产学研合作，将推出科技创新券，解决企业共性难题，为企业装上“新引擎”。

据统计，目前泉州共有18家大院大所累计服务企业1900多家，为企业解决技术难题645项。这些平台已覆盖到泉州智能装备、电子信息、纺织鞋服、新材料、陶瓷建材等新老领域。

不仅如此，泉州还在人工智能、数字经济等新业态、新经济方面发力，培育和壮大新兴产业。近日，由海上丝绸之路时间中心研发的“高精度北斗形变监测仪”，在建筑物发生2毫米形变时，便会精准地监测到，并第一时间发出警报，可最大限度降低灾害损失。

海上丝绸之路时间中心是泉州建设时空产业基地的重点项目之一。自去年起，泉州已建设包括时空产业基地在内的18个新基建新经济基地，仅今年1至5月份新增项目（企业）187个，总投资387亿元。

为增强企业的创新动能，今年泉州市政府下发1号文件《以科技创新推动民营经济高质量发展实施意见》，实施研发投入、高新企业、高端研发平台、高层次人才“四个倍增”计划，助力民营经济高质量发展。

另外，今年春节期间，泉州发布“1+N+N”政策大礼包，推动民营企业创新，助力民营经济高质量发展。

“大手拉小手”形成产业生态圈

当下，人口红利正在递减，劳动力愈发紧缺，如何破解用工难题？近年来，泉州市在纺织服装、鞋业、建材家居、食品饮料等传统制造领域，大力推广智能装备，以“机器代工”和人工智能的形式，解决企业用工荒难题。

在晋江乔丹体育有限公司采访时，记者见到电脑“无缝”针车车间里，40多台电脑针车正在高效运转。“这些针车比普通针车快5倍左右，针车车间就可以省去四分之三的人工。”公司技术管理人员李德平告诉记者，因为引进一批智能生产设备，缓解了用工难题，也提升了效率。

像乔丹公司这样，目前泉州

已有近2000家规模以上企业使用新型智能装备，规模以上企业装备数控化率超50%，平均减少劳动用工40%。

不仅如此，泉州还着力抓好龙头企业。“对于安踏、恒安、达利、九牧等龙头企业，我们采取一对一服务，让他们留住高端制造、仓储配送、工艺研发等高端环节。”泉州市工信局相关人士说。

去年，安踏营业收入达355.1亿元，正是得益于建设智能仓储一体化项目。这个项目建设高端制造中心、物流配送中心等，可支撑超500亿的业务规模，年发货量超2亿件。

“龙头企业个头大、带动力强。”泉州市工信局有关人士告诉记者，近年来，泉州市从龙头、品牌、代工、专精特新、配套、服务型制造等环节，促进产业链中企业良性互动。

泉州政府部门还当起“红娘”，连续多年举办各种产能对接会，邀请产业链上下游企业集体“相亲”，并出台具体政策奖补龙头企业，支持龙头企业与中小企业强强联合，“大手拉小手”，互为市场，抱团发展。比如，百怡服饰有限公司，与安踏公司相配套，每年可获得其80万件以上的服装订单；南安洁通管业公司，与九牧集团配套，去年获得其1.58亿元订单……据统计，2020年全市协作配套产能达810亿元。

此外，泉州大力发展数字经济，建成“鞋创云”“泛家居”“爱陶瓷”等行业级工业互联网平台，进一步加强上下游产业资源优势互补，带动产业全链条全流程升级，大大提升了产业集群竞争力。比如，辅城供应链平台，已吸引20多万家鞋服、面辅料企业入驻，实现了集约采购、降低成本。

线上线下并举畅通内外“双循环”

作为我国民生制造业基地，泉州市透过电商平台，线上促销泉州优质产品，加快传统优势产业线上线下融合发展，进一步打造“泉州制造”高质量名片。

在今年“618网购节”上，安溪藤铁工艺品在淘宝天猫商家运营中心深度运营的百条产业带，增长速度第一。去年，全县家居工艺品全产业链产值达200亿元，行业市场份额占全国90%。

泉州市商务局有关负责人告诉记者，泉州组织商贸企业线上线下联动，以“新年狂欢”“年货抢购”“年终特惠”等多种形式开展节前促销活动，透过电商平台，线上促销泉州优质产品，推动传统产业蓬勃发展。

石狮市开展跨境电商发展年计划，先后开展“123跨境电商石狮GO”“222买买买跨境电商线上峰会”“318中国跨境电商交易会石狮馆”等专题活动，建设“一网一总部十园区”跨境生态圈。

据了解，今年“6·18”网购节，泉州市电子商务又交出一份亮眼成绩单，网络零售额157.3亿元，其中实物商品网络零售额150亿元。网络零售额总量位居福建省首位，所占比重为36.7%。

为了畅通“双循环”，早在去年4月，泉州市启动为期两个多月的线上产业直播节。期间，泉州市人民政府联合拼多多在南安、石狮、德化、晋江等地落地产业直播基地；联合阿里巴巴启动C2M“超级工厂计划”。

“直播带货”，绝不止步于解决滞销，更放眼于把内外贸市场结合起来，激活整个产业带的供需链路，畅通产业循环、市场循环、经济社会循环。

数据显示，2020年泉州市网络零售额达2574亿元，同比增长34.9%，是全国同比增长（10.9%）的3倍，其中鞋服商品占比高达65.1%。

网络零售额的亮眼表现，反映了泉州抢抓新业态、新模式、新消费，再一次勇立潮头，续写传统制造业的不老传说。

不仅如此，泉州在获批国家跨境电子商务综合试验区后，发力跨境电商，畅通外循环。泉州目前共设有20多个跨境电商园区。其中，东海跨境电商生态圈已集聚跨境电商企业超1000家，年销售金额总量超过100亿元。

优化营商环境强健经济“体格”

营商环境就是生产力。因此，提升营商环境，需要依靠持续不断的“刀刃向内”的改革创新，才能强健经济“体格”。

今年是泉州营商环境提升年。早在今年春节，泉州开展了“进千企、走千商、访千才”活动，帮助企业想办法、解难题，进一步营造亲商（才）、重商（才）、敬商（才）的浓厚氛围。其中，为百姓、企业办事打开方便之门是改革创新的亮点之一。

厦漳泉地区政务服务省内通办“异地代收代办”试点在泉启动。这样，社会保障卡停用、正常退休提取住房公积金等18项高频个人和企业事项，可以轻松地在三地间实现异地通办。今后，在更广领域，首批43项事项可以跨省通办。

为了大力提升营商环境，泉州市相继出《泉州市优化营商环境三年行动计划和2021年泉州市营商环境优化提升年攻坚行动方案》，通过实施八大攻坚行动，如开展自由裁量权规范、智慧政务攻坚、流程再造攻坚、开展工程建设审批攻坚等方面破障碍，去烦苛，从而营造企业发展暖环境。

石狮设立“跑一趟办不成”投诉中心，将群众反映投诉的问题分为简单事项、一般事项、复杂事项进行分类转办；晋江检察院联合法院、税务等22家单位，推出全国首个服务民营企业的合规建设服务联盟，为企业提供税务、金融等20个“体检”项目有针对性地帮助企业发现问题、解决问题。

德化在全省首创推出的政府集中购买图审服务，给企业带来了高效便捷的图审服务。德化县行政服务中心主任杨庆丰介绍说，2018年10月，德化县推出政府集中购买图审服务，审图耗时由原来的短则半月、长则半年以上，压缩至11个工作日以内。如今，绝大多数企业都能提前3至6个月完成厂房建设，更早投入生产。

对此，泉州市有关领导表示，泉州开展营商环境提升年活动，力争到2021年底，泉州营商环境位居全省前列，开办企业、获得用电用水等指标达到全国先进水平。到2023年，进入全国营商环境标杆城市，企业对泉州营商环境满意度达95%以上。

（2021年7月1日 《福建日报》 李向娟 何 金 黄立南 林艳腾）

泉州申遗成功具有特殊历史意义
——专访第44届世界遗产大会主席田学军

“中国世界遗产项目增添了一颗璀璨的明珠，我们感到很自豪。”教育部副部长、中国联合国教科文组织全国委员会主任、第44届世界遗产大会主席田学军25日对泉州申遗成功表示热烈祝贺。

田学军认为，世界遗产委员会一致决定将泉州项目列入世界遗产名录，充分体现了世界遗产委员会对泉州作为宋元中国杰出的对外经济和文化交流窗口、海上丝绸之路重要节点以及世界海洋商贸中心港口杰出范例所具有的突出普遍价值的高度肯定，也充分体现了国际社会对泉州项目在推动文明交流对话、促进可持续发展、构建人类命运共同体方面所具有的现实意义和历史价值的高度认同。

“泉州项目成功列入世界遗产名录，是本届世界遗产大会的一项新的重要成果。”田学军说，在中国共产党成立百年、中国恢复联合国教科文组织合法席位50周年之际，泉州申遗成功具有特殊的历史意义。泉州项目见证了中国长期矗立世界舞台中央的辉煌，见证了古代海上丝绸之路“涨海声中万国商”的繁盛，见证了东西方文明交流互鉴和各国人民友好交往的佳话。

田学军表示，自1985年中国加入《保护世界文化和自然遗产公约》以来，中国政府始终高度重视文化和自然遗产的保护。习近平总书记多次就文化遗产保护传承、生态文明建设、文明交流互鉴等发表重要论述，作出重要指示批示。习近平总书记2001年在福建工作期间，亲自研究部署泉州项目申报世界遗产工作，为我们积极参与世界遗产相关工作，尤其是认真做好泉州项目的申遗提供了根本遵循。中国愿以举办第44届世界遗产大会为契机，与联合国教科文组织、《保护世界文化和自然遗产公约》缔约国及专业咨询机构一起，深入推动世界遗产保护利用领域的国际交流与合作，共同为世界遗产事业作出新的更大贡献。

（2021年7月26日 《福建日报》 林清智 严顺龙）

泉州：勇当全方位高质量发展超越主力军
——“世遗之城”推进经济社会全面发展观察

泉州经济总量突破万亿元大关、“泉州：宋元中国的世界海洋商贸中心”成功列入世界遗产名录、全面打赢疫情防控歼灭战……

作为我国民营制造业重地，过去5年，泉州市牢记嘱托，传承弘扬“晋江经验”，发扬“敢拼会赢”精神，心无旁骛做实业，用心扮靓城乡生态，着力改善民生，聚力全方位高质量发展超越，让经济“高素质”与生态“高颜值”交相辉映，交出了一份令人艳羡的时代答卷。

一系列“国字号”荣誉在泉州闪耀：国家创新型城市、国家生态城市、全国文明城市、国家级服务型制造示范城市、中国快递示范城市、国家公共文化服务体系示范区、国家卫生城市、国家森林城市、国家节水型城市、东亚文化之都……

放眼泉州，记者发现，这座活力四射的“光明之城”，已经不再是一个专攻经济的“偏科生”，而是在经济、文化、教育、城建等诸多领域全面发展的“优秀生”，正朝着“海丝名城、智造强市、品质泉州”铿锵迈进！

创新引领，实体经济再飞跃

以传统制造业为依托的实体经

济，是泉州引以为傲的家底，也是泉州产业经济的基本盘。

近年来，泉州市弘扬“晋江经验”，创新发展，实施强链建链补链，形成九大千亿产业集群，其中新增电子信息等4个千亿产业集群，传统产业、高新产业、重化产业渐成格局，综合实力跨越提升。

在今年的东京奥运会上，中国运动健儿身穿安踏设计并制作的“冠军龙服”登上领奖台，令世人惊艳。这款高科技加持的新一代“冠军龙服”，防紫外线、四面弹力、速干……除了安踏，九牧王、柒牌、三六一度等众多“晋江制造”也纷纷亮相东京奥运会。

“泉州民营经济的活力，不仅来自民营企业的自我创新，更来自当地政府不遗余力地推动产业创新转型。”有业内人士指出。

如何缓解用工难题？近年来，泉州加快推进产业智能制造、“机器换工”、服务型制造，在纺织服装、鞋业、建材家居、食品饮料、工艺制品等10多个传统制造业领域大力推广智能装备。目前已有超五成、2500多家规上企业参与智能化改造，建成超100间智能车间、近1000条智能生产线、超1万台工业机器人。

在今年初召开的泉州市民营经济发展动员会上，泉州提出培育龙头企业、明星企业、创新中心等共13条政策“干货”，成为泉州市“1+N+N”政策体系（“九奖”“八补”“七服务”政策礼包）的重要内容，进一步激发民企的创新创造力，加快创建全国民营经济示范城市。

借力科研平台，激发企业创新因子。近年来，泉州市实施“大院大所大平台”计划，解决中小企业共性难题。到目前，泉州引进大院大所18家，累计服务企业1900多家，涵盖“新”“老”产业领域。

在新旧动能转换的当下，泉州市正迎来新兴产业勃兴的黄金期。自2020年起，泉州已建设包括时空产业基地、软件与工业设计基地在内的18个新基建新经济基地。新业态、新经济加速起跑，正成为泉州产业经济的新增长极。

在位于石狮市的中科光芯生产车间，记者看到，公司多条芯片组件生产线均保持满负荷运行状态。这家高科技企业已成为中兴通讯、华为等国内多家主流通信厂商的供应商。“2019年落地当年，我们的产值仅1600万元，去年达到1.6亿元，今年有望突破4.5亿元。”中科光芯石狮项目相关负责人说。

目前，泉州高新技术企业达到1037家，比2020年新增350家，比“十三五”初期翻了两番，获批建设国家创新型城市和“科创中国”试点城市。

比如，数字福建（安溪）产业园，着力培育发展影视大数据、空天大数据、电子商务等产业链条，推进数字产业化；“泉州芯谷”南安分园区，发展光通信器件、微波射频、新型材料等，全力打造化合物半导体全产业链集群……

改革争先，发展迸发新活力

作为我国民生制造业基地，近年来，泉州市大力发展电商经济，加快传统优势产业线上线下融合发展，进一步打造“泉州制造”高质量名片。

为了畅通“双循环”，去年4月，泉州启动为期两个多月的线上产业直播节，在南安、石狮、德化、晋江等地落地产业直播基地。数据显示，2020年泉州市网络零售额达2574亿元，同比增长34.9%。

唯有改革创新，才能激荡发展新活力。2016年以来，泉州开拓创新，累计实施年度改革任务及重点突破改革事项近500项，激发高质量发展的澎湃活力。

近年来，泉州在获批国家跨境电商综合试验区后，又获批市场采购贸易方式试点，并发力跨境电商，与海丝沿线国家（地区）年贸易额超千亿元。

作为我省首个国家级市场采购贸易方式试点区域，石狮服装城已成为推动福建省中小民营企业积极“入场”国际市场、参与全球竞争的重要桥头堡，大量中小企业由此得以进入国际贸易环节。目前，石狮、晋江两个国家级市场采购贸易方式试点，有力促进加快构建“买全国、卖全球”的外向型商贸新格局，产品出口菲律宾、美国等129个国家和地区。

市场采购贸易方式试点、农村“三块地”、河湖长制、金融服务实体经济等创新举措在全国全省复制推广……过去5年，泉州市用好改革开放关键一招，全面深化重点领域和关键环节改革，深入推进67项国家级改革试点，让城市治理水平和营商环境大提升。

今年初，泉州市出台“优化营商环境三年行动计划”，通过实施智慧政务攻坚等八大攻坚行动，营造发展暖环境。目前全市1431项市级行政审批和公共服务事项实现“最多跑一趟”。

晋江将全市800个重点项目纳入绿色通道管理，所有进入中心的项目审批时间在承诺时限上再压缩一半。

此外，清理规范行政审批申报、“并联审批+电子证明”等得到国务院通报表扬，知识产权创造、保护和运用指标获评全国营商环境标杆。

扮靓城乡，百姓生活更幸福

高质量发展，不仅是经济的高质量发展，也包括城市、民生、治理等全方位的高品质提升。

国庆黄金周，不少市民来到泉州北滨江公园穿林赏景、运动休闲。这里早已成为市民周末与节假日的好去处。

近5年来，泉州市依托自然山水脉络，用绿道串起山、水、林、田、湖、草等资源，建设生态连绵带，打造出泉州市区全长22公里的五区十园，并在各县（市、区）新建城市公园，让老百姓的生活幸福指数节节高。

在泉州古城，“三五步一个文物古迹，三五步一个名人故居”。泉州市拥有全国重点文物保护单位44处，全省重点文物保护单位104处，国保单位已覆盖所有县（市、区）。

如何在保护中利用，让古城更亮丽？泉州出台《海上丝绸之路史迹保护条例》，还制定内沟河保护条例等，启动街巷提升工程，旧城改造提升成效明显。如国家生态修复城市修补完成试点，金鱼巷微改造、中山路整治提升项目分别获中国建筑学会建筑设计一、二等奖。

如今，泉州城乡人居环境持续改善，高质量打赢脱贫攻坚战，农村饮水安全持续巩固提升，德化县进城务工人员安居项目和永春县桃溪生态修复工程荣获“中国人居环境范例奖”……

国庆期间，在晋江上游的永春桃溪石鼓段，永春县河长办工作人员运用无人机巡河，每天不到半小时，就能完成前后5公里河流巡查。这是泉州探索河长制新治理模式的一个生动缩影。

泉州拥有大小河流430条，总长度超过5000公里。为了一泓清流，早在2017年，泉州就全面推行河长制，全市河湖面貌大改观。今年，泉州市河长制湖长制以全省唯一、全国8个地市之一的身份上榜国务院办公厅通报的2020年河长制湖长制激励名单。

如今，海丝新城加快环湾向湾生长，人气、业态、服务加速集聚，公共文化中心“四朵花瓣”渐次绽放，水线公园、山线绿道等生态连绵带项目建成开放，环湾建成区拓展至235平方公里，城镇化率提高到68.5%。

上个月，泉州城东至北峰快速通道主线全线实现通行，市民从中心市区出发，大约8分钟就能直达泉州动车站。

近年来，泉州大力实施“聚城畅通”工程，兴泉铁路、福厦客专等实现架梁铺轨，厦漳泉城市联盟路泉州段、城东至北峰快速通道建成通车，城市交通路网加快拉开。

教育、医疗、体育事业等民生短板加速补齐，泉州“四心工程”和“XIN”行动成效明显，高端嫁接引进清华、北大、首师大等优质教育资源和台湾颐和医院等优质医疗资源，累计新增公办幼儿园学位7.1万个、中小学学位16万个；成功获得第18届世界中学生运动会举办权，泉州籍奥运健儿取得东京奥运会“两金一铜”、残奥会“一铜”的优异成绩。

2018年，泉州开始创建第四批国家公共文化服务体系示范区，实施文化设施提升、文化惠民服务、公共文化产品数字化、公共文化服务品牌示范、文旅服务融合发展等五大工程，为城乡百姓提供丰富的文化大餐。

如今，泉州这座千年古城，散发着无穷的魅力，已然成了创新创业的热土，更变身为泉州百姓宜业宜居的最美家园。

（2021年10月9日 《福建日报》
李向娟 何 金）

领导名录

中共泉州市委员会

书　记　康　涛（至2021年5月）
王永礼（2021年7—11月任）
刘建洋（2021年11月任）

副书记　王永礼（至2021年7月）
蔡战胜（2021年7月任）
张永宁（至2021年5月）
宿利南（2021年8月任）

常　委　孔繁军（至2021年8月）
游宇飞（至2021年1月）
林万明（至2021年8月）
林锦明（至2021年10月）
刘建军（至2021年8月）
刘文儒（至2021年10月）
季翔峰（至2021年8月）
洪自强（至2021年10月）
施宇辉（2021年8月任）
陈辉宗（2021年8月任）
卢秀萍（2021年8月任）
傅藏荣（2021年1月任）
黄景春（2021年10月任）
黄文胜（2021年10月任）
张文贤（2021年10月任）
高　宏（2021年8月任）

秘书长　季翔峰（至2021年8月）
施宇辉（2021年8月任）

副秘书长　吴忠溪（2021年9月任）
傅天宝（至2021年6月）
郑建清（至2021年8月）
简国正
廖良结（至2021年9月）
郭从容
郑少波
蔡琦瑜

办公室

主　任　傅天宝（至2021年6月）
吴忠溪（2021年9月任）

副主任　管东辉
黄万成
林吟啸
杨德生（至2021年9月）
卢新建

正处长级干部　洪飞跃（2021年12月任）

机关党委

书　记　傅天宝（至2021年6月）
吴忠溪（2021年9月任）

副书记　郭建鹏

纪检监察组

组　长　郑兴波

市委组织部

部　长　孔繁军（至2021年8月）
　　　　卢秀萍（2021年8月任）
副部长　蔡永生（2021年11月任）
　　　　张翼翔（至2021年8月）
　　　　陈晓蓉
　　　　杨远志
　　　　杨德才
　　　　陈恬波
纪检监察组长　廖丽芬（至2021年12月）
副部长　庄玉海

市委宣传部

部　长　张永宁（至2021年8月）
　　　　陈辉宗（2021年8月任）
常务副部长　郑国防
副部长　唐春晓（至2021年9月）
　　　　郭丹红
　　　　赖畅水
　　　　叶燕民
　　　　吴建生（至2021年10月）
　　　　杨旭东（2021年8月任）
　　　　陈爱民
纪检监察组长　杨春煌
部务会成员　庄仁哲（至2021年10月）
　　　　林培煌
　　　　朱林果

市委统战部

部　长　林万明（至2021年8月）
　　　　陈辉宗（2021年8月任）
常务副部长　陈晓玉（2021年1月任）
副部长　庄绍进
　　　　陈　晖
纪检监察组长　陈少青
副部长　许颖颖（至2021年12月）
部务会成员　黄子榕

市委政法委员会

书　记　林锦明（至2021年10月）
　　　　黄文胜（2021年10月任）
常务副书记　曾焕楷（至2021年9月）
副书记　徐义平（至2021年7月）
　　　　张少前
纪检监察组长　吕春香
副书记　谢晓章
委务会议成员　林振海（2021年12月任）
　　　　汪祖培
政治部主任　郭孙路（2021年8月任）

市委改革办

主　任　季翔峰（至2021年8月）
　　　　施宇辉（2021年8月任）
常务副主任　廖良结（至2021年9月）
　　　　郑少波（2021年9月任）
副主任　许友烈
　　　　陈辉煌
　　　　刘荣添

市委网信办

主　任　陈爱民
副主任　吴家安
　　　　蔡永记

市委机构编制委员会办公室

主　任　庄玉海
副主任　叶舒城
　　　　邱志民
　　　　陈丽水

市委军民融合办

主　任　洪自强（至2021年10月）
　　　　黄景春（2021年10月任）
常务副主任　柯跃峰
副主任　吴福荣
　　　　方向明
　　　　吴连金
　　　　陈洪生
　　　　洪小明

市委台港澳工作办公室

主　任　黄振奋（至2021年9月）
　　　　杜朴生（2021年9月任）
副主任　郑志强（至2021年10月）
　　　　黄兴顺
　　　　李朝晖
　　　　林　娜

市委市直机关工作委员会

书　记　季翔峰（至2021年8月）
　　　　施宇辉（2021年8月任）
常务副书记　黄黎波（至2021年9月）
　　　　史思泉（2021年9月任）
副书记　郑天文
　　　　吴艺晖（至2021年9月）
委　员　王志强
　　　　苏文笔
　　　　吴志宏
　　　　谢江山
　　　　庄　禾
　　　　潘向前

市委巡察办、巡察组

主　任　张荣宝（至2021年9月）
　　　　黄克松（2021年9月任）
巡察组组长　何志辉（至2021年9月）
　　　　林振约（至2021年9月）
　　　　骆　红
　　　　江　渊
　　　　洪进星
　　　　王团结（2021年9月任）
巡察办副主任　李进京
　　　　林金莲
巡察组副组长　刘炳祥
　　　　卓树丛
　　　　陈兴发
　　　　吴鸿荣
　　　　张辉鑫
　　　　李建新

市委老干部局

局　长　陈恬波
副局长　黄长春
　　　　章伟强
　　　　周中华

市委文明办

主　任　赖畅水
副主任　吕宝贝（至2021年7月）
　　　　陈庆宗
　　　　黎灵寿

市委党校

校　长　孔繁军（至2021年8月）
　　　　卢秀萍（2021年8月任）
常务副校长　林希妍（至2021年6月）
　　　　杜明星（2021年9月任）
副校长　陈毅生
　　　　黄雄彪
　　　　詹碧英

市委党史和地方志研究室

主　任　张惠评（至2021年9月）
　　　　周顺安（2021年9月任）
正处长级干部　尤剑国
副主任　叶芬蓉
　　　　高友土
　　　　林龙海（至2021年6月）
　　　　许晓松

市档案馆
馆　长　廖晓凌
副馆长　陈若波
俞建辉（2021年8月任）

市接待办
主　任　郭从龙
副主任　庄玉龙
黄雪玲
李　强

市委讲师团
团　长　朱林果

市事业单位登记管理局
局　长　王淑绵

泉州市人民代表大会及其常委会

党组书记　陈灿辉（至2021年8月）
李建辉（2021年8月任）
主　任　陈灿辉
党组成员　许文贵
吴友才
蔡思红（至2021年1月）
吴汉宗
黄阳春
高向荣（2021年9月任）
赖清正（2021年9月任）
李文生（2021年9月任）
欧阳秋虹
颜朝晖（2021年11月任）
副主任　张建生（至2021年1月）
许文贵
吴友才
蔡思红（至2021年1月）
吴汉宗
黄阳春
秘书长　欧阳秋虹
副秘书长　谢立新（至2021年12月）
朱　亮（2021年12月任）
庄丽雅（至2021年12月）
蔡碧毓（至2021年12月）
唐良元（至2021年10月）
林丽华（2021年12月任）
陈楚亮（2021年12月任）

办公室
主　任　谢立新（至2021年12月）
朱　亮（2021年12月任）
副主任　蔡向群
辜智钦
陈楚亮（至2021年12月）
研究室
主　任　王文郴
副主任　叶睿葆
余经伟
人事代表工委
主　任　谢丽华（至2021年12月）
戴小平（2021年12月任）
副主任　戴小平（至2021年12月）
财经工委
主　任　陈云毅
副主任　许伟灿
监察司法工委
主　任　李小兴（至2021年12月）
柳　璟（2021年12月任）
副主任　郭少梅（至2021年12月）
环城工委
主　任　王卫红
副主任　叶朝阳
农工委
主　任　杨永裕
副主任　祝新艳
教科文卫工委
主　任　张育凯（至2021年12月）
廖丽芬（2021年12月任）
副主任　胡佩玉
侨台民宗工委
主　任　许振煌
副主任　徐晓燕
法工委
主　任　郭培明（至2021年12月）
黄少鸿（2021年12月任）
副主任　黄少鸿（至2021年12月）
机关党委
书　记　欧阳秋虹（至2021年9月）
颜朝晖（2021年9月任）
副书记　蔡向群
专职副书记　王晶晶
纪检组
组　长　傅蔚茹
常务副组长　张青阳

泉州市人民政府

市　长　王永礼（至2021年7月）
蔡战胜（2021年7月任）
副市长　洪自强（至2021年10月）
黄景春（2021年10月任）
周真平
李伙金
吕　刚
朱启平
刘林霜（2021年9月任）
陈小辉（2021年8月任）
汪志红（2021年8月任）
蔡天守（2021年9月任）
苏耿聪
秘书长　廖国文（至2021年9月）
苏延辉（2021年9月任）
副秘书长　王克思（至2021年9月）
唐春晓（2021年9月任）
林晋炼
温锦辉（至2021年3月）
郑宏谋（至2021年9月）
张文卫（至2021年12月）
张志铭（至2021年9月）
蒋文强（2021年2月任）
吕秀家（2021年2月任）
王　兴（2021年12月任）
办公室
主　任　王克思（至2021年9月）
唐春晓（2021年9月任）
党组副书记　苏文雅
副主任　黄文成
洪冬青（至2021年3月）
纪检监察组长　谢　斌
副主任　倪景云
郑志勇
党组成员　张希伴

市发展和改革委员会
主　任　陈文篁（至2021年9月）
廖良结（2021年9月任）
副主任　林合龙
陈小宝
陈招平
纪检监察组长　涂志斌
副主任　黄明土
陈锦霞
王宗锋
郑华江
总经济师　张照绿（至2021年7月）
党组成员　周明星

市教育局
局　长　黄世界
副局长　刘殊芳
王瑞钦

纪检监察组长　陈进兴
督导室主任　徐昌裕
副局长　陈军宣
　　林长华

市科技局
局　长　杨昌文（至2021年11月）
　　王小阳（2021年11月任）
副局长　潘华培
　　陈君伟

市工业和信息化局
局　长　黄国富（至2021年9月）
　　曾钟远（2021年9月任）
副局长　吴金埔
　　王春阳
　　曾钟远（至2021年9月）
纪检监察组长　严振旺
总工程师　陈传芳

市民族与宗教事务局
局　长　黄景生（至2021年12月）
　　许颖颖（2021年12月任）
副局长　兰德志
　　陈　鸿
　　杨少川

市公安局
局　长　李伙金
副局长　柳新群
　　曾志敏
副局长　卓庆忠（至2021年11月）
　　王连生
　　陈建新
党委委员　庄文斌
　　陈爱民
　　李森建
副局长　赵振加
党委委员　刘南辉
纪检监察组长　梅　永
总工程师　王仙龙
市打私办
主　任　庄文斌
办公室
主　任　郑洪波
政治部
主　任　刘南辉
国保支队
支队长　蔡永义
政　委　曾　辉
治安支队
支队长　杨福兴
政　委　陈山东（至2021年9月）
经侦支队
支队长　柳金盾
政　委　曾伟军
技侦支队
支队长　朱长沙
政　委　吴志锋
禁毒支队
支队长　洪超明
政　委　苏碧江
网安支队
支队长　吴天进
政　委　陈少贤
巡特警支队
支队长　吴志伟
政　委　陈俊杰
交警支队
支队长　李健康
政　委　廖启明
海防支队
支队长　杜　强
政　委　许三鹏
森林警察支队
支队长　林建真
政　委　陈自力

市民政局
局　长　杜朴生（至2021年9月）
　　陈劲松（2021年9月任）
副局长　蔡永升
　　何志宏
纪检监察组长　宋小峰
副局长　陈海鹏
　　李玉霜

市司法局
局　长　林　强
副局长　赵运军
　　郭惠昆
　　柯秀丽
　　苏少波（2021年12月任）
　　林荣奇
　　柳　璟（至2021年12月）
　　陈生校
政治部主任　傅孙满

市财政局
局　长　李清景
副局长　任秀斌
　　庄尧森
　　王庆福
　　朱　亮（至2021年12月）
纪检监察组长　赖发泽（至2021年10月）
总会计师　肖金树

市人力资源和社会保障局
局　长　刘曙庆（至2021年9月）
　　许长春（2021年9月任）
副局长　骆靖宇（至2021年12月）
　　郑　强
　　龚时荣

市自然资源和规划局
局　长　刘文发
纪检监察组长　曾伟平
副局长　刘克华
总规划师　苏远红
副局长　郑建南
　　黄三多
　　王　珏

市生态环境局
局　长　李国坤
总工程师　林庆梅
副局长　钱瑞峰（至2021年12月）
纪检监察组长　廖德信
副局长　黄　华（至2021年2月）
　　郑天助（至2021年7月）
　　郭建华

市住房和城乡建设局
局　长　钟文成（至2021年9月）
　　张志铭（2021年9月任）
副局长　张春权（至2021年8月）
纪检监察组长　刘玉珊
副局长　王惠萍
　　林宇杰
　　庄绍宁（至2021年2月）
　　蔡海鸿
　　刘云峰
　　韩兆龙（至2021年12月）
　　欧达毅（2021年11月任）

市交通运输局
局　长　刘德旺
副局长　杨琦伟
总工程师　傅远辉
副局长　陈少雄
纪检监察组长　蔡崇达（至2021年7月）
副局长　蔡永忠

	林勇森
党组成员	吴福铭（至2021年11月）

市农业农村局

局　长	蔡龙群
副局长	陈振荣
	陈建兴
	万文伟
总畜牧兽医师	陈德利
纪检监察组长	洪懿萱
党组成员	傅旺隆
副局长	曾国志

市林业局

局　长	林华伟（至2021年7月）
	郑进锡（2021年9月任）
党组副书记	李丽玲
副局长	廖道彬
纪检监察组长	傅伟林
副局长	黄玉真
	刘必成

市水利局

局　长	傅春添（至2021年9月）
	刘建兴（2021年9月任）
副局长	黄桂元
	王逸民
纪检监察组长	林志彬
党组成员	陈能语
总工程师	洪忠建
副局长	张华林
	林方亮（2021年8月任）

市商务局

局　长	丁　峰（至2021年9月）
	张小红（2021年9月任）
党组副书记	张　良（至2021年4月）
副局长	黄金跋
党组成员	洪良泉
副局长	郑金福
	黄庭瑜
	粘学清（至2021年9月）
	简国红

市文化广电和旅游局

党组书记	李伯群
局　长	陈惠平（至2021年9月）
	李伯群（2021年9月任）
副局长	苏　悦（至2021年9月）
	林育毅
	出宝阳
	陈庆凤
	孙少磊
纪检监察组长	黄礼智
副局长	吕秀家（至2021年8月）
党组成员	周梁升

市卫生健康委员会

党组书记	叶一帆（至2021年9月）
	苏培聪（2021年9月任）
主　任	叶一帆（至2021年10月）
	肖慧中（2021年10月任）
副主任	曾奕民
	吴宗桥
	苏培聪（至2021年9月）
	吴达辉
	吴鹭阳
	李国松
纪检监察组长	汪白露（至2021年10月）
党组成员	邱　龙

市退役军人事务局

局　长	陈金忠（至2021年10月）
	唐良元（2021年10月任）
副局长	刘红生
	王志明
	刘　洪（2021年1月任）

市应急管理局

局　长	邱朝阳
党组副书记	林田平（至2021年3月）
	张春权（2021年8月任）
副局长	杨良木
	谢招南
	王夏阳
总工程师	刘海明
副局长	张树武
	李　隽
	黄西洋

市审计局

局　长	骆振军
总审计师	李锦忠
副局长	黄清安
	李小玲（至2021年10月）
	陈延民
	肖海华

市国资委

主　任	陈劲松（至2021年11月）
	黄金顺（2021年11月任）
党委副书记	张小红（至2021年9月）
副主任	刘海祥
	汪亚彬
总会计师	李维芳
纪检监察组长	陈泉木
副主任	林　鹏
党委委员	周俊杰

市海洋与渔业局

局　长	陈龙津（2021年4月任）
副局长	庄　慧
	郑碧钦（至2021年11月）
	王松青
党组成员	王金健
	杜先华

市市场监管局

局　长	蔡天守（至2021年9月）
	李德雄（2021年9月任）
纪检监察组长	李金育
党组成员	黄丹萍
副局长	吴艺阳
	刘建军
	林梓杰
	苏秀梅
食品总监	肖朝晖
副局长	黄婉清
	江景灿
	欧阳其满
党组成员	李雪芬
总工程师	吴鹏森

市体育局

党组书记	吴忠溪（至2021年9月）
	郑宏谋（2021年9月任）
局　长	汪水永
副局长	谢文华（至2021年2月）
	汪国庆
党组成员	张延龄
副局长	许煌灯

市统计局

局　长	傅少明
副局长	李植聪
	施能宗
	纪华宗
总统计师	郑致洲（2021年8月任）

市人防办

主　任	林琪伟
副主任	崔　健（至2021年2月）
	蔡永生

谢文生
张铭芳

市医疗保障局
党组书记 庄冰心（至2021年9月）
苏松炎（2021年9月任）
局 长 肖惠中（至2021年10月）
李小玲（2021年10月任）
副局长 翁哲伟
陈 颖（至2021年7月）

市地方金融监督管理局
局 长 陈德庆
副局长 林文革
黄培群
金融分析师 陈丽蓉
副局长 黄达伟
林育新

市信访局
局 长 林祖传
副局长 陈丽琨
庄谓聪
吴志耕
沈俊旭

市城市管理局
局 长 陈进平
纪检监察组长 黄全承
副局长 吴家琅
王宏娥
总工程师 王森江
副局长 卢章雄
王作彪
党组成员 康景彪
龙西国

市数字办
主 任 施国宾
党组成员 吴彧寰
副主任 杨凯扬
莫毓昌（2021年11月任）

市行政服务中心管理处
主 任 李德雄（至2021年9月）
陈家强（2021年9月任）
副主任 谢秀玲
许玉斌
苏永清

半导体高新区管委会
书 记 吕 刚
主 任 洪武强
副主任 蔡映辉（至2021年7月）
戴庆加
陈志雄（至2021年7月）

清源山管委会
党工委书记
管委会主任 邱达敏

市政府驻北京联络处
主 任 吴炳煌
副主任 王秀也

市政府驻上海联络处
主 任 张宁滨

市政府驻深圳办事处
主 任 王志明

市政府驻福州办事处
主 任 陈万全

市政府驻厦门办事处
主 任 陈金鑫

市政府驻成都办事处
主 任 连世扬

市政府发展研究中心
主 任 胡毅雄（至2021年9月）
杨德生（2021年9月任）

市地震局
局 长 林田平（至2021年3月）
张春权（2021年8月任）
副局长 叶 威

市城镇集体工业联合社
主 任 王洪海
副主任 余碧海
蔡文雄

市供销合作社
主 任 陈拥军
副主任 林宗清
吴开元
陈锦忠

市住房公积金管理中心
主 任 张兴水
书 记 郭希纯

医疗保障基金管理中心
主 任 欧家庆

市土地储备中心
主 任 郭根才

库区移民局
局 长 陈能语

市公路事业发展中心
主 任 卢海东

市道路运输事业发展中心
主 任 张明慧

市水路运输管理处
处 长 黄克良

市农机总站
站 长 黄振辉

市龙门滩水资源调配中心
主 任 苏荣薰
书 记 颜建东

市山美水库水资源调配中心
主 任 郭明德
书 记 颜沧波

市海洋与渔业执法支队
支队长 王金健
政 委 吴长益

市卫生计生执法支队
支队长 王义进
政 委 陈丹青

泉州市交通运输综合执法支队
支队长 李进碧

市国土资源监察支队
支队长 何 伟
政 委 李启泽

市生态环境保护综合执法支队
支队长 陈 曦

市农科所
书 记 魏 毅

所　长　庄卫东

政协泉州市委员会

主　席　李转生
党组书记　肖汉辉（2021年9月任）
副主席　王祖耀
陈　益
洪川夫
林志建（至2021年6月）
刘志平
王春金
戴仲川（2021年1月任）
蔡萌芽（2021年1月任）
庄灿霞（2021年9月任）
党组成员　黄世界（2021年9月任）
秘书长　陈伟平（至2021年1月）
黄碧煌（2021年1月任）
副秘书长　方建生（至2021年12月）
侯守水（2021年12月任）
林培新
郭少梅（2021年12月任）
林丽华（至2021年12月）
专职常委　陈志勇
王小良
周炳忠
李德志
办公室
主　任　方建生（至2021年12月）
侯守水（2021年12月任）
副主任　陈小民
林伟伟
研究室
主　任　侯守水（至2021年12月）
陈洋锋（2021年12月任）
副主任　陈洋锋（至2021年12月）
提案委
主　任　梁云南（至2021年12月）
薛文新（2021年12月任）
专职副主任　郑瑞鑫
经济和农业农村委
主　任　杨文龙（至2021年12月）
吴艺阳（2021年12月任）
专职副主任　郭江华
社会和法制委
主　任　张继红
专职副主任　王木生
教科文卫体委
主　任　黄聪吟（至2021年12月）
洪南福（2021年12月任）
专职副主任　王忠华
港澳台侨和外事委
主　任　林鸿扬
专职副主任　张月娥
民族宗教委
主　任　郑云梅
专职副主任　吴绥莹
人口资源环境委
主　任　洪南福（至2021年12月）
黄捍卫（2021年12月任）
专职副主任　黄捍卫（至2021年12月）
文史和学宣委
主　任　骆春玲（至2021年9月）
张文卫（2021年12月任）
专职副主任　黄丽红
机关党委
专职副书记　黄阳辉
委员工作室
主　任　孙丽珠
驻市政协机关纪检监察组
组　长　李安安
常务副组长　李　玫

中共泉州市纪委、泉州市监委

书记、主任　游宇飞（至2021年1月）
傅藏荣（2021年1月任）
副书记　邓安娜（至2021年10月）
许锦聪（至2021年10月）
苏双喜（至2021年10月）
陈金忠（2021年10月任）
张维劲（2021年10月任）
许仰东（2021年10月任）
秘书长　黄克松（至2021年9月）
王洪龙（2021年10月任）
纪委常委、监委委员
林开通（至2021年10月）
监委委员　黄志强
纪委常委　王团结（至2021年10月）
纪委常委、监委委员
林文超（至2021年10月）
郑燕飞
王洪龙（2021年10月任）
纪委常委　林国章（2021年10月任）
汪白露（2021年10月任）
纪委常委、监委委员
赖发泽（2021年10月任）
监委委员　侯洲洋（2021年10月任）
信访室
主　任　张聪坤
案件监督管理室
主　任　宋占锋（至2021年7月）
第一纪检监察室
主　任　胡向阳
第四纪检监察室
主　任　陈雄松（至2021年7月）
第五纪检监察室
主　任　庄志深
第七纪检监察室
主　任　潘自力
第八纪检监察室
主　任　施宣博
第九纪检监察室
主　任　钟志锋
案件审理室
主　任　苏墨祥
纪检监察干部监督室
主　任　倪敬哲
机关党委
专职副书记　戴卓华

法院、检察院

市中级人民法院
院　长　陈　明（至2021年9月）
党组书记　姚丽青（2021年9月任）
副院长　高智辉
陈慧瑛
韩天明
潘丰源
谢希鹏
专职审委　洪完明
政治部主任　江振平
纪检监察组长　黄荣峰
专职审委　胡金琪
李瑞阳
郑　敏

市人民检察院
检察长　傅建飞（至2021年7月）
党组书记　郑隆松（2021年10月任）
副检察长　樊美清
黄灿平（至2021年10月）
纪检监察组长　赵永奇
副检察长　陈世炎
政治部主任　王小寅
副检察长　孙志平
甘泽阳

许金标
党组成员 刘锡杰
曾闽宏
专职委员 陈建强
黄清源
朱永峰（至2021年10月）
陈凤华（至2021年6月）

民主党派、社会团体

中国国民党革命委员会泉州市委员会
主　委 樊美清
专职副主委 张子牙

中国民主同盟泉州市委员会
主　委 陈建通
专职副主委 余嘉容（至2021年7月）
王锦延（2021年7月任）

中国民主建国会泉州市委员会
主　委 戴仲川（至2021年12月）
庄天怀（2021年12月任）
专职副主委 黄军红

中国民主促进会泉州市委员会
主　委 庄宝玲

中国农工民主党泉州市委员会
主　委 陈　益
专职副主委 谢承华（至2021年7月）
王　蔚（2021年8月任）

中国致公党泉州市委员会
主　委 陈铭福
专职副主委 陈剑虹（至2021年7月）
陈东华（2021年7月任）

九三学社泉州市委员会
主　委 王祖耀
专职副主委 李长江

台湾民主自治同盟泉州市委员会
主　委 苏耿聪
专职副主委 张　敏

泉州市总工会
主　席 孔繁军（至2021年8月）
卢秀萍（2021年8月任）
常务副主席 王茂泉（至2021年4月）
韩卫华（2021年9月任）
副主席 江永清
陈宝芳
陈坤生
林东阳（2021年8月任）

共青团泉州市委员会
书　记 徐　悦
副书记 林仁漳
林少青
郭莎娜
陈永洁（至2021年2月）
吴灿辉（2021年2月任）

泉州市妇女联合会
主　席 庄灿霞（至2021年9月）
骆春玲（2021年9月任）
副主席 丁为华
黄宝玲
杨　韬

泉州市归国华侨联合会
主　席 陈晓玉（至2021年1月）
温锦辉（2021年1月任）
副主席 王巧丽
钟文玲

泉州市台湾同胞联谊会
会　长 陈严辉（至2021年9月）
苏　悦（2021年10月任）
副会长 蒋碧辉（2021年8—12月任）

泉州市科学技术协会
主　席 骆沙鸣
党组书记、副主席
章金良（至2021年9月）
党组书记 吴保忠（2021年9月任）
副主席 魏隆福
王建生

泉州市工商业联合会
主　席 周少雄
党组书记、副主席
陈　晖
专职副主席 黄振骞（至2021年12月）
杜韶山（2021年月12任）
傅玉波
黄珍红

泉州市文学艺术界联合会
主　席 夏丽清
副主席 肖一鸣

泉州市社会科学界联合会
主　席 李培德

泉州市残疾人联合会
理事长 白碧英
党组成员 郑　虹（2021年2月任）
副理事长 薛文新（至2021年12月）
陈纳新
郭灿辉
谢卫东（2021年12月任）

泉州市计划生育协会
会　长 王春金
常务副会长 黄源水
党组书记 张艺斌
专职副会长 黄凤南
赵文详

中国国际贸易促进会泉州市支会
会　长 黄岩平
副会长 刘惠煌（2021年12月任）
廖雅滨
喻青松
史凌怡（2021年8月任）

国家部委、省直驻泉机构

中国闽台缘博物馆
书　记 王辰虎
馆　长 陈伟平（2021年1月任）
副馆长 陈健鹰
沈文锋
王舜志

泉州市税务局
局　长 沈家骏（至2021年12月）
朱春发（2021年12月任）
副局长 符夷杰
黄松青（至2021年6月）
颜伟宏
何卫东（至2021年3月）
黄育文
纪检组长 王　焱
副局长 庄稼仁（2021年8月任）
总会计师 黄　强（至2021年3月）
倪适雨（2021年3月任）
总经济师 庄稼仁（至2021年8月）
朱　翔（2021年8月任）

泉州海关
关　长 叶　云

副关长　欧阳钦芬（至2021年7月）
陈元俊（至2021年6月）
李　炎
张美景（至2021年7月）
纪检组长　纪育建
副关长　杨志雄
李建强
沈庆辉（2021年8月任）

泉州海事局
局　长　李志强
政　委　庄洪程（2021年11月任）
副局长　王　烽（2021年11月任）
王明强
黄尚智

泉州港口发展中心
主　任　林同钦
副主任　阮其如
纪委书记　周炜才

国家统计局泉州调查队
队　长　林水明
副队长　洪幼松（至2021年3月）
黄永辉
钟明姑
周卓励（2021年8月任）

泉州气象局
局　长　洪荣若
副局长　李宏图
副局长　张　玲
纪检组长　黄卫国

邮政管理局
局　长　薛军军（至2021年2月）
林勇森（2021年2月任）

泉州烟草专卖局
局长、经理　游文忠
副局长　张　军
纪检组长　杨国成
副经理　李春发

国网泉州供电公司
总经理　林国新（至2021年3月）
李聚聪（2021年4月任）
党委书记　蒋木春
首席职员　龚国兴（2021年7月任）
资深二级职员　吴进辉
林　平
郑志煜（2021年7月任）
何海波（2021年7月任）
工会主席　颜宝塔（至2021年4月）
纪委书记　王晓彬（至2021年7月）
副总经理　梁捷生
纪委书记　江　盛（2021年7月任）
副总经理　林建昌
总会计师　吴霆声
副总经理　李晓云
副总经理　李铭蔚
总工程师　林力辉（2021年7月任）
一级协理　林建勤
颜宝塔（2021年4月任）

泉州水文水资源勘测分中心
主　任　廖立伟

泉州市盐务局
局　长　姚锦渊
副局长　颜平源

泉州监狱
监狱长　黄全瑜
政　委　张生闽
副监狱长　范群武
赖世潭
政治处主任　俞太洪（至2021年8月）
纪委书记　陈国书

洛江监狱
党委书记　杜心彬
党委委员　黄金磷
刘新晶
范宗芳
林泗水

泉州司法强制隔离戒毒所
所　长　刘长河
政　委　陈　彬
政治处主任　张爱民
纪委书记　林　青（至2021年7月）
曾宪樟（2021年7月任）
副所长　兰翠河

无线电管理局
局　长　林　源（至2021年7月）

副局长　戴满山（2021年7月任）

人民银行泉州市中心支行
行　长　赖永文（至2021年10月）
副行长　陈东方
工会主任　蒋培娜
副行长　苏志鑫
纪委书记　邱永春
副行长　王　峰（2021年11月任）

泉州银保监局
局　长　詹启刚
副局长　方良川
纪委书记　郑朝红
副局长　陈伟凌
陆宇锋（2021年7月任）

市直新闻单位

泉州晚报社
社　长　叶燕民
总编辑　林耀平
副社长　黄　强
副总编辑　邱志坚
王家声
彭耕耘
吴家阳
副社长　徐春妍

泉州广播电视台
台　长　吴建生（至2021年10月）
杨旭东（2021年10月任）
副书记　张伟宏
副台长　高栋梁
杨旭东（至2021年10月）
苏兴秋

各县（市、区）

鲤城区

区　委
书　记　刘林霜（至2021年6月）
黄辉灿（2021年6月任）
副书记　黄辉灿（至2021年6月）
王克思（2021年6月任）
陈　斌（2021年7月任）
常　委　吴保忠（至2021年9月）
黄天凯（至2021年7月）
陈伟群（至2021年7月）

洪金城（至2021年6月）
周兴良（至2021年11月）
许顺达（至2021年7月）
陈志雄（2021年7月任）
吴振法（2021年7月任）
陈　林（2021年7月任）
庄垂生（2021年7月任）
曾朝阳
谢祥宁（2021年11月任）
张才贵（2021年7月任）
陈　颖（2021年7月任）

区人大常委会
主　任　林清泉
副主任　黄志煌（至2021年12月）
吴明强
高云飞（2021年12月任）
张刺治（2021年12月任）
潘永生（2021年12月任）

区政府
区　长　黄辉灿（至2021年6月）
王克思（2021年12月任）
副区长　陈　斌（至2021年8月任）
庄垂生（2021年8月任）
张刺治（至2021年8月）
王江涛
白建胜
吴振法（至2021年7月）
张剑辉（2021年7月任）
王垦福
陈志慧（至2021年7月）
党组成员　欧阳中华（2021年11月任）

区政协
主　席　陈燕飞
副主席　高云飞（至2021年12月）
潘永生（至2021年12月）
王锦延（至2021年7月）
郭　瑜
陈志宏（2021年12月任）
廖艺强（2021年12月任）
谢承华（2021年12月任）

区法院
院　长　李清坝

区检察院
检察长　许金标（至2021年7月）
党组书记　苏紫燕（2021年7月任）

高新区管委会
书　记　伍伯伟（至2021年7月）
吴超鹏（2021年7月任）
主　任　庄蓉梅

丰泽区

区　委
书　记　徐情根（2021年1月任）
副书记　高金全
林清伏（2021年7月任）
常　委　韩卫华（至2021年8月）
陈清拥（2021年8月任）
陈政实（至2021年7月）
黄泽鹏（2021年7月任）
林添盛（至2021年7月）
宋占锋（2021年7月任）
杨华民（2021年8月任）
周顺安（至2021年7月）
庄泓鸿（2021年7月任）
黄琪金
郑燕然（2021年7月任）
张　雄

区人大常委会
主　任　刘烨明
副主任　林世川
张维斌
蔡宁波
黄文耀（2021年7月任）
黄队强（2021年7月任）

区政府
区　长　高金全
副区长　谢希圣
洪奕蓉（至2021年8月）
颜志平（2021年8月任）
曾国家（至2021年8月）
刘华东（2021年8月任）
柯晓晖（至2021年8月）
叶春泉（2021年8月任）
黄泽鹏（至2021年8月）
丁增辉（2021年7月任）
刘鹏志（2021年7月任）
葛　超

区政协
主　席　上官蓝波
副主席　许志达
李木火
余嘉容（2021年7月任）
赖尾兴
黄海峰（2021年7月任）

区法院
院　长　庄能宗

区检察院
检察长　林志铭

洛江区

区　委
书　记　洪飞跃（至2021年6月）
颜丽明（2021年6月任）
副书记　颜丽明（至2021年6月）
杨凤翔（至2021年6月）
陈政实（2021年7月任）
常　委　黄清凯（至2021年7月）
杜韶山（至2021年12月）
郑进锡（至2021年9月）
廖晓凌（至2021年8月）
陈逢生（至2021年7月）
谢卫东（至2021年12月）
陈　倩（至2021年7月）
王志宏
涂德望（2021年7月任）
王昭昭（2021年7月任）
曾国家（2021年7月任）
古领华
张荣伟（2021年7月任）
蔡崇达（2021年7月任）
郑友飞（2021年7月任）

区人大常委会
主　任　蔡永生（至2021年12月）
陈逢生（2021年12月任）
副主任　林新平（至2021年12月）
林少槐（至2021年12月）
林坤聚（至2021年12月）
何雄峰
赵艺忠（2021年12月任）
彭朝顺（2021年12月任）

区政府
区　长　颜丽明（至2021年6月）
郭　宁（2021年12月任）
副区长　谢卫东
王昭昭（2021年8月任）
杨文格（至2021年7月）
涂德望（至2021年7月）
李奉恒（至2021年7月）
庄怀璇（至2021年7月）
董俊凯（至2021年7月）
张荣伟（至2021年7月）
刘永辉（至2021年6月）
陈清平（2021年8月任）
沈艺程（2021年7月任）
杜仁义（2021年7月任）

林联华（2021年8月任）
陈其昌（2021年8月任）
王泽勇（2021年8月任）
黄群贤（2021年12月任）

区政协
主 席 王伊景（至2021年12月）
李奉恒（2021年12月任）
副主席 金玲珊
王诗榕（至2021年12月）
王 蔚（至2021年9月）
彭朝顺（至2021年12月）
张小桥（2021年12月任）
王翌炜（2021年12月任）

区法院
院 长 洪志强（至2021年7月）
苏益铮（2021年12月任）

区检察院
检察长 王声典（2021年2月任）

泉港区

区 委
书 记 杨昌文（2021年6月任）
副书记 杨凤翔（2021年6月任）
张井丽（2021年6月任）

常 委 王晓莺
陈剑锋（2021年7月任）
郑永璘（2021年7月任）
陈永洁（2021年7月任）
苏纯益（2021年7月任）
黄少伟（2021年7月任）
柯明好（2021年7月任）
栗桂珍（2021年11月任）

区人大常委会
主 任 陈守川（至2021年12月）
王志安（2021年12月任）
副主任 黄胜富（至2021年12月）
邱彬侨
王国明
王梅珠（2021年12月任）
王峻峰（2021年12月任）

区政府
区 长 杨凤翔（2021年12月任）
党组副书记 陈沙龙
副区长 陈剑锋
傅文星
庄一鸣
王志强
王艺斌
谢梓骞（2021年8月任）
蔡奔腾
柯永进（2021年7月任）
郭雅婷（2021年7月任）
党组成员 熊 洪（2021年11月任）

区政协
主 席 彭垂鼎（2021年12月任）
副主席 赵琼花（至2021年12月）
陈国才（至2021年12月）
陈庆堂
刘玉强（2021年12月任）
柳铅玉（2021年12月任）
陈国才（2021年12月任）

区法院
院 长 郑玲玲（2021年12月任）

区检察院
党组书记 洪藜莹（2021年12月任）

泉港石化园区党工委、管委会
党工委书记 杨昌文（2021年6月任）
管委会主任 陈沙龙
委员、副主任 杨新智
陈宗旗
委员、纪工委书记
杨柳刚
委员、副主任 林清宏（2021年7月任）

石狮市

市 委
书 记 蔡萌芽（至2021年6月）
黄春辉（2021年6月任）
副书记 黄春辉（至2021年6月）
余志伟（2021年6月任）
施晓瑛（2021年7月任）
常 委 林天虎（至2021年7月）
林振海（至2021年7月）
陈元生（至2021年7月）
廖春园（至2021年7月）
张鸽翔（至2021年7月）
王文晖（至2021年6月）
郑天助（2021年7月任）
陈守林（2021年7月任）
邱永丰（2021年7月任）
刘艺波（2021年7月任）
林进全（2021年7月任）
郭浪滔（2021年7月任）
许顺达（2021年7月任）
白玉成
马学荣（2021年10月任）

市人大常委会
主 任 上官跃进（至2021年12月）
李 斌（2021年12月任）
副主任 施心新（至2021年12月）
吴清木（至2021年12月）
许赞成（至2021年12月）
林进全（至2021年8月）
张永安（2021年12月任）
郑文芳（2021年12月任）
林志坚（2021年12月任）
陈垂汉（2021年12月任）

市政府
市 长 黄春辉（至2021年12月）
余志伟（2021年12月任）
副市长 王文晖（至2021年6月）
郭浪滔（2021年7月任）
张永安（至2021年7月）
施汉杰（至2021年12月）
李 斌（至2021年8月）
黄延艺（至2021年8月）
邱永丰（至2021年7月）
刘艺波（至2021年7月）
陈 波（至2021年12月）
洪奕蓉（2021年7月任）
李怀忠（2021年7月任）
黄明瑄（2021年8月任）
黄建辉（2021年5月任）
许自霖（2021年8月任）
谢建智（2021年7月任）
马学荣（2021年11月任）

市政协
主 席 林自育（至2021年12月）
黄延艺（2021年12月任）
副主席 郭丽莲（至2021年12月）
陈贤明（至2021年4月）
丁东福（至2021年12月）
陈东华（至2021年9月）
朱 贤（2021年12月任）
王莉萍（2021年12月任）
李宁韧（2021年12月任）
吕 锜（2021年12月任）

市法院
院 长 林明容（至2021年8月）
林德育（2021年12月任）

市检察院
检察长 陈 林（至2021年8月）
代理检察长 余冬阳（2021年8月任）

石狮高新区管委会
书　记　朱　贤（至2021年7月）
曾少嵘（2021年7月任）
主　任　赵艺忠（至2021年7月）

晋江市

市　委
书　记　刘文儒（至2021年6月）
张文贤（2021年6月任）
副书记　张文贤（至2021年6月）
王明元
吴忠刘（2021年7月任）
常　委　黄天凯（2021年7月任）
黄少伟（2021年7月任）
李志强（2021年7月任）
陈友爱（2021年7月任）
吴志朴（2021年7月任）
赖有为（2021年7月任）
庄怀璇（2021年7月任）
付　祥（2021年11月任）
市人大常委会
主　任　林仁达
副主任　黄文福（2021年12月任）
潘子良（2021年12月任）
洪元程（2021年12月任）
王清龙（2021年1月任）
市政府
市　长　张文贤（至2021年12月）
王明元（2021年12月任）
副市长　赖有为（2021年7月任）
李森建
陈　希（2021年8月任）
王也夫（2021年7月任）
张健龙（2021年8月任）
丁鸿雨（2021年8月任）
陈传芳（2021年7月任）
市政协
主　席　许宏程
副主席　张淑语（2021年12月任）
张汉杰（2021年12月任）
洪忠信
吴丽婷（2021年12月任）
市法院
院　长　陈水深（至2021年7月）
洪志强（2021年12月任）
市检察院
检察长　王文龙
福建深沪湾海底古森林遗迹自然保护区
管理处主任　苏文伟

南安市

市　委
书　记　林荣忠
副书记　张桂森
王连赞（至2021年7月）
常　委　吴跃达（至2021年7月）
张瑞平（至2021年7月）
黄景阳（至2021年7月）
李岩华（至2021年7月）
杜明星（至2021年7月）
庄国阳（至2021年7月）
王昭昭（至2021年7月）
张纪伟
范　嘉（至2021年9月）
林添盛（2021年7月任）
黄育奇（2021年7月任）
蔡清安（2021年7月任）
吴振强（2021年7月任）
黄晓东（2021年7月任）
陈　倩（2021年7月任）
曾惠阳（2021年7月任）
市人大常委会
主　任　洪顺昌（至2021年12月）
黄景阳（2021年12月任）
副主任　丁瑞金（至2021年12月）
叶维新（至2021年12月）
苏毅伟（2021年12月任）
王端峰（2021年12月任）
傅漳龙（2021年12月任）
黄梓奇（2021年7月任）
市政府
市　长　张桂森
副市长　黄景阳（至2021年7月）
薛建明（至2021年7月）
王端峰（至2021年7月）
吴振强（至2021年7月）
黄育奇
陈　倩（2021年8月任）
周　全（2021年3月任）
张汉沂
党组成员　陈巧英
陈江虹
林　峰（至2021年11月）
蔡映辉（至2021年7月）
副市长　陈志慧（2021年8月任）
易辉泉（2021年7月任）
邱雪亮（2021年7月任）
侯强辉（2021年7月任）
党组成员　薛建明
戴颂华（2021年10月任）
市政协
主　席　黄华强（至2021年12月）
庄国阳（2021年12月任）
副主席　吴顺情（至2021年12月）
谢连树（至2021年4月）
黄文佳（至2021年7月）
黄春艺（至2021年7月）
叶维新（2021年12月任）
丁金火（2021年12月任）
洪琪瑜（2021年12月任）
黄清地（2021年12月任）
市法院
院　长　林德育（至2021年7月）
许良才（2021年12月任）
市检察院
检察长　曾宏闽（至2021年7月）
胡激洋（2021年12月任）

惠安县

县　委
书　记　赖清正（至2021年6月）
王春雷（2021年6月任）
副书记　王春雷（至2021年6月）
庄稼祥（2021年6月任）
黄丽琼（2021年7月任）
常　委　许贞丽（至2021年7月）
苏少波（至2021年7月）
许长春（至2021年7月）
林育伟
何国平（至2021年7月）
刘东升（2021年7月任）
蔡旭萌
陈宗德（2021年7月任）
蒋舒翔（2021年7月任）
周鹏飞（2021年7月任）
许长春（至2021年7月）
洪亚清（2021年7月任）
郑明欣
马长江（至2021年12月）
县人大常委会
主　任　张培坤（至2021年12月）
蒋向群（2021年12月任）
副主任　黄泉福（至2021年7月）
骆育敏（至2021年1月）
黄少山（至2021年12月）

黄育聪（至2021年12月）
刘宗斌（2021年12月任）
康丽红（2021年12月任）
郑伟斌（2021年12月任）
卢　山（2021年1月任）

县政府
县　长　王春雷（至2021年12月）
庄稼祥（2021年12月任）
副县长　蔡旭萌
蒋舒翔（2021年7月任）
王也夫（至2021年7月）
刘东升（至2021年7月）
李育杯
庄泓鸿（至2021年7月）
周鹏飞（至2021年7月）
雷小全（2021年7月任）
陈剑虹（2021年7月任）
庄泽平（2021年7月任）
郭惠卿（2021年7月任）
陈荣煌（2021年7月任）
谢二亮（2021年10月任）

县政协
主　席　蒋向群（至2021年12月）
许贞丽（2021年12月任）
副主席　张其聪（至2021年12月）
陈锦满（至2021年1月）
刘宗斌（至2021年12月）
康丽红（至2021年12月）
王洪波（2021年1月任）
潘丽萍（2021年12月任）
吴伟莉（2021年12月任）
陈照玉（2021年12月任）

县法院
院　长　吴泰雄（2021年12月任）
林天法（2021年12月任）

县检察院
检察长　余冬阳（2021年7月任）
曾晓军（2021年12月任）

泉惠石化工业园区党工委、管委会
书　记　赖清正（至2021年6月）
王春雷（2021年6月任）
主　任　刘建兴（至2021年7月）
何国平（2021年9月任）
委员、副主任　陈朝阳
庄金良（至2021年7月）
委员、纪工委书记
蔡寅鸣（2021年1月任）
副主任　郭晓辉（2021年7月任）
吴春旭

安溪县

县　委
书　记　吴毓舟
副书记　刘永强
洪金城
常　委　吕宝贝
肖印章
叶文德
林曙铭
曾惠彬
李安辉
王礼藕
赵超群

县人大常委会
主　任　梁金良
副主任　叶海强
汪礼才
陈清芳
黄汉阳

县政府
县　长　刘永强
副县长　林曙铭
王礼藕
林毅敏
李树明
卢荣斌
陈建煌
洪天阳
谢建新

县政协
主　席　陈剑宾
副主席　黄明哲
王文礼
陈振仕
李瑞谦

县法院
院　长　黄小丹

县检察院
院　长　施文凭

永春县

县　委
书　记　庄永智（至2021年6月）
林希妍（2021年6月任）
副书记　吕建成
郭　宁（至2021年6月）
张照绿（2021年7月任）
常　委　刘永强（至2021年6月）
余金南（至2021年7月）
张金发（至2021年7月）
王超万（至2021年7月）
王文杨（至2021年7月）
陈守林（至2021年7月）
余庆新（2021年7月任）
郭小强（2021年7月任）
陈佩芳（2021年7月任）
蔡英殿
郑川辉
蔡映辉（2021年7月任）
陈雄松（2021年7月任）
王紫钊
王新刚（至2021年5月）

县人大常委会
主　任　康思坚（至2021年12月）
林海鸥（2021年12月任）
副主任　余永坚（至2021年12月）
颜松龄（至2021年12月）
郭美西（至2021年7月）
张晓文（2021年12月任）
李江源（2021年12月任）
郑志刚（2021年12月任）
林玉品（2021年12月任）

县政府
县　长　吕建成
常务副县长　余金南（至2021年8月）
蔡映辉（2021年8月任）
副县长　颜一鹏（至2021年8月）
郑永璘（至2021年7月）
陈佩芳（至2021年7月）
余庆新（至2021年7月）
郭美西（2021年7月任）
钱永新
王洪杰
郭浪滔（至2021年7月）
庄凯融（2021年7月任）
周伯祥（2021年7月任）
王卫阳（2021年7月任）
董　婧

县政协
主　席　林海鸥（至2021年12月）
王文杨（2021年12月任）
副主席　梁文光（至2021年12月）
张敏辉
李江源（至2021年12月）
郭赐福（2021年12月任）
温明源（2021年12月任）
林铭东（2021年12月任）

　　汤若狮
县法院
院　长　王志伟（至2021年7月）
　　邱新跃（2021年12月任）
县检察院
检察长　施文凭（至2021年7月）
　　李翔毅（2021年12月任）

德化县

县　委
书　记　梁玉华（至2021年10月）
　　黄文捷（2021年10月任）
副书记　黄文捷（至2021年9月）
　　方俊钦（2021年6月任）
　　黄俊荣（2021年7月任）
常　委　刘惠煌（至2021年12月）
　　黄晓东（至2021年7月）
　　张秋英
　　李毓文（至2021年6月）
　　苏锡培（2021年7月任）
　　董俊凯（2021年7月任）
　　刘振铭（2021年7月任）
　　陈东明（2021年7月任）
　　江新兴（2021年10月任）
　　熊建军（2021年7月任）
　　洪志愿（2021年7月任）
县人大常委会
主　任　王传敬
副主任　陈祥端（2021年12月任）
　　苏毅君（2021年12月任）
　　苏惠生
　　刘志阳（2021年12月任）
　　陈德峰
县政府
县　长　黄文捷（至2021年12月）
　　方俊钦（2021年12月任）
副县长　李毓文（至2021年6月）
　　刘振铭（2021年6月任）
　　赖有为（至2021年7月）
　　蒋文强（至2021年2月）
　　林金雪（2021年8月任）
　　郑荣尊（2021年8月任）
　　黄振宇（2021年8月任）
　　陈荣省
　　吕伟成（2021年7月任）
　　洪仰行（2021年7月任）
　　林玉萍
党组成员　张佳棠（至2021年12月）
县政协
主　席　温文英（至2021年12月）
　　陈维启（2021年12月任）
副主席　颜鸿琪（至2021年7月）
　　张晓文（至2021年7月）
　　徐明侃（2021年12月任）
　　陈荣斌（2021年12月任）
　　程德强（2021年12月任）
　　汤渊儒（2021年12月任）
县法院
院　长　苏益铮（至2021年7月）
　　黄小康（2021年12月任）
县检察院
检察长　叶小全
福建戴云山国家级自然保护区管理局
局　长　涂青云

泉州开发区

党工委
书　记　李文生（至2021年9月）
　　丁　峰（2021年9月任）
副书记　林荣川
　　林明义
委　员　傅国明
　　吴福来
　　卢　锋
　　吴志灵
管委会
主　任　林荣川
副主任　吴福来
　　吴志灵
　　吴文从
　　柯贤初
　　何汉儒
纪工委、监察组
书记、组长　林明义
党务工作部
部　长　卢　锋

泉州台商投资区

党工委
书　记　黄景春
副书记　梁炳辉
　　苏延辉（至2021年9月）
委　员　刘敏坚
　　陈家强（至2021年9月）
　　丁尚光
　　赖丽水
　　刘　刚（2021年9月任）
　　吴艺晖（2021年9月任）
管委会
主　任　梁炳辉
副主任　刘敏坚
　　丁尚光
　　赖丽水
纪工委、监工委
书记、主任　陈家强（至2021年9月）
　　刘　刚（2021年9月任）
副书记、副主任　张永忠
副主任　吕联章
党工委、管委会办公室
主　任　陈明土
党群工作部
部　长　洪亚清（至2021年7月）
　　吴艺晖（2021年9月任）

《泉州年鉴》相关名词解释

“四个意识”：政治意识、大局意识、核心意识、看齐意识。

“四个自信”：中国特色社会主义道路自信、理论自信、制度自信和文化自信。

“两个维护”：坚决维护习近平总书记党中央的核心、全党的核心地位，坚决维护党中央权威和集中统一领导。

“五位一体”总体布局：中共十八大报告对推进中国特色社会主义事业做出经济建设、政治建设、文化建设、社会建设、生态文明建设“五位一体”总体布局。

“四个全面”战略布局：全面建成小康社会、全面深化改革、全面依法治国、全面从严治党。

“六个精准”要求：2013年10月，习近平到湖南湘西考察时，首次提出“精准扶贫”概念。2015年6月，习近平在贵州考察时，提出“六个精准”概念，即“对象要精准、项目安排要精准、资金使用要精准、措施到位要精准、因村派人要精准、脱贫成效要精准”。

三大攻坚战：打好防范化解重大风险攻坚战、脱贫攻坚战、污染防治攻坚战。

“双循环”：以国内大循环为主体、国内国际双循环相互促进的新发展格局。

“六稳”：稳就业、稳金融、稳外贸、稳外资、稳投资、稳预期。

“六保”：保居民就业、保基本民生、保市场主体、保粮食能源安全、保产业链供应链稳定、保基层运转。

精准扶贫“一达标,两不愁,三保障”：农民家庭年人均纯收入达到国家现行扶贫标准；不愁吃（含安全饮水）、不愁穿；义务教育、安全住房、基本医疗有保障。

“四种形态”：经常开展批评和自我批评、约谈函询，让“红红脸、出出汗”成为常态；党纪轻处分、组织调整成为违纪处理的大多数；党纪重处分、重大职务调整的成为少数；严重违纪涉嫌违法立案审查的成为极少数。

“两个责任”：党委负主体责任，纪委负监督责任。

“三个聚焦”：聚焦基层贯彻落实党的路线方针政策和党中央决策部署情况，进一步促进基层党组织和党员干部担当作为。聚焦群众身边腐败问题和不正之风，进一步增强群众获得感幸福感安全感。聚焦基层党组织软弱涣散、组织力欠缺问题，进一步强化政治功能、打造坚强战斗堡垒。

晋江经验：2002年6月，时任福建省省长的习近平到泉州调研，总结了“六个始终坚持”“处理好五大关系”的“晋江经验”。即始终坚持以发展社会生产力为改革和发展的根本方向，始终坚持以市场为导向发展经济，始终坚持在顽强拼搏中取胜，始终坚持以诚信促进市场经济的健康发展，始终坚持立足本地优势和选择符合自身条件的最佳方式加快经济发展，始终坚持加强政府对市场经济的引导和服务；处理好有形通道和无形通道的关系，处理好发展中小企业和大企业之间的关系，处理好发展高新技术产业和传统产业的关系，处理好工业化和城市化的关系，处理好发展市场经济与建设新型服务型政府之间的关系。

“五个泉州”：创新泉州、智造泉州、“海丝”泉州、美丽泉州、幸福泉州。

市委“三大战略”：“打造泉州经济升级版、改革创新示范区、生态宜居幸福城”三大战略。

“1234”现代产业体系：力争到2020年构建“1234”现代产业体系，“1”是1万亿元国内生产总值，“2”是2万亿元工业总产值，“3”是形成传统、重化、高新“三大板块”三足鼎立格局，“4”是服务业占比超40%。

三大板块：传统优势产业、重化产业、高新技术产业“三大板块”。

“两化融合”：信息化和工业化的高层次的深度结合，是指以信息化带动工业化、以工业化促进信息化，走新型工业化道路。

“强基促稳”：加强基础建设，促进社会稳定。

PPP：英文Public-Private Partnership的缩写，即政府和社会资本合作。PPP模式是在基础设施及公共服务领域建立的一种长期合作关系。通常模式是由社会资本承担设计、建设、运营、维护基础设施的大部分工作，并通过“使用者付费”及必要的“政府付费”获得合理投资回报；政府部门负责基础设施及公共服务价格和质量监管，以保证公共利益最大化。

“放管服”改革：“简政放权、放管结合、优化服务”改革的简称。

“多规合一”：在一级政府一级事权下，强化国民经济和社会发展规划、城乡规划、土地利用规划、环境保护、文物保护、林地与耕地保护、综合交通、水资源、文化与生态旅游资源、社会事业规划等各类规划的衔接，确保“多规”确定的保护性空间、开发边界、城市规模等重要空间参数一致，并在统一的空间信息平台上建立控制线体系，以实现优化空间布局、有效配置土地资源、提高政府空间管控水平和治理能力的目标。

“一环一湾十廊道”生态连绵带：“一环”即环城山林田园绿带。“一湾”即环泉州湾生态连绵带，依托滨海带自然和人文要素，打造不同特色、主题的城市蓝绿空间走廊。位于环湾中心片区与外围片区的交界处，是城市的“绿色项链”。“十廊道”即十条廊道型生态连绵带，包括洛阳江生态廊道、晋江生态廊道、主城生态廊道、尖公山—百崎湖生态廊道、将军山—文笔山生态廊道、马鞍山—九十九溪生态廊道、灵秀山—龙湖—围头湾生态廊道、泉港区—湄洲湾生态廊道、宝盖山生态廊道、安海湾生态廊道，构建形成联通山海、体现城市组团特色的蓝绿通廊。

海丝：海上丝绸之路。

非遗：非物质文化遗产。

申遗：申报世界文化遗产。

文物保护和安全“五纳入”：将文物保护和安全纳入领导班子和领导干部政绩综合考核评价体系，督促有关方面履职尽责；纳入各级每年财政预算，保障文物安全经费投入；纳入社会综合治理和平安单位建设；纳入文明城市（县城、城区）和文明乡镇创建考评体系；纳入干部教育体系，充分发挥党校（行政学院）、党委（党组）中心组等阵地载体作用，组织开展文物保护法律法规等文物保护利用常识的教育培训，增强干部文物保护利用意识。

政产学研：政府、企业、学校、科研院所。

“生态连绵带”：是城市规划建设的创新型思路，它将依托泉州自然山水脉络，用绿道串起山林、水体、湿地、田园等自然资源，形成连绵成片的生态体系，让好山好水好风光融入城市之中，满足群众对城镇生态空间的需求，在全国属首创之举。

山线水线：“山线”即山线绿道工程。起点位于西湖公园北大门，经清源山、南少林寺、王墓、大坪山、桃花山、森林公园等风景区，终点止于东海滨海公园，全长约22.5千米。“水线”即晋江下游生态整治工程（一期）。位于中心市区晋江北岸，北起黄龙大桥，南至滨海公园，全长约16.5千米，总面积约226公顷。建成后命名为“北滨江公园”，设四区十园：野趣水岸区（北峰园、白水营园）、文化水岸区（笋江园、石笋园、笋浯园）、乐活水岸区（田安园、浦西园）、湿地水岸区（沉洲园、汀洲园、滨海园），已建成6园，成为休闲健身滨水绿廊和滨江亮丽风景线。

市委“四心”工程：市委十二届四次全会提出，实施教育舒心工程，卫生与健康暖心工程，养老贴心工程和民生基础设施安心工程。

民生“XIN”行动：为推动解决民生热难点问题，市委、市政府决定于2017—2019年开展为期三年的民生“XIN”行动。聚焦群众反映强烈、历史遗留、存在体制机制障碍、涉及多部门多地区、需要2～3年才能做成的民生实事，首批推出10项具体计划，包括提升便民服务水平；服务全面二孩，加大教育、医疗资源配置；中心城区防洪排涝；内沟河整治提升；老城区背街小巷破损修补；城区部分集贸市场提升改造；工程文明施工与文明行车；小区物业管理逐步规范；安置房不动产权办证；农村生活污水垃圾治理等。2018年民生“XIN”行动十大项目，共安排66个子项目。

“1+X”政策体系：“1”是主体，即《中共泉州市委 泉州市人民政府关于实施创新驱动发展战略建设国家自主创新示范区的意见》；“X”为系列配套文件（动态更新），已出台配套政策14份。重点在促进科技成果转移转化、为科研人员“松绑+激励”、科技金融结合、人才团队引进等方面开展先行试点，以科技创新促进全面创新。

“人才港湾”计划：2017年2月，市委、市政府出台《关于实施人才“港湾计划”的若干意见》，主要围绕推动人才工作由“服务支撑产业”向“引领产业发展”升级，提出坚持“两个规律”（社会主义市场经济规律、人才成长规律）、突出“两个主体”（用人主体、人才主体）、深化“两个创新”（体制创新、机制创新），聚焦人才管理、引进、培养、使用、激励、服务等关键环节，精准推出27条改革动向鲜明的政策措施，打造人才“引得进、留得住、过得好”的梦想港湾、事业港湾、生活港湾。

“百千5311”工程：推广应用数字化生产线100条以上，生产、销售国产工业机器人1000台以上，推广应用国产数控系统5000台（套）以上，打造智能制造示范生产线3条，培养一批智能制造技术人才，培育一家新型研发机构。

农业“一区两园”：“一区”指国家现代农业示范区；“两园”指台湾农民创业园和农民创业园（示范基地）。

三品一标：无公害农产品、绿色食品、有机农产品、地理标志农产品。

供应链融资模式：“N+1+N”，是对原有“1+N”模式的升级，突出对产业供应链上下游小微企业提供融资服务，“1”是产业供应链龙头企业，两个“N”分别是产业供应链两头的小微企业。截至2017年12月末，共建链42条，通过支持58家核心企业带动644家上下游企业实现融资，贷款余额49.68亿元。

小微企业贷款“两增两控”：“两增”，即单户授信总额1000万元以下（含）小微企业贷款比上年增速不低于各项贷款比上年增速，有贷款余额的户数不低于上年同期水平。“两控”，即合理控制小微企业贷款资产质量水平和贷款综合成本水平。

银税互动：在依法合规的基础上，由税务部门、银保监会派出机构和银行业金融机构通过协商，共享区域内小微企业纳税信用评价结果，助力小微企业健康发展。

无间贷：泉州银行“无间贷”是对传统的续贷审批流程进行前置和优化，对符合条件的小微企业，在原贷款到期时无须归还贷款本金，重新签订合同即可完成续贷，解决小微企业贷款期限与实际经营周期不匹配问题，避免企业借助高成本“搭桥”资金续贷造成融资成本上升。2017年11月，“无间贷”业务在全国小微企业金融服务电视电话会议上推广。

助保贷：2013年12月，市政府与中国建设银行泉州分行签订小微企业助保贷合作协议，由政府设立1000万元专项风险补偿金进行增信分险。在总结经验的基础上对该业务进行优化调整，打破单一银行合作模式，引入考评机制，取消原有对企业2%的助保金要求，小微企业提供的抵押物比例降至30%；政策性融资担保机构承担不低于50%的担保责任，担保费率不高于2%；剩余贷款本金风险由银行和政府风险补偿资金按1∶1比例分担；银行按风险补偿金放大15倍发放贷款。

科创贷：2016年以来，市政府在兴业银行泉州分行和中国农业银行泉州分行分别设立3000万元的高新技术企业发展基金，重点扶持泉州地区有发展潜力的高新科技企业。企业缴纳1%的助保金，银行按风险补偿金放大15倍发放贷款。单户企业“科创贷”最高贷款额度为3000万元。该业务已进行优化调整，打破固定银行合作模式，并引入考评机制。

债转股：由金融资产管理公司作为投资的主体，将商业银行原有的不良信贷资产，也就是将企业的债务转为金融资产管理公司对企业的股权。

股改板：海峡股权交易中心展示板、股改板、交易板三大功能板块之一，主要为根据《公司法》规定改制设立为股份公司的中小微企业提供股权登记托管、融资、线下转让等服务。

外贸经营主体“双十、双百、双千”工程：培育“双十”外贸龙头企业，力争实现出口超8000万美元的贸易型龙头企业10家，出口超6000万美元的外贸生产型龙头企业10家；做大“双百”外贸重点企业，确定100家贸易型、100家外贸生产型重点企业，从产品创新、品牌培育、市场拓展、通关便利等方面进行重点服务；助力“双千”成长型企业发展，确定1000家贸易型、1000家外贸生产型重点企业，实行市县联动，实施“助力千企成长”外贸辅导计划，辅导、推动外贸企业发展。

多证合一：在全面实施企业、农民专业合作社工商营业执照、组织机构代码证、税务登记证、社会保险登记证、统计登记证“五证合一、一照一码”登记制度改革和个体工商户工商营业执照、税务登记证“两证整合”的基础上，将涉及企业（包括个体工商户、农民专业合作社）登记、备案等有关事项进一步整合到营业执照上，被整合证照不再发放，实行“多证合一、一照一码”，大幅度缩短企业从筹备开办到进入市场的时间。

证照分离：“证照分离”改革是国务院为破解“办照容易办证难”“准入不准营”等突出问题，加快营造稳定公平透明可预期的营商环境而进行的一项改革。此项改革先在上海浦东首推，2018年11月10日起，在全国范围内对第一批106项涉企行政审批事项分别按照直接取消审批、审批改为备案、实行告知承诺、优化准入服务四种方式实施改革，同时加强事中事后监管，建立部门间信息共享、协同监管和联合惩戒机制，形成全过程监管体系。

“两步申报”：适应国际贸易特点和安全便利需要，所采取的一项重要通关改革措施。在这种通关模式下，企业不需要一次性提交全部申报信息及单证，整个提交过程可以分成两步走。“两步申报”不是“两次申报”，而是一个完整的“过程申报”，企业仅凭提单的主要信息，就可以完成概要申报（第一步申报）并提离货物，在运输工具申报进境起14日内完成完整申报（第二步申报），补充提交满足税收征管、海关统计等所需要的相关信息和单证，按规定完成税款缴纳等流程。减少进口货物因等待申报所需单证而产生的滞港时间，提高通关效率，大幅降低企业成本。

“四访四通”：开门接访、进门约访、登门走访、上门回访，诉求表达畅通、意见建议直通、困难问题沟通、矛盾积案疏通。

“双随机”抽查：建立检查对象库和执法人员库，通过摇号等方式随机抽取检查对象、随机选派执法检查人员，推进监管执法的科学性、公正性。

“双随机、一公开”监管检查：在监管过程中随机抽取检查对象，随机选派执法检查人员，抽查情况及查处结果及时向社会公开。

联合国“绿色开发区”：联合国工业发展组织支持的“绿色丝绸之路——绿色工业园区项目”，评定条件涵盖环境管理体系、清洁生产、生态效率、健康与安全、应急响应等方面内容。全国仅有泉州经济技术开发区、烟台经济技术开发区、连云港徐圩新区、张掖经济技术开发区、乌鲁木齐经济技术开发区5个国家级开发区被联合国工发组织授予“绿色开发区”。

古城“七个一”示范工程：一园一区一河一街一路一厝一站“七个一”示范工程。“一园”，就是小山丛竹公园。“一区”，就是龙头山旅游街区。“一河”，就是八卦沟综合整治提升。“一街”，就是西街综合整治。“一路”，就是中山路整治提升。“一厝”，就是老范志古大厝修缮。“一站”，就是旧车站旅游集散改造提升。

社区营造：以政府引导、群众参与、自下而上、协会帮扶、共建共管为主要形式，以决策共谋、发展共建、建设共管、效果共评、成果共享为主要特点，最终达到群众深度参与社区建设管理，完成自组织、自治理和自发展的过程。

社会扶贫“三百”工程：由市委统战部、市侨联、市工商联发起，倡导“扶贫不分地域、守望相助行善举”，实施百企帮百村（组织100家企业与人均可支配收入较低、贫困面较大、基础设施薄弱的贫困村开展村企挂钩帮扶工作）、百会扶百村（发动百家商会、协会结对帮扶100个贫困村，采取创业指导、就业培训、农产品销售等帮扶方式）、百侨助百村（发动各级侨联挂钩帮扶贫困村）扶贫工程。

限房价竞地价：是指政府在土地使用权出让前，事先限定将来房屋销售的最高价格，由参与竞买的房地产开发企业竞拍按出价最高者获得的土地出让方式。该土地出让方式能够稳定市场预期，防止出让价格异常特别是异常高价地出现。

雪亮工程：以县、乡、村三级综治中心为指挥平台，以综治信息化为支撑，以网格化管理为基础，以公共安全视频监控联网应用为重点的“群众性治安防控工程”。通过三级综治中心建设把治安防范措施延伸到群众身边，发动社会力量和群众共同监看视频监控，共同参与治安防范，从而实现治安防控“全覆盖、无死角”。因为“群众的眼睛是雪亮的”，所以称之为“雪亮工程”。

“两违”：违法用地和违法建设行为。

“一社一游一点”三大提升工程：一社即旅行社，一游即导游，一点即景点。

“六大旅游产品”培育计划：培育十大特色文化旅游示范基地，十大旅游特色街区，十大旅游休闲集镇，十大旅游特色村（3星级以上乡村旅游特色村），十大特色旅游风景道，十大旅游度假区。

五个一批：指“谋划一批、签约一批、开工一批、投产一批、增资一批”，包含项目全过程的五个阶段。

“三个三”招商工作机制：由三位市政府领导相对固定对接京津冀、长三角、珠三角等地，成立三个招商小组常驻北京、上海、深圳，重点抓重化、集成电路、化合物半导体三条产业链的招商选资。

农村土地“三权分置”：指形成农村土地所有权、承包权、经营权三权分置、经营权流转的格局。

空壳村：指村集体经营性收入1万元以下的村。

农业“五百示范项目”：到2022年全市培育120个以上省级农业产业化龙头企业；支持建设100个优质农产品标准化示范基地；建成100个农产品初加工中心；新增100个“三品一标”认证农产品；培育100个特色产业示范村。

农房“平改坡”：指在建筑结构许可条件下，将多层住宅平屋面改建成坡屋顶，并对外立面进行整修粉饰，达到改善住宅性能和建筑物外观视觉效果的房屋修缮行为。

“一村一品”：指在一定区域范围内，以村为基本单位，按照国内外市场需求，发挥本地资源优势、传统优势和区位优势，通过推进规模化、标准化、品牌化和市场化建设，使一个村拥有一个市场潜力大、区域特色明显、附加值高的主导产品和产业，从而大幅度提升农村经济整体实力和综合竞争力的农村经济发展模式。

村庄“三边三清”：屋边清理杂草杂物、路边清理乱堆乱放、沟边清理淤泥垃圾。

四好农村路：指农村公路“建好、管好、护好、运营好”。

社会扶贫“三百”工程：由市委统战部、市侨联、市工商联发起，倡导“扶贫不分地域、守望相助行善举”，实施百企帮百村（组织100家企业与人均可支配收入较低、贫困面较大、基础设施薄弱的贫困村开展村企挂钩帮扶工作）、百会扶百村（发动百家商会、协会结对帮扶100个贫困村，采取创业指导、就业培训、农产品销售等帮扶方式）、百侨助百村（发动各级侨联挂钩帮扶贫困村）扶贫工程。

侨务“三新”工程：以新华侨华人、华裔新生代、社团新力量为重点开展侨务联谊和服务工作。

厕所革命：国家旅游局2015年在全国范围内发动一场旅游厕所革命，制定《全国旅游厕所建设管理三年行动计划》，提出实现“数量充足、干净无味、实用免费、管理有效”的目标。习近平多次对“厕所革命”做出指示。

“一革命四行动”：农村生活垃圾治理、污水处理、农房整治、村容村貌提升“四行动”和厕所革命。

“双一流”建设高校：一流大学、一流学科。

一流本科专业建设“双万计划”：建设1万个左右国家级一流本科专业点和1万个左右省级一流本科专业点。

福建省特殊支持高层次人才“双百计划”：每年评选200名科技创业人才、科技创新人才、企业高级经营管理人才、百千万工程领军人才、青年拔尖人才、哲学社会科学领军人才等各类高层次人才，作为福建省特殊支持的高层次人才由省人才专项经费给予特殊支持。

“双高计划”：中国特色高水平高职学校和专业建设计划。

“双师型”教师：一是“双职称型”，即教师在获得教师系列职称外还需要取得另一职称；二是“双素质型”，即教师既要具备理论教学的素质，也应具备实践教学的素质。

职业教育“二元制”：技术技能人才培养模式，实质上是现代学徒制的一种，主要从满足行业（企业）对高素质技术技能人才的需求出发，将传统学徒培训与现代职业教育相结合。

“1+X”证书制度：学生在获得学历证书的同时，取得多类职业技能等级证书。

全面改薄：全面改善贫困地区义务教育薄弱学校基本办学条件的简称。

义务教育学校“小片区管理”：指将设区市所辖区及县（市）城区义务教育的服务区划分为若干个小片区，以片区内的优质校为龙头捆绑周边一般校，实行“师资互派、资源共享、统一教学、捆绑考核”的管理模式，有效整合片区内义务教育学校资源，提高片区内薄弱学校的办学水平。

农村薄弱学校“委托管理”：指城乡学校校际“联姻”，县（市、区）教育局选择若干所优质中小学，授权其作为托管方学校，对域内指定的农村薄弱学校实行“职责授权、资源统调、多元扶持、分年评估”的委托管理模式，通过2～3年的努力，使受托方农村薄弱学校的整体管理水平和教育质量得到明显提高。

教师“县管校聘”：指中小学校长教师归县级政府统一管理，各学校根据需求对这些教师进行聘任。目的是加强公办中小学教师的统筹管理，打破教师交流轮岗的管理体制障碍，引导校长教师树立由“学校人”转变为“系统人”的大局意识，促进学校间教师的合理流动，优化师资配置，增强教师队伍活力，促进教育优质均衡发展。

教育“两项督导”：县级政府教育工作督导评估和县级党政主要领导干部教育实绩督导考核。

“四免两补”政策：免学杂费、教科书费、作业本费、住宿费，补助生活费、交通费。

“双减”：全面压减作业总量和时长，减轻学生过重作业负担。

“五项管理”：加强中小学作业、睡眠、手机、读物、体质管理。

“万千百十”文化惠民服务：即每年送万场戏、千场文艺培训辅导、百场展览、十批次图书下乡，满足群众的精神文化需求。

文化泉州云：平台主要建设内容包括前台应用门户网站、APP客户端、后台管理系统、文化直播系统等。通过整合全市文化活动、文化设施、文化产品等零散的、孤立的资源及信息，构建数字云平台，运用网站、手机、线下多媒体终端等多渠道形式，为群众提供触手可及的一站式数字文化服务。

世中运：世界中学生运动会。

智慧天网：各级公安机关视频图像信息传输网为基础，以物联网技术为支撑，以数据感知、采集、传输为目标的数字化传输网络，通过各级公安机关联接各种数据采集设备，实现对社会面各类动态数据的采集、传输、汇聚，为公安机关日常工作及政府决策提供数据支撑。因为“天网恢恢、疏而不漏”，所以称为“智慧天网”。

一门一号一窗一网：“一门”，指“一门”服务，即打破上下层级、部门行政界限，将行政审批和公共服务事项归于集中服务大厅办理，实现服务无界限、行政无缝隙、标准无差异。“一号”，指“一号”申请，即以居民身份证及法人社会信用代码作为唯一标识，建设电子证照库及基本信息专属服务空间，实现企业群众办事“一号”申请。“一窗”指按业务相近原则整合为几类业务审批分厅，在中心内按区域分别设置，如工商注册登记类分厅、基础建设审批类分厅等，每个业务审批分厅按受审分离原则设置统一咨询窗口、受理窗口、发证窗口，不再按部门设置窗口。“一网”，指“一网”通办，即建设市、县、乡、村四级一体化政务服务平台，构建统一政务服务门户网站，实现群众网上办事一次认证、多点互联、“一网”通办。

关检“监管互认”：对海关和检验检疫局双方都需要查验（检验）的部分货物，海关和检验检疫局一方根据规范要求查验（检验）并记录，双方可共享、互认查验结果和数据。

食品安全“一品一码”：一个批次的食品（食用农产品）有唯一的质量安全追溯码。

“7+1”类老年人：特困供养人员、低保对象、建档立卡的贫困人口、重点优抚对象、计划生育特殊家庭成员、重度残疾人、农村“三留守”（留守儿童、妇女、老人）中的老年人和80周岁以上老年人。

“五个认同”：增强各族人民对伟大祖国、中华民族、中华文化、中国共产党、中国特色社会主义的认同。

《泉州年鉴》参编单位及审、撰（供）稿人名单

单位	审稿人	撰（供）稿人
市委办	林吟啸	卢春庆
市人大研究室	王文郴	陈学明 许小蓉
市政府办	倪景云	黄宏斌 吴奕栋
市政协研究室	陈洋锋	王月娇
市纪委办（监察局）	王洪龙	翁洵钰
市委组织部	杨维超	李泽澜
市委宣传部	郑国防	洪伟明
市委统战部	陈晓玉	赖彩凤
市委政法委	庄　争	吴　峰
市委改革办（政研室）	郑少波	黄小寅
市委网信办	陈爱民	陈倩如
市委编委办	邱志民	黄清选
市委台港澳办	林　娜	林国江
市委市直机关工委	史思泉	吴金辉
市委巡察办	林金莲	王　峻
市委老干局	陈恬波	俞良培
市委文明办	黎灵寿 叶长青	程兴华 陈晓晴
市委党校	黄雄彪	苏展辉
市档案馆	陈若波	刘扬宇 吴阳铭
市发改委	廖良结	庄启鑫
市教育局	曾志安	赖文庆
市科技局	王小阳 陈君伟	王少雄 林峰龙
市工业和信息化局	彭加乐	陈海猛
市民族与宗教事务局	陈　鸿	向知燕 郭文珊 郑震秋 车　韶

单位	审稿人	撰（供）稿人
市公安局	吴文华	乐彩云
市民政局	李玉霜	庄婉芳
市司法局	曾伟程	杨晶晶
市财政局	王庆福	郭智勇
市人力资源和社会保障局	郑　强 杨明涌	陈　粲 黄　易
市自然资源和规划局	黄龙腾	林　倩
市生态环境局	郭建华 胡碧洲	吴高焰
市住房和城乡建设局	徐以宏 郭文森	林聪海
市交通运输局	赵鸿琳	曾志鹏
市农业农村局	陈振荣	沈　强 黄宏波 刘立新 陈明哲 林婧影 陈钦地 陈辉球 金建涛 曾远程 戴国能 廖苑腾 王河川 蔡英杰 陈碧红 魏晓红 许建华 陈能温 陈微微
市林业局	陈华文	陈秧发
市水利局	黄建洪	陈文贵
市商务局	陈清文	叶冠庆
市文化广电和旅游局	洪其铮	张良才

续表

单位	审稿人	撰（供）稿人
市卫生健康委员会	吴清松	傅惠卿
市退役军人事务局	王志明	吴春燕
市应急管理局	刘海明	魏曼红
市审计局	骆振军	洪亦申
市国资委	陈瑞典	张镜宇
市海洋与渔业局	陈龙津	傅成志
市市场监督管理局	许煌灯 李和楷	柯　翔 郑怡策
市体育局	高向阳	潘　腾
市统计局	郑致洲 丁庆裕 姚艳蓉 黄银杏 汪江洋 曾开灶 王志辉	陈文珍 吴秋明 陈　进 蔡淑芸 黄银杏 陈章祯 赵小婷 叶增娣 吴彦珺 黄胜锋 林家振 林　辉 王秀华 王志辉
市人防办	谢文生	刘青青
市医保局	王宗平	洪奕芳
市地方金融监督管理局	黄达伟	蔡毅峰
市信访局	庄谓聪	张雪萍
市城市管理局	曾国泉	刘继明
市数字办	莫毓昌	陈夏凉
市行政服务中心	林灿荣	林　清
清源山风景名胜区管委会	邱达敏 陈江海	林辉荣
市发展研究中心	巫锡柱	江春平
市地震局	叶　威 林　岚	刘蔚蔚
市城镇集体工业联合社	蔡文雄	郑旺兴
市供销社	傅建南	潘　茜
市住房公积金管理中心	郑杰毅	廖静娜

单位	审稿人	撰（供）稿人
市公路事业发展中心	卢海东	黄水来
泉州港口发展中心	陈颖毓	赖炳超 张一斌
市中级人民法院	王志伟	曾惠勇
市人民检察院	林复旺	黄　毓
泉州军分区	张　冰	吕善强
市消防支队	林建忠	刘永强
泉州边检站	石金寿	龚元章
肖厝边检站	李　杰	林奕君
泉州海警局	梁　清	吴育林
民革泉州市委会	林志力	林翀凯
民盟泉州市委会	李建辉	陈志文
民建泉州市委会	庄天怀	廖晓红
民进泉州市委会	林智胜	黄景顺
农工党泉州市委会	杨西治	张　颖
致公党泉州市委会	陈东华	庄从福
九三学社泉州市委会	赖兵莲	张章录
台盟泉州市委会	蒋碧辉	廖成熙
市总工会	杨晓明	张颖丽
团市委	傅　漪	郑景洲
市妇联	丁为华	苏度法
市侨联	钟文玲	邱联光
市台联	苏　悦	刘云燕
市科协	陈思煌	王晓珠
市工商联（总商会）	傅玉波	谢　兵
市文联	邹艳阳	詹敏芬
市社科联	陈小华 李培德	朱燕玉
市残联	陈纳新	王庆多 甘元章
市金门同胞联谊会	张亚轮 林　荣	林子旭 许燕松
市计生协会	崔丽华	郑小茹
市贸促会	傅文聪	廖雅滨
市红十字会	黄剑明	郭杰民

续表

单位	审稿人	撰（供）稿人
市中华职教社	卓晨雷	陈　薇
市关工委	田恭灿	韩建华
中国闽台缘博物馆	陈伟平	王凤英
国家税务总局泉州市税务局	王秋玲	陈文德
泉州海关	杨　琳 陈　晖	黄忠族 何斌士
泉州海事局	王　烽	王苏贞
国家统计局泉州调查队	周卓励 颜福仁 黄晓丹	栾佳蓉 修　瑞
泉州气象局	程　思	林雄军
泉州邮政管理局	庄媛媛	许志煌
泉州烟草公司	张志荣	陈常林
国网泉州供电公司	袁　博	郑日铃
泉州水文水资源勘测分中心	林元润	陈　欣
泉州盐务局	姚锦渊	庄丽珍
泉州监狱	吴汉洪	王锦源
洛江监狱	林振焕 王拾林	庄立强 陈晓东
泉州司法强制隔离戒毒所	刘长河	林建星
泉州无线电管理局	陈建俊	陈亦敏
泉州晚报社	杨　杰	黄连茂
华侨大学	沈剑云	庄　蕾
泉州师范学院	陈全宝	许涌彪
仰恩大学	许　总	游秀玲
泉州黎明职业大学	林昭永 林忠义	何秋香 李燕燕
泉州开放大学	蔡金铭	周湖健
泉州医学高等专科学校	陈旭东	陈洁琼
泉州幼儿师范高等专科学校	朱加元	王　琳
泉州经贸职业技术学院	黄敬前	童玉珍 李文辉
泉州工艺美术职业学院	林月伯	陈仁府
中国人民银行泉州市中心支行	郑再生	颜建源
泉州银保监局	王恺恬	柯志生
中国农业发展银行泉州市分行	洪丽娟	赖秀你
中国工商银行泉州分行	闫洪珍	王俊超
中国建设银行泉州分行	许孟昌	王婷婷
中国农业银行泉州分行	潘伊芃	陈跃腾
中国银行泉州市行	庄艳红	吴玮频
兴业银行泉州分行	王　琳	陈来标
泉州银行	颜冰冰 张震山	吴怡豪
泉州市农村信用社 泉州农商银行	黄智星	谢绵绵
招商银行泉州分行	吕　杰	刘燕婷
民生银行泉州分行	傅增庭	陈　琳
交通银行泉州分行	朱惠贞	杨祖杰
邮政储蓄银行	柯清娜 苏连声	徐清锋
晋江机场	黄剑峰	杨培晓
中国电信泉州分公司	吴丽云	江中杰
中国移动泉州分公司	王煌坡	姜虹桦
中国联通泉州分公司	郭国仲	骆龙玲 董帝烺 陈全斌
泉州学研究所	王　磊	何　捷
鲤城区	吴英明	陈乐怀
丰泽区	李美泽	卢承志
洛江区	杜天生	赖云鹏
泉港区	林进辉	陈小燕
石狮市	王祖德	林荣荣
晋江市	蔡斯坤	林荣国
南安市	黄一郎	林雪铌
惠安县	黄钿桂	杨开炜
安溪县	黄雅玲	许充分
永春县	林联勇	陈东升 颜志嘉
德化县	陈志胜	李荣钦
泉州开发区	杨添丁 苏金波	徐勤友 汪静文 李振军
泉州台商投资区	许振兴	曾宪镔

索 引

说 明

一、本索引采用主题词分析法，按主题词首字汉语拼音字母顺序排列。

二、栏目、分目标题用黑体字。“年度聚焦”“专记”“大事记”“市情概览”“人物·荣誉”“附录”“《泉州年鉴》相关名词解释”“《泉州年鉴》参编单位及审、撰稿人名单”内容不作索引。

三、索引主题词后的数字表示页码，数字后的a、b、c表示栏别左中右。

四、空一字起排的款目为上一主题的“附见”。

A

B

C

D

E

F

G

H

M

N

P

Q

R

S

T

W

X

Y

Z